# 構想力と想像力

心理学的研究叙説

半田智久 著

# はじめに――本書の背景と目指すところ

本書が目指すところは現代社会に生活する人びとがしばしば口にし書きあらわす「構想」とか「構想力」という事象に対応するこころの過程に着目し、その性状について考察することである。執筆動機は単純明快だった。現代の日本において構想とか構想力ということばはそれなりの存在感をもち、独自の意味を託され使われている。行政の現場に行けば常に種々の構想案に出会う。あとで詳しくみるように、昨今の商品回転が速い書店にあってもビジネス書、専門書、実用書、広範なジャンルにおいて常に何らかの構想を語った書籍が目につく。また、多くの人は構想学といった学問分野があるとは思っていないだろう。だが、日本の大学にはしかじかの構想学部や学科というものが複数認可され運営されている（たとえば、宮城大学事業構想学部、早稲田大学文化構想学部、東北芸術工科大学デザイン工学部企画構想学科、事業構想大学院大学など）。かくいう著者はその本邦初の学部の呼称とコンセプトを提案してその実現に携わった張本人であった。我ながら無責任な話だと思うが、このことばがもつ魅惑やおそらくの重要性についてはあくまで直感的にだが確信めいたものがあった。だから、未来志向を標榜する場ではこのことばがもつ可能性をそれなりに語ることができた。

その大学が開学して以降、折りに触れ問われたことは「ところで構想とはどういう意味ですか」であった。これはたとえば心理学を研究する者に「心理とはどういう意味か」と問うているようなものだから、その場合と同様に時と場に応じた返答をして済ませることができた。だが、その問いはいつも残響し、ある程度に普遍性をもちうる意味についてたえず自問せざるをえなかった。確かに自明なことのようにわたしたちは構想を錬るとか、描くなどといってはそれと思しき行為をし、あるものごとを指して構想力のたいせつさや不足を語ったりもする。ところが、そうした行為や成果にかかわるこころの過程について、一応であるにせよ、ある程度の共通認識はできているのか、と問うなら、その答えははなはだ怪しいものとなる。構想をすることが人の営みである以上、これをこころの過程の一つとみることに異論をもつ人はほとんどいないだろう。ところが、心理学を学んできた自分として記憶するかぎり、当の学問で構想とはどういうこころの過程なのか、ということをわずかにでも述べた一文に出会った記憶はなかったのである。

その大学が開学してほどない頃、時の小渕恵三総理大臣がみずからのもとに「二一世紀日本の構想懇談会」なるものを立ちあげ、四八名の知識人を集め、五つの分科会（「世界にいきる日本」「豊かさと活力」「安心とうるおいの生活」「美しい国土と安全な社会」「日本人の未来」）を設けて討議を進め、二〇〇〇年はじめに報告書（『日本のフロンティアは日本の中にある——自立と協治で築く新世紀』）をまとめた（ちなみにこの「二一世紀日本の構想」の英訳は"Japan's Goals in the 21st Century"で「構想」は"goals"と表現されていた）。この懇話会の座長を務めたのは当時、国際日本文化研究センターで所長の任にあった河合隼雄教授であった。彼は心理学者として、この会が掲げたテーマの心的営みをどのように受け止めて仕事をしたのだろうか。残念なことに少なくともその報告書のなかではそもそも構想が何を意味するのかについては明言していない。ただ、その意味がどのような了解のもとにあったかは、同報告書（二一世紀日本の構想懇談会 2000）の冒頭にあるつぎのことばから推測することはできる。

「ここにわれわれの進むべき方向性を描き、必要と思われる方策の提言をできるだけ書きこむことに努力した。…われわれはわれわれなりに、方向性を考え、提言も行ったが、これはあくまでも一つの考え方である」

ここから構想とは進むべき方向性が描かれ、それに沿った方策提言がなされるような営みの背後にある考え、といった像が浮かびあがる。もし構想ということがこのように了解されていたとすれば、これはあきらかに心中に展開される活動であって、思考と行為のあいだに位置づけられるこころの過程ということになるだろう。

構想に関して心理学が黙している一方で、その親ともいうべき哲学では、とくにカント（I.Kant）をはじめとするドイツ観念論哲学において「構想力（Einbildungskraft）」がVorstellung（一般に「観念」「概念」）やFantasie（一般に「空想」「想像」）と一線を画したかたちで研究対象の一つに据えられてきた。その考究は以降二百年を経た現在でも尽きていない。日本の哲学者でも二〇世紀なかばに、とくに三木清が構想力へのこだわりをみせた。代表作『構想力の論理』は公にされて以来、こんにちにいたるまで多くの人を惹きつけてきた。この書は今世紀に入っても復刻出版されたほどであり、哲学においては檜舞台にあがる役者の一人に構想がいるといえる。この哲学と心理学にみるあからさまな明暗ぶりをみると、心理学にとって構想には何やらエディプス・コンプレックスめいた性質が秘められているのだろうか、とさえ疑いたくなるような興味も浮かんでくる。

ところで、国語辞典を引くと「構想力は想像力に同じ」といった記述が定番のように認められる。哲学のなかでさえ、しばしば構想力＝想像力という書き方が認められる（e.g., 米虫 1998）。ということは、構想は想像の冗長表現なのだろうか。否、決してそうとはいえない。そのことは構想とか構想力と語っているところを想像とか想像力と置き直してみればすぐにわかる。たとえば先に取りあげた例が「二一世紀日本の想像」でも構わなかったかといえば、とてもそうとはいい難いだろう（結果を揶揄する表現としては成り立つが、それはいみじくも構想と想像のあいだに截然とした意味的差異があることをあらわしている）。つまり、構想や構想力はそれらでなければならない概念としてのアイデンティティをもっている。では、そのアイデンティティとは何かと問えば、それがはっきりと答えられるわけではない。だが、その答えられない理由についてははっきりしている。構想は想像と同じではなくて、似て非なるものであることをわかりやすく、あるいは適切に説明した言表がなかったから答えに窮するのである。想像力と構想力とはおそらく異なるこころの営みであるにもかかわらず、それらは基本的には同義とみなす多分に間に合わせの言表はあるものの、反対に、それではしっくりこないという事実のわけとなる両者の違いを明快に説明し得ている言表や言説が見当たらない。むろんその原因の一端は心理学がこれについて黙してきたことにあるだろう。

心理学のだんまりには学問としての心理学が背負っている史的経緯が多分に影響していよう。というのは、とりあえず、構想とはなにかをこころの過程としてとらえようとするならば、まずそれときわめて近しいはずの想像とか想像力の過程をおさえる必要がでてくる。想像（力）となると、あとで確認するように心理学が学問として成立してからしばらくの間は、ほとんどのテキストにおいて、たとえば知覚や記憶と並んで独立した章立てで扱われていた主題であった。それが二〇世紀半ば以降の心理学では様相が一変し、想像（力）は心理学研究者が口にするのも憚られるような対象になってしまった。想像は教科書の目次はおろか索引からも一掃されたのである。この状況でおそらく想像と深い関係にあると思われる構想に言及される余地はなく、そのまま現在に至っているというわけである。

だが世紀もあらたまり、心理学に対して問われ出している新たな課題やそれに対する具体的な対応によって、学問としての心理学が日常社会の生態に視座をおくようになった。同時に学の境界融解による融合や際での研究も豊かになってきた。この状況変化によって一時は周縁に追いやられていた想像にもあらためて正面からスポットライトが照らされる機会がでてきた。実際、少しずつ想像を口にし、書きあらわす心理学研究者もあらわれてきた。したがって、研究の場では想像の陰に隠れ、反対に日常社会の場では嗜好性さえ伴って語られている構想や構想力についても、はじめてそのこころの過程に接近する機会が訪れたといえそうなのである。

ウィリアム・ジェームズ以来およそ百二十年を経た心理学は、まさに現代心理学の礎石ともいいうる彼の教科書の最後に記されたことばどおりの状況であった。すなわち自分たちの

「探りつつある暗闇がどれほど深いものであるかを理解し、われわれが出発点とした自然科学の仮定は暫定的なものであって改訂されるべきものである（James 1892）」

という道程であった。それを経ていま、わたしたちはその暗闇の向こうにどのような曙光をみようとしているのだろうか。

本書がなすことは、心理学研究の大きな流れのなかでそこに一つのsomething newの事実を加えるといういわば正統的な科学研究の引き受けではない。そうではなくどちらかといえば、心理学研究自体を一つの対象として、それをとりまく（とくに実験心理学の真ん中からみれば）フリンジや、あるいはその外部の流れに身を置きながら、心理学諸研究を相対化することで垣間見ることができた疑問を起点にして、そこにとらえた空隙の穴埋め作業をしながら暗闇の向こうにあるものを少しでもはっきり見定めたく思うのである。この試みが構想研究に向けての開墾の一刀になればなお幸いである。

## 本書の構成

本書は以上の目的にそって、つぎの構成で論をすすめていく。まず全体を大きく二部構成とし、前編「想像編」と後編「構想編」に分ける。ここまでのところで触れたように、本書では想像と構想の過程が強い関係性をもちながらも異なる独立したこころの過程にあるとみる。両者の性質はいわば無意識と意識の過程に対応するごとく異なり、仮に構想を外側、想像を内側とするなら、外側の作用の理解には内側の作用の理解が不可欠になる。しかもこの場合も無意識同様、内側の広がりや奥行きは相当に大きいと思われる。また歴史的な研究経緯も明白である。したがって、先にその想像への接近とまとめをおこない、しかるのち洞窟の外に出て構想の姿と働き、想像と構想の関係を考察していく。

まず、第一章では想像力に関する探求の歴史をたどる。想像は古来多くの人びとの関心を誘ってきた。ここでは最初に近代の英国経験主義の誕生までの主要言説を要約する。それ以降は実験心理学の誕生前後を基点に心理学における想像言説に重点をおいてみる。ここではとくにわが国で刊行された概論書での「想像」に対する扱いについてデータに依拠しながら、その経過の特徴をとらえる。

第二章は想像の分析論で五つの節で構成している。第一節では本書における想像の観点を明確にする。こころの過程において想像を定位するためにとくに記憶、知覚、思考との関係を整理する。第二節では過去の考察で反復的になされた若干の想像の諸類別、たとえば受動想像と能動想像、再生想像と産出想像等、想像の性質分類に関する言説を整理する。第三節では想像一般の過程として想像の始まりと終わりと継起をあらわす発想、着想、連想の三様態について まとめ検討する。第四節では想像の個別特殊なありようとして日本語表現にある各種の想像概念にそくしてその諸種を二〇種に分けて、それぞれの種別に想像のありようを考察し、想像の多様な姿とそれらで構成されている想像界全体の広がりと奥行きをとらえる。あわせてこれらのうち感想、妄想、空想、予想、回想など三五種の想像について大学生六百名に実施した認知率、意味了解率等の認識指標に関する調査結果を示し考察する。

第五節では想像する力の性質について検討する。とくに心像の形成力としてのそれよりも心像を変化させる力、像の固着から逃れる動態性に想像力の基本性質があるという観点を支持しつつ、それが創造行為と結びついた際に称されることになる創造的想像力に着目して、批判的検討も含めてとらえ直す。最後に、想像力を想い考えていくうえでその想像の自由な営みを反映させるべく、アフォリズムの形式で想像や想像力に対する補足的な考察をおこなう。

第三章からは編をあらため、構想の考察に入る。はじめの二つの章では現代社会にあって「構想」という言葉を頻繁に見聞きするという印象を、過去の経緯やあらたに実施した調査結果にもとづき、実態として明確にする。まず第三章第一節では太平洋戦争直前の不自由な言論界にあって相前後して刊行された二種類の『構想』という雑誌に着目し、この言葉に対する日本の社会・文化のなかでの関心や公論での語用が二〇世紀半ば頃から芽生えていた事実の一端をおさえる。第二節では同様の観点から過去約半世紀について「構想」を書名に用いた新刊書の年間発行点数の推移をみた調査結果を検討する。第三節では一層、日常言説に近づいた場としてインターネット上における「構想」の検索ヒット数の推移を類似の概念との比較においてとらえた調査結果を分析する。

第四章では構想という言葉に対する認識と語用について実施した二種類の調査結果を検討する。第一節では大学生七〇名に構想と想像、イメージなど関連概念九項目を無意識的、現実的など一〇観点で比較評価を求めた調査結果について検討する。第二節では構想を標題にした新刊書の著者五六名に対し、その言葉に託した意味や英語換言などを尋ねた質問紙調査の結果をあきらかにする。

第五章では明治期以降の心理学教科書五〇点を対象に構想が扱われてきた形跡を振り返る。また、その結果を踏まえ、心理学で構想がほとんど扱われてこなかった理由について考える。

第六章では心理学における状況とは対照的に、構想力を直接の考究対象にしてきた哲学に目を転じ、とくにその働きに強い関心を示したI・カントと三木清の思索について、本書のここまでの解釈との接点を図ることを意識しながら概観する。

第七章では構想のこころの過程についてとくに想像との関係性に焦点をあわせながら一つのモデルを提示する。構想は想像と表裏一体の関係にあると考えられる。そのことばのとおりに想像は個人のこころの内面で働く過程としてある。それに対して構想はその内容の外部表現化の営みであり、その表現そのものとみることができる。個人の内面作用と反対に、構想は外部に開かれているがゆえに公的性質をもち、表わされた形象はつぎに自他の想像に影響を及ぼす。こうして構想は想像の単なる一方的な表現に留まらず、常に再帰性をもって諸想像を刺激するものとしてあるとみることができる。想像と構想のあいだに展開される循環協働のなかで構想は、想像して止まない人間の形成的な創造活動を支えている。この循環モデルを補足するため、プラン、習慣記憶、失行、外部記憶、海馬といった関連性の深い話題をとりあげながら、想像と構想の内外、主客通態的な一体過程の輪郭を浮かび上がらせる。

第八章では表現行為として展開される構想のこころの過程をとらえるうえで、実践的な意味でも注目される「構想力」の性質への接近を試みた。その手がかりとして、第四章第二節での調査結果から導いた構想の主要構成要素たるビジョン、デザイン、コンセプトの三概念に着目し、各々の視点からあらためて構想力の特性について考察する。

最後の第九章では、構想力の心理をまとめるにあたり、知能、すなわち知的機能としてのそれが構想と想像との関係において果たしている振る舞いを知能環境論という視座からあらたにとらえ返すことで、内外通態的な広がりをもって働いているこころの過程の描出を試みる。その働きを駆動する想像力と構想力を支える源としてフロイトの欲動概念も借り受けながら、内在する生命知としての想像がその力の源泉としているエロスと、外在する物象知としての構想が孕むタナトスとの相即不離な関係性を描き、身体の内外で環をなし展開する想像と構想の心理過程をとらえていく。

それでは、目次を通覧したあとで、はじめに戻り、まずは想像への扉を開けて歩み入ることにしよう。

# 目次

はじめに　iii

## 想像編

### 第一章　想像に関する言説　3

1・1　想像に対する探求、初期心理学に至るまで　5

1・1・1　プラトンとアリストテレス　5

1・1・2　心像、観念、概念、イメージ、表象　9

1・1・3　古代から中世へ　18

1・1・4　イコンと偶像破壊　24

1・1・5　サン・ヴィクトルのリカルドゥス　25

1・1・6　トーマス・アクィナスと想像力　29

1・1・7　ルネサンスから近代へ　32

1・1・8　経験論と想像力　38

1・1・9　実験心理学誕生までの一〇〇年とロマン主義　45
1・2　実験心理学勃興期における想像の扱い　54
1・2・1　ジョン・デューイ　54
1・2・2　ウィリアム・ジェームズ　57
1・2・3　西村茂樹　59
1・2・4　エドワード・ブラッドフォード・ティチェナー　63
1・2・5　金子馬治　69
1・2・6　ジェームズ・ローランド・エンジェル　73
1・3　心理学概論書における想像の扱われ方の推移　77
1・4　二〇世紀後半以降の動向　82
1・4・1　心像研究の活況　83
1・4・2　世紀を超えて　91
1・4・3　別の見方　94
第二章　想像とその力　105
2・1　想像とは何か　105
2・1・1　記憶と想像の間柄　107
2・1・2　知覚と想像の間柄　114
2・1・3　思考と想像の間柄　121

2・1・4 まとめ 124
## 2・2 諸研究者による想像の分類 128
2・2・1 受動想像と能動想像 129
2・2・2 再生想像と産出想像 132
2・2・3 その他の分類 136
## 2・3 想像の過程 137
2・3・1 想像の発着 139
2・3・2 想像の連なり 145
## 2・4 想像の諸種 166
2・4・1 想像諸種に対する大学生の認識 168
2・4・2 感想 180
2・4・3 回想(追想・喚想・反想) 184
2・4・4 思想 194
2・4・5 意想 209
2・4・6 理想 221
2・4・7 観想 234
2・4・8 空想 242
2・4・9 仮想 263
2・4・10 予想 269
2・4・11 虚想 290

2・4・12 瞑想 302
2・4・13 夢想 312
2・4・14 幻想 333
2・4・15 奇想・霊想 353
2・4・16 無想 365
2・4・17 狂想 378
2・4・18 妄想 393
2・4・19 想像種の比較一覧 412
2・5 想像力 413
2・5・1 想像力とはどういう力か 413
2・5・2 創造的想像力 418
2・5・3 想像と想像力に関する断章 432

# 構想編

第三章 生活世界に息づく構想の使われ方の状況 449
3・1 二〇世紀半ばの「構想」と辞書定義通覧——構想の社会的構成、その過去を振り返って 450
3・1・1 二つの『構想』誌 450

3・1・2　「構想」の辞書定義通覧　453
3・2　「構想」を書名にした新刊書の発行状況――構想の日常性、過去から現在まで　462
3・2・1　「構想」を標題にした新刊書籍の年間発行点数のここ約半世紀における推移　464
3・2・2　一般書籍における最近の発行状況とその内容　467
3・3　日常社会の言表にみる使用状況――構想の日常性、その現在　473
3・3・1　ニュース検索の結果　476
3・3・2　ウェブ検索の結果　478
第四章　構想に対する認識とことばの使用――構想の日常性と現況をすこし掘り下げて　481
4・1　大学生にとっての構想――想像諸概念との関係　482
4・1・1　方法　482
4・1・2　結果と考察　484
4・1・3　「構想」に対する認知度、意味了解、使用経験の確認　489
4・2　「構想」を標題にした著作者は「構想」をどうとらえているか　491
4・2・1　方法　492
4・2・2　分析の手続きと結果　494
4・2・3　辞書定義を超えた「構想」の意味　505

第五章　心理学における構想のあつかい　511
第六章　哲学における構想力　525
6・1　カントがみた構想力　526
6・1・1　構想力は認識にとっての三つの源泉の一つである　530
6・1・2　第一版における構想力の役割　532
6・1・3　第二版における構想力の身分変更　535
6・1・4　図式と構想力　543
6・1・5　第二部「方法論」では　546
6・1・6　カントがみた構想力の特徴とそこからの展開　549
6・2　三木清がみた構想力　553
6・2・1　神話　557
6・2・2　制度　566
6・2・3　技術　571
6・2・4　経験　577
6・2・5　三木がみた構想力のまとめ　580

## 第七章　想像から構想へ　583

7・1　想像と構想　584
7・2　プランと構想　591
7・3　動態図式と習慣記憶　596
7・4　失行と構想　600
7・5　過去現在未来と構想　605
7・6　三大小道具としての海馬と構想　608
7・7　産出的構想　611

## 第八章　構想力　615

8・1　構想力とはどういう力か　615
8・1・1　想像力と構想力――フォルスとピュイサンス　617
8・1・2　ファカルティとしての構想力　621
8・2　ビジョン　624
8・2・1　観ること　624
8・2・2　予期と予想のゲシュタルトクライス　627
8・2・3　構え(poise)　634
8・3　デザイン　641

8・3・1　インゲニウムとトピカ　642
8・3・2　隠喩　647
8・3・3　かたちから型(kata)、ふたたびかたちへ　652
8・4　コンセプト　669
8・4・1　外在する知の分画と整序　669
8・4・2　コンセプション　683
8・4・3　イニシアティブ　697
8・5　本章のまとめ　707
第九章　想像力と構想力――こころの過程　711
9・1　知能環境　711
9・2　知能環境と環境知能の相違　714
9・3　内在知としての想像、外在知としての構想、その力動関係にみる熱い知と知のアフォーダンス　718
9・4　結語　723
おしまいに　729
注　733
参考文献　792
索引　812

# 想像編

# 第一章　想像に関する言説

ここでおこなうことは「想像」あるいはその力に関する探求史のまとめである。これを大きく次の三つの段階に分けておこなっていく。

## （一）想像の探求、初期心理学に至るまで

想像に対する言及は古くは古代ギリシアの哲人たちの時代にまで遡って認めることができる。とはいえ、何についても同様だが、その二千数百年にわたる関心の注がれ方には時代により濃淡がある。想像力研究における歴史的変遷については、二〇世紀末に焦点の異なる力作が複数発表されて、だいぶはっきりしてきた[1]（e.g.,Brann 1991; Cocking 1991; Kearney 1988; White 1990）。したがって、あえてここでその繰り返しをする必要はなくなっている。ただし、心理学における「想像（力）」への眼差しがとくに二〇世紀、この学問の発達史において特殊であったことは、それ以前の歴史に原因の一端があったとも考えられる。そのためその過去の経緯に触れずに済ますことはできない。そこでまずはじめに、古代から実験心理学誕生の頃までについて想像に対する言説系譜の要と思われる部分を概括する。

(二) 実験心理学勃興期における想像の扱い

一九世紀末からおよそ第二次大戦前までの心理学では種々の概論テキストの内容にあきらかなのだが、想像は知覚や記憶、学習などと少なくとも説明のための章立て構成や説明量では同列におかれるテーマとしてあった。それは人間心理の働きをとらえるうえではごく自然なカテゴリー分けであったためであろう。1・2節ではその時期、想像が具体的にどのように語られていたのかをデューイ(J.Dewey)、ジェームズ(W.James)、西村茂樹などによる内外六冊のテキストを典拠に概観する。

1・3節では現在までに刊行された心理学の概論書を中心に、和書一八五冊、翻訳書一七冊、洋書五五冊における「想像」の扱われ方(章立て、節立て、言及あり、なしといった分類)を経年的に追って調査した結果を示す。

(三) 二〇世紀後半以降の動向

二〇世紀後半の心理学では想像に対する言及が少なくとも概論の水準では急速に消えていく。しかし、そののち主として認知心理学、認知科学の領域で想像(imagination)は心像(imagery)やイメージ、あるいは表象(representation)の名において、いわば姿を変えて再浮上するようになる。とくに視覚的なイメージの内容について、それが絵的なものか命題的なものかをめぐってのイメージ論争が勃発したことなどが契機となって言表は活況を呈することになる。ただし興味深いことに、その過程にあって想像(imagination)のことばは慎重に避けられていた。それも世紀をまたいだ現在では、イメージ論争の果てにふたたび、そのことばを心理学や認知科学、あるいは神経科学などの領域において正面から取りあげる動きもでてくるようになった。本書もその一つになるわけだが、1・4節では二〇世紀後半以降ここに至るまでのその道筋をみる。

なお、想像はたいてい想像する力に対する関心とともに語られてきた。そのこともあって、その長い研究史のほとんどにおいては想像と想像力はそれほど区別なく柔軟に語られてきた。本章においても同様で、両者をとくに区別して語る必要があるとき（とくに後半で構想や構想力との関係を考察するとき）は、その違いに言及しつつ述べることにし、通常はその差異をあまり意識せずに文脈に応じて適宜、使いわけていく。

# 1・1　想像に対する探求、初期心理学に至るまで

## 1・1・1　プラトンとアリストテレス

ここでは相対的に豊富な資料が辿れるという理由で、西欧における想像への探求の歴史を概観する。その探究のはじまりは例によって紀元前五世紀のプラトン（Plato）に認めることができる。プラトンにとって想像にあたる概念は、たとえば『国家（The Republic）』において語られた人間が知りうることがらに関する線分の比喩で示された。それは可視界において知覚の対象となる実物に対する似像として表現された「影像知覚」であった。これは換言すれば日常的な感覚に依拠した臆見（ドクサ）であり虚像である。それとともにもう一つ可知界において知覚によって認識された実物についての実相（イデア）を思惟するために、理性がもちいる「イデアの似像」もまた想像にあたる。たとえば、立方体のことを考えるのに、その図を思い描く。それが立方体の実相に迫るための似像になる。これらは『テアイテトス（Theaetetus）』のように知識を探求する対話では「思いなし」「思惑」としてとりあげられた。それらはつまるところ模倣（mimesis）による写しだが、イデアに接近するための似像は人の知識、あるいは考えることにおいて不可欠のものとされた。

とはいえ、これら想像はどこまでいっても仮のものであり、実物やイデアの手前にある似姿である。似姿は似せもの＝偽物だが、プラトンは往々にして人がそのことを忘れがちになる点を気にしていた。そのことを忘れれば、想像は人を欺いたり惑わしたりするものとなり、誤謬の根源になるからである。したがって、彼は想像力をむしろ積極的に追求しその巧拙を競う詩人や、ことばの彩に気遣い説得に尽くす弁論家には批判の矢を向けた。彼らの模倣と想像

による産物はイデアに接近するための似像ではなくて、知覚現象に寄り添ってつくられた虚像、すなわちファンタスマ（phantasma）であると非難した。

こうしたプラトニックな想像観は後世の思索家たちにも広く長く影響を与えつづけ、反芻的に姿をあらわすことになる。その端的な例は一七世紀のデカルト（R.Descartes）にみることができる。たとえば、彼の『省察（Meditationes）』では、固形の蜜蝋が火に近づけることで溶けて姿を変えてしまうことを例にあげて、明晰判明で信じるに足るものはプラトンが「こころがそれ自身で知るところ」としたものごとであり、感覚や想像によって把持できるものではなく「一人精神のみによる洞観」によって得られる観念であると述べている。

プラトンの思索では超越的な領域において最高善を頂点とするイデアの世界が基幹にあった。だから、そこからの理性の視座が基本にあり、どうしても想像はそれと相対的な位置づけに退けられた。結果的に人間の思考や表現における想像の役割も矮小化された。この点に着目するように、反対に想像に積極的な意義を認めたのはアリストテレス（Aristotle）であった。プラトンは神話の領域を脱して形而上学的に想像を扱った最初の哲人であったが、その存在意義や機能を前向きにとらえたのはアリストテレスであった。だから、想像を主題にする言説において想像研究の源流に置かれる人物はアリストテレスであることが多い。

アリストテレスはプラトンが遠ざけたファンタスマを直接、表舞台に引き上げた。すなわちギリシア語の〝φαντασα〟と〝φντασμ〟、ラテン語に置き換えればファンタシア（phantasia）とファンタスマ（phantasma）（前者はたとえば、想像や表象というこころの過程や働きを意味し、後者は想像されたり表象されたりした内容を指す）のことばをもって『霊魂論（On the Soul: De Anima）』や『夢について（On Dreams: De Insomniis）』、『弁論術（The Art of Rhetoric: Ars Rhetorica）』、『記憶と想起について（On Memory: De Memoria et Reminiscentia）』など、複数の著作のなかで繰り返し、その肯定的な役割を説いている。

ファンタシアは『霊魂論』の英訳ではスミス（Smith 1931）訳やハムリン（Hamlyn 1968）訳などにみるように伝

統的にはイマジネーションとされてきた。しかし、リュコス（Lycos 1964）やショフィールド（Schofield 1978）などの指摘にみるように、これを“imaginatiton”とするのは文意からして必ずしも適切ではないという見方がある。たとえば、リュコスの場合は phantasia の意は appearing がより適切で、もっといえば「それをしてわたしたちがそのようにみえるといわせているもの（in virtue of which we say we are appeared to in such and such a way）」というべきものとしている。確かに“imagination”、想像ということばにはいまだかつて経験したことがないものも創造する（その創造がこれまでに既知のことがらの組み合わせにすぎないとしても、その組み合わされた全体は未経験であるような）という意味が含まれ、とくに芸術や科学において語られる想像ではその点が強調される。これに対してアリストテレスがとりわけ『霊魂論』で述べたことの核心部分は、

「ファンタシアは感覚なしには生じないし、ファンタシアなしに判断をもつことはない」
「ファンタシアとは、それによってわたしたちのもとに何らかのファンタスマが生じるようなもの」

ということであった。だから、これは知覚に始まり思考へとつながるこころの過程における心像や図式、あるいは表象を語っていたわけであり、これを imagination とすると確かに意味が広がりすぎるといえよう。この点、邦訳ではファンタシアを「表象（山本 1968）」や「心的表象（桑子 1999）」あるいは「表象のはたらき（中畑 2001）」と訳してきている。そのため英訳の一部に対して指摘されてきた問題は回避されている。

ただし、アリストテレスは認識面でのファンタシアとともに行為面ではそれにもとづく模倣（ミメーシス：mimesis）の役割を重視することで人間の想像力に直接、光を当てている。たとえば『詩論（The Art of Poetics）』では真似事、虚像的なファンタスマをつくりだすような模倣再現を嫌ったプラトンを向こうに回してつぎのように述べている。

「再現（模倣：mimesis）することは、子どもの頃から人間に備わった自然な傾向である。しかも、人間は、もっとも再現を好み再現によって最初にものを学ぶという点で、他の動物と異なる。すべての者が再現されたものをよろこぶ」

この再現とは模倣することと同時に模倣されたことがら、そのrepresentationも指している。だから、これは知覚の過程というより、表現されたもの、まさに想像のことを語っている。このファンタシアにつながるミメーシスの行為こそアリストテレスが着目した想像の営みにあたることがわかる。

他の動物に観察学習ができないとはいえないものの、人間がとりわけてそれを得意とすることは確かである。フロイト（S.Freud）が反復強迫を語ったように、執拗に模倣の反復を繰り返すことにはそれ自体に快があることさえ思わせる。しかも、フロイトがそのことに関して不思議がったように、外傷体験のように本来ならば嫌なはずのことも似像においては好んで再現を反復する。これはすでにアリストテレスが『詩論』で指摘していたことである。すなわち、不気味な動物や死体などの

「実物を見るのは苦痛であっても、それらをきわめて正確に描いた絵であれば、これを見るのをよろこぶ」

こうしてそれが似非であれ、またしばしば誤謬のもとになるとしても、人間は先験的に似像を描き、真似事をする特性をもっているとみざるをえない。アリストテレスはその特性を担っている想像する力に関心をもち、その肯定的な成果としてあらわされる創作活動、現代でいう文学、音楽や演劇、舞踊を含む広範な詩作に注目した。こうして彼はプラトンにおいてあくまで形而上学的な高座で扱われようとしていた模倣や表象の話題を感覚と思考、そして表現と

いう実践活動を担うこころの過程において現実的にとらえ直す仕事をした。

このようにアリストテレスを想像研究史の源流に位置づけることができるのだが、その一条の流れはすぐには大河をなすことなく、その後の西欧中世一千年の思潮においては細々とした流れにとどまった。その背景にはキリスト教義の影響があった。中世キリスト教世界の発展過程において人間の心的活動について重視されたのは、神聖な部分に人間がつながる通路であったが、その導きは想像力にではなく信仰と理性に向けられた。つまり、理性と想像の関係についてはアリストテレスの現実感覚よりプラトニックな考え方が発展的に延長されたことになる。信仰とつながる理性に比べると想像力は価値が低く、ともすれば信と知にとって妨げになったり、邪悪の根源に接する怖れとして蔑み、疎まれた。想像力に対する蔑視はその自由奔放さ、創造性につながる不安や創造主を前にした慎みが含まれていたのだろう。被造物としての人間が仮に創造的であるとすれば、それは神懸かりの特殊な状態か狂気につながる特殊な状態である。だから、それを招くような想像力は暗闇に潜む不安の対象であった。プロメテウスの火と想像力への関心やその放縦な発揮は人間の原罪につながりうるものであった。それでも人間の本性にある想像力がときに大きく燃え上がるようなことがあれば、それは贖罪の山羊とされ、繰り返し広場で火に投じられ焼き消されたのであった。

### 1・1・2　心像、観念、概念、イメージ、表象

ところで、ここまでのところですでに心像、概念、観念、イメージ、表象ということばを何度も用いてきた。これらのあいだの区別は語る人の立場で異なり、また一般にその意味上の棲み分け規定は曖昧である。しかし、想像や構想を語る本書ではこれらのことばは今後も頻繁に用いるキーワードであるし、考え方やモデルの根幹にもなる。そのためここで一旦横道に逸れて、本書ではこれらを原則としてどのようにとらえ、関係づけているのかをはっきりさせておく。

## （一）心像

話の都合上、まず心像（[mental] imagery）から取りあげる。一般に心像は知覚ないし記憶に由来し意識化されたかたちをなした像で、いわばこころのなかの直観的な像と解釈されている[2]。比較的曖昧な解釈ゆえにこれが写し絵や複写のようなものと想定されることもままある。しかし、本書では心像は基本的にかたちとしては部分的、断片的かつ不安定で常に流動している像とみる。たとえば三角形を想像する。その三角形の心像は想い描かれるたびにいつも多少なりともちがったかたちをとる。かたちをとるといってもそのかたちが実際どの程度、はっきりと描かれているのかと問えば、はなはだ曖昧である。なかには描いたかのように思い込んでいるだけの場合もあるだろう。それは描いたこと自体を想像したにすぎない。だから、語っていることの意味がずれている。しかし、それも想像というこころの過程にはありがちなことであり、偽記憶が記憶であるように、そうした思いなしもまた実際上のこころの営みを考えた場合は心像の一形式になる。

想像においては基本的に時空の自由度が大きい。そのため、たとえば三角形を想い描いたと想像することをもって、そのさっき想い描いた想像を今ここにあらわしてみようとするときに、現に今その像を生成しているところであるにもかかわらず、それを先ほどのものとして想像することもできる。これは人間にとっての時間と空間そのものが純粋想像、つまり先験的にもつ枠組みとしての心像である（Kant 1781; Schopenhauer 1819）がゆえに、想像力はその時空制御を思いのままになしうるためである。つまり、想像力にとってはさっきも今もこの先も、ここもあそこもお気に召すままである。心像のもつ曖昧さ、流動性は心像がそうした現実離れした時空のひろがりに生成されることにも由来する。また、心像はホログラフィのごとく部分の描出をもって全体が描かれたようにも想像されうる。だから、たいていは未完成でありながら、完成しているかのような不思議な自信をもちうる対象としてある。これもそれがはっきりと誤想とか謬想という想像に結果する場合も含めて、心像の基本性質になっている。

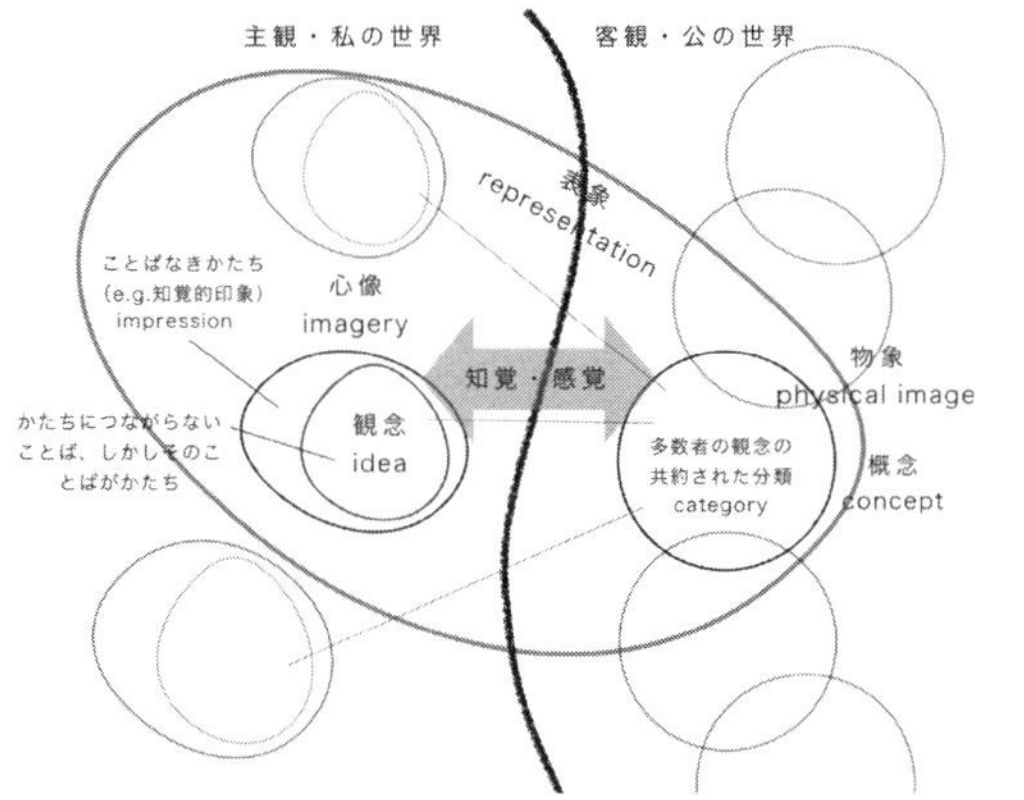


**図 1-1　概念、観念、心像、表象の関係**

また、かつてヒューム（D.Hume 1739–40）が印象（impression）ということばを当てた知覚由来の現象も心像のことである。彼はそれを勢いと鮮度において観念（idea）に優るとした。しかし、この印象の勢いや鮮明さは今しがた感覚器に受容された知覚像の具体性という観点からはそうであるとしても、像そのものの勢いや鮮明さという点では必ずしも単純に観念より優るとはいえない。しかも、観念もまた心像であり、その同じ心像の一族として印象一般よりも確固とした鮮明さや勢いをもつ観念はいくらでもある。ヒュームは黄金の舗道とルビーの城壁をもつ新エルサレムといった心像は経験したことがないものゆえ、印象ではありえず観念の例であるとした。だが、その新エルサレムという観念由来の構成された情景像が実際のエルサレムの知覚経験をもとにした印象より、勢いにおいて劣り、鮮明さに欠くと言い切ることはできない。

知覚経験とは無関係に、このようにある程度ことばで表現され、想像できる心像が観念（idea）である。新エルサレムの場合は具象的なかたちも空想によって容易に描ける。むろん観念にはかたちをなさない愛や誠といった抽象観念もある。だが、これもことばというかたちをもって同定され、その同定された個別の関係から生じる意味によってそれぞれの観念が個別の想念をもたらす。だから、これも心像にほかならず基本的に心像としての性質をもっている（図1・1）。つまり、観念とことばとの関係は、心像一般のかたちとの関係そのままに、その基本性質として流動的、断片的で不安定であり、観念は常に語り尽くせない余りの部分を宿している。

心像については過去多くの人が定義してきた。ここでは二〇世紀後半に認知論が脚光を浴びるなか、心像に対する関心が復活する契機となった時期（のちの1・4・1など参照）に記された代表的な心像定義を二つ取りあげ、本書での見方をさらに確認しておく。

認知科学の領域でいわゆるイメージ論争が勃発する少し前に、心像（想像）研究の復権を宣言したリチャードソン（A.Richardson）は"Mental Imagery (1969)"のなかで、まずおそらく一般的に最も受け入れられているであろう定義として、つぎのような項目をあげた。ただし、これはすぐあとで述べるように、彼が認めた定義とは異なっている。

心像は
①　次のようなすべての準感覚的または準知覚的経験を指す。すなわち、
②　われわれが自己意識的にそれに気づいている経験であり、
③　それに対応した本物の感覚ないし知覚を産みだすことが知られているような刺激条件が実際に存在しないのに、われわれにとって存在しているような経験であり、
④　その刺激条件に対応した感覚ないし知覚の場合とは違った結果が期待されうるような擬知覚的経験である

リチャードソンは知覚や記憶の内容と心像の区別を前提としたこうした定義に疑問を投げかけ、知覚や記憶の過程をつうじて心像は生成され、機能していることと、上記のような心像は自覚的な想像において生成される心像の一つのあり方にすぎないとする。本書での考え方も同様の立場にある。よって、上記の定義が心像としてどのように特殊限定的であるかを（リチャードソンが述べていないので）付言しておく。

まず①でいう準感覚的または準知覚的経験とはリチャードソンによれば、

「感覚的・知覚的・感情的・その他の体験状態（たとえば、餓えまたは疲労）の何らかの具体的再生」を意味している。具体的であることの反対が抽象的であるとすれば、心像には姿かたちが必ずしも判明ではない抽象的な心像もあるわけなので、この限定は心像の縁取りとしては限定的であり適切ではない。たとえば、平和や勇気といった観念も表面的には陳述的にしか表現しようがない。だが、いざそうしてみてもたいていあらわしきれないところを残した気持ちが伴う。ということは、たとえ漠としたものであるにせよ、おそらくその観念の心像はことばで語れる以上のものをもっている可能性がある。その余剰もまた多分に想像上のことかもしれない。だが、リチャードソンの定義によるある体験についての感覚、たとえば残尿感が実体を伴うか、心理上のものかはともかくとして、そのように思われることがすでに具体性を上回る心像のありようを示していることは現実的な経験にそくしてあきらかである。

②ではさらに限定して自己意識的にそれに気づいている経験であるとしている。しかし、これもさまざまな潜在的な処理にかかわっている心像であってみれば、自覚とは独立して生成されているわけだから、心像一般としては余計な条件である。たとえば、家族や知人の声を電話などで聞き取るとき、その声の想起心像をもっているからこそ、「も」と「し」のわずか二文字を二度聞くうちにたいてい誰だか了解できてしまう。だが、その了解根拠となっている心像の存在にその用をなすとき以外に自己意識的に気づくことは困難である。

③の心像によって対象が存在していないのに存在しているように経験するというのは、想起心像やその構成物からなる想像では確かにそのとおりである。だが、心像には知覚心像のように現にいま感覚し知覚している対象が眼前にある状態で生成される場合がある。だから、心像のもととなる対象の存在や現在化[3]は心像の条件にはならない。そもそもこの③では「本物の感覚ないし知覚を産みだすことが知られているような刺激条件」と述べられているが、こ

の「本物」とは何であろうか。あまり意地悪をせずに、大方のヒトが同様になすような知覚を「本物」であるとすれば、錯視のような錯覚は錯誤的に知覚すること、また知覚の恒常性が示しているように対象の実際の変化に逆らって経験や状況に依拠して恒常性を維持しようとする知覚は紛れもなくヒトとしては本物の知覚ということになる。だから、そうした対象そのもののありようから逸脱した「本物」の知覚（像）は、すでに十分に心像としての資格をもっていることになる。そうなると上記の④は当たり前の錯覚が起きないような経験という確かにそれも心像に違いないが、それは特殊な事態における心像を指すことになる。

以上のように、リチャードソンが心像研究の復権を掲げた著作の冒頭において、問題提起と議論の方向づけとしてあげた心像の一般的、形式的な定義は、空想とか幻想といった想像の一部の様態における心像について述べたものということになってくる。確かにそれは国語辞典などで第一義的に説明されている心像の姿で、日常語彙としての一般性はあるかもしれない。だが、心像一般という観点からみれば特殊な定義になっている。

もう一つ、リチャードソンの著作から二〇年後、いわゆるイメージ論争の最中に擬画像的な心像のありようを支持していた側の一人であるフィンケ（R.A.Finke）が著した“Principles of Mental Imagery”（1989）における心像定義をあげておこう。

「心像とは経験の心的な創作ないし再創造であり、少なくともある面、実際に対象や事象を知覚している経験に似ていて、その際、直接の感覚刺激を伴っていることも伴っていないこともある」

すでに述べてきたことからわかるように、これは簡潔に心像の一般特性をとらえた定義である。「知覚している経験に似て」いるという表現は知覚と心像の違いを語っているようにも受けとれる。だが、知覚に対するわたしたちの自覚はそれが多分に構成された心像であるとは思っていないわけだから、「知覚している経験に似て」いるという表現はそれなりに的を射ている。知覚と心像（想像）の関係については2・1・2であらためて論じる。

（二）　観念と概念

ところで、わたしたちの思考は観念（idea）を含めた心像一般に及んでおこなわれる想像行為にほかならない。観念を内包した心像のもう一つの特性はこれが個々人の主観として存在することである。観念も心像もそれをもつ当人のことば、感覚、感情、欲動、記憶、解釈等々をもって、私的に形成されている。この至極当たり前のことは「概念」との比較においては弁別的に際立ってくる特徴である。

その概念（concept）とはその名のとおり概括的な思念、想念のことである。何の概括かといえば、ある対象についての多数者の観念の集約的概括であり分類である。すでにみたように、ある対象についての観念は個々人の想像のなかにあっては、多様でしかも曖昧な心像としてある。しかし、多数者のそれらの重なり合うところを抽出すれば、おのずと人びとのあいだで公約数的に分かち合える姿になる。概念とはそのように観念を共約可能なかたちにまとめたものである。だから、観念がそれをもつ個人の見立てによる主観的想念であるのに対して、概念は実際にそのプロセスを経ているか否かは別として、複数の人びとが共有できるようにされたパブリック・ドメインの客観的な構成体ということになる（図1・1）。

むろん、その実際の成り立ちは誰かの観念の公的表現による概念化から始まり、それへの同意、反論、修正、発展をつうじて共約されていく過程によっている。もっとも、観念をことばで適切に表現しきることは心像の性質からして困難である。だから、表現はもとより概括的にならざるをえない。よって観念のことばによる表現は必然的に、はじめから概括的な想念となり、おのずと概念になる。また、仮に観念がそのますっかり表現しきれたとしても、そのことばはすでに言語という公有のコード[*4]を介しているのだから、「わたし」の域の外に踏み出している。もっともそれよりもむしろ、表明は大方、他者に通じることを目的になされるはずのものだから、概念は基本的性格として私性から離れ、他者に寄り添った公共性を帯びることになる。だから、観念のかぎりではいつも誰かの私的な心像であるが、その外部表現である概念はおのずと心像から離れ、公共言語によって客体化された対象＝物象（次項参照）になっている。

このようであるから、客観的対象、たとえばある自動車の車種にはコンセプトはあるだろう。しかし、アイデアはない。その自動車を保有するある人のクルマはそのコンセプトを共有しながら、その人のアイデアによって、すなわちそのオーナーの主観やクルマを介した経験の総体によってその人自身のクルマになっている。だから、その主観に基づくアイデアを他者がそのまま受け取ることはできない。ある人の考えは考えられているあいだは観念であるが、その観念を他者に伝えるためにことばにして表現すると概念になる。それが誰からも解されず、共有されなければ概念化は試みられたが、観念、アイデアに留まったことになる。

このように概念は観念を基盤にしているが、ことばになりようがない心像やその一部については概念にならない。この点、ことばなしには概念が成り立たないとしたヴィゴツキー（Vygotsky 1956）のいうとおりである。ことばをもたない動物における概念形成や人間でも聴覚、味覚、嗅覚、あるいは運動感覚的になしうる分類行為など、基本的に語彙の乏しい領域でなしうる分類の背後には、概念を導くような仕分けやまとまりができていることはあきらかである。それによって具体的なまとまりのかたちもできるだろう。だが、それをある名辞で示せないとすれば、それ自体は表象の分類ではあるが概念にはなっていない。したがって、本書の見方では人間以外の動物に見いだされている概念形成とは動物の表象形成に対して人間がおこなっている概念形成のことを指しているということになる。

## （三） イメージと表象

ところで、本書では「イメージ」ということばは、たとえば「イメージ論争」といった一般的に受け入れられている用語として用いる場合以外では使わない。というのは、イメージ（image）は心像（[mental] imagery）の上位概念で、ほかにも広範に諸像を包括しているため、万能ナイフのごとく間に合わせにはよいが、使い勝手はよくないからである。たとえば、心像をことば以外の客体に表現した像もイメージだが、それを名づけるとすれば何と呼べばよいだろうか。サルトル（Sartre 1940）が応えている。彼は写真や図、絵画、あるいは彫刻や舞踏、演劇、ビデオ、映画など媒体に表現された像を“image physique”と呼び、心像から注意深く分離した。その訳語は事物象、物象、物的イマージュなどさまざまに試みられている。簡潔に物像と呼んでもよさそうだが、のちにみるように明治期に道徳や教育の分野で活躍した思想家西村茂樹（1885–86）は知覚心像のことを物像と呼んでいた経緯がある。また、仏像と同音で落ち着きもよくない。そこで本書ではこれを「物象（physical image）」と呼ぶ。サルトルは心像を表現した像としてこのことばを用いたが、人間以外の動物たちが威嚇や求婚などの際に特定の固定動作パターンをとることや巣作りなどに発揮する造形も、人間の表現行為としての物象と連続しているとみてよいだろう。しかし、たとえば人間を含め、生物一般が身体に多様な色、かたち、模様をもつことは人間の衣装や化粧は別として心像表現とはいいがたく物象ともいえない。とはいえ、これらもまた心像や物象とは別のイメージにほかならない。同様に、生物以外の自然が織りなす形象、天空の雲のかたちや銀河、海の波濤や川の流れもイメージである。このようにイメージはまさにあらゆる像を包括した概念になっている。本書ではこのイメージに内包された諸概念が探求の焦点になっている。だからイメージという概念の水準で何かを語る機会はない。

これと並んで表象（representation）も扱いが困難な概念である。とくに訳語としては歴史的な変遷も含めてかなり多様な適用がなされ、たとえばすでにみたように、アリストテレスではphantasiaについてこの訳語があてられたことをはじめ、ときにはideaやimageryの訳語としても使われてきている。その結果、上記の心像についての先にみた国語辞典の語義のごとく、しばしば表象を心像と同義とする言表もみられる。そのかぎりでは表象は冗長なことばでしかない。しかし表象をrepresentation、すなわち再表示ないし再現示としてとらえる場合は、こころや頭のなかに外部の景色を模写しているという幻燈モデルを潜在的にせよ前提にしている。そうなると、心像は時空に自由性をもった不定流動としてあるという見方からすれば、表象は独自の身分をもっていて心像の言い換えにあたらないことになる。だが、もしその心的な再表示の意味が心像としては曖昧流動でありながら、只今の知覚対象との関係性をもって成立している知覚心像のありようを指している（たとえば、瞼を閉じている状態からそれを開いた瞬間に眼前に広がる光景）とするなら、この物象との関係のなかで成立している像を心像そのものと呼ぶには余りあるだけにこれを表象と呼ぶのは適切だろう。

同様の文脈で表象はときに文化論のなかで論じられる。この場合、文化現象一般における作品の創造や消費との関係性に representation としての再現性や代表性をみる行為の次元が切り開かれている。これは端的に物象との関係性に表象をみて、物象のことを指しながら同時にそれを解釈したり美的に判断したりする主観も指して、その両者を含ませている。本書においても表象を物象との関係を前提にした心像、および心像との関係を前提にした物象の両者を対にして指す概念としてとらえる（図１・１）。したがって、文脈によらずただ表象といった場合は心像であることも物象であることもあり、どちらにせよ他方との関係を含んだ状態の像を指すことになる。概念としての階層関係でいえば、表象はイメージの下位概念で、心像と物象の二者を包摂する概念ということになる。

以降本書において他者の引用のなかで以上の概念を用いるとき、本書の見方と異なることがあきらかな場合は、そのつど指摘する。

### 1・1・3　古代から中世へ

想像観の変遷に戻ろう。舞台をギリシア・オリエントのヘレニズムを越えて古代ローマ、紀元前後を境にしたローマ帝国初代皇帝アウグストゥス（Augustus: Octavianus）の時代に移す。この時期に活躍したふたりの人物に着目するためである。一人は『建築書（De Archtecture）』の著者として知られる建築家ウィトルウィウス（Vitruvius）、もう一人はローマの住人ではなかったが、アレクサンドリアの哲人フィロン（Philo Judaeus）である。

まず、建築家ウィトルウィウスだが、彼は建築家にとって学ぶ必要のある学問について語るなかで、文法、絵画、算術を含む幾何学、歴史、物理的自然学を含む哲学、音楽、医術、法律、天文学をあげ、こう述べている。

「建築の学問は多岐多数の知識で修飾され豊富にされているので、子供の時からこれらの学問の階段を登って文学や技術の膨大な知識に養われ、建築の至高の聖域に到達するのでなければ、急に正当に建築家の職に就くことは不可能だ」

総合的な知の錬成によってローマ帝国の象徴でもあった巨大建築の設計が可能になったという推論につながる話は誰しも納得するところだろう。ただ、このような途方もない学びは到底一人の人間になしうることではないのでは、とも思われよう。これに対して、彼はこう付記している。

「すべての学問は互に内容の連絡交流をもっていることを知る時、この人たちもこうあること（多くの学問に精通すること）が可能なことを容易に信ずるであろう。学問全体は、実に、一個の人体のようにその肢体から構成されている。それで、若い時からいろいろな教養で仕込まれた人は、あらゆる書き物に同じ特徴を認め、あらゆる学問の共通点を認め、そしてこのことから割合い楽に全体を知るのである」

このように学び知ることについてはただ建築家ばかりでなく、いかなる分野の専門家にとっても同様にいえるとしている。

こうして紀元前後から数百年のローマでは数論、幾何、天文、音楽という伝統的な自由科目の源泉に共和政ローマの時代に大きく開花した文法、弁証（論理）と弁論（修辞）を加え、さらには医術や建築術、法律といった実学的な科目に絵画なども加えるかたちで、むろん語る人によりその縁取りはやや異にしながらも、ギリシア由来のエンキュクリオス・パイデイア(enkuklios paideia)[*5]のローマ的発展型としていわばラテン・リベラルアーツと総称されうる学芸のありようができていった(半田 2010)。リベラルアーツとはしばしば職業的技術の養いから切り離された学芸という解釈がなされる。だが、この経緯をみれば、元来はそれとは反対で、それこそソクラテス/プラトンが好んで用いた靴づくりの技術も弁論、弁証と並べる自由な学芸のありかたを指していたことがわかる。奴隷的技能といわれる技術知も、ローマの奴隷身分が解放される通路をもち、その解放奴隷が哲学者や偉大なる軍人や政治家となって後世に名を残すような自由性がローマの現実的特性の、稀ごとではあったにせよ一面であった。このことからすると、そのラテン的な実学を、知を愛し求める一線におく自由性こそがまさにその名のとおりのリベラルな学芸の本懐といえよう。

この自由な学のあり方においてヴィーコ(Vico 1710)は古代ローマの人たちが神々から授けられた限りある人間の知において、だいじに考えていた能力が判断や考慮、願望を含む感覚(sensus)、それをつうじて掴んだものを保管する記憶力(memoria)、記憶の内容を引き出し形象をつくりだす想像力(phantasia)、さらには異なるものごとのあいだに共通性を見いだしつなげていくインゲニウム(ingenium)であったと述べている。なかでもインゲニウムについてはこれを人間の本性(natura)とみていたが、この解釈はウィトルウィウスの見解に合致する。また想像力を記憶力と一体化して重視していた点についてはつぎにあげるフィロンにもよくみることができる。

そのフィロンは帝政初期にアレクサンドリアで活躍した哲人だが、やはり文法、修辞、論理や幾何、天文、音楽を内容とする学環知の重要性を指摘している。フィロンはモーセ五書の注解を主軸にユダヤ思想の哲学的な解釈を仕事にした人であった。そのためその説明は比喩豊かになされている。平石(1984)はその例示を解説しているが、たとえば、徳の実現としての哲学、その準備教育としての円環的諸学科という構造の説明には哲学の家(そこにいる女主人サライとしての哲学)やそこに至る階段やミルクといった隠喩が用いられている。これらが『創世記』の内容を背景にしていることはあきらかである。さらに、哲学の家に住む女主人は齢九〇、すなわちこれは老賢にして子をもうけたサラを示唆している。その女主人に仕えサラに子がなかなか生まれなかったことで、側妻として夫アブラムとのあいだで子をもうけたのはハガルであった。ハガルは高慢になったことからいじめられて逃げだし、そののち神に諭されて忍従し主人のもとに戻る。そのハガルを準備教育としての学環知に位置づけて説明している。

ここにギリシアの知とユダヤ思想との融和、哲学に神の知恵を結びつける試みを読みとることができる。このフィロンの功績はその後もローマよりも一層ギリシア知の伝統に厚く、宗教的にも寛容であったアレクサンドリアにおいて受け継がれていき、約二〇〇年ののち、二世紀後半の同地で活躍した教父クレメンス（Clemens）が今度は『新約聖書』をもってキリスト教とラテン・リベラルアーツの結びつけをおこなうことになる。これらの融合は後から考えると、自由学芸のその後の命運を決する重さをもっていたのだが、同時にそれは自由学芸のもとで躍動した大いなる想像を、絶大な権力をもってそのまま力任せに具現化させていった帝国の威勢の終幕を意味するものでもあった。

帝国文化の想像力はその権勢と湯水のごとき財のもとでの自由な振る舞いが許されなくなり、キリスト教義によって一転、神の下に頭を押さえつけられ、それでも湧き上がる力は静想や黙想に昇華されていくことになる。この想像力の捕囚を決定づけた象徴的なことばとしてクレメンスと同時代に生きた教父テルトゥリアヌス（Q.S.F.Tertullianus）の「不合理ゆえに我信ず」をあげることができる。これはテルトゥリアヌス思想をあらわす後世の要約といわれているが、イエスの復活はいと高き想像であるからこそ信じられると語ってしまうことで、絶対信に対して想像力はまるで孫悟空のように信仰の手の平のうちで飛び回るものかのように相対化され、見ることは信じることのみならず、想像することもまた信じることに従属させてしまったのである。

ところで少し戻るが、古代ローマにおけることばどおりの自由学芸の興隆と、それゆえの知として想像力が大いにもてはやされたという見方は、ゆめゆめ現在の公教育制度を想い描いてとらえうるものではない。それはローマ市民のためのものであったが、そもそもこの市民という概念が、現代のわたしたちの社会における市民とはまるで異質であり、数多くの奴隷身分（紀元前後のローマ帝政初期の場合、全人口の七割以上が奴隷身分であったという）を背後に据えた特権階級のことであった。そうした市民のなかのさらに求める一部のために教育と学問があり、ラテン・リベラルアーツはそこで養われた選民的な知としてあった。帝政が傾き、入れ替わってキリスト教勢力が増強拡延するなかで、次第にそのエリート学知の生態域は教会の特殊空間に吸い込まれていく。さらに西ローマ帝国が滅亡し、ローマカトリックの権勢が確実のものとなった五世紀末期以降は主として修道院[6]のなかに閉じこめられることになる。

三世紀以降そこに至るまでの二〇〇年、軍人皇帝が相次ぐ時代の帝国にはおよそ知識人の出る幕がなく、学問は蔑ろにされる一方となった。リベラルアーツのなかでも数学諸科にはほとんど進歩がみられず、アーツの主脈はかつての共和制の象徴でもあった修辞、雄弁から次第に実学性の薄い文法に移り、ラテン文法の精緻化や体系化をおこなう文法家や、ギリシア由来の学知を要約的に著していく百科全書的著述家が主体になる。そのほかに知脈をすくい育てたのは教会であった。知ることに動機づけられた人たちはそこで一部ギリシア由来の学問に触れるも、主たる教科書は当然聖書であった。知識人の主体はすぐれた教説にもとづき教える役割を引き受け、同時に信仰的に模範となる生活を送ることで教会からの権威づけがなされ、事実上当時の学知に長けた人たち、すなわちキリスト教父たちによって担われるようになった。学ぶことの大きな課題は神と人間の関係を理解することで人間存在の意義を知ること、哲学とともにその上部を構成する神学の位置づけを確立していく。自由人としての知の養い、すなわち人がみずからの力で哲学的問答をとおして修練していくことや、円環知によって人間的に完成されていくことは目的ではなく、より大きなものに向き合うための階梯的手段に置き換えられた。さらにキリスト教が好む象徴セブンで編成した学科のリベラルアーツをもって教会が最も警戒した自由を、とりあえずことばの上だけで反動形成的に取り込んだ。同時に、それらを学知の導入課程に厳重に押し留める体系をつくりあげた。もともとリベラルアーツの淵源にある力、その自由性と想像力はキリスト教内部では信仰に対する攪乱因子であった。したがって古典的知は聖なる学に対する世俗の学に位置づけられ、相対的には蔑みの対象になったのである（田子 1993）。

こうして自由七科の成り立ちには聖書理解のための初期階梯としてしつらえる一方、他方では自由を構造的かつ明示的に呪縛する目的が働いていたとみられる。さらにその背後をみれば、教会にとっての真の驚異はその学的な自由の背後で働く人間の想像力にあった。だから、その自由の制約を調節弁にしながら想像力を聖書解釈やキリスト教的な象徴世界の構築や理解に向かわせる制御も多様なかたちでなされた。それでも御しえない想像力は異端として漏れ出し、たとえば、グノーシス主義に代表されるような神秘主義に向かって潜勢し、占星術や錬金術の複雑にして難解な象徴や寓意の世界へと流れ出ていくことになる。

中世の学知の異界的な封鎖性もあって、聖職者以外の人びとの生涯は学校的学びとは無縁であったようである。アリエス（Aries 1972）は現代の歴史家を含めた常識観が人類の歴史における学校の重要性を誇張しすぎているとしたが、ではその頃、知識はどのように伝えられ、共有されたのか、という問いにこたえるように、次のように述べている。

「知識は、学校という検疫所でそれだけ切り離されて教えられたのではなく、子どものときから、それぞれが集団のなかで与えられた機能を、行使することによって身に付けられた」

この事情は同時期のどの世界でも同様であったにちがいない。

こうして遍在ならぬきわめて偏在的な知的環境が長い暗黒の中世をもたらした。その異界に踏み込まなかった圧倒的多数の人間の想像力にとっては、風土を反映した民俗的で牧歌的な雰囲気を携えながら、素朴に同じところを巡り返す千年の時であったといえるかもしれない。

### 1・1・4　イコンと偶像破壊

先に進む前に、中世のキリスト教文化においていわば想像力のレンズとして機能していた道具立てについて簡単に触れておく。それはキリスト像、マリア像、あるいは十字架といった偶像（icon）である。カトリックにおけるこれらへの崇拝は中世初期からあらわれ、これらが果たしてきた機能は仏教でいえば、仏像、曼荼羅であり、その他多くの宗教の場合と同様、その威力は絶大であった。これら偶像はいうまでもなく知覚にあらわでない超自然、超越的な存在の指標、あるいはその力を媒介する知覚可能な物質やかたち、または想像において開かれる別世界への仲介として働いた。つまり、偶像は典型的な象徴（symbol）であった。象徴は想像力発露のプラットホームのようなものである。だから、その一方で想像力への蔑視と抑圧が厳しかったということとは一見矛盾するようだが、警戒が向けられたのは想像力の自由奔放さであった。抑圧しようにも止められない人間の逞しい想像力ゆえに、なすべきことはその力を解放させず、制御することであった。そのために偶像やそれと向きあう静想や黙想がその先の超越へと想像力を収斂させるレンズとして用いられ、その力を強い信仰心の形成に転換したのである。その意味では中世をつうじて人間の想像力は神に向かう理性のもとで貶められ、封じられたというよりも、芸術性も調達した教会の圧倒的な象徴体系によって巧妙に発動され、またその機会を提供されていたというべきかもしれない。似たような偶像（イコン）を介した想像力の集成現象はとくに短期間の場合は時代を超えて普遍性をもち、二〇世紀のファシズムや中央管制型マスメディア、少し前のバブル現象やこんにちのケータイやインターネットにもみることができる。

中世キリスト教における偶像を介した想像力の集束的発露は八～九世紀に至って、その横溢ゆえにたとえば、ビザンティン帝国では偶像破壊運動（Iconoclasm）を惹起し、果てには東西教会の分裂を導火した。また、中世の終焉を告げた一六世紀の宗教改革も背景には偶像崇拝の可否、換言すれば想像力発動の基盤や統御の仕方をめぐる争いがあった。それらの論争や争議、さらに改革や分裂につながる争乱には、象徴という構想の結節を介してニューロンのように可塑的につながっていく個々人の想像力の有機的な性質が垣間見れる。また、偶像という象徴の表現の仕方自体は、たとえば仏教にみるように木像よりも絵像、さらには名号を是とするといった具合に時代とともに次第に聖性のプロトタイプ化や抽象性を増したロゴス化を強めることはある。しかし、少なくとも集団において想像力の横溢を防ぎ、収斂を図ろうとする際に不可欠の道具になってきたことはあきらかといえる。

### 1・1・5　サン・ヴィクトルのリカルドゥス

学知的な環境では偶像を仰ぎ見、うつむいてはひたすら聖字を追って静想し、そこにあらわれた解釈をめぐって果てしない論争が繰り返されるという長い中世期が過ぎていった。変化の兆しは一二世紀頃、ルネサンスの兆しとともにやってくる。ここでは八世紀末のカール大帝によるカロリング・ルネサンスを機にして体系化に向かったスコラ学において、やがて文化全般にわたって生じた人間自身への関心、魂の向け換えというパラダイム転換の気配があらわれた。その形跡を二人の神学者において簡単にみておく。一人は一二世紀の神秘主義神学者（パリの）サン・ヴィクトル（修道院）のリカルドゥス（Richard of St. Victor）、もう一人はその翌世紀に活躍したトーマス・アクィナス（Thomas Aquinas）である。

サン・ヴィクトルのリカルドゥスは、“De praeparatione animi ad contemplationem/Beniamin Minor”において、想像一般は観想の実践を堕落させるという中世神学の基本的な解釈を踏襲する。だが、そのうえで想像力は理性の従者として観想の道をゆくために不可欠であることを強調し、しかも感覚・感情という別の心的作用との関係を取りもつという構造を聖書の登場人物とその関係を比喩にしつつ説明した。この想像力に対するあきらかな価値転換は、それまで眠っていたアリストテレスについての考察（その自然に対する分析的思考を厄介払いするために奥にしまい込まれていたと思われる）を掘り起こすこと（これもまたルネサンス思潮の特徴の一つであった）によって得られたものと考えられる。しかもこのモデルは六〇〇年後にカントが感性・構想・悟性・理性の構造に示した礎型といえるものでもあった。そのことを示すリカルドゥスのことばはつぎのとおりである。

「感覚能力（sensualitas）は感情傾向に従順であり、表象力（imaginatio）は理性に奉仕する。侍女たちの各々は、その彼女たちがいなくては全世界が何ものをも主人たちに与えることができないと見られるほどに、各自の主人にとって必要な者であることが知られる。すなわち、表象力なしには、理性は何も学び知らずにいるであろう。感覚能力なしには、感情傾向は何も識別しないでいるであろう」

ここで訳者石井雅之はimaginatioを表象力としている。これはリカルドゥスが感覚したものをこころに描くこと、たとえば家や黄金を見てそれをこころに描いたり想起して描くことをimaginatioとしたこと、一方、それらの表象を使えば未だかつて見たことがない黄金の家も想い描けるわけで、これをspeculatioとして分けみたことによる。石井はそのspeculatioのほうに想像の訳語をあてている。これはphantasiaをimaginatioとspeculatioに分けみること、あるいはphantasiaからimaginatioを切り出し、表象をつくるimaginatioとそれをつうじて未経験のものにも思いいたすphantasiaを別の過程と考える見方に沿っている。このようにimaginatioとphantasiaを分けみることは一一世紀初期の中東でイスラム思想史上最高の哲学者といわれ、中世ヨーロッパの思想にも大きな影響力を及ぼしたといわれるアヴィセンナ（Avicenna（Ibn Sina））の想像観に認められる。リカルドゥスはおそらくその見方を踏襲したと思われる（リカルドゥスがあげている黄金の家の例示はアヴィセンナが用いていたそれと同じであった）。

リカルドゥスはつづけてつぎのように語る。

「表象力すなわち侍女が、主人と奴隷の間を、つまり理性と感覚の間を、走りまわるのである。そして彼女は外から肉体の感覚を通じて汲みとるもののすべてを、理性への従順のため内へと表現する……感覚がないときでさえ、彼女（imaginatio）は単独で仕えることをやめない……実際、暗闇の中に置かれたとき、わたしは何も見ていないが、欲すれば、何であれそこに表象することができる」

ここでいう侍女とはヤコブの妻ラケルについていた侍女ビルハを指している。ラケルは理性を象徴している。ヤコブのもう一人の妻レアは感情を象徴し、その侍女ジルパは感覚に喩えられている。ここに最良と完全の源泉には理性だけでなく感情も伴っているという比喩の構図が認められる。

このようにリカルドゥスは想像力を理性に必須の従者として重視した。だが、手放しで持ち上げたわけではない。伝統も引き継いで、ビルハのおしゃべり好きはラケルの言うことを聞かずに暴走しがちであり、ジルパの酔いどれ調子もレアを乱すことがたびたびであると指摘している。理性にとってだいじな静想的観想のことを考えれば、あれこれと騒がしいこの従者はときに邪魔になる。だから過去長きにわたってその放蕩ぶりが警戒され口封じされてきたのであった。だが、リカルドゥスはその欠点を上回って、想像が一つには感覚や感情とのあいだをつないで世界の認識を内側の理性と結びつけるうえでだいじであること、もう一つには理性が観想に向かいその不可視の対象を考え、判断するうえで不可欠な働きをする点を評価した。

彼はいう。観想に向かい不可視のものを理解するといっても、実際のところこれは不可能に近い。だから、その無理をとおすことで誤魔化したり、無視したり、諦めたりするのではなく、実際に理性的に考えられるようにするには、想像力を適切に使ってうまく可視化すればよいのだと。ラケル（理性）は子どもがなかなか産まれなかったので、代わりに侍女ビルハ（想像力）を夫にゆだね子どもを産んでもらったのだが、聖書が伝えている真意はここにあるとしている。そもそも聖書がこのように寓話表現することも、理性の対象である不可視のことがらを想像力を用いて人間や自然の諸物、その出来事や関係に可視化することで考察を促進し、真意を伝えようとした結果であるとし、つぎのように言い添えている。

「理性は、誤った偽りの善きものどもに思考を据えるより、どんな仕方であれ真の善きものどもを考えること、そして少なくとも表象における限りの、或る種の美しさによってそれらに対する願望へと魂を燃え立たせることのほうがより適切である」

こうした解釈の結果、これまで俗世と切り離されもっぱら、いと高きものに向けられ、それゆえに痩せ細っていた理性は、想像力の手を借りつつ現実世界での実践や人間そのものの洞察に貢献する道を開き、同時に自身に滋養をつけることになった。これは中世一千年の眠りから精神が目覚めはじめたモメントの一つであった。

リカルドゥスの見解はあとにつづいた思想家たちに引き継がれていく。ただし、想像力の身分についてはしっかりと抑制がかかる。リカルドゥスの見方は想像力を二分し、一方に理性と協働し事実上思考を担う役割を想定したものであったから、その革新性は想像以上に大きすぎた。たとえば、一二世紀イスラムの哲学者アベロウェス（Averroes（Abu'l-Walid Ibn Rushd））はアリストテレスの見解に依拠しながらも人間の心的諸力については、共通感覚、想像力、評定力、記憶力の四つがあるとし、リカルドゥスのいうimaginatioを想像力とし、想像力に位置づけていたspeculatioをむしろ評定力としてとらえる見方を示した。さらにトーマス・アクィナスもその見方に沿った考えを提示した。そうしたこともあって一時その存在と機能が大きく拡張した想像力は出る杭が打たれた恰好で近代に向かうことになる。

ともあれ、この頃は時代的にも封建貴族が純粋に内部に閉じられた特権生活を持続していくことが許されなくなり、商品経済の萌芽とともに中下層階級からの成り上がりや、階級間の交流、移動が起き始めていた。その傾性はこころの過程に注がれた眼差しにも同様に生じ、高貴な理性と騒々しく間違いのもとになる想像といった心的機能のヒエラルキーもまた少しずつ崩れ始めていた。むろん、精神の大聖堂の瓦解が黙って見過ごされたわけではない。目覚めだした精神に対してはこの頃から異端審問所による密告と拷問を手立てとする規制が強化されていく。これによって無数の覚醒の芽が歴史に残る間もなく摘まれたはずである。デカルトが異端審問にかけられたガリレイの噂を聞きながら、理性を正しく導き、真理を探すための方法を一般の人たちに向けて異国で匿名発表し、そのことばを歴史に留めるに至るまでにはさらに五〇〇年を要した。

### 1・1・6　トーマス・アクィナスと想像力

西欧中世後期の学的営みの中軸をなしたスコラ学は修道院における聖書解釈やそれをおこなった教父の書の修学から芽生え、信仰の理解から神学がかたちをなすなかでその理論的基盤になるものとして確立していった。その体系化にあたって導入が進められたアリストテレス哲学の影響もあって、キリスト教神学において一貫して流れていた想像力に対する蔑視、あるいは悪魔的な力としての敵視は少しずつ変化し始めていた。この章の冒頭でみたようにアリストテレスは想像力研究の源流に位置づけられる人でもあったからである。むろん、一千年の長きにわたり、固着化した世界観が簡単に転回するわけはなく、その分水嶺の思潮には引き潮、満ち潮の往復があった。偶像破壊や異端審問、魔女裁判といった過激な活動が起きたり、カバラやヘルメス主義のような種々の神秘思想や錬金術、魔術が周縁地下的に潜勢化し、それらがあたかもプレートテクトニクスのように、時々跳ねて大振動をもたらしたりと、さまざまなうねりが生じた。しかし、想像力が日常社会に湧出しだしたことで世界観はあきらかに広がりはじめ、とくに古代の自由精神をその根に宿していたイタリアではルネサンスに結びつくことになる。ここではもう一人、リカルドゥスの想像観にみたスコラ的変化を引き継ぎ、近代へとつなげた代表的人物として一三世紀にナポリとパリのあいだを行き交いつつ膨大な仕事を成したトーマス・アクィナスの想像観に触れておく。

アクィナスは『神学大全（1267–73）』の第一巻第七八問題で魂の諸能力についてとりあげ、その第四項で内部諸感覚の区別に焦点を定めている。そこでとりあげたことの一つは先に触れたリカルドゥスやアヴィセンナなどが示した二つの想像、phantasia（speculatio）と imaginatio を区別して考えるかどうかという問題であった。結果として、アクィナスは先のアベロウェスと同様、想像を一元的にとらえうるとし、その役割については「感覚をつうじて受容されたかたちの倉庫」であるとした。その保存役には能動的、積極的な役割はなく、そこから観念を導き出すのは評定力

(estimative power) であり、そうして生み出された観念のための倉庫としてはまた別に記憶力 (memorative power) が用意されているとみた。したがって、同じ倉庫でも想像の倉庫としての役割は原材料の一次倉庫であり、その材料を使ってつくられた生産物のための記憶の倉庫とは一線が画された。

また、想像に関連したもう一つの強い主張は第八四問題の第六項「知性的認識 (intellectual knowledge) は可感的事物から受けとられるのか」という問いのもとでなされた。そこでは想像は全面的に感覚に依拠しているけれども、知性的な認識、評定力がその想像を、抽象によって変形し、可知的なものにするとした。つまり、ギリシアの知に回帰し、表象力や評定力からなる知性的認識は感覚と切り離されているわけではなく、感覚由来の表象を可変することで、不変の真理に達しうるとした。その結果として「表象力のうちに受動的能力のみならず能動的能力をも措定しなくてはならない」とし、単なる感覚似像としての想像の役割を拡張しうる可能性を明言した。これはリカルドゥスの見解を評価し取り入れた結果であったが、

「アリストテレスの見解にしたがって、表象のはたらきは結合のはたらきであると考えるならば、そこには何らの困難も結果しない」

と綴っている。

それにつづく第七項では「知性は表象像に自らを向けることなく、自らのうちにもつ可知的形象 (the intelligible species) によって現実的に知性認識することができるか」という問いに至る。そしてつぎのように答える。

「わたしたちは真理や神や天使を認識している。しかし、こうした非物体的なものについては感覚でとらえられないから、実際には感覚に依拠したいかなる表象像も存在していない。つまり、表象力は時空間に拘束されてお

り、それを超越することができない。だから、もし、わたしたちの知性が、自らを表象に向けることなしには何ものも現実的に認識できないとしたら、いかなる非物体的なものも認識できないことになってしまう」

こうして知性的認識は必ずしも感覚由来の表象に依拠するわけではないと確認する。ただし、それでも非物体的なものを知性が認識するには、物体的なものとの比較によって考察するしかない。そういう意味では結果的には表象なしでは済まされず、知性は表象に向かう必要があると結論づける。

「知性が、新たに事物についての知識を獲得する場合のみならず、また既に得られた知識を使用するにあたっても、およそ現実的に認識のはたらきをおこなうためには、表象力などいろいろの力の活動を必要とする」

実際、

「ひとは何らかのことがらを知性認識しようとするに際して、実例という仕方でもってある表象を形成し、こうした表象において、自己の知性認識しようと努めているところのものをいわば見てとる」

「表象像のない諸々の非物体的なものがわたしたちに認識されるのは、表象像がある諸々の可感的物体との比較によってでしかない」

そして

「人間知性は可視的な事物のこのような本性を通じて、不可視的な事物についての何らかの認識へも上昇してゆく」

と述べる。このようにして神聖な領域とつながる理性的認識を感覚由来の世界に結びつけるフィールドとしての想像観が提示された。

中世末期、一二世紀ルネサンスを特徴づけた多様なギリシア文献のラテン語翻訳の成果と受容、スコラ学の確立とともに、人間自身への関心の高まりが天と人とのあいだにある魂とは別の自身のうちにあるこころの過程への眼差しを導いた。陽の目をみた想像力はときの絶対君主に寄り添いながら、まず芸術と文学においてルネサンスを切り開くことになる。だが、人間にとっての想像力が制御の効かない振る舞いをすることはリカルドゥスの指摘したとおりであって、その得体の知れない大きさや粗野な性質の危険性はわずかな解放で容易に感じとられ、先にみたように陰惨なものも含め具体的な規制もおこなわれた。だから、ルネサンスを経て近代啓蒙期へと至る道程でも知識人たちの想像に対するコメントの多くは抑制的で注意深いものが目立ち、その評価は常に揺れつづけた。

### 1・1・7　ルネサンスから近代へ

西欧の中世から近代に至る過程、すなわち大まかには中世後期、予兆先駆け的な八世紀ころのカロリング期のルネサンスやハスキンス（Haskins 1927）が示した一二世紀ルネサンス、さらにはその後一六世紀にかけてのルネサンス盛期まで比較的長い時間をかけて、想像力に対するわたしたちの認識はゆっくりと変化していく。カーニー（Kearney 1988）はそれを静態的な似像づくりの想像力から動態的、創造的に産出する想像力をみようとする観点の変化であったとしている。それは彼の著作の標題“The Wake of Imagination”そのもので、知を養っていた人たちにとっての未だ眠りのなかにあった想像力の目覚めであった。このルネサンスにおける変化は当然、その基底にあった人文主義、さらに古典文芸、学芸の復興とキリスト教世界観との融合のなかで人間自身への関心が高まったことに支えられたものであった。天上から注がれる視線は自分たち自身を見つめ合う眼差しに変化し、その自分たちの目からみえる世界が正当性をもった表現になり、人間としての主体性が取り戻されはじめたのである。それは古代への回帰というかたちをとりつつも、実際はまったく新たな精神の覚醒であった。

自身の主体的な眼差しが最もわかりやすいかたちであらわれたのは絵画における線遠近法の手法および理論（Alberti 1435）の確立であった。それはユークリッド幾何学やウィトルウィウスの理論の援用という古典回帰のかたちをとりながら、自分たち自身に見えている視野の忠実な再現という写実への冒険であった。冒険者たちに続き、天才レオナルド・ダ・ヴィンチ（Leonardo da Vinci）は遠近法をさらに色彩や遠景消失に展開することで遙かのちにギブソン（J.J.Gibson）が語ることになる包囲光配列を表現し、人間の環界（Umwelt: von Uexküll）を二〇世紀に先駆けてとらえてしまった。文学における遠近画法にあたる典型といえば、男女十人が語った十色の十日物語、ボッカッチョ（Boccaccio）の『デカメロン』（1348–53）であろう。そこで縦横にあらわされたストーリーは中世キリスト教の天上の語りとは異質な自分たちの世界に生きる等身大の写実表現であった。これらが大いなる冒険であったとは、現代人からすればにわかには了解しがたいことだが、神が創造された世界のあるべき姿から、自分たちが見ている身丈の現実をそのまま描くことに降りたことは初めて月面に降り立ったアームストロング船長の名言そのままの人類にとっての大きな飛躍にちがいなかった。

ここでの関心にそくして想像力観についていえば、前項までにみたように、神学のなかでも想像力に対する見方には聖書解釈を支えた新プラトン主義の圧倒的な影響力が薄らぎ、アリストテレスによる知覚と思考の媒介過程としての見解が導入されたことになる。それによって天の超越との関係からではなく、人間のこころの内面の過程として想像力がとらえられるようになった。一四世紀はじめに著されたダンテ（Dante）では果てしなき嘆きがうめき響く地獄の縁で、罪を犯したわけではないのにイエス以前に生まれたがために彷徨している人たちが描写される一幕がある。そのなかでアリストテレスは哲学者たちの真中に座して知者たちの総帥として描かれ、ソクラテスとプラトンはその脇に位置づけられた。もっともルネサンスが人間の内面への関心を高めたということと、アリストテレスがギリシアの知のなかでは人間に対する自然科学的な分析思考をもっていたということのあいだの親和性はそれほど単純に解せる性質のものではない。

むしろ、一四世紀にペトラルカ（F.Petrarca）を嚆矢とするルネサンス人文主義が興った背景にはスコラ学のアリストテレス主義ともいえる衒学に対する批判精神があった。ペトラルカはすでに形骸化しつつあったスコラ学への批判とあわせて自己の内面に向けた省察を重視した。彼は好んで詩を用いたが、その詩想に託した想像は密度の濃い、深く沈んでいく考想や志想としてのそれであって、決して気ままな空想ではなかった。『わが秘密（Secretum）』のなかでは直接その点に注意を喚起している。人間はあれこれと目に映るものにばかり気を取られていると、何でもかんでも取り込んでしまい、次第にそれらを材料にして表層的な空想を楽しむだけになる。結局何も根付くことなく、したがって実も結ばずに終わってしまう。想像力は幻との戯れに使うものではなく、たとえば生に導かれていくための死の省察など、謙虚に対象を精選し、己の内奥に向けられるべきものだと語る。

ルネサンスはひたすら高きものに向けられていた想像力を人間自身のなかへと向け換え、伴ってそれによって覚醒した精神の実践による幾多の歴史的創作をもたらした。イタリア・ルネサンスの盛期、ボッカッチョ、ボッティチェルリ（Botticelli）、レオナルド・ダ・ヴィンチ、ミケランジェロ（Michelangelo）、ラファエロ（Raffaello）等々、文芸、美術に花開いたフマニタスはさながら目覚めた想像力たちの舞踏会であった。

とはいえ、長く抑圧されてきた想像力の地位は簡単に復権したわけではない。想像力は人を誤りや堕落に導くという考え方はこの時代の多くの思索家や哲学者たちに残りつづける。たとえば、フランス・ルネサンスの人文主義を代表するモラリストであったモンテーニュ（M.E.de Montaigne）は『随想録（Essais）』（1588）において“Que sais-je ?”と問いつつも、ものごとの最終的な判断基準を自分におくことを繰り返し提起する随意想像の書を残したが、その類い稀な随想をなしながらも、こと想像力を対象化して考える際にはそれを誤謬の因としていた。彼はいう「自惚れは我々の持って生まれた病である」。その思いあがりは想像力がもたらすもの「空なる想像によって、彼はその身を神に比べ、その身に神の性質をさずけ」ると嘆き、強い想像力は異変を生むと警句を発した。だから、おもむくにまかせた気軽な随想に意を注いだということかもしれないが。
この書に多くの示唆を受けたというパスカル（Pascal 1670）もそれから一〇〇年後、同様に、

「想像力。それは人間におけるあの欺瞞的部分、誤りと偽りとのあの女主人。いつもわるがしこいときまっていないだけに、それだけいっそうわるがしこいもの」

と綴った。だが、邦訳では『瞑想録』と訳されることもある彼の『宗教その他若干の主題についてのパスカル氏のパンセ（考想）。これらは氏の遺稿のなかから見いだされた：Pensées de Monsieur Pascal sur la Religion et sur quelques autres sujets, qui ont esté trouvées après sa mort parmy ses papiers』という長いタイトルをもつこのすぐれた想像力の賜物は、

「空間によって宇宙は私を包み、一つの点として私を飲み込む。だが、思考によって私は宇宙を包む」

といったグランドビジョンを提示しながら偉大と悲惨との間に浮動する中間者としての人間の特性をとらえた作品であった。したがって、彼もまた想像力を「理性の敵であってこのんで理性を支配し統御しようとするこの尊大な能力」と記したのだが、しばしば散見される指摘とはちがって、パスカルの想像力観は必ずしも否定的なものではなかった。そのことを少し確認しておこう。
パスカルは上のように述べたのちに、つぎのように語っていく。想像力は単に尊大であるだけでなく、事実をみていくと、理性は結局、いつも想像力の前に屈している。その力は実際すべての人にそのように及んでいるので、

「想像力の振動によってゆさぶられる人間の行為をあげようとすれば、ほとんどあらゆる行為をあげることができそうだ」

とため息を漏らしてみせる。そして学問や法曹、医術といった理性と知性がものをいうはずの場でも、それらを上回って一層、想像力が幅を利かせ、権威や尊敬、信用を引き出すあらゆる道具立てをしているとして、その様を描く。そのうえで、

「想像力はすべてを左右する。それは美や正義や幸福をつくる。それはこの世のすべてである」

と想像力への完敗のことばを発するにいたる。

「われわれを必然的な誤りにみちびくためとくに与えられたかのように見えるこの欺瞞の能力の作用」

ゆえに人は誤りや過ち、論争、争いから逃れられない宿命にある。

「それゆえに人間は、真についての正しい原理を少しももたず、偽についてのりっぱな原理を多くもっているようなぐあいに、はなはだおめでたくできている」

そういうわけだから、

「人間は神の恩恵がなければ、打ち消しがたい生来の誤りに満ちた代物にほかならない」

とするのである。

ただし、神以外にこの力を黙らせるもう一つの力があり、それは暴君の武力であるという。

「世論と想像力にもとづく主権は、ある期間（一定期間）は統治し、そういう主権はおだやかで、自発的である。力にもとづく主権はつねに（延々と）統治する。したがって。世論はこの世の女王のようなものであるが、力はこの世の暴君である」

と。

こうして、パスカルは想像力を人間性の現実面に免れがたく作用しているもので、偉大にして悲惨な人間を理解するにあたって鍵となる力とみなしていたのである。あらゆる欺瞞や誤解、争いのもとになっているどうしようもない想像力。だが、それを取り除いたら人間の人間たる由縁が失われてしまう、それほど大きな働きを想像力にみていた。そしてこの理性や感性を圧倒する想像力こそは人間の悲惨さを知らしめるものであると同時に、懐疑と絶望から自身を救い上げる力でもあるととらえていた。だから、表面的にみられる想像力に対する否定や批判は、愛すべき人間のその力に対する彼特有の反語表現であったとみることができる。そのことは別の面でもたとえば、彼がデカルトなどの見解に反して真空の存在は現実には認められないが、可能性としてありうることをもって肯定していたことなどに、ことがらの真偽は別として彼自身の想像力に対する信頼をみてとれる。

パスカルと同時代の一七世紀、一人ひとりの人間に宿る理性の働きに光を当て、信頼を寄せた大陸合理論者たちにとっても、関心の中軸にあった理性に焦点を合わせるうえでは想像力は格好の対比としてあつかわれた。たとえば、いま触れたデカルト（Descartes 1641）の場合は、三角形をそのありありとしたかたちとして想像することはできるが、千角形や万角形をそれと同じように想像し、現前的にみつめることはできないといった例をあげ、たとえ、

「この（想像）力がわたしに欠存しているとしたにしても、疑いもなくわたしは、にもかかわらず、今あるのと同じわたしのままであることであろう」

とし、知り解するうえでの精神にとって想像する力は必須ではないと裁断した。デカルトにとって何よりもだいじなことはすべてを疑ったうえでもなお残るものとして人間のもつこころの過程を認め、中世の魔術的世界観から理性を脱出させ、自立させることであった。そのためには利用できるものは何でも使うというルネサンスのマキャベリズムの成果も盛り込まれ、想像力は対比効果の憂き目にあったといえるかもしれない。いわば想像力は中世から近代への脱出にあたって都合のよい踏切り板にもされたのであった。

### 1・1・8　経験論と想像力

人間の心的活動における想像の積極的な役割が注目されるようになった契機は、やはり一七世紀後半ころから一八世紀にかけて英国でその機運が芽生えてきた経験論の思潮にあった。たとえば、その端緒にあたるホッブス（T.Hobbes）は『リヴァイアサン』（1651）において「想像」について一章を割き論じている[*7]。彼はいう。想像とは「おとろえつつある感覚にほかならず」、「想像と記憶は一つのもの」で「おおくのものごとについての記憶は経験と呼ばれる」。したがって、感覚―記憶―想像は同義ということになり、これは彼が直接記したことではないが、経験論とはいわば想像論でもあると述べていたことになる。のちに経験論が想像の機能を重視していく淵源の一つをここにみることができる。

『リヴァイアサン』はデカルトがスウェーデンの地で息をひきとった翌年に発刊されたわけだが、デカルトが感覚や想像から切り離していた観念については考察の対象にしなかった。その刊行の年、一九歳であった青年ロック（J.Locke）は、オックスフォード大学でスコラ学に失望し、同様の失望を契機に広い世界に理性を開いたデカルトなどを学びながら、その血気盛んな時分に『リヴァイアサン』を新刊として手にしたことになる。のちにロックが五八歳で完成をみる『人間知性論（Essay Concerning Human Understanding）』（1690）には若いときに接したデカルトとホッブスの影響が陰に陽にあらわれている。すなわち、ロックはこの著作をもってデカルトの合理論に対峙する経験論の源流を生みだすわけだが、それにあたってホッブスが意図的ともいえるほど避け、デカルトにあっては生得的本有とされた「観念（idea）」を主題の一つに据えたのである。ロックにとって観念は「こころが思考するにあたり使うことのできるいっさいのもの」であって、そこには心像（phantasm）、思念（notion）、形象（species）が含まれた。ここで観念の例示として彼は“phantasm”ということばを使っているが、この箇所以外でこのことばを用いることはなかった。大槻春彦の翻訳ではこれを「心像」とし、また、“species”に「形象」をあてている。どちらについても想像の働きを前提としながら、image ということばの使用は避けている。それは彼にとっての観念が画像的な性質のものではなく、経験的な状態として想定されていたことによるのかもしれない。ロックの観念の性質を巡るこの種の論議は現代も哲学者たちの研究課題でありつづけている（e.g., Thomas 1999）。

ただしその一方で、ホッブスが考察の前面におさえた「想像（imagination）」そのものについては、ロックの場合、その役割を著しく軽くみており、どちらかというと習慣形成の基底にあって惰性を導いたり、場合によっては狂気に結びつくものとして触れるに留まっている。実際ホッブスの『リヴァイアサン』では観念（idea）よりも想像（imagination）ということばが五倍ほど多く使われているが、ロックの『人間知性論』では逆に観念ということばが想像の一〇〇倍も多く使われている。この単純な単語使用の頻度比較をみても、ロック思想における両概念の位置づけがわかる。『人間知性論』の「著者序文（読者への手紙）」にはつぎの一文がある。

「もしあなたがなにかかけているところにお気づきでしたら、私の書いたことがもっと書いてほしいという欲望をあなたに起こしたので、うれしい次第です」

これはデカルトの『方法叙説』の言い回しに学んだところを思わせるメッセージである。こうした書きぶりからは経験論源流としての方向づけを意図的に「観念」に大きく傾斜させ、その揺さぶりによって後の議論を誘発する狙いがうかがえる。

その彼は一八世紀はじめ、七二歳でこの世を去るが、ほどなく同じ英国に生を受けたのがD・ヒュームであった。彼は早熟にも二〇代の終わりにロックのメッセージを受けとめるかのように大著『人性論（Treatise of Human Nature）』（1733–40）を著し、イギリス経験論の正嫡的系譜を水路づけることになる（時は『リヴァイアサン』から約八〇年、『人間知性論』から約四〇年が過ぎていた）。この書においてヒュームは、ホッブスが着目した「想像」にロックがほとんど顧慮せず反対に「観念」の考察に誇張ともいえるほど重きをおいたのに対して、揺り戻しをかけて均衡をとる試みをした。

その揺り返しにもちいた概念の一つが「印象（impression）」であった。ホッブスもロックもこのことばを使っていたが、すでに述べたようにとくにロックにおいては「印象」も相対的に観念の陰に隠されていた。これに対してヒュームは知覚の結果を印象と観念の二つに分けておさえることで、観念だけが前景に展開されたロックの見方に、印象を引き出して並べおいたのである。結果的にヒュームの「印象」言及数はホッブスの約四五倍、ロックの約七倍になった。これにより観念への大きな傾斜は緩まった（表1・1、表・図1・2）。

ただし、ヒュームは観念よりも印象のほうが内容がもつ勢いと鮮度において勝っているだけで、基本的に両者はそれらの程度のちがいにすぎないとみていた。印象は感覚由来の知覚や情緒であり、観念はそれらを表象として再現した思考の素材になるものであった。したがって、印象と観念は場合によってはほとんど一致することもある。また、少なくてもすべての単純な観念はそれに対応する印象から生じることになる。ただし、情緒（passion）の作用による情念としての観念は直接生成され、たとえば、共感などでは逆にその観念が印象を導くという経路もあることを論じている。これはいわば認識におけるトップダウン・プロセスを認めていることになるので、このルートにア・プリオリな観念を想定すれば、カントのモデルに発展していく構図ができたことになる。

また、複雑な印象から複雑な観念がつながるときは、かならずしも両者は合致せず、印象の一部が欠落したり、別の印象が加わったりするとみた。さらにここには観念自体に由来する反省の印象が再帰的に加わることも想定されている。こうしてこころの過程で生じる自己組織的な内部経験が経験論の枠組みのなかにとらえられ、この経験にあずかる働きこそが想像（imagination）にあたるとされた。想像が観念と印象の再編成に用いるのが連想の法則であった。ヒュームは観念については類似と接近と因果、印象については類似をその要因としてとくに着目した。この点についてはのちに「2・3・2　想像の連なり」で詳しく述べる。

こうしてヒュームは経験論の流れのなかで、あらためて「想像」の機能を前面に引き出し、ホッブスとロックの両者を上手に取り込んだ理論を構築した。実際、先の単語の言及数をみても、ヒューム『人性論』では「観念」にも「想像」にも共によく言及し、そのうえで、使用頻度比較では前者が後者の四倍弱（想像概念の語り方を image や fancy に拡大してとらえれば約二倍）に落ち着けたことがわかる（「想像（imagination）」の使用頻度の絶対量についていえば、『人性論』では『リヴァイアサン』や『人間知性論』よりも約七倍多かった）（表1・1、1・2）。

本書での関心にそくしていえば、ヒュームの『人性論』が果たした画期的な役割は三つあった。第一は観念に並べて印象をおいたことである。彼自身は両者の性質を単に勢いの違いとしかみなかったが、そのことがかえって、のちの思索に両者を差異化させる視点を導き入れることになった。とくにのちの先験的観念論にとってよい叩き台になったはずである。第二に、地味ではあるが、多様な情緒観念がこころの過程において印象に影響を与えるという見方、つまり生理に深くかかわる内生的な経験が外来的な経験に影響を及ぼすという過程を一般的なものとして認めたこと

### 表 1-1　3 著作における 5 単語の使用頻度

『リヴァイアサン』初版、『人間知性論』第 2 版、『人性論』初版に基づく。ただし、各全文を欠落なくおさえきれたか否かについては確認をしていない。また、ここでの各単語の使用頻度の計量は英文電子テキストに対してコンピュータ検索により単語の形態的マッチングをおこなった結果である。したがって、たとえば “idea” については “ideal” などもカウントされた結果となっており、そうした重合や文脈にもとづく意味の差別化などはおこなっていない。したがって、以下は大まかな傾向の相対比較をおこなううえでの参照資料であり、数値について細かな相違をみることにはあまり意味がない。また、これらの著作ではラテン語由来の imagination にあたることばとしてギリシア語由来の phantasia から生まれた fancy もほとんど同義で使われている。そのため、fancy についても計量した。結果は imagination と同様の傾向をみてとることができた。

度数

| | idea | imagination | image | fancy | impression |
|---|---|---|---|---|---|
| Hobbes『リヴァイアサン』 | 11 | 56 | 97 | 70 | 14 |
| Locke　『人間知性論』 | 5743 | 54 | 12 | 41 | 92 |
| Hume　『人性論』 | 1458 | 383 | 67 | 127 | 623 |

### 表 – 図 1-2　3 著作における 5 単語（3 群）の使用割合

imagination、image、fancy をまとめて、それぞれの著作内での単語使用頻度の相対的な割合（%）を求めた。

(%)

| | idea | imagination + image + fancy | impression |
|---|---|---|---|
| Hobbes『リヴァイアサン』 | 4.4 | 89.9 | 5.6 |
| Locke　『人間知性論』 | 96.7 | 1.8 | 1.5 |
| Hume　『人性論』 | 54.9 | 21.7 | 23.4 |

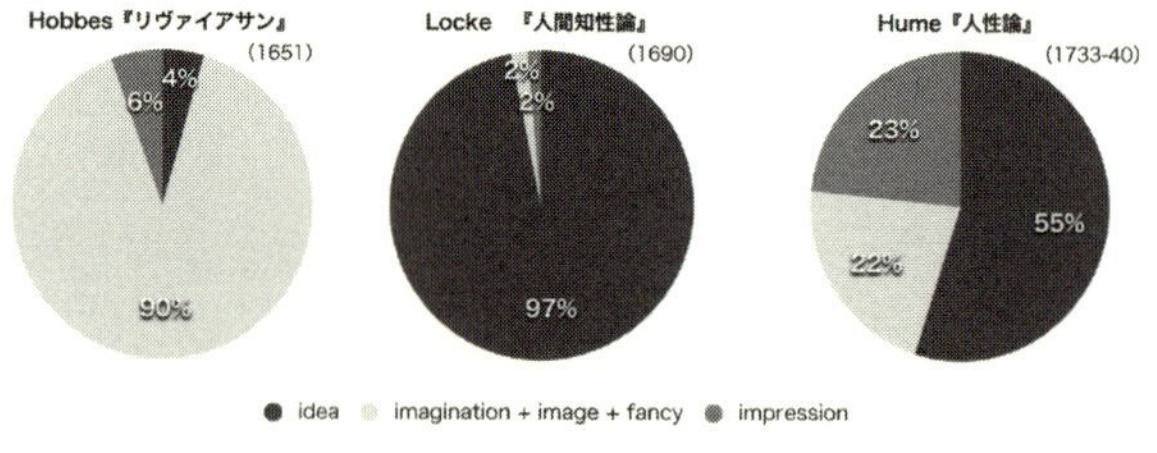


があげられる。第三は、その情念の参画を、観念や印象の連なりや編成に働く想像の過程に加えたことであった。彼は述べている。

「想像と情念とは緊密に接合していて、想像に影響を与えるもので情念にまったく無関係でありうるようなものは何一つない」

人間の本性に関する考察において、情念（passion）と想像のはたらきの関係を自然のものとしてとらえたことは、ヒュームに一年遅れて生まれ、その人生の後年には実生活上でも何度もヒュームと交渉をもったルソー（J.J.Rousseau）の想像観と重なる。すでにみたようにデカルトの後継となった大陸合理論の論者たちが想像力の地位を低くみたことと対照的に、大陸にあっても彼らとは一線を画していたルソーの場合は、小説や詩や戯曲や楽曲ものにした類い稀な想像力の持ち主で、最後にはそれが昂じてか、妄想にも悩むはめに陥ってしまったが、それだけに人間における想像力の振る舞いには敏感であった。たとえば、『人間不平等起原論』では、観念と想像の関係についてつぎのように述べている。

「すべて一般観念は純粋に知的なものである。ほんの少しでも想像がそれに混ると、すぐにその観念は個別的なものになる。木一般のイメージを心に描いてみるがいい。あなた方にはどうしてもそれができないはずである。あなた方がそうしまいと思っても、小さいか、または大きい木を、葉のまばらなか、または茂っている木を、色の薄いか、または濃い木を見ないわけにはいかないだろう。そしてあらゆる木に見いだされるものしかそこに見ないことが、あなた方の意向次第であるとすれば、そのイメージはもはや一本の木には似ていないだろう。

純粋に抽象的な存在は同じようにして思い浮べられ、またはことばによってのみ考えられる。三角形の定義のみが三角形の真の観念を与える。あなた方が一つの三角形を心に描き出すやいなや、それは一つの特定の三角形であって、他の三角形ではない。そしてあなた方は心の中でそれの線をはっきりさせたり、面に色をつけたりしないわけにはいかない」

（念のため、本書ではすでに述べたようにルソーのいう一般観念（真の観念）はその公共性ゆえに概念（より的確には一般概念）であり、個別観念はもとより観念ということになる）。

また、『エミール』ではその内容の性質上、繰り返し想像力について言及している。そのため彼がそれをどのようにとらえていたかがよくわかる。たとえば、

「想像力こそ、善いことであれ悪いことであれ、わたしたちにとって可能なことの限界を広げ、したがって、欲望をみたしうるという期待によって欲望を刺激し育成する」

この想像力の働きは止めようのないものだから、その使い方には配慮がいるとする。すなわち、

「不幸はものの欠乏のうちにあるのではなく、それを感じさせる欲求のうちにある。現実の世界は限界があり、想像の世界は無限である」

だから、想像のなかで仮想的な幸せを夢見なさいというわけではない。逆に、放っておいても想像力はそれが逞しくなした以上のことまで描くに至る。だから、不足を感じてしまうのだというのである。そこで現実のほうは種々の制約があって、

「広くするのはできないことなのだから、後者（想像）をちぢめることだ」

というのがルソーの忠告である。

もっとも、それは中世以来語られつづけてきた騒がしい厄介者としての想像力という見方とは異なっている。

「洞察しえない神秘が私たちをぐるっととり囲んでおり、私たちの感覚のおよぶ領域をこえている。こうした神秘を見通すために、私たちは知性をもつと思っているのだが、想像力しかもっていない。一人ひとりがこの想像の世界を貫いて、自分が正しい路だと思う一本の路を切り開く」

これが彼の想像力観の基本になっていた。また、すべての情念の源は感受性だが、情念は想像力の火に触れてはじめて燃えあがり、想像力がその流れの方向を決定すると述べている。ルソーが夢想（Rousseau 1782）のうちにこの世を去った一八世紀後半、欧州文芸の世界にロマン主義の思潮が沸き起こる、ルソーの想像力に対する着眼や彼の小説『新エロイーズ』などがその先鋒になったことは文学の世界では周知のことである。

### 1・1・9　実験心理学誕生までの一〇〇年とロマン主義

ヒュームやルソーの仕事がなされた一八世紀半ば以降、一九世紀末の実験心理学誕生の時期までのおよそ一〇〇年間について、想像に深く関係する思潮や言説や研究は大きく三つの流れでつかむことができる。いずれも経験論やルソーに色濃くあった自然主義との密接な関係で語ることができ、その本格的な支流形成ととらえることができる。

（一）一つは心理学の支流でイギリス経験論の正嫡といいうる流れである。これはヒュームというよりも、彼の生涯と重なる時期に同じ英国に生きたもう一人のデーヴィド、D・ハートレー（David Hartley）によって方向づけられた。彼もヒュームと共にイギリス経験論の考え方に沿った人であったが、医者であったこともあり、自然科学的な観点から仕事を展開した。したがって、たとえば主著“Observations on Man, his frame, his duty, and his expectations（1749）”の標題にもあらわれているように、その仕事はヒュームよりも科学的態度の傾性をもち随所に生理学的観点を導入しつつ人間のこころの過程を記述した成果になっている。その基底におかれたのは脳内の微小髄質分子の振動—連合説

(doctrine of vibrations and association) で、デカルトを経由した古代ガレノス（Galen）以来の精神精気を感覚から脳内に伝えられる分子の振動としてとらえ、これにロック以来の連合説を結びつけてその分子振動が観念連合の実体をなすという見方を提示した。その結果として心理学史において彼の説は心理学の連想主義（連合主義）の系譜の始祖に位置づけられ、同時に唯物的機械観の基盤となった。

ハートレーは同書において「想像」にも一節を割き、夢想や夢を語りつつもそれらと覚醒時の想像との差異に焦点をあてながら論じている。彼のこの扱いは、このあと心理学の思潮において連合主義的な立場を引き継いで発展させた人たちに「連想」を主題化させる流れを導いた。また、心理学一般を論じるうえでは「想像」がいわば定番の主題となる範型を投じたとみることができる。その代表的な後継者として、たとえば感情や個人的な体質、身体状態との関連も考慮してより広い心理状態から連合をみていこうとしたトーマス・ブラウン（Brown 1828）、あるいは連合に加えて潜在的には当時のロマン主義の思潮も取り入れることで感覚や観念を総合・融合して新しいものを生み出すというメンタル・ケミストリーという見方[8]を提起し、ゲシュタルト心理学の先駆的観点や創造的な想像観もあわせもっていたジョン・スチュワート・ミル（John Stuart Mill 1843）、さらにはアレクサンダー・ベイン（Alexander Bain）（eg.,1874, 1879）などをあげることができる。その一九世紀末以降の実験心理学勃興後の心理学における流れは次の節以降にみていく。

（二）もう一つは一八世紀以降にドイツを中心とした観念論哲学に引き継がれた流れで、その起点になったのはI・カントである。カントはヒュームが『人性論』を世に問うたとき、プロイセン北方の地にあって一六歳、ケーニヒスベルク大学に入学したばかりであった。二〇代以降、三〇歳前半までの彼の業績は「カント＝ラプラスの星雲説」にみられるように形而上学的な志向性をもちながらも、ほとんどが自然と宇宙を主題にした研究であった。それが三〇代の半ばから人間を主題にした哲学への探究に変化する。そのきっかけは『プロレゴメナ』（1783）に紹介された次の有名な一節として知られている。

「私は率直に告白するが、上に述べたデーヴィド・ヒュームの警告こそ十数年前に初めて私を独断論の微睡みから眼ざめさせ、思弁哲学の領域における私の研究に、それまでとはまったく異なる方向を与えてくれた」

ヒュームの警告とは理性によって因果の概念がア・プリオリに考えられるかどうか、という問題提起により、それはありえず、それもやはり経験により習慣形成されたものにすぎないとした結論であり、そこから導かれる形而上学の否定であった。それを指してカントは次のようにつづけている。

「とはいえ彼の結論に関しては、私は彼にとうてい聴従することができなかった」

こうしてカントはロック、ヒュームの経験論を批判的に摂取しつつ再検討し、純粋概念さえも経験から習慣的に形成されるとみなしたがゆえに懐疑論に陥った彼らの限界を知り、「悟性が概念によってみずから経験の創作者になる」というア・プリオリな概念のあり方や、ある作用によって内生される経験のあり方を見いだすことで観念から印象へと向かう悟性発—感性行の通路をも措定することになる。彼はそれに際してEinbildungskraftによる知覚心像に対する能動的綜合を述べたのだが、これを邦訳ではあえて「構想力」と訳してきているわけである。のちに詳しく述べるが、そのゆえんは、それが経験論で再認識され、ヒュームでその身分が確定された想像力や、それ以前にカントがヒュームに出逢うまで独断論の微睡みに陥っていたとするその独断論の代表格、当時のドイツのヴォルフ(C.V.Wolff)が能力心理学のもとで語っていた想像力とは文脈的にも質的にも異なる機能を果たしている力であったから、それとの差異化を明確にするためであったと思われる。

カントが宇宙から人間に関心を移し、しかも構想力に着眼することになった契機には、おそらくヒュームの思想に触れた頃と同時期に読んだと思われるルソーの影響も少なからずあっただろう。カントは自著の多くでルソーに言及しているが、とりわけ『美と崇高の感情に関する考察』と同時期におそらくその補遺として書かれたと考えられている覚え書きにはさまざまな方向から言及し、そのなかには次のようなコメントがみられる。

「単に虚栄や気晴らしだけのために読むのではない思慮ある読者が、J・Jルソー氏の書物から得る第一の印象は、なみなみならぬ精神の聡明さと、天才の高貴な精神的高揚と、情緒豊かな心とが、おそらく、どのような著者よりも高い程度に見いだされる、ということである」

ただし、つづく印象としてはそれとまったく反対の才を誇示し、競争者に比べて変人ぶりを示したかったにすぎないという推測に陥りやすいともつけ加えている。そして語る。

「私自身は好みからすれば学者である。私は、認識に対する非常な渇望と、認識においてさらに進みたいという貪欲な不安を感ずるのであるが、また［認識を］獲得するごとに、満足をも感ずる。これだけが人類の光栄となるであろう、と私が信じた時代があった。そして、私は、なにも知らない民衆を軽蔑した。ルソーが私を正してくれた。この眩惑的な特権は消滅し、私は人間を尊敬することを学」んだ。

カントが人間の理性に強い関心を示しつつ、認識の純粋理性だけでなく道徳の実践理性にも等しく考察の目を向けることになったこと、また理性や悟性の働きだけで人間らしさの精神を語ろうとせず、感性の作用を同列に引き上げ、感性からの多様を悟性とともに受けとめた綜合に焦点を当て、そこに構想力の働きをみたこと、この思索のビジョンには丸ごとの人間に対する尊敬と関心が基盤になっていることはあきらかで、その視野はルソーを通じた想像力によって切り拓かれたとみることができそうである。カントのとらえた構想力の姿とそれを受けた流れについては第六章6・1で検討する。

（三）経験論から分岐して二〇世紀につながっていく三つめの大きな思潮はヒュームやルソーの最晩年の頃に、ほぼ揃ってこの世に生をうけた数人の詩人たちによって受胎された。一七七〇年に英国で誕生したワーズワース（W.Wordsworth）、その二年後に同国とドイツでそれぞれ産声をあげたコールリッジ（S.T.Coleridge）とハルデンベルク（F.L.von Hardenberg）すなわちノヴァーリス（Novalis）である。この時点でまだ一三歳の少年であったウィリアム・ブレイク（W.Blake）とあわせ、彼らはのちにロマン主義という芸術文化、とくにその文芸での一大潮流の先駆けとなった人びとである。そのため後世、ロマン主義年長組とか第一期の人びとと呼ばれるようになったイニシエーターたちであった[9]。学術における経験主義と芸術におけるロマン主義のつながりは間接的なものも含めて、まさに連合的なつながりを少なくとも三つほどみることができる。

一つにはヒュームやハートレーの経験主義からロマン主義への直動的な後押しが表面的な点にとどまるものの見いだせる。それはとくにコールリッジにあきらかである。たとえば、彼がワーズワースとともにロマン主義時代の幕開けを告げる詩集『抒情民謡集（Lyrical Ballads）』において画期的詩作をなした二六歳の時点では、ヒュームやハートレーの経験論にかなりの刺激を受けていたことが推察できる。というのは、その証拠がとてもわかりやすいかたちで彼の人生にあらわれているからである。コールリッジは二四歳のときに長男を授かるが、そのファーストネームにはHartleyと命名している。これがおそらく偶然ではなく自分が尊敬していた経験論者の名からとったものであったことは、その二年後に誕生した次男にはBerkeleyと命名していることから十分推測できる。ヒュームを選ばなかったのはファーストネームとして合わなかったか、何か躊躇するものがあったのだろうが、ともかくわざわざ他者のラストネームを息子のファーストネームにするほどであったから、よほど肯定的な影響を受けていたと察することができる。

経験論はヒュームに顕著なように人間精神における想像の役割や過程を同定していた。たとえそれが感覚の写し絵として想定されたものであったとしても、そこに内的経験としての情念の関わりがあることも語っていた。その見解に若きコールリッジは大いに鼓舞されたのだろう。だが、実際のところ、彼がその詩集において『古老の舟乗り（The Rime of the Ancient Mariner）』、あるいはのちに出版された『クブラ・カーン（Kubla Khan）』や『クリスタベル（Christabel）』（いずれも上島編（2002）に所収）で発揮した想像力は経験主義がみていたそれを大きく超えた文字どおりともいうべき超越論的な力をもってなされた。だから、その後、彼はその才知の本質を経験主義のみていた範囲の遥か先に見いだしていく。それは意外にも早く訪れ、次男バークレー誕生のすぐ後に遊学したドイツで触れた観念論哲学によって切り開かれることになる。

彼はその後、大きな詩作をしなくなり、むしろ哲学的思想形成に傾いていく。その円熟期四五歳のときに著した『文学評伝（Biographia Literaria）』（1817）のなかでは、とりわけカントの著作にうたれ、彼と同世代に生きたシェリング（F.W.J.Schelling）の思想に恩恵を受けたことを表明している。彼の二〇代終わりのドイツ遊学の時点では、カントが批判三書を書き上げてからおよそ一〇年後のことであったから、それらにほとんど新刊的な迫力をもって接したことになる。

超越論哲学を取り入れた結果として、コールリッジはその書において想像力（Imagination）と空想（fancy）を明確に分けみることを強調することになる。普段、わたしたちが想像としてとらえているものは彼のいう空想であることが多い。なぜなら、彼の分けみた空想とは「時間および空間の秩序から解放された記憶の一様式にすぎない」からで「連合の法則によって既成品としての素材を受容」するものであったからである。これに対して彼が想像力にみたものは生きる力そのものであった。その想像力にも一次性のものと二次性のものがあるとするのが彼の見解であったが、両者は活性度合や様式が異なるだけで本質的には同じものだった。

「一次性の想像力は人間の知覚の第一のエージェントであると同時に、無限の神的存在の永遠なる創造作用を有限の心のなかで反復する力としてある。二次性の想像力はそれのエコーであり、自覚的な意志が伴っている。想像力は再創造のために溶解し、拡充し、放散する。たとえ、この過程が不可能な場合でも、なお常に理想化と統一に向かって奮闘する（Coleridge 1817）」

さらに、この想像力をImaginationとしておくと、fancyと混同しがちなので、それを回避するためにはこの想像力に対する造語として、"esemplastic power"ということばを当てることもできるとした。esemplasticは彼の言によれば、ギリシア語の"eis en plattein"に由来し、個々別々のものを全一なものにして新たな意味をもたらすことであった。それはカントの構想力Einbildungskraftやヴィーコの語ったingenium、すなわち異なるものどもの共通性を見つけ、そこにあらたに一つのものを見いだす力と重なってくる[10]。

このようなわけで、コールリッジの同書には観念連合の考え方をめぐる史的な考察とともにハートレーの説を代表させながら経験論の宿す不足を指摘する章が数章並んだ。むろんヒュームの見方に対する批判的言及も目立つ。だが、その不備を熱心に論じたイギリス経験論の語る「観念」や「印象」や「想像」が彼の想像観を育てたことは十分に読み取ることができる。

ところで、そのカントといえば、すでに触れたように、自身の思想展開において、コールリッジと同じようにヒュームから大きなインスピレーションを得ていた。だから、ここにロマン主義を推進した「想像力」に対するコールリッジの代表的な理論展開に一旦カントを経由したヒュームとの二つめのつながりが間接的に見いだせることになる。

さらに経験主義からロマン主義への三つめのつながりはフランスのJ・J・ルソーを介した経路にみることができる。ルソーの思索は理想主義的自然主義、それを一言で別称すればまさにロマン主義であった。同じ時代を別の環境に生きたルソーとヒュームは思想的には一致しないはずだった。しかし、共に名声とそれゆえの悪評も受けながら、晩年、二人はルソーが生きることに窮するなかで出会い、一時的には意気投合し、ヒュームが救いの手を差し伸べる一幕もあった。結末はルソー特有のパラノイア的誤解が災いして決裂に至る。

しかし、このことだけでもわかるようにルソーの理想主義的自然主義とは人間精神の無垢な開示によって拓かれる純粋性と美的感性を特徴とするものであった。だから、そこには彼の想像力がつくりあげる虚実一体の現実が露出することになる。その虚は決して偽りではない。むしろ実だけをみせようとするがために虚が生まれるというのが自然主義的なロマンチシズムの性格であった。だから、ルソーは思想、作品、さらにはその人生をもって自然派ロマン主義の一源流を成したといえる。したがって、その直接的影響はわずかに生涯の時期がルソーと重なっているコールリッジ、ワーズワースたち年長組ではなく、むしろルソーが没してから数十年経た時点で青年期を迎えたいわゆるロマン主義詩人の年少組といわれる人たち、ことにシェリー（P.B.Shelley）やキーツ（J,Keats）などにあらわれた[*11]。つまり、経験主義からロマン主義へのつながりは妙な連合ではあるが、ルソーを介した間接的な経路をたどって第二期ロマン主義の人たちの想像力を後押ししたことも辿りみることができる。

フランスのルソー思想の影響がその地ではなく、海の向こうの英国のロマン主義に色濃くあらわれたというのは一見、不思議にみえる。だが、実際フランスにおけるロマン主義文芸思潮は英国やドイツの場合とは異なり、スタンダール（Stendhal）やユーゴー（V.M.Hugo）にみるようにロマン主義とは一見相容れない写実主義や現実主義、迫真性を求めるものとなり、少数の例外を除けば想像力や理想性を称揚する方向には向かわなかった。その原因としてフュルスト（Furst 1979）は革命と恐怖政治への経験がさめやらぬ時代にあって、想像力へのある種の不信があったことと、生き延びることが目前の課題にあった当時のフランスの情況をあげている。

ロマン主義は詩に関していえば、年少組が活躍した一九世紀前半をもって隆盛期となす一応の時代区分がなされている。しかし、この主義はもともと一八～一九世紀にかけての市民革命と産業革命、科学の成立と、それらに結びついた科学技術と実利的価値に焚き付けられた社会・政治・経済変動の激動と不安のなかで、虚実のなかに真実を見いだす人間精神の本有的なありようをうたいあげるという性格をもっていた。ドイツではそれがゲーテ（J.W.Goethe）やシラー（J.C.F.Schiller）、ヘルダー（J.G.Herder）、クリンガー（F.M.Klinger）らを中心とするいわゆる疾風怒濤（Sturm und Drang）と呼ばれる文学・文化運動となり、合理性や古典的な静態性に対して、天才的な感情や個性、創造力を重視し、動態的で非合理性を称揚するドイツ・ロマン主義を盛り上げていった。したがって、二〇世紀に向けてますます勢いをつけていく機械主義文明の背後ではロマン主義の命脈が芸術、学術の諸分野はもちろんあらゆる領域において保たれていくことになる。

結局のところ、一八～二〇世紀に至る西洋近代において、人間のふるまいのなかで想像力が前面に立ち現れてきたのはなぜか、といえば、その第一は脱神化して知性が解放された人間にとって自分の頭を使って考えるという自由は、その理性のみならず想像力もまた大いに羽ばたかせることにつながったからだといえよう。学知は必然的に主知的になるからおのれの理性を頭にいただき、その知性のふるまいを主体化してみがちになる。だが、そうした観点もまた人間の解放された想像力のもとに描かれうるのであった。コールリッジが語ったように想像力は生きる力として、いまや内面化した神の創造性の発露であるかのごとく人間知性を駆り立てる原動力となっていた。二〇世紀に向かい近代産業化と市場経済の形成、ナショナリズムの台頭は人間の力と欲望を極端に肥大化させた機械兵器に支えられながら、帝国の覇権を夢想して世界戦争や大量虐殺といった大惨事をも生み出すことになる。それもまた人間の類い希な、しかも良識と理知が従となった想像力の暴走によるものであった。まるで黒魔術のような制御不能に渦巻く想像力の不安におびえながら、それに抗するための力もまた想像力に求めざるを得なかった。ロマン主義の隆盛はその端的な現れであったが、あらゆる大きな体制に対する革命の思想が吹き出しつづけたのもそれであったし、学術、芸術、文化において政治社会とは異なる別世界に生きる領域を開拓していったのもまた白魔術化したイマジネーションにほかならなかった。

次項にみる実験心理学の勃興期以降、二〇世紀前半の心理学においても、とくに当初は心理学の定番主題として「想像」がとりあげられた。この事実は、一つには経験主義以降に引き継がれていった連想（連合）主義心理学の流れが持続していたことと、もう一つには二つの大戦争をつうじていくつかの国家による世界的な覇権形成に向かう不安な社会心理が漂うなかで、ロマン主義思潮が人間の愛や夢、希望の支えの一つになっていたと受けとめてみることもできるだろう。

## 1・2　実験心理学勃興期における想像の扱い

ここでは前項にみた（一）を引き継ぎ、一九世紀末～二〇世紀初頭にかけての実験心理学勃興期になされた心理学者たちによる想像に対する言述の代表的なものを取り出してみてみる。取りあげるのはJ・デューイ、W・ジェームズ、西村茂樹、E・B・ティチナー、金子馬治、J・R・エンジェルのそれぞれ心理学全般を扱ったテキストである。

### 1・2・1　ジョン・デューイ

最初に米国機能主義シカゴ学派[*12]の心理学者であると同時に教育学者であり、またそれ以上にプラグマティズムの哲学者として著名なデューイ（J.Dewey）が一九世紀末に書いた“Psychology (1891: 第三版（初版は 1889))”をみてみる。デューイの想像に対する定義は、観念を特定のかたちや心像に具体化する知的作用である。その点で知覚や記憶と同様だが、想像がそれらと異なるのは、現実の場所や時間との関係をもたないことである。例としてシェークスピアの想像の産物であるオセロをあげる。オセロも豊かな個性をもつ人物として描かれ、その点はカエサルと違わない。

だが、オセロはシェークスピアの想像世界のなかにいるだけで、カエサルのように現実に生き、歴史にその足跡を残していないというのである。遥か古代の歴史上の人物を戯曲の人物と比べて想像と記憶の差異を語るとは、いささか強引な例示である。だが、この極端な例は想像と知覚、記憶の微妙な関係を考えるうえではよい例になる。

デューイはそもそも知覚や記憶の成立にとって想像を抜きにして語ることはできないと語る。知覚されている世界像は注意や感情、解釈の作用によってさまざまな変形を受けている。だが、そこに「いまここ」の感覚からの情報とは異なる情報が付け加わったり、逆に感覚からの情報が省かれたりして変化していく。それはすなわち想像の作用にほかならない。記憶にあってはとりわけ日常的な記憶想起において、わたしたちのそれがコンピュータのデータ読み出しとは大きく異なり、覚えたはずのとおりには再生できないことが当たり前であり、今想起したことがあとでもまたそのとおりに想起できるとはかぎらないという不安定さは記憶そのものの動態的な性質もさることながら、想起に想像が不可避的に関与していることを示している。実態として記憶の想起はなかば想像になっているというわけである。結局、記憶や知覚の実際は想像との境界を曖昧にしているが、さりとてどちらかのこころの過程のなかに包摂されているわけではない。

知覚や記憶と区別されるいわば純粋な想像においては観念の心像が日常生活においてわたしたちが共有している時間や空間とのつながりから解き放たれて描かれる。そこはカッシーラー（Cassirer 1944）がいうような有機的空間や知覚的空間[13]とは異なる抽象性をもったシンボル空間である。それはニュートンのいう真の数学的空間であり、哲学と科学の時空である。そこにおいて人類特有の知識が開拓され、経験を超越した世界が創られてきた。心像の分離や連合が簡単になされるそれをデューイは機械的想像（mechanical imagination）と呼ぶ。彼はこれを最も低い段階にある想像とする。次の段階にある想像は空想（fancy or fantasy）で、ここでは心像の組織化に感情が大きくかかわってくる。これらに対して想像の最高の形式としてあるのが創造的想像（creative imagination）であるという。ここには感覚的形式のなかに意味を直接に認識する作用があり、想像が経験の分離や統合に留まらず、それに感情の力が付加されたうえに、なお創造性が加わる。

創造的想像は知覚や記憶が根拠をおいている現実の制約から自由になり、理想的で普遍的性質を発揮させうる心的活動でもある。だから、その点において一般化された真実性を帯びてくる。アリストテレスが「詩は歴史以上に真実である」といったのはこのことだとデューイはいう。歴史は起きた出来事について語るが詩は歴史に通底する人類の永遠の情熱、熱望、偉業をわたしたちに示してくれるからである。デューイはプラトンには言及しないが、これは個々人の知覚的時空でとらえられる個別のものどもを超えて魂の目によってみられるもの、プラトンのイデアに重なるところでもある。もっともさらにプラトンの想起説にしたがうなら、この創造的想像のなかでもその最高形式にあたる想像の営みは超越論的な再生想像にほかならないことになる。そうすると、ここでみているような次元でのいくつかの想像種は表面上区別しうる種別であって、想像は本質的には一つにまとめておさえることができるということにもなろう。

誰もが普段おこなっている白昼夢のような空想から、ホメロスの詩やミケランジェロの芸術にみるような創造的想像までの想像の振れ幅を左右するものとしてデューイは人間同士、あるいは人間と自然との根本的一致をあげる。この一致の度合いが弱いほど想像は真実性から遊離し、ただの空想に留まる。想像は基本的には自分の興味、関心、感情、熱意に支えられて働く自発的で自由な作用で、その目的は基本的にはそれ自体の自由な活動や満足にある。その点で積極的な意味での遊びとしての性質を宿している。その意味での遊びは学ぶことと一体的で、想像は知識形成の一階梯に位置づけられる。だから、創造的想像は芸術ばかりでなく、実際的な方面に向けられては発明をもたらし、理論的な方面に向けられれば発見につながり、人類の世界観や知識を構成するシンボル空間の充実と拡大に寄与することになる。このあたりはデューイの想像についての見解のもっとも特徴的なところだろう。つまり、彼は知識の階梯構造を低次の知覚から記憶、想像、そして思考へと描いたうえで、想像は観念と心像が個別から普遍へと変化していく橋渡し役になっているとみている。ここには感性と悟性を結びつける媒介過程としての構想力というカントの観点との重なりもみることができる。

### 1・2・2　ウィリアム・ジェームズ

つぎに、デューイやパース（C.S.Peirce）とともに哲学においてプラグマティズムの思潮を切り拓いたジェームズ（W.James）がデューイの前著とほとんど同じ時期に刊行した“Psychology, Briefer Course (1892)”をみてみよう。彼はまず想像が全面的に知覚経験に根ざして生成されるとする。その証拠として先天盲や聾では視覚や聴覚の心像にもとづく想像ができないことをあげる。この点、想像はまったく経験主義の語るとおりであり、つぎのように定義する。

「想像とは、かつて感じられた原材料の模写を再生する能力(the faculty of reproducing copies)」。

この定義は何でもないことのようでありながら画期的である。なぜなら、この文章は「想像」を「記憶」に置き換えてもそのまま通じるわけで、これにより想像と記憶は原材料の模写を再生する力という点で等しいこころの過程とみているからである。だから、日時を確定できるほど具体的な周囲の事情とともに想い描かれるときはこの想像を回想(recollections）と呼ぶのだといいきっている。

そのうえで、想像が経験したことの模写そのままであるときにはこれをとくに再生的（reproductive）想像と呼び、模写の諸要素が新しい全体をつくるように再構成されているときには、これを産出的（productive）想像[14]と呼んで区別する。後者はふつうよく語られるところの想像である。翻訳ではこれを「本当の意味の想像」としているのだが、原典では“properly so called”と書かれているのでニュアンスは少し違っているはずである。細かなところだが、そうしないとジェームズが想像の本質をどちらにおいているか、よくわからなくなってしまう。つまり、想像の基本形は再生的なのか、産出的なのか、といえば、一般には後者であると思われ語られているが、どちらも広く想像としてあることが出発点である。そのうち前者をとくに記憶（想起）と呼ぶ場合に、それと対比的に取り残された後者の性質が想像として前景に浮き立つだけである。だから、それはバイアスであって、本物とか本来を意味するわけではない。実際、記憶をとりわけ日常性の文脈で研究していけば、自然とそれがもともと想像と境目なく連なっていることがみえてくる。はじめに述べたジェームズの定義のように、想像がかつて感じられた原材料の模写の再生であると言い切れるかどうかは別として、現実的には相当程度にそのとおりである。

そのあとジェームズは視覚的心像や聴覚的心像のもたれ方、その利用のされ方は個人差が大きく、思考や想起にあたってそれらを豊富に用いる人もいれば、あまりそれによらず、たとえば言語的に表現される抽象的な観念で考えたり想起したりする人もいることを諸例をもって示していく。つまり、想像はもっぱら具象的な心像を指すわけではなく抽象的な命題も含み、感覚様相も視覚に限定されないことを確認する。その一方でモーツァルトやベートーベンなどの例を引いて、特定の感覚心像の想像力に長けている人がその感覚心像において驚くべき記憶力や創造性を発揮することなどをみる。

さらに言語を伴う想像や回想、とくに唇音や歯音が含まれることばを想像するとき、わたしたちは唇、舌、喉などの発声器官の実際の運動（微動）を伴わずにそれを想像することがむずかしいことに触れる。たとえば、口を開けたままでbubbleといったことばを想像することは困難だろうという。それはたとえ実際に発話せずとも、言語的な想像においては筋運動感覚的な心像の形成や作用が不可欠であることをあらわしているとする。また、触覚的心像も想像により形成されうるものであり、鳥肌、蒼白、紅潮などはそうした好例だとみる。

また、想像に関わる神経過程に触れ、それを担う領域は感覚の過程とは別の領域にあると考えたくなるが、両者の重なりを考えた方が事実を理解するうえでは適切なようだとしている。なぜなら、知覚と想像が同じ神経領域で営まれているからこそ、ときに現実と区別できない幻想をみるのだと。それには決してただならぬ精神状態で出現する幻想だけでなく、普段の生活の端々にあらわれる錯覚も含まれる。たとえば、感覚刺激が閾値や丁度可知差異付近にあるような状態のとき、その知覚は想像による知覚と混ざりあう。遠くでかすかに聞こえる時計の時報や赤ちゃんの泣き声が、実際にはもう聞こえていないにもかかわらず、想像が感覚を追うようにして幻の知覚を生じさせる。ヴァイオリン奏者は技法として曲の最後の漸弱部ですでに音を出していないにもかかわらず弦に触れないように弓を動かす。その運動と間によって聴者に幻を誘発しピアニシモの音を聞かせるというのである。

確かに知覚は知覚者が知覚したいように知覚するという能動的な生成を不可分に含んだこころの過程である。それはちょうど記憶と想像の関係と同じように、知覚もまた想像とのあいだで境目なく連続した関係にあることをあらためて確認させてくれる。想像と知覚や記憶との関係は次章でさらに確認する。

### 1・2・3　西村茂樹

デューイやジェームズが前著を出版した年よりも一歩早く、日本では西村茂樹が講述本『心學講義（1885–6）』を丸善の印刷発行で出している[15]。西村茂樹（1828 ~ 1902）は幕末から明治期にかけて日本の学術振興に多くの貢献をなした思想家である。とくに文部省編輯局長として各種教科書の編集に従事し、森有礼などと共に教育制度の確立に尽くし、福沢諭吉や西周らと明六社を結成した。今でいう倫理学者として道徳関連の主題を中心に『国民訓』『修身講話』『婦女鑑』『徳学講義』など多数の著作を残している。『心學講義』は彼の晩年に道徳教育の拠点として造った日本弘道会で心性の学理を説くために用いた講述本である。丸善のほか複数の出版社から何度も刊行され、分冊や上下巻の体裁をとり、内容豊富でわかりやすく丁寧に書かれている。

同書は書名にあきらかなように「心理学」ではなく「心学」の書である。心学といえば一八世紀江戸時代に石田梅巌を祖として成立した教育思想で神・儒・仏を融合して庶民教育にあたった道話を主体にした学であった。西村の『心學講義』もそれを継いだ系譜のものであるから、こころの働きを語ると同時に道徳教義にもなっている。そのため現代の心理学の概論とはかなりおもむきが異なっていて興味深いところもあるので、あえてその篇構成（章ではなく篇となっている）のタイトルを列記しておく。

まず、篇は大きく「人身」「心」「心の性相の分解」「自識」「識性」「感性」で構成されている。このうち識性の部分はさらに知覚・認識、了識、理識に分かれ、了識についてはさらに記憶、概念、想像、注意、考認（空間、時間、関係）、判断、瓜蔓想（連想）に区分され、理識については推理、抽象概括、原因結果、感性に区分されている。感性ついては形体に属する感性として気性、生欲、智に属す感性として、知惑、天然の動惑（快楽、畏敬、驚愕、恐懼、苦痛、憂愁、後悔）、智性の動惑（美好、懐古、身世、信神）、知惑の二として情感（親子兄弟姉妹、夫婦、朋友、交際について発する、我が本国に対するすなわち愛国心、善意、愛、隣憫、同情、惑思、哀傷、悪意（憤怒、妬忌、嫉妬、報復））、知惑の三として熱情、知惑の四として知欲（生命、幸福、交際、知識、尊重、所有、勢力）、感性のなかの道理上の感性すなわち理惑、意性として天然の意性すなわち動物性の意思、理性の意性すなわち責任ある意思、自主と必至、意端（動機）、意端の連彙、意端の主観客観、意性と識性との関係、意性と感性との区別、意性と生欲との区別、意生と物欲との区別、意性と情感との区別、熟考　意間　努力となっている。

このなかで想像については識性のなかの了識の一つとして記憶や概念、注意などと並べて一章相当の分量をとり三一ページにわたって述べられている。西村は幕末期二八歳のときに貿易取調御用掛として多数の外交文書を扱った人であった。そのことから『心學講義』に直接引用文献の詳細は記されていないものの、英米の複数の“mental philosophy”関連の学術書をもとにして要所において彼らの言説の紹介をしている。そのうえでわかりやすさに配慮して独自の考察を加えるという体裁をとっている。だから、この『心學』は石田梅巌以降の石門心学のそれをあらわしているのではなく、むしろその後の心理学につながるものとしてあったといってよい。このときすでに西周によるヘイブン（J.Haven）の翻訳『心理学』は出版済み（1875～76年）で、西村もヘイブンの説を引いている。

このようにこのテキストは複数の英語文献に依拠しつつ総合的に書きあらわされたということもあって、訳語が十分に定まっていないなかではその妥当性にも不安があると述べたうえで、それぞれの主題や重要な用語には英語の片仮名読みが付記されている。想像については「イメジネーション」とある。その想像の章の書き出しはつぎの文で始まっている（片仮名混じり漢字で書かれているが平仮名に直し、適宜漢字を仮名にするなど表現の調整をした）。

「西国にて想像という語の本来の意味は像をつくる能力をいう」

つづけて、この定義ではいかにも漠然としているが、想像は認識や了識などの識性のなかでも認識の連結からなる了識に属している能力であるとみればずっとはっきりしてくるとする。知覚によって心に像を描いた段階を物像という。この像を反思によって再生し、念をもって集合したり、分解したり、整頓したりして成長させるとき、これを想像というのだとする。だから、想像はそれ自身に構成力をもち、目的をともなっている。また、心に反思をもって描く像といってもそれは記憶による追回（レコルレクション）とは異なる。後者は以前にみたものそのままを描くことだが、想像はその追回のみならず未来にも差し向けられ、新たな事物を造成し、あるいは理想（アイデアル）を示すからである。

想像には複数のタイプがあることも述べる。他者の描いた図や文書などの想像の産物をなぞってその想像を反復する場合は受動の想像であり、自分で新たな形象を造り出す場合の想像は自動の想像と呼ぶとする。これはこのあとに述べるティチェナーが分け述べている受動想像と能動想像の分類に一致している。ただし、ティチェナーのテキストはこの西村のあとに書かれたものであるから、この分類の起源はティチェナー以前にあることがわかる。西村はおよそ作者は誰もが創造の想像（創造的想像）（クリーチーブイメジィ）をもつが、シェークスピアや紫式部の作品がそうであるように、どれほどすぐれた創造的想像もまったくの無から創造した想像ではないから、創造の想像とはすなわち自動の想像（能動想像）のことであるとする。

ところで、受動の想像にしても単に他人の想像を受け身で想い描くという消極的な意義に留まるわけではなく、たとえば古人の賢人君子の書き記したものを学ぶことの意味は、その言行から品性を想像し、わが心中にその秀美な品性を造成するという才徳の養成にあるとする。このあたりは多くの徳育の書を著した彼らしい説明である。

想像はただ漫然と目的なく心中に形象を思い浮かべるようなこともあるが、これは無意の想像であり、記憶と反思の力をかりて深い考思のすえに新たな仕組みをつくるような有意の想像とは区別されることも記している。その組立てに関連して、想像におのずと含まれていてその属能といえる三つの能力として心の中に描く像に対する比擬（アナロジイの訳語として記しているので、類推）、選択、湊合（集合）をあげている。

どのような実物の秀美も、想像のなかで仮造される秀美に及ぶものはなく、想像の範囲内のものが実物として制作される。だから、想像の実用に関しては何よりもまず学問考思をもって高崇秀美の想像を造成することが先であり、そののちに手腕を習熟して心中に想像した物像をつくりだすという順序がだいじであるとする。その想像力の涵養には三つの心がけがあるとする。第一に高妙な想像によってつくられた書物を読むこと、第二に想像力とはどういうものかを知って、常に想像に工夫をすること、第三にその想像の工夫の対象としてたいせつな学問をおこない憶説（仮説）を立てることである。学問における憶説（仮説）はまさに想像の産物だが、それは実証・実験のために不可欠の過程であると強調し、近代科学の方法論の一端に想像の観点から触れている。もちろん仮説だけで終わることは論外だとも注意を促している。また、過度に想像に走りすぎれば迷信に入り込み、錬金術に邁進するがごとく事態にもなりうるから、想像を膨らませることにも的確な判断がいるとも注意する。

学術にかぎらず芸術、工芸、建築、土木、日用の器物をつくるに至っても想像力を働かせて新たな模式を案出することはすなわち世界有形物の一個を補造することにほかならないとも述べている。日本近代の教育制度づくりに尽力し、とりわけ国民道徳の確立に意を注いだ西村らしい記述だが、その道の教えの基本に個人の想像力の養成をおさえていた点は特徴的だったといえよう。

このように西村のこの書物は明治初期、ジェームズの“Briefer Course”が書かれた年よりも早く、日本で書かれた文献であることを考えると、驚くほどよく書かれていることがわかる。著作全体の構成は上述の目次にみたように、それほど体系的とはいいがたいが、単に翻訳の寄せ集めではなく、要所においては細部にわたって念入りに考察しているし、適宜例示をもってわかりやすく表現するようにもつとめている。

一点だけその例示を伴う記述で気になったところをあげておく。すでにみたように、彼は知覚による像と想像をわけて考えているのだが、その例として、たとえば夜中に墓地を歩いていた人が幽霊に出会って恐怖に戦慄したが、翌日同じところでよく見るとススキの穂であったといったよくある話をあげている。これは想像の作用ではなくて、もともと恐怖を抱いていたことが原因で知覚による認識を誤った例示なのだとしている。だが、その認識の誤りを導いた恐怖の背後に、想像力は作用していなかったのだろうか。また、彼がススキではなく幽霊を見たときは実際に幽霊という像を認めたのではなかったのだろうか。想像が能動性をもち、創作的であることは想像が記憶や知覚と連続性をもっていることを示しているが、この点はのちにあらためて検討する。

### 1・2・4　エドワード・ブラッドフォード・ティチェナー

つぎに英国生まれでオックスフォードで学び、若くして米国コーネル大学に招かれそこで終生教鞭をとったティチェナー（E.B.Titchener）の“A Primer of Psychology（1898）”をみてみよう。ティチェナーは内観法による研究を重視し、意識を主たる研究対象にした人として知られている。その彼にとって想像とは「同種のもので観念する」ことであった。「同種のもの」とは知覚される様相のことなので、同じ知覚のモダリティにおける観念（心像としたいところだが、ティチェナーの用語ではこうなる）が想像ということになる。一般的には木々の想像は視覚的に観念され、ピアノ演奏の想像は聴覚的に観念される。わたしたちのもつ心像は多分に視覚的であるがゆえに、必然的に観念も視覚的であることが多くなる。だから、ある人のことを「想像的な人間である」というときは、たいてい視覚的な観念操作にすぐれた人のことをいうことになる。

ところで、ティチェナーは観念と知覚を分けて考えており、それぞれの想起についても知覚の場合は再認（recognition）、観念（idea）の場合は記憶（memory or remembering）と分けてとらえている。実際のところ、知覚的再認も、その感覚モダリティにおいて同種の観念を想像するから、知覚と観念は密に連合しており、どこまでが知覚的再認でどこからが記憶かを定かにすることはむずかしい。だが、この彼による独特なとらえ方は「記憶と想像」とされた章題の企図にも照らしてみれば、なかなかおもしろい観点である。というのは、この場合の記憶と想像は「観念の動物」としての人間ならではのこころの過程をよく言いあらわしているからである。したがって、彼はいう、

「言語的観念は大群の連合物をもつがゆえに、その（知覚・再認的に心に描かれた）光景のうちには原経験にはなかった要素が間違いなく入ってくるであろう」

と。そして幼い子どもによくある虚言はほとんどこのゆえのことだと説明する。想像力豊かな子どもは彼の知覚経験の蓄積がまだ貧弱であるがゆえに、その再認に依拠することに勝って、これまた貧弱ではあるがしかしすでに知りえた観念の洪水が知覚的再認を補って世界を構築し、その全体を想起として語るというわけである。だから、それを道徳的欠陥のようにたしなめるようなことはもってのほかであるといった指摘もしている。

それは観念の動物としての人間の最も特徴的な精神の発達過程を反映したものともいえる。だから、おこなうべきは想像による記憶と実際にあったことの再認との区別を明確にしていくよう働きかけることで、それが教育の目的の一つであるとする。ティチェナーはそういうのだが、教育との関連を語るならば、現実に教育で為していることの主たるところは観念を体系的に構造化したり、取得すること、そしてそれをなしえたか否かの評価であることの実際に触れてしかるべきだっただろう。それが正統にして正当なこととされ続けていることが第一にあり、その上で、実のところ記憶と想像は境目なしにつながっているのだから、その記憶とは社会的に暫定的に構成された信念の（想像

の）観念体系にすぎないのだけれども、そのことを通じて人間が個々にもつ観念操作の想像的側面に蓋をすることの反復が教育の営みになっていることの反省が促されてもよかったように思える。

ところで、心像に対する見方としてティチェナーは、

「本質的に想像の心像であるような心像は一つもない」

としている。これはどのような心像も経験にもとづくものだという意味である。その心像に時間と空間の徴が付与されている場合が記憶心像であり、そのタグがとれていたり、とってしまった心像の組み合わせが想像心像だとする。つまり、想像は加工済み心像であって、生粋の心像ではないということである。これは多くの論者の想像（心像）のとらえ方と同じである。だが、本書の見解はこれとは異なっている。たとえば可視の背後にある可知への想像を求める観想や無想における想像は本質的な想像の心像、つまり生（なま）の心像としての想像を直に扱う営みとしてあると考えられるからである。

ティチェナーは想像を受動的（passive）なものと能動的（active）なものに大別する。受動想像は、W・ジェームズが想像を再生想像と産出想像に分け、前者は基本的に記憶の再生にほかならないとしたことの言い換えのようにも思えてしまう。だがこれはそうではない。ティチェナーのいう受動想像とは典型的には物語を読むときに、話が進むにつれて読者に湧きあがる想像のことである。この想像はいわば物語の著者が内容をつうじて喚起しているわけだが、もし読者の想像力が十分でなければ、その喚起はままならない。だからこの受動想像とは外発的で受け身の想像とはいえ、ただ自動的に惹起する性質のものではなく、他者の想像力に伴走しうる力が問われる想像力のことをいっているのである。

小説の文章と同様にティチェナーは小説に描かれている挿し絵も受動想像を誘発するものとしてあげている。それ

は著者の筆力を補っている場合もあると皮肉を添えている。むろん、そういうケースもあるだろう。だが、より積極的にはたとえば児童書の類いにおける挿し絵のように、筆者には無関係に読者自身の受動想像力が脆弱なためにそれを挿し絵が補っている場合もあるだろう。もっとも、ティチェナーが強調するのは挿し絵が勝ちすぎて読者の受動想像がその形象に囚われてしまう場合があることで、それは想像力に対する抑圧にほかならないとしている。いわく、

『ロビンソン・クルーソー』の非想像的な挿し絵のためにそれが子どもに与えうるはずの効果を全然失ってしまうことがある」

確かに不用意な挿し絵が本編に勝つような場合は災難である。

むろんときには挿し絵の役どころを十分わきまえたケースもあり、その場合は、それがはじめから補助としてよりも文章とコラボレーションすることで物語の成立にかかわり、読者の受動想像を有効に促すことになる（ティチェナーはそうした例としてディケンズ（C.Dickens）の小説におけるロバート・セイモア（Robert Seymour）やジョージ・クルックシャンク（Gerorge Cruikshank）の挿し絵（図1・3、図1・4）をあげている）。さらにはじめから想像世界を積極的に前面に据えていてファンタジーと分類される作品、典型的にはルイス・キャロル（Lewis Carroll）など、では、逆に読者の想像の形象をある程度、一定の方向に定めるために、つまり受動想像を制動する役割をもって挿し絵が機能している場合もあろう。だが、それが極にゆきついて、想像の形象のすべての要素を定めて描いてしまうようなこと、たとえば映画化をおこなうと、大方は駄作になって不評を買うことになる。その不評の多くは映画そのものというよりも原作との関係におけるそれである。このあたりは挿し絵効果の身の程を知らせるところであり、受動想像のそれがまったくの受け身の知覚の再認とは異なる次元にあって、受動的とはいえそれぞれに主体的な想像になっていることをあらわしている。

図 1-3　ディケンズ『ピックウィック・ペーパーズ（1837）』でのセイモアによる挿絵

図 1-4　ディケンズ『オリバーツイスト（1838）』でのクルックシャンクによる挿絵

他方、能動想像は文芸でいえば、まさに筆者の筆力にあらわれる想像である。ただし、筆力そのものは能動想像力とは別種のものである。たとえ筆者の想像力が豊かですぐれたものであっても、それを文章として表現する力が不足している場合もあるだろうし、その逆の場合もある。筆力には本書の後半で論じる構想力が関与している。

このように能動想像とは内発的にみずから工夫して詩歌をつくったり、創作の想を練ったり、仮説を構築したり、現象やリサーチの結果を解釈する場合の、芸術や学術に不可欠の想像である。だから、その想像の過程は受動想像においてたとえば読者が物語の筋を追っていくのとは違って、多くの場合、あたかも難しい数学の問題を解くかのような苦心惨憺の歩みになるとティチェナーは指摘する。これはまさにこの想像の言説に関して、自身が深く考察しつつ書きあらわしているその状態がそのまま語り出されているところかもしれない。ジェームズにせよティチェナーにせよ、この実験心理学勃興期の学界でイニシアティブをとっていた人物は総じて、それが当然なのだが、著述にあたり自分のことばで自分の思考の筋を書きあらわしていることがよく読み取れる。だから、一〇〇年以上経過した今でも、複製加工物やパッチワーク氾濫の情報社会にあってはかえって新鮮で、読者の思考を触発し、まさに受動想像を豊かに喚起してくれる。それはたぶん文章に折り込まれた豊饒な能動想像がアフォーダンスとなって受け手の想像につながり、こころを揺さぶるからなのだろう。

あらためていえば、このティチェナーの著書での章題は「記憶と想像」となっているのだけれども、ここで彼は記憶と想像の違いについて簡潔に明言している。

「「創造」という語は想像と記憶の差異を教える」

と。すなわち、記憶は過去の写しを土台にしており、そこにはたぶんに想像も含まれて写しとしては歪みや誤りも含まれているのだが、ともかく過去につながっていることが記憶のアイデンティティになっている。また元来、記憶には既知であることの親しみが伴うから、それが記憶全体を記憶としてわたしたちに信念化させる性質を宿している。これは裏を返せば、記憶は記憶であるがゆえに過去に拘束されるということである。それに対して、事実上は記憶に境目定かではなくつながっているとしても想像には、想像というアイデンティティによって、過去へのくびきが解かれた自由がある。想像においては、

「事物を「自分の頭から」それもかつて起こったことがないようなふうに、寄せ集めて差し支えない」。

そこに創造の機会が開かれている。

ところで、この寄せ集めるそれらは部分的な心像である。それゆえにわたしたちは人間の姿だけでなく、人魚でも人馬でも人羊でも想像できる。だが、この寄せ集めにあたっては新たな別の力とか能力があるわけではないというのがティチェナーの見解である。それは記憶と連合の法則に基づく想像力の仕業だというわけである。他方でこの寄せ集める力を構想力とみる見方もできそうだが、彼はそのようにはみていない。のちに述べるように、本書の見解もこの点、彼と同様である。想像力はティチェナーのいう受動想像にあってはたとえば、小説の文章などによって次々に

誘発される（それは記憶の想起による）部分心像をつなぎ合わせていく力であり、能動想像においてはその想起が主として内発的に生じ、創作的に集めまとめていく力となる。そこに想像力以外の力を持ちだす必要はないだろう。

最後にティチェナーは想像の意識形成には観念の連合に加えて一定の気分が必要であるという興味深い指摘もしている。すなわち、想像には大方、気楽な気分（at-home mood）が伴っていて、能動想像にあっては知的な安逸（intellectual ease）が伴いがちであると述べる。だから、そうした気分が不安や失敗などで逆方向に変化すれば想像の展開も阻止されるとする。大方雑事の多忙さと成果出しに汲々としている現代社会においてイマジネーションの深みに不足を感じる学問の全般的な状況のなかにあってみれば、月並みな表現だが予算以上にたいせつに確保しなければならないものがこれであるように思えてくる。

### 1・2・5　金子馬治

つぎに同じ明治期の日本人研究者から金子馬治（1870–1937）の見方をとりあげる。金子は東京専門学校文学科の第一期生で、卒業後も学内に留まり、東京専門学校時代から心理学、哲学を講義した。のち一八九五年に師にあたる坪内逍遥らとともに早稲田中等・高等学校の設立にあたった人物である。学術業績では心理学、哲学分野の講述録や著作、ベルクソンやニーチェなどの翻訳を残している。ここでは『普通心理学』と題した一九〇〇年前後、明治末期の講述本を典拠にしてその見解をみる。

同書は全六章で構成されている。その第五章「複雑なる知識作用」の第七節に「直覚および想像」が解説されている。人間のもつ複雑な知識作用は一方で理解作用、他方で直覚（intuition の訳語として述べられている）および想像の作用の両方に向かい発達するという観点にたち、ここでは後者について論じている。その書きはじめに、

「心理学は今日まで直覚や想像についてほ、ほとんど何も研究せずまた教えなかったといってもよい」

とある。当時の心理学テキストが総じて想像についての説明を載せていた状況にあってのこの感想であるから、それから一〇〇年が経た現在においていうならば、金子のときにあってさえ、いわんや現況おや、である。

つづけて金子はそれまでの心理学が注目してきた知識作用は理解の作用に偏してきたこと、直覚や想像は曖昧不明瞭なもので不完全な理解作用とみなしてきたことを述べる。だが、それはまさに偏見であったとする。直覚や直観についてはプラトン以降、幾多の哲学者や文学者が根本的な知識作用とみてきたし、芸術家や宗教家は人間の真智と解してきた。直覚がいかに真智として知識作用にかかわっているかについては、それが分析的な理解作用に対して、情緒の影響を含めた総合的な働きをもち、それゆえに全人格をもって事物に対する知的、情的態度になっていることを強調する。そしてつぎのような結論を導いている。

「直覚的知識は一種複雑な意味の情緒的知識であり、また情緒的であるがゆえに事物を活かしてみる知識または事物の内面にまでも進入しうる知識である」

この見方は情報という観念が本来的に宿していたはずの「情」の「報」せということにも関連するところであり興味深い。こうして節の後半、想像の考察に進む。

まず、想像の作用を形式的に説明する。

「それは記憶のごとく過去の経験の諸観念を経験どおりに再現することではなくして、むしろ記憶の諸観念を以前の経験とは違ったさまに結合すること」

だとする。このようにはじめから記憶との仕切りをつける。ただし、記憶も実際のところは過去の経験のままに再現するわけではなく多少の変化を伴う。だから、想像作用と似通ったものだと認める。金子は「似通った」と表現するが、想像そのものがその素材を記憶に依拠していることからしても、両者は基本的に同じである。よって、つぎのように続ける。

「吾人がとくに想像作用と名づける場合は、主として吾人が積極的に経験とは違った結構（諸観念の結合）を試みる場合を意味する。すなわち積極的な創造作用はいわゆる想像の中心である。この積極的な想像作用に比較すれば、かのわずかに以前の経験と違っただけの記憶作用をわたしたちはとくに消極的想像と名づけることができる」

記憶の想起は消極的想像にほかならないという果敢ともいえる結論である。たいていの場合、想起する当人はそれを想像とは自覚していない。だから、その無自覚的な想像を消極的（negative）と呼ぶことは的を射ている。すでにみたように、W・ジェームズをはじめ多くの論者は観念や心像が新しい結構につながらず記憶を頼りに連想するような想像を再生想像と呼び、産出想像と区別している。その場合、再生想像は想像を意図的、意識的になしている点で、記憶の想起として自覚される回想などとは分けたいところである。その点で金子の消極的想像というカテゴリーを導入すれば、再生想像の縁取りを明確にできる。

また、上の引用では積極的な創造作用は想像の中軸にあり、その想像が積極的な想像作用であるとし、創造と想像を重ねて表現することで、創造的想像を想像作用の中心に据える語りをしている。これはジェームズのことばでいえば産出想像、ティチェナーのことばでいえば能動想像にあたる。ただ、これが想像の営みの中心であるとか、そのあとに金子が記すように「正当にいう想像作用」とするのは行き過ぎなように思われる。むしろ想像する動物としての人間がほとんど常態的になしていることは、それほど積極的でも能動的でもなくいわんや創造的な産出にはつながらない想像、夢うつつの連想的な想念の流れに任せて記憶の想起と渾然になった消極的な想像の営みのほうであろう。そういう意味では negative imagination を消極的想像とすることは否定的に受け身の意味合いを付加させてしまうことにもなり、あまり適切な表現ではないかもしれない。これはむしろバックグラウンドで働いている性質をあらわしたいところだから、たとえば陰性想像と呼び、表向きあらわな想像作用である積極的想像のほうは陽性想像とでも呼んだほうが実際の作用に近いように思われる。

ということで、想像は消極的—陰性想像としてほとんど無自覚、常態的に働いている精神の活動だが、想像作用の魅力は創造活動とのつながりが深い積極的—陽性想像にある。そのこともあって金子は残りの考察を積極的想像の特徴に焦点化する。

それにあたり学術および芸術における創造活動の過程に注目する。学術の想像と芸術の想像を比較すると、芸術では具体的観念を用いた想像になることが多く、その点で直覚との関係が強くなる。そのうえ、さまざまな情緒や欲望が著しい度合いでかかわり、感情や情緒が諸観念を取捨選択し統御している。青年の頃は誰もが多少なりとも詩人になるがそれはふつう人間がその時代にもっとも血気盛んになるからで、ほとばしる情緒はそれにふさわしい観念の再結構を産出しなければ収まりがつかないのだとする。だが、その通常の発達的特徴を上回って尋常人の想像に及ばぬほどの新たな結構を導く天才については古来、多くの人を惹きつけ、いろいろなことがいわれてきた。金子はそうした天才的創造には狭い想像作用だけでなくより広い心理的特徴をみる必要があるとする。たとえば豊富な観念をもち、それをもつに至った尋常ならざる経験が背後にあり、その体験を経るなかで磨かれる直覚と、おのずから生じる想像作用によって、経験が一層醇化した美しい新結構が産出されるのだろうと述べている。したがって、彼はここで芸術的天才を語っているのだが、その天分とは類い稀な経験を授かることにおける宿命的分限を語っていることになる。

また、学術における科学的想像と同様に芸術的想像にあっても、一定の目的にしたがって、新たな結構を試みるという意志の努力が重要な位置を占めることにかわりはないとみる。その想像は偶然の産物でなく永いあいだの隠れた大なる努力の結果であって、そのことはゲーテなどをみればあきらかであろうと結んでいる。

こうした天才の想像については積極的想像の最も先鋭的な働きの例として語られ、その自覚性ゆえ最後は意志との関係が語られる、その天才的営みの背後には宿命的に背負ったとさえいえそうな尋常ならざる諸経験とそこで否応なく培われる直覚や想像作用が要件になっているというわけだから、そこには陰性想像もまた異常なほどの発動がなされ、それが創造の敷石になっているはずである。

### 1・2・6 ジェームズ・ローランド・エンジェル

最後に、W・ジェームズの弟子で機能主義心理学シカゴ学派を代表する一人であったエンジェル（J.R.Angell）の"Psychology: An Introductory Study of The Structures and Functions of Human Consciousness, 4th（1908）"をみてみよう。この書物は人間の意識の構造と機能という副題がつけられているが、機能主義心理学の思潮に沿ったはじめての体系的なテキストであった。エンジェルは二〇世紀初頭に同書を著し、版を重ねるがその第四版の改訂版を上野陽一が一九一〇年に翻訳し『機能主義心理学講義』として東京同文館から出版している。ここではその翻訳をベースにしてまとめる。その前に、上野は同訳書を刊行した四年後に『心理學通義』というテキストを執筆している。そこに一章を設けて「想像」について詳しく論じている。そこではエンジェルの考え方を反映させつつも、現在の産能大学の創立者で、のちにわが国の企業コンサルタントの草分け的存在にもなる上野らしく彼特有の実践的な観点からの記述やエンジェルが触れていなかったところの補足も加えられている。興味深いのでここではその点にも触れる。

さて、エンジェルの著作に戻ると「想像」については第二章の章題となっており、やはり詳しい記述がなされている。エンジェルはまず想像を定義してつぎのように述べる。

「想像とは感覚器官にあらわれない物体の意識」である。換言すれば、「前の感覚的興奮を観念的に再生することである」

こうして感覚器官を経由しない点で想像は知覚と区別されることを明確にする。彼の説明には生理学的な基盤にもとづいて語ろうとする趣がある。すなわち、知覚は末梢由来の心像で、想像は中枢由来の心像ないし観念であるとする。エンジェルの場合、心像と観念はつぎのように区別する。基本的にどちらも同じ状態を指しているが、心像はそれを感覚の方面から見た場合の像で、観念は意味や意義からみた場合のことである。だから、定義では想像は物体の意識としているが、観念的にも再生される性質のものだから、必ずしも物体の心像が伴う必要はないとする。たとえば、漠とした温もりについての想像のように、質的な経験、いわばクオリアも想像の対象ということになる。想像が心像的になるか観念的になるかは時と場合による。本書での心像や観念の規定は1・1・2に示したとおりだから、エンジェルのいう心像は印象であって、印象と観念の二様からなる心像が想像の対象としたいところだが、当節におけるかぎりはエンジェルの用語法にもとづいて記述する。

想像によって生じる心像は理論的には感覚の数だけあるが、一般に生じやすさに差異がある。視聴覚と運動感覚の心像は生じやすく、味、嗅覚や温度感覚では生じがたく、その中間に触覚心像があるとする。ただし、個人差も見いだされ、想像によって生じやすい心像の感覚様相によって視覚型、聴覚型、触覚型、運動型と個性を類別できるとしている。

想像の働き方については二通りあるとみている。一つは夢の場合にように、心像のあらわれかたが脈絡なく次々にあらわれて接合する場合である。もう一つは回想のように一定のストーリーや構成をもって描かれる場合である。前者を創造的想像、後者を再生想像とする。細かなことだが、すでにみてきたように彼と同じ機能主義心理学の学派に属する心理学者たちにおいても、彼のいう創造的（creative）想像についてはproductiveという用語法を用いて産出的（生産的）と称し、それはすなわち創造的な性質をもつという言い回しをしてきている。エンジェルの場合は創造的想像といういい方を前面に出している。しかも言い換えとして「または構成的想像」としている。これらの想像についての彼の検討はあらためて1・2・2でみるが、結果的にはこの二つの想像の区別は心像の働き方の違いを示すのに便利であるという実用的観点からの区別であると結論づけている。

なお、訳者自身がのちに著したテキスト（上野 1914）でもこの想像の分類を採用している。ただし、呼称については創造的想像よりも能動想像という言い方を前に出している。また、これらとは別に白昼夢のように漫然と思いをめぐらせる想像には所動的想像という呼び方をしている。所動とは受動の意味だが、受動想像についてはすでにみたように、ティチェナーが文芸作品を読んだり絵画を鑑賞する人が作者の想像にそくして想像をめぐらすような場合を指して用いていた。だから、それとも異なる徒然の想像にある受動性のニュアンスを伝える意味で所動的ということばを用いたのかもしれない。なお、すでにみたとおり、西村（1885–86）の場合はこれを無意の想像と呼んでいた。

エンジェルに戻ると、つぎには想像の過程に関連させて観念や心像の連想の法則について述べている。連想には法則性があって過去の連想経験に依拠して主としてその経験の反復が多いほど、またその連想経験の形成のされ方が強いほど、さらにその連想経験が時間的に近いものほど、連想されやすくなるとする。また、そうしたいわば機械的法則性の他に、情動や興味関心の方向性が一定の方向に向かって継続しているときは、その彩りをもった連想がつづくことも指摘する。その背景には脳内の神経連絡に基盤があり、経験により促通されやすい神経連絡が形成され、この「皮質における習慣の法則」が心像の連想法則の生理的な基礎づけになっているという見方を示している。ただし、現実的にはそうした観念や心像の連想関係が明確ではないかたちで、ほとんど突然、新たな心像や観念が浮かぶ場合もあることを指摘する。これは彼の言及していることではないが、むろんそこにおいて背景に見えざる連想関係があるとみるか否かは精神分析における連想の見方との境界になる。

最後に、こころの過程における想像による心像の役割に立ち戻り、それが感覚知覚由来のものでありながらそれ以上のものであることは、心像に過去を顧みて未来の準備をなす機能があることによると確認する。そこに他の動物と比較した場合の人間におけるこころの過程の特異性が際立ってあらわれているとみる。その時空に展開する心像をできるだけ有効に用いていくには、心像生成の修練が必要だが、その要はできるだけ書いたり話したりして生成を試みること、使うほどに心像は発達するといったアドバイスも加えて「想像」の章を終えている。

ところで、訳者上野（1914）が著したテキストのほうをみると、想像力を測定するための検査方法のアイデアが多数盛り込まれている点がユニークである。しかるのちにやはり最後に「想像及び記憶と人生」という節を設けて実践的な観点からの示唆を添えている。「記憶は旧いものの再生で想像は新しいものの創作である」という観点から、にもかかわらずこれまで人は前者に重きをおいて両者の能力を等しく評価しようとしてこなかったとする。そのうえで、両能力に長けることが望ましいが、人はふつう相対的にどちらかの能力に長けているものだから、記憶に長じているひとは過去からのものを維持、保全することに、想像に長けた人は新しいものをつくりあげて進歩的にふるまうようつとめることが人生における実践的な意味に通じると結んでいる。心理学者として数多くの研究著作を残すと同時に、大正期から心理学の産業界における応用展開を図り、産学連携と実学的な学問のありかたを方向づけた能動想像者上野陽一らしい記述があふれている。

以上、一九世紀から次世紀への世紀の変わり目の時期、実験心理学が学問として成立をみて、多くの大学で心理学研究室や実験室が創設されだした時期に書かれた日米の代表的な心理学テキスト六点における想像に対する言述を確認した。いずれも想像を主題にして章として扱い、記憶や知覚、あるいは創造性との関係やいくつかの想像の型の区別、さらには実用上の提言や示唆を加えていることが認められた。これはとくに想像を章立てた著作を選んだ結果ではなく、次節で確認するように、当時の心理学テキストの一般的な形式であった。

心理学における想像の扱いはその後、大きく変化する。つぎにその様子を具体的に見渡すために、上記六点も含めて一九世紀から現代にいたるまでの心理学概論書における「想像」の扱われ方について通覧してみよう。

## 1・3 心理学概論書における想像の扱われ方の推移

実験心理学を基軸にしつつ心理学全般を扱った概論書は一九世紀末頃から発刊され始めた。その内容のなかでも想像に対する扱いは二〇世紀の一〇〇年のうちに大きく変化する。すなわち、当初はいずれのテキストにおいても想像が一つの章として扱われることは至極当然で、いわば心理学を論じるにあたっての定番主題であった。それが次第にその位置づけを失い、二〇世紀の第四四半期にいたると、ほとんど取りあげられなくなった。

この特徴的な経過についてはホルト（Holt 1964）や北村（1981）が追っている。ホルトは六〇年代半ばの時点で、「かつて陶片裁判で追放されたものが戻ってきた」と語り、その主を imagery と記した。危険分子と裁かれて追放されたのは imagination であったが、戻ってきたときは少し姿を変えて imagery になっていたところが、細かいところだが本書では興味深いところになる。つまり、imagination に押された烙印は簡単には消えず、帰還とはいえ元の姿では戻れなかったのである。むろん、何ごとも例外はあるもので、ホルトの少し前一九五七年にマッケラー（P.McKellar）が標題としては当時にあっては孤高感の漂う著作 "Imagination and Thinking: A Psychological Analysis" を出版している。夢や催眠などでの想像と覚醒期の思考の関係を追いながら、芸術や科学での創造性について心理学の見地から考察しており、ホルトの論文がこれに勇気づけられたであろうことも彼の論文中のマッケラーへの言及からうかがうことができる。マッケラーは当時、英国シェフィールド大学（The University of Sheffield）の心理学研究室に在籍していたが、心理学界において行動主義が隆盛をきわめていた米国での風潮に対して均衡を図ろうとするかの心意気を感じさせる一冊であった。

ホルトから約一五年の時を隔て、日本では北村晴朗が八〇年代のはじめに、米国でイメージ論争が勃発した事態を確認したうえで、「イメジリイ（Mental Imagery）研究の歴史的背景」を書くことになる。そのなかでは触れていないが、わが国の状況は陶片裁判らしきものさえないままに二〇世紀前半に盛んに論じられた「想像」は心理学の言説空間から完璧に追放されていたし、八〇年代に戻ってきた姿は「イメジリイ」であり「心像」であり「イメージ」であった。この状況は翻訳学問が中軸をなしてきたことの一種の悲哀さえ感じさせるところである。ともかくあれほど盛んに語られていた「想像」ということばは、日本の心理学においても一旦舞台を降りたことではっきりと理由が語られぬスティグマとなり、帰還した姿にはそれが周到に覆い隠されていたのである。北村はその論文のなかで日本に限らず心理学全体の状況として、

「一九一〇年代から三〇年代にかけては、心像の問題は心理学の中心的な課題の一つともいえる状況を呈した」

と振り返っている。だが史実はその当時盛んに論じられたのは瑣末なことのようだが「心像」というよりもむしろ「想像」であった。復帰にあたり想像が心像に衣替えしたことは言葉遊びとは異なる意味をもっていた。

心像（imagery）が想像（imagination）の変身であったとすれば、烙印追放された彼はなにはともあれ事実上復帰したのである。だが、それが何やら追放したものの一部分だけを戻して、全体が戻ったかのように語っていたのだとしたら、いささか問題であろう。それをもってかつて心理学では想像のことなど口にしたこともなく、論じていたのはもともとこの帰還した心像のことだったと歴史修正するようなことを無意識的にであれ、しているのだとしたら、その点は明るみにだしておく必要があるだろう。

そこでここでは冒頭に述べたように、心理学の概論書において想像ということばをもってそのこころの過程について言及することが一九世紀以降、現在（一〇年区切りで二〇〇〇年代という区分を設定した都合もあって二〇〇九年）まで実際にどのように認められ、また認められなくなったのか、その経緯を追うことで大局的にその様子を把握しておく。

ただし、これまでに発刊されたテキストを網羅的に調べ尽くすゆとりはなかったし、また概論書という括りの基準

を定めることは端から無理な話であった、したがって、調査努力は怠らなかったものの後者については著者の恣意的な判断に依拠し、調査対象については翻訳書を含む和書を中心とし、洋書については調査の過程で手近に入手可能であった範囲にとどめた。結果的に調査標本となった著作数は和書一八五冊、翻訳書一七冊、洋書（当然だが上記の翻訳書と重複しない）五五冊の計二五七冊であった。

調査の結果の詳細は半田（2011）が資料としてまとめているのでそれを参照されたい。ここではその総括的な結果を図表にして示す。図1・5には一九〇〇年以降一〇年間の区間ごと（一八九九年以前はひとまとめ）に、想像について章、節などの扱いで相当分量説明している書籍数がその区間内の総標本書籍数に占めた割合（％）を示した。表1・3はその数値表である。表からあきらかなように二〇世紀前半の区間は標本数が十分多くなく、割合の比較にはその点を勘案してみる必要がある。それでもグラフに顕になったことは、一九世紀末以降、現代までのあいだに心理学概論書における想像の扱いにはおおよそ三つの明確に異なった時代区分ができることである。

第一相は一九世紀から一九二〇年代までの期間である。この期間は心理学の概論書において想像（imagination）を主題に論じることは定番で、章立て扱いにして論じることも普通に認められることであった。

第二相は一九三〇〜六〇年代までのあいだである。この時期、論文報告ベースの個別研究においてはホルトがいう「想像」追放の時期に相当する。その最大の原因になったのは米国を中心に行動主義が心理学の思潮において勢いを強めたことであろう。そのなかで「想像」は「本能」や「意志」といった概念とともに研究対象の一線から外されていった。また、ドイツでは二〇世紀初頭にヴュルツブルク（Würzburg）学派による無心像思考の研究が注目を浴びた。その影響が「想像」を主題化することに抑制的な力を及ぼすことになった面もあろう。北村（1981）もその他にゲシュタルト心理学の影響、あるいは表象や直観像の研究を精力的におこなった研究者が世界大戦時にナチスに加担したことなどの社会的影響をあげている。そして、

「およそ一九六〇年代に至るまで、特殊な条件のもとに現れる心像体験は例外として、心理学者による心像の研究はほとんどその跡を絶ち、また心理学の教科書や概説書にもこれに関する記載はほとんど見られなくなった」

と書いている。

この見解はホルトの指摘にほぼ沿うもので、確かに個々の研究面ではそのとおりであった。だが、後者の点、つまり教科書や概論書については事実とは異なっていたことが今回の調査からあきらかになった。二一世紀の今は次第にその傾向は薄らいでいるようだが、教科書的な概論の場合はどうしても安定的な内容を記述しようとする傾向がある。そのため、書きぶりには一時代前の趨勢が反映することになる。すなわち、図1・5にみるように、一九三〇～六〇年代のテキストについては逓減傾向を示しながらもおおむね半数に「想像」に関するそれなりの説明が認められた。ただし、その取りあげられ方はあきらかに前の時代とは異なっていて、四〇～五〇年代では次第に章として独立に想像を扱うケースは減少し、「思考」と並べたり「思考」の枠組みのなかで扱う傾向があらわれてくる。その傾向は六〇年代になると定着する。

皮肉なことにホルトが一九六七年に追放者の帰還を語ったあと、概論書における「想像」の扱いは第三相に入る。この期間、想像はほとんどまったく取りあげられなくなる。これは日本の状況において一層明確で、最も無視ないし看過が明確であったのは一九八〇年代の一〇年間であった。これまた皮肉にも北村が日本においてイメジリイ研究の復権を語り、過去を振り返ったのが一九八一年であった。しかしそれからの一〇年間、教科書・概論書には追放劇からの復活は事実としては確認できなかった（図1・5）。しかも、その一〇年間は図1・6の調査標本数のグラフにあきらかなように日本における心理学概論書が過去、最も大量に出版された一〇年であった（ここは平成のバブル経済期に向かう時期で心理学に限らず社会のあらゆる面に膨張現象があらわれた一〇年であった）。また、この時期にみられた量的膨張は質的には必ずしも広がることなく、似たようなものが隈なく広がったという傾向がみられた。そのことはこの心理学概論書のインフレーションでも同様であったといってよいだろう。

もちろん、すでにみたようにホルトや北村は追放者の帰還を imagery と認知したのであったから、そのとおりに概論書でも心像（imagery）への言及がこの時期から次第に姿をみせ始めたことは確かである。

概論書で扱われる主題が現状の研究場面で扱われている主題から一定程度遅れて現れることは現在もかつてほどではないにしても同様である。実際、個別専門の研究分野では心像研究がイメージ論争を経てその先へと踏み込んできており、イメージ研究の新しい成果を編んだ菱谷（2001）は神経心理学や認知神経心理学的な枠組みでの研究への広がりやイメージを研究手段に使うような幅の広がりを認め、論争で盛り上がったイメージ研究は新たな段階に入ったと述べている。その流れのなかで直接 Imagination を主題化する傾向もみえてきた（e.g.,Thomas 1999）。また九〇

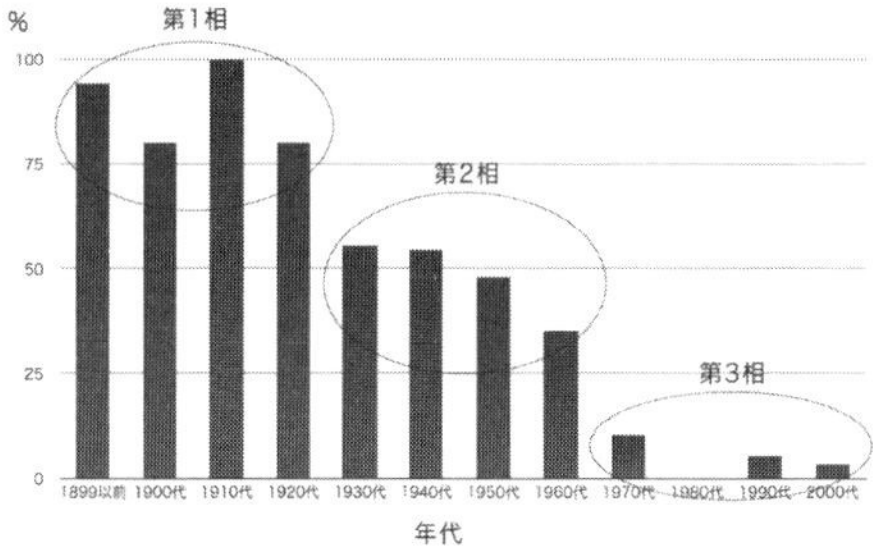


**図 1-5　心理学概論書で「想像」について章、節などの扱いで相当分量説明している書籍の年代別割合。1900 年以降 10 年間の区間ごと（1899 年以前はひとまとめ）**

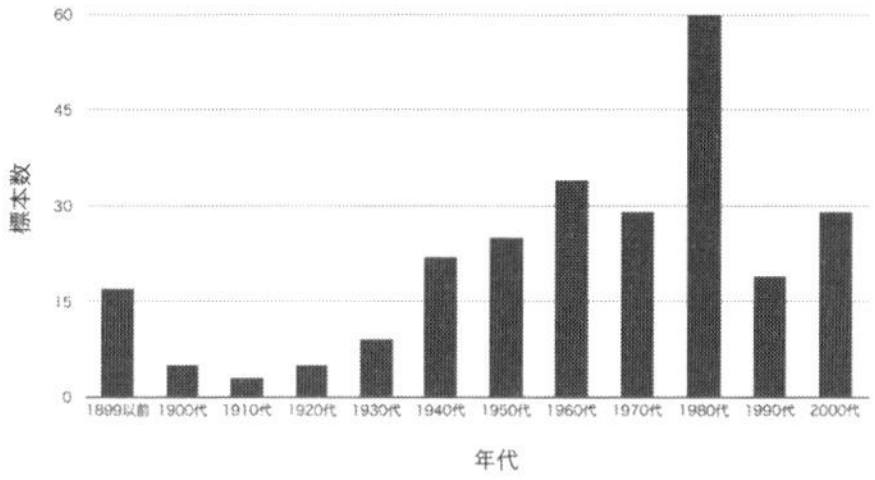


**図 1-6　年代別の調査標本数（1899 年以前はひとまとめ）**

**表 1-3　年代別の調査本数（図 1-5、1-6 の数値）**

| | 標本数 | 想像あり | 割合（%） |
|---|---|---|---|
| 1899以前 | 17 | 16 | 94.1 |
| 1900代 | 5 | 4 | 80.0 |
| 1910代 | 3 | 3 | 100.0 |
| 1920代 | 5 | 4 | 80.0 |
| 1930代 | 9 | 5 | 55.6 |
| 1940代 | 22 | 12 | 54.5 |
| 1950代 | 25 | 12 | 48.0 |
| 1960代 | 34 | 12 | 35.3 |
| 1970代 | 29 | 3 | 10.3 |
| 1980代 | 60 | 0 | 0.0 |
| 1990代 | 19 | 1 | 5.3 |
| 2000代 | 29 | 1 | 3.4 |
| 合計 | 257 | 73 | |

年代以降、わずかではあるが、心理学テキストのなかに想像をはっきりと項目立てて扱う例があらわれてきた（e.g.,丸野ら 1994; 内田 2005）。さらに、心理学を含め周辺、境界領域では「想像」そのものを主題化した著作も目立つようになってきた（e.g.,Brann 1991; 井上 1996; Cornoldi et al. 1996; McGinn 2004; Byrne 2005）。ここで振り返りみた心理学における想像追放劇はこれから本当の帰還を果たし、新たな時期を迎えることになるといえそうである。

## 1・4　二〇世紀後半以降の動向

世界大戦後、二〇世紀後半に心理学における思潮の主脈は次第に「客観主義の長く冷たい冬（Bruner 1990）」のトンネルを抜け出ていく。それに合わせて一時後退した「想像」に対する研究が装いを「心的表象（mental representation）」「心的イメージ（mental image）」「心像（（mental）imagery）」といった呼称に改め、ふたたび研究の前線に登場することになる（以下、これらは特別な場合を除き、「心像（imagery）」に統一して表記する）。そこでおこなわれた研究の流れと内容はすでに多くの文献に詳しく紹介されてきている（e.g.,Cornoldi et al. 1996; Denis.1991; Finke 1989; 宮崎 1980; 高野 1981; 特に Roeckelein 2004）。したがってここではその動向の大筋を確認するに留める。

カードナー（Gardner 1985）の指摘によれば、心理学における思潮の主脈が行動科学から認知心理学へ移行した分水嶺は一九五六年で、その年にたまたま相次いで開催されたダートマスでの人工知能関連の会議とMITでの情報科学に関するシンポジウムがその画期をなす出来事であったとみることができそうである。認知心理学はそのモデル論において興隆中のコンピュータ科学とかみ合っていった。また、行動科学が原則として対象にしなかった処理系内部の媒介過程にも注目したため、やはり急速な発達途上にあった神経科学とも相性をよくした。こうして認知心理学は時の発展著しい諸学問の動向と歩調をあわせながら成長し、ほどなく認知科学という学際融合領域を形成して多くの研究者を集め、勢いづいていった。

そのなかで扱われた主要テーマの一つに、主として視知覚の文脈における心像があった。認知科学勃興期の旗印の一つとなったナイサー（Neisser 1967）の著では、"visual memory"の章のなかで心像（imagery）が大きくとりあげられた。ナイサーはこれを知覚現象におけるそれはもとより、記憶、幻覚、直観像、夢や催眠の話題との関連にまで広げ、ときにはフロイトの見解にも結びつけながら、"imagery"を認知科学において扱うべき主要対象として同定した。その影響は明白で、二〇世紀の第四四半期、心理学全般を扱った教科書においても、imagination はともかくとして、imagery については章や節の項目立てをして扱う例がでてきた。すなわちすでに述べたように、二〇世紀第一四半期までの心理学において主題の一つであった imagination は、一旦第一線から退けられたのち、二〇世紀後半は次第に認知心理学の文脈において imagery という概念に衣変えして、ふたたび主題として復活したわけである。

### 1・4・1　心像研究の活況

心像をめぐる研究への助走はすでに述べたホルト（Holt 1964）による追放者の帰還宣言あたりに発し、それを追ってリチャードソン（A.Richardson）が「心像の現象をめぐるさまざまな事実や仮説の代表例を一ヶ所に集めてみよう」ということで"Mental Imagery（1969）"を著したあたりは研究活況への前夜祭というところであった。その彼によれば二〇世紀半ばの行動主義の台頭で心像研究は表舞台から姿を消したが、英国ではペア（T.H.Pear）をはじめ幾人かが研究の一脈を支えたという。そういえば、先にみたマッケラーもホルトも英国の人であったし、このリチャードソンも英国生まれでオーストラリアの人であった。いかにもアメリカンサイコロジーといいうる行動科学が席巻するなかでとくに欧州ではその嵐が通りすぎるのを待ちながら、仕事をしていた人たちがいたのである。そうした六〇年代の準備を経たのち、七〇年代に入って間もなく発表された二つの刺激的な理論研究と実験研究がその後の心像研究活況の火付け役となった。前者はペイビオ（Paivio 1971）による言語と非言語の二重コード理論の提起であり、後者はシェパードとメッツラー（Shepard & Metzler 1971）による心的回転の実験研究であった。

二重コード理論はその後、図と言語を実験材料に用いる記憶課題での選択的干渉効果に代表される実験結果(e.g.,Baddeley et al. 1975; Janssen 1976)などによって支持されていく。二重コードのモデルは、古くから記憶術の手法として実用的にも有効性が確認されていた場所法(Yates 1966)の解釈にも適合した。また、ある人物のイメージがそれなりに想起できるのに、氏名が思いだせないということは誰にでも日常的に頻繁に経験することなので、ある対象の非言語的なイメージとそれに関する言語記述的な記憶が分散して蓄えられていることは実感的にも説得力のある論として注目された。

二重コード理論そのものは心像自体の性質をあきらかにするものではなかったが、ある対象に対して性質の異なる心像が多重的に形成されていることを示唆したため、当然の流れとしてそれらの心像の内容に関心が向かうことになった。そこにちょうど時期を同じくしてシェパードたちの心的回転の実験結果が報告される。その結果は現物の形態に類似した心像の姿とそれに対する直接的な操作の可能性をあからさまに示すものであった。ほどなく、コスリン(Kosslyn 1973)がこれもまたその後の研究を勢いづけることに貢献したイメージ走査の実験報告をおこなう。これをもとに彼は知覚的光景に対応した画像様の心像が形成され、機能していると主張し始める。

さらにその同じ年、ペイビオの二重コード理論の提起などに刺激されたとみえるピリシン(Pylyshyn 1973)が心像の性質について、心の内側に映し出された光景を心の眼で再度見るかのような画像説を否定して心像は網膜に投じられる像のような空間的な特性をもたず、命題記述的に形成されているとする説を提起する。この命題記述とは自然言語とは異なり深層構造的な符号記述のことで、同じころにフォーダー(Fodor 1975)が語った思考の言語、メンタレーゼ(mentalese)に重なるものとして想定された。このメンタレーゼないし命題の構造自体にはもとの対象の物理的な特徴は反映されない。構成要素である符号はもとの対象の性質に制約されることなく、その記述内容が心像を表現する。したがって、逆に命題にはもとの対象そのものには表現されていない対象を表現するための諸関係についての記述(文法様のもの)が含まれていると考えられた。

コスリンとピリシンは共に同じ主題を扱いながら、対照的な見解を示す論文をほぼ同時に公表したことと、当時、スタンフォードで大学院を終えようとしていたコスリンは血気盛んであったとみえ、ピリシンの説に真っ向からぶつかるような呼称をつけたモデル、心像のCRTディスプレイ説を提起することになる（Kosslyn 1975）。このあたりから両者を中心に周囲を巻き込んで心像の「画像」対「命題」をめぐるイメージ論争が巻き起こる。この論争によって当然、image や imagery のことばは頻繁に飛び交うことになった。だが、それに比して imagination や imagine ということばが表にあらわれることはほとんどなかった（論争の背後ではJ・レノンの“Imagine”が世界的にヒットして流れていたが）。

その後、コスリンは着想豊かな実験を組織的かつ矢継ぎ早におこなって画像説を支持する結果を出していく[16]。ただ、そのあからさまに大量の実験結果の出し方も災いしてか、その結果には多分に実験者の要求特性（Orne 1962）が反映している可能性があるとか、画像走査の実験については用いていた実験材料がよく知られた動物や地図（架空のものとはいえ）であったりしたため、被験者があらかじめもっている常識化している知識、たとえば長い距離ほど移動にはそれ相応の時間を要するといった知識を暗黙的に使ってしまい、実際に現物類似の心像上を走査していなくても、あたかもそうしているかの結果を出しがちになっていないかといった懸念ももちあがった。

一方、ピリシンのほうは、コスリンとは考え方ばかりでなく仕事の仕方も対照的で、自身も表明しているようにフォーダーの考え方の影響下、どちらかというと哲学的な考察を得意としつつ単著を中心にした論文を出していく。人には心像生成と運用において一方に視覚形態的な心像を多用する人、他方に言語的な心像を多用する人がいて多くの人はそのあいだのどこかに位置づけられるということは古くからいわれてきているが（e.g., Downey 1929; Roe 1951）、前者の典型がコスリンであったとすれば、後者の端点にはピリシンがいたという面もあったかもしれない。

ピリシンはたとえば認知的透入可能性（cognitive penetrability）という概念を導入して心像の過程を説明する（Pylyshyn 1978）。認知過程には心像にかかわりなく不随意的に処理が進行し認知的には透入不可能な段階があり、それとは別に当人の信念や目標を反映し心像生成に随意性がある認知的に透入可能な段階があるとみる。たとえば視覚処理の初期段階は錯視の例にあきらかなように、不随意的で認知的に透入不能なかたちで処理が進行する。したがって、その知覚的な心像の内容は神経活動のパターンで想定でき、それ自体は符号ではないが命題的であるとする。

これに対して、認知的に透入可能な段階では意識的な経験が生じる。そこでの心像も命題的であるとみるのだが、信念や目標によって変形する。高野（1981）はイメージの画像説が宿す問題を指摘する上手な例として「シマウマ」のイメージをあげている。なるほどシマウマは誰もが容易に記憶から呼び起こしてありありとイメージできる動物だが、もしそれが画像としてこころに描かれているのだとしたら、縞の数を数えてみたらどうか、というのである。確かにそれはむずかしい。するとその心像があたかも写真のようであると感じているのは単なる思いなしで、心像の実際は画像のごとく思わせる命題なのかもしれない。

とはいえ、白黒の縞のあるそのイメージを描けないか、といえば、そういうことはなく、認知的に透入可能な処理にふさわしく実行できる。数えられない縞でも結局それなりの数の縞をつけた馬の絵を誰もが描けることだろう。描いてみれば、自分が思っていたシマウマの縞の付き方が相当にいい加減な思い込みであったことも自覚できるはずである。ただ、その縞は主として背から腹にかけて走っているという知識や部分的ないし漠然とした画像的なものは確かにもっているようなのだけれども、それらはいずれも結局、断片的な知識のようなもので、認知的に透入可能な水準ではそれらを使い随時構成的、生成的に描いているのかもしれない。この断片的にみえてくるシマウマのあれこれについての知識こそ、ピリシンらのいう命題、メンタレーゼであるというわけである。

したがって、たとえば、コスリンがイメージ走査で示した心像上での視点移動も、あるいはさまざまな動物の形象を用いて特徴を確認するときも、被験者は認知的に透入可能な段階でいかようにもそのかたちや動きを変化させることができる。実際は走査を一気に跳躍させることも速度を調整することもできるし、あるいは実験者の教示から気を回してあたかも実際の地図上をたどっているかのようにも、まさに想像できる。だが、それをするときにこの想像に画像的な心像が伴っている必要はない、とみたのである。

他方、コスリンは自説を正当化する実験的証拠をマシンガンのように発表していく。それも単に一方的にではなく、それによって引き起こされる反論や批判にも丹念に応えながら、適宜、理論の修正を加えていった。当初、過激と思われたCRTモデルもやがて擬画像的（quasi-pictorial）と微妙に和らげた呼称を用いるようになる（Kosslyn 1980 1981）。これは心の眼による第二の知覚、CRTを見つめるホムンキュラスの存在を回避し、コンピュータ・ディスプレイのピクセル画像をつくりあげているデータを比喩にした考え方に変更した。しかも、そこにあらわれる画像も概括的でゆらぎを伴う画像「的なもの」というニュアンスをもたせて「擬画像」と称したのである。高野（1981）もいうように、擬画像としてのシマウマだから、漠然と縞のある馬の画像的なものはイメージされるが、数えることができるように縞が再現されているわけではないというわけである。

また同時に、知覚的な心像は表層段階では空間特性などが維持された現物に類似した画像になっていて、それは視覚のバッファーで形成されるが、その心像のもとになっている深層段階の情報では長期記憶として符号および命題の形式をとっているという具合に見方を変えた。つまり、「画像か命題か」を脱して「画像も命題も」としたわけである。これにより、こと二者間でのイメージ論争に関するかぎり、その焦点は現物類似の画像的な心像というあり方を認めるか否かに絞られることになった。このコスリンの方略転換によってピリシンの主張は命題というただ一つの様式にこだわったがゆえに、確かに概念構成は節約されている（Anderson & Bower 1973）のだが、心的回転や画像走査などの実験結果を説明する場合に、対象や視点の移動途中に複数段階の命題を想定する点などで、ややぎこちなさが否めず、相対的に硬直性を感じさせる観が強まった。

しかし、コスリンの考え方についても深層段階での命題記述のデータ様式を認めたことで、それまでこだわっていた現物類似の心像についての存在感は薄まることになった。たとえば、そこからの想起による心像の想い描きにおいて、ちょうどコンピュータが架空の島の地図画像のデータをもっているときに、そのデータ構造自体には島の輪郭も島の中のさまざまな対象物の位置関係も決して現物類似の位置関係をそのまま複写したようには記述されておらず、それでもディスプレイに表示するときは正確で美しい地図が描かれることと同様に、人のもつ情報も必ずしも現物類似の擬画像的な心像が必要なわけではなく、結果的に現物のようなかたちに構成できれば十分であるという見方も強まったといえるだろう。

コスリンとピリシンは見解と仕事の仕方において相反する性質を表出させながら、しかし一点においてはよく似ていた。それは根気強く自説を主張しつづけることであった。コスリンの場合はすでに触れたように全体的な考え方については多少変化した。だが、擬画像的な心像を認めるか否かをめぐる論争はこの二人を軸にして延々と続くことになる。九〇年代になり脳の画像処理技術を用いた研究が盛んになりだすと、とくにコスリンは神経科学的な観点からの皮質活動のマッピングを含めた知見を主体に報告するようになる。一例をあげれば、コスリンら（Kosslyn et al. 1999）では一次視覚野の活動を知覚時の心像生成と想起時のそれの場合とで比較検討している。用いた手法は二つで、一つは被験者が太さ、長さ、間隔、方向の異なる縞模様の複数のセットを見て記憶し、そののち閉眼でそれらを想起し、その属性の違いを比較する。これらの作業中の脳活動をPETを使って観察した。結果、知覚時も閉眼想起の場合にも一次視覚野の活性を確認している。もう一つは非侵襲的な脳刺激法であるrTMS（repetitive transcranial magnetic stimulation）を使い、先と同様の課題をおこなうまえに、内側後頭皮質を刺激した。するとその刺激を与えなかった統制群に比較して知覚時も閉眼想起の場合にも同様に課題の遂行が有意に損なわれた。この結果は知覚のみならず記憶想起による心像生成においても知覚処理過程の初期段階の活動が関与していることを示唆している。

また、マストら（Mast et al. 2006）は、前庭器官への温熱刺激が高精細の心像と心的回転に及ぼす影響を検討している。何か画像をみて記憶し、そのあと想起すると視覚系の初期段階の大脳皮質が活性化することは上記の実験から見いだされたし、その後も繰り返し同知見が確認されてきた（e.g., Kosslyn & Thompson 2003）。一方、同領域が前庭系からの入力で不活性化されることも示されてきた（e.g.,Wenzel et al. 1996）。これは平衡感覚によって空間内の姿勢制御や眼球運動を含む身体定位に関与している前庭系がその機能の一環として視覚系に抑制作用を及ぼすためと解釈できる。したがって、もし想起心像の形成に知覚処理系の関わりが不可欠であるとすれば、前庭器官への刺激は想起による心像生成にも影響を与えると予想された。実験ではバッタや城といった誰もが知っている対象の比較的細密な線画を用い、そうした四〇枚の画像を記憶したのちに、手がかりつき再生で画像名称の想起を求めた。再生では閉眼でできるだけ鮮明に頭のなかで像を視覚化するように求め、それぞれの画像の形状に関する特徴（画像の高さの方が横幅より大きいとか、その物体が閉じられた空間をもっているかどうかなど）について、あらかじめ用意されていた質問に答えた。この反応の際に刺激条件では前庭器官への温熱刺激を与える。これは両耳の外耳道に小さな風船を入れ、その一方の風船に水（二一度）、他方にお湯（四四度）を入れることで作り出す。統制条件では温度差のない体温と同等の水を入れるので前庭器官への刺激は生じない。実験の結果、前庭系への刺激があった条件では誤反応率が有意に高まることが確認された。このことから想起心像の形成に知覚の初期段階の処理過程の関与があることが示唆された。かつて心像は中枢的に興奮した感覚にほかならないとしたヴュルツブルク学派キュルペ（Külpe）の見方が一部復活した観の結果であった。

ただし、想起による心像生成において中枢の知覚初期段階に活動が認められるということをもってただちに知覚心像の形成と記憶想起による心像生成が同じ脳領域で営まれているとみるのは早計である。実際、脳損傷の臨床例では視知覚障害が生じているが想起による心像生成には障害がない例が少なからず認められている（Bartolomeo 2002）。たとえば、ブロードマンの一八、一九野に限局された損傷があって（周囲の一七、二〇、二一、三七野などは損傷を免れている）対象の大きさ、形状、方向の違いが視知覚的に弁別できず重度の視覚失認を呈している患者が、それにもかかわらず長期記憶からの心像想起には障害がなく、想起心像間の形態弁別や要素の組み合わせによる新たな心像生成ができる例（Servos & Goodale 1995）が見出されている。あるいは両側性の後頭野損傷によって全視野が色覚異常になり、グレーまたはセピア調の視知覚になってしまった患者が、シャンパンとか赤かぶの内部の色といった言語的に提示する対象の色について答えられることや、典型的な緑や黄色などの物体をできるだけたくさん答えるなど想起心像に大きく依拠すると思われる色彩弁別がほとんど完璧、または健常者の平均以上にできるケース（Bartolomeo et al. 1997）などが認められている。後者の場合、想起で形成していると想定される心像の色が知識としての色名と区別しがたい問題を含んでいるが、このケースの場合、反応成績がかなりよかったことと反応の流暢度が高かったことから、想起心像に依拠している部分が大きいと解釈されている。

また、バルトロメオ（Bartolomeo 2002）は反対に左頭頂葉に広範な損傷があるケースで、視知覚障害がないにもかかわらず物体の形状や色に関して想起による心像生成に障害が生じた例も報告している。ここに現象の二重乖離が認められることから、想起による視覚心像の形成や操作にあたっては視知覚に関連する脳領域の関与や情報の統合の必要性が認められ、少なくともその統合の段階は一次視覚野のような知覚処理の初期段階とは別の領域にあることが示唆される。知覚心像に関わる処理過程と想起心像に関わる処理過程が異なる部位にあって、それぞれ独立性をもって機能していることを示す知見は他にも多数報告されている（eg.,Behrmann et al. 1994; Denis et al. 2002; Guariglia et al. 1993; Kukolja 2006; Ortigue et al. 2001; Peru & Zapparoli.1999）。

他方、乖離の見解に抗する報告も引き続き提示されている（Kosslyn & Thompson 2003）。また、想像による心像生成の鮮明さには個人差が大きく、同時にfMRIなどであらわれる神経活動の状態もそれに相関して大きく変動することも指摘されている（Cui et al. 2007）。ことがらの性質上、わずかなケーススタディによらざるをえない従前の研究ではそうした点での統制が不十分な面もあったため、知覚心像と想起心像の処理過程の独立性についての結論はまだ定まるには至っていない。

周り回って、擬画像的な心像の生成の有無を含めてコスリン対ピリシンのあいだを中心に約三〇年にわたって展開されてきた論争は神経科学領域の仕事に移行しながら未だ決着をみずにいる。論争が始まったとき大学院生であったコスリンも還暦を過ぎ、ピリシンはすでに齢七〇を超えたが、二人にとってこの論争はまさに因縁のライフワークになっている（e.g., Kosslyn 2005; Kosslyn et al. 2003, 2004; Pylyshyn 2003a, 2003b, 2005）。

### 1・4・2　世紀を超えて

ところで、コスリンとピリシンの考え方の枠組みで共通していた点は、感覚器官から先、知覚初期段階の心像の過程とそれ以後のたとえば、目を閉じて何かを思い浮かべるような想起心像の過程を分けてみていても、それが意識化される段階は共通の場においていたことであった。これは伝統的にはたとえばヒュームの印象と観念の区別に遡れる。コスリンの場合はこれらを擬画像心像の表層段階とそれが命題記述化された深層段階に対応させている。ただし、想起心像は命題記述として長期記憶に保存されていても、それが想起されて心像として意識化されるときは表層段階の視覚バッファーで擬画像化しているとする（Kosslyn 1980）。したがって、その心像が形成される場は知覚処理を担う場と共有しているとみた。心像の基本様式は擬画像と考えているのである。

ピリシンの場合もすでにみたように認知的に透入不可能な段階と透入可能な段階を区別した。想起心像はバートレット（Bartlett 1932）が示したように認知的な操作を受けるから、この分け方も納得できる。ピリシンの考えに影響を与えてきたフォーダー（Fodor 1983）の場合は機能単子としての変換および入力の補助系（subsidiary modularized system）と中央認知系（central cognitive system）を区別している。心像が意識化される場という点ではピリシンも認知的に透入可能な段階、つまりフォーダーの中央認知系にあたるところとみていたからコスリンの考えと心像の質は異なるがこの点でも似ている。つまり、知覚像としての心像と想起像としての心像が形成され、意識化される場所は共有されているとみていた。

ところが、二〇世紀末から世紀をまたいで最近に至る時期に、神経科学の分野から出てきた知見には両心像が中枢神経内の異なる場所で生成され意識化されていることを示すケースが多くなっている。少なくともコスリンが視覚バッファーとして想定していた網膜位相関係が保たれている視覚野 V4 までは知覚心像生成には必要であっても想起心像の形成には必須ではないこと、また頭頂葉、とくに右正中領域の損傷で生じる半側無視の症例を中心にその反対のことをいいうる二重乖離の例が報告されてきている。

少し例をあげれば、まず、右半球損傷のある個人症例でコスレット（Coslett 1997）はトレースマンとサウザー（Treisman & Souther 1985）の探索非対称性を示す視知覚における注意課題や視知覚課題を用い、知覚性の課題は正常にできるにもかかわらず、自宅の居間やキッチンなどの想起心像では左半側無視が認められる患者の例と、それと正反対の症状を示した患者の例を報告している。ただし、後者の例はかなり広範な損傷とそれに伴う運動機能を含めた多様な症状をもつ高齢者の例であるから、この二重乖離はやや難がある。

ベスチンら（Beschin et al. 2000）の場合は左頭頂後頭葉と右視床の損傷患者で、右半側の自分の身体部位を触れることや一般的な言語機能には障害がないのに右半側の失読を呈するといった知覚性右半側無視を示し、それでいて記憶想起による心像形成については明白な左半側無視を呈する例を報告している。

また、ギャリグリアら（Guariglia et al. 2005）の場合は動物実験で有名なモリス（Morris 1981）の水迷路のヒト版を使った実験をおこなっている。この迷路では水は使わないが無彩色で特定の視覚的手がかりがない五×六メートルの部屋の中央（出発点）に目隠しをした被験者を連れてきて、一定の方向に姿勢を定位したのち、目隠しをとり、音源の目標に向かって歩くことを求める。この課題を用いて、視空間知覚上の左半側無視を呈するが、想起心像については無視が認められない患者や、両者について無視が認められる患者、さらに無視の認められない脳損傷患者などを被験者にして、目標にたどりつくまでの時間や経路を調べた。その結果、想起心像に左半側無視が認められる患者について、最初に迷路学習をしたのちのテスト試行で出発点での身体の向きを変化させた場合や、再試行までのあいだに三〇分の遅延を入れた場合は、他の被験者に比べて統計的に有意に長い目標到達時間を要し、経路も試行錯誤的になることが見いだされた。これらの被験者には一般的な記憶障害は認められない。ただし、想起心像に半側無視を起こしている被験者は課題遂行にあたり平衡感覚などの自己受容感覚に依存する程度が多くなっていたと考えられる。

その種の記憶は長期記憶に残り難いため、テストまでに遅延をおくとその手がかりが使いにくくなったと解釈されている。この結果から同じ左半側無視の症例でも知覚心像性の場合と想起心像性の場合を区別でき、各々の処理部位が独立していることが示唆されている。

fMRIの観察でも空間定位的な知覚心像と想起心像の処理過程の独立性が示唆されている。たとえば、ノブレ(Nobre 2004)によれば、実際の空間内のある場所に注意を向ける場合、つまり知覚性の注意は頭頂葉の一領域に選択的な活動がみられ、思い浮かべた心像上の空間内で同様のことをした場合、つまり想起心像上の空間で注意を向ける場合は、多くの点で実際の場所に注意を向けた場合と脳内の活動に重なりが認められるものの、この場合に特異的な活動が前頭葉に発生することを見いだしている。

ところで、想起心像に対する半側無視は心像そのものは完全に想起されているのに、想起と同時に並行している普段の知覚処理について左半側無視とは反対の側に注意が集中するために、それに影響されて想起心像の報告の際に半側無視が生じるという可能性がある。

ロウドら(Rode et al. 2007)はこの点に着目した実験研究を報告している。すなわち、八人の左半側無視の患者にフランスの地図を思い浮かべてもらい二分間にできるだけ多くの街の名前を告げることを求め、目隠しをした場合としなかった場合の条件比較をしている。健常者では一般に目隠しをした方が知覚的な干渉が軽減されるため、より多くの街の名をあげることができる。この効果はこの実験でも確認された。また、もし半側無視の患者が想起心像を適切に描いているにもかかわらず、並行しておこなっている平常の知覚における左半側無視と右半側への注意の集中が想起心像への無視に関与しているとすれば、目隠しをして知覚的な処理を制約していればパフォーマンスが改善するはずであった。しかし、結果をみると、地図の左右どちらについても目隠しによる改善効果、つまり知覚的な干渉の軽減効果は現れなかった。このことから患者はもともと想起心像の左側が生成できておらず、そのために半側無視をおこしていることが示唆された。つまり、知覚性の半側無視とは独立に想起心像の半側無視が起きうること、両過程の心像生成の神経基盤に相違があることを支持する結果が得られている。

### 1・4・3　別の見方

ところで、チャンバースとレイスバーグ（Chambers & Reisberg 1985）はネッカーの立方体やマッハの本、シュレーダーの階段、カモとウサギの多義図形[*17]などを用いて、それらを見たのち閉眼して想起心像においてどのような反転図形が見えるか被験者に尋ねたところ、同じまたは同類の図形を知覚している際には容易に反転できても、想起心像についてはは反転ができないことを見いだした。しかも、そのあと記憶を頼りにその図形を描いてもらい、その作画を見ながら試したところ、今度は容易に反転できることが確かめられた。図形は比較的シンプルなものだったことから、これはとりあえずコスリンがおこなったようなイメージ走査や心的回転が可能となるような擬画像の心像生成に対して疑問を呈する結果となった。

もっともその後、ピーターソンら（Peterson et al. 1992）は同じカモとウサギの多義図形を使って被験者の約四割について想像心像において反転ができたという報告をしている。彼らは事前の教示の際に例示としてチャンバースたちが用いたマッハの本ではなく、カモとウサギの反転と同様の左右の視点移動で反転が生じるガチョウとタカの多義図形を用いることでこの結果を導いている。手がかりの提示で可能になった事実は、実質的には想像心像が擬画像的であることを示唆していることになる。ただしこの場合、反転の仕方を誘導しているだけに、多義図形を知覚した段階で即座に反転図形を形成し、のちにはそのかたちを想起していた可能性がないわけではない。

また、一般的な多義図形の反転についても、現物を見ながらその像を知覚していれば可能なのかといえば、それは多義図形がもともと比較的単純な構造をしているからできているにすぎない面もある。すこし困難なもの、たとえばサッチャー錯視（Thompson 1980）のようなものであると、いくら現物を知覚しながらであってもその顔全体を上下反転させてその表情をイメージすることはできない。この例からその場で知覚情報を得ながら知覚心像を操作することにも限界があることはあきらかである。

これらから大きく次の二つのことがいえる。一つは知覚の過程で生成されている明々白々の画像的な心像と想起心像に想定されるそれは程度の違いにすぎなくて、質的には連続性があるらしいということである。つまり、想起心像は知覚時に生成される世界、すなわち写真のような画像ではないが、その素描のようなものらしい。ゆえにそれは「擬」画像と呼んでしかるべきものなのかもしれない。

マストとコスリン（Mast & Kosslyn 2002）は線画の顔絵でしかも上下反転すると別の顔がみえるような図（e.g.: 図1・7、実際に彼らが用いた図の一つで、巧みな絵とはいいがたいが、若い女性が上下反転すると老婆にみえる）を用いて、およそ一五％の被験者が図を知覚し学習している段階で反転図形を認識してしまったが、残りの被験者のうち約四〇％の被験者は見方のヒントを与えるなどしつつ想起心像において上下反転による認識ができたことを報告している。

フィンケら（Finke et al. 1989）の場合も少なくとも誰もが同様の心像を描けると想定できるアルファベットを材料にして、想像心像に図形的な操作を施すことができること を確かめている。すなわち、教示にしたがって被験者にアルファベットの二文字を想起心像の状態で組み合わせてもらい、結果が何にみえるかを問う実験をおこなって、その合成心像に新たな図像としての意味や多義性を報告できることをみている。たとえば、「Hの文字にXの文字をぴったりと重ね合わせたイメージを想い描いてください。できたイメージは何に見えますか」という質問には、その合成像から「蝶」とか「蝶ネクタイ」とか「N」とか「M」といった多義的解釈が得られることや「Bの文字を九〇度左に回転し、その下に同じ幅の逆三角形をぴたりとつけます。つぎに水平線分をとりはずすと何にみえますか」という質問には「ハート」といった適切な反応が得られることを

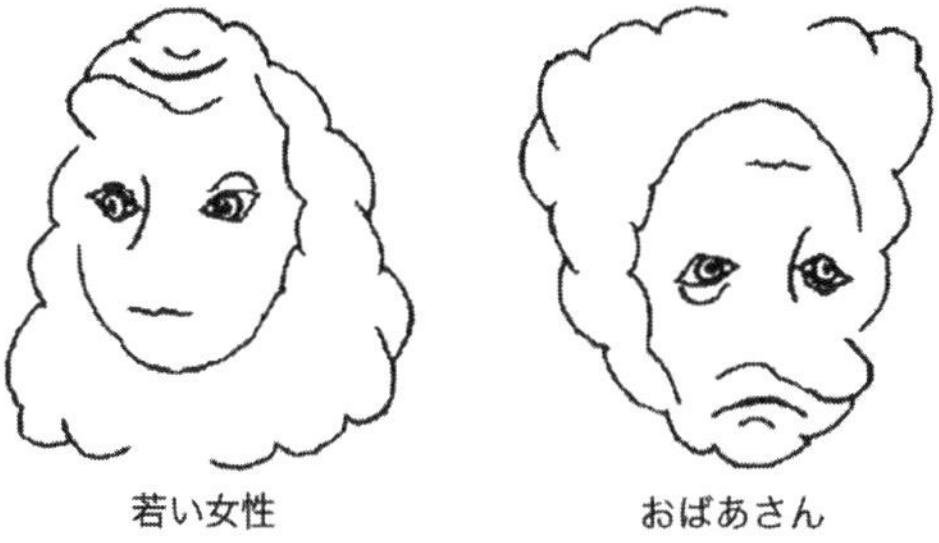

図 1-7　マストとコスリンの実験で用いられた図

みている。これにより想起心像の操作可能性と擬画像性をあらためて提起している。

想起心像が知覚心像に接近した性質をもつという証拠と、その一方でサッチャー錯視から現物を知覚しながらも上下反転した表情を読み取ることはできないという事実がもう一つあきらかにしていることは、想起心像と異なり現下の知覚心像については鮮明な画像を得ているということが実は疑わしいということである。知覚とはいま網膜に受容されている情報があたかもフィルムやCCDにとらえられているかのようにその全体がそっくりそのまま分析、把握されているようなものではなくて、リアルタイムには一部分に対する選択的な処理しかしておらず、残りの大部分は知覚心像というよりもむしろほとんど想像を含んだ想起心像で構成されているのではないかということである。

**行為にもとづく心像生成論**

こうした見方は活動的心像論(enactive imagery theory)とか知覚活動論(perceptual activity theory)などと呼ばれる考え方に沿うものである。

この観点自体は新しいものではなく実は一九七〇年頃から、マッケイ(D.M.MacKay)やヘッブ(D.O.Hebb)、サービン(T.R.Sarbin)、ナイサー(U.Neisser)、ハンプソン(P.J.Hampson)らによって提起されていた(e.g.,Hampson & Morris 1978; Hebb 1968; MacKay 1967; Neisser 1976; Noton & Stark 1971; Sarbin & Juhasz 1970)。その骨子はつぎのナイサー(Neisser 1967)の記述にあきらかである。

「視知覚は構成的な活動である。知覚者は多くの「速写」からの情報を一緒に用いることによって、安定した対象を「形成する」。そのような過程は、一種の記憶を要求するものであるが、その記憶は以前のパターンの絵画的なコピーを保存するものではなくて、そのかわりに、絶えず発達している図式的モデルがあり、そのモデルに個々の新しい凝視が新しい情報を付加するのである。個々の「速写」は…(略)…持続する何かに寄与しているのであり、あらゆる連続的な一瞥(見るという行為)は、最初からすでに確立し始めている骨組みを肉づけるのに役立っている」

このようにナイサーは、図式(schema)を想定することで経験主義的な書板のようなものを取り入れ、ラジカルな環境行為論の立場はとらなかった。だが、その後、心像論がイメージ論争を軸に展開したことと、この考え方が当時流行の計算論や情報処理論的な見方に馴染むものではなかったことから(それだけ機械的な処理様式ではなく人間の知覚の様式に接近していたともいえるのだが)、この洞察に満ちた見方はただちに注目を集めることがなかった。

しかし、画像か命題かの論争も一段落したのち「画像も命題も」という落ち着け方のほかに、画像でも命題でもなく、という観点にも関心がもたれていく。また、九〇年代に入ってから、一つにはJ・J・ギブソンの直接知覚の考え方に基づくアフォーダンス論が認知科学のなかで復権をみて、あらためて多くの研究者たちの思考を揺さぶった。その背景には社会現象としての環境論への関心の高まりがあって学術分野においても人間中心主義的な観点への反省がなされ、それが研究のベースとなる前提や仮説にも及んだということがあるだろう。画像も命題も、ヒトのこころの内側に世界を再構成することを前提に考えられていたが、生態学的知覚論の考え方は経験主義から引きずってきた頭のなかの白紙への描画や記述という信念を捨てて、知覚世界のフィールドを頭外に広げ、現下の環境における行為との連関に生じる現象に視座の移動を促した。

同時に研究における生態学的な妥当性への認識も一般化し、当たり前の日常経験がいかに成立しているのか、という単純な問いのすぐ背後にある複雑な知覚統合や認知への接近が試みられるようになった。たとえば、視知覚でいえば、サッケードや盲点、あるいは錐体細胞が中心窩を含めて均一に存在していないことなどにより、わたしたちの視野はとてつもなく不均一、不安定でいつも激しく動揺しているはずなのに、ものを見ることに関してわたしたちは生まれてこの方、そうした不安定さに伴う困難を感じることなく、ほとんど常に安定した視野をもった世界を得ている。

これは背後で視覚系が巧みな補正を自動的におこないつづけているためだと考えれば、話としては一応納得できる。だが、その巧みな自動補正の仕組みの正体はなかなか捕まえることができなかった。とはいえ、それはどうやら当然のことで、最近その補正という前提そのものに見誤りがあったらしい可能性が指摘されてきている。

たとえば、視覚系は見ている外部世界そのものを社会的に分散された認知系において常駐の外部記憶とし、そこへのアクセスをしつつ知覚心像を感覚運動随伴的に生成しつづけているらしいという見方が提起されている（O'Regan 1992）。何か完成された一枚の世界像がこちら側にあるとすれば、自他の変化に伴う補正が必要になる。だが、そうした世界像がそもそもないとすれば、その補正は必要ない。この観点の鍵は第一に、その知覚している世界自体がそのままに知覚そのものであると考えることである。その世界をこちら側に写し取って構成するのではなく、その存在そのものが、まさに外部ストレージとしてあってそこから必要に応じて情報が引き出されているとみる。その必要な情報はこちら側にデータとしてあるのではなく、その世界そのものにある。だから第二の鍵として、そのストレージへの絶えざるアクセスがある。それはまさに行為と呼ぶにふさわしいダイナミックな過程だが、このアクセス活動の過程がこれまで考えられてきた知覚心像の形成そのものに相当している。

ある一時点での情報摂取は見えている世界像全体からすれば、限られた注意を振り向けられる一部分でしかない。その図に対して地となる背景への知覚はおそらくambienceという呼称にふさわしい曖昧な雰囲気に近く、そこに注意を移せばいつでもそこから必要な情報が取り出せる。しかもそれは多分に経験に基づく予想に沿ってアクセスされるから、データ自身の絶えざる微妙な変化は捨象されて恒常性の高い情報にまるめられる。その結果、基本的にはほとんど安定的な知覚心像が保たれる。オレガンとノエ（O'Regan & Noë 2001）は、

「わたしたちはどの瞬間にも知覚場面のごくわずかな部分の詳細を処理しているにすぎない。しかるに、現在常識化している「見る」ことの定義では、わたしたちが知覚場面の丸ごと全部を実際に見て処理しているかのよ

うに説明されている」

と嘆息をもらしている。確かにわたしたちは今自分が位置している場所の周囲には何がどのようにあるか、いろいろと細かに知っていてそれらを現に見ていると思っている。だが、それらが心のなかに写し取られた心像としてそうなっているわけではないことは、眼を閉じて正面にあった本棚の本の数を、あるいは右側の窓から見えていた向こうのビルの窓の数を数えてみようとすればたちどころに、大まかなことしか見ていなかったことがわかる。その大まかな光景のほとんどは現に外におかれている現物としての記憶へのアクセスで成立しているものであって、自分の頭のなかにある記憶からの想起で成り立っているわけではないことも感じ取れる。見ている対象が外におかれた記憶であるというのは一見奇妙なことのようだが、現に見ているものは対象そのものではなく、自分にとっての見え方、自分が知覚したものなのだから、それが対象の記憶であるということはそれほどおかしなことではない。つまり、換言すると知覚心像とは外部記憶の想起心像ということになる。したがって、それが記憶である以上、個別独自のものであると同時にこの記憶の外部性はその記憶の主とは独立した挙動をなすことになる。外部記憶は知覚された時点での精緻化の程度に応じて記憶が更新されるから、外部記憶の対象のあり方と外部記憶そのものは必ずしも一致しない。

背景としてみている外部記憶は記憶という名にふさわしく時間的にも過去から持続したものとして成り立っている。つまり、眼前の光景の大部分は今では少しばかり古くなった過去の情景であるかもしれない。少し大げさにたとえていうなら、ちょうど星空を見上げたときに、そこに見える星々のどれが今現在、宇宙に存在しているものなのかはわからず、はるか遠い過去にあったが今はなくなっているものや、色や姿を変えているものも、それぞれの過去の姿をそこにみせていることと似たところがある。実際、わたしたちの周囲にあるものも五秒前、五分前とさほど変わらぬ姿でそこにあるのなら、その見え方は過去の姿のままで構わないわけである。だから、わたしたちの知覚世界は全体像でいえば、時間的には過去と現在が綯い交ぜに構成されてできているといってよいだろう。見ているものごとの全体が過去では現実の変化に対応していけないから、わたしたちはとくに今この一瞬に変化する部分、刻々と変化しているところ、大きく変化した部分、急変するところに敏感になって優先して処理している。見るということが環境に対する動的な探索行為であるというのは、好奇や冒険に発動されるわけではなくて、それが記憶に対する知覚の本質だからであるといえるだろう。

**変化の見落とし**

こうして内外通態的なアクセス活動にもとづく心像生成論が、注意の過程と無関係ではありえない動的な視知覚のありようを説明するために語られるようになる。とくに、九〇年代に入って盛んに報告されるようになった変化の見落とし（change blindness）、あるいは不注意の見落としといった現象に関する報告（inattentional blindness; perceptual blindness）（Grimes 1996; Landy et al. 1996; Simons & Levin 1997; Mack & Rock 1998; Simons & Chabris 1999; O'Regan 2003; Hayhoe & Ballard 2005）はこの見方を後押しすることになる。変化の見落としはごく当たり前にある光景をみている観察者に周期的、かつ突然に変化する色や物体の移動や出現や消去を見いだすように求める。こうした変化は唐突であからさまなものなので普通であれば容易に気づくことである。ところが、その変化と共にほんの一瞬視野全体をちらつかせたり、当該の変化対象とは別の位置に一層あからさまな変化を瞬間的に随伴させることで、当該の変化に気づけなくすること、つまり事実上、見えなくさせることができる。この見落としは信じがたいほどあっさり、かつ完璧に生じる。そのため、ほとんどの人があとでこの見落としを指摘されると我が目を疑い、驚くことになる[*18]。

こうした視知覚的注意やオブジェクト認知といったいわゆる高次知覚の研究は感覚的には見えることが知覚的には見えないということがごく普通のこととしてあるという事実をあらためて知らしめる現象であった[*19]。だが、このことは昔から知覚の現実として「わたしたちは見たいようにしか見ない」といわれてきたことであったし、手品師はこうしたわたしたちの知覚特性を活用して妙技を磨き、披露してきたわけである。その意味では世俗の心理においてはよく知られていたことであった。だが、それでもこの現象が驚きと魅力を放つのは、それだけわたしたちが自分たちの知覚、とくに“Seeing is believing”という句があるように、視知覚に対してもっている信頼感があまりにも強いためだろう。視覚について説明している教科書のほとんどが盲点やサッケードや網膜の光受容細胞の著しい不均一性などの事実を記述するも、その結果、当然もたらされるはずのひどく動揺し欠損した視覚像やモノクロ世界のなかでの彩色化された光景という実態がわたしたちの視覚経験にあらわれないことの矛盾についてはほとんど触れずにきている。オレガン（O'Regan 1992）はこれをまったくのミステリーだと語っている。もっとも、そうしたテキストにみられる説明の見落としこそ、それが説明を試みている視覚系の特性そのものをアナロジカルに表現しているのだとはいえるかもしれない。

これらの高次知覚の研究がとくに想像の研究にもたらしたインパクトは、一つにはとくに視覚的な意識経験の基盤をなしているはずの知覚心像の詳細さに疑問が呈されたことである。もう一つにはその心像が外部記憶と想像の構成的所産としてあることを示唆したことであった。たとえば、視覚経験は決して現実ありのままを撮影するような豊かで緻密な情報をもとに成り立っているわけではなく、末梢から中枢神経のごく初期段階まではあるいは視野の広範にわたり並列的な処理がおこなわれるとしても、神経系内の処理が進むにつれて選択的注意に応じ情報の一部の処理に特化した処理を受ける割合が増していくと考えられる。換言すれば、知覚は感覚器からの情報を全体的に並行処理しているわけではなく、注意や処理容量の制約もあってかなり選択的に一部をとりあげていわば高度に圧縮的な処理をしているというわけである。

これらの知見は活動的心像論の観点とよく一致する。この理論では知覚について受容情報を内的に再現して分析している過程とはみずに、関心を向けた、あるいは必要な部分情報を能動的に採りにいく活動の過程とみているからである。動物は環境を探索し働きかける。つまり、活動と志向性をもつが、知覚は常にそれと一体の過程としてある。だから、知覚することは行為することにほかならず、知覚心像はいつもある種の志向性をもって特定の情報を探す行為のなかで形成されているとみる。

## 活動的心像論と神経科学的知見

活動的心像論を支持する神経科学的知見もとくに今世紀に入ってから多く報告されてきている。二、三の例をあげておく。まず、右頭頂野損傷による左半側無視だが、これは記憶想起からの心像形成においても生じ、知覚障害が必ずしも伴うわけではない。このことからこれは心像形成の障害であって知覚過程の問題ではないと解釈される。ところが、半側無視の発生は視覚的なフィードバックと関係が深いようであり、たとえば1・4・2で触れたように、閉眼で視覚的なフィードバックをなくすと無視が消失したり、軽減することが認められている。

たとえば、チョクロンら（Chokron et al. 2004）は想起心像にもとづく時計文字盤や対称、非対称図形の描画を同症状をもつ被験者に求め、視覚的な制御の有無（開眼と閉眼）の条件間で比較をおこなっている。その結果、同症状をもつ被験者全員について認められたわけではなかったが、閉眼して視覚フィードバックをなくすことで左半側無視を軽減したり抑制できる場合があることを確かめている。先に触れたように左半側無視では右半側空間への注意が過度に高まっている傾向にある。そのため閉眼によって右視野への注意を抑制することで、無視している左半側への注意を取り戻せるのではないかとチョクロンらはみている。この結果は視覚が単に対象を見る機能だけでなく、注意の配分と不可分にあることを示唆している。また、この注意とは視知覚に限定されるわけではなく、たとえば聴覚についても音源の定位について左半側無視が認められる患者が目隠しをして視覚のフィードバックをなくすことで無視が減じたり消失する例が報告されている（Sorokera et al. 1997）。カクテルパーティ効果における注視と聞き取りの相関もこれと同様の現象であろう。換言すれば眼を開いて見るということは、入光を待ち受けとめることではなくて、手を伸ばしてものを掴むことと似ていて、共通感覚的に空間の心像生成に向かう活動にほかならないといえるのかもしれない。

また、文字の心的回転が利き手と反対側の下頭頂野の活動を高めること（e.g., Alivisatos & Petrides 1997）と、以前にみたように前庭器官への刺激で反応の正確さが損なわれることが確認されている。ただし、同じ前庭器官への刺激は「クジラは魚類ですか」といった質問に答えるような単純かつ自然な心像生成がなされるであろうような課題の遂行については損なうことがなかった。これらの結果は想起心像に対する能動的な操作が前庭系と密接なつながりをもつ視覚―運動系の参与のもとで生成されている可能性を示唆している。

トーマス（Thomas 1999, 2003）は、活動的理論は知覚が画像的にも命題記述的にも心像が書き込まれるかたちで成立しているのではなく、環境とのあいだで生じている応答活動であるとみているのだから、基本的には心像がもつ志向性も説明できるとしている。それは想像力の発露としての心像と創造的思考の両方を説明することにつながる。

こうして当初ナイサー（Neisser 1967）が語っていたような「古い整理だんすを開けるということではなく、新しいモデルを建てる」といった活動構成的で志向的な心像論が陽光の射す場所で語られるようになってきた。それは問題対象としての想像力に向けて閉ざされていた扉を開けることにもつながった。実際とくに八〇年代後半あたり以降、哲学領域やその境界領域からも含めて "imagination" を主題にした著作や論述が次々と公刊されるようになった（eg., Avens 1980; Johnson 1987; Kearney 1988; Brann 1991; Singer & Singer 1990; White 1990; Warnock 1994; Cornoldi et al. 1996; McGinn 2004; Byrne 2005; O'Connor & Aardema 2005）。わが国でも想像やその力を表題やサブタイトル、あるいはイメージということばをもって主題にした著作（eg., 近藤 1986; 内田 1990, 1994; 麻生 1996; 菱谷 2001; 月本・上原 2003; 東・北田編 2009）や翻訳（eg., 菅野・中村 1991（Johnson 1987 の訳）; 高橋ら 1997（Singer & Singer 1990 の訳）; 五十嵐・荒川 2006（McGinn 2004 の訳））の刊行が進み、想像に関する研究の態勢が再構築されつつある。

# 第二章　想像とその力

前章では古代以来の「想像」に関連する言説の史的変遷の様子を、近代以降はとくに心理学の領域を中心にしてみてきた。この章ではそれらを踏まえて、想像の全体像のとらえ直しをおこなう。そのために本章は大きくつぎの四つの観点で想像にアプローチする。第一に、こころの過程としての想像に接近し、現代心理学が扱う代表的なこころの過程である記憶、知覚、思考と想像との関係性について考える。第二にとりわけ日本語において多様に存在する想像の諸種分類にそくして、その日常的なことばの使用や弁別的な認知のされ方についておこなった質問紙調査の結果を検討する。第三に、想像する力の性質について分析的考察をおこなう。第四に、想像力に対する魅力が語られる場合にしばしば触れられる創造的想像力に着目し、その批判的検討も含めてこれをとらえ直す。

## 2・1　想像とは何か

想像とその力に対する関心は人類が人間にかかわる何ごとかを考え、書き記し始めた頃からあらわれはじめ、前章でみたようにとくに一八世紀末から一九世紀にかけて主として英国とドイツの文芸において沸き起こったロマン主義思潮ではその主導原理となってもてはやされた。その後、思潮としては唯物論や科学主義、機械的合理主義や機能主義の台頭のなかで、時代の主脈を担うことはなくなったが、芸術、文化の脈路において想像と創造はその活動の原動力と認識され、常にその力が問われながら、二一世紀のこんにちに至っている。心理学においても先に確認したように想像については少なくとも二〇世紀の当初までは主題の一つとして論じられていたし、同世紀の終わりに向かっては装いを替えて復活し、最近では周辺関連領域において正面からふたたび光が投じられている。

わが国の心理学の範囲でいえば、概論書では「想像」に対する言及が二〇世紀の第四半期に遅れて厳冬期に入った（第一章の図1・5）。ただし同時期、個別専門分野の著作においては「想像」に言及したり、立ち入って主題にする書籍もあらわれ「想像」に対する扱いは表層では凍っていても、内部では融解し始めていた。とはいえ、その解きほぐしは過去の経緯もあって怖ずおずとしたものだった。たとえば、伊藤（1981）はその時期にいち早く想像に言及していた一人だが、そのなかで彼はかつて戸川（1957）が心理学事典で「想像」の項目を担当し、そこで「先行経験を解体して新しい形に再構成する過程」と記述していることを引用し、それを補足するかたちで想像のこころの過程に三つの特徴を拾いみている。一つはイメージ（心像）をつくること、二つめはなんらかの意味で創造的であること、三つめが個人の深い無意識的な欲求（願望）からおこるか、感情や理想からわき出ることである。ただし、先行経験がそのままのかたちで再現されるとき、それは想像ではなくて記憶であるとしている。

戸川の見解も含めてこれらは他書でもしばしばみかける想像に対する説明の簡潔なまとめになっている。そこで「想像とは何か」を主題に据えたここでは手始めに、この想像の特徴記述にさらなる補足をし、重要な点について疑義を呈することから始めたい。

まず、戸川の定義では「新しい形」が語られている。だから、想像に創造性が加味されていて、伊藤のいう想像の第二の特徴と重なっている。ただ、この特徴は常に想像にあらわれるわけではない。よって想像一般の特徴とはいいがたい。だが、知覚や記憶の想起といった想像が深く関与している他の心的作用との違いに焦点をおくとき、想像が宿す創造性は際立ってくる特徴であり、想像の機能としては欠かせない点である。

同様に伊藤が三つめの特徴としてあげている「無意識的な欲求（願望）からおこるか、感情や理想からわき出る」という点については、典型的には精神分析学的な意味での夢想、あるいはより一般的な感想、そしてまさに理想という具合に個別種別化した想像の特徴を語るものとしてみることができる。したがって、これらも想像一般に通底する特徴とはいいがたい。こうした想像の諸相については創造的想像とともに本章のあとの節2・2以降であらためて扱う。以下では、戸川も伊藤も想像とは切り離した記憶の想起について、その想像との関係をあらためて確認する。

### 2・1・1　記憶と想像の間柄

想像の働きの大半は新たなものごとの産み出しというよりも、すでに経験したことの再生の域にとどまる。伊藤（1981）は先行経験が「そのままのかたちで」再現される場合は記憶の想起であって、それは想像とはいわないとしている。しかし、そのように縁取りのはっきりした再生想起はコンピュータの読み出しでは可能でも人間の記憶想起の実際においては主役となっていない。たとえば、昨日の夕食のことでさえ、それを想起することに、どれだけその先行経験がそのままのかたちで再現されるだろうか。DVDのデジタル信号にアクセスして映像再生するかのような再現がなされるなら、それは確かに想像とはいわず、それと分け隔てられる記憶の読み出しである。否、それは実際、記憶というよりも「記録」の読み出し再生である。わたしたちの記憶の生態はそのような工学的なデータ記録のリード／ライトとは異質である。だから、記憶の想起は単に再生というよりも再生「的な」その都度の想像といったほうが実態にそくしている。むかしから想像を分類する用語にはちょうど再生想像ということばが使われてきた。これが事実上、記憶の想起にあたる。

確かに直観像やサヴァン症候群にみるような映像記憶のように見たままのリプレイに近い現象も知られている。だが、いうまでもなくこれは誰にでも認められていることではないし、それとてもカメラやビデオのごとしとはいかない。むろん、そうした特殊例を出さずとも日常の話しことばや書きことばのように、記録再生的に想起されている記憶もある。確かに言語は想像が入り込む余地の少ないいわば純粋記憶の性質をもっている。しかし、皮肉にもこの記憶に対する想起自覚は他の技能一般の手続的記憶と同様、きわめて希薄である。つまり、これら運動性の最も純度の高い記憶については記憶している覚えが明確ではなく、実態的には記録に近い状態で再生している潜在記憶である。その状況に想起を意識して、語るべきことばなどを心積もりしてしまうと、フロイト（1917）が一章を費やして考察したような失策行為があらわれて、かえって想起の実際が変調したりする。言い違い、読み違い、聞き違い、してはいけないはずの失策をまんまとしてしまうその間違いはそのとおり、純粋な記憶に被ってくる想像の「間」の取り違えに起因して生じる。

この点は日常の道具を用いる習慣行為が通例のセッティングで無意識的におこなう場合は問題なくできるのに、診察室や実験室のような普段とは異なる場では同じ道具が使えなくなるとか、道具があることを想定して使う真似をすることができなくなるといった失行症の症状においても同じように理解できる。イマズら（Imazu et al. 2007）は健常者のfMRI画像で箸を持って実際に使う場合と、箸を持ったつもりになって使う真似をする場合やただ使っていることを想像する場合では脳の活性部位に明確な差異があらわれることを報告している。すなわち、前者の実際の習慣的な動作をおこなう場合は両側の小脳に明確な活動があらわれるのだが、後者のパントマイムや想像上での行為では小脳にではなく、左の下頭頂野に明白な活動があらわれるのであった。運動性の純粋な記憶想起に依拠した行為でなく、想像のなかだけで何かをおこなおうとするときに特異的に問題が発生することのわけが、中枢の関与部位の相違として垣間みられる実験事実である。類似の報告は相次いでいる（e.g.,Buxbaum et al. 2003; Chao & Martin 2000）。

もっとも日常の言語運用の場合は機械的な記憶想起だけで賄われているわけでない。その運用は記憶と共に句や文章の構造や状況に依拠した解釈、書字では文字心像の照合や連想、すなわち広範な想像の作用に支援されながらなされている。言い換えれば、現実的な記憶の運用にあたってはすべからく記憶想起と分かちがたく想像作用が入り込んでいる。それでもわたしたちはとりあえず自覚的には想像でものを語ったり、諸行為をしているわけではなく、機械再生的な記憶に依拠していると思い込んでいる。この思い込みもまた想像作用にほかならない。

また、逆に自覚的に想像したことが期せずして先行経験そのままの再現になる場合もありうる。しかもそのなかには一旦解体された先行経験が想像によって再構成されてほぼ元に戻るということもあるだろう。その場合は結果的には想像ではなく記憶想起ということになる。このことからも、想像と記憶想起を明確に線引きすることは現実のところの過程においては不可能に近い。

以前に触れたように、デューイ（Dewey 1891）は想像と記憶想起のちがいについて、前者にシェークスピアの想像の産物であるオセロ、後者にローマ皇帝ユリウス・カエサルをたとえにあげて、その相違を言い表している。後者は古代ローマの地に権勢をふるったことが事実として伝えられている。つまり、想像上の人物ではないから、記憶の想起としての身分をもつという結構荒っぽい話である。この例は、少し考えてみれば想像と記憶の例示として適切ではないことがわかる。カエサルが実在した人物で、オセロが架空の人物であろうと、カエサルに実際に接した人以外の圧倒的多数、むろんすべての現代人にとってはどちらの人物像も同質の記憶であり、同じように想像である。

もし、デューイがいったようにオセロは想像で、カエサルは記憶であるということが、現に個々の人がもつ心像の性質ということではなく、そもそもの人物像の成り立ちが完全に想像に依拠している場合、それはどこまでも想像であり、他方、人物が実在した史実があって、少なくとも人物像の由来が誰かの記憶に由来するかぎり、その心像は記憶の身分をもつというのなら、記憶とか想像という呼び方は、それぞれの心像が個人のなかでどのようにあるかとは関係なく、個人の外側で決まることになる。たとえば、シェークスピアはやはりフランシス・ベーコンその人であったという証拠があがったとなれば、そのときから世界の人びとのシェークスピアの心像は記憶から想像（架空の人物）へと身分変更されることになる。これは実におかしなことである。だが、一面では言い当てているところもある。何が記憶で何が想像なのかということは個人のなかでは曖昧で、境界が定かではないという点においては事実にそくしているからである。

ところで、伊藤（1981）が想像の第一の特徴としてあげた「イメージをつくる」という作用も少し慎重にとらえて、おそらく彼が想定していたこととは異なる点において、想像の特徴としてだいじな点である。この点も確認しておく。

彼は想像がつくるイメージとは「外的刺激に関係なしに、過去に感覚した外界の像が意識のレベルにあらわれてきたもの」と説明している。このことをもっておそらくイメージ、ここでは心像とするが、心像は現在の知覚のことではなく、先行経験のことで、すなわち記憶の想起、しかも想像はそれの組み合わせや脱落等で変化した新たな像として語ろうとしていると思われる。

心像がその素材を記憶に頼ることは間違いない。だが、補足することの第一はそれが先行経験に留まるわけではなく、わたしたちにとってのア・プリオリな認識にまで広げたいわば超越的な記憶にまで広げてみる必要があるということである。それをたとえばユング（C.G.Jung）のいうアーキタイプに重ねみることもあろう。人間である以上は文化や時代を超えていつも似たような想像を繰り返し、その形象をつくりあらわす。その事実には先験的に宿している想起上の枠組みや先験的なカテゴリーがあることを示唆している。プラトンとはややニュアンスの異なる想起説である。

補足すべき第二の点は、想像はそうした先験的な記憶も含めてそれらから心像をつくるのだが、それはおそらく何か一つのはっきりとした像をつくるようなこととはちがっているとみる必要があろう。実際は何ら満足なかたちが描かれていないのだが、あたかも描かれているかのように感じられること、想像を想像するというようなメタレベルでの想像もまた想像の営みの基本様式とみなければならない。ライル（Ryle 1949）はこの点をこう表現している。想像された対象は存在されたとおりに頭のなかを含めてどこにも存在している必要なく、想像している当人が存在していればそれでよい、のだと。

プラトン『饗宴』のなかで、アリストパネスは、むかし人間には雌雄一体の男女（オメ）と呼ばれる性があったという有名な話をする。オメは男女が背中合わせに接合したかたちになっている。だから、頭は二つ、手足は四本ずつあったという。そういう話を聞けば、わたしたちは実際にオメなどみたことがなくても、それがどのような恰好をしていたのか想像できる。このとき頭のなかにそういう心像を描いたとも思える。それが証拠に、その想像を紙に描き出すこともできるだろうし、両手をオメに見立ててかたちをつくってみせることもできるだろう。それらをみれば頭のなかに確かにそういう心像がつくられたのだと思える。

だが、描出された像はコンピュータのディスプレイに表示したものをプリンターでハードコピーしたようなものとは性質を異にしているはずである。実際のところ、描出像は描かれるそばからつくりだされることだろう。このことはその描出の過程をみればすぐにわかる。すでに頭に心像が形成されていて、それを出力するだけなら、難なく描き出せるだろう。だが、その描出はふつう試行錯誤的な修正を伴いながら、つまりその場で形成的、発展的に描かれることになるだろう。つまり、想像によって頭のなかに描いたオメは、それがどういうものかがわかったということをもってあたかも描いたかのように思えただけという可能性が高い。それは勘違いとか、早とちりといったことではない。想像とは、そういう想像の働きを想像させるようないわば一段巧妙な心的機能としての基本性質をもっているということである。つまり、想像作用によって変幻自在に生成されるように思われている心像は、実際には一筆たりとも描かれていないのに、あたかも描かれたり、瞬時に現われ、みえたりしているかのように思わせる（想像させる）、そういう働きをなしうる心的機能だということである。

しかし、これではまるで想像行為が詐欺行為のように思えてしまう。むろん詐欺自体もアウトローな想像の仕掛けにほかならない。だが、これでは想像一般にとって申し訳がたたないので、急いで補足しなければならない。想像は実際には心像を描いてはいないのに、どうして頭やこころにそれらをつくっていると勘違いさせることができるのだろう。一つには描いても映してもいないが、それが何であるかをおさえているからにちがいない。おさえているというのは一方で内部の記憶から想起された知識として、それがどういうものであるかをとらえているということで、他方で外部記憶としての知覚心像との対応をとらえているということである。だから、実際には像が描かれていなくても、予定的にわかるという感覚をもって描いたように想像できる。つまり、想像は知覚的現実よりも空間的にも時間的にも自由度が高く、過去の記憶のみならず未来の行為も未必先取り的、特段にそのようにしようと意図しなくても先走って働ける（想い描く）のである。

## 素材が記憶でも記憶ではない

ところで、想像が実際に何か心像を頭のなかに描くことではなく、描いているかのように思い込むことも含んでいるとしても、その描いたと思い込んだ内容が過去の経験で得られた記憶を頼りにしているなら、想像とはどこまでいっても結局、記憶の想起のことではないのかという疑問がふたたびもちあがってくるかもしれない。復習すれば、この疑問は要素主義的に考えていった場合に陥りがちな疑念であった。多くの場合、記憶と想像は混淆しているが、それでも純粋なかたちの記憶があることと同様、記憶からはっきりと隔たったいわば純粋想像もある。たとえば、たとえ想像の構成要素のすべてが記憶にもとづいていても、組み合わされた全体は要素としての記憶とは異なるものになりうる。『饗宴』のオメがそうであるし、それとよく似た『ドリトル先生』に登場する二つの頭部が身体の前後にある珍獣オシツオサレツ（Pushmi-Pullyu）にしても、確かに記憶の要素に依拠して想像されるが、その雌雄合体や前後に行ったり来たりしている珍獣の姿はすでに記憶のどこかにあったものの再生ではない。

もっともそのように想像した結果としてその想像の全体の経験が新しい記憶となって、その後は実体験の記憶想起として甦ることはある。想像と記憶は連綿状の関係にあるからそうした偽記憶が人間の記憶の本性の一部になっていることも精神の生態の現実である。六本足の馬を想像してそのかたちを描いた経験が他の実体験の記憶と混ざり合っていくこともある。これは子どもにはよくありがちなことであるし、成人でもそれに似た精神状況にあれば生じうることである。

だが、ここではそうした現実的なメタ記憶の話は別として、経験上はじめて記憶の断片の寄せ集めで想像された合成物のことだけを相手にしてみよう。六本足の馬とはいかにもグロテスクな像の例であるけれども、その全体のまとまりは想像が記憶と一線を画するところである。はじめに示した心理学での想像定義にあったように、それは新たなものごとを生み出すという想像の機能が記憶を要素としながらも記憶とは本質的に異なった心的活動であることを示すところである。とくにヒトにとっては生物学的には遠い過去に繋がれていても、未来に向けて新たな道を歩み、過去の成り行きを変容していく可能性を拓くものとして想像がある。卵とバターと塩でしかないオムレツがほとんど数分のうちに作り手によってもとの材料とは驚くほど違いのあるものに仕上がるのは、オムレツが所詮、卵とバターと塩でしかないとみることに大きな見過ごしがあることを示している。想像と記憶のあいだの隔たりは微妙にみえるが、そのあいだには一方にこれからつくらんとするオムレツがあり、他方にはすでに手元にある卵とバターがあるというほどの決定的な相違がある。そのあいだに立っているのが想像する料理人である。その料理人の腕次第でオムレツの出来ばえは格段にちがってくるが、想像の内容もまた同様であり、それがまた記憶と想像の隔たりをもたらしている。

想像が記憶と本質的に異なる点がもう一つある。それは記憶の埒外にある想像、まったく過去の経験に依存せずになされる想像はないのかという問いにある。記憶と想像はよく混ざり合うが基本的にはそれぞれに独立した過程であるとすれば、そうした記憶とは切り離された想像も想定できる。また、実際には心像が描かれていなくても、それがどのようなものであるかが知識として了解できれば観念的に想像することはできる。極端な場合、像が果たしてどのようなものかがわからない場合でも想像すること、少なくともそれを想像しようとする行為は可能である。もっとも単に観念的な知識として知ることもまた経験であるとすれば、経験に依存しない想像自身による想像の可能性は危うくなるが、それでも想像という行為はそれを試みることには開かれており、瞑想や観想といった想像のモードはそうした例になる。

ところで、記憶想起と重なる想像にせよ、全体が記憶にはなかった純粋な想像にせよ、何らかのかたちを想像するとき、その心像の形態を追って眼球運動が生じがちである。また、目を動かすことで心像が得やすくなること、開眼時より閉眼時のほうが想像しやすいこと、これは開眼時では目をつうじて否応なく進行する現下の視覚的な知覚心像の処理が加わり、処理が分散化することによるのだろう。つぎにその知覚と想像による心像の関係についてみてみよう。

### 2・1・2　知覚と想像の間柄

「私たちを捉えている問題の困難さはみな、知覚をちょうど、事物を写真にとった景観のように思うところからきている（Bergson 1896）」

#### 知覚心像・知覚表象

想像は知覚経験、知覚によって形成されている知覚心像にも及んでいる。一般に知覚像（perceptual image）といわれるものは知覚表象（perceptual representation）のことである。この表象は感覚入力をもとに生成される知覚心像に加えて、感覚を通じて現在存在している知覚対象との関係性、換言すれば外部記憶への参照（行動理論的表現としては刺激、情報処理論的表現としては感覚入力）、さらには記憶心像や想像との綜合によって成り立っている。しかも、これは基本的には意識の流れに沿って継起的かつ部分的に更新処理されつづけている。

知覚表象が想像だけで形成される心像や記憶からの想起心像と異なりユニークなのは、知覚する当人とは独立した外部の事象や対象、すなわち物象があることが普通で、それらとの感覚器をつうじた関係形成が像の成立基盤になっていることである。純粋な想像や記憶の場合、その心像を形成する人次第で像の存在そのものが左右される。しかし、知覚表象の場合、その対象となるものの大方は知覚者いかんによらず存在していることがふつうである。想像も記憶もその心像生成は自力本願だが、知覚にあっては他力本願になっている。目を開けばそこに何かを認め、手で探れば何かがあって触覚が生じる。それでいて心像生成は基本的に自分勝手だから、知覚には他力本願でなおかつ自在という真宗のような特性がある。

瞼を閉じて感覚器を遮蔽すれば、視覚表象はたちどころに物象とのつながりを失い消える。他力本願ゆえに、念仏を唱え続けるがごとく感覚器を通じて対象と接し続けていなければ知覚の本願は成就しない。だから知覚は知覚心像では自足できず知覚表象のもとではじめて成り立つこころの過程である。言い換えれば、その像はこころの過程に複写されるようなものではなく、適宜知覚される対象そのものの存在を借りながら、像形成をなしつづけているようなものである。この知覚の絶対他力性を今様にいえば外部メモリーの参照と比喩できる。視覚表象の形成に参与するこのメモリーは外部の対象や事象のことである。この外部依存の他力性ゆえに知覚は知覚者の記憶のなかにない初体験のことがらに対しても、混乱なくむしろ新鮮な面持ちをもって難なく対処していける。知覚は他人事に慣れているのである。それだけに知覚表象の変化はいつも他人様の記憶、他者の変化としてあって、自分自身にはその片鱗が断片的、蓋然的、概略的に残るだけとなる。つまり、めくるめく知覚経験の大方は無常そのもので想像以上にその細部は流れ消えていく性質のもとにある。

しかし、このいわばはかなさと気ままさが心像としての不定流動性と相性をよくし、知覚表象の成立基盤となる外部の対象ともう一方の知覚心像における想像の働きを促進している。実際、知覚表象の生成が物象への参照に常態的に依存しているといっても、その参照の仕方は処理上の制約もあって、大ざっぱな関係形成にならざるをえない。また、その情報へのアクセス、走査、関係形成は直前の記憶に依拠した想像により生成されている知覚心像を基礎にして、そこに動きや変化の差分を更新していくような作業が主体になっているはずである。このことは先（1・4・3）にみたような変化の見落としや不注意による見落としに関する実験で示唆されてきたことである。したがって、知覚においては知覚表象が知覚像の本態であるとみなければならない。だが、その基盤には物象と共に、知覚に参与する想像である知覚心像があることを忘れることはできない。

## 想像と現実、そして現実らしさ

一九世紀の芸術に勃興したリアリズムや印象派絵画は知覚現象に寄り添った表現運動であった。それと同様、カメラやプリンターの広告でしばしば見かけるリアルな映像表現とは知覚現象に可能な限り接近した表現を指している。知覚は本来的に個々人の生理、心理特性とその場の状況特性に依存して微妙に異なるから、最もリアルな映像表現となるとその差異を平準化した一般像になる。

「想像とは実際には、あるいは現実にはないもの、ありえないものを、心に描くことである」といった説明は辞書的定義として第一義的になされがちである。これは一般常識的にも受け入れられている解釈だろう。しかし、こうした語りをする場合に、リアルな映像の「リアル」、「実際に」とか「現実に」ということで意味されていることがどういうことなのかをはっきりさせておかなければ、とくに「想像」が関係する場合にはこの説明に簡単にうなづくことはできない。わたしたち人間にとって日常的に実際にあるとか、現実にあるというものごとが自分たち特有の世界で特有の仕方によってつくられた存在に対する実際とか現実であるとすれば、その実際も現実もすでに想像の産物を多分に含んでいる。だから、その現実にないものを心に思い浮かべることももちろん想像であるけれども、それを特段「ないもの」に限定する必要はないことになる。簡単な話でいえば、わたしたちの視覚はその入口のところから網膜の球状平面で外光を受け止めているが、わたしたちの見ている実際の世界が奥行きのある三次元的世界になっていることからして、その実際の世界構成にはすでに想像がいかんなく作用しているわけである。

知覚や想起は実際にあったこととしての辻褄合わせをしようとするとき、想像の力を要請する。紙上の二次元平面に描かれているネッカーの線画[*17]が網膜の球状二次元面に受容されたにもかかわらず、線画はたちまち立ち上がり、立方体のリアリティをもつ。そのように見えるということが知覚ということならば、知覚とは確かに感覚と想像の潜行的な綜合としてある。つぎにこれを別の奥行き関係をもった立方体にみようとすれば、たちどころにそのように変化してみえる。変化する立方体は想像の産物である。しかし、その産物は単に現実にないものをみているということでは済まされない。それが立方体にみえるのは日常現実の奥行きのある世界経験に即したまったくの現実性のなかにあるからである。つまり、現実世界の知覚には無自覚なままに想像が溶け込んでいるので、想像とは現実にないものをみるような特殊なことではなく、普段一般には現実そのものを成立させるために透入的に働いているのである。

一方、その想像の現実構成力ゆえにこそ、わたしたちはある場合において現に感覚器官を刺激して知覚に向ってくる情報はさておき、ときにはそれを無視しても想像由来のものを前景に見たり聞いたりすることになる。たとえ全体丸ごとが想像の産物であっても、それをリアリティのあるものとし、現実として受けとめることがある。そのもっともかわいいものとして普段の錯覚があり、思考の過程にまで及んでは先入見、根深き人間性の一面を照らしては偏見、F・ベーコンが指摘したようなイドラ、さらには最も極端、病的な次元では妄想へとつながっていく。これらの現象は想像がつくりあげるリアリティの強さと知覚一般、想起一般における参与の常態性をよくあらわしている。

## 環界のなかで

わたしたちの視覚経験は可視光という電磁波のとても狭い周波数帯域の窓を通して受けとめている世界を基盤にして形成されている。他の知覚すべてが同様の小窓を通して受容された刺激をもとに構成されている。ユクスキュル(von Uexküll and Kriszat 1934)が語ったように動物はそれぞれの種に特有な環界を知覚している。だが、それでもどの動物も存在している世界は環界の枠を超えた一つの世界である。つまり、それぞれの環界はそれを含んだ広大な世界から切り取られて独立しているわけではなく、境界なく周囲の世界とつながっている。だから、環界で知覚されることは環界外の世界の出来事と直接関係していることが多い。知覚できる範囲ではその結果生じる出来事の全体は知覚できないけれども、環界に及ぶ影響から想像できるものごともある。

知覚にとってあまりに小さすぎるもの、速すぎるもの、大きすぎるもの、存在が環界の埒外にとどまるものなど、それらは知覚能力を補綴する測定具を介して知覚できるものもあるが、想像によって環界を超えた世界との関わりを想い、それが知覚心像の形成に関わることもあるだろう。それはプラトンが『テアイテトス』などで「こころが自分で自分を通じて考査するもの」と表現した可視の先にある可知の認識であり、サンテグジュペリ（Saint-Exupéry 1946）が「たいせつなことはね、目に見えないんだよ……」と綴った想像による察知の次元に入り込むところである。

**知覚の本態**

知覚心像は現在自分が意識的に感じ取っている主に自分の外部の状況として意識化されている像である。そこには自分の身体のセンサーが現在という一瞬一瞬を感じ取って伝えているリアルタイム・モニターとしての一面が含まれている。しかし、ただそれだけに尽きず、同時に心像らしく想像や記憶といった他の心的機能の働きかけも綜合された像になっている。だから、その綜合体はそのことが意識されずとも結果的には、自分自身の私的状況が十分に反映された外部になっている。

リチャードソン（Richardson 1969）は知覚についていう。

「われわれのもっているものが心像ではなく知覚内容であるという信念は、さまざまの結果がその信念と一致してくれるために、われわれにとって確証されたものとなるわけであろう。だが、われわれは完全に間違っているかもしれないのである。なぜなら、その信念は結局心像であるかもしれないのだから」

つまり、彼がここで知覚内容といっているのは、感覚器で受容された情報によって形成される内容のことである。

知覚とはそうした感覚情報処理の結果内容のことであり、想像や想起を含んで作られたり、ほとんど想像に頼って構成されるような心像とは異なる。これは信念としては理解できるし、その信念が該当するような知覚事態も確かにある。だが、それが知覚一般のすがたであるとみるなら、それ自体が一つの大いなる空想かもしれないというわけである。実際のところ、知覚といえば、それは常識とも換言しうる意味での共通感覚的に綜合された知覚心像の略称といってよいはずである。

知覚内容が知覚心像の換言にほかならないことは嗅覚や味覚で考えてみればよい。その匂いや味の存在を知ることは果たして感覚由来の知覚で事足りるのか、それとも想像を不可欠とするだろうか。これらの知覚は化学分子が感覚受容器を刺激することに端を発するから、その物質の存在が前提となり、その点で感覚由来の知覚であることは疑うべくもない。しかし、その化学物質の存在は他の感覚を介して補完的に知ることはできないから、もし単なる想像によって匂いや味が知覚されても、自分自身ではそれを想像の産物であると知ることはできない。「ほどよい甘さだね」とか「わたし臭いかな」と他人に確認することで自分の知覚が感覚に基づいていることを確かめるしかない。むろんこれは感覚順応の速さや強さにも関係しているが、それだけでなく知覚がいつも想像とつながっていて勘違い的に心像化されうることが経験的に多いからこそ迷うのである。

ところで、サルトル（Sartre 1940）は想像と知覚を意識の志向性が架空の対象に向かうか、現実の対象に向かうかの違いとして明確に分けてみる立場にたち、知覚と想像を分け隔てる条件を示した。その要にしたのは実存性であった。すなわち、ある対象が想像ではなく少なくとも知覚として受けとめられるためには、その対象の実存性を肯定できる契機が必要だとした。言い換えれば、意識が現実世界を志向している状態で「いま、ここに存在する」ことが対象知覚の決定的な条件になる。「いま、ここ」というリアルタイムを保証するものとして知覚は感覚をよりどころにする。したがって、極端な話、眼球に物理的な衝撃が加えられた場合のような不適刺激による感覚器官の興奮があった場合でも、それがこの瞬間に感受された結果であれば、実在性をもった光として知覚されることになる。これはもちろん本来の光ではないが、神経的には光であり、不適とはいえ純粋な知覚であって想像ではない。このように知覚のすべてが純粋知覚であると考えれば、知覚そのものを実存性にもとづき弁別することはできる。

ところが、知覚の実際の生態をうかがってみると、知覚経験はたしかに実存性をよりどころにしているようでありながら、その「いま、ここ」の基準が意識下の想像のもとで多様に紡ぎ合わされていることがみえてくる。しかもそれが知覚一般のありようになっている。だから、知覚の大方を実存性を根拠に分け見ることはむずかしいように思われる。

すでに前章の終わりの部分でみたように、たとえばヒトの場合、視力測定や色覚検査における視覚能力の対象となっている中心窩の大きさは物理的な直径にして約一ミリメートルである。この部分での処理は視角にすればせいぜい一度程度の範囲にすぎない。その外側は距離が増すほど視力はもとより色覚においても著しく劣化し、周辺視の縁では色覚を欠くことになる。ところが、わたしたちの眼前の知覚経験は視野のほとんどを占める著しく弱い視力に悩むことはないし、視野の全面はいつも総天然色である。だが、たとえばトランプから任意に抜き取った二枚のカードを両手にとって、前方を見たまま眼を動かさないようにして両腕を一杯に広げながら徐々に周辺視でカードの存在をとらえつづけていくと、そのカードが何であるかはもちろん、黒マークなのか赤マークなのかさえも判別できなくなることが確認できる。つまり、実際のところは眼前の光景一面にひろがっているかの色彩も自分の視力も、その全体を常時同時に見てとっている結果としてあるわけではなく、ほとんどがわずかな時間にせよ過去経験をパッチワークのように重ねあわせ、あるいは想像によって補った光景になっているのである。

毎秒三〜四回、最高速度毎秒七〇〇度以上で生じているといわれる飛躍眼球運動があるのはなぜか。その急速な運動に伴って流れ動くはずの世界像が知覚されないのはなぜか、その運動時には一時的に感覚が遮断されるとしても、その際に光景のブラックアウトが経験できないのはなぜか。それに加えて頻繁に生じているまばたきによる光景のブラックアウトもめったに意識されずに済まされているのはなぜか。また、それぞれの網膜にある盲点に起因する視野の欠損にもまったく気づくことがない。こうした単純素朴な疑問に向き合うとき、この今の瞬間に眼前に広がるすべての光景を見てとっているかの視知覚のあり方はまったくの想像のもとに成立していることがみえてくる（Noë 2001）。眼前に広がる只今の光景は先程来の光景の記憶が部分的に目まぐるしく更新されている情景であって、確かにその注意が向けられている一部はリアルタイムの今、純粋知覚と呼んでしかるべきものになっているのかもしれない。だが、そのリアルタイムの変化に注意を向ければ（それは自動的になされることだが）眼前の別の領域の状況には事実上盲目になる。その盲目状態は1・4・3で述べた不注意の見落としや、変化の見落としの現象であからさまに確認されたことであった（e.g., O'Regan et al. 1999, 2000; Rensink et al. 1997）。

眼前の光景にこうした盲が生じているとき、それが意識されることはほとんどない。ということは、眼前の光景に見落としがあるのでなく、また自動的な穴埋め補正がおこなわれているわけでもなく、その反対なのだろうと考えられる。そもそも穴といいうる領域はいまここの純粋な感覚的知覚のほうである。補正を要するほうがずっとマジョリティであるということは、はじめからもともと眼前の光景という視知覚、さらには現在の状況という意識を構成している知覚経験そのものが時間的には少し過去の経験を中軸にして成り立っていて、その一部、最も変化の著しいところや特に注意を向けた小窓といいうる領域を部分的に更新しながら成り立っているということなのだろう。

すると、知覚一般は対象や事象への他力本願でありながら記憶および想像の自力と抜き差しならない関係にあることになる。想像の働きは知覚や記憶と並べ置かれる別過程ではなく、記憶ばかりか知覚においてもその過程の大部分に透入し一体化して機能しているようである。

### 2・1・3　思考と想像の間柄

先に述べたように、想像のなかにはあたかもこころのなかで像を描いているかのように想うことも含まれる。むしろん、あたかもそのように想うことのゆえんとして、部分や概略的なかたちの形成や曖昧なかたちの形成がなされているということはあるだろう。だから、まったくの思い込みを端点としてかたちの基礎となるものの生成をもって相応の像を生成していると想えることは想像の機能特性の一つといえそうである。

だからといって、想像はしていないことをしていると偽わる機能であるわけではない。わたしたちは発声、発語や書字、描画、手振り身振りなどさまざまな身体運動を介して種々の像を表現する。それらをみただけでも、その運動出力を可能とする遠心神経系に向けて、少なくとも実際の運動出力の素描的なモデルをある程度つくり出しているだろうことはわかる。内言はその最もわかりやすい例である。わたしたちが内言をもっていろいろ考えていることをいちいち具体的にことばにすれば、決してまとまったことを考えているわけではないことがたちどころにわかる。だが、表現する前はそのようないい加減な思考をさみだれのようにしながら、頭はいっこうに混乱するわけでもなく、そればかりか自分はそれなりに筋の通ったまともな考えをしていると思ったりもしているわけである。それはまさに想像の主様態をよくあらわしている。

相当に簡略化された図形や知覚的光景における物体の存在や配置関係などの認知地図のような像も同じように内的に描きとらえることができる。そうした遠心的な行為表現の準備はあきらかに想像の働きの一端である。

ライル（Ryle 1949）はいう。ある人物をきわめて上手に写実的に描いた肖像画は、まるで生き写しのようだといわれ、それをみながら当人の細部のことまで思い浮かべることができるだろう。しかし、それと同じように現実には到底ありえないほどデフォルメされた似顔絵漫画でも巧みに描かれていれば、同じように当人であることがよくわかり、当人の細部のことを知っていればその似顔絵からその細部を思い浮かべることもできるだろう、と。それがまさに写真のような画像であることを要しない心像の姿であるというのである。

ここでは巧みに描かれていることがだいじである。素人の描いた漫画ではそれが誰であるかはわからなくなる可能性が高い。つまり、心像は写真のごとくある必要はないが、だからといって単に適当に省略されたもので事足りるわけではない。巧みに特徴抽出された像であることが肝要である。このことから、上手な似顔絵の描き手とは外部記憶に依拠する知覚的描写にとらわれず、適切な特徴抽出をして一定の心像生成をし、加えてその心像を的確に描き出す技巧をもった人ということになる。つまりはそれもまた想像力に長けた人ということになるが、後者の描出表現の過程は後半で扱う構想力に依拠するところである。似顔絵の巧みさは自分のことばで考え、語ることと重なる。似顔絵をみて、大方の人がそれを誰であるかすぐに了解するのは、心像生成が自分自身のものになって制御可能になっていると同時に、その像が決して独りよがりのものでなく、他者に通じる特徴抽出がなされているからである。

では、想像がかたちの定かな心像生成の思い込みであったり、その略図的な、あるいは内言としての心像生成であったりするならば、想像は思考そのものとどのように異なるのだろうか。かくのごとく事実上、異なりはしない。思考は想像の一部である。抽象度の高い論理思考や推論にしても、それが想像でなくして何だろうか。かつて心理学では想像を考えるとき、それを思考という括りのなかの一部としてとらえることがしばしばあった。一体、想像なしの思考とか思惟があるとすれば、それはどのようなものだろうか。たとえば、高橋（1917）は想像と真摯に向きあった哲学的心理学者の一人であったが、その彼は思考のかわりに思惟ということばを使いながら、それには具体的表象を扱う思惟と抽象的表象を扱う思惟の二種があり、前者を想像、後者を狭義の思惟というと語った。だが、そのすぐあとに、実際は想像が抽象表象を含むことも、狭義の思惟が具体的表象を混ずることもあるから、この区別は厳密には適用できないと付け加えている。かように理念的には区別するが、現実の運用上は区別できないというとらえ方は高橋にかぎらず、しばしば認められる。結局、想像のなかに思惟や思考が含まれている以上、それは自然な帰結である。

のちに触れるが、二〇世紀初頭のドイツでヴュルツブルク学派による無心像思考（imageless thinking）の研究がおこなわれ、観念を含めた心像なき思考がありうることが提起された。それは feeling-of-knowing や潜在記憶といった暗黙知としての思考につながる話ともいえるが、想像内容が自覚できるかぎりのものと制約するなら心像なき思考も当然ありうることになる。しかし、想像のなす心像が端から不定流動であることの所以の一つは想像が自覚的な意識を容易に超えて展開するからでもある。そのことからすれば無心像思考を語るとすれば、無心像的心像（imageless imagery）をなす想像の次元における思考も想定されるといってよいだろう。実際、観想や瞑想、さらには無想といった想像における禅的な思惟のあり方はそれを指している。

一方、逆に想像はすべからく思考であるとはいえない。思考や思惟といった営みから外れた想像はいくらでもみえてくる。たとえば、夢は代表的な想像の営みだが、これを睡眠中の思考とか思惟とみることはできなくはないが、無理が否めない。もっとも、眠っている状態で考えようとするから、夢になるといった仮定をしてみれば。考える営みを考えるにはよい視点をもたらしてくれるかもしれない。老荘のように夢想が思想となめらかに混成する可能性はなきにしもあらずである。また、わたしたちには「何も考えずにただぼんやりとしている」という状況がある。思考から離れた状態である。それでもわたしたちのこころには空想が立ち現れてくる。これはまた代表的想像にほかならない。ただ、あれこれと空想をめぐらし、夢中になっていれば、いつのまにか盛んに考えていることになる。だから想像一般と思考との隔壁はほとんどない。

### 2・1・4 まとめ

記憶、知覚、思考と想像の間柄についてみてきたことをまとめよう。想像は知覚や記憶の想起と深く関わっている。その関係を模式的に図示すれば図2・1のごとくになろう。二〇世紀中盤を中心に認知をめぐるこころの過程は知覚と記憶の両者を中心に、思考や言語、注意、創造性といったプロセスを扱うことでその大方の全体像をとらえてきた。そのなかで、想像の過程は知覚や想起の産物としてのイメージないし心像としてとらえることで満たしうると語らずもがなで了解されてきたかもしれない。だが、想像は知覚や記憶に従属した副産物ではなく、知覚とも記憶とも独立したこころの過程としてそれ独自の純粋な過程と産物を認めうる。また、知覚や記憶は想像の過程との関係なくしては現実的には成り立たないかたちで、依存関係が認められる。奥行知覚をはじめとする当たり前の知覚現象も普段の記憶の想起にも、分かちがたく想像の参与を認めることができる。知覚や記憶と想像のコラボレーションはそれゆえ

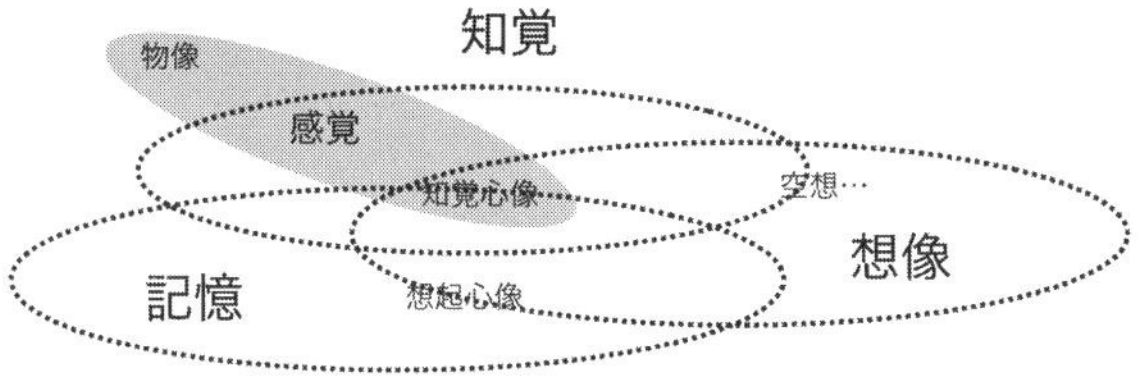


**図 2-1　想像と知覚と記憶の関係**

に錯覚から幻覚、幻想、妄想へと境界設定の困難な通路ももたらしている。

それでいて知覚や記憶には想像抜きの純粋な状態を想定できる。同様に想像についても記憶や知覚とは切り離された純粋想像のあり方を認めうる。それだからこそわたしたちは日常生活の語りのなかで、「想像」ということばを実際、頻繁に用いているのである。たとえばインターネット上での言表においてその使用上の馴染みの程度をみれば「知覚」をはるかに凌ぎ「記憶」に接近している[*20]。想像というこころの過程は日常においてあまりにも身近なものとしてある。その想像は「のようにみる」とか「としたら」といった作用の基本図式ともいうべきものを装備しているようである。むろんこの想像の図式は図でも画像でもない。想像は知覚に参与するが知覚そのものではないからである。知覚は現在の世界のありように感覚をつうじて接しているが、そのセンサーが拾える範囲の制約と、さらには拾った情報に対する「現在」をリアルタイムに分析する処理能力の制約から、もっとも純粋な意味での現在の世界に関する知覚は常に部分選択的に焦点化せざるをえない。わたしたちは意図的に注意を焦点化するばかりでなく、処理系の事情でそうせざるをえないともいえる。だが、そうして時間的にずれて拾っている情報をパッチワークしてシームレスで安定した知覚心像に仕上げるプロセスには「のようにみる」想像の働きが大いにかかわっていることが疑いない。想像図式はあたかも只今すべて丸ごと感覚しているかの世界を構成する基盤となっている。

想像の図式でより大がかりで強固に働いているものは、ライル（Ryle 1949）が強調したように、知覚している情景があたかもわたしたちの頭のなかにつくりあげられているかのように思うことだろう。そうした心像を頭やこころのなかに形成することが想像の機能だと考えるとすれば、それこそが想像の産物にちがいない。この想像図は写真機の発明以降、映写機やビデオ、ロボットの視覚へとたどってきた科学技術の成果からの類推によって強固に成型された面もあろう。媒体への記録は想像して止まないわたしたちの営みの必然的な帰結としてある。その必然性は溢れる想像を整理し、留めおこうとする動機にもとづくが、さらにその背後には知覚心像が思いの外、こころに定着してくれない自分たちの事情にももとづいていよう。定着がままならないわけ、今ここでみている光景が光景の流動にしたがって消えゆく無常は、知覚心像の生成の主たるところがこちら側でなされているわけではなく、あちら側の流動のなかで起きていることを示唆している。だから、その流れを留めおきたいという一心で、わたしたちはカメラ、画像、映像に執心するのだろう。頭のなかに外界の投映場がないことは瞼を閉じれば幕が降り、開けばふたたび幕があくことから明々白々だが、舞台が外界そのもので、知覚心像はそのステージを演出しながら観覧する知覚者とのやりとりのなかで構築されているという想像図は、わたしたちの巧みな想像力をもってしてもなかなか描きがたいものである。

だが、記憶と想像の関わりについてはこの知覚のステージを援用すると理解が深まる。それは記憶術の場所法である。これを説明した最も古い文献の一つとしてイェーツ（Yates 1966）が紹介しているのは、氏名の定かならぬローマの雄弁術の教師が著した教科書『ヘレンニウスへ』（紀元前八九～八二頃）である。このなかで著者は雄弁術には主題の創造的な選択、配置、表現、記憶、陳述の五段階があること、記憶には生来の記憶と人為的な記憶があることを述べている。前者は生得的な記憶能力なので鍛えようがない。だが、後者は訓練の仕方で発達するものであり、ここに記憶術が役立つとしている。『ヘレンニウスへ』からの引用で、その内容の一部を垣間みてみよう。

「人為的記憶は、個々の場とイメージから成り立っている。これが、幾時代もの間延々と繰り返されてきた型通りの定義である。「場」とは、記憶によって容易に把握できる、たとえば、家、円柱の続く柱間空間、人目につかぬ一隅、アーチ、といったような場をいう。イメージとは、われわれが覚えていたいと思うものの形、目印、似姿を指す。たとえば、もし馬やライオン、あるいは鷲の類を思い出したいならば、われわれはそれらのイメージをそれぞれ特定の「場」に配置せねばならない」

この古来からの記憶術が有効に機能してきた事実から、つぎのことを知ることができる。ここで使われる場所は自分の知覚経験をつうじて馴染んだ場所のことである。瞼を閉じれば消えてしまう知覚心像が、それとは異なるかたちで、つまり写実的な画像とは異なるもののその知覚心像と位相空間を同じくした略図的な情報が抽出されていて、それがすでに記憶のなかにある。その略図は少なくとも想像のなかでそのなかを歩きまわり、新たに覚えるべきことがらを配置していくような二次使用可能なかたちで保持されていることになる。

この場所法でもう一つ重要なことは上記の引用にはないが、覚えるべき事柄を配置するにあたり、実際にその場所を自分で歩いて置いていく状況を想像すること、そして想起にあたってはふたたび同じ順序で歩きながら置いたものを確認していく行為を想像することである。たとえば、いつも散歩に行くコースや大学キャンパスや図書館など、馴染みの場所についての知覚経験は実際に自分が歩いて回ることで形成されている経験である。運動に結びついた感覚は知覚の成立にとって不可欠であることが知られている。場所法の有効性はそうした知覚経験が記憶に残りやすいことと、その記憶は想像のなかであらたな記憶の組み合わせを創作し、それをつぎの想起に使うことも可能にすることをあきらかにしている。この後者の点は想像と記憶の関係の親密さを示すと同時に、記憶は想像によって変容し、繰り返し記憶として再生されるという現実を強調している。

ところで、記憶が検索、再生され、想像のなかで変容してふたたび記憶として編成されるという営みは、ものごとを考えるという行為の自然な姿にほかならない。その思考の過程では内言が使われる。内言はふつうの会話以上に省略化され、筋のまとまりを欠いた個人特有のことばや感嘆の連なりだが、それでも思考は立派に進む。それは想像がベースにしている図とも画像とも異なる図式的心像のありようの一面をあらわしているとみてよいだろう。さらに内言で頻繁に使われがちな「あれ」とか「それ」とか「こう」といった指示語や、ことば以前の指示をあらわす空白、間などを想像していくと、想像の世界は思考以前の思い、こころに浮かぶ姿不明の対象の連なりや重なりや組み合わせにも広がっていく。そのこころの内側はまさに「庭のように閉ざされそして宇宙のように果てしない一つの世界（Pontalis 1990）」である。日本語には幸いそうした想像の多様な営みを表現する概念として空想とか幻想とか回想、仮想など、さまざまな「想」をめぐる諸種概念[*21]がある。「想像」はこれらを括る上位の類概念とみることができる。したがって、想像に接近するにはそうした概念要素を見渡しておくこともだいじな作業となる。

## 2・2　諸研究者による想像の分類

想像の諸種をみる前に、第一章で示したように二〇世紀初期の心理学で想像に関する考察が進められたなかで、多くの研究者が想像に対していくつかの分類を示した。その多くは「空想」や夢や「幻想」あるいは「妄想」など日常生活でもしばしば言及されるような数種の想像を分けみるものがほとんどであったが、なかには日常語ではなく、想像の働きそのものの性質の相違に着目した分類の仕方も認められた。それらはほとんどの場合、他の論者による分類には言及せず、それらを参照しつつも各論者の視点で性質上の二項対照的な形式によって表現された。そのため全体を一つの構造に関係づけて描き出すことは困難だが、細かな関係はさておき、どのような分類が示されたかを一瞥することを優先して図示すれば図2・2のごとくなる。このなかには、ことばが同じでも論者によって意味づけが微妙に異なったり、なかには意味が質的に大きく異なる場合もある（後述するが、たとえば受動想像）。反対にことばが異なっても意味がほぼ重なる場合もある（たとえば、図に並べて記したように創造、産出、創作、改造、構成の各想像）。想像の性質を分類するうえで重要な観点をもつものとしては「受動想像と能動想像」および「再生想像と産出想像」の二項分類である。したがってここでもこの二分類についてそれぞれ項立てして振り返っておく。その他の分類は図にみるように想像の性質の違いというより、想像される対象の性質の違い、すなわち具体的であるか、抽象的であるか、あるいは想像作用に対して自覚的、意図的であるか、無意図的、不随意なものかといった点に着目した分類になっている。

なお、多くの場合、もとの記述では「的」という文字を「想像」の前において表現している（たとえば、受動的想像）が、本書では表現上煩瑣になるため原則として「的」を省略した。例外は創造的想像のように除いた場合にやや妙な印象になる場合である。

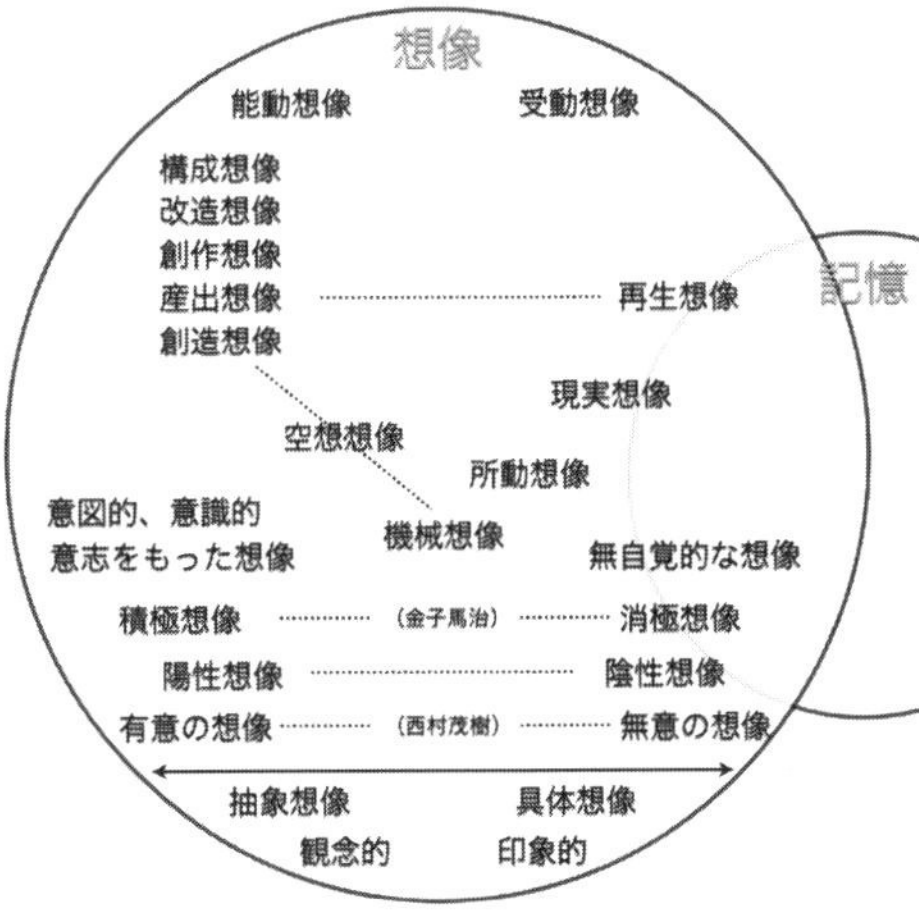


図 2-2　20 世紀初期の心理学における想像の考察でなされた想像に対する主たる分類（この図はどのような分類が認められたかを一瞥するためのものであり、分類相互間の関係に特段配慮して配置したわけではない）

### 2・2・1　受動想像と能動想像

受動想像と能動想像は複数の論者によってしばしば言及されてきた代表的な想像分類である。ただし、論者によって解釈のされ方にぶれがあり、質的に意味の異なる解釈のされ方も認められる。最も素直な解釈は、W・ジェームズ（1890）などに認められるように、受動想像を外発的、受け身でなされる想像、能動想像を内発的に生成される想像ととらえる見方である。とはいえ、想像の過程の実際はさまざまなこころの過程の参与と連なりのなかにある。だから、外発、内発という想像の由来に焦点を定めて両想像を分類することは実際上、困難である。

そのためか、西村茂樹（1885–86）やティチェナー（Titchener 1898）（西村の場合、呼称は「受動の想像」と「自動の想像」とし、後者は創造的想像と同意とみた）は、純粋なかたちでの受動想像はすでに存在している想像にもとづき、それに沿って想像することであるとした。たとえ他者の想像の産物である小説を読み、その作者の想像に沿って辿る場合でも、読者は自身の想像力なしにそれをおこなうことはできない。その場合に働く他者の想像に付き合える受け身の想像のことを受動想像というわけである。そうした想像のありようを想定すれば、すぐれた書き手とは読者の受動想像の仕方を想像しながら、それとの距離感を意識しつつみずからの想像をなしていく才を発揮する人とみることができるだろう。

この受動想像は乳児期のごく早い段階から発現するさまざまな模倣行動において芽葺き、幼児期以降に盛んになされていくごっこ遊びで養われると考えられる。むろんそうして養われた受動想像は成人になってもますます磨きがかかり、日常行動において描くささやかな夢や希望、流行を気にして追従し、小説を読み、アミューズメントパークや人気のショップに列をなし、映画や演劇をみるといったあらゆることに大がかりに展開する。東映などの仁侠映画が大ヒットした時代、ちょうど全共闘の学生運動の盛期が重なっていた。学生たちは角材を振り回して体制に無謀な闘いを挑んでいたのだが、実は両者のあいだには一見結びつきがたい間柄において転化的に受動想像が作用していたのかもしれない。普段の仕事においてもわたしたちのなすイマジネーションは別の誰かのイマジネーションや制度や物語的に構成されたイマジネーションを追って、そのふりをしていることが多い。受動想像は他者の想像の真似事だから、想像の上塗りになってふつうは現実離れの度合いを強くしがちである。だが逆に想像を想像することが想像内容を受動想像する者に引き寄せることになって現実味が増すこともある。その結果をまた自分らしさとか、自分自身のイマジネーションとみなしていくことも想像力の得意技である。

この想像力の得意技が相対的に優勢にあらわれるとき、その想像は受動想像から能動想像というべき様相を強めていく。能動想像はたとえ他者の想像に喚起されたとしてもその想像にとらわれずに自分独自の想像をめぐらせるような想像である。想像のなかでもとくに自由性を主特徴とする空想は基本的に能動想像であるし、およそあらゆる創作はその作品のオリジナリティにおいて能動想像の所産である。むろんこのオリジナリティ、独創性、創意とはかつて誰も考えつかなかったことであるが、そのなかには誰もがよく知っているあれとこれとそれを組み合わせたものも含まれている。その取り合わせや組み合わせが新たであり、その結果もたらされる綜合にかつてないものを生み出せれば創作である。創意には意志とか意思とか意図という志向的なこころの過程がかかわっている。その新たに創り出すことにおける主体的な能動性に能動想像のあらわれが認められる。これが受動想像との相対化において最も極まり先鋭化した一例がシュルレアリスムである。そのことはブルトン（Breton 1924）のマニフェストにあらわである。

「あの描写の数々！あれのむなしさにくらべられるものはなに一つない。カタログ図版のつみかさねにすぎないのだ。作者はいよいよ勝手気ままにふるまい、機会をとらえては自分の絵葉書をこっそり私に手わたして、あれこれの月並みな表現について私の了解をとりつけようとする」

この極度においては理性の統制や道徳、美学への気遣いも排され、こころの純粋な自動現象に沿って想像を展開しようとした。だから、その具体化の一つとして試みられた自動書記にはかえって煩悩的な志向性が解脱され、超越的な力に動かされている霊的な受動性が見いだされることになる。この性状はしかしその後の表現主義や抽象表現主義における想像の成果にも等しくあらわれている。能動の極みにおいて受動に接合することはこの対照概念が別個の想像過程をあらわしているのではなく、一つの想像過程の二面をあらわしていることを示している。

だから、受動想像もその極みにおいては能動想像に溶け込む。先に商業的にもてはやされる作家作品の想像を受動想像の例示としたが、これはもっともわかりやすい例であって、この場合は一見、手放しで他者の想像に寄り添い、他動的に想い描きをなすレディメイドの即席想像のことを指す。そうした真ん中の部分を上の引用のごとくブルトンは突いたわけである。だが、実際のところは想像して止まない人間にとって、他者の想像にできるだけ忠実にしたがってその適確な再生につきあうことはかなりの精神的な負荷が強いられる。というのは、他者の想像にしたがうも、その想像が多くの他者の追従に対して特段の工夫を施していなかったり、受動想像する側が気軽、気ままな接し方を望んでいるなら、わたしたちは自然とそこから外れてすぐに自分の想像に移行してしまうからである。あえて受け身のままでいつづけることはたいへんな努力を要することである。これは何もしないで過ごすという極楽のリゾートにいざ出かけてみれば誰もが気づくことである。

また、人びとの想像力という力量が等価であるとは考えがたいから、それが豊かな力によってなされた想像であればあるだけ、それに見合うようつき合うには対等以上の想像力をもたねばならないことはあきらかである。それゆえ多くの偉大な想像力の産物はそれを追おうとする想像を途中で圧倒し、たいてい追いきれぬものを多々残す。それがゆえに、時を超えて永くその想像力が生きつづけるともいえる。汲めども汲めども汲み尽くせぬ味わいは圧倒的な想像力に対する、幾万の凡人の受動想像の挑戦においてあらわれる。そうした戦いの場にあっては理知と感性を研ぎ澄まし、みずからの精神を集中、統制しながら想像対象に対峙することになる。だから、いつの間にかきわめて能動的に、主体的にみずからの想像生成をなして臨むことにもなりがちである。こうして能動想像と受動想像は想像の働き方の理念型として想像への理解を促すが、その働きの実際は相即的なものになっている。

### 2・2・2　再生想像と産出想像

再生想像と産出想像は前項の分類同様、ジェームズ（1892）をはじめ、多くの論者が触れてきた分類である。おそらくカントが構想力について示した再生的（reproduktive）と産出的（produktive）の分類から継承されてきた分け方といってよいだろう。たいていの論者は再生想像（reproductive imagination）は記憶想起と重なり、産出想像（productive imagination）は新たな何かを生み出す狭義の想像にあたると説明している。

だが、再生想像は2・1・1でみたように、記憶想起と想像との重なりに基づくものだが、心理現象としては三つの意味で考えてみる必要がある。一つは想像している当人が自覚的には想像らしい想像、すなわち過去の経験の焼き直しではない新たな形象なり考えを想い描いたと思っている想像である。だが、実は想像しているのはその自覚の方で、内容については経験済みの二番煎じ、つまり記憶再生になっている状態の再生想像である。つまり、想像であると想像しているそれは実は記憶再生であるという意味での再生想像である。

二つめはこれとは反対で、当人の自覚としてはまったくの記憶の再生なのだが、実際は多分に想像の修飾つきでなされている想起という意味での再生想像である。だから、これは記憶再生であると想像しているそれには実は想像が含まれている（あるいは主体になっている）という意味での再生想像である。第一の再生想像とこの再生想像では当人の自覚がまるで異なるが、こころの過程自体はどちらも想像込みで構成されている記憶再生であるから同じものを指している。したがって、事実上、これらを同じ再生想像の名で呼んでも差し支えない。ただし、少し拡張して考えれば、第二の再生想像には記憶だけでなく、知覚も含めて考えてよいはずである。知覚と想像のあいだの重なりからすれば、只今の知覚心像もすでに述べたように環界についての記憶再生に大幅に依拠しているから、まさしく再生想像である。また、第一の再生想像がまったくの想像であると思っているそれは実は記憶再生だということも、その記憶の再生がこのように想像含みのものである可能性があるのだから、想像であると思っているそれは実は記憶再生であると思いきや、そのなかには想像が入り込んでいるという第一と第二の再生想像が無限後退していく入れ子構造が見通せることにもなる。

三つめの再生想像は最も素直な意味において語るそれであり、想像、想い描きを反復することの意味である。だから、これはある想像についての記憶再生である。この意味の再生想像は自覚的には最も頻繁にある想像のパターンだろう。「どうせおまえたちの頭にあることはいつもあれとこれのことばかりだろう」とか「もう、しかじかのことで頭が一杯」などというお馴染みの表現は何でも自由に想像できて、想像ばかりしているわたしたちが実際にしていることは、いつもの慣れた場所を行き来しては、ため息をついているという浮世と想像世界における重なりの一般的な現実をいいあらわしている。

とはいえ細かな点にこだわれば、再生想像が最も頻繁にある想像のパターンであると述べたのは「自覚的には」という括弧つきのことである。というのはわたしたちの記憶再生の生態からして寸分たがわぬ再生はほとんど稀で、しかも想像のようにもとより曖昧さに関して豊饒な内容は、同じことばかり空想していると思っていること自体がすでに想像的なことであって、実際はその同じ想像の再生のたびに、細部は変化しているからである。想像のたびごとに気移りや気まぐれがつきものなのは想像そのものの性質もさることながら、記憶再生の曖昧さも手伝っている。したがって、この意味での再生想像の場合、純粋なそれは思いのほか少なく、実態的には部分的に改変されていてその意味では新たなかたちへの産出想像にずれている。いずれにせよ、再生想像とは記憶と想像、そして知覚がこころの過程において分かちがたく結びつき流転している生態をとらえた概念ということになる。

一方、再生想像と対置される産出想像は「想像の産物」とか「想像上のこと」といった言い回しをするときの想像で、自覚的にもその内容もまさに想像のことである。「まさに想像」ということはすなわち想像とは本質的に産出想像のことをいうのであって、想像と自覚されながら再生想像である場合は上述のごとく想像であると想像された記憶のことである。また、記憶の再生であると自覚されても想像が付加されて経験内容そのものの再生になっていないという意味の再生想像のほうは、多少なりとも作り事なのだから、再生想像といいつつも結果的には産出想像の性質を宿していることになる。また、すぐ上で述べたように自覚的にはいつも同じことを（再生）想像していると思っていても、想像するたびに内容が少しずつ変化していくことは想像の一般的な生態である。だから、想像とは思いのほか、大方がいつもどこかしら産出想像としての一面をもっている。それが想像と呼ばれることについて不足はないといえよう。

産出想像を構成する要素は記憶の想起による。だから、たとえばエンジェル（Angell 1908）が語ったように、結局これも記憶想起、よって再生想像ではないか、といわれることもしばしばである。しかしこれは少なくとも二つの点で適切ではない。第一に構成要素は記憶にほかならないとしても、その記憶想起が実態的には一定程度入れ子的に想像によってつくられた部分を含んでいる可能性がある。したがって、一口に再生想像といわれるものがそうであるように、構成要素をただちに記憶の想起とみなすことはできない。

第二に、そのミクロな視点にこだわるまでもなく、すでに幾度も触れてきたように、仮に完全な過去経験の再生からなる記憶だけを要素としていても、その組み合わせによりできあがった心像の全体が未経験のものになることはなんら特殊なことではない。ゲシュタルトの原理がいうように、全体は部分の総和以上の性質を発揮する。また、このことから産出を企図する想像において、積極的に記憶の想起や過去の産物を蒐集しながら、その構成において新たな発見を見いだす手立ても生まれてくることになる。たとえば、想像の創造性をエンジェルは「ありふれた材料を組み合わせる仕方に新しいところがあるのを指していう」と記しているが、これはありあわせのものでなんとかしてしまう器用人としての仕事、すなわちレヴィ＝ストロース（Lévi-Strauss 1962）が野生の思考において着目したブリコラージュ（bricolage）にそのまま重ねてみることができ、身の丈の内にある大いなる産出になりうる。

また、再生想像と産出想像の関係は、カッシーラ（Cassirer 1944）が人間のあらゆる活動のうちにみてとった双極の力の緊張関係に、人間の常なる心的活動である想像がそのまま適合された状態としてみることができる。すなわち、一方で固定的、安定的な生活に向かおうとする傾向と、他方でその固着した型式を脱し、あるいは壊そうとする傾向、それは安定と進化、伝統と革新、再現力と創造力という人間性の本源ともいえる双極にして相伴う快苦と同様の傾性だが、その営みの基底にはいつも再生想像と産出想像の働きをみることができる。

ところで、産出想像のこのような性質から、エンジェルはこれを創造的想像と称したし、他の論者、訳者によっては改造的想像、創作的想像などとも称することがある。ここでは再生という反復ではなく新たなものを生み出す点をもって産出の名を与えている。未体験の新たなものが常に創造の主要件であるとしても創造性にはそれに加えて別の要件が求められる。したがって、創造的な想像は産出想像一般とは一線を画し、産出想像の特殊型あるいは別の相にあるとみることができる。これについては2・5・2であらためてみる。

### 2・2・3　その他の分類

図2・2にはその他、これまでに提起されてきた想像分類の代表的なものを記してある。これらのほとんどは再生想像と産出想像の換言である。それらについて簡単に触れておく。ホッブス（Hobbes 1651）は記憶と想像との重ね合わせではなく、感覚との重ね合わせの部分で、感覚に一度に提示されたとおりに想像することを「単純想像」、複数回にわたって提示されたものを組み合わせて想像する場合を「複合想像」と呼んだ。後者の例として半人半馬のケンタウロスをあげている。だから、これは産出想像にあたる。前者は知覚の模写が想定されているので再生想像に該当する。

金子（1900年前後）の場合は再生想像を「消極的想像」とか「陰性想像」と呼び、これと対照させて産出想像を「積極的想像」とか「陽性想像」と称した。また、西村（1885–86）やスミルノワ（Smirnova 1962）はただ漫然と目的なく心中に形象を思い浮かべる「無意の想像」あるいは「無意的想像」と、記憶と反思の力をかりて深い考思のすえに新たな仕組みをつくるような企図があるときの「有意の想像」あるいは「有意的想像」を分けている。これらもここの再生想像と産出想像にほぼ対応する。上野（1914）の場合は無意の想像を「所動的想像」と呼び、小野島（1949）は「遊戯的想像」と名づけている。これらはしだいにW・ジェームズ（James 1890）がいう受動想像の意味に重なっていく。

なお、ヴント（Wundt 1896）は思想や予想を展開するときにほとんど無意図的に継起される想像混じりの記憶想起のことを受動想像活動と呼んだ。これはあきらかにここで述べた受動想像のことではなく再生想像のことである。これに対して確固とした目的にしたがって生ずる想像活動で、生じた像が保持され、緻密に分解されては別の心像になるような過程を活動的想像活動と呼んだ。これは産出想像にあたる。また、ルビンシュタイン（Rubinshtein 1946）のように再生想像を上述の受動想像の意味に用いる場合もある。彼の用語では受動想像といえば、意識水準が低い状態で生じるような像の交代が不随意、無計画的に進行するような想像のことになる[22]。

このように、とりわけ受動、能動、再生、産出については想像を語る論者のなかで用語と意味の対応に対する継承はほとんど配慮されてこなかったことがわかる。それぞれが微妙に異なるニュアンスを含めて思い思いの解釈とことばを用いた結果、多少、対応の糸が絡まった状態に結果し、さらに想像言説の衰微とともにこの種の分類と考察も影をひそめた。したがって、本書での取りあげもほとんどがそれらの掘り起こしと旧蔵の整理となった。

棚卸しついでに想像そのものの分類というよりも、読んで字のごとし、想像する内容をもって分類していた代表例を二種類ほどあげておこう。たとえば、ルビンシュタイン（1946）は印象的で具象的内容を主体とする具体的想像と観念的な内容を主体とする抽象的想像とを分けた。だが、彼自身述べているように、こうした分類は想像が営む像の性質の違いをみているのであって、想像過程の性質を語っているわけではない。

これを想像の分類として認めると、たとえば、元良（1890）が記したようなつぎのような事態になる。すなわち、観念の想像において抽象の場合は論理的想像、具象の場合は科学的想像、数に関する想像は数理的想像、器械に関する想像は器械的想像、人間社会の事実に関するときは経済的想像や理財的想像、政治的想像あるいは商工業的想像、上の論理的想像と科学的想像は理性的想像、情性をもち美術音楽に展開する想像は美術的想像…といった具合で、とめどなくほとんど無際限の仕分けに向かうことになる。

## 2・3　想像の過程

想像の分類には上にみたように受動—能動、再生—産出といった想像一般に通じるような性質を分けみる場合と、想像それ自体の性質をそのこころの過程や他の心的機能との関連で分類する場合がある。前者は想像に対する研究的な視点をもって分析的に分類されてきたものだから、そこで名づけられたことばはいずれも研究者集団内で通じる専門用語の域に留まる。それに対して後者は想像の内容特性や一定の心的状態を指して分画可能な条件が伴う。そのため、取り立てて想像の分類を目的にせずとも、日常生活の水準においてそれぞれにその心的状態や産物が同定でき、知識概念としても一定程度、共有化できる。実際、この類はすでにそれぞれ固有のことばとして、認識の程度は別として各文化において分化し使用されている。いわばこれらは生活世界の生態にそくして談話的に同定、分類されてきた想像の諸種といえよう。

当然、この後者の想像分類はこれまで前者との区別なくなされてきたことであるし、ホルト（Holt 1964）のように、どちらかといえば後者の観点にもとづき整理をおこなった研究例もあった。彼の場合は想像（imagination）というより心像（imagery）ないしイメージ（image）ということばで示される概念を基点にした分類[23]をおこなった。そのためそれらは思考のなかのイメージ、眼内閃光、共感覚、身体像、幻肢、入眠時のイメージ、直感像、幻覚、超常的霊想、幻覚的錯覚、夢想、条件づけによる実験的幻覚、という区別として示された。以下ではそれらにとどまらず、想像（imagination）の域に広げたうえで、とくに日本語文化のなかでの想像概念をめぐる豊かな分化状況にそくして、その「想」の文字を使った熟語に注目しつつ想像諸種の広域を通覧する。

ところで、それらの諸種に通底した想像一般の共通特性として、とくにある想像に照準を合わせたときに語りうるその想像のそもそもの始まりがある。さりながら想像は川の流れのように、あるいはW・ジェームズが強調した意識の流れに乗って常に連なりをなし流動している。だから、その始まりをとらえれば、それは大方、同時に別の想像の流れの終端をつかむことにもなる。すなわち想像の過程は絶え間ない想像の連なりとしてある。しかもその連なりは必ずしも脈絡が一貫しているわけではなく変幻自在で流れも安定していない。ときには急流、ときには滝となり、あるいは霧となって消散したかと思えば、スコールとなって回帰するといった具合である。

そこで想像の諸種をみるまえに、想像一般の過程にある流れの発着と連なりの様子を、それらを指していう発想、着想、そして連想というこころの現象にそくして確認しておこう。

## 2・3・1　想像の発着

「物に本末あり、事に始終あり、先後する所を知れば則ち道に近し」『大学』

「一つの始まり、あるいは基盤を求めるということは、旅と運動についての誤った考え方（方法的、教育的、秘儀伝授的、象徴的…等の）を含んでいる。（中略）中間から出発して、入ったり出たりするのであって、始めることも終えることもない（Deleuze & Guattari 1980）」

### 2・3・1・1　着想・落想、そして発想

あることを思いつく。それは想像のはじまりであるが、この瞬間を指して「着想」とか「発想」と呼んでいる。ふつう発着は出発と到着という異なる時空における状態を指す対のことばとして用いられる。それがこの想像を語る場合は同じところ、同じ意味を指すのはどうしてだろうか。この疑問を手がかりに想像の過程におけるこれらの意味を少し探ってみる。

まず、着想からみてみよう。着想にははっきりと性質の異なる二つの意味がある。一つはある一連の想像の終端、まさに想像の到着を指す意味である。もう一つはある思いがどこからともなく不意に降ってきて着地するかの意味を指す。どこからともなく、とはいうが、降ってくるかの印象を伴うので天与のものと含意されていることが多い。この後者の意味を一層端的にあらわすことばとして、あまり見聞きしないが落想という表現もある。

前者の意味はある想像の終端、後者は発端を指すわけだから、そもそも着想ということば自体が対極部を同時に指す意味を宿していることになる。だが、落想ということばの使用頻度と同じくらい、着想が一連の想像の終着をあらわすために使われることはあまりない。それには理由があって、実際は終点を指しているのだが、それはいつも別の

想像への移りゆきにつながり始点と重なっている。だから、想像の終わりを語ることばが実際上、新たな想像の始まりを語ることに使われ、結果的に発想と同義になっているのである。その意味で着想が宿す対極性はむしろ発着の二元の源となる陰陽の「太極」として受けとめるべきものかもしれない。それゆえ「着想を得る」という表現にはそこに至る想像の経緯や経験を背景にもち、何やらそれと特定するだけのまた新たな想像の出立を語る画期の含意をもつことになる。

この反転図形をみるかの構図は普段の想像の営みが、大方間断なく連鎖的に成り立っている事情による。その連鎖にはむろん、あとにみる連想を引き起こす種々の関係をもってシームレスに繋がった想像の流れとしてあることもあれば、ときには関連がとぎれ、断続的に継起することもあるだろう。つまり、連想では前後無関係に新たな想像がはじまることも自然である。そのなかには、それまでに累積した想像の束が収斂して、想像だにしなかった新たな想像をもたらすこともあるだろう。往々にして「着想を得る」ことにはその種の要素的な経過変化を前提とした熟成的な綜合が基盤にある。だから、突然湧いて出た感を強調する発想ではなく「ある着想を得た」ときの話はたいてい当の想像の来歴が強調される。

恩田（1971）も別の観点から着想と発想の区別をしている。彼は発想が創造的思考において果たす役割りを重視するなかで、発想の過程を分析したが、発想の過程にはその前に着想があるとし、両者の役割を異なるものとして分けみている。すなわち着想は主として記憶や知覚のなかから意図的、無意図的に「見つける」過程になっており、発想はその着想を「結びつける」過程とみる。着想を見いだしの過程としていることは、その記憶も知覚もなかば想像の産物とみられるから、着想はまさに新たな発想をもたらすべく集められ、その結果帰着した想像たちであり、その組み立てをもって発想にいたるというわけである。

「降って湧いたような」という表現はちょうどこの降ってきた着想とそれらを結びつけることで湧き上がるかの発想という両者の繋がりを語っているようである。突然のひらめきをあらわす発想にも、その前にはそれを導いたいくつもの想像の到着があったというわけである。

### 2・3・1・2　着想に至る想像過程

このように、着想は想像の到着であると同時に、終着列車が清掃整備して今度は始発列車になるように、そのまま発想としてさらなる想像につながっていく。だから、着想は過程の終わりでありながら、いつも始まりにつながっていて未来志向的な概念になっている。だが、着想に至る過程のほうに着目してみると、そこには発明や発見の過程にみるような洞察の過程がみえてくる。洞察そのものは問題解決志向的で洞察を得たときがほぼ解決への到達を意味している。だから、そこに着想との見地の相違があるのだが、着想までの諸想像の経緯そのものは洞察の過程にほかならない。

洞察については収斂洞察と拡散洞察の二つの過程がよく語られている。簡単におさらいしつつ着想との関係をみてみよう。収斂洞察は解決すべき問題があらかじめあきらかで、その内容の着想を得ることが課題になっている場合の洞察である。たとえば、レストランの新メニュー開発であれば、この問題解決は一般的には過去のメニューや他店のメニュー、流行のメニューといった手がかりを揃え、それらをもとにさまざまな想像をめぐらせて、目標である新メニューの着想に至るといったことになる。当然、その過程のはじまりは多種多様な想像が展開し、収拾がつかなくなるかもしれない。だが、それゆえに問題を整理しなければ進めなくなり、想像の取捨選択が始まる。そのなかで想像間の組み合わせや、新たな想像の生成もありながら、次第に収斂、精選されて一定のイメージにたどり着く。このいわばソフトランディングの着想が収斂洞察である。ある部分は定型のアルゴリズム的な処理もあり、穏やかな解決とはいえ複数の想像がまとまり着想に至ったとき、それまでの過程では見いだせなかった新たな綜合のかたちが生まれ出ていることもあるだろう。だから、こうした収斂過程は必ずしも単なる部品の組み立てに終わるとはかぎらず、創発的な想像も期待できる。その点で、あとで再び触れるが、単なる想像連鎖としての連想とは別種の収斂的な創造過程として着想を吟味する意味は十分ある。

洞察過程としてはもう一つのタイプ、拡散洞察がある。これには大きく分けて二つのパターンがある。一つはこの洞察の典型で、先のような問題解決課題でゴールが明確であるにもかかわらず、その解決過程で出された種々の想像が文字どおり拡散し、収斂の試みに失敗するケースである。取捨選択も組み合わせも定式どおりにはいかず、そもそもアイデアたる想像自体も十分に出ないこともあろう。ブレイン・ストーミングで案の数は出てもどれも質的に満足できないということもあるだろう。現実の場面では絵に描いたように収斂洞察に進むことは少なく、このような立往生のほうが多いにちがいない。四苦八苦の末、到底、新鮮な着想など得られそうもないと諦めて、半ば解決を放棄する。そのうちまったく別のことをしているときに突然、それまでの想像の系列の位相が変化するかのように、新たな着想を得るにいたる。拡散洞察の典型的なパターンとはそうしたケースである。

意識を集中して探し求めているときには見つからず、そのことから離れて、諦めたり、忘れたりしたときに、突然、求めていたことの手がかりやほとんどそのものがこころのなかに去来する。それが数学者ポアンカレ（H.Poincaré）に到来したときの話はよく紹介されている。ここではその場面を省略せず、少し長いが彼自身のことばで引用しておこう。


「このとき、わたくしは当時住んでいたカンを去って、鉱山学校の企てになる地質旅行に参加したのであった。旅中の忽忙にとりまぎれて、数学上の仕事のことは忘れていた。クータンスに着いたとき、どこかへ散歩に出かけるために乗合馬車に乗った。その階段に足を触れたその瞬間、それまでかかる考えのおこる準備となるようなことを何も考えてもいなかったのに、突然わたくしがフックス関数を定義するに用いた変換は非ユークリッド幾何学の変換とまったく同じである、という考えがうかんできた。馬車内に座るや否や、やりかけていた会話をつづけたため時がなく、検証を試みることをしなかったが、しかしわたくしは即座に完全に確信をもっていた。カンに帰るや、心を休めるためにゆっくりと検証をしてみたのであった。つづいて数論の問題を研究にかかったが、これといって目ぼしい結果も得られず、またこれが今までのわたくしの研究と少しでも関係があろうとは、思いもよらぬことであった。うまくいかないのに気をくさらして、海岸におもむいて数日を過ごすことにした。そして全然別のことを考えていたのであった。ある日、断崖の上を散歩していると、不定三元二次形式の数論的変換は非ユークリッド幾何学の変換と同じものであるという考えが、いつもと同じ簡潔さ、突然さ、直接な確実さをもって浮かんできたのであった(Poincaré 1908)」

こうして拡散洞察における着想は当のこととは別のことをしているとき、ふとした瞬間に思いがけなくやってくる[*24]。こうした話はどうしても著名な例が多くなるのでここではあまり見かけない例ももう一つタトン(Taton 1955)から孫引しておく。シラミが発疹チフスを媒介することを発見した一九～二〇世紀のフランスの医学者ニコル(C.J.H.Nicolle)の回想である(最初の文については、文意を損なわないようわかりやすさを求めて二つの文に分けた)。

「(チフスを媒介しているのはシラミではないかという想いは)ほとんどまったく突飛なものと思われるほどの鋭い直観によってもたらされた。一方、私の理性は実験による証明が必要だと告げた…私は、他の多くの発見者もしたに違いないような経験をした。すなわち、証明などしても意味がないという感じがし、頭がまったくうわの空になって」しまった。

ここには当の問題対象への関係性を超えた多様な経験を基盤にした直観的なひらめきと確信があったことを十分想像させる。むろんこのあと、証明のための研究はつづけられ、この拡散洞察による着想が的確であったことが確認されて発見は成立に至っている。

拡散洞察のもう一つのパターンに移ろう。それは着想の結果が問題解決で求めていた解決とは異なり、結果的には解決に至らないのだが、その解決以上の価値をもった別のことがらの着想や発見を得てしまうという洞察である。これはその才に恵まれていたというセレンディプ（セイロン）の三人の王子にちなんでセレンディピティ（serendipity）と呼ばれている（Shapiro 1986; Roberts 1989）。拡散洞察は少なくとも当人の自覚のうえではいつも偶然に起きるが、セレンディピティでは偶然に加えて思いの外、価値あるものごとに達するという幸運がプラスしている。そのこともあって一層人びとの関心をひくことになる。東洋を求めてインドに達したと思ったコロンブスが実は新大陸を発見したという物語のように、この話自体は解釈上の問題を含むとしても[*25]セレンディピティは人類が成してきた大いなる発見や発明にしばしば認められる[*26]。たとえば、地味だが気分障害の特効薬の発見をもたらしたその例をレスタック（Restak 1994）が紹介している話にもとづいてあげておこう。

二〇世紀の半ばに、躁鬱病にみられる極端な躁状態を導く原因物質を探していたオーストラリアの精神科医ケード（J.Cade）は小さな専門病院で日々患者から採取した尿を材料に、その成分抽出をしては動物に投与して結果をみる単純な実験に勤しんでいた。その過程で躁の興奮を強める成分の一つとして尿酸に辿り着いた。だが、それが水に溶けにくかったことから、その解決策としてそれに近い水溶性のリチウム尿酸塩を使うことにした。ところが、それを投与したところ、思いも寄らないことだったが、モルモットは躁とは反対の反応を示し、興奮を鎮めたのであった。ケードは異常な興奮を導く原因を求めて地味な研究の一端を担うつもりであった。しかし、単純な構造の金属塩類を実験の都合上たまたま選択したことがその後、膨大な数の人たちの異常興奮を鎮静し、大方の患者のQOLをあげ、入院加療費の莫大な削減をもたらす特効薬リチウム塩の発見につながったのである[*27]。

もっともこうした拡散洞察「に似た」直観やひらめきは研究活動などでは常のことであり、それに誘導されて実験や調査への発想が起きるわけである。ところが、仮説の着想に強い確信があっても結果的にはそのほとんどが棄却されることもそれと同程度に常のことだろう。天から降ってきたかの着想とは、そうした膨大な勘違いの営みのなかからたまたま偶然に真実らしきものに当たったものが振り返って物語るときに啓示的着想としてファンタジックに語れるようなものなのかもしれない。天来の着想はそれが本当にあるのか、ないのか、はっきりと定められないところで揺れ動くという幻想的な一面も宿している。それもまた魅力のうちである。

### 2・3・2　想像の連なり

前項ではひと連なりの想像の発着として着想と発想をみた。ここではそうした想像のプロセスに展開される継起的な関連性をもつ連なり、連想について少し詳しくみてみよう。

#### 2・3・2・1　連想（聯想）

連想（association）はその名のとおり、想像の連なりである。言い換えれば観念や印象といった心像の継起のことをいう。すでに触れたように明治のはじめ、西村茂樹は著書『心學講義（1885–86）』のなかでこれを「瓜蔓想」というユニークなことばをもって説明している。心中に何かの像が生成されると、それだけが単独で興起することはなく、必ず瓜の蔓のように次々に連なって別の像も起きてくる。だから、これを瓜蔓想と名付けると書いている。その瓜蔓の連なりは随意的にもなされるし、不随意にも進行する。その連なりの多くは心像間の種々の関連性にもとづいている。その関連性の種類や連想の進行の仕方や法則をめぐって、過去たくさんの学者が着目し研究してきた。すでにあきらかにしたように心理学においては「想像」についての考察が二〇世紀後半ほとんど影をひそめる。だが、連想については例外で、つぎに述べるような歴史的経緯をもって心理学の問題対象、あるいは思考範型の一つとして定着し、学習や記憶、知覚、思考といった広範なテーマにおいてその考察に影響を与えてきた。

人間の心的活動における連想への関心は、古くはアリストテレスに遡ることができる。彼は想起の連なりの法則性に関心を示し、たとえば、『記憶と想起について』にはつぎのようにある。

「われわれが想起する場合にはいつでも、…似たものとか、反対のものとか、あるいはそれに隣接したものとかから思惟することを始めてのちに、それに続くものを追う…」

だが、連想への考察がそれ自身連なるかたちで書き継がれるようになった発端は、一七世紀ホッブス（Hobbes）の『リヴァイアサン』（1651）あたりに見定めることができそうである。彼はそのなかでassociationということばは用いなかったものの、"Trayne of imagination"[28]という表現をもって一つの章を設け、想像の連なりとしての思考を説明している。いわく、

「すべての想像は、われわれのなかにある運動であり、感覚のなかでおこなわれた諸運動の残骸であり、そして、感覚のなかでたがいに直接に継続した諸運動は、感覚のあとでもやはり、いっしょでありつづける」

その後、ロックが『人間知性論』（1690）のなかでassociationのことばで観念の連合を話題にする。そのこともあってこの書をもってイギリス経験論の観念連合や連想心理学の起点とされることが多い。ただし実際、観念連合に関するロック自身の記述は、どちらかというと習慣によって形成される人間の悪性を導くものとしての説明になっている。

「人びとの理知を虜にして、まじめな人びとを通識から目隠しして導くものは、これを検討するとき、私たちの話しているものだと見いだされよう。すなわち、相互になんのつながりもないある独立した観念が教育や習慣によって、また、その党派が絶えずやかましくいうので、その人たちの心のなかでいつもいっしょに心に現れるほ

ど固くつなぎ合わされるのであり、人びとが自分の思惟のなかで観念を分離できないことは、それらの観念がただ一つの観念だったとしたときと同じであって、そうした観念は、ただ一つの観念であるかのように作用するのである。これが、たわごとに意義を、不合理に論証を、無意義に整合を与え、この世のもっとも多くの、わたしはすべての、とほとんどいってしまうのだったが、誤りの根底なのである」

ここにはF・ベーコン『ノヴム・オルガヌム』(1620)における人間の知性を制約するイドラの見解が「連想」的に反映されているとみることもできそうである。ベーコンは知性に深く根をおろしている四つのイドラを指摘したが、たとえばその一つ、自然の光を遮る個人的な洞窟のイドラは、個性や教育や談話、書物、権威により形成される偏見的先入見のことだから、ロックが強調した連想の負の側面は彼がこの世に生まれる少し前に没した先達ベーコンの書物や権威に少しく偏った影響を受けたとも思われる。

ロックの『人間知性論』の言述をみたら、それをもとに著されたG・W・ライプニッツの『人間知性新論』(1765; 1703執筆)ではどのように展開、拡張されたかが気になる。ライプニッツは連想に関する当該の部分について、基本的にロックの語ったことを肯定するとともに、付言的に連合が生じる原因として、

「偶然ではあるが強烈な何らかの印象は、私たちの想像力や記憶の中にその時一緒にあった二つの観念をとても強く、持続的に結びつける」

と明記している。それがふつう連合が生じる場合とは異なり、たった一回の出来事でも強い結びつきをつくりあげる性質をもつこと、それゆえにこれが根強い迷信形成の背景にありがちなことを述べている。これはその二五〇年後に実験心理学の文脈でガルシア(J.Garcia)が提起することになる連合における接近や頻度の法則の絶対性を突き崩し

た一回即時学習の予見であった。

さてロックを継いで、より中性的な観点から、観念の連合を想像過程における普遍的にして基本的な原理として見定め、連合を生み出す条件に考察を移していったのが、D・ヒュームやD・ハートレーであった。ヒュームの場合、ある観念の想起ないし認識によって別の観念が連なって想起され、この想像がすなわち思考の営みになるとし、考えることの基本的な心的過程を観念連合において重視した。実際、三巻からなる大著『人性論』(1739–40)の第一巻を構成する四つのパートのうち三つまでが濃淡はあるものの連合に関する話題の展開になっている。彼はこころの単位である印象と観念の連合が、引力に相当するものとして観念連合をとらえたのだが、この引力こそ以下に述べるような観念間の関係要因によって働いている想像力にほかならないとみた。ニュートンが世を去って十年ほどの時期であったから、ここには当時の自然哲学で話題になっていたことがらからの連想をうかがうことができる。

ヒュームのこの見解は要素論的な連合主義の心理学パラダイムの基礎となる。一方、ハートレーはこれを連想心理学(association psychology)の名のもとにまとめ、その後はジェームズ・ミル(Mill 1829)やジョン・S・ミル(Mill 1843)を経てベイン(A.Bain 1879)などが哲学や生理学などとの総合的観点をもってこれを一般化、またガルトン(F.Galton 1883)は自伝的記憶の実験研究の手法として連想を用いる試みを紹介し、実験心理学への展開の契機をつくった。こうして連想研究は二〇世紀の心理学に一つの主脈として引き継がれることになる。

連想をめぐる要素連関的な思考範型は当時の機械論的科学主義の思潮とも相性がよく、法則的な整理もつけやすかった。そのためドイツではヘルバルト(J.F.Herbart)の表象力学を経てヴントの構成主義的な意識心理学においても内観の分析に応用されることになった。二〇世紀に入ってからは機能主義、行動主義でも学習理論の枠組みにおいて広範に検討され、とくに人間を被験者にした場合の言語学習では、のちの生態学的な妥当性や日常生活での心理研究につながるような観点での有意味語の連想関係に関する分析や意味分析、語彙研究、その応用が展開され(e.g.,Deese 1965; 賀集 1966; 山田・岩井 2006)、文化横断的研究にも資するような連想基準表に代表される基礎資料

（梅本 1969; Postman and Keppel 1970）も作成された。さらに認知科学では連想記憶モデル、知識表現や神経回路網などの研究に応用展開された（e.g.,Kohonen 1977; 村岡・古谷 1989; 嶋津 1982）。また、精神分析学ではその分析の基礎が自由連想におかれたこともあり、臨床検査では刺激語を与え反応語の内容や反応時間をみることで病理的診断に用いられたし、一般的な性格検査や態度調査への応用展開などもなされた（e.g., 小林 1989; Rapaport 1945–46: 戸川・倉石 1958）。また、文章完成法やTAT、ロールシャッハテストなど幾多の投映法もやはり連想を基本原理に開発されていった。

学派が異なれば同じ連想についても注目する点は異なってくるが、“association”の訳語にもそれが映し出されている。当初、心像の連なりに注目したイギリス経験論者から構成主義の内観心理学まで、また自由連想を中心的な治療技法においた精神分析学や心理臨床における心理検査の領域では“association”は一般に「連想」と訳されてきた。一方、行動理論や認知論における学習や記憶の過程で扱われるときは、たとえばアンダーソンとバウアー（Anderson & Bower 1973）のHAM（Human Associative Memory）を典型とする連合記憶、あるいは連合学習といった用語にみるように「連合」と訳すことが普通であるし文脈的にも適合する。このことから形式的なことだが、経験論の範囲ではハートレーに始まる連想心理学をわざわざ連合心理学と訳しかえす必要はない。そこでは観念連合の法則が主題の一つになったが、これは観念連想の法則、ないし単に連想の法則と呼んでしかるべきだろう。他方、後者、たとえば行動理論では習慣形成の法則として刺激と反応の連合が鍵になったが、これは同様の過程を想定できるとしても連想というよりは連合と訳すことが妥当ということになる。

### 2・3・2・2　連想の法則

想像される心像はどのような関係性をもって連なるのだろうか。連想を導いている普遍的な関係性にこだわりをもって熱心な考察を残したおそらく最初の人は先に述べたようにヒューム（1733–40）である。彼は観念の連なりを導く要因として当初、観念間の類似、接近、因果の三つに着目した。もっとも、これも先に引用したようにヒュームよりも二〇〇〇年以前にアリストテレスが着目していたことで、彼は「似たもの（類似）とか、反対のもの（対比）とか、あるいはそれに隣接したもの（接近）」という性質をあげていた[*29]。

ヒュームの後、論者によって多少の異なりをみせつつ、多くの場合、アリストテレスがあげていた三つを含めた類似、接近、因果、対比、頻度の五つがほとんど重なるところとして指摘されてきた。これらを個別に簡単に確認しておけば、以下のとおりである。

なお、その前に、少し変わった方向からのアプローチ例を紹介しておく。山田・岩井（2006）は連歌のデータベースに対するデータマイニングをおこなうことによって、連歌の前句と付句の関係に見いだされる連想関係の内容的な特徴を分析し、その時代変遷に伴う変化をとらえている。連歌は和歌がもつ形式への強固な縛りを脱して、詠み人の心に描かれたことをことばにかけて響き合わせることに意義を見いだした中世期の新しい想像様式の文芸であった。そこには当座の興と想像力のコラボレーションに生命性を見いだす精神的に高度な遊びがあった。二条良基は『筑波問答』（1357–72?）のなかで連歌の特徴をつぎのように説明している。

「連歌は前念後念をつがず。又盛衰憂喜、境をならべて移りもて行くさま、浮世の有様にことならず。昨日と思へば今日に過ぎ、春と思へば秋になり、花と思へば紅葉に移らふさまなどは、飛花落葉の観念もなからんや」

つまり、形式的な詞の関係性に拘束されることなく、自然体としての心の移ろいをそのまま素直に詠み込むことを重視した。ただし、これは気ままな自由連想とはまったく異なり、連想過程に高度に意図的なはからいを種々に要する別の縛りをもつものであった。たとえば付句の前句のさらに前、つまり前々の句（打越）の題材や趣向と類似することは避けねばならないといった約束事はその例である。それには、以前の句との連想関係を十分考慮する必要があったわけで、全体観的に慎重な想像作業が求められていた。二条（1349）は前句と付句を関係づける契機となることばや、ものの縁については、

「者の風骨によりて、すべて定まりたる所あるべからず」

と強調したうえで、それに情趣や心情なども含んだ付合の型にはいくつかの諸種があることを示し説明している。以下では、イギリス経験主義の論考以降に導かれた主要な連想の要因のそれぞれを概観しながら、それに合わせて二条のいう付合の型も紹介してみよう。

**類似**

心像間の形態や意味内容が類似（similarity, resemblance）していることによって連想が喚起されることである。たとえば、初対面の人に会ってその顔や氏名に似た友だちのことを想像することなどがこの例である。これは心像が構造的に接近していることで連想されたという意味で次に述べる接近の法則の一つと解釈できないこともない。だが、それには心像の構造的類似が時空的に接近していることの裏付けが必要になる。

連歌では類似の手法を積極的に用いることはないと思われるが、かなり高度な技巧として隠題という手法がある。二条は「秀句などいうもこのなかにあり。ものの名などをことばにて隠すなり」と簡単に記すのみだが、たとえば、その好例としてあげられるものに、

「秋ちかう野は成りにけり白露のおける草葉も色かはりゆく」

という歌がある。これはこの歌のなかに文字の並びとして「きちかう（桔梗《ききょう》）のはな」がまるで押し花のように詠み込まれているという趣向である。この隠題を浮き出すには文字の音そのものからの類似性、あるいはかなり注意深い文字分解的な探索的読み取りが必要になる。

**接近**

これは対象の時空間的な接近（contiguity）によって連想関係が形成される法則性をいう。たとえば、ある人に会って別の人のことを連想するとき、その両者には以前同じ場所ないし連れで会っていたといった具合である。上で触れたように、意味ネットワークのような概念の意味的な心的構造を想定するならば、その構造において接近しているることが連想を惹起しやすくするとみることができる。そうなると、上述の類似の法則は接近の法則で解釈できるようにもなる。逆に、接近とは類似した時空で経験されたから連想が引き起こされたと解釈できないこともない。そうなるとこれはもともと類似の法則で代替的にみることができる一面ももっている。

また、接近による連想というのは、連想関係をもつ対象が時空的な背景を共有していることによって、その背景を媒介にした継起的想起がなされることとみることもできる。そうなると、これは符号化特定性原理（encoding specificity principle）[*30]によるとみることもできる。そのようにみれば物理的な時空でなくても、たとえば酒を飲むと決まって出る話題といった連想関係も飲酒行為とアルコールが仲介した接近関係と解釈できる。この場合、ことがらの連想ばかりか生化学的な状態や感情の連なりも含んでいることになる。

連想ではなく刺激と反応の連合という観点についてだが、行動理論の文脈でも接近は重視された要因の一つであった。とくに刺激と反応の時間的接近が連合の必要条件であると提唱したのはガスリー（E.R.Guthrie）であった。この場合、時間的接近に注目していたため、とくに近時性（recency）の要因と訳すことが多い。彼は学習成立にとって強化を十分条件にとどめた。そのためそれを必須とするハル（C.L,Hull）とのあいだで論争になった。ガスリーは連合における頻度の要因も二次的なものとし、一回即時学習の成立も認めた。

前に軽く触れたが、一回の連合で成立する学習としてはガルシア効果として知られる味覚嫌悪学習（Garcia & Koelling 1966）がある。これは皮肉にも刺激（結果的に嫌悪をもたらす食べものの味覚）と反応（気分が悪くなる）との間に一般的な学習におけるよりも、かなり長い時間的遅延があり、それにもかかわらず両者の連合が成立する点でも特異な学習として知られている。つまり、あとに述べる頻度の要因の絶対性を否定すると同時に接近（近時）の要因の絶対性も否定する証拠となっている。

こうした一回即時学習が成立する背景には、その学習の不成立が生命の危険を伴うような特殊な事態がある。そうした特異な状況にない一般的な刺激—反応の連合学習の場合には、近時性の要因が学習成立にとって重要な条件になることはあきらかである。また、刺激と反応の時間的近接とは別に、エンジェル（Angell 1908）は連想の文脈で心像の連合は古いものよりも単に新しいものほど連想されやすいという意味で近時性の要因を語っている。これは記憶想起における新近性効果（recency effect）に重なる。

ところで、刺激と反応の空間的な接近も、とりわけ両者の連合を成立させる過程においては重要な要因になっている。たとえば、ハトを被験体にした学習実験は心理学の定番実験だが、そのほとんどの実験装置では視覚刺激の提示される小窓そのものが反応キーになっている。つまり、刺激位置と反応位置が空間的に一致している。この点が学習成立を容易にしていることは明らかで、この装置のスタイルが学習実験に多用される理由の一つになっている。むしろ刺激提示窓とは別の部分を反応するようにしたり、ペダルを押すといった反応を求め、その学習を獲得させることも可能である。その場合、刺激位置と反応位置のあいだの距離が離れるほど空間的接近の要因が示唆するごとく学習成立に余分な時間を要するようになる。

接近の要因は連歌の世界では付句の「型」の話となろう。付句において取り立てて趣向を凝らさず、一般的な風景描写をするように連想する型を平付という。当然接近の関係が多くなる。「野山」に「はな」、「海」に「釣り人」といった具合である。同様に、景色や情景を見たまま「野山」に「みどり」、「海」に「白波」などとあらわす場合は景気（付）という。これは接近連想というよりも属性表現ということになろうか。心付と詞付という付句は相対する型で、前者はことばにとらわれずに意味的連関を、後者は意味よりもことばの連関をたよりにして、わかりやすい連想関係をもってつなげる。したがって、接近よりも類似の関係が多くなる。また、付句の型ではないが、連歌ではあからさまに似たことばや同じことばや対象が接近することを指合《さしあい》と呼び、これを嫌っている。さらに先に述べた題材や趣向に及ぶ類似は打越といわれ、これも忌避される。これに加えて詞全体の類似も起こらないよう図られており、これを去嫌《さりきらい》といっている。連歌の一巻（短くて三六句、ふつうは百句）を詠みつつ観賞していくなかで去嫌を適切におこなうには背後で長短さまざまな範囲での類似・接近による連想が常に注意され、把握されていることになる。だからこれは人間の想像の習慣や限界をめぐって競演するようなものである。連歌が精神的に高度な遊びといわれ、その発祥から現代にいたるまで限られた人たちのあいだで愛好され細々ながら強固に継承されている文芸であるゆえんがここに見いだせる。

## 因果

連想における因果（cause and effect）要因といえば連想心理学の源泉ともいえるヒュームの名が接近かつ強調的要因をもって連想される。彼は「空想において強い結合を産んで一観念をして他の観念を即座に思い出させる点では諸観念の対象間に存する因果関係に勝る関係はない」と述べ、他の関係とは異なり、この関係は知覚的関係を超えた推測を介して連合する関係ゆえに、その分一層知性的であるとした。連歌でいえば、平付や景気付としての「秋」に「松虫」、「春」に「かすみ」などは因果の連想関係の典型である。

だが、その後、連想心理学を連合心理学と呼ぶ傾向が出てくるなかで、ヒュームが知性的と表現した因果関係がもつ蓋然性がかえって法則的な要因として位置づけるには曖昧すぎるとみられるようになる。また、そもそも因果はそれ自体が原因と結果の連想のことを指しているので、連想を導く性質としての因果という見方はそもそも連想関係にあったから連想を導いたというトートロジーになっているとも指摘されるようになる。こうしたことから、因果は連想の要因としては次第に取りあげられなくなった。

**対比**

これはヒュームはとりあげなかったが、古くはアリストテレスが指摘していた連想因である。類似とは正反対の形態や意味内容が対立的な関係において連想される。現象的には類似と同様、対比（contrast）関係が接近したかたちで経験されることが多い。それにより連想されやすくなっているともいえる。その意味で類似と接近の派生といってよい。後述するが、連想基準表（梅本 1969）などのように、実際に調査された単語の連想関係の結果をみると「男」には「女」、「長い」には「短い」のように、対比関係の連想が最頻ないし高頻度で出現しやすいことが認められている。

対比は連歌の付合では相対《あいたい》と呼ばれている。すなわち、「春」に「秋」、「夕」に「夜」（これは接近ともいえるが、主意は日没を境にした相対の関係におかれている）である。山田・岩井（2006）は一七世紀末までの主要連歌約二〇万句を使って連想語彙の関係を構造化している。その結果、大きく「春と秋」および「夕と夜」の二次元構造がとらえられ、その内部にそれぞれの語彙の連想関係が点状に位置づけられることを見いだしている。つまり、「春」に対して「秋」、「夕」に対して「夜」という相対は実際の付句ではおこなわれがたいという結果である。しかし、この付合が常道でないだけに、それが巧みになされた場合、腕の冴が引き立つところとなる。それを一層、意図した付合の法もある。引違《ひきちがえ》である。二条（1349）はそれをつぎのようにコメントしている。

「月の夜に雨を恋い、花の句に風を忍ぶ類なり。これはとくに上手の興ありてとりなすなり」

引違には連想の法則としては対比効果による強調（後述）の要素も加味されている。

**頻度**

これは一定の連想の繰返し頻度（frequency）が高くなるほど、その連想が一層なされやすくなるということである。これを態度形成に転じれば単純接触効果（mere exposure effect）[*31]のことになる。行動理論では強化随伴性をもったオペラント反応下で弁別刺激に行動統制されるという解釈の仕方で、連合形成において最も重視されている要因の一つである。

連歌においてはこれが一次要因になることもあるし、他の要因と重合して二次的に連想関係を促進してもいる。「野山」に「はな」の平付、「野山」に「みどり」の景気付も用いられてきた頻度が高いゆえに連想されがちであると説明できる。また連歌にあってはむしろその使われる連想関係の頻度をとくに気にしながら、去嫌するうえで頻度にもとづく連想が常にモニターされていることになる。

以上の他、行動理論の刺激と反応の連合関係で語られてきた法則もある。たとえば、効果の法則や強調の法則（E.C.Tolman）である。ことのついでにこれらも振り返っておく。

**効果の法則**

これは刺激と反応が連合するには反応が状況に対して何らかの効果（effect）をもつことが必要であるとした法則であった。その効果には生体の快や不快が想定された。当初この法則を提唱したソーンダイク（E.L.Thorndike）は不快なものは連合を弱めると考え、罰の効果をみていた。しかし、罰には潜在的には反応制止や心理的リアクタンス[32]によって内々には逆に連合を強める作用もある。そのため、のちに不快や満足できないことが連合を弱めるという見方は否定した。また、不快が軽減されることが負の強化として刺激反応連合を導き、連合を強めることも行動理論で定式化されるが、当然この場合の不快の軽減は相対的な快の上昇になっている。

さきに高頻度で連想されてきたものは連想を促進すると述べた。その連想はなにゆえに高い頻度で連想されてきたのだろうか。「野山」に「みどり」などは「みち」でも「きいろ」でもよいのに、やはり「みどり」であるということには、連歌はもちろん、より一般的な語りにあっても語りやすさとか、語感のよさ、ひいてはそれを語ることで感じ取れる心地よさといったいわば効果がこの場合は副次的に連想を導いているようでもある。

ユング（Jung 1910）は精神分析的な観点から、個人のもつコンプレックスがもとになりそれを補償しようとして連想が起きることをやや荒っぽい表現で示した。たとえば、連想が「りんご」に対して「木の実」、「机」に対して「家具」、「父」に対して「家長」のようにことばの説明や定義としてあらわれる場合がそれにあたる。これは知性面にコンプレックスをもっている人に、その補償行為としてしばしばあらわれがちだと解釈する。若い男子学生に対する連想実験で、傍らに年上の賢い女子学生が彼の連想を記録していたときに、こうした定義的な連想ばかりをした例を添えている。補償という点では、たとえば「ピアノ」に対して「恐ろしい」、「父」に対して「すばらしいもの、神聖なもの」、「母」に対して「熱烈に愛する」といった述語的な誇大表現による連想を多発するようなケースもあり、これは感情的に欠乏感をもっている人が同様の過剰補償を求めたものであるとしている。これらは連想実験の場合であるから、ただちに日常普段の連想における法則性と結びつけることはできない。だが、連想を導く要因が状況次第で不安や劣等感の裏返しとしてあらわれてくるという心的作用の可能性は示唆されていよう。

**強調の法則**

学習の認知過程に着目し目的的行動主義を掲げたトールマン（E.C.Tolman）は刺激反応連合における効果の法則

を斥け、刺激と反応の関係をとらえた認知地図の明瞭性が連合成立の背景にあるとみて強調（emphasis）の法則を提唱した。快の効果を基盤に考えた場合、嫌悪刺激を用いたときはその軽減が強化になるとしても基本的には不快な状況が伴う。そのため連合は形成されにくくなるはずである。ところが、実際には連合形成が進行する。その理由は嫌悪刺激がもつ連合手がかりとしての顕示性に求めることができ、心的な認知地図上の連合の場に強調が生じて、それが連合の鍵になるとみた。この考え方には心像の形成が想定されている。association を連合というより連想としてみる立場に回帰した考えであった。それだけに行動理論の枠組みにおいては不評であった。

しかし、一八世紀の時点でライプニッツ（Leibniz 1765）が言及し、ここまでにたびたび触れてきたガルシア効果のような一回即時学習や、フラッシュバルブ記憶[33]を形成するような印象の強い出来事は学習の成立において一般的な連合の反復（頻度）や接近を不問にして、たとえそれが仮構にせよ因果を誘引して連合を形成するとみた。その前提には強調の法則が想定されていた。

連歌における異物という付合の型はこの法則に関連してとりあげることができる。二条（1349）は異物について少し長く、つぎのように述べている。

「常に用いざるところの鬼風情のものなり。時によるべし。めずらしきもの、目覚めて興あることもあり。下手のしたるはきわめて付けにくし。かようの恐ろしきものなればとて、句がらの荒くなることはなし。口の優しき人のしたるは、きわめて幽玄にきこゆ。もとより口こわき人の句にては、やがて鬼のようになるなり。よくよく用心すべし。花月の恐ろしきもあり。鬼の優しきもあり。そのものによるべからず。作者の骨にあるべし」

異物はその性質からして顕示性をもち、それゆえに連想や連合を導きやすい。だが、それもそこで共有されている認知地図全体の様子や語る人の才覚によるのであって、下手に使えば思わぬ方向に連想・連合されていくむずかしさがある。これに対する付合の型は埋句《うづみく》、すなわち「上には付かぬようにて、下には深き心あり」であり、また餘情《よせい》、「これはいささかいわれぬようなるに、余情のありて面白きなり」である。そうして二条は次のようにまとめている。

「よき句と申すは、いかにも心もことばも寄合もみな付きたるようにて、しかも現れてかしがましきように聞こえぬなり」

### 2・3・2・3　ゲシュタルト要因

以上より、連想や連合をもたらす要因は基本的には互いに排他的でなく、状況に応じて複合し相乗的に作用していることがわかる。このことからまさに連想できることとして、ゲシュタルト心理学が知覚の体制化の過程で指摘したゲシュタルト要因（Gestaltfaktoren: gestalt factors）がある。

知覚形象が群化する要因にも複数あるが、ゲシュタルトの法則はそれら要因が多様に作用しながら、かたち全体が最も簡潔で秩序あるまとまりをなそうとするプレグナンツの傾向（Prägnanztendenz）をもつというのであった。これを指摘したウェルトハイマー（M.Wertheimer）はこの簡潔で秩序あるよいかたちへのまとまりということが必ずしも規則性や対称性を意味するわけではないことを強調していた。それは背後で複数のゲシュタルト要因そのものの体制化があって、その結果としての全体性があらわれるためかもしれない。

ところで、刺激と反応の連合という面よりも心像間での連想という面を考えるならば、まさに知覚と想像のあいだの重なりから連想過程にも刻々においてプレグナンツの傾向が働いているとみてよいはずである。したがって、次はゲシュタルト心理学においてまとめられたゲシュタルト要因についても簡単に確認しつつ、連想におけるその働きについて少しばかり考えてみる。

## 近接の要因

行動理論での連合における接近（contiguity）の法則では対象が主として刺激と反応の関係であったこともあり、時間的な近接が前面に語られた。一方、知覚、とくに視知覚にあっては星座の例がよくあげられるように空間的に近い距離にあるものがまとまる傾向にあることが強調される。これが近接の要因（factor of proximity）であった。この proximity という表現にすでに距離的な近接が含意されている。ただし、知覚においても当然、時間的な近接がまとまる傾向もあり、ゲシュタルト要因としてはそれを含めて語られている。たとえば知覚の特性上、聴覚や味覚では継時的な近接がよいかたちのまとまりをもたらす要因になりがちである。

知覚の場合とは異なり連想のような想像にあっては、現に外界にある対象やそれらとの関係によって生じる現象をもとにしているわけではなく、心の内部に浮かぶ心像間の時間的、空間的な近接を指すことになる。だから、たいていの場合は常識的、一般的な知覚的世界の構造に沿った近接が当てはまるとしても、決してそれに限られることなく、個人ごとのいわば頭のなかの知識構造において時空的に近接する関係が連想におけるゲシュタルト質をもつことになる。

たとえば、「カップ」といえば、「コーヒー」だとか「優勝」だとか「F」だとか、数学の学徒にとっては「集合」といった観念連合がなされるだろう。これらは視覚的、聴覚的知覚における近接の要因に影響され、関連づけられた連想におけるゲシュタルトの近接要因の例といえる。だが、ときにはそうした知覚経験の近接性とはおよそ関係のない「F」から「カツ丼」といった連想が生じることもあるかもしれない。これはまったく個人的な知識構造においてたまたま時空的に近いところに二つの観念があったことによって、ほとんど回路がショートしたように生じたことかもしれない。これを連想と呼ぶかどうかは別として、この種のことは経験的に決して稀なことではないだろう。また、先に「対比」のところで触れたように、単語の連想関係を調査した連想基準表をみると、米国の例（Postman and Keppel 1970）でも日本の例（梅本 1969）でも、「ある」であれば「ない」、「勝つ」であれば「負ける」のごとく、かなり頻繁に連想される単語は反意語である。この事実は日常の使用にそくして形成されている単語の生成構造が反意語に関して、近接の要因をもって成り立っていることを示唆している。

### 経験の要因

近接の要因は、はじめて接する知覚要素に対しても作用してプレグナンツの傾向をあらわす。その一方で、連合における頻度の法則がいうように、過去に知覚された経験が多い関係ほどまとまりやすさが促進されることも認められている。つまり、ゲシュタルト要因には経験の要因（factor of past experience）もあって、とくに他のゲシュタルト要因とともに作用して重合的にプレグナンツの傾向を強めている。

一方、連想形成のメインステージは知覚というよりも記憶想起の営みである。だから、ここでのまとまりの傾向、連想を導く要因は経験の要因が付加要因をなすというよりもむしろ基幹要因になっている。経験の多さが連想としての連なりや想像における心像のまとまりを誘導し、そのうえで他のゲシュタルト要因が働くという作用様式が基本になっているといえよう。先に例をあげた単語連想の基準表によれば、「赤い」についての最頻連想語は以下に大差をつけて「花」となっている。これは「赤」については一意に定まる反意語がないということと、実際のところ「花」には赤いものが圧倒的に多いわけでもないのだが、「赤い花」という句が経験的に多く語られてきたということ、さらにのちに述べる語感的なつながりがよいといったこと（よい連続の要因）が背後で働いている結果とみることができる。

### 共通運命の要因と類同の要因、主観的構えの要因

知覚している世界のなかで一定の運動または運動に対して静止を共にしている対象があれば、これらはまとまりをもって知覚される傾向がある。これを共通運命の要因（factor of common fate）と呼んでいる。近接の要因でまとま

りをみせている対象があっても、そのなかの一部の対象が他の離れた場所にある対象と一緒に一定の運動をしだすと、その同じ動きをする対象があたかも運命を共にしたように新たなまとまりを形成する。マスゲームの演出では意外性をともなったこの要因の導入が観る者を惹きつける。この要因は連想がさまざまに移り変わっていく際に、時間を隔てて連想されたことがらがほとんど脈絡もなく結びつくことで新たな主題を導き、そこから新たな連想が起きていくような状態であらわれる。想像のなかでは夢想の場合などにあらわれがちなゲシュタルト質である。

共通運命の要因に常に伴うわけではないが、その背後にある要因としても働いているゲシュタルト要因として類同の要因（factor of similarity）がある。これにより心像の形態に類似した性質をもつ印象や観念がまとまりをみせる。逆にいえば、類同の要因をもつ心像は共通運命の要因の構えをもつといえる。想像世界の連想は不随意的な展開をみせる部分もあるが、意識がかかわる範囲では随意的な連想をなす余地が十分にある。したがって、そうした構えをもつことが実際の共通運命としての物語性を水路づけることも稀ではない。ゲシュタルト要因が知覚以上に想像に大きく関与する一面である。

構えということではある群刺激が継時的な変化をみせる状況において、ある展開では一定のまとまりを示したものが、別の展開に変化することによって新たな集合をみせるようになることもある。これは刺激の時系列上の変化によって客観的にまとまりを規定できる性質のものである。このことから客観的構えの要因（factor of objective set）とか客観的調整の要因と呼ばれている。連想においてももちろん同様の要因が働くことはあるだろう、ただし、想像される対象そのものが主観的なものであることからすれば、連想においては主観的構えの要因ということになる。

**閉合、よいかたちや連続の要因**

想像においては基本的に明確、定かなかたちが生じがたいから、想像の連なりとしての連想においては知覚の場合のように形態的特徴に依拠したゲシュタルト要因がそれほどはっきりあらわれることはない。だが、連想は知覚との関係における想像にも生じるから、その場合は当然一般的なゲシュタルト要因に影響される。たとえば、知覚では閉合の要因（factor of closure）により、閉じている形状を示す要素や一つの面を取り囲む要素がまとまりやすい。図2・3は一〇個の同じ★が描かれているが上二つの★は近接の要因により何やらまとまりをもった組み合わせにみえるし、中央の五つの★の場合は近接の要因に加えて、五つが閉じた配置をつくっていることで閉合の要因も関わり、ファイブスターとでも名づけたくなるような一つのまとまりをつくっている。このゲシュタルト質は五角形状の別の一つの図形を知覚させもする。この五角形生成の背景ではすでにもっている経験の作用や、それが正立していることから、よいかたちの要因（factor of good form）という別のゲシュタルト要因も作用している。ファイブスターにせよ、五角形にせよ、これを知覚ととらえればそのとおりであるが、同時にここにはすでに知覚に由来する想像が重なっていて、連想の産物がある。刺激に直接触れていて現示的に知覚が成立している状況にあっても、こうした知覚的プレグナンツに依拠した連想はいくらでも生じる。

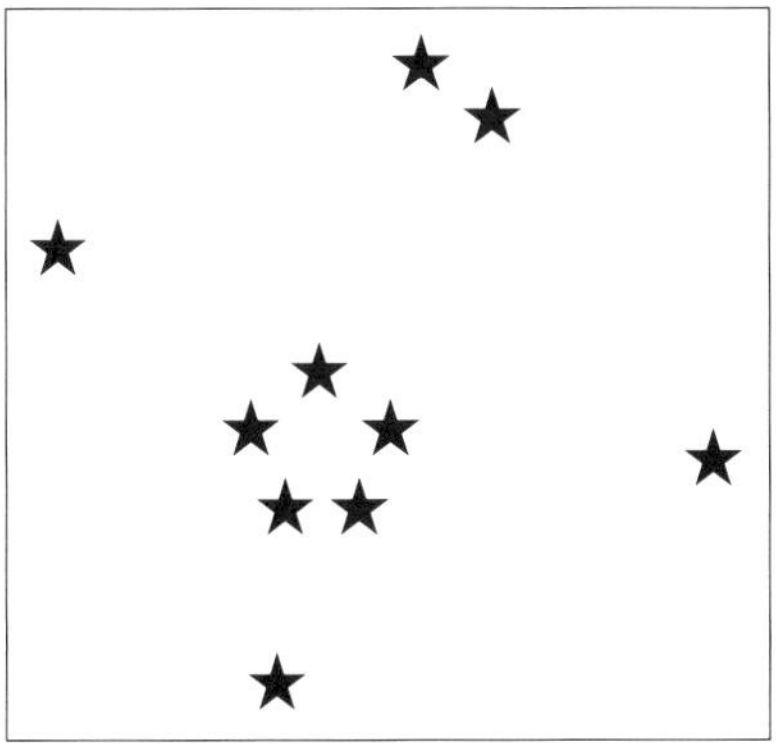

**図 2-3　近接、閉合、よいかたちなど、複数のゲシュタルト要因が働いている図だが、この形態の配置から、わたしたちはいろいろな連想をする。知覚はいつも想像の営みとつながっている。**

だが、知覚を離れて記憶に依拠した心像の連想過程になると像のかたちの持続性が弱くなる。そのため閉合やよいかたちの要因による連想作用への影響力は知覚の場合のようには認められがたくなる。ただし、これらの要因が想像や連想の背景に観念的、抽象的なかたちで作用している様はとらえることができる。その典型は始まりと終わりが円環的につながり、したがって始まりも終わりもない永劫の回帰に向けての太極、すなわちウロボロス（ouroboros: 尻尾を喰うものの意）の心像元型がある。これを人類普遍の集合的無意識における元型の一つとしてとくに注目したのはユングであった。彼はさまざまな文化、時代に人びとが生み出してきた具象的な像やかたちにならない意想や空想や思想に共通しうる心像の原基を探った。そのなかでもウロボロスは、まさにかたちなきままに円環というまとまりの象徴性をもち、具象的には自らの尾をかじる原蛇や龍として象徴的に描かれるように、始まりと終わりが閉合するというゲシュタルト質をもった元型として示された。

もう少し一般的な例でいえば、連想を進めていくときにある程度の展開がなされたのちに一定の観念や心像に回帰し、それをもって想像の広がりが一定の帰着をみせ、それ以降は想像の展開が乏しくなる傾向が認められる。これはある意味では想像過程にまとまりのある全体がもたらされることで、その全体性が一時的に想像の広がりを制約している現象とみることができる。全体は部分の総和以上のものとなるから、一定のまとまりをえた全体性が力を発揮し、部分やその広がりに制約的な作用を及ぼすようになる。

知覚が媒介しない想像同士の連想を導く要因のなかでも継時的な連合としてもう一つのゲシュタルト要因を最後に忘れずにあげておかねばならない。よい連続の要因（factor of good continuity）である。視知覚においては空間的な布置によい連続が認められれば、それが一つのまとまりをもたらす。連想ではこれが想像の時間的継起においてあらわれる。この場合、よい連続は単に後続の想像に対する連想のなめらかさという点で順連合的に認められるだけでなく、少なくとも逆連合的な連続性も保たれているときに語りうるものとなるだろう。たとえば、「コーヒー」に対して「ミルク」という連想がなされ、つづいてなめらかに「バター」という連想がつづいた場合、その連想自体は自然であるとしても、ここにゲシュタルト的なよい連続の要因が関わっているとはいいがたい。「コーヒー」から「ミルク」さらに「カフェオレ」といった具合に連想がつづくような場合であれば、ここにはゲシュタルト的なよい連続の要因の働きをみることができる。精神分析が自由連想法にみたある種の核となる観念を誘引として連なる想像の姿にも同様の力学が働いているだろう。むろん、たとえば単語の連想にあっては心的因子やことばの意味だけでなく、語感や韻といった観点からよい連続性が関与することもある。また、想像のなかでも空想で強調されるような連想の自由な広がりという点からみれば、全体性という力学が働くゲシュタルト質はかえって反動のための手がかりになることもある。想像の世界は一筋縄では解せない。

### 2・3・2・4　サゼスチョンとしての連想

カントは『判断力批判』（1790）のなかで、

「わたしたちは、確かに連想の法則にしたがって自然から素材を借りてくるが、しかしまたこの素材に手を加えてこれまでとは別の何かあるもの、すなわち自然に優るところのものを造り出すことができる」

と述べ、人間の想像が対象主導的な連想の法則にまかせて作り出されるわけではない点を強調し、それを超えて「現実の自然によって与えられた素材から、いわばいま一つの自然を創り出すこと」に想像ないしは構想力の働きをみた。確かにここまでみてきたような連想を支える種々の要因を超え出る性質もまた連想の特性の一面である。連想のその側面をあらわすことばとしてアソシエーション（association）ではなく、サゼスチョン（suggestion）がある。

連想をサゼスチョンと語った例は、とくに現代心理学の黎明期、たとえばブラウン（T.Brown 1828）やペイン（G.Payne 1845）の著書などに認めることができる。彼らは連合心理学の流れを受けながら、サゼスチョンを精神の知的作用の基本として位置づけ、やはりそれを導いている法則として類似、接近、対比の三つの要因をあげて丁寧に説明している。連想をサゼスチョンと称するのは一見、奇異に感じる。だが、これを広く動物に適用できる連合学習のそれではなく、人間の想像の過程に限ってみるならば、むしろアソシエーションがもつ機械論的なニュアンスではあらわしきれないところ、人間特有の想像に接近してその特徴を拾いあげることばとしては適していることがわかる。なぜなら、連想はいつもそれ以前の心像からのつながりとして着想された心像であると同時に、その先の心像の発想へとつらなる連続性を宿した概念だからである。換言すれば、サゼスチョンは刺激―反応としての連合自体を語っているのではなく、その反応から先の方向性を含めたプロセスを語っている。それはまさにその先の想像Xにむけたサゼスチョン、ほのめかしや提起、あるいは入れ知恵という性質をもっていて、想像の連なりとはそうした見通しを含みつづける連鎖としてあるというわけである。

想像の産物としての創造表現は、そうしたサゼスチョンの性質を含んでいる。なかでもすぐれた表現は想像内容の巧みな表出であると同時に、その産物や作品それ自身が他者を含めた新たな想像へと拡延していく影響力をもっている。それは作者の提起、その先の連想を受け手の受動想像を介して適切に喚起できる意味や価値、すなわちアフォーダンスともいえる力である。これは不定の想像をかたちに表現することをつうじて、表現しきれなかったところをつぎの想像に託してつなげるという表象作用の役割の一つである。こうして一端、かたちへの表現を媒介することをつうじて連想は一人のこころのなかの出来事に留まらず、まさにサゼスチョンとして（自分を含めた）他者の想像過程に伝播し、広がり、発展することになる。この想像過程を媒介しているノード的な公共表現こそが構想の過程である。よってこの suggestion は本書後半の「構想編」へとつながっていく。

## 2・4 想像の諸種

### 想像のスペクトラム

ここでは想像、つまり像を想うことのさまざまな様態をその「想」という文字を含んだ諸概念においておさえていく。その前に、月本・上原（2003）は「想像」ということばについて、天竺の動物で昔の中国にはいなかったゾウを頭の中で想い描いたことが、「想像」の語源であるらしいという興味深い説を述べている。引用元はあきらかにしていないが、やや気になったところである。というのは、「像」のつくりの部分である「象」ということばは動物のゾウの象形文字（この用語自体、象形という象の字を用いているので入れ子の話になるが）、つまり具体的な事物をあらわした図から直接変形させてつくられた文字として知られているからである。まず、そのゾウをあらわす文字をもって「象形」という具合に、ものの姿かたち一般をあらわすようになった由来を求めれば、これは推察だが、もしかするとその文字がつくられた当時、隣国にはいるが自分の国にはいなかった巨大な動物である象をもって「姿かたち」の意味が分与されたのかもしれない。

一方、その「象」ではなく「像」についていえば、これは会意文字であるから、そのままに「人の姿かたち」の意味が強く、むしろゾウの方は後退している。ゆえにこの「像」の文字を使ってはむろんすべてではないが銅像とか群像、座像、偶像、石像、立像、尊像など人の姿形が反映されたことばで使われることが多くなっている。したがって「想像」に戻れば、元来的にも、こころのなかに描かれた姿はゾウというよりヒトの姿であったのではないか、と思える。

もっとも、このセクションではその「像」よりも「想」の文字が基軸になる。この文字も「像」と同様、会意文字、つまり二つの文字を組み合わせてそれぞれの意味を合わせもたせた文字である。その二つとはいうまでもなく「相」と「心」である。相はこれまた会意で「木」と「目」の組み合わせ、つまり、対象に向かってみつめる状態をあらわしている。その状態が心の上にのっているかたち、すなわち心のなかで何らかの対象をみつめている状態をあらわした文字が「想」である。

この「想」という文字を含んだ日本語の熟語は比較的多様に存在する。それらのほとんどは「想像」のさまざまな種類をあらわした種概念に位置づけられる。ここでは便宜的にこれらの想像の諸種概念をスペクトラムとして想像してみよう。最近、こころの哲学を専門とするマッギン（McGinn 2004）も想像力のスペクトラム（The Imagination Spectrum）という章題をもってこころの過程において想像力が作用する連続的な位置づけを説明している。彼の場合は感覚そのものが反映したような知覚から始まり、知覚一般に由来する記憶イメージ、そのイメージから想像される世界像としての想像的感覚、またイメージの再結合があって能動的な虚構が形成される生産的イメージ、さらには白昼夢や夢、現実の代替としての可能世界のなかでの思考、そのなかでの否定や意味の生成、そして創造性という具合に、想像における質的変化の連なりをスペクトラムとして表現している。

それに対してここでの想像のスペクトラムは日本語の語彙として具体的な言表において存在し使われてきた概念の形式的な意味に焦点を当てる。その一部には語彙の必然として意味的に同義であるものもあり、しかもその同義の程度が差異化できないほど重なり合っていたり、微妙に重なる程度であったりするものもある。あるいは想像のこころの過程の必然として、知覚や記憶など他の心的過程との関係のありかたによってその性質があらわれるなど、部分的に濃淡はあるもののまさに想像の下位概念として括られるなかでの族類似的な関係をもって互いに溶け込むように連なった様態を呈している。ここではこのありようをメタファーとしてスペクトラムと表現する。わざわざこの隠喩を用いるのはスペクトラム一般の性質がそうであるように、ここでも想像諸種の連なりが、互いに溶け込みながらも、多彩で広がりをもっているからである。たとえば、どこまでが空想でどこからが夢想なのか、夢想は幻想と同じではないかといった問いは、赤や黄色はわかるが、その境界部分においてはどこまでが赤でどこからが黄色なのか、朱は赤ではないかといった問いと同じになる。赤は黄色に向かっていつのまにか朱となり橙、山吹に移る。しかし、だからといって赤、朱、橙…を分けみることができないわけではない。想像の多様な種も多くがそのような関係にあり、日本語（表現）ではとくにその曖昧ななかでの弁別が豊富なのである。しかし、これまでそれらを総覧する試みはありそうでなかった。ここはその分かち語られている想像の諸種概念を通覧し、そこにみるスペクトラムをつうじて想像の全体観をつかまえようというわけである。

### 2・4・1　想像諸種に対する大学生の認識

「想」の文字をもってあらわされた想像の諸種概念は一般的な国語辞典で簡単に拾っただけでも三〇語前後見いだすことができる。想像以上に多いといえそうだが、それだけに想像というこころの過程に見いだされている差異化された活動とそれに応じた表現の幅の広さをあらためて感じることになる。むろん、それらのなかには日常語もあれば、文語、しかも一時代前の文章でしか見かけないものもある。そこでここでは、これらのことばの存在に対する現代人の認識や意味自覚の程度（見たことがある、知っている、よく使う、存在の否定）について調査した結果をみることからはじめたい。

なお、どのような調査回答者をもって「ある程度一般的」といいうる調査結果を出すかは簡単な話ではない。ここでは調査コストと結果に対してここで必要としているデータの質との兼ね合いを勘案し、一つの総合大学における学部生を調査回答者にし、比較的多数標本（六〇〇サンプル）を採取することで、ここでの要求を満たしうると判断した。学生とはいえ、決して語彙豊富とはいいがたい現代日本の大学生という一般的ないい方をするならば、ここでの調査サンプルは少なくとも現代社会の文化、世相にあってその一般性からも外れていない対象者といいえるはずである。

ところで、本書後半の主題である「構想」は本書では想像と密接な関係をもちながらも、それとは異なるこころの過程ととらえている。だが、ここではこれも調査内容に加え、このことばに対する認識や意味了解の程度も、想像諸種との比較のなかでとらえた。

また、本書ではここでの調査概念のうち「構想」と調査の回答精度の妥当性をみるために造語として設定した「野想」を除く三四項目については想像の種概念としてとらえている。これはこれらの概念に対する意味の再考を含んでのことである。だから当然、一般的に、あるいはこの調査でいえば、回答者が本書での見方と同様に認識していると想定しているわけではなく、それを前提にしているわけでもない。むしろ、感想、回想、思想など一般的には想像の範疇ではとらえられていない概念も多々あるはずである。実際、「構想」に焦点をおいた第四章の調査ではやはり大学生を回答者にして「空想、想像、理想、妄想、イメージ、夢想、構想、思想、回想」の九項目に対して、「健康的—病的、コントロールできる—できない」など一〇観点からの評価をおこなって、その反応プロフィールにもとづく概念間の距離を求めた結果を載せた。その一端を先取りすれば「想像」と他の概念との反応プロフィールの相関係数はつぎの順で高かった。空想(0.394)、イメージ(0.393)、妄想(0.357)、夢想(0.279)、理想(0.149)、回想(0.045)、構想(0.018)、思想(0.010)。つまり、この結果にもとづけば「空想、妄想、夢想」までは「想像」の範疇ないし換言ととらえられているとみてよいだろう。だが、「理想」となると「想像」から外れ気味となり、「回想、構想、思想」については、ほぼ無相関でおそらく別種のこころの過程として認識されていると解釈できる。ただし、こうした認識のされ方はここでおこなう各概念の認知や意味了解や日常使用の程度、ことばとしての存在感の測定にはとくに差し障りないことはあきらかであった。

## 方法

### 調査回答者

この調査の主題や方法について未経験な(第四章4・1で示す調査とは異なる年度、対象者におこなわれた)静岡大学の文系、理系六学部の一年生から四年生六〇〇名を調査の回答者にした。なお、調査は心理学の複数の講義時間を利用しておこなった。講義内容で想像に言及する場合はその授業をおこなう以前に当調査を実施した。

### 調査内容

質問紙はA四版横書き一ページから成っていた。調査単語は以下の三六語であった。このうち「野想」は当調査の回答結果の妥当性をみるために設定した造語である。また、「虚想」は本書において新たな想像種として同定する造語である。それ以外の単語は広辞苑などの中・大型国語辞典に採録されていることばである。

「感想、喚想、反想、思想、意想、無想、随想、迷想、理想、有想、仮想、予想、虚想、回想、瞑想、野想、幻想、奇想、楽想、狂想、妙想、追想、考想、誤想、構想、観想、妄想、断想、謬想、志想、懸想、空想、非想、詩想、曲想、夢想」

設問は調査単語それぞれの認知度、意味了解、日常使用経験、ことばとしての存在の判断を尋ねる四設問で構成され、実際の設問文は以下のとおりであった。

「以下のことばについて、

（一）見たことがある単語の・に○をつけていってください（各単語の先頭には・を付した）。

（二）○をつけた単語のうち、意味を知っている単語に下線をつけてください。

（三）印をつけた単語のうち、自分でもよく使う単語の・に／をつけてください。

（四）印をつけなかった単語のうち、ことばとして存在しないと思われるものに×をつけてください。」

順序効果を除去するため、配布質問紙の半数については右記の順で提示、残り半数についてはこの配列順序を四分割して第二、三分割部分を逆順にしたうえで、第四、三、二、一分割の順に入れ替えた。第一、四分割の部分を逆順にしなかったのは配列末尾部分にも注意配分が偏る順序効果が考えられたためである。

**調査手続き**

二〇〇七年四月と二〇〇八年一月のそれぞれの月に二回、計四回に分けて、大学のそれぞれ異なる受講生を対象にした講義時間に質問紙を配布し調査を依頼、その場で直ちに実施し回収した。調査に要した時間はおよそ一五分であった。

**結果**

無回答やあきらかに途中までしか回答をしていない無効回答を除いた有効回収数は六八二であった。そこからランダムに六〇〇の回答を選択し分析サンプルとした。三六単語に対する四設問の総反応数とサンプル数に占めるその値の割合である反応率の結果一覧を表2・1に示した。この表は認知率を降順にしてあらわしてある。以下、四設問ごとの結果と「構想」への反応結果をまとめる。

**認知率**

当該の単語を「見たことがある」という設問に対する肯定反応としてとらえた認知度については、サンプル数に占める反応数の割合である認知率にしてその値の高かった単語から順に図2・4に示した。グラフ中に示した楕円はX軸の単語名称の下に示した▲の単語とのあいだでおこなった有意差検定で有意差（p<.05）が認められなかった範囲をあらわしている。検定は六〇〇サンプルを無作為に六〇サンプルずつ一〇グループに分けて、各単語についてそれぞれのグループごとの総反応数を求め、一〇グループ対でのMann-Whitney U検定によりおこなった。▲の基準とした単語はグラフ左端の最大値を示した単語を起点にして検定をおこない、有意差が認められた単語とのあいだを境界として、その境界を同様の有意差境界とするような、それよりも下位の単語を求めてその単語を基準にした検定結果をもとにさらに下限の有意差境界を求めるという手順の繰り返しによって設定していった。したがって、有意差境界はいくつかの単語が重なるかたちで見定められた部分もある。この検定結果から求められた単語群を反応率の絶対的な大きさにも留意しつつ、反応率に関する質的な差異を語る基準に用いる。この方法と検定手法、有意水準は以下同様である。

認知率の結果をみると「感想、妄想、空想、思想、予想、回想、理想、幻想、瞑想」の九単語が認知率90%以上でかなり高い値を示した。この高い認知率は調査対象にした想像諸種全体の約四分の一に対して示されたことになる。

「感想」が認知率98%で最も高い値を示したが、「感想、妄想、空想、思想」上位四語に有意差はなく、それ以下の第二群の認知率もグラフ（図2・4）にあきらかなように前者と大差なかったことから、これら九概念が想像諸種の

表 2-1　36 の調査単語に対する認知度、意味了解、日常的な使用経験、単語の存在に関する評価の 600 標本中の反応数と反応率

| | 反応数 | | | | 反応率（総サンプル数に占める反応数の割合） | | | |
|---|---|---|---|---|---|---|---|---|
| | 認知 | 知識 | 使用 | 非存在 | 認知 | 知識 | 使用 | 非存在 |
| 感想 | 587 | 575 | 533 | 4 | 97.833 | 95.833 | 88.833 | 0.667 |
| 妄想 | 582 | 562 | 444 | 7 | 97.000 | 93.667 | 74.000 | 1.167 |
| 空想 | 577 | 526 | 250 | 5 | 96.167 | 87.667 | 41.667 | 0.833 |
| 思想 | 577 | 516 | 194 | 6 | 96.167 | 86.000 | 32.333 | 1.000 |
| 予想 | 574 | 553 | 491 | 9 | 95.667 | 92.167 | 81.833 | 1.500 |
| 回想 | 559 | 458 | 112 | 4 | 93.167 | 76.333 | 18.667 | 0.667 |
| 理想 | 557 | 534 | 448 | 18 | 92.833 | 89.000 | 74.667 | 3.000 |
| 幻想 | 552 | 460 | 124 | 5 | 92.000 | 76.667 | 20.667 | 0.833 |
| 瞑想 | 537 | 403 | 76 | 7 | 89.500 | 67.167 | 12.667 | 1.167 |
| 仮想 | 433 | 292 | 64 | 33 | 72.167 | 48.667 | 10.667 | 5.500 |
| 構想 | 409 | 270 | 87 | 48 | 68.167 | 45.000 | 14.500 | 8.000 |
| 迷想 | 378 | 222 | 32 | 52 | 63.000 | 37.000 | 5.333 | 8.667 |
| 夢想 | 291 | 129 | 24 | 74 | 48.500 | 21.500 | 4.000 | 12.333 |
| 考想 | 255 | 120 | 13 | 72 | 42.500 | 20.000 | 2.167 | 12.000 |
| 追想 | 240 | 120 | 12 | 47 | 40.000 | 20.000 | 2.000 | 7.833 |
| 奇想 | 233 | 110 | 11 | 57 | 38.833 | 18.333 | 1.833 | 9.500 |
| 虚想 | 174 | 58 | 7 | 54 | 29.000 | 9.667 | 1.167 | 9.000 |
| 随想 | 174 | 54 | 3 | 70 | 29.000 | 9.000 | 0.500 | 11.667 |
| 無想 | 135 | 45 | 3 | 156 | 22.500 | 7.500 | 0.500 | 26.000 |
| 狂想 | 121 | 37 | 5 | 103 | 20.167 | 6.167 | 0.833 | 17.167 |
| 曲想 | 117 | 39 | 5 | 156 | 19.500 | 6.500 | 0.833 | 26.000 |
| 反想 | 109 | 37 | 3 | 114 | 18.167 | 6.167 | 0.500 | 19.000 |
| 懸想 | 106 | 27 | 8 | 113 | 17.667 | 4.500 | 1.333 | 18.833 |
| 非想 | 96 | 39 | 2 | 200 | 16.000 | 6.500 | 0.333 | 33.333 |
| 観想 | 96 | 24 | 7 | 147 | 16.000 | 4.000 | 1.167 | 24.500 |
| 詩想 | 88 | 27 | 1 | 180 | 14.667 | 4.500 | 0.167 | 30.000 |
| 意想 | 78 | 14 | 1 | 157 | 13.000 | 2.333 | 0.167 | 26.167 |
| 断想 | 67 | 15 | 2 | 139 | 11.167 | 2.500 | 0.333 | 23.167 |
| 誤想 | 61 | 30 | 0 | 180 | 10.167 | 5.000 | 0.000 | 30.000 |
| 喚想 | 42 | 6 | 1 | 226 | 7.000 | 1.000 | 0.167 | 37.667 |
| 志想 | 38 | 14 | 2 | 224 | 6.333 | 2.333 | 0.333 | 37.333 |
| 楽想 | 30 | 9 | 0 | 187 | 5.000 | 1.500 | 0.000 | 31.167 |
| 妙想 | 30 | 5 | 0 | 193 | 5.000 | 0.833 | 0.000 | 32.167 |
| 野想 | 23 | 5 | 1 | 296 | 3.833 | 0.833 | 0.167 | 49.333 |
| 有想 | 17 | 10 | 2 | 241 | 2.833 | 1.667 | 0.333 | 40.167 |
| 謬想 | 16 | 4 | 3 | 172 | 2.667 | 0.667 | 0.500 | 28.667 |

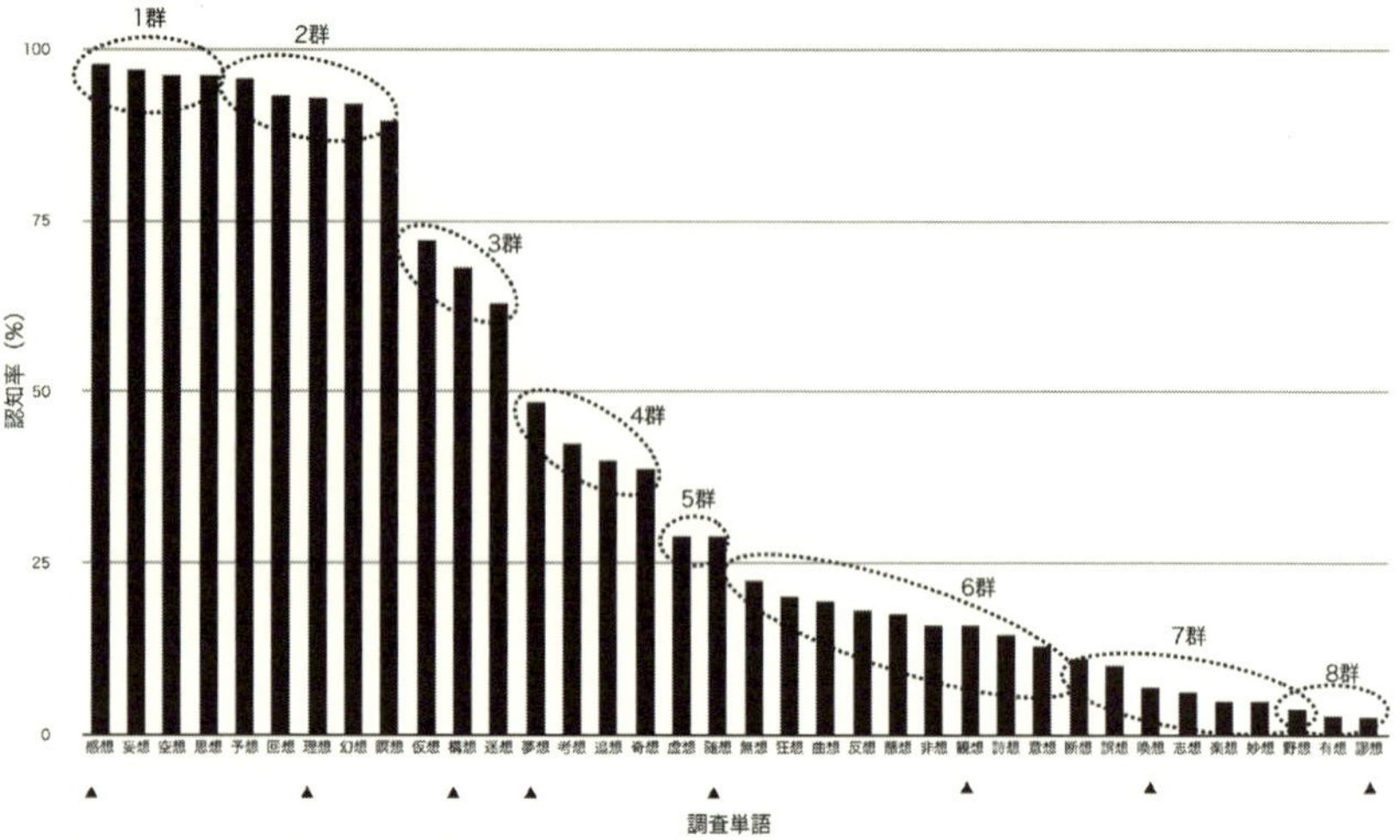


**図 2-4　36 の調査単語に関する認知率（グラフ上の楕円は▲を記した単語との統計的な有意差が認められなかった範囲をあらわしている）**

なかでも日常的によく見かける代表的なことばといってよいだろう。

次に認知率68％前後の第三群として「仮想、構想、迷想」が見いだされた。この部分の反応はグラフの形状にあらわれているように、この前後の単語群と質的に明瞭な差異が認められる。あえて表現すれば「ときどき見かける」といったところだろうか。このうち「迷想」については、インターネットのウェブ検索でみてもそれほど多くヒットすることばではない。たとえばこれよりも認知率が低かった「夢想」とヒット数を比較すれば、夢想の二五〇分の一以下程度である。したがって、もしかすると同音の「迷走」やこれより認知率の高かった「瞑想」との混同、あるいは構成文字に対する馴染みとそこから意味が類推できる点などから、実際以上に反応が高まった可能性が考えられる。

以降は認知率が50％以下になった単語である。造語の「野想」を除けば二三単語、これらは対象とした想像諸種の約三分の二を占めたことになる。群構成要素数が相対的に少なく済んだ二つの群までみてみると、第四群は「夢想、考想、追想、奇想」で認知率は40％程度であった。グラフに示されているように、低認知率の単語のなかにあってこれらには相対的にやや高めの反応が認められた。夢はほとんど誰もが日常的にみているものだが「夢想」

となると表現的には必ずしも身近に感じられていないようすである。また、記憶想起に関する想像でも「回想」はきわめて高い認知率（93％）を示したが「追想」となると文芸的だからだろうか、あきらかに認知率が低下（40％）した。

「考想」という表現は現代の日常生活ではほとんど使われないことばだが、考えていることがら、その想念を指すわけで、文字構成からそのまま容易に想像されるとおりのことばでもあるから、もう少し使われていてもよいと思える単語である。インターネットのウェブ検索では意外と高くヒットする。だが、その検索結果を少しみると、「構想」と使うべきところに「考想」と当て字的に誤用していると思われる例が少なからず見いだせる。そうした実態からすると、ここで多様な学生を対象にして示された43％という認知率はやや高すぎたといえるかもしれない。もしかすると「こうそう」という発音を介した「構想（認知率68％）」への誤認も多分に含まれていた可能性が考想できる。という具合にいざこのことばを使ってみると不慣れなせいか使いにくいことばである。

第五群は認知率が30％程度の「虚想、随想」であった。これらになると見たことがあるという人は三人に一人以下となる。だから「あまり見たことがない」と表現できるところだろうが、この分類に「随想」が入っていて、これよりも有意に高く「迷想」が位置づけられたあたりは現代の大学生の一面をあらわしているといえるかもしれない。

これら以下の一八語は三つの群に分けてみることができそうだが、認知経験を示した回答者は四人に一人以下であった。したがって、この範囲では両端間の比較は別として値に明白な差が認められなかったので、個々に追ってみることはしない。最も認知率の低かった群だけみておけば、認知率３％前後で「謬想、有想、野想」であった。「謬想」は構成文字もそれほどポピュラーとはいいがたいので、誤認さえも生じがたかったようである。「有想」は仏教用語における「無想」の対語である。簡易な文字構成ながら意味の推測がしがたく、読みのうえでの同音類似語もないことから、この結果はもっともなところと解せる。また「野想」はもともとことばとして存在しない当調査で設けた造語であったから、これもまた当然の結果であった。しかもこれに対する認知率が最下位に結果したことは当調査に対する反応信頼性が妥当な水準にあったことをあらわしている。

**意味了解率**

当該の単語の「意味を知っている」という設問に対する肯定反応は、総サンプル数に占める反応数の割合である意味了解率としてその値の高かった単語から順に図2・5に示した。グラフ中に示した楕円の意味は前項同様である。

結果をみると「感想、妄想」の二単語の意味了解率が94%前後で最も高く、つづいて「予想、理想、空想、思想」の四単語が88%前後、少し下がって四人に三人の意味了解で「幻想と回想」、さらに七割を切って「瞑想」となっている。これら九単語はいずれも認知率で90%以上であった単語である。この範囲では認知率の降下に比較して意味了解率の降下が急であるから、見たことはあるが意味は知らないとする割合が認知率の低下にしたがって次第に高まるようすがわかる。

ただし、この認知率から意味了解率を差し引いた値の増大は一つの限界点をもっている。図2・6には図2・5での表記と同じ単語順で、その差し引き値についてのグラフを示した。ここにあるように、認知率と意味了解率が最も高かった「感想」から順に認知率の低下と共に次第に意味了解率との差異の大きさが増大し

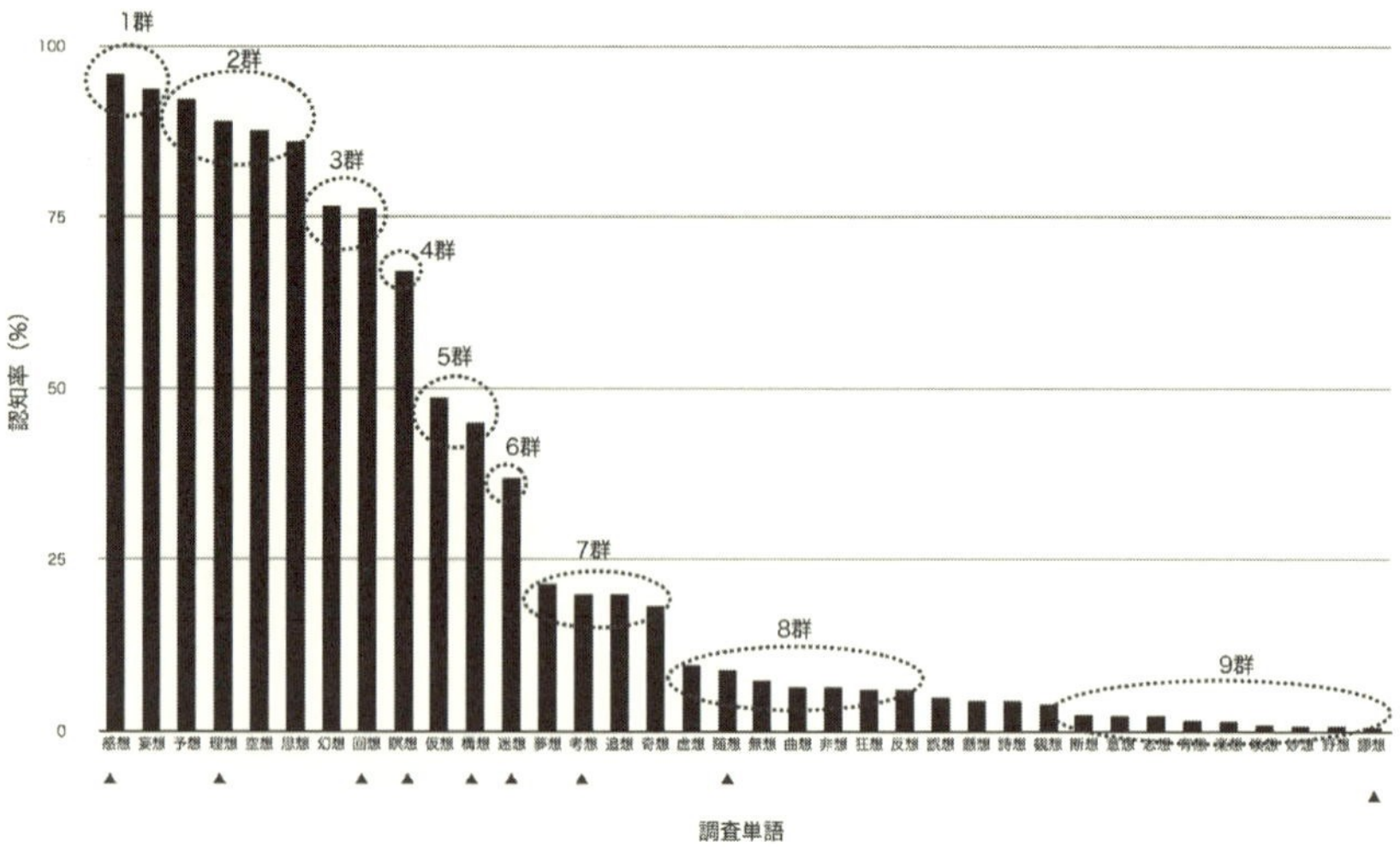


**図 2-5　36の調査単語に関する意味了解率（グラフ上の楕円は▲を記した単語との統計的な有意差が認められなかった範囲をあらわしている）**

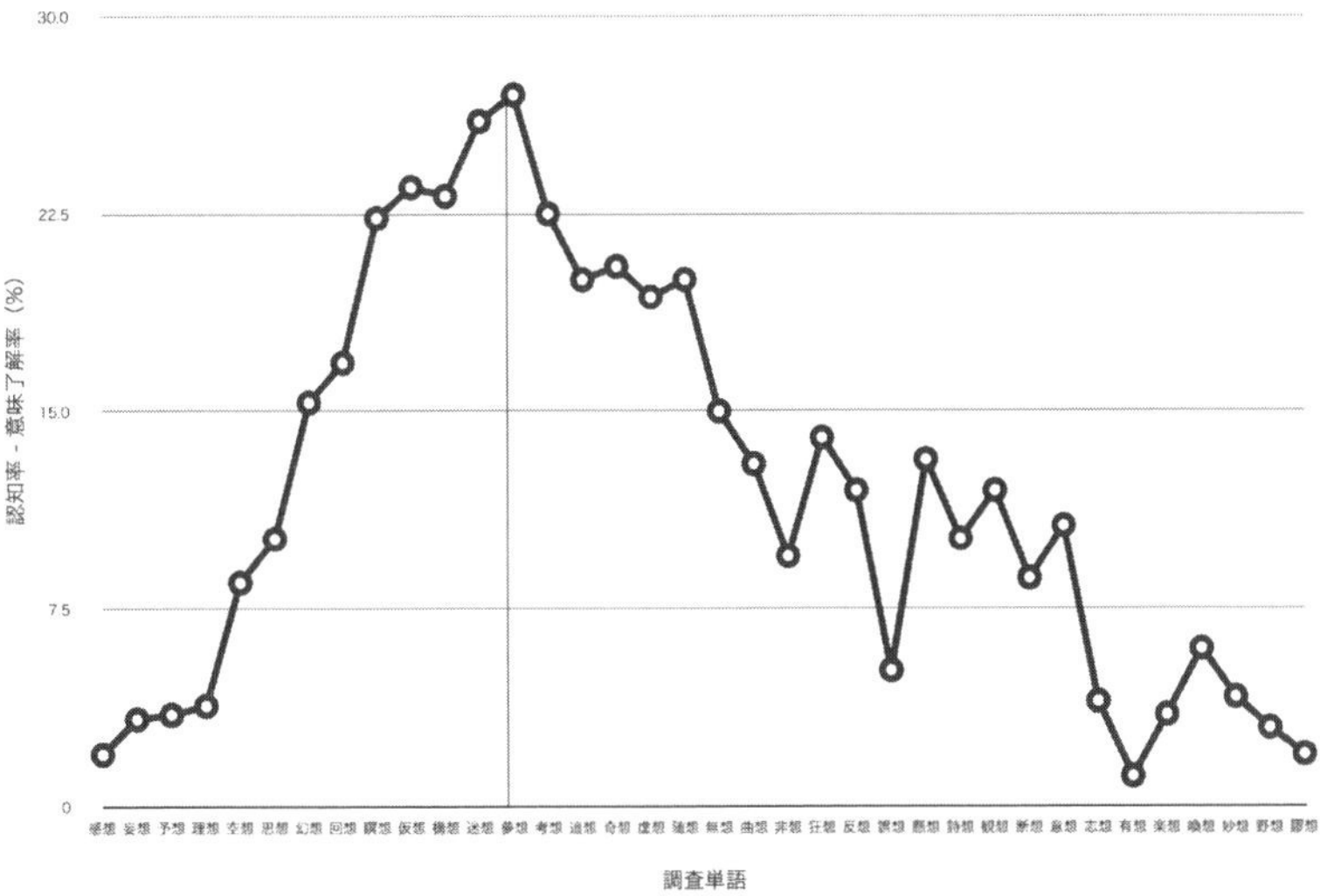


**図 2-6　36 の調査単語に関する認知率から意味了解を差し引いた値**

ていくようすがわかる。だがその大きさは「夢想」をピークに以降は反転している。これは「夢想」以降、すなわち認知率が50％以下になる部分では認知と意味了解のあいだの弁別力が低下することをあらわしている。その意味でこの意味了解としての指標の有効性は「夢想」くらいまでとみることができるだろう。

意味了解率の結果に戻ると「瞑想」以下については意味了解に量的な断層があって意味了解率は50％を切り「仮想、構想」が46％前後で一群をなし、つづいて了解率37％の「迷想」、さらにふたたび大きく下って七群「夢想、考想、追想、奇想」の四単語が五人に一人程度の意味了解率であることが示された。このあたり以下は意味了解がきわめて低かったと一括してとらえることができ、上述の理由から指標としての説明力も不足しているとみられる。

**日常使用率**

その単語を「よく使う」という設問に対する肯定反応は、総サンプル数に占める反応数の割合である日常使用率としてその値の高かった単語から順に図2・7に示した。

結果をみると「感想」に対して約九割の人がよく使う単語として最も高く反応し、つぎに使用率82％で「予想」、つづいて「理

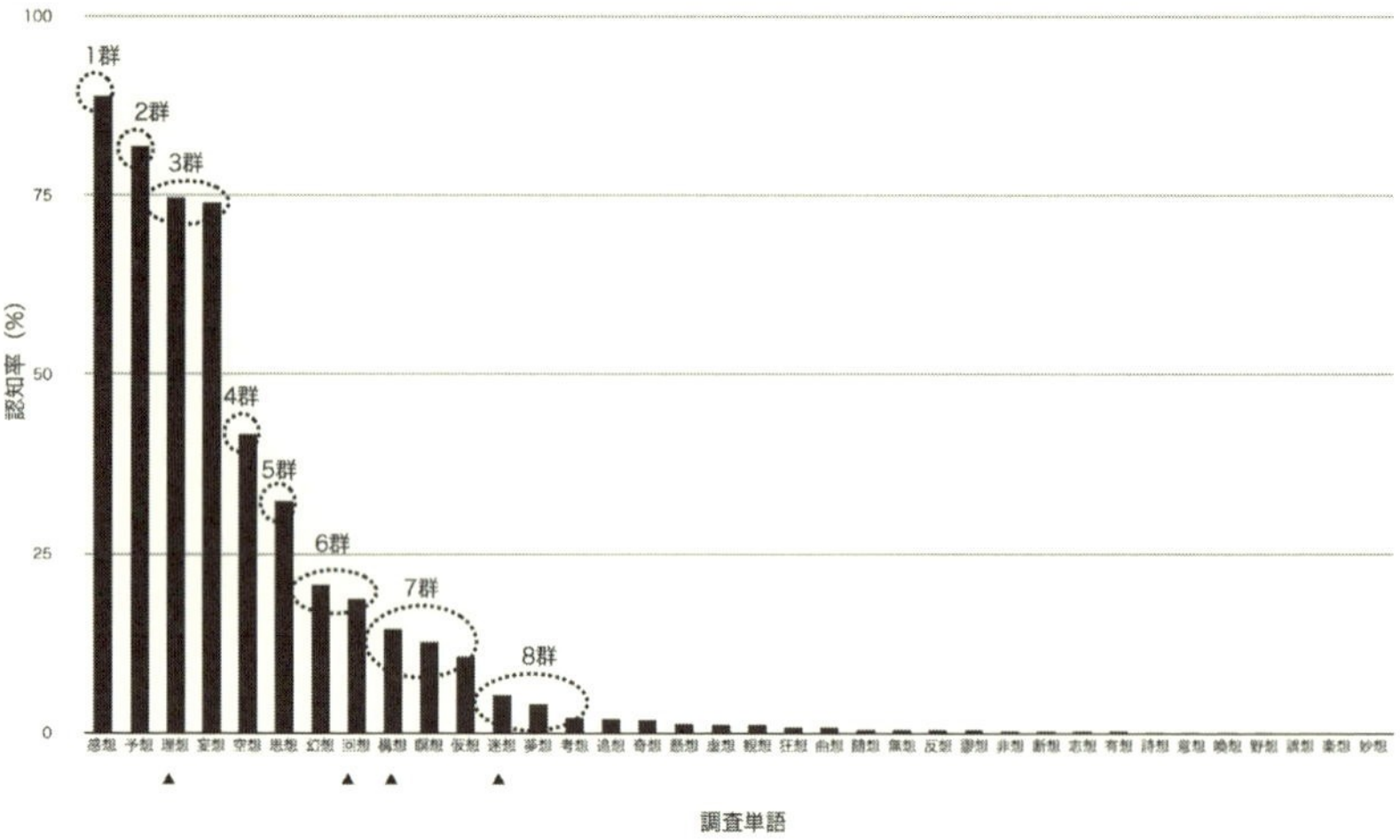


**図 2-7　36 の調査単語に関する日常使用率（グラフ上の楕円は▲を記した単語との統計的な有意差がみとめられなかった範囲をあらわしている）**

想、妄想」に対して四人に三人がよく使うと応えた。三六語中これら四語が半数以上の人がよく使うとした単語であった。以下は値が大きく低下して、使用率42％で「空想」、三人に一人で「思想」、さらに「幻想、回想」は五人に一人程度となり、使用率12％前後で「構想、瞑想、仮想」であった。以下はきわめて小さな値となった。

前項でみたように認知率との差異、すなわち見たことはあるがよくは使わないと解せる値をとってみると（図2・8）、瞑想まては値が増加し、その後減少に転じていることがわかる。したがって、上述の範囲あたりまではこの指標を字義にそくして妥当に読みとれるとみてよいだろう。なお、このグラフで「構想」については他の流れに沿っていないが、これを他との相対で読むとすれば「それなりに見かけそれなりに使う」といった具合に解釈できるだろう。

## 存在否認率

その単語は「ことばとして存在しない」という設問に対する肯定反応は、総サンプル数に占める反応数の割合である存在否認率としてその値の低かった単語から順に図2・9に示した。

明示的に存在を否定する判断であるから全体に反応数は少な

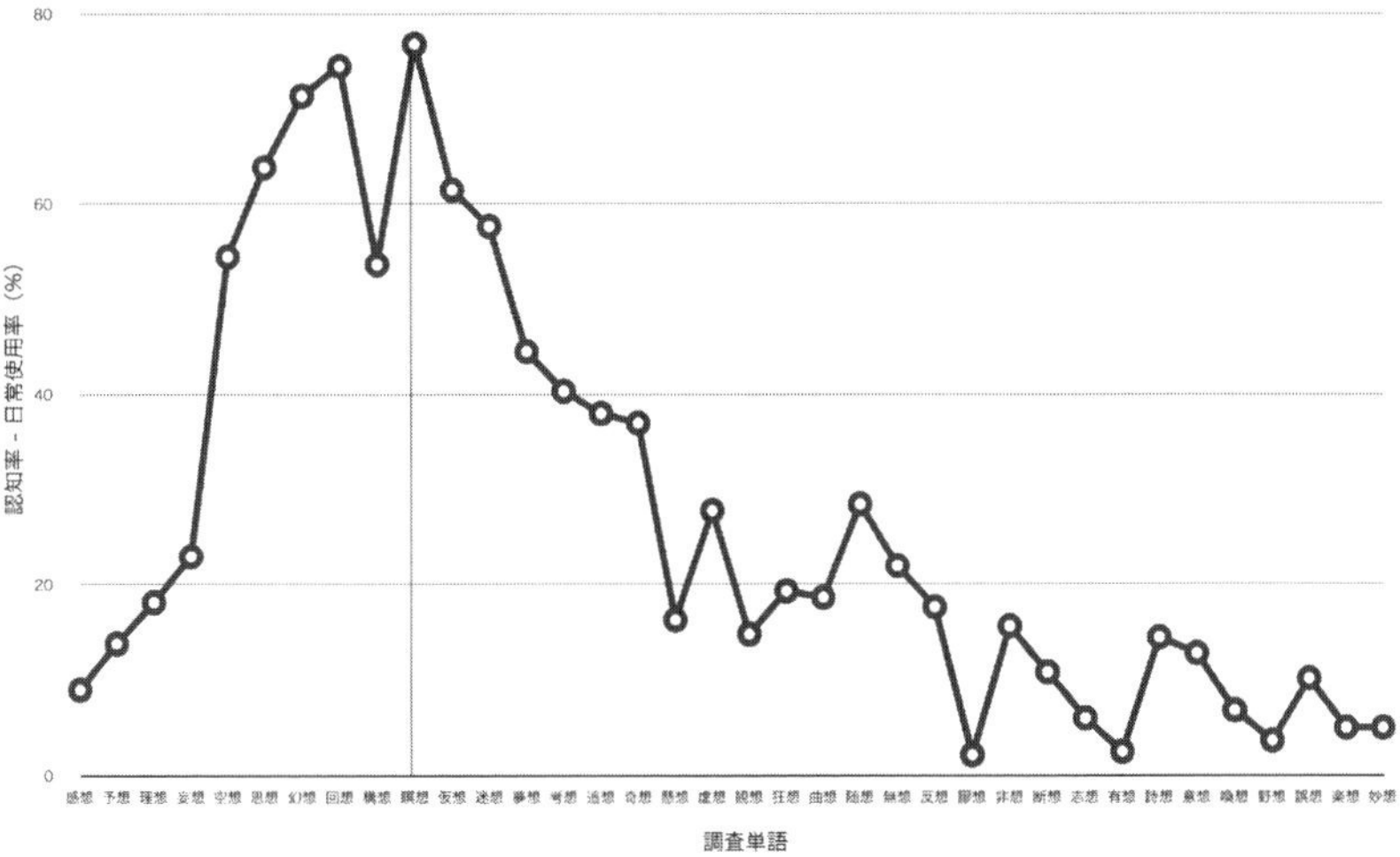


**図 2-8　36 の調査単語に関する認知率から日常使用率を差し引いた値**

かったが、そのなかでも最も高い値で約半数の回答が存在を否定したことばが「野想」であった。これは他の単語よりも有意に高い否認となった。実際、これは当調査における反応信頼性を査定するために設けた造語であったからこの結果は至当であり、あらためて当調査全体に対する反応の妥当性を示す結果となった。

以下、否認率が相対的に大きかった38％前後、および30％前後の第六、五群と2％以下できわめて低かった群の単語をあげておく。前者、すなわちおよそ三人に一人がことばとしての存在を疑った単語は「曲想、意想、謬想、詩想、誤想、楽想、妙想、非想、志想、喚想、有想」であった。これらは当然、はじめにみた認知率の値も低く、いずれも20％以下の単語であった。これらの相対的な関係は当然の結果のあらわれにすぎないが確認の意味で反対の方向についてもみておけば、存在の疑いがほとんどもたれなかった単語は「感想、回想、空想、幻想、思想、妄想、瞑想、予想」で、これらは認知率において他の単語よりも有意に最も高く評価された九単語中の八単語であった。ここから外れた一単語は「理想」であったが、これも否認順位としてはこれら八単語の次になっていた。

以上、想像概念の諸種についてその認知率や日常での使用の程度をみることで想像の下位概念構造の現実的なありかたの一面をみてきた。以降は、想像の諸種について個別にみていく。各概念の項の

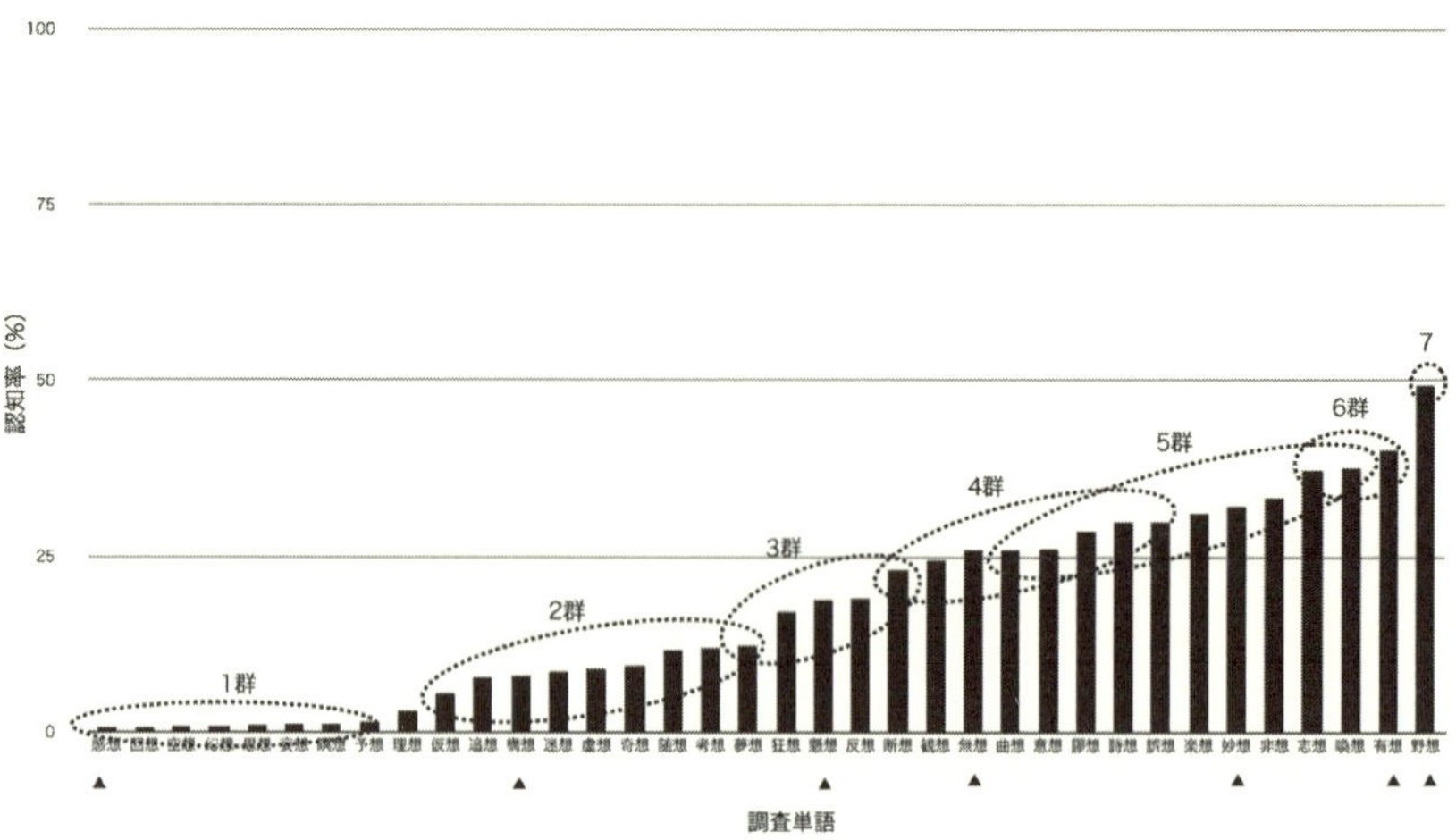


図 2-9　36 の調査単語に関する存在否認率（グラフ上の楕円は▲を記した単語との統計的な有意差が認められなかった範囲をあらわしている）

先頭には【　】のなかに、それぞれの認知率、意味了解率、日常使用率、存在否認率について当調査の結果の値を記した。

### 2・4・2　感想

【認知率98％　意味了解率96％　日常使用率89％　存在否認率1％】

日本人にとって感想はかなり身近なことばである。前項でみたように学生に対する調査でもそれが想像の一種とみなされているか否かは別として、他の想像諸種のなかで認知、意味了解、日常での使用の程度、いずれにおいても最も高い反応が得られ、ことばとしての存在の否認は最も低い反応が示された。実際、「感想を聞かせてください」「個人的感想をいえば」といったフレーズは場面を問わず気軽に語られている。客観性には頓着せず、自分が感じたままを語ることは感想を語ることと了解しているからだろう。そのときわたしたちは感想が想像の一種であるとはあまり意識していないだろう。が、少し考えてみれば、感想とは総じて自分の経験に関して再生想像し（ふつう記憶の想起として意識されるが）、その想像について感じること、その主観的なおもいの吐露になっている。しかも、この場合のおもいは思考的な思いというよりも、経験に対してあらためて向きあい見つめ直しての想いにより近い。だから、感想には感覚知覚的な認知に加えて感情、情動的な認識を含めた主観が表現される。感想とは言い換えれば感覚と感情が折り重なった感性的な想像という具合に引き伸ばしてみることができる。

感想がわざわざ「日本人にとって」身近であるといわねばならないのは、少なくとも英語圏の文化ではこれが一語で語れるような概念になっていないからである。たとえば、感想ということばとストレートにつながる英単語を求めようとすると少々戸惑う。あえて当てはめるとすれば、impressions や opinion、sentiments、あるいは reflection や feedback といった具合で、しかも one's という所有格つきで、主体の同定を要する。つまり、誰のものかを明白にしておかなければおさまりがつかない。しかし、それでもいずれも「感想」との重なりはしっくりこない。そのため「感想はいかが」と聞くにも直訳的にはできず、"How did you like…?" とか "What were your impressions of ~ ?"、"What did you think of…?" といった具合で、わざわざ感想を迂回したような表現をせざるをえない。このことからわたしたちにとっては何のためらいもない「感想」は英語圏では味噌、豆腐、納豆について語るときのごとくいくつかの単語を組み合わせたりして、ぎこちなく表現せざるをえない概念としてあることがわかる。ちょうど感性的な想像というときの感性もまた、感性工学会が感性の英文表記を Kansei とせざるを得なかったように、実に日本語特有の概念であることが感想にも当てはまる。

ここには日本人が揃って受ける学校教育の影響も多分にあろう。それは教室でたびたび課題に求められる「感想文」の影響である。このたった三文字のことばは、記憶の倉庫を従えた想像に対して感情と感覚が折り合わさった感性の多様を混交し、それを文というロゴスに整序しつつ判断、解釈した産物を指している。単に見たもの聞いたことをできるだけ客観的に記述するような報告文とはちがい、感想文ではその先に想像できたことがらやそれを含めての感性的な受容が再び文章としてまとまりのあるかたちで表現されることが求められる。だから、感想文を綴ることは心的過程としては高度に複雑で、基本的には綜合しにくいものを混ぜ合わせるマジカルな作業となる。したがって、もともと曖昧さをもつ感想に適合することばをもたない英語文化では、もちろん感想文に相当する便利な熟語もない。

それを表現するには"description of one's impressions"とか"description of one's opinion"といった何やら形式的な言い方になる。ロゴス中心主義と揶揄されるような文化ではさすがにそれだけのことあって、もともと違和なことを結びつけるにはどうしても不器用に長い表現を要することになる。ところが日本語にあってはそうしたもともと異質なものをはじめから脱構築的に和合させ、単簡に「感想文」とし受容する。それゆえに、現実にそれをなそうとすれば、子どもならずとも思いの外、苦労し、実際は中途をもって済ましていたりするわけである。半端で通用するのは場合によってはそれが受け手の想像に委ねられた読みとして了解されることがあることにもよる。よって感想の技巧として感性の余韻をもって相手の受動想像につなげることも図られる。

感じたままをしゃべり散らすことは、そのとおり語るそばから消えていく口語には適している。それは人間が動物の次元で引き継いでいるさえずるとか、うなるとか、吠えるといった行為とつながっていて、そこに発話をつなげたようなものである。それでもしゃべるとか会話するという状況では身振り手振り、表情も手伝って相当豊かなコミュニケーションが実現できている。「ウソ」「ホント」「カワイイ」の三語があれば現代社会の最も元気な心身における感情含みのやりとりの大半が成立しているような気配をみれば、さまざまな感性の色模様をその三単語に発話表現のバリエーションをつけることで交換しあうことは実に巧みな技法といわざるをえない。ただ、それは基本的には動物的に引き継いだ感情表現の言語的な拡張ないし余剰である。

一方、感情表現は記されて残り、あとで誰にでも読まれる可能性がある文章化にはあまり適していない。感情のその場その時の実存性は書きことばに託しえないからである。当然、パトスのさまざまな細かなありようは、そのままことばというロゴスの体系に対応しているわけではない。だから、その転換に工夫や労を割いても、感性の多様のすべてを書きあらわしきることはいつも未完成に終わらざるをえない。つまり、感想を文章にしてあらわすには、相当程度に感情を客観視しながら、かつ読み手の受動想像を想像しつつ、表現するという感情的には抑制された心的営みが求められる。感想文がたいてい精神的苦痛を伴う作業となり、しかも教育の場で好んで課題にされるのは、こころのうちを感情を含めて表現し伝える行為のうちに相手のこころへの受けとめを想像するという高度な心的行為が達しがたいことだからだろう。

こうした行為に勤しむに至っている潜在的なルーツの一つに『源氏物語』をあげることができるかもしれない。この物語は感性想像を文章をもって表現するという人間ならではの、しかも日本文化特有の、ともいいうる心的な営為が根気強く徹底追求された人知の遺産としてあり、単なる空想物語あるいは幻想文学としての文芸一般とは並べておけない特色をもっているからである。それゆえにその存在は日本人にとっての感想文の密かな源になっているように思える。全編に等しくちりばめられた豊饒な色と香りの表現、物語自体の色香、栄華と苦悩、すなわちとりどりのパトス表現の宝箱。そしてロゴスの物語として手に余るところを和歌という究極のロゴスの技をもってパトスとの和合を果たそうとする感性想像の構想展開をここにみることができる。

感想文という本来違和なことがらの結合を指す概念が日本人にとっては正面きってそのように感得されないのは、日本人がやはり英語に適訳のない構想という概念を好み、このことばをよく用いるという実態（第三章）とも共通性をもっている。感性想像文は構想力の代表的所産といえるのである。

ところで、折々の感想をそこはかとなく想い綴るとき、それを随感とか「随想」（occasional thoughts）（認知率29％ 意味了解率9％ 日常使用率1％ 存在否認率12％）と呼ぶ。それを書き綴ったもの（essays）もまた随想と呼んでいる。それがある程度まとめられることで随想録として作品性を放つ場合もある。それが作品性をもつのは、単に個人的な感想文に留まらず、思索的な色彩をもった散文として小論や試論としての随筆、すなわちessayと認めうるものになっているからだろう。そうした随想録の代表格といえば、日本ではやはり『枕草子』を嚆矢として『徒然草』『方丈記』があげられる。海外ではあえて一つをあげるなら後世に与えた影響力の大きさという点からすれば、モンテーニュ（M.E.Montaigne）の“Essais”（1580～88）だろうか。先ほどの源氏を感想文のルーツの一つにおいたことは一般には妙に感じられるところだろうが、『枕草子』や『徒然草』はまさに日本における随想録、感想文の源流にあるといえよう。そうなると中学生の頃から接するこれらの随想が2・4・1の調査結果（認知率29％）ではその認知にあまり寄与していない事実が読み取れたことは、これらの感性想像の営為に照らして惜しいところである。もちろん、随筆、エッセイそのものは感想文にあたるものも含み、自由な形式をとるものの、あくまでロゴスが表に立った論述で、批評や思索の試み、あるいはいわゆるレポートも含むから、日本的特殊な感想文とこれをそのまま重ねてみることはできない。

この項のおわりにノヴァーリス（Novalis 1798）がおそらく感性想像の天才を指して語ったのではないか、と思えるところを引用しておく。

「天才とは、想像上の対象を現実の対象と同じように扱い、それを現実の対象のように論じる能力である。表現の才能、すなわち精確に観察し、その観察を的確に記述する才能は、したがって、天才とは違うものなのだ。こうした才能がないと半分しかものが見えず、半分だけ天才であるにすぎない。天才的素養をもちながら、表現の才能を欠いているために、これをまったく発展させずに終わる者もあるであろう」

### 2・4・3　回想（追想・喚想・反想）

【回想：認知率93％ 意味了解率76％ 日常使用率19％ 存在否認率１％】
【追想：認知率40％ 意味了解率20％ 日常使用率２％ 存在否認率８％】
【反想：認知率18％ 意味了解率６％ 日常使用率１％ 存在否認率19％】
【喚想：認知率７％ 意味了解率１％ 日常使用率０・２％ 存在否認率38％】

経験に依拠していま思うところを語る感想や随想に対して、能動的に過去へと遡行してその内容を語るなら、その再生想像は回想・追想であり、ときにそれらは喚想、反想とも称される。ふつうこれらは自覚的には記憶内容の想起であって、とくに想像を意図したり、意識したりしない。だから金子馬治（1900頃）のことばを借りれば消極的想像、陰性の想像である。英語表現では recall、recollection、retrospection、recurrence、reminiscence などとなる。あとにみるように、喚想や反想は回想や追想を構成する一部分のような意味合いがある。だから、あえて対応づけすれば、これらは一般的な記憶再生に近い再生想像で recall にあたる。これに対して回想や追想はその物語構成的な回顧の意味が強まるから、recollection や retrospection が対応するといってよいだろう。ただし、喚想や反想という言い方はめったに使われない。大学生におこなった調査結果をみても、回想については認知率が九割を超え、日頃よく使うとした人も二割ほどいたが喚想と反想については認知率がそれぞれ7％、18％であった。反想の認知率が喚想を上回ったのはことばとして「ありうる」という推定的な認知がより多く含まれた可能性がある。日常使用率は共に1％に満たなかった。それほど存在感が希薄なことばである。

記憶の想起といえば、タルヴィング（Tulving 1972）のわかりやすい分類がある。それによれば、喚想、反想、回想、追想、いずれもがエピソード記憶の想起のことで、プライミング効果のような潜在記憶や手続き的記憶、あるいは学校的知識の主体をなしているような意味記憶の想起のことではない。エピソード記憶という概念もタルヴィングが提唱して以来、多くの語られ方がなされ、意味の幅が広がった。ここでは「過去に起きた個人的な出来事や事象を意識的に思い起こす記憶（Tulving 1991）」という見方に沿って語っている。たとえば、先週の日曜日に見た映画の題名を思い出そうとする。映画の内容は覚えているのに、題名が思い出せない、主役が誰だがわかっているのに、その名前が出てこない。こうした経験は誰でもたびたびのこととしてあるだろう（そうした経験の想起もまたエピソード記憶によるが）。

このときエピソード記憶は十分に想起されている。題名や人名は意味記憶であって、これはエピソード記憶とはおそらく異なる記憶システムによって担われている。その再生は再生想像では満足されない。それでもたいていは「たしか恋人たちのなんとかかんとか」といった明らかに間に合わせのイマジネーションでしのいでおくのだが、意味記憶が想起されないときはそれでは済まないことが多い。だから、潜在的には検索が進行していて、あとでとんでもないときに「ああさっきのは『ロングアイランドの休日』だ」などと想起される。これはほとんどの場合、再生想像とは異なっている。一方、先週の日曜日に見た映画のことをあれこれ思い出しているそのことが、実は先週の土曜日のことだったなどということもよくあることである。これはエピソード記憶の特性の一つで、自分の身に起きた出来事の想起、その時間と空間、状況は結構ずれることがあって、それでも私的なことだけにそのことに気づきがたく、意味記憶が想起できないときのような未完成感は生じない。むしろ、未完成なところは適当に穴埋めされていく。エピソード記憶は自己とのかかわりが前提となる記憶の性質を帯びるほど、時空や周囲の状況との関連を随伴した記憶の性質を明白にする。しかし、それが的確な内容であるかどうかはこの記憶にあっては想像とともに成り立っているがゆえに別問題である。

言い換えれば、エピソード記憶には見当識が伴っているが、その現実モニタリング（Johnson & Raye 1981）は想像による現実で間に合う。それはこれが基本的に再生想像だからであり、それだけに間違いや思い違いが多くなる。もっともその違いがあればこそ、自由に記憶を削除できないわたしたちには救いになる。想い出話に花が咲くとき、楽しかったことや美しかったことはもちろん、苦しかったことも辛かったことも笑いとなって花にかわる。この想い出にみられる質的な円みは単なる忘却に任せたものではなく、想像が陰で密かになしている仕事の効果に違いない。

「回想するということは人間にとって大きな悦楽である」と語ったのはレヴィ＝ストロース（Lévi-Strauss 1955）であった。なぜなら「苦しみをもう一度体験したいと思う人はほとんどいないであろうが、しかし彼らも、それを回想してみたいとは思う」からだとする。どうしてそうなのか、を考えてみれば、それは記憶が克明に甦るから楽しいのではなく、いつも生きることと共にある過去への振り返りが、生そのものとは本質的に異なっているからだと見抜く。想い出は決して生の記憶ではなく未来に差し向けられた想像だから、回想に臨めるのだ。

喚想と反想は回想や追想に比べると、後者における物語を構成している部分としての再生想像とみることができるだろう。先週の休日にみた映画のことを思い出すとか、きのうの夕飯の内容を思い出すなどといった出来事の思い反しが反想であり、喚想である。それでもすでに十分想像的なのだが、エピソード「記憶」と呼ばれるように、ふつうはそれなりに適正な記憶の想起と想定されている。だから、それをあえて喚想とか反想などとその想像性を含めて呼ぶ機会は少ない。さりながら、これらのことばが存在しているのは、稀だが確実に必要とされ使われてきたからである。そのゆえんは、日本の文化とその背景にある心性を表現するうえで欠かせなかったからとみることができる。記憶と想像、あるいはそこから派生する情緒の重なり合いを表現するうえで、たとえば回想や追想が始まる起点としての再生想像として、あるいはごく自然な日常的な記憶と想像の関係の現実という点において、回想や追想というほどの物語性をもたない状態のありようを喚想や反想という表現が担ってきたとみることができる。

喚想の「喚」の字を構成している「奐」は多いとか盛んという意味である。だから「喚」は「口」が多く盛んなこと、喚声や喚起という熟字にみるように大声で呼び出すような意味合いをもつ。だから、喚想は大声で呼びかけられるような契機に接して過去の出来事を振り返るようなとき、さらには一つの回想や追想を喚起するはじまりとなった再生想像を指しているといえそうである。反想のほうはさらにストレートな想い反しの意味である。「先ほど覚えていただいた」とか「先ほど提示した」という具合に言及する実験室環境での記憶実験は何はともあれ反応としての想起、すなわち反想を求めている。念のため繰り返せば、それはふつう記憶の想起を求めているのだが、実際に被験者が自然におこなうことの多くは記憶に想像を混ぜた反想になる。

## 回想と追想、自伝的記憶

想像と記憶が綯い交ぜになった心的過程が一定程度に繋がりあって物語性を帯びるとき、それは回想や追想となる。すでに述べたように回想や追想もエピソード記憶にあたるが、記憶研究の文脈ではさらに特化した自伝的記憶に重なる。

自伝的記憶（autobiographical memory）はエピソード記憶の特殊なタイプである。どのように特殊であるかといえば、自身にとってのアイデンティティにかかわり、その個人の人生を語るその名のとおりの自伝となりうる内容の記憶という点である。人生を語るといってもその内容は大きな出来事にかぎられるわけではない。たとえば、その個人の一時期における何気ない一つのシーンがなぜかいつまでもこころに残ることがある。どうみてもその人にとってその場面や情景が特段の意味をもっているわけではないにもかかわらず、人生のスナップ写真のように残りつづけるそれはまさにここでいう自伝的記憶である。したがって、心理学実験室での記憶実験で被験者になって覚えたことがらや、その記憶課題そのものがまさに個人の身に起きた出来事としてエピソード記憶として同定できても、その個人の歴史を語るうえでの出来事とならず一つの経験として通りすぎるなら、自伝的記憶にはならない。自伝的記憶はエピソード記憶が事後的に意味づけられるかたちでそれとして特殊化するものとみてよいだろう。その意味づけはそれぞれの個人に特有のものだから、事前にどのような種類のエピソードが自伝的記憶となりうるかを一般化することはできない。したがって、被験者に請われておこなったエピソード記憶実験が自伝的記憶になる場合もある。大学時代を振り返ると妙にその実験のことが思い起こされるといった場合である。

また、ナイサー（Neisser 1986）が指摘したように、自伝的記憶にはその個人を特徴づける習慣化された行為、"used to"のことがらが一般総括された内容として残るものも含まれる。自伝的記憶は多かれ少なかれ一般のエピソード記憶とは異なり、場面複写的というより構成的で、それゆえ再生想像としての性格が強まっている。たとえば、当時の朝食は決まって紅茶とチーズだったといった回想である。ナイサーは個人の人生のなかで反復的になされ、その個人のアイデンティティの一部ともいいうる性質を帯びた記憶をエピソード記憶の特殊型としてレピソード記憶（repisodic memory）という造語を与えている。これはリントン（Linton 1982）が自伝的記憶のなかで会議の記憶とか、通勤、通学の記憶といった繰り返しなされるような記憶は次第にエピソード記憶としての性質、たとえば時空的な情報が付随するといった性質を失い意味記憶に変化していくと報告したこととは意味が異なっている。レピソード記憶はエピソード記憶と意味記憶の中間型で、どちらとも定めがたい自伝的記憶としてある。人生の一時期、繰り返された会議の記憶はさまざまな場面が混淆し、もはや個々の会議を同定することはできなくなっている。しかしある総括化されたかたちで、それ自体はまさに自分のその当時の日常の出来事として回想できる記憶になっていることがあるだろう。それがレピソードという自伝的記憶である。

入浴時に洗い始めるところとか、自宅に帰ったらまずすること、といった習慣化された行為はその人にとってそれほど大きな意味があるとは自覚されない。しかし、そのほとんど取るに足らないと思えることをいざ変えるとなるとなかなか困難である。ということはその習慣化された行為はその人の日常生活にとって事実上、大きな意味をなしているのである。だからこそ、あとから振り返るとおそらく反復経験の効果も手伝って、当時の自分のこととして懐かしく回想されることになる。実はこの点が自伝的記憶の大きな特徴の一つになっている。すなわち、レピソードにかぎらず、人生で起きた唯一特定の出来事も含めて、自伝的記憶はいつもおよそそれが起きているときには記憶に留めおくことなど頭になく、ただあとから回想することをもって引き出されてくる記憶としてある。

だから、回想は自伝とはいいつつも、その伝はどこか伝説につうじるところがあって、その内容は他者性を帯びている。これとこれをしっかりとこころに留めておこうなどといった、たとえそれがかなわないことであっても、その意思があっての結果ではなくて、回想されてくる内容はたいてい意思決定する自分とは別の自分の選択のもとにある。そのため、とりわけ人生を遡るほど、その回想されることがらには自分の姿がその思い起こされる情景に含まれているような場合もでてくる。つまり、その回想の視点が第三者の観察のもとにあったりする。むろん、すべての回想の視点がそうであるというわけではなく、回想の内容が情動的な性質を強く帯び、自己関与の程度が高い性質のものである場合にはまさに自分自身の視野に展開されているように想い起こされる傾向が認められている（Nigro & Neisser 1983)。しかし、前者の視点のあり方は自伝的回想のあり方が個人の経験した知覚像の再生というよりも、それをもとにして再構成された再生想像として成り立っていることを示唆している。

## 追想

回想と追想を比較すれば、回想は広く私的なエピソードの連なりであり、自分史につながる想い出である。回想の内容が当人のことではなく、ある時期の社会の出来事や世相をあらわすものであったとしても、それは同時代に生きた当人の振り返りの想起と感想なのだから、自分史の背景の一つに加えられる性質のものである。回想録とか回顧録といえば、まさにプライベートな出来事についての記録だが、大きくは二種類ある。一つは日記的なまさに私的なエピソードとそれに対する感想を綴ったもので、『福翁自伝』のような自叙伝がこれである。これに対して、福沢とほぼ同時期に渋沢栄一が綴った『雨夜譚』も一般には自伝といわれているが、これはみずからのエピソードを時代や社会との関連のなかである程度、第三者的な客観的視座をもって綴っている。だからこれは自叙伝というより広い意味の回想録といえよう。どちらにせよ回想録や自叙伝といえば人生晩年の作品であり、高齢期における記憶現象との兼ね合いでその記述には回想特有の想像的な性質がよくあらわれることになろう。

回想のなかでは、想い出の像をなつかしみ、偲ぶような場合もでてくる。そのようなとき、それをとくに追想(retrospection)と呼ぶことになる。つまり、追想では私事のなかで深い関わりをもったものごと、とりわけ他者について、その再生的に想い描かれた像に対してあらためて関わり、いつも時の彼方に消えゆこうとするその想いを追う。それゆえに多分に感傷的、感情的な想いを伴うことになりがちで、回想に一段と想像的で情緒的な味付けが加わることになる。日本語の「偲ぶ」ということばは追想の特性に重なったことばとみてよいだろう。この文字があらわしているように、端的にこれは「人」を「思う」ことである。その人は時空において遠く離れた人、その「思い」はなつかしみや賞賛、同情、そして思慕である。だから、偲ふは慕ふとも書ける。偲ぶということばはもともと偲ふということばであったという。亡くなった人や別れた人のことを静かに思い浮かべること「偲ふ」が、その辛さを堪えること、忍ぶと重なることから、平安時代以降に偲ぶと表現されるようになったとされている。だから、万葉では「しのふ」のことばがたびたび使われたが、源氏になると「しのぶ」が名歌に活きるようになった。三歌とりあげてその追想を受けみて想像しよう。

源氏物語「賢木」から、初時雨の頃、久方ぶりに朧月夜の君から来た文に源氏が応えた情歌、

「あひ見ずて　しのぶる頃の涙をも
　なべての空の　しぐれとや見る」

右大臣邸での度重なる危うい密会へとつながるやりとりである。この頃、源氏二〇代前半、朝に夕に拝見している人でさえ見飽きぬほどの美しさ、そこにグラマラスで華やか、今を時めく朧月夜は病やつれが加わっていっそうの風情を漂わせていた。

つぎに「明石」の帖から、源氏の君と明石の君、夜ふけの別れの場面、想い出の形見として、源氏が所望していた明石の君の琴の音を聴く。源氏との琴弾きのやり取りである。源氏はいつか再会し合奏できるように、と自分の琴を残し置く。女君は語るともなく口ずさむ。

「なほざりに　頼めおくめるひとことを
　つきせぬ音に　やかけてしのばむ」

慕い偲びである。

もう一つ、光源氏最後の帖「幻」から、紫の上を偲びつづける傷心の源氏の一年、その五月の夜に夕霧と法事のこ

となどを静かに語りあうなか、遠くでかすかに鳴いたほととぎすを聞いて詠んだ歌、

「なき人を　しのぶる宵のむらさめに
　濡れてや来つる　山ほととぎす」

さみしさの透き通ったもののあはれ、故人への偲びである。

**追想錯誤**

ところで、一般に記憶錯誤（paramnesia）と称される現象は経験したことがらを事実と異なって回想したり、まったく経験しなかったことを回想することで、自覚的には虚言と認識されていない状態を指している。しかし、すでに述べてきたように記憶の想起は大なり小なり再生想像という想像作用の構成的な産物である。とりわけ回想のように物語的な性質をもつものは嘘という意図や自覚なしに事実から逸れることが本有的といえる。機械とは異なり、生物の記憶現象が覚えるそばから、というよりも記銘の段階からしてすでにあやふやで、しかも保持の過程においても曖昧さの度合いが増していくこと、一方で想像の世界はいつでもそうしたかたちの定まらないあやふやなもので成り立っていること、この両者の相性のよさは自然と手を結び日常の心的世界を構成している。だから、杓子定規に事実との異なりをもって記憶の誤りを語るようなことはかえって自然な記憶のあり方に対する錯誤であって、むしろそうした観点こそが記憶錯誤と呼ぶにふさわしいとさえいえる。国会の証人喚問などでお馴染みの「それは記憶にございません」というメタ記憶としての自伝的記憶の表明も、その追求されている事実が、本人のなかではもはや想像が入り込んで回想されるところがあるので、真実ありのままを証言するという宣誓をしてしまった以上、定かに記憶としてあるとはいいきれないという答弁なのかもしれないと思えてくる。

むろん、これは回想の性質を特徴的に際立たせてみている話であって、一般に記憶錯誤といわれるものは、そうした回想の性質が精神の不調や疾患において、あからさまに強調されてあらわれた場合を指すことばである。

また、記憶錯誤を含めた記憶違いの再生想像は一旦、そうした回想を他者に向けて話すなど、外化してしまった場合、その「回想した出来事」そのものが経験となり、以後はそのエピソードが紛れもない経験の回想となってしまうという厄介な転移があり、それが記憶違いという事態を招きやすくしている面もある。たとえば、出来事の回想が状況的に重みを増す状態ではそうした事態が生じやすくなる。典型的には目撃者証言やカウンセリングにおける相談である。目撃者証言は法廷での陳述というよりも、それに至るプロセスに問題が孕まれている。なぜそれが目撃者の証言になりえたのかという起源をたどれば、法廷のような公開、宣誓を伴う以前に、それよりもずっと個人的で第三者の目もほとんどない密室的な、それでいてカジュアルな状況での聞き取り状況で、のちに証言になるエピソードが語られるところからはじまる。人間のなす想起であるから、目撃者自身の問題とは別に、一般的、ごく自然にその回想に記憶違いが入り込む余地は十分にある。だが、その語りが証言になりうる要素が強いほど、以後、それは訂正のききがたいかたちで、むしろ変容からガードされながら法廷にもちこまれることになる。同様に、カウンセリング場面で相談者が語る幼児期に受けた尋常でない出来事などにも相談者の被害者意識が強いほど、回想を不自然なほど記憶に忠実にもとづいたものとして方向づけてしまう圧力がかかる。

ただし、すでに判明なようにそうした圧力は制度的、社会的に構成されたものだから、再生想像の本質を語るものではない。むしろ、その本質にある定まりがたい柔軟性が社会的構成を受容しやすくしているのである。その柔らかさは個人のなかでそのままにされていれば、自然にはそのままエイジング、すなわち熟成に向かい、角が取れまろみを生むことになる。ときに記憶錯誤は回想錯誤というより追想錯誤と呼ばれることもあるが、過ぎ去りし日々や遠き人、亡き人の面影はたいていいつもささくれていたことごとが消えて甘美にさえなっていく。

### 2・4・4　思想

【思想：認知率96％ 意味了解率86％ 日常使用率32％ 存在否認率１％】

思想（thought）とは広く思うことによってつくられる想像、もっとも思うことは必然的に何らかの心像を伴うものだから、思うことすなわち想像であって、このかぎりでは想像することによってつくられる想像、すなわち同義反復である。ただし、後者の想像が思想像となるのは前者の想像することが想像一般ではなくて、思うという特殊な想像行為による場合である。心像のタイプ分けをおこなったホルト（Holt 1964）も"thought image"を心像のタイプの一つにとらえ、これをつぎのように説明している。

「なんらかの特定の感覚入力と対応しているわけではないが、感覚ないし知覚的な性質をもったかすかな主観的心像で、思考の行為の一部として覚醒した意識のなかにあらわれる。そこには視聴覚をはじめとする諸感覚や純粋に言語的な記憶の像も想像による像も含まれている」

この思想像が想像の種概念として他の種の想像とどのように異なる特徴をもつのか、その鍵は「思う」という行為の性質を知ることにある。

その前に少し寄り道をして確認しておくことがある。思想を英語で表現しようとすれば、これと第一義的に適合する単語がなく、感想ほどではないにしても、それと似た状況にあることがわかる。結局、thoughtとかthinkingというところに落ち着くが、これらはふつう考えたり、思ったりすること、その産物としての思考という意味合いで語られる。つまり、英語文化圏ではわたしたちのとらえる意味での思想がことばとしては切り分けられていない。だから、それをしようとすればホルトが"thought image"といいささかぎこちない表現をしたようなことになる。またしてもこれが少なくとも日本語文化に特殊な文化相対的観念としての特徴をもっていることがみえてくる。実際、日本の学術にはむかしから「思想」とか「思想史」という分類がある。当然、図書館や書店の書架分類にもそれが当たり前にあり、大学のカリキュラムの科目立てとしてもポピュラーである。当然、二〇〇〇年以降の五年間に「思想」ということばを書名に掲げた新刊書を探れば、二〇六一冊発行されていることがわかる。また、年間約四一二冊、月に平均して三四冊だから毎日一冊のペースで「思想」を書名にした新刊が書店に登場しているのが現在の日本である[*34]。その結果、当然、このことばが人びとの目につく機会も多くなるわけで、書籍とは距離が近いはずで遠いといわれる大学生の反応をみても、思想への認識率は冒頭に示したように96%ときわめて高く、よく見かけることばのトップカテゴリーに属している。

この状況を西欧の学術と比較したとき、英語文化圏でも思想にあたるthoughtをタイトルにした科目や書籍がないわけではない。だが、その該当するところに重なる哲学(philosophy)との比重でいえば、日本で「思想」が占めている生態域は特殊である。これは日本の現在の学術体系の姿がほとんど西洋からの移入と翻訳によって基礎づけられていることからしても異例なことである。つまり「思想」とか「思想史」という分野はいつのまにかポーカーフェイスで入り込んでいるといったようにさえみえる。そのそしらぬふりは大学生の素直な反応にもあらわれている。思想は認識率では第一位の感想と統計的に有意差のないトップ群の評価を得ているが、意味了解率では一段下がり、日常の使用率ではさらに下がって30%台となる。つまり、よく見かけるがそれに応じるかたちでは意味が了解されているわけではなく、実際の使用となるとむしろ疎遠になっている。ありていにいえば、よく見かけるが実は正体がはっきりしていない存在ということである。

しかも、こうした状況を反映するように『思想事典』の類も各種出版されている(簡単に入手できるものだけでも二〇一一年時点で三六冊ほど)が、ではそれらの事典においてそもそも思想とはなにか、と自己言及的に探ろうとしても、そもそもその項目の記述がないことがふつうである。つまり、「思想」はとても曖昧なままでありながらかなりの存在感をもって使われているのである。

その日本の学術における思想の生態域は哲学に近い。だが実際、任意の図書館でも書店でも書籍タイトルの検索で「現代哲学」と「現代思想」を比較してみれば、後者のほうが多くヒットする（二〇一一年夏時点でWebcat Plusで前者五〇九件、後者九一九件、紀伊國屋書店検索で前者一四三件、後者七六六件［この場合、かなり多くなっているのはシリーズ名が入ることによる］）。これが「近代哲学」と「近代思想」の比較になるとその差はもっと歴然とする（同前者七〇件、後者三五一件、および前者一八件、後者九三件）。こうした事実を知ると、近代哲学といった概念はどちらかといえば特殊で、一般にはそれを近代思想と呼ぶという不文律があるらしいことを知ることにもなる。まさに曖昧なままに悟ることを旨とする文化の特質がここにあらわれている。だが、悟るというのはこの場合、理解するとか納得するということではなく、説明抜きにそういうことになっているという慣例を引き継ぐ空気ないし圧力のようなものである。だから、わかったようなわからないようなといいつつ、事柄を受容することになる。その結果、思想とはなにか、自身の身分を記さないままの思想事典がいくつも発行されるようなことにもなっている。

この状態は「思想」だけでなく、本書後半の主題である「構想」についても同じようにいえる。「構想編」で確認するように「構想」は日常、かなり好まれて使われている。だが、このことばもまた、それが実際はどういうことを意味しているのか、明確にされていないまま多用されているのである。

思想に戻れば、これは構想以上に、現代日本の学術分野に確固とした地位を築いて使われてきた概念である。しかし、なぜそれを哲学といわずに思想といわなければならないのか、その十分な理由は少なくとも一般化されるかたちでは、あきらかにされていない。ここではその点にもかかわるかたちで想像の一種として思想をみてみよう。

学問分野としての思想、たとえばある学者の思想といえば、その学者が考え、思ったことの成果ということになる。この場合の想像はむろんその人物が記憶をたどって再生した想像というよりは、それとは別種の産出的、あるいは創造的な想像にウェイトをおいたものであろうことはあきらかである。その想像に伴っている「思う」という心的作用はどうだろうか。

そもそも「思」の字源をたずねると、この字の「田」は囟（しん、き）という文字の略字であって元来の字は囟に心と書くらしい。その「囟」とはあたまの象形である。だから、その会意である「思」とはあたまと心を指している。つまり、思うとは頭と心の営みを意味しているわけだが、これはあきらかに頭だけではなく、心だけでもなく、頭と心を一緒にした行為であることの強調である。

頭と心の一体ということの意味はひととおりではない。一つには頭を身体の一部とみてそれと分けみた場合の心との一体を語った心身二元論的立場において、心身の全一的機能をあらわしたものと受けとれる。たとえば、デカルト的にいえば、その適切性はともかくとして、思うという心的作用は脳と魂の接点とみた松果体の働きということになるかもしれない。

他方、それを反転させた見方もできる。「思」が頭と心を共に働かせるということは、脳にあたる頭だけでなく、心臓に象徴化されている身体全体の生理を基底においた精神の営みを指しているという受けとめ方である。別のことばでいえば、パトスのなかでのロゴスの働きがすなわち思うという行為だという見方である。この場合、ロゴスの働きが不十分であれば、思いははっきりしたかたちをなさないだろう。その思いはパトスのもとにあってとりあえず成り立つ。このことは思うと想うの差異に着目したとき、想像ということばがあるのに対し、思像ということばはなく、言い回しとしても奇異な印象が伴うことにあらわれている。すなわち、思うという営みには必ずしも像が伴うわけではないということである。想像が不定の心像を対象とするのに対して、思うことでは心像以前の感情や感慨、こころもち、情一般が相手にされているのである。

「思」という文字の構成が頭を上に心臓を下に構成しているところにも人体そのものの表意を思わせる。その両者が二元論的な統合か一元論としての一体を語るものかはともかくとして、思うことには身体的な感性と情を抜きにしてはありえない。この重なりの上に「思想」はさらに二つの重なりをあらわしている。思うと想うである。思うに対して想うは以前に述べたように、何らかのある対象をこころにとらえることである。だから、そのかたちが不定であるとしても、思うよりはかたちへの志向をもったおもいになる。その想いが思いに重なっているのが思想である。思想は思ってなお想うのであり、思ったり想ったりもする。この重合だから、思想とは思い想うことのミルフィーユというべきもので、その層の厚さが思想という産物の重厚さに反映していく。その重さをもたらすものは菓子のミルフィーユでいえばカスタードクリームだが、思想ではその思いと想いをつなぐ個人の経験やそれによって培われたエートスということになろう。すなわち、思想という想像にはそのままその想像の主の内面性、ものの見方、感じ方、価値観、人生観、生き方がたたみ込まれる。だから、思想は接することをつうじてロゴス的に理解するというよりは共通感覚的に受けとめられうるものとしてあるのだろう。

また、その思想の重みを受けとめるなら、自然と思いにつられてこころと共に身体が動くことにもなるだろう。たとえば、古来、諸文化をつうじてあらわれた人間の想像の普遍的範型の一つとして、思想においては千年王国思想をあげることができる。キリスト教のそれが典型だが、他にも同様のものを認めることができる。たとえば、日本でも平安末期以降にあらわれた末法思想がある。これはタイムスパンが異なるとはいえ同類の思想であった。すなわち、釈迦入滅後、五百年（または一千年）は正しい仏法の行われる正法の時代がつづくが、つぎの一千年（または五百年）は正しい修行がおこなわれなくなり、悟りを開く者のいない像法の時代がくる。そのあとは教えだけが残る末法の時代が一万年あり、継いで教えも消滅した法滅の時代に至るという思想であった。この思想に対してその根拠を求めたり、正しさを問うても意味はない。それは論拠や論旨が示された考えとしてあるわけではなく、思いの想いとしてあるのだから、受動想像によって思いを同じくするものとしてある。よって思想への共感は頭だけでわかって身体が動かないということがなく、知行合一して運動、すなわち生き方につながる。

思想の強さは思いの込められた重い想いがことばで表現される点にある。かたち以前の思いがかたち定かならぬ想いとつながり、さらにはその思想という想像が具体的なことばに託されてかたちに構想される。元来私的な思想が構想によって公共化される。末法思想では権威づけのため か最澄の著とされる『末法灯明記』(801)などがそうした役割を担ったようである。そこでは平安末期が末法元年とされたため、以降の危機感が高まり、それが浄土教と浄土思想の興隆や庶民に普及する新仏教の成立を導くことに寄与したと解釈されている。民衆感化の一翼を担ったといわれる源信の『往生要集』(985)などもその地獄絵模様はめくるめく空想世界の構想になっている。そこに展開する想像力は思想の基盤をなしている身体的な思いの強さに由来するもので、多くの人の情動と未知なるものの不可解さに訴えかけながら受動想像を容易に喚起するものとなっている。

千年王国思想の時代区分の設定によっては、末世と反対の天国へのイマジネーションと思いが人びとを集合し駆り立てることもある。洪秀全の地上の天国、太平天国運動はその典型であった。そこに示されたユートピアは信仰と学問をつなぐ思想の通路であった。その太平天国の夢が幻に消え去った頃、エンゲルス(Engels 1880)はその通路に並んで建ったとりどりの理想郷を空想的社会主義と一括し、科学を語ることでマルクス思想を学術において社会的にベストセラー化し、二〇世紀以降の社会を二分し揺るがすことになる。

学術分野で位置づけられる思想になると、特定の人物や特定の時代・社会における集団の思いや精神史と絡み、おのずと個別特殊な世界観や生き方、哲学的、社会的、政治的な見識のことになる。その多くは教義や学識であるがゆえに、体系化されて披露されるが、やはり思想には必ずその想像をなした人や集団のパースナリティが伴われ、その思いが込められる。

ところで、思想はふつう思考の産物と表現するが、ここではあえて思考ということばを避けてきた。思想は思いかつ想うことの産物だからである。思考とは思ったり考えたりすることの総称で想像の諸種として思想をとらえるときに、それに対応して考想ということばがあることの分別に着目すれば思うことと考えることは、少なくともここでは区別しておさえておいたほうがよかったからである。では、その「考想」とはどのような想像なのだろうか。

## 考想

**【認知率43％ 意味了解率20％ 日常使用率2％ 存在否認率12％】**

思想における情念を含んだ全人的な思いのウェイトを下げ、ロゴス的な考えの展開に重点をおいた想像もありうる。これをあえて思想と分けて呼ぶとき「考想」ということになる。わかりやすい例は客観的態度と論理展開に依拠した科学的思考と呼ばれる考えにもとづく想像がこれにあたる。だが、そうした思考を指して、考想ということばはほとんど使われない。一般に客観的態度にもとづく論理思考は想像とは相容れないとみられるからだろう。これはこのことばが背負った不幸かもしれないが、結果的には以前に触れたように、このことばが散見できるのは明治期の文献においてである。最近ではわずかに精神医学の世界で統合失調症などに認められる症状の専門用語として使われている。ただし、この特殊領域で使われている考想は論理思考にこだわったものではなく、考え一般のことを指している。たとえば、自分の考えたことがらが外部からの声となって聞こえてくる幻聴のことを考想化声と称する。同様の妄想で自分の考えていることが他者に伝わってしまうと訴える考想伝播、あるいは考えが抜き取られると主張する考想奪取といった次第である。

こうした状況ではあるが、大学生への調査結果ではこのことばへの認知率が43％あり、これは意外な大きさであった。だが、これは2・4・1でも述べたとおり、比較的耳にする構想（認知率68％）との音声心像の合致による誤認、また概念としても構想が考える過程を含んだ心的行為と受けとめられているとすれば、いわばシニフィエも重合するかたちで誤認が生じ、この認知率に至ったと解釈できそうである。そのように考想してみると、このことばが用いられがたくなった理由も、とくに口語の場合、多くの場面において構想との区別がつきがたくなり、ちょうど「そうぞう」を語る際に「いまのはクリエーションではなくイマジネーションのほうのそうぞうですが」などといわねばならない実用上の不便が生じるためと、しかも、考想と構想には想像と創造のときのような適切な英語の換言がないという不都合もあって使われ難くなっていると推測できてくる。しかも、そうした使い勝手の悪さをおしてでも使うだけの固有の意味が考想にあるわけではない。こうした語用上の問題もあって考想のことばとしての生態は日陰の状態にあるとみることができる。

また、考想という想像のあり方は想像の自然なありようからすれば、自己超克的な理想を含み、それ自体がメタ想像的産物としての性質をもっている。このこともこのことばの実用性を損ねているといえそうである。というのはどういうことか。そもそも考想の「考」という文字はその上部が老人をあらわしている。この場合の老人とは、経験を重ねた賢人のことである。文字下部はうねうねと曲がりくねる意味を伝えている。つまり、考には知恵者が観念や概念の連関を根気強くうねうねと展開していく営みが表現されている。加えて、考を思との違いを強調させてとらえれば、考想では思想にあるような私情、情念的な関わりを避けながら、定かならぬ心像をたとえば形式論理に沿った客観的命題として具体化させる方向に向かわせようとする意味あいを強調させている。

だから、感想や思想の自然体に対して考想はノモス的、すなわち制度的、社会慣習的な性格をもつ。考想が宿すノモス性とは既存のコードを用いてあらわされる概念やエンコードとデコードの仕組み、論理的な関係性など、ロゴス世界の決まりごとに依拠する性質のことである。しかし、このことが制約となって考想はそのかぎりでは、積極的な意味で曖昧、暗黙的な心像を交えた想像的なコミュニケーションや自由性と衝突することになる。換言すれば、考想は人間の心的特性がもつ現実からすれば理想含みの想像の次元で成り立っている。そのため現実的には無理や不自然さが伴いがちで、その理想の枠組みを外れれば、考想の追求はかえって不完全さが露呈したり、破綻に結果することにもなる。もっともそれは考えることのむずかしさの一面をあらわしていることでもある。

もう一つ別の観点として、思想と考想の関係にフロイト流の精神分析的解釈を適用してみよう。ロゴス体系に寄り添う考想という想像には、その背後に母なるものへの両価感情を一括抑圧して情念的には無彩色の社会的に構成された父性的原理の規則や体制、そのアルゴリズムにこだわるエディプス・コンプレックスの作用を見いだすことができる。この意味で考想はパターナル（paternal）な想像といいうる性格をもっている。たとえば、米国流の教育文化では論理思考が重視され、その技術的習得が盛んである。そのコースでは思いや感想を込みにして語ったり記述したりすることは評価されず、論理的に明晰判明に陳述することが求められる。だが、その要求にはロゴス中心主義と一脈を相通じたおぞましき自然の力に対する畏怖とその抑圧に努める冷や汗、さらには父権的象徴としての超自我の取り入れが作用しているとみることができる。したがって、そこには考想という想像をして想像を封じ込めるかの自家撞着があるのでその心的営みには緊張と不安が潜勢する。

一方、日本の文化的土壌ではその考想ということばが現実には根付かず、それに相対するように感想と思想の生態がよく成長し、とりあえず実際の語用としては多くの実りをもたらしている。ロジカル・シンキングにもとづく討論は下手をすれば感情的なもつれやわだかまりを引き起こし、かえって厄介な問題を生むこともしばしばである。だから、この国では論理思考にもとづくしかじかはたいてい形式的な試みに留まりがちになる。他方で感想文の求めは相変わらず初等教育から受容され続けている。だから、討論の後には個々に感想文を書くことで西洋料理の数々を食したあとでお茶漬けをすすってほっとするような始末をつけたりもする。ただ、こうした現実がありながらも、この文化では考想という概念もそのことばをもって存在が認められている。この事実は日本語文化がもつ母性原理のあらわれとみることができるし、それゆえにまたその原理のもとで多様、豊饒な想像種が育つ概念生態ができているともいえる。

もっとも考想という概念自体は、論理的に明晰に考える行為そのものが論理を軽く超えうる想像の営みであるとみなしていることになるから、それ自体が矛盾を呑み込んで許してしまう母性的見識のもとにある想像ともいえる。こうした考想の姿はエディプス・コンプレックス下にある心性からすれば過誤の罪の認容であって耐え難いことになる。だから、そうした性質を孕んでいる考想に一語で対応する英単語が存在しないのは至極当然のことといえる。一方、日本語を語る人びとの思考が考えることよりも思うことにおいてまさるといえるとすれば、考想をすっかり包み込むかたちで思想が思考のイマジネーションを一括していることになる。考える学びが現代教育の主題の一つになっている一方で、それを課題にしつづけねばならない背後には、昔から盛んに思想が学ばれてきたこの文化の奥深いところでグレートマザーの破壊的な受容力がうごめいているためかもしれない。

あらためてそうした考想から思想をみるなら、思想は考想にパトス的な想像も加えることで、その想像をなす個人に特有の思うところの想像になっていることがみえてくる。だから、その思想の全人的なありかたは決して大仰なことを語っているのではなく、普段着の自然体としてある想像を基本にした思考のことだといえる。学問領域での思想はそれを学術として特殊なかたちに突き詰めた場合のあり方である。思想一般は思いをなす動物である人間にとっては日常の想像としてあるといってよい。その自然体ゆえに、思想の日常的な姿にはいわゆる思い違いもごく普通のこととして生じてくる。その部分は考想的な観点からすれば「誤想」とか「謬想」というべきものになる。

## 誤想と謬想

【誤想：認知率10％ 意味了解率5％ 日常使用率0％ 存在否認率30％】
【謬想：認知率3％ 意味了解率1％ 日常使用率1％ 存在否認率29％】

誤想という想像そのものはあまりにも日常にありふれている。とはいえ、このことば自体はその堅さもあってか、ほとんど一般的ではない。大学生の認知率は一割程度で意味了解は半減し、日常このことばをよく使うとした人はいなかった。ただし、その意味するところは比較的容易に察しがつくということか、ことばとしての存在を否定した回答は三割であった（とはいえ、存在の否認は認知率を三倍上回ったのだが）。確かに一般書籍やマスコミでもこのことばが使われる例はほとんどみかけない。誤想を想像の種概念であるとすれば、想像一般に誤りと同定しうるものはふんだんにあるから、あえてそれを指し示すことばが実用性をもつにはいたらないということだろう。だが、その存在の多さを反映してか使われないにもかかわらず、誤想のほかに謬想という同義の別のことばまで存在している。

もっとも想像の流転性からすれば、その誤謬を定めること自体が想像の生態からして無理があり、これらのことばが一般に見いだしがたいのは当然ともいえる。だからこれは同じく矛盾を抱えた考想の観点から産出された派生概念とみるべきものかもしれない。ただし、想像や想定の誤りという点に焦点化させた概念としては通用性が発揮される。たとえば、法律用語に誤想防衛というテクニカル・タームがあり、誤想のあるなしが云々される場合がその例である。思い違いの想像に関わることでもあるから、少しだけ踏み込んでみよう。

誤想防衛とは差し迫った不正の侵害がある場合に成り立つ正当防衛に対し、その侵害の事実がなかったにもかかわらず、それがあると思いなして防衛行為に及んだ場合のことを指す。結果的にそれは正当防衛には該当しないので違法行為となる。たとえば、夜道で女性が歩いている。すぐ前を歩いていた男性が突然立ち止まりこちらに向きを変えたのに驚き、何かされるのではないかと思った女性は平手打ちをくわせ傷害事件に結果したといった場合である。男性は歩いていて突然だいじな書類を店に置き忘れたことに気づき、血相を変えて振り向き歩を進めたのだった。すると目前にあでやかな女性がいたので思わず見つめてしまったなどといった寸法、そこに平手打ちで怪我をするはめになった。

むろん男性は手を出しているわけではないので、平手打ちは正当防衛にあたらず違法行為になる。ただこの不当な防衛行為は状況的には情状酌量され罪に問われない場合もあろう（刑法第三十六条二項）。とはいえその誤想防衛が誤想のうえに誤想を重ねて過剰になっていることもある。たとえば、平手打ちのつもりがそのとき握っていた携帯電話で殴ってしまったような場合である。角張ったステンレス素材のそれで殴ったため顔面裂傷、鼻骨骨折の惨事に至ったといった場合、その携帯電話で殴ればどういう結果になるか、という「想像ができなかった」という別種の誤想が含まれている。したがって二重の誤想による誤想過剰防衛と裁定される可能性が高くなる。とっさのことで判断がつかなかったといった言い訳も、責任能力が問える健常な成人であれば通用しない。こうした場合、情状との兼ね合いで最終判断が揺れるところとなる。もっともはじめからどういう結果になるかほとんど想定済みであるなか、携帯電話で殴りつけたとなれば、誤想過剰防衛ではなく、今度はもとの誤想防衛という見方の誤想のほうが背後にまわり、過剰防衛としての側面がクローズアップされることになる。

想像には誤りがつきものだが、それはすでに触れたように想像の世界では誤りやありえないことも、正しさやありうることと等価にある。むしろ想像力は何が誤りで、ありえないことなのかを状況に応じ、しかも先を見越して判断するためにも機能しているといえる。だから、想像の世界からすれば誤りを云々することは興ざめな話であって、誤想という概念はちょうどここでみた法律用語のそれにあらわれているように、考想の範疇にあってパターナルなロゴス的観点から発せられる特殊な想像種として生息しているともいえる。

同様に、誤想以上にロゴス的で一段と特殊な言い回しが謬想である。これは意味としては誤想と重なるが、ニュアンスの違いを強調すれば、謬言とか謬論、謬説、謬計、謬算といった熟語から察せられるように、誤想がどちらかといえば感性寄りの印象的な想像を含んだ誤った想像を指すとすれば、謬想はより悟性寄りの論理的構成を帯びた想像の謬りを指すという区別はつけられるだろう。つまり、広い意味での思想的誤りを語ろうとする誤想に対して、明確な考想上の誤りを指そうとすることばとして謬想があると考想できる。念のため再確認すれば、広い意味の思想とはいわゆる日常的に思うということ一般における想像である。だから、広い意味の思想的誤りとは決して大げさなものではなく日常的な言い方では単なる思い違いである。学芸における狭い意味の思想についてはその誤想を云々することはそのこと自体が誤想となりうる想像的自由性のなかの営みになる。つまり、それは相対的、一時的、かつ積極的、肯定的な意味での知的な戯れごとである。

これについてはミューズを守護神とする想像力豊かな知を尊んだイタリア人文主義のヴィーコ（Vico 1709）が誤謬の洗浄にこだわるクリティカ主義に浴びせた痛烈なトピカを放つクリティカが思い起こされる。いわく、

「わたしたちは今日学習をクリティカから始める。その第一真理をあらゆる虚偽だけではなく、虚偽の嫌疑から浄化するために、あらゆる二次的真理とかあらゆる真らしいものをも、虚偽と同様に知性から追放することを命ずるクリティカからである。

だが、こうすることには不都合がともなう。というのは、青年たちにあっては、長じてからの実生活において奇沙で異常な結果にならないように、できるだけ早く共通感覚が育成されるべきであるからである。

ところで、知識が真理から、誤謬が虚偽から生まれるように、共通感覚は真らしいものから生まれるのである。確かに、真らしいものは、あたかも真理と虚偽の中間物のようなものなのである。そうして、ほとんど一般に真理であり、きわめてまれにしか虚偽にならないのである。したがって、青年たちには共通感覚が最大限教育されるべきであるから、わたしたちのクリティカによってそれが彼らにおいて窒息させられないように配慮されるべきなのである」

誤想はヴィーコが注意深く語る「ほとんど一般に真理であり、ごくまれにしか虚偽にならない」とする「真らしいもの」を構成する想像の一部である。それは生き生きとものごとにあたり、実践的に暮らしていくために不可欠なミネラル成分のようなものといってよいだろう。

関連してもう一つ再確認すれば、正答とか正当、正統、あるいは真実といった一点一者のくびきから解き放たれているところが想像の生息域である。だからこそ、ただならぬ表情で突然振り向いた見知らぬ男に、危険を感じて誤想することも、その想像それ自体はまったく人間の想像力のなすところとして自然なことといえる。したがって、想像そのものに誤りをいいつのることは文字どおりの罪作りな作業となる。

そういうことからすれば、誤想とは想像の結果が、現実の制約や規範に照らしてそこから外れていると判断されることによって遡及的に名づけられることばということになる。それが知覚や感情に由来する印象による心像というよりも、観念や概念、ことばの知性的な働きをもって展開される考想の範疇になると、その想像の過程そのものにそうしたコードの制約も加わってくるから、その過程に動員される知識や論理における正誤判断が下されやすくなる。つまり、謬想は誤想よりも相対的に謬りがかたちのうえであらわになりがちである。それは想像そのものの問題というよりも想像が用いる素材に正しさと誤謬を測りうる尺度があることによるわけである。

**迷想、妙想、断想**

【迷想：認知率3％ 意味了解率63％ 日常使用率5％ 存在否認率9％】
【妙想：認知率5％ 意味了解率1％ 日常使用率0％ 存在否認率32％】
【断想：認知率11％ 意味了解率3％ 日常使用率0・3％ 存在否認率23％】

先にみたように思想と考想を相対してみれば、思想は軸足をパトスにおいた思考であり、考想はそれをロゴスにおいた思考であり想像であった。そのためとくに考想にはたとえば空想におけるような自由度がなく、壁に当たったらそこを軽々とジャンプするとか、透過してしまうといったファンタジックな離れ業を使う柔軟性が欠けている。それゆえにその想像の適切性について考えあぐね、迷いを感じることもしばしばとなる。また、論理的に整合する思考は社会の現実場面では貫き通せないことが多い。抽象世界においてさえ、そもそも人間の知力一般はそれに十分耐え得るようにはできていない。それでありながら人間は思考する動物であるから、一方で情念を十分に含んだ思いは容易に留めはかることができない。ここに思考内部では考想と思想のあいだに葛藤が生まれ、想像としての思考過程が迷うことにもなる。このような半端な宙吊り状況にある思想や考想を指して「迷想」と呼ぶことがある。もっとも、見方を変えれば、迷想状態は誤想と謬想に満ちた思想や考想の過程にあっては常々に通る道筋といってもよい。迷わずまっすぐに最短距離を飛んでいくような想像は、元来、曲がりくねったところを歩んでいく思考過程とは異質なものといえよう。考想にせよ思想にせよ、それが想像であるゆえんはまさに直観や直覚とは異なり、あれこれの迷想を含んでいるからこそといえる。

試行錯誤の迷想、その謬想や誤想を含んだ歩みを経過し、やがてすぐれた思いや考えにたどりついたり、練りあげられたりすることがある。そんなとき考想や思想は迷想から「妙想」に生まれ変わる。とはいえむろん妙想が常に迷想の産物というわけではない。ふとした思いつきとして断続平衡的に生まれるそれもある。その着想や発想については2・3・1でみた。

大学生の回答をみると、妙想は迷想とは対照的な反応が得られ、迷想よりも認知率がやや上回った。意味了解率では迷想のほうがかなり高かった(63%)。これに比して妙想は1%に満たなかった。日常の使用経験は迷想5%に対し、妙想は皆無であった。この結果は回答者にとっても妙想自体が稀ごとであることを示しているかのようである。

わたしたちの思考はいつも顕在的な連なりをもって一つながりに進んでいるわけではない。おそらくはある程度のところ並列分散的に生じていて、その一つが意識の前面に立ちあらわれては進む。残りの思考は潜在的なかたちでゆっくりと進んだり、留まったりするのだろう。その滞留や待機のうちに思考の新たなつながりが形成されて、ちょっとしたうねりが生じることもある。そんな飛び飛びの一塊の思想や考想を指す場合が「断想」である。そのような並列分散の思考の断片を、そのまま書き留めておくこと、すなわち覚書きは断想集となる。ニーチェ(Nietzsche)、ディドロ(Diderot)、ゲーテ(Goethe)、ジンメル(Simmel)などなど過去多くの思索者たちが不朽の断想集を綴り、編まれた。それらのなかでも、パスカル(Pascal)の“Pensées”(1670)はそのタイトル、すなわち「数々の思考片」と命名されたことからしても、その典型といえるだろう。これを邦訳では『瞑想録』とか『冥想録』と訳していた経緯があった[35]。瞑想となれば、のちにみるように深く沈潜した精神における一つながりの想像を意味する。だが、もとの書名からすれば同書はまさに思考という想像の断片集である。また著者の意図としてはおそらく著作の種となす草稿片であったといわれている。それが後世の人たちによって分類的に編まれ成立した。それゆえまさにこれは断想集の傑作ということになる。

## 2・4・5　意想

【認知率13％ 意味了解率3％ 日常使用率0・2％ 存在否認率26％】

「われわれが自由意志ということで実際に意味しているものは、言うまでもなく、いろいろな可能性を眼前に思い浮かべ、そしてそのうちから一つを選択するということです。人間の意識（consciousness）という中心問題を解く鍵は、ちがう考えの人もいるでしょうが、この想像する能力のうちにある、というのが私の考えです（Bronowski 1978）」

意想（volitive imagination）ということばは日常的にはほとんど使われない。大学生の回答でも意味了解率は3％で、日常の使用経験はほぼないに等しかった。存在の否認は四人に一人で、認知率を上回った。しかし、国語辞典を引けば、意想は「思い」とか「考え」を意味することばであると記述されている。それにしたがうなら、意想とは前項でみた思想や考想を一括して語ることばとして受け止めることができる。ちょうど心理学でも伝統的にオーソライズされてきた研究対象である「思考」における想像作用ということになる。

しかし、ここではそれで尽くされるとは考えない。意想を思想と考想の総称として片づけてしまうと意想に込められたはずのだいじな意が抜け落ちてしまうからである。意想には思想や考想では焦点化されていないそれ独自の心的過程が強調されている。これはそこのところを特性とする想像を指しているはずである。

意想においてフォーカスされている部分とは文字どおり「意」である。もともとこの文字は、音と心の会意文字だが、一見すれば心のなかの音、声をはじめとするいわば聴覚的成分を主体とする内容で、意想とはそれらで構成された考えやおもいをあらわしている、と解釈できそうである。だが、実は「音」という文字はもともと「言」という文字を構成する「口」の部分にモノが入り込んだかたちをあらわした文字であるらしい。「言」がはっきりとものごとを述べる意味をもつのに対して、「音」は口のなかに何かが詰まっていて、そのため「言」を語る声がこもってはっきりとは聞き分けられない状態で声の大きさや高低、音色で差異をつけたり、あるいは意図的に口に物、すなわち楽器を含み、ことばとは異なる音を出したり、奏でたりすることを意味する文字なのだそうである。したがって、「意」という文字は心中に含みがあって、外にすべてをあらわにしえないことがら、とりわけロゴス的にあらわにできないことがらを指していることになる。

そうした点では「意味」ということばも本来的に、常に含みをもっていてその姿の全部があらわにしえないところの味を指しているわけで、奥深い意を携えたことばであることがみえてくる。語ろうとするのだけれどもある事情で語りきれない。それゆえの味である。意味とはそういう味を指している。だから、ことばの意味が明瞭に書きあらわされている辞書の記述はいつもそのとおりのものではなく、意味への入り口を示しているだけである。意味への通行手形をもって、その先に進み、語り余されているところに達することで味を知ることになる。今はまさに「意想」についてその歩みを進めているところである。

そういうわけだから「意見をはっきりと述べる」ということが現実にはなかなか困難なことであるのも、もっともなことで、これはもともと無理なことをいっているわけである。見立てのすべてをはっきりと言いあらわせないがゆえにそれは意見なのである。だから、はきはきと意見陳述をしている状況とは明瞭な言表をしているまでのことであって、意見の全体はいつも言表を含めたその奥や先やあいだに広がっている。

その言外の意の存在の背景は事情さまざまである。一つにはロゴス的なことばと論理のコードの制約のなかでは表現しきれないことがあるからで、これは常のことといってもよい。もう一つにはことばにできてもそれを顕にすることが憚られるようなこともある。フロイトのことばでいえば、自我が現実原則に沿ってエスという暴れ馬の馭者になっている。しかもその馬車は二頭立てで他方は超自我という天馬である。分かれ道では二頭がそれぞれ別の道に進もうとするのでたいへんである。確かにそんな馭者としての自分を実感することはわたしたちの常だろう。フロイトが無意識と対置した意識はそうした馭者の実感に向き合う識覚の状況をいう。意思、意志、意向、意図、意地、意表、意外、意中、意欲、そして意想と、「意」をもってあらわす人間の心的過程はたいてい御しがたい二頭立て馬車を操る馭者の心境そのものである。

実際、人間の脳の特性をみると、とくに大脳皮質にあってはそこで働いている基本原理は興奮をはるかに上回る抑制の機構である。その驚くほど多重的な抑制の網によって生じる神経伝達の遅延が人間特有の精神を生み出す背景になっているとみることもできる。ここでみている多様な想像の姿も、またそれと重なる記憶も思考も、その抑制性の構造によって生じる活動の内部留保的な迂回や遅延の産物ないし賜物といってもよいかもしれない。

その溜まるところにフロイトはリビドーという心的エネルギーをとらえた。その源には彼がこだわったように生物学的な生死、すなわちエロスとタナトスを求めることもできよう。だが、それをユングが拡張したように人間が営む幅広い行為の活動源としてみていくこともまた人間ならではの「意」をとらえるうえでは必要な視点にちがいない。ここで問題にしている意想に戻れば、これはそうした人間が自覚的な意識のもとで語りあらわすことでは尽くせない一次過程を含んだ想像ということになる。

たとえば、「意を酌む」とか「意を尽くす」あるいは「意を通ずる」といった表現があるが、これらは「意」の本来的な意をうまく運んでいる表現である。つまり、こころのなかにある思いを察しようとしたり、伝えようとするわけだけれども、それをことばや論理だけで知ろうとしたり、知らせようとせず、意となっている想像されたその全体を共通感覚的に感じ取ることやあらわすことを指しているからである。

意想が語り尽くせない部分を含むのは、この想像がロゴス的な観念に合致させては解せない感覚的な印象やパトスとしての情意を含んでいるからである。もとより想像は主観的なものだが、そのありのままを感覚や感情の側面にウェイトをおいて吐露した場合、それはすでにみた感想となる。感想は「わたしの感じたこと、それを基盤にして思ったり考えたこと」であった。つまり、想像の主観性のなかでも感覚に由来する感性や情動の情性が前面にあらわれた想像である。これに対して、意想は情意の後者の部分、つまり自覚的な意識、わたしの意識のなかにあってことばでは表現しがたいところを含み、かつどちらかといえば受け取って感じたり解釈することを経たあとの行為につながる出口のところに描かれる想像を指す。だから、意想にはその主体の意志や意図や気持ちや願望が前面にあらわれる。認識過程としての感想に対して、意想は行為過程に働く想像といってよいだろう。

**曲想・楽想**

【曲想：認知率20％ 意味了解率7％ 日常使用率1％ 存在否認率26％】
【楽想：認知率5％ 意味了解率2％ 日常使用率0％ 存在否認率31％】

意想は強く情意を宿しつつ当人の行為を導く想像である。だから、その行為が芸術や文芸における制作、創作に結びつき、その過程を持続的に下支えする想像としてもだいじな役割を担うことになる。そうした場合、それぞれの具体的な制作行為に沿って別称されることもある。たとえば、作曲における意想は曲想や楽想、詩作においては詩想ということばが使われる。いずれもそれぞれの専門の世界では自然に使われていることばだが日常一般には見かけない。大学生の認知率にもそのとおりにあらわれた。ただ、曲想や詩想についてはことばとしての存在が疑われたとしても文字から意味するところは大方想像がついた様子であった。一方、楽想については意味了解率が2％で日常使用は皆無であった。これを楽曲についての想像であると思い当たることはほとんどなかったようである。

創造性研究でも著名であったフランスの数学者アダマール（Hadamard 1954）はモーツァルトが手紙に残した自身の作曲過程の述懐を紹介している。少し長く、しかもひまご引きになるが、天才芸術家の産出的な想像過程が活き活きと表現されているところなのであえて引用する。

「気持ちがよくほがらかなとき、またはうまい食事ののち、乗馬または散歩しているとき、または寝つかれない夜などには楽想がわたしの心に、あなたが想像もつかないくらい、いくらでもわきおこります。どこから、どのようにしてそれらはやってくるのでしょうか？　わたしは知りません。またそれをどうする術もありません。わたしに気にいったものをわたしは記憶し、それを口ずさみます。すくなくともまわりの人が、わたしがそうしていると言いました。一度主題をつかむと、全体として楽曲の要求に従って最初のメロディーにつながりつつ次のメロディーがやってきます。対曲、各楽器の音部など、それからこれらすべてのメロディーの断片が全曲をつくりあげます。それから、わたしの注意をそらす何事もなければ、わたしのたましいはインスピレーションで燃えあがります。作曲は増大します。わたしはそれをますますはっきりと知りながら、たとえそれが長いものであっても、わたしの頭の中に全曲を完成するまでそれを拡げつづけます。そのときわたしの心はわたしの一瞥が美しい絵か美しい若者を見るようにそれを捉えます。それはあとでそうなるように、その各部分が細部に亘って仕上げられて、つぎつぎに現われてくるのではありません。そうでなく、わたしの想像がわたしに聞かせてくれるのは一体としてなのです」

実は引用のはじめの部分に出てくる「楽想」は原文では何ともそっけなく“thoughts”である。つまり、これは訳者である伏見康治・尾崎辰之助の機知に負った妙訳なのだが、まさにこのモーツァルトによる作曲の秘密に関するイマジネーションの展開の様子は楽想と呼ぶにふさわしい心的行為のエピソードが表現されているといえよう。その想像は彼自身の気持ちが高まっているとき、うきうき気分でまさに「楽」しいことをしているとき、どこからともなく「楽」にやってくるという。湧き上がるそれらを思い思いに手に取ってつなぎあわせるなかでまさに意至りて筆随うのように旋律ができあがり、自然と、しかも全一的に楽曲ができあがっていくと述べている。まさに楽想とは楽しげで、想像自体が情感と溶け合ったような心浮き立つ想像でもあるといってよいだろう。

そもそも楽想の「楽」は「樂」の略字、すなわち元来は木のうえに繭がかかっている象形で、糸を張った楽器をあらわしている。つまり、楽は叩いたりはじいたり、弾いたりして音を出すことで戯れ、楽しむことの意である。だから、打てや叩けやのジャズ演奏的な情意表現に親和性をもっている。古い文献だが、元良・元良（1915）は楽想を音楽関連の想像というよりも、より広く心の好みに応じて娯楽としておこなう創作的想像として解釈している。この説明ではファンシーということばを補って広く空想に重ねて考えていると思われる。楽しむことを意図しておこなう想像という意味で楽想をみることは、このことばの起源に依拠したとらえ方でもある。これを能動的な創作面からではなく、受動想像としてみた場合でも広く文芸の趣味や観賞における楽しみを喚起する想像活動としてみていくことができる。

モーツァルトの引用の後半部分にあるように、それ自体が自律性を帯びたかの快活な想像過程は、それを楽曲全体に完成させていく段では「わたしはそれをますますはっきりと知りながら、たとえそれが長いものであっても、わたしの頭の中に全曲を完成するまでそれを拡げつづけます」という自覚的、意図的な想像の持続と集中がなされている。彼はそれとても試行錯誤というよりは一気にできあがってしまう性質のものであると天才ぶりを披露している。それでもここではほとんど躁状態の自由な楽想にあって意図的、意志的に制御の効いた意想としての想像過程の性質があらわれ、その結果全体が仕上がることをさりげなくあかしている。ここに空想の戯れとはあきらかに異なる意想としての楽想の姿がよくあらわれている。

楽曲づくりは典型的な創造的想像（のちに2・5・2で扱う）による行為である。だから、あらゆる芸術がそうであるように、まさに燃え立つインスピレーションのもとで精神を集中して一気呵成に作品ができあがるような天才芸も発揮されるだろう。だがその一方ではモーツァルトタイプとは反対に七転八倒の試行錯誤の末に、あるいはモザイクをつないでは修正しつづけた結果としてできあがる労作もあるだろう。アダマールもヘルムホルツ（Helmholtz）やワラス（Wallas）らの創造過程の段階説の見解を認めつつ、とくに無駄汗にまみれる準備と、成果なく諦めるあための時期に着目した。だが、こうした創造プロセスは天才というより秀才的な創作活動にあってはむしろ一般的といってよいだろう。この紆余曲折を経た楽曲想像の過程のほうは楽想というよりも、これもそのことばをうまくかけあわせたことばといえる曲想が似合いそうである。ちなみに「曲」は決して真っ直ぐにならない現実の曲がった物差しの象形文字を起源とした文字である。

楽想も曲想も感性的なこころの状態をことば以前の音の構成に託して綴った想像である。言語よりも原始的な水準での想像行為が他の動物たちでもおこなわれているであろうことは、とくに類人猿の行動を観察すれば、そこにあらわれる発声やものを叩いたりひきずったりしておこなう音だし行為に込められる意図から容易に推察できる。つまり、意想の起源はかなり古い。だから人類進化の歴史のなかで直立二足歩行をはじめた約四〇〇万年前のアウストラロピテクスから文字言語の萌芽をみるシュメールまでのあいだの少なくとも三九九万年以上に及ぶ長大な時間に、自由になった手で何かを叩き、同時に飛び跳ねて容易に身体を回転させる自由を得た人間が情動表現の一つとして身につけたであろう身振り、手振り、踊りのことを想像すれば、「音楽的なもの」の芽生えとそこから湧き広がった想像は遥か遠くの太古に源があるとみてよいはずである。よって意想、すなわち口ごもり、ことばにし難い感性的な想像や、それを含んだ丸ごとの発声意志的な想像は、楽想や曲想といった具体的創作を伴う想像種として人類の精神の基層に根付いているとみてよいだろう。だからこそ音楽は時代を越えて人類のあらゆる文化に普遍的にあり、またその音楽に込められた意想には時空を超えて誰もが共感し、感動できるのである。

ところで、楽曲や絵画などの作品に込められる創作動機たる意想のことをとくに主想と呼ぶことがある。ほとんど聞かないことばだが、芸術の世界では主想の意味で、一般にはモチーフ（motif）ということばのほうが通りよく使われている。音楽ではとくに一つの旋律に主想が込められ、それが中心になって全体の楽曲が組み立てられていったり（この場合は固定楽想（idées fixes）といわれることがある）、複数の主想が組み合わされて楽曲全体が構成されることもある。ショパンをはじめ、リスト、フォーレなどロマン派の作曲家が好んで手がけた楽曲種のなかに、静かな夜の叙情的な表現を主想にした性格的小品があるが、これらはそれゆえに夜想曲（nocturne）という特別な固有名が与えられている。

**詩想**

【認知率15％ 意味了解率5％ 日常使用率0・2％ 存在否認率30％】

人類がことばを操るようになると、そのことばを楽想や曲想に合わせて編むことで歌をつくり、楽曲的旋律をもった韻文がつくられるようになる。とりあえずそれは詩歌を生み、詩という文芸創作の一大領域をもたらした。音楽が人類に普遍であるように、ことばと想像力をもつ人類にとっては、詩もまた普遍の存在であり営みである。詩はやがて韻律のしばりを解かれ、情感の凝縮と美を求めた想像の玉手箱のようになっていく。コールリッジがいうように、

「散文はよいことばのよい組合せで、詩はいちばんよいことばのいちばんよい組合せである」

このきわめて意図された想像と感情の圧縮という意想が伴う想像にはとくに詩想ということばが用意されている。これはことばの精緻な技巧だが、それがことばにしがたい想像の部分にあてられて意想との相補的関係をもって詩というかたちを生み出すことになる。この編み込みの過程は楽想というより曲想に近い。なお、プラトンは『パイドロス』のなかで人間にとっての狂気の善き側面に光をあてたが、そのなかの一つが詩作を導く狂気であった。詩想はときに狂想（2・4・17で扱う）とも手をつないで働く想像ということになる。

むろんこの場合は意想の別称という意味とは異なり、詩想や曲想、楽想は狂想や感想、空想、無想、幻想、あるいは奇想といった種々の想像が詩作や楽曲づくりに具体化した場合のことをいっている。また、想像がことばや旋律、楽譜へと具現化する過程は本書後半の構想の過程にあたる、行為過程とつながる意想の想像種は半ば構想過程に入り込んでいる。

**懸想**

【認知率18％ 意味了解率5％ 日常使用率1％ 存在否認率19％】

狂想的な想像が伴うもうひと括りの意想を垣間みてみよう。意中の人に対する恋慕の想像で、別称、懸想である。意想のなかでも際立ってドラマチックにして人間に普遍といえるこの想像については、平安の古典文芸から常々、話のねたにされてきた。今では日常用語からはほど遠くなったことばだが、古文ではしばしば使われている。そのためか、大学生の反応は意外にも認知する人がわずかに認められ、存在否認も認知率とほぼ同等で明確に多いわけではなかった。懸想の「懸」という文字を構成している「縣」は糸をつないで（系）中間にぶらさげる（県）という意味をあらわしている。これに「心」を組み合わせた文字が「懸」である。文字どおり、思いをかけて心をつなげるという意味、そうしたいかにもロマンチックな特殊意想が懸想である。

たとえば、『伊勢物語』の場合、懸想は俗に「ひじきも」といわれている第三段に出てくる。

「むかし、おとこありけり。懸想じける女のもとに、ひじきもといふ物をやるとて、
思ひあらば　葎の宿に寝もしなん、ひしきものには　袖をしつゝも」

ここでひじきもとは海産物のひじきのことで平安の京にあってはおそらく値打ちのある乾物、それをおそらく思いを寄せる人の黒髪と重ねつつ、喜ぶ姿を思うならと、むくろに寝るおとこの一層せつない気持ちが伝わってくる。ちょうどかぐや姫『神田川』の三畳一間の下宿と小さな石鹸の音の詞のように懸想はものの価値や状況を簡単に一変させて無敵の気分にさせる。

このことばに関連していろいろなことばが生まれている。「懸想立つ」といえば、恋慕の思いが、表にあらわれて色めくこと、そんな色めきだった人たちのことを懸想人と呼ぶ。トゲウオやウグイ、あるいはイモリに代表されるように魚類や両生類には繁殖期に体色を変化させるものがいるが、その婚姻色は人の目にも実に艶やかにみえる。体色を変えずとも恋する人たちは普段の調子を外して美しくなる。懸想は意想の次元からあとに述べる志想の気配を強めていく。実際の振る舞いや表情、そして身体そのものにその生（エロス）に満ちた想像が映し出されるという具合である。

だから恋慕ごとは幻想に漂いながらの振る舞いも生みがちである。打ちつけ懸想といえば、いきなりの告白である。打ち明けた当人にとっては勢い余って意想外の出来事であったりもし、打ち明けられた相手は予想外の懸想というところか。また、懸想文といえば恋文である。懸想文合わせという遊びもある。左右の組に分かれて恋歌や恋文をつくり、出来の優劣を競う遊びである。前世紀に歌謡歌合戦、否「フィーリングカップル5×5」などといったテレビ番組があったが、それらは懸想文合わせの延長上にあったといってよいだろう。また、むかし懸想文は花の枝につけるならわしがあったようで、その習慣から江戸時代、京都祇園では正月のお札に数粒の米を入れたり、縁起を祝う文句を書いて良縁を得ようとするお札が流行ったことが知られている。そのこともあって懸想文は新年の季語にもなっている。赤い衣装と白覆面というい でたちでそれを売り歩いたのが懸想文売りであった[*36]。

## 意想外のこと

以上のように意想は思想にみる学術や曲想、詩想にみる芸術の営みのごとく種々の創造的想像の行為、あるいは情感に満ちた色恋のめくるめく想像に及んで広がっている。だが、普段の何気ない考えや思いにみる想像にもまた意想の普段着の姿がある。たとえば、「意外な」という表現は意外とはいえないほど日常会話に頻出する。だが、これはそもそも「意想外な」というべき表現が約まったことばである。意想がはずれること、極端には意に反することである。意はみずからの意思や意志がかかわることだから、意外なことはそうした意とのかかわりのなかで生じる。意に外れたり、意に反することが日常、意外にも多いということは、意想ということばが日常的には使われていないにもかかわらず、実際は意をたっぷり含んだ想像が始終わたしたちのこころのなかに描かれていて、その像を頼りに諸行為が組み立てられたり、組み替えられたりしているということである。「どうしたいの」という問いは、そんな見え隠れする意想の姿に差し向けられることばである。

この問いは意想がもつ特性に対して発せられる感情のいらだちをあらわしている。それは知でも情でもない意に対する問いだから、赤に対して白か黒かと迫るようなもので、原理的には空しい問いかけである。ゆえにその問いはしばしば「そういわれても、自分でも自分がどうしたいのか、よくわからない」といった応えが発せられる落ちになる。これは意想の性質を素直にとらえて語っている。自分でもわからないと気づいてあらためて思い悩んだり、途方に暮れるようなこととはちがう。むしろ、それとは反対に何らかの原因で精神が研ぎすまされていたり、リセット状態になって、普段は省みることがないほど当たり前になっている意想を直視したときに、その想像をことばであらわしがたいところに動揺し、思わず間に合わせに発せられるのが大方の「自分でもどうしたいのか、わからない」である。実は意は口ごもりつつもすでにある行為に向かう態勢にある。だから、知や情に先んじている。それが意の特性である。そのため、それでもなお知と情から答えを迫られれば意はますます自分のアイデンティティを強めて知や情を制するような存在感をもった想像を形成するようにもなる。そうした意想はすでに志想というべき想像に変容している。

## 志想

【認知率6% 意味了解率2% 日常使用率0・3% 存在否認率37%】

意想は思考に通じる意思や認識、楽想や詩想といった創造過程における意図、あるいは自覚に通じる意識など、広範な意にかかわる想像のことをいうが、そのうちとりわけ意志があらわに映し出された想像を指すことばとして、志想（intentional imagination）がある。「志」の「士」は「之」すなわち「ゆく」という文字の変形である。よって志は進みゆく心をあらわしている。意が志に特化された想像が志想であるとすれば、その内容はおのずとあきらかだろう。意想は情意を含んだ想像として当人の行為を導くが、志想にあっては行為を触発するとか準備するというよりも、すでに行為となっていることがらのそのなかにあらわれている想像といってよいだろう。先に懸想づいた人がその振る舞いや表情、身体そのものに色艶を増すことを述べた。恋心はもちろんのこと、ある明確な意志をもった人には意想から志想への変化につれて身体にその想像が顕現しがちである。それはショーペンハウアー（Schopenhauer 1819）が、

「意志は自分の身体の本質そのものであり、この身体を身体たらしめる当のものである」

ということをかたちを変えつつ繰り返し強調したとおりである。音楽家は楽想や曲想を錬り、文人は詩想をひねって作品を創造する。人、否、動物一般は意想から志想をもってその行為する身体を創造するといってよいだろう。人以外の多くの動物にも姿かたちがとくに麗しい個体がいるものだが、その行動や表情には強い意志や志想めいた想い描きを感じるものである。行為の基礎が身体であることはいうまでもないが、その身体は行為によってかたちづくられる。この循環をつなげて駆動する心的過程が想像と構想である。構想は想像の表現化である。だから、意想以上に志

想は想像であると同時に構想に深く関わり、半ば構想の範疇にある心的過程といいうる。とりわけ創造活動一般において想像と構想が協働する際に想像が担う働きは具体的な創造への志向性のもとでの創造的破壊になる。この話は2・5・2の創造的想像と本書後半の構想編に続く。

### 2・4・6　理想

【認知率93% 意味了解率89% 日常使用率75% 存在否認率3%】

「われわれは歪んだものを真っ直ぐなものと取り違え、多なるものを一なるものと取り違え、別なるものを同一のものと取り違え、静止していないものを静止しているものと取り違える。しかし、自然のうちには、もともと、真っ直ぐなものも、一なるものも、同一のものも、静止したものも存在しない（Vico 1710）」

理想のひと、理想の家、理想的な生き方……日常会話のなかで頻繁、気軽に使われるこのことばはさすがに大学生にとってても身近なことばとしてあることが確認された。その意味了解への反応も九割近くに達した。少年の時期を離れて青年期に入り、理想と現実の相克に悩みだす心身の発達期にあってはとりわけ存在感のある想像種であろう。だが、よく使われるこの概念をめぐって、そもそもその理想とは何か、という問いは悩みの只中にある切り返しとしてあってしかるべきだが、それほど表立ってなされることはない。そのため理想が贅沢や欲や快適といった理とは対極の心的反応において、しかも理を過ぎるさまの語りに変質していることも少なくない。ともあれ理性をもつ動物である人として理想が日常、頻繁に抱かれ、語られることはまさに理想的なことに相違ない。あらためてその理想の正体に向き合う試みをしてみよう。

理想はそのことばが示すとおり理性がなす想像である。もっとも理性という概念は人によって解釈のぶれが大きい概念の一つである。だから、まずここでの定義をはっきりさせておく。理性はデカルトが語ったようにおそらく等しく人間に与えられている力であって、その核心は先験性である。つまりその性質は経験による影響を受けがたく超然としている。この点、理性は学習によって変容していく知性（悟性）と大きく異なっている。言い換えれば、わたしたちの知性は学ぶが、理性は基本的に学ばない。知るというのは知性のおこないであり、理性は知るのではなくすでにわきまえている。少なくともデカルトやカントの観点を支持しつづけるとすれば、理性において個体差がある場合は理性に対する意識的な覚醒の程度の違いということになる。理性を知性と切り離して語る所以の一つはここにある。

だから、理がわきまえている内容は当然のごとく経験世界のあれこれ、すなわち見聞きする知覚的世界の内容とは異なっている。理性は現実の世界がどのように現れているかということとは無関係にある。理性はむしろ経験とつながる知性を介して人間にとっての現実を規定していく働きをしている。経験的に生きざるをえない人間にとっての理性は超越しているがゆえに、その作用を直接に行使できず、いつも知性を介して間接的に振る舞うしかない。こうして人間の理知的な振る舞いは、先験的な理性と経験によって変化していく知性のあいだで、ときに和合するかと思えば、つぎには相容れず苦悩するという矛盾のなかでゆらぐことになる。理知の働きといえば沈着冷静な判断とか、論理的に明晰な思考を思わせるが、その実態は焦燥や諦め、暫定や妥協、蓋然や不安に満ちている。

知性が経験にもとづいて変化していくのはこれが感性とつながりをもって自身の行動の結果も含めた知覚経験に開かれているためである。だから、知性はいわばデータ駆動的に自己組織化するオペレーティングシステムであるといってよいだろう。知性は感性をつうじて経験とつながるから、時代や社会・文化の状況が直接的に反映するし、またそれらに制約される。

コールリッジ（1818）はいう。

「高等動物の悟性（知性）は外界に対する感覚器官のみ、したがって物質的対象物のみを持っています。しかし人間の悟性（知性）には、それと同時に内面に対する感覚器官があり、したがって目に見えない実在や精神的対象を知る力を持っているのです。この器官が人間の「理性」です」

この人間の知性が他方でもつ理性とのつながり、内面への眼差しはしかし個々の内側であると同時に先験的な超越であって、決して個々に内閉しているものではない。ソクラテス／プラトンにいわせれば、そここそ洞窟を出た真実の光のもとにある外界である。理性の世界は経験される洞窟内の共有世界を超え出た先において一つの完全さにつながった一なる世界である。その理性は知性があいだに立つかたちで形而下の感性的世界からは隔絶されている。だから、時々刻々の感覚的経験や感情の影響を直接受けることもない。経験世界はたくさんの偽りや修飾、誇張を伴って成り立っている。むろんそれらは意図的なものというより感覚器官の制約によるものや、経験による補完や先取りによるものだから、むしろ感性と知性の連携の成果というべきものである。ともかく知性は経験に対する感性的な制約のなかで想像力を発揮し、戸惑いのなかでも整合的に世界を分け知りつくることに尽くしている。

それに対して、理性は感覚の虚構や感情の気まぐれに直接さらされることがないので、いわば精神の王宮のなかで世間知らずの無垢なままで振る舞える。理性が知性に求めるのはいつも理由である。だから、知性は理性のことをreasonと呼ぶようになったとも思われる。理性はその理由が不合理だと納得しない。一方、知性は不合理に満ちた感性の声と通じあう力をもつ。だから、知性は理性に対してロゴスを使って分け知ったことを合理的に翻訳する。結果的に理性は知性から整序済みの説明を聞くことになる。その整序された世界のなかで理性は法則や原理を見いだしたり、解釈に与したりする。だから、理性はときにマリー・アントワネットのように「パンがないと騒ぐのならブリオッシュを食べればよいのに」といった類の判断を下す。

こうした理性が描く想像が理想である。したがって、理想の特性は第一に合理性になる。たとえば幻想や夢想はありうることやあってしかるべきかたちや筋を軽々と飛び越え、不合理なことも難なく成立させてしまう。それに対して理想にあっては理に適っていない姿かたちや筋は自身の想像ではない。理に適わないとは理性の生態域にあるロゴス世界の法則、きまりごとに合わないということである。ロゴスの世界はことばと論理、規則で構成されている世界である。だから、論理的ではないものごとは理想にならない。

こうした次第だから、理想は想像の一種だが、カント（1781）は「理想を単なる想像によってかかえあげた幻像と見なすべきではない」と語り、それは理想が不完全なものの程度と欠点とを評価し査定するための尺度として理性が用いる規準になっているからだと説いたのである。

イデアを仰ぐ人プラトンは生成と消滅が変転する外の世界（洞窟の比喩でいえば、洞窟のなかの世界）に目をむけているかぎりは臆見に支配されてしまうことを繰り返し述べた。可視界は影像的な知覚とその知覚に基づく確信による思惑の世界である。夢幻ならずとも不合理は思惑の世界の常である。よって、その世界にとどまったままなら戸惑いと迷いの渦のなか、理性はいつまでもまどろんでいることになる。だから、プラトンはもっぱら外を見る知覚の目だけではなく、魂の目、こころそれ自身をもって普遍にして不変の真理を見いだす営みのたいせつさを、そのことができる精神をもちあわせた人間に生まれたがゆえになしうる範囲のこととして語った。それは理知の協働によってなされる可知界を含めた世界認識である。そこでとらえられる対象はイデアだが、それを素材にして組み立てられる想像が理想ということになる。だから、この理想（ideal）はプラトニック・イマジネーションと別称することもできるだろう。

ところで、理想的であるということはしばしば考えうるかぎりで最もすばらしい状態とか、完全な姿と解釈され、それゆえに「理想をいえば」とか「理想のひと」といった言い回しがなされる。だが、こうした理想は理性の判断基準とはむしろ対極の、欲求に適うとか、経験的に望ましいという含意があるから、その場合は自分の意想を理想と言い違いしていることになる。

理想はアントワネットの発言を生んだ想像に推測できるように単純素朴な合理性が成り立つようにつくられる。それ自体が合理的であるような構成世界である。合理性を求めたメカニカルな世界は理想に描かれる典型の一つである。自然のメカニズムを解明することは理性が発動する理想の世界認識であり、真理の追求という名の道理である。機能主義のもとで人間が作り出してきた機械やシステムは合理性の理想を現実に投映してきた表象の典型である。

歴史的にみれば、人間理性はまずその想像世界を現実世界に投映し、時間と空間という二つの表象を生み出すことで経験世界を理想的な合理性のもとに整序した。その結果、時間表象に対してはそれを規則正しく切り刻んだ時刻と、その時刻を指針で示す機械仕掛けを生み出した。時計の針の運行に合わせて行動することで合理的な社会の構成が基礎づけられた。良し悪しは別として時刻通りであることの秩序は社会的相互行為を理性的にした。

他方では大地を測量し地図をつくることで空間に世界を位置づけ、そこにカテゴリーと秩序、すなわち領土や覇権、統制や統一という理性的考想にもとづく理想を描く基盤をつくった。むろん、合理性は道理に対しても問われる。道理は基本的には論理だが、人が踏みおこなうべき道を語るものだから、人の常として生じる不合理や筋違いに対してそれを制する行為の理由、大義を発する機会をもたらす。もともと不合理や筋違いなことが人の常となっているのは、人がもつ多様な想像力ゆえのことといってもよい。それを駆動する同じ想像力の一種である理想はその特性をもって他の想像力の所産に道理を迫る。それが何を導くかは歴史と現実があきらかにしている。理性は現実の経験から切り離されているので、理想の範囲のなかでは実際行為から生じる現実的なことがらは知性からの報告によって脱感作された状態で了解できるとしても、直接には見えていない。だからこそ、人間理性は怖れを知らず、へこたれることなく理想にもとづく想い描きや判断を発動しつづけてきた。人間が理性的である以上これからもそれはかわることがないだろう。

### 理想の中身

理性は感覚や感情に由来する経験的な要素を抜きにしていかに想像を描くのだろうか。経験に頼れない理想は純粋には具象を描けず、抽象の心像をなす。形而上の王国で像なき像を描く。この点で理想はあとで述べる無想と隣り合わせの生態をもった想像である。それでも理想像が具象化するのは知性の翻案を介した構想による。

先にあげた時計も地図も具象だが、これらも時間と空間という人にとって先験的な理想の抽象を知性と構想力が感性と技術を動員して現実世界に具現化した産物である。だから、どのような時計も地図も理想そのままの姿ではありえない。理想の時計や地図のかたちは根本的に不可能な想像であって人類にとって決して達することのできない永遠の課題となっている。それがゆえに実際、時計や地図はかたちをかえて際限なくつくられ続けている。それらの売り場には無数の商品が並べられ、一見したところ、その状況は多くの人の個性に合わせて、あるいは流行や移ろう需要に応じて多様化しているようにもみえる。だが、本当のところはどのようにつくってみても抽象の翻案ゆえに、いつも理想の少し手前にとどまらざるをえず、いくらつくっても満足できない状態にあることを映し出しているのである。

時空の理想世界における心像のベースは数、量、比である。つまり、これはratio、rationalとしての理性のあらわれである。理想が描く数の世界の想像、すなわち数学の世界はまったく抽象的な観念世界である。同様に理想ではたくさんの図形もあらわれる。これも純粋な理想にあっては普段、わたしたちがいう図形とはまったく異なっている。たとえば、図2・10には線分ＡＢが描かれ、図2・11には正三角形が描かれている。とはいっても前者にはＡＢの文字しかないし、後者には何も描かれていない。しかし、線分ＡＢとは本来、点Ａと点Ｂを結んだ線分のことだから、図2・10にはそれぞれの点を結んだ線分が忠実に描かれているはずである。

ふつうわたしたちは線分ＡＢといえば、図2・12のような図を当然のように描くし、認める。数学の教科書でも問題でも常にそのようにあった。だが、これは実際のところ、点を結んだ線分ではなく、Ａの付近にあるおそらく丸形の図形とＢの近くにある別の丸形の図形のあいだを塗りつぶすことでつくられた細長い図形である。この丸形も円ではなく、まるみをおびた角をもった丸多角形というところだろう。つまり、たとえ一ミリの一〇〇万分の一のナノスケールにおいてであったとしても、点を描画してしまえば、もはやそれは点ではなく一定の面積をもった図形になってしまう。点は面をもたない。しかしそのようなものは描けない。だから見えない。だが、見えないからといって点を想像できないわけではない。点は見えないが抽象として考えることができる。つまり、これが理性の為す抽象世界でのかたちなき想像、理想の端的な例である。その理想をロゴスにおいて表現することは多様に可能である。なんのことはない。それが数学の世界であった。たとえば、中学生であれば、二次元座標として（X,Y）＝（5,6）といった記述をする。線分はそうした理性的に描きうる世界において、二点を結んだ線であるから、これもまた図2・12のようであるはずはない。見えることからしてすでに理想の埒外にある。

同様に、正三角形は、三辺すなわち三角形を構成する三つの線分の長さが等しい三角形である。だから、これも図2・13のようにいかにもそれらしいかたちを描くことができる。しかしこれもそれが視覚を介して見てとれる以上、もはや正三角形ではないことになる。その線として見える細長い図形の領域のどこをとって辺というのか曖昧である。だから、すでに三辺の長さは等しくない状態にある。そういうわけで、正確に正三角形を描いたとすれば図2・11のようになる。ここには何も描かれていないのではなく、むしろ何も見えないがゆえに、長さが等しい三つの線分からなる三角形を想像できる。理想の正三角形がここにある。

図2・14はこうしたことからマグリット（R.Magritte）の絵画“The Treachery of Images”に描かれた「Ceci n'est pas

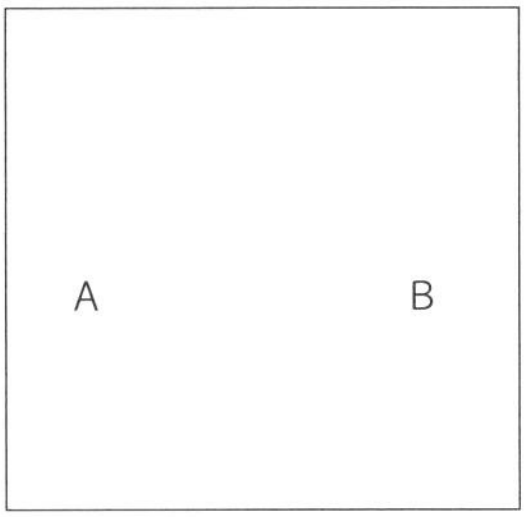

**図 2-10　理想における線分 AB**

**図 2-11　理想における正三角形**

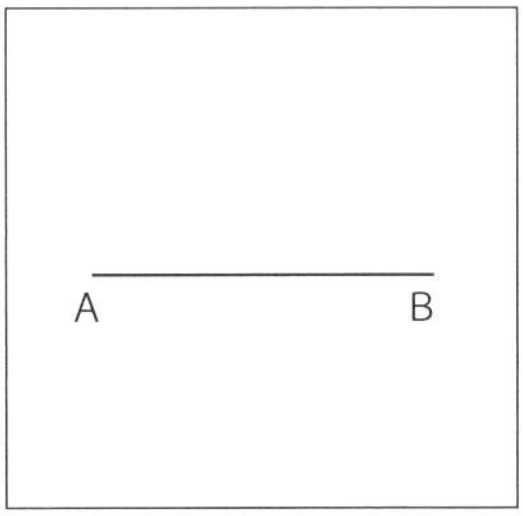

**図 2-12　現実に見かける線分 AB**

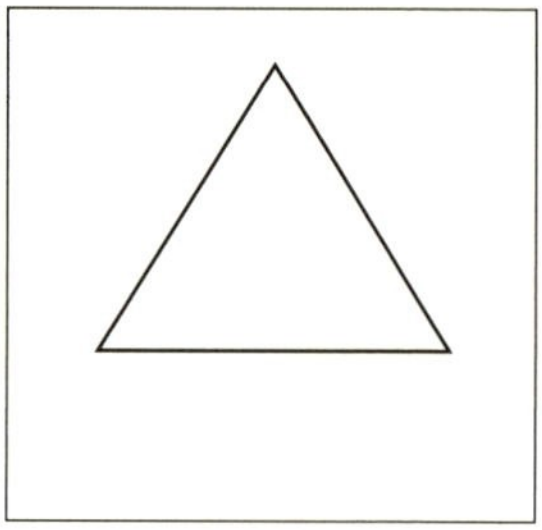

図 2-13　現実に見かける正三角形

図 2-14

une pipe（これはパイプではない）」を模した図である。白紙ではみるものに理想的な受動想像を促せない。だから、題名を添えることでそこに理想の正三角形を描きみることの助けにしている。ふつうそれは数学の教科書のように図2・13のようにする。この正三角形のようにみえる図形と文字の「正三角形」は機能としてはどちらも象徴である。つまり、図2・13の図形は正三角形ではなく、正三角形の象徴としてある。理性の扱う抽象時空をカッシーラ（Cassirer 1944）は象徴時空と呼んだが、まさに理性の超経験的な世界をつなげて理想を分かちあうには知性の象徴機能が必要になる。そのため、実際には抽象世界の扱いは象徴の操りになる。

ところで、理想の正三角形を想い描くとき、誰もが三角形や正三角形として書き記された象徴図形の記憶を想起し、それに依拠して想い描く。だから、点にせよ線にせよ三角形にせよ、理想のそれが象徴に対する経験なしに十分成り立つとは考えがたい。観念世界の理想が成り立つうえでは知性的な経験の解釈が寄与し、またその解釈には理性からの合理的判断が注ぎ込まれる。だから、何も描かれていないところに理想の点や線や正三角形が観念的に想い描けるのは、理想とは異なる具象的な疑似図形の知覚経験とその記憶あってのことだということは理想にたがわぬことではなく、むしろ理想が成り立つための限りある人間精神の条件ということになろう。限りなく透明な点や線という合理世界を想像できるのは、知覚経験が活かされてのことである。

**理想と理想的**

「理想的」ということばも日常、頻繁にもちいられる。一般には理想と同義に用いられる。だが、理想と理想的は大きくちがっている。「的」ということばは中国語では単に「の」とか「のもの」といった意味だが、ここでは日本語の話としてこれが「まと」の意味をもっていることからくるニュアンスを重視する。的（まと）はいうまでもなく目標となる対象であって、典型的には射る対象である。その的はここでの話題に重ねていえば目標として定かである必要がある。だから決して点ではなく、必ず一定の領域をもっているはずである。その領域の範囲のなかで、たいていはその中心部分に的の核となる部分があるが、その周囲もまた一定程度、的のうちになっている。つまり、的とはそういう勾配をもった範囲のことである。

したがって、理想的といった場合は、むろん理想そのものも含むが、そこからはみ出て理想らしさをとりうる範囲、とりわけ理想の抽象世界を感覚の経験的な現実世界に映し出そうとした結果などにも広がりうることになる。同じことは合理と合理的ということのあいだにもいえる。合理性の追求は合理的なこととは一致しない。合理性を求めることとは理性に適うことを追うことになる。一方、合理的なことは合理性に沿って知性が現実の世界に訳し直したことにも広がる。

こうしたわけだから、たとえば理想的空想というありかたが生じてくる。これは合理の世界を不合理に満ちた現実世界において合理的に描いた想像である。いわば事実上の理想（de facto ideal）である。幾何の問題でいえば、鉛筆を使って積極的に図形や線を描くことは不合理だが、解法として合理的である。この合理と合理的なこと、理想と理想的なもののあいだに生じる行き交いは構想力の本源的な振る舞いの一つになってくる。この点はのちにあらためて取りあげる。

ついでに触れておけば、理解とは一般に理性による解釈のことだと思われている。しかし、これも誤解である。理解とは理が解することではなく、理を解すること、すなわち知性が理性を解釈することを指している。だから、理解は英語表現では understanding になることが多いが、このことばの和訳は理解のほかに一般には理性ではなく悟性や知性のことになる。よって理解力という力は理性の世界を解する知性の力のことであり、ひいては理想を翻案する力のことになる。形而上の透き通った空中楼閣のようなことがらをことばを含めた記号に置き換え、地上に降ろして説明するような力が理解力ということになる。理解することは「わかる」こととものいえるが、この「わかる」は分かるでもあるし、解るでもあるし、判るでもある。いずれものごとを分解すること、ばらして分類することである。これは知性（悟性）の特技の一つである。理解は判じがたい抽象世界を象徴や記号に置き換えるなどしつつ具象化し理想の姿を理想的にあらわにしては分節的に説明できるようにすることである。だから、人物とか書物とか絵画とか、何か具体的な物理的対象を理解するということは、それらの人や書籍や絵に投じられた理性の営み、すなわちそこに込められた理念や理想についてわかることを意味している。その典型の一つをつぎに垣間みてみよう。

## 理想社会

理想社会といえば、最も端的なものは一六世紀のモア（Sir Thomas More）を嚆矢とするユートピア（utopia）や、それよりも遥か以前、紀元前の中国『荘子』逍遙遊にある無何有の郷であろう。どちらもどこにもない場所をギリシア語の否定辞「ウー（ou）」と場所の意味をもつ「トポス（topos）」の合成語、あるいは何かあるかのか、何もない（無何有）という具合に、まさに点と線の理想の本源的なありようそのままを名乗った社会についての理知的な話であることが表明されている。モアによれば、utopia にはまた、同時にギリシア語由来の「エウ（eu）」-topos ＝ 最善の場所も掛け合わされている。そうした理想社会の話は人が理性を働かせそれを解する知性が働きだしたときから、自分たちの暮らす社会と日常に照らしつつおのずと語られ、綴られてきたようである。実際、その起源はほとんど文献というものの起源にまで遡ることができそうである。中国では無何有の郷とともに桃源郷の理想をみることができる。東晋・宋の詩人陶淵明が役人生活に見切りをつけて、故郷に帰り、酒と菊を愛しながらしたためたといわれるのが桃源郷物語である。そこでは世の争いごととは無縁に平和で豊かな生活を楽しんでいる郷の理想的な像が描かれている。彼はのちに再訪したのだがもはや跡形もなかったという話で、理想そのものは現実ではないが、理性をもつ人の現実に息づいていることを感じさせる話としてある。

むろん、ことばで言いあらわされている理想世界は理性のかたちなき想像を理解した知性による報告の物語である。だから、その話そのものはすでに理想から離れ、空想への架橋的な具象展開がなされ、理想的空想の物語、つまりファンタジーとして組み立てられている。モアの『ユートピア』ではユリシーズ（オデュセウス）かプラトンのような人ラファエル・ヒスロデイなる人物をわざわざ登場させ、その冒険譚を著者が聞いて綴った話という姿をとっている。これは作者のゆえある構想で、理性と知性の連携のもとではじめて理想社会の話ができるという事情を、その書名と同様、上手に描き出しているとみることができる。

西欧でもユートピアの名称そのものはモアによるもののようだが、理想社会の話の淵源は中国と同様、紀元前に遡れる。よく知られたところではプラトンである。『ティマイオス』で触れられ『クリティアス』で主題となったジブラルタル海峡にあったヘラクレスの柱の彼方、かつて存在していたという島アトランティスの話である。彼はそれをアテナイの姿に重ねながら理想的な社会の姿として語っている。また、そもそも『国家』に綴られた政治、国家、教育の姿も、その内容から展開すれば、地上の探訪者がイデアの光に照らされて見た陽炎の幻影を、洞窟に戻ってそこに暮らす人びとに語る理想的国家の話として受け止めることができる。だから、これもプラトニック・イマジネーションにもとづく社会像の知性による翻案の代表作といえる。理想的空想のユートピア物語については2・4・8空想の項であらためて取りあげる。

### リーズナブル・イマジネーション

理想とはしばしば行為や性質や状態などに関して、考え得る最高の状態といわれ、完全高尚なかたちを指すようにいわれる。だが、すでに述べたことから、その最高とは決して、可能なかぎり高みにあるという意味ではない。したがって完全とか高尚といういい方も、理想を語るうえでは適切にいいあらわしているとはいいがたい。可能性としての理想的な理想は理性のかぎりを尽くした純粋に理性だけで到達できる想像としてある。しかし、理性的な動物である人間は理性的なのであって、理性の動物ではない。人間が理性的であるのは、理性をもつと同時にそれとは異なる知性や感性も併せもち、それらが協働するこころをもつからである。だから、理性それ自体はいつも人間の意識のなかでは別世界にあって間接的に接することができるだけである。その間接性ゆえに、人間がその理性において把握しきれる論理や道理の構造はたかがしれている。徹底した理性の追求はいつも途中で知性が追いつけなくなり、感性がしびれをきらしてしまう。したがって、理性的である人間はほどよく理性を働かせ、知性がそれを解いて感性を響かせる。そういうときに理想は最良の状態になるが、そのイマジネーションは結果的に端正でつつましい姿をとるはずである。英語にはちょうどリーズナブル（reasonable）ということばがあるが、そうした理想はまさにリーズナブル・イマジネーションと呼ぶにふさわしいだろう。現実的にはこの分をわきまえた、わけのわかる穏当な想像が理想的な理想である。だから、理想を究極の価値とするならば、理想的な理想は中庸ということになる。

この中庸の理想像が現実と異なるのは、現実が理想とは反対の方向にずれがちで、容易に分を超えた、わけのわからないことに彩られる傾向にあるからである。踏みとどまる理性を働かせることはむずかしく、さらに高いところを理想として目指してしまう。その想像の姿はすでに夢想状態、つまり決して意のままにはならない夢のなかの想像である。だから、現実は夢のごとしといわれるのは、現実の一面を語っているわけではなく、現実そのものを比喩のごとく語ることをもって遠回しに実際におこなっていることを語っているのかもしれない。その現実はリーズナブルな想像の範囲にとどまる理想と食い違う。たとえば、理想を夢想と一緒にしてはつつましい理性が活きてこない。少なくとも理想的な理想像とは夢とは縁遠く、理屈に沿った像である。「理想をいえば」とはきちんと筋がとおり、すっきりとわけのわかることを語ることである。だから「大きな理想を描きなさい」といった励ましのことばは、それを真に受けて解釈すれば、本来つつましいリーズナブルな世界を膨らませて破裂させ、理性を飛散させることを勧めるようなもので、ありがたた迷惑なアドバイスということになりかねない。

むかし、いまは倒産してしまった株式会社アイデアルという洋傘メーカーがあった。いまでは当たり前となったワンタッチ傘を売り出したメーカーである。一九六〇年代に爆発的な人気を得ていた植木等がその傘のテレビCMに登場し「なんである、アイデアル」のキャッチコピーで大ヒットをもたらした。それは単純なアイデアだったが、結果的には傘の常識的な機能といえるほど普及した。理想的なものはそういうたわいもない範囲のうちにある。それゆえに普遍化さえする可能性をもつ。そうした潜在力をもったアイデアに高度経済成長期のサラリーマンの悲哀を浄化する象徴であった植木等を組み合わせた妙もまた見事であったが、それは名実ともにアイデアルなリーズナブル・イマジネーションの例であった。

おしまいに、理性について深く観想し、多くを語った理性の人ソクラテス／プラトンが実証している理性とは何たるかの理想的説明を『ティマイオス』にみておこう。彼は理性とは神が神霊（ダイモーン）を介して、人間各人に与えたものとみていた。その神霊はわたしたちの身体の一番上にあって天の縁者に向かって、わたしたちをまさに直立させているものでもあるという。そのようにして、神霊としての理性は人間と神のあいだ、死すべき者と不死の者のあいだにあって働いている。その神霊を活かすも殺すもそれぞれの人間次第なのだが、もし活かすなら、

「学への愛と、真の知に真剣に励んで来た人、自分のうちの何ものにもまして、これらのものを鍛錬して来た人が、もしも真実なるものに触れるなら、その思考の対象が、不死なるもの、神的なるものになるということは、おそらくはまったくの必然事なのでしょう」

と語る。そしてそれが「人間の分際に許される限りの、最大限の不死性にあずかること」であるという。この一見、占い師の気休めのような語りは、さにあらず、後世のあらゆる世界のたくさんの人たちに学びつづけることへの確かな愛と勇気を与えてきた。事実このことばは二〇〇〇年の時を超えてなおここに載せたように生き続けている。そし

ておそらくこの先、人類が何らかの事情で滅亡の危機に直面したとしても、プラトンが描いた理想は人間が授かった最大限の不死性の証しとして、おしまいの人間たちが自分たちのあとも悠久に残るよう手立てをとる対象になるにちがいないと予想できる。

### 2・4・7 観想

【認知率16% 意味了解率4% 日常使用率1% 存在否認率25%】

「そこにはただ精神だけが現存している。一種の覚醒状態であるが、それは決して〝自我自身〟の響きを伝えるものでなく、したがってそれだけますます無制限に、〝聞く眼をもって、見る耳をもって〟あらゆる広さ深さに浸透するものである(Herrigel 1948)」

観想(contemplation)の観の字は觀の略字で、その觀のつくりはめぐらすという意味をあらわすらしい。したがって、観とはめぐらして見るの意である。観想は仏教用語でもあり、その場合は一つの対象に心を集中して深く観察(かんざつ)することである。その観想によって、たとえばはじめは仏の座っている蓮華の座であったり、その葉一枚一枚、葉脈の一本一本などのかたちをよくとらえるようにする。しかるのちそこから無量のそれらをみるようにし、次第に仏像本体の着衣、顔、身体各部位、さらには内蔵までを細かく観察する過程を経て最終的には浄土の観想に至る。浄土三部経の一つである観無量寿経にはその全過程の詳細が述べられている。それを要約普及版にし阿弥陀仏への観想念仏を必携化したのが源信の『往生要集』であった。それからおよそ千年が経った今、観想ということばの存在を疑った大学生が四人に一人いた実状だから、仏や浄土といわずとも、この想像は少なくとも日常の意識からは遠のいてしまった観がある。

一方、西欧の概念ではギリシア語の theōriā、ラテン語の contemplatio、そして英語の contemplation に対応して観想の訳語があてられることが多い。西欧でも古代ギリシアの学問以来、宗教を含む知的活動において一般に観想は尊ばれてきた。たとえば、キリスト教でもイエズス会のデ・ロヨラ(I. de Loyola 1522–24)は『霊操』においてそのスピリッチャル・エクササイズの基本を contemplation において記した。その第一霊想の第一前備にはつぎのようにある。

「想像力を使って、観想しようとする出来事の現場に身を置く。…(略)…「現場に身を置く」とは、観想しようとする事柄が置かれている状況(有形の場所)をありありと想像の眼で見ることである」

この点、阿弥陀仏への観想念仏と相同であることがわかる。

さらにずっと遡れば、ソクラテス/プラトンは知性の活動を呼び覚まし、それ自体としてそもそも何であるのかという問いを発する真実在への向け変えを導くものとして観想を重視した。感覚的な明滅や実利や思惑に誘われがちな知性を、イデア界に向け変えるための行為として、観想は世界の存在事物を、その表面の色かたちをとらえるにとどまらず、それがあるがままの姿から、さらに思惟をつうじてしか観ることができないその本質までを可知することを指した。

アリストテレスもたとえば『ニコマコス倫理学』において、観想を人間のなかにある最高の卓越性にそくした活動で、それゆえにわたしたちを最も幸せな状態に導く活動として位置づけた。人は誰もが幸せを求めて活動するが、彼はその大方の道筋は三とおりで、快楽か名誉か観想の追求であるとみた。快楽に幸せを求めて享楽生活を送るのは畜獣のようなもので動物一般の営みの範囲に留まる。名誉に幸せを求めることは、たしなみのある実践活動を営むことだがその幸は結果的には皮相的になる。なぜなら、名誉は与えられる人よりも与える人次第だからである。その他者性ゆえに名誉はその人自身の善や幸せと合致しないことが起きうる。しばしば名誉の授かりを辞退する事態をみるのはそのためもあろう。

これらに対して、人間各々が自分自身のものとしての幸せ感を味わえるのは、人間として受けた特性においてそれを自足的になしえたときであろう。人間特有の性質といえば、たとえば想像力を核としてそれを知覚的な世界認識と理性が知り得る実相とを結びつけることにおいて、その授けられた精神を十全に駆動することがあげられる。その典型の一つをあげれば、美の認識判断がある。美を認めるには、ただ美しいものに対面して感知し快を得れば済むものではない。審美観だけでは事足りない。先験的な理想美が覚醒するのは現実の経験をつうじて知性が想像力の自由を鍛えモラル的な鑑識眼を養う過程をつうじてである。サルトル（Sartre 1940）が、

「審美的対象は、それを非現実的存在として措定する想像的意識によって構成され把握される」

あるいは、

「美とは想像界だけにしかあてはまり得ず、その本質的構造のうちにこの世界の空無化を蔵している価値である」

と主張するのはそのためである。世界の空無化というのは彼独特の表現だが、美は現実に存在する対象を相手にしながら、同時に美の認識は現実存在として定立できない超越への想像の次元で実存的になされる。そのためこれはその両者の矛盾的な総合をあらわす概念としてある。だからサルトルは、

「人生を前にして審美的態度をとるということは、現実界と想像界とを不断に混同することである」

という。その両界の交叉点に立ち、空無を見通して美を観察する営みは観想の姿そのものといえよう。両界のどちらかに流されたり、往来することはできても、その真ん中で踏みとどまっていわば意識的、意図的にじっくりと、あるやなしやの幻想的なものを観察するには相当に強い意志と足腰をもった知が求められる。だから、この想像は知性の足もとがおぼつかないうちは発動が困難な想像である。

サルトルは審美（aesthetic）を語ったが、超越への想像の次元で美の感受をするのは観想の任であることを強調したのはラスキン（Ruskin 1843–60）であった[37]。彼によれば観想は人間の魂の高尚な行使であって、熱心で愛情のある自己犠牲的な注意力を伴う。観想とは永遠のものを根気強く熟考し、愛情をもって凝視することである。だから、単に快楽の目的に供されるような審美とは異なる営みであると述べている。

むろん観想は美の認識だけにかかわるわけではない。知覚世界で繰り広げられる人間に関わる諸現象を観察することで、それらを知性による概念を媒介し、理性の観念世界でおさえられている諸価値に投射して、その意味を把持しようとすることもまた観想の営みにちがいない。たとえば、人間の諸行為を観察し、そこに正義や悪徳、勇気や善といった観念を抽象し、その意味や価値をつかんでいくことは観想の働きに支えられている。

意図的な観想行為は哲学者や修業僧や芸術家の特殊な技能かもしれない。だが、観想の基本となる透察的な観察による想像行為は人それぞれの世界観をつくりあげている心的行為として誰もがそれと知らずにおこなっていることである。世界観ということばは大仰だが、人それぞれの世の中に対する見方はむろん単なる知覚世界の記述や解釈に留まらない。世界観は知覚不能だが理知的な概念も交えて知りえた認識、すなわち幸せとか善悪、あるいは美や愛や神といった観念との関連をもって語り得るところをもっている。それは生そのものの体験をつうじて世間を観まわしながら、その都度に思い巡らしたこと、すなわち日常の何気ない観察と透察的な想像によっていつとも知らぬ間に形成された、否、日々少しずつつくられては補正されている世界心像を拠りどころにしている。

そうした控え目な観想が意識的になされるときもまた、この想像はあれこれの要求なく、自足的かつ持続的活動として進む。それはまた大方善きことで幸せをもたらす以外には何も生み出さないそれ自身のための活動である。ラスキンにいわせれば、それは何の役にも立たないが、それゆえに何かのしもべになることもない自由があり、それだからこそ人生そのものの目的になりうる活動ということになる。誰かのためになることではないからその想像には閑暇が保証され、精神を豊かに耕すこと、Bildungにつながる。他方、お役立ちの実用的な活動はビジネスや政治や軍事をみればわかるように、わかりやすい大義が立つが、どんなに大きなものをもたらしたとしても、他事、他者のための忙殺を生み出し、みずからの心にはなかなか安らかで持続した幸せが訪れない。再びアリストテレスのことばを借りれば、

「知性の活動は、まさに観想的であるがゆえに、その真剣さにおいてまさっており、活動それ自身以外のいかなる目的をも追求せず、その固有の快楽を内蔵している」

観想は人間の何ほどかの卓越性にそくした活動の一つである。しかもその活動そのものが自足的だからこれは高尚ではあるが誰もがすでに手中にしていることであり、それでいて最善、最適な快に導くうるわしき想像なのである。むろん、アリストテレスも完璧な観想生活といったものは神がなしうる生活であって、あれこれと外から獲得するものに惑う人間にはできがたいことと認めていた。しかしながら、それでも観想的に生きることを諦めたり、怠ったりするのはいかにも惜しいという。なぜなら、自己のうちなる最善の部分は神的なものを想像しうる心的活動であるがゆえに、人間がなしうる観想は

「嵩こそ小さいが、能力や尊貴性においては遥かにすべてに優越しているから」

だというのである。
以上まとめれば、観想には大きく分けて二つの様態があるといえそうである。一つは直前にみたとおり、実在の具象を観察することをとおして、その対象のもつ性質を概念知に組み替えることで観念的に抽象化し、あたかもゼロを乗ずるごとく、みえていた存在を無化し、そのことで消えた色のあとに残る空、あるいはその奥に透けてみえるであろう実相をとらえようとする営みがある。それはアリストテレスが人間固有の機能の卓越性にしたがって、それ自身を目的に自足的であるゆえに最高善につながる行為としてみた観想の姿である。
観想のもう一つの様態は上とは逆向きの働きである。すなわち、仏教的な観想を典型とするような、仏や浄土といった少なくとも想像する者にとっての非実在を定立し、そのうえでそれを現実の知覚世界から展望するかたちで、ありありとその具象を想像し、それを念入りに観察する行為である。たとえば、『往生要集』のいたるところ、その観想のようすが手ほどきされているが、仏の耳についての観想の様をみればつぎのごとくある。

「…耳厚く、広く長くして、輪埵（耳たぶ）を成就せり。あるいはまさに広く観ずべし。七の毛をつじり生じて、五つの光を流出す。その光に千の色あり、色ごとに千の化仏あり。仏ごとに千の光を放ち、あまねく十万の無量の世界を照らす…」

こうした観想のあり方はキリスト教においても基本的に同様である。すなわち、キリスト者においては動物的な現世の快楽や職業労働における実利の追求ではなく、神のみをみるように務め、神の意志の成就を願う観想生活が称揚される。その生活によって世俗の可視から可知にいたり、やがて人間は神の恩寵を授かり、神を観るものになるとみる。ある意味で観想とはいろいろなところに勝手気ままに飛び広がる空想の動きを観ることに集中させていく性質をもっている。その点で観想は特殊な空想なのである。

## 閑暇と観想生活

閑暇あるいは余暇というと、おおかた仕事がなくて暇なこと、それもあり余ったそれ、とか仕事の合間の何もすることがない状態といった勤勉に傾いた方向からの解釈がなされがちである。また、レジャーといえば、そうした余暇ゆえにそこでおこなう娯楽とも説明される。その場合、娯楽とは笑ったり楽しんだりして過ごす心の慰めごとの意味になっていたりする。慰めの必要は労（いたつき）のためで、その苦しみや悲しみや空しさやさみしさをねぎらう要があることによる。こうした慰労としての余暇観は勤労の付加物か些細な報酬でしかない。本体ではないからそのものはいつも裏側であり、当然落ち着けず、後ろめたさまでついてまわる。だから、お楽しみはそこそこに切り上げてということにもなる。

むろん職業人を含めたかたちでの奴隷制度や事実上のそれが社会的に確立していてそのうえに築かれた有閑階級の生活が成り立っていた世界観で現代をとらえてその閑暇を語ることは時代錯誤な話だろう。慰労や有閑の真似事の余暇観を無反省に引きずることも同じ錯誤のうちにある。むろん今も貴族的身分の有閑階級は一部に残っているだろうが、身分格差が経済的階級格差と重ねて意識化されるようになった現代では、おおよそのところは誰もが職業人の身分にある。だから、それを一般の姿としたなかでの閑暇をとらえ直す必要がある。するとそこにはかつての奴隷身分職業人として実利を求める人間と、有閑階級であるがゆえに人間に授かった卓越性を用いて幸せを感じようとする人間が同じ一人の人間のなかに同居していることに気づく。実利を求める労を慰めるための余暇とともに、実利追求や慰労では満たされえない幸せ感をその実感をもって知る最高善や美や知に向かうための時空として閑暇を求める精神が見いだせる。

ただ、人間としての完成や充実を求めることが自己の確立にあるとすれば、自分のなかの二人の人間とは個人の内部における古代の人間社会の残滓を込みにしているようなものである。閑暇に生きる自分は実利に生きる自分のなだめ役でも慰め役になるのでもなく、むしろ人間として生まれたことで享受できるその完成に向かうための指南役としであるとみてもよいだろう。

「余暇のもっとも完成された型態はあの畏敬に満ちた沈黙として姿を現わす」

と語るのはピーパー（Pieper 1988）だが、それを彼は日本的に語れば秘められた花だという。「秘すれば花、秘せねば花なるべからず」と残した世阿弥（1400–12）は「人の心に思ひも寄らぬ感を催す手立」を花だとした。レジャーがお花畑の花電車や華の舞台と大音響のスペクタクル、あるいは労働とあい変わらぬ予定表で仕切られるなら、秘めやかであることとは正反対で、みることは余すことなく知覚に占領されてしまう。ピーパー（Pieper 1988）は観想の営みを緊張をもって見つめる観察に対置する。観想は労をもって見つめたり、見回したりする作業とはちがう知的直観にあたると語る。みずからを開いて世界を直観的にとらえ、人間を超え出るようなやすらかさとのびやかさをもった天使的な認識を観想におく。いかにもカトリック哲学者らしい見解だが、contemplationという観念自体、上述した観想の第二の様態で、カトリックの精神生活では創造主に触れるこころの状態を指している。だから、それは修道における黙想（lucubration）[38]や静想（retreat）の心境とも重なるだろう。ただ、ピーパーは神学ではなく哲学の見地から観想を語っているから、その天使的な想像は自分を開き、創造主のみならず、創造された世界全体のリズムと律動して、存在するものの内部や本質に達することとして説明している。これはあとで述べる霊想につながる想像である。

おしまいに、俗世の観点に戻れば、三木清（1954）が瞑想として語っていることが、ここでの観想にあたると思われるので簡単に紹介しておく。彼は思想の基礎には思索と瞑想という二つの異なる必須の心的状態があるとみていた。思索はいわば厳しい過程を経て下から昇っていく精神の仕事であるという。それに対して、彼のいう瞑想は不意に天から降りてくるような甘美な精神の閑暇だというのである。すぐれた思想は厳しい思索の結果として編みだされるが、それだけで成立するわけではなく、その過程には甘い想像のエロス的休日が伴っているという。その誘惑の虜になれば、とめどない空想や夢想に変移していくような無常性をもつ閑暇だが、それによって思想はビジョンを得て厳しい思索へ集中していく指針となる像を得るのだという。この観る目をもった瞑想とは、目を瞑っているとしてもここでみた観想そのものであるといえるにちがいない。

### 2・4・8　空想

【認知率96％ 意味了解率88％ 日常使用率42％ 存在否認率１％】

空想（fancy）は想像概念のなかでも最も典型的で身近な概念といってよいだろう。実際、大学生に対する調査でも認知率は感想、妄想、思想と並んで最も高かった。また、第四章でとりあげる別の大学生サンプルでおこなった想像の諸種に対する認識調査においても、想像という概念と統計的に有意に高い相関を示した概念がイメージや妄想と並んで空想であった。つまり、想像といえばその典型は空想や妄想であるというのが日常一般的な認識のようである。ただし、空想は意味の了解率は高かったが、日常での使用経験はそれほど高いわけではなかった（日常使用率42％で感想に比べればその割合はおよそ半分であった）。この点は意外な結果であった。これは空想といえば、現実から遊離した絵空事を想い描くことで、どちらかといえば不合理で非生産的なことのように語られたり、解釈されることが多く、その分否定的な性質を帯びがちなためかもしれない。しかし、これは当の空想の働きからすればあきらかに残念な誤解であろうし、わたしたちの空想の営みにとって少なからず損失ともいえるだろう。その誤解や損失にも照らしながら、ここでは空想のありようをあらためてとらえ直したい。

空想を広義にとらえるなら、これはそのまま空なるところを想像することである。だから、空想はその自由性からいって多くの想像を包括的に指すことになる。ただ、空なるところはその前提に領域がある。たとえば、誰もが知っているように、空席は席がないのではなく、逆に席があることで、席という領域が確と存在している。空間は空いている間のことを指している。これが端的に空が無と異なるところである。だから、空想とは平面にせよ、立体にせよ、時間を含んだ四次元時空にせよ、カンバスや器や時間といった枠があって、そのなかで想像することをいう。大空（おおぞら）は限りなく広く見えても水平線や地平線、山の稜線や建物などによって縁どられている。想像でその先を広げても、天球の内側で閉じられる。その空想の果てについてプラトンは『ティマイオス』で、

「すべての生きものを自分自身のうちに包括すべき生きものにふさわしい形と言えば、それは自分自身のうちに、あらん限りのすべての形を含んでいる形でしょう。だから、構築者はこれを、中心から端までの距離がどこも等しい球形に、まるく仕上げたのですが、これこそ、すべての形のうちで、最も完結し、最も自分自身に相似した形」

だと考想した。ゆえにこの天球は空想の枠といってもよい。英語では宇宙のことをspaceと表現することもあるが、このことばは一般に「空間」のことも意味するから、これは天球の宇宙観の系譜を引き継いだことばである。実際の宇宙を果てしない宇宙としてとらえるなら、スペースとしての宇宙は宇宙のどこか一部の、ここそこのあいだとか、系といった空間に規定できるところになる。だから、空想＝ファンタジーとすれば、スペースファンタジーは星間を行き来する冒険や、どこかの星々の物語ということになる。また、夜空を見上げると無数の星が広がり、そこに宇宙の姿をみるけれども、わたしたちの見るその宇宙の姿はいつも平面の空である。その空にわたしたちは星座を描き、星の伝説を語り継いできた。夜空や星空のファンタジーである。こうした時空に占める領域が空（そら）のもつ本質であり、空想はまさにそうしたところに展開される想像である。

だから、前項でみた観想の底なしに進み、時空を突き抜けていく想像や、のちにみる虚想や無想のようにはじめか

ら姿や枠組みがないことによるとりとめのなさ、あるいは夢想のような不随意感、他者性、無軌道性といった特徴、これらは空想にとってはそうしたものの真似事以外にはない。空想の場合はあたかも遊び場や作業場のごとく、はじめに想像の展開場所があって、そのなかで随意、主体的に想像を描いていくという制御感が伴い、それが特性になっている。よって、想像者に制御可能性がなければ空想とはいえない。この制御感はあとづけの解釈になるが「空」という文字の成り立ちにも表現されている。すなわち「空」は「穴」に「工」の組み合わせになっている。「工」は工作の工で、これは握りのついたノミのような道具の象形、ないし上下の面に穴をあけることを意味している。ゆえにその二文字を組み合わせた「空」は穴をあけて、からにした状態を指していることになる。だから「空」には中身が取り除かれた自由空間という意味の他に、その穴を通してこちら側から向こう側に出るといったことも含意されている。空想の典型としてお伽話（Märchen）のようなファンタジーがあるが、これはしばしば扉や鏡などの向こう側の世界として描かれる。それはまさに漢字に込められた此岸から彼岸へという空想の意味の一つをそのままあらわしているわけである。また、現実の時空に穴を穿ち、そこに想像を自由に往来させるという点では架空、仮構の話としてある小説一般、映画、演劇などの作りごと、フィクション全般にかかわる空想の仕事がある。

## フィクション

このようなわけだから、空想とは決して内容空疎な想像であるとか、創造性の欠如した空無な想像（たとえば、ルビンシュタイン（Rubinshtein 1946）はそうした説明をしているが、これは邦訳にもとづくものだから、翻訳上の行き違いがあるかもしれない）を意味するわけではない。実際にはそれと正反対の想像として文芸活動の主役になり創造性の原動力になっている。本田宗一郎の語録に「ぼくは頭が空っぽだから、何でも吸収できる」といった台詞があったがその「空」である。空想は自由空間に描かれる想像であるからこそ、そこに囚われのない創造の可能性が準備されている。むろん自由自在であれば創造的になるというわけでない。しかし、空想と創造の結合に結果する芸術作品が可能なかぎり精神の高みと充実を目指すものとしてあることを前提として考えるとすれば、空想のもつ自由性がその条件になっていることは間違いない。

空想はあらゆる心像に及ぶはずだから、その内容はある程度具象的なかたちから、抽象的な観念まで多様な広がりをもつ。空想の創造的な産物の代表といえば文芸作品である。文学から音楽、絵画、彫刻、舞踊、演劇、映画、写真、書等へと多様な広がりをもつその作品の姿は、それぞれのかたちをなす背後に展開された空想における心像の多様性を映し出している。ただ、その作品のかたちそのものは空想そのものというよりも想像表現としての構想である。だから、生きている空想のありようは作品のかたちの多様性以上に自在で流転しているはずである。

それでも空想が想像者の意識的、意図的行為として制御的であることはあとに述べる夢想や幻想と一線を画する性質である。この制御性ゆえに空想はあらゆる創作活動の原動力になっている。文芸作品には幻想小説、音楽には幻想曲といったジャンルがあるが、これらの主意は空想とは異なる幻想という想像の産物ということではなく、その内容が結果的に幻想としての特徴を多分に帯びているということであって、それらの創作過程がはっきりとした主想(motif)や一定の創作意識からなる意想を相伴った作者の空想作業のもとにあることはいうまでもない。この点も含めて空想の代表的産物であるフィクション＝作りごとの内容の性質についてみてみよう。

### フィクションの軸——ありうる—ありえない

文学や映画・演劇作品などにおけるフィクションは空想による代表的な創造的産物である。フィクションは大きく対極の軸をもっておさえることができる。一方はその内容が現実と一般的にいわれ認識されている世界のなかにとどまり、その枠内で誇張や単純化はあるとしても「ありうる」こととして語られ、了解できる方向である。他方はあきらかに「ありえない」ことに満ちた虚構世界の話である。前者の極の隣にはノンフィクションがある。ノンフィクション、つまり実録とか記録、ドキュメンタリー、ルポルタージュ、報告は、虚構、作り事が入っていないことを前提としている。けれども、それがどのように事実の記録に徹していようとも、そもそも事実の知覚そのものからはじまり、それを記録になす過程が介在し、しかも残すことや伝えることの意思が関わる以上、そこに「つくり」の侵入を排除しているとすることは「わたしは嘘をついたことがない」というようなことに等しい。たとえ、それがある個人の視点を排して定点カメラで記録した作品であったとしても、記録対象の見る方向は無限にあってその方向によって見える事実も違ってくる。それでも、それも事実にほかならないとすれば一をもって全となすつくりごとになる。だから、フィクションの片方の端点はカポーティ（T.G.Capote）による『冷血』などのノンフィクションノベルを入口としてノンフィクションと混ざりあうように連なっている。

フィクションの領域ははじめから虚構としてあるが、それは空想の自由度を用いることで複雑な関係や配慮が絡む記録に制約されることなく、可能的世界や現実の典型性を切り出して描くことに開かれている。そのため人間性や原理的な真実性を表現するには余分なものも拾わざるをえない実録に依拠するよりも一層真に迫り、的確になる可能性もある。だから、人類はこれまでフィクションに託して現実性を直截に表現すること、たとえば文学や映像、演劇によるその表現に心血を注ぎ、またその表現を共有することに高い意義を認めてきた。端的にはその活動や産物を文「化」と称してきたわけで、文化形成には空想の自在性が縦横に活かされている。

フィクション軸のありえない方向には、普段のわたしたちの現実認識からかけ離れた世界が展開される。ありえない話はありがたい話であり、その稀少な出来事や世界をファンタジーとかお伽話（Märchen）などと呼んでいる。お伽は主君などの貴人のそばについて話し相手になる人、そのお伽がしてくれるありがたきお話は、たいてい美しく楽しく、ときに心地よい怖さや不安が折り混ざり、心躍る出来事に満ちあふれる。桃や竹のなかから人間らしき超人が登場したり、箒やじゅうたんに乗って空を飛んだり、森の中で妖精やお菓子の家に出会ったり、おばあさんに変装した狼がいたり、ブタやアヒルがしゃべったりしている。その想像空間は当然、現実では決して経験できないから、その語りを経験することは事実、稀ごとになり、ありがたい夢のような経験となる。

ファンタジーが夢ではなくて「夢のよう」であることは空想のだいじな性質である。あとの項で述べるように夢も想像そのものであって、それを夢想というが、夢想はその想像をしている当人が自由に内容を操れないことを特徴としている。つまり、夢とはそれを見ている当人にとって不随意な想像としてある。もし夢の世界を自由にコントロールして好きなように夢をみることができたら、という夢のような話、それが空想の世界である。そういう意味でファンタジーは夢ではなく夢のような経験になりうる。

### 幻想文学の位置づけ

一方の端ではノンフィクションにつながり、ありうることがらの世界を想像し、他方ではファンタジーのありえない世界を想像するというフィクション軸の、それでは中程はどうなるのだろう。それは必然的に現実的な話でもあり、同時に虚構のような話にもなる、そのどちらとも定めがたい内容の想像である。ここにもまた文学の大きなフィールドが形成されてきた。幻想文学である。ただし、すでに触れたように幻想文学という概念は入れ子になっているので留意がいる。すなわち、これは幻想という想像種を主題にした文学という空想の産物のことだからである。つまり、幻想文学は幻想を扱うが、それ自体はむろん幻想ではなく、まぎれもなく制御の効いた空想の産物である。むろん、可能性としては幻想そのままを綴った作品ということもありうるだろう。ただ幻想はその想像を抱く当人と、せいぜいそこに居合わす何人かが共有しうる主観的な想像である。だから、ありうるとすれば極端に動的で刹那的なインスタレーションのようなパフォーミングアーツとなり、文学としての作品性はきわどいものとなる。少なくとも一般にいわれる幻想文学とはかなり隔たりのあるものになるだろう。

幻想文学の主題となる幻想はのちに当該の項（2・4・14）で説明するように空想とは異なる想像のタイプで、英語では illusion や fatamorgana 等々の表現もあるが、本書では phantasm とする。その場合にみる幻という想像は少なくとも自覚的には知覚できる像としてあらわれる。知覚されるが同時に想像としての可能性も自覚され、知覚と想像のあいだで不随意にゆらめく心像が幻想である。したがって、この心像を抱く者に心像に対する制御感はほとんどない。これに対してすでに述べたように、空想の内容は想像する者の思うがままである。この自在性が空想の創造性を担保している。したがって空想は他者との共有を図るようにつくることもでき、十分に創作行為足りうるのである。

実際、幻想文学は英語では一般に fantasy literature である。したがって、そのかぎりでいえばこれはフィクション軸の虚構世界に向かう領域として同定されることになる。そのなかにはまったくのありえない世界を描いたお伽の国のファンタジーが大きな位置を占めることになる。そのため、日本語ではそれとは区別される位置づけを明確にしようとして幻想文学という命名をもちいたともいえる。すなわち、ファンタジー一般よりも現実寄りで、ありうるようでありえない、ありえないようでありうるかもしれないと思える、そういう曖昧な内容、すなわち幻想性を伴った空想、つまりフィクション軸の中間地帯を同定したのである。

だが、これは翻訳上の妙技というよりも、もともと fantasy literature 自体の中核となるところは訳語の幻想文学に該当し、フィクション軸の中間部分にあたる。このことはトドロフ（Todorov 1970）のおこなった考察で確認できる。彼によれば、幻想文学は、現実の常識枠を超え、新たな自然法則を要請するような驚異的な出来事（merveillaux）の物語ではないし、反対に手持ちの自然法則のなかにありながらこの世のものとは思えない怪奇・奇異（étrange）な話ともいいきれない内容の物語であるとする。幻想文学はそのどちらとも定めがたい中間にあり、作中人物の世界が現実の世界として語られていながら、作中の人物にも読者にも驚異と奇異のあいだでどっちつかずのためらいが生じることが幻想文学の第一の条件になっている。しかもそのテクストは詩ではないし、詩的でも寓意的でもない読み方がなされうることがもう一つの条件であるとしている。多くの幻想文学はそういうものとしてありながら、最終的には怪奇物語として終わったり、超自然的な驚異の物語に結末したりもするが、純然たる幻想文学は最後までそのどちらとも判断できない曖昧性を残すような書き方が貫かれているとしている。その主題である幻想性についてはトドロフの驚異―怪奇軸との関連で他の想像種にもつながるところであるため、2・4・14以降でさらに詳しく取りあげる。

また、日本語で怪奇というと何やら怪獣やお化けの怪物登場物語を連想してしまう。だが、ここでいう怪奇（étrange）は広く奇異なこと、稀ごと、異邦的情感をあらわしている。ただ、それは現実的にありうる稀ごと、容易に受け入れがたくとも、ありありとあって認めざるをえないことを意味している。その意味では伝奇ということばも使われることがある。これはエトランジェから幻想も連れ込むあたりをおさえることになる。もともと伝奇（志怪[*39]）は中国で晋・六朝時代に書かれるようになった小説の原型の一つで、たとえば干宝の『捜神記《そうじんき》』のように、ただ奇異なことを書き連ねた内容の短編にはじまったといわれている。それが唐・宋の時代には次第に作者の創作性が強まるようになり、やがて一五～一七世紀、明の時代に中国四大奇書『三国志演義』『水滸伝』『西遊記』『金瓶梅』あるいは蒲松齢《ほしょうれい》の『聊斎志異《りょうさいしい》』へつながることになる。

西欧ではこの領域は中世期にラテン語ではなく、通俗ラテン語であるロマンス語を使って書かれたアーサー王伝説を典型とする英雄伝や騎士物語が展開し、その書き言葉の名称をとってロマンス（romance）という一大ジャンルを形成することになる。その内容は騎士の恋愛や武勇を題材にしてときに幻想性を含んだ空想的、理想的世界を描くことにはじまる。中国の『金瓶梅』とほぼ同時期に書かれたセルバンテス（Cervantes）の『ドン・キホーテ』はその流れの集大成であると同時に主人公自身の空想と構想力をテーマにしたロマンの金字塔といえる。中世騎士の時代が終わり、近代市民の時代になるにしたがって、ロマンスはさまざまな階層の人間模様とその内面の心情を描くようになる。恋愛物語はもとより、人生の苦悩や人の生きざまを広範に扱うようになる。したがって、このロマンスの領域についてはときに幻想的な味付けも効かせながら、主としてノンフィクションに限りなく近いところで、情緒性に富んだ生活世界を描いたフィクションとして見定めることができる。

**ファンシー――空想の創造性**

このようにフィクションの軸はノンフィクションと交雑するところから始まり、豊饒なロマンスの領域に広がり、現実味のある怪異現象や現実性の曖昧な幻想物語を経て、現実の枠組みを超え出るような驚異的な出来事の話をとおって妖精たちが舞うようなファンタジーに至るまで、次第にリアリティの度合いを薄めながら、実に多様な広がりをもった空想（fancy）の産出域として眺めみることができる。こうした空想の産出能は、空想がひとえに主体的、意図的な想像行為としてあることによるもので、この点についてはかなり昔から産出想像（productive imagination: eg.,James 1892）とか創造的想像（creative imagination: eg.,Ribot 1900）として語られてきた。最近では「人間の真の自由は、想像力による未来世界の創造によって実現される」と語る内田（1994）があらためて創造的想像に焦点を定めて想像力を再評価している。未来世界は確かに非現実ではなく、今という現実のくびきから脱する可能性をもった世界にちがいない。だから、この創造的想像は空想の本領が発揮されるところとなる。内田はその肯定的な創造面が効果的にあらわれるための三条件をまとめている。それは第一に、ひきこもりとは異なるかたちで外界からの刺激を減じるために、自分一人の世界をつくり、じっくりと自分自身と向かい合い、日常性から脱すること。これは習慣からの脱出ということもあるが、普段の知覚へのこだわりを断つことで、その日ごろの時空的制約から解かれることも語っていよう。これは端的には空想科学において宇宙や海底やミクロの世界が舞台になり、あるいは時間を行き来するタイムトラベルが好んでテーマになることに素直に映し出されている。また、内田は未来への眼差しに力点をおいているが、当然、空想のもつ創造的想像性は過去に向けても同様の性質を発揮するわけで、その場合が歴史ロマンを典型とする歴史観をもたらすことになる。

第二は、日頃見聞きしている要素的な現象を、多面的に注意深く見る目を養い、無関係に見えるもののあいだに類似性を把握したり、類推する力を養うことをあげる。脱現実とはむろん現実逃避とは異なる。現実から遠ざかったり無視することではなく、むしろ反対に現実に対して普段とは遥かに違ったかたちで接近し、関係形成をはかることを指している。

第三に、異質な要素を結合して、一つの意味ある全体を構成する力を養うこと、そのためには第一の条件とは反対に日常の活動にある語り、伝え、考えるといった活動のなかで、問題を解決し、直面する情報間の葛藤や矛盾を整合的な全体へとまとめる仕事がたいせつになる、としている。これもまた日常の習慣のなかで見過ごされてしまう綜合の営みに部分としての現実の総和以上の脱現実の全体をとらえる可能性を語っている。普段おこなわない綜合においては、背反、矛盾する事柄の組み合わせもたくさんあろう。だが、それが為せるのはまさに空想の自由空間ならではのことであり、それによってもたらされる想像の創造性が今の現実を切り開き、新たな先へとつながる見取り図を描いていくというわけである。

ムナーリ（Munari 1977）は実現できるか否かに関係なく、これまでに存在しなかったものごとを想い描こうとする空想行為をファンタジア（fantasia イタリア語）の名のもとにとらえている。彼はファンタジアが創造力や発明と同じようにそれが記憶からの要素を使って想像力につなげる心的過程であるとし、そうした空想行為のパターンを一二に分類している。ここではムナーリが記しているその空想のパターンをファンタジー作品の傑作の一つ『ガリヴァー旅行記』（1726）のなかでスィフト（Swift）がおこなったさまざまな空想作業にできるだけ照らしながら紹介してみよう。

（一）機能を変える。それがもつ機能とは別の機能を発揮させる。リリパット国の宮殿が火災になったとき、巨人ガリヴァーが放尿をもって消火した件がこれにあたる。もっとも宮殿内の勝手な場所で用をたすことは大逆罪にあたる行為であったため、このファンタジックな振る舞いはリリパット国を離れる主因となった。

（二）場所を変える。いつもの場所とは異なるところにおく。『ガリヴァー旅行記』では上空にラピュタが飛ぶ地上の国バルニバーゼの首都ラガードの企画研究所でおこなわれていた珍妙な研究の数々の一つがこれにあたる。たとえば、きゅうりからそれが受けた太陽光線を抽出し、瓶詰めにする研究である。

（三）素材を変える。いつもの素材とは異なるものを使う。ムナーリはコルク製のハンマーなどを例にあげている。

『ガリヴァー旅行記』では卵を割るときに大きなほうの端を割ってから食べるかをめぐってリリパット国とブレフスキュ国のあいだで長期にわたり繰り広げられていた戦争の話がこれにあたる。スィフトはこれをもってローマカトリックとプロテスタントの抗争を象徴させ風刺していたといわれるからである。

（四）色彩を変える。いつもの色とは異なるものを使う。たとえば、青色のバナナ。

（五）視覚的類似の関係、本来異なるもののうちに似た姿をとらえる。みなしや見立てによるごっこ遊びで縦横に展開される。この空想は実際に知覚される対象物に知覚像を超えた想像による心像を投映するような心的操作を伴うことが多い。この特性をもった想像種をとくに仮想と呼ぶことができる。仮想はあらためてつぎの項（2・4・9）で扱う。

（六）ある総体の部分を変更せずに単に増殖させる、たとえば、七つの頭をもつ竜。

（七）状況を反転する。『ガリヴァー旅行記』最後の訪問国の支配者たちフウイヌム族は人間のような文化をもったしゃべる馬たちだった。そこでは人間にそっくりなヤフー（yahugh）と呼ばれる生物もいたが、ゴキブリのように忌み嫌われる動物であった。つまり、ヤフーが役立たずであることを除けば、馬と人間の関係がほとんど逆転している世界で、のちの猿の惑星につながる空想（フウイヌムは気高い思想と理性の持ち主として描かれたが）が展開している。

また、ラガードの企画研究所でおこなわれていたさまざまな研究のなかで人糞からもとの食物を再生する研究や、屋根づくりから始めて最後に土台をつくる建築の研究などはこの空想の派生にあたる。もっとも土台が最後という点を除けば、屋根や最上階からつくり始めてプッシュアップしながら順に階下をつくっていく建築法は一八世紀には荒唐無稽な空想建築であったが、二〇世紀末以降、超高層や大空間建築の現場では合理性をもった現実の工法となっている。

（八）動きを著しく変える。いつもと異なる動きをする。スローモーションに代表される映画手法の数々がこれにあたる。時間の流れを操作することで生じる空想であることからすれば、『ガリヴァー旅行記』の第三編「ラピュタ」ではグラブダブドリッブ島の魔術師が降霊術を使って歴史上の人物を次々に呼んで、異なる時代の人物を対談させる試みは同様の趣向である。たとえば、レンブラントの絵画ではアリストテレスがホメロスの彫像に手をおいて観想する姿が描かれているが、スィフトの場合はその二人を同時に呼び寄せ、しかも彼らの背後には両者に対する後世の注釈者たちが何百人も登場しているといった壮観なファンタジアを描きだしている。しかも、ガリヴァーがアリストテレスに一三世紀の注釈者スコトゥス（J.D.Scotus）と一六世紀のアリストテレス批判者ラムス（P.Ramus）を紹介し、その業績について語ったところ、アリストテレスは癇癪をおこし、「他の注釈者どももお前たちみたいなお馬鹿さんばかりなのか」とくってかかるという場面のおまけつきになっている。

（九）次元を著しく変える。サイズの劇的な変化。これはガリヴァー旅行記では最も著名な冒頭の部分、すなわちガリヴァー以外のすべてが一二分の一に縮小しているリリパット国のイメージである。のちに訪れるブロブリンディナグ国では今度はすべてが一二倍に拡大する。この空想パターンはのちのキャロル（L.Carroll）のアリスでもお馴染みであるし、二〇世紀の円谷プロによるウルトラ兄弟を筆頭とする多く変身がこの空想を好んだ。『ウルトラマン』では子どもが土管に描いた絵が三次元に膨らんで怪獣（ガヴァドン）になるという話もあった。ムナーリは盆栽やキングコングを例示している。

（一〇）一つの身体の部分を別のものに差し替えたり、付け加えたりする、ムナーリはフランケンシュタインを例にあげている。『ガリヴァー』ではラガードの大研究所で出会った優秀な医者が政党間での抗争が激しくなった際に、両者を簡単に融和させる方法として語ったことがそれにあたる。すなわち、両政党の指導者一〇〇人ずつを選び、ほぼ同じ頭の大きさをもつ者同士を組み合わせ、それぞれの後頭部を切断して交換し接合する。するとそれぞれの頭の中で当面の問題について自然と討論が進んでほどなく了解点に達し、節度と調和のとれた思考が生まれるという話。異なる意見を調整するのにエントロピーを増大させる方向で均質化させると、意見の対立は消失するのかもしれないが、それは節度や調和というよりも停滞と系の死につながりうる話であり、ブラックな空想である。もっとも同様の空想の派生ともいえるまじめな仮説検証実験は二〇世紀のプラナリアや金魚などを被験体にした学習研究につながっている。

（一一）対象の重さを変える、ムナーリは空中に浮かぶ島の例をあげているが、これはまさに『ガリヴァー』のラピュタそのものである。

（一二）以上のようなケースのさらなる組み合わせ。たとえば、以上のような種々の空想パターンで綴られた空想譚『ガリヴァー旅行記』それ自体である。

このようにファンシーとしての空想には人間のなしうる意図的な想像の限りに挑み、その可能性を押し広げていく自由への挑戦としての役割がある。すなわちこれは芸術の創造におけるテーマの一つでもある。このファンシー性が差し向けられる方向が人類社会の未来に定められれば、多少なりとも先にあげた空想のリアリティ評価軸が入り込むかたちで空想が展開されることになる。それはすなわち人類の希望につながる今はまだ見ぬ理想世界というフィクショナル・ファンシーになっていく。

**どこにもない場所**

理想の項で触れたように、エウ・トポス（eu-topos）＝最善の場所にしてウー・トポス（ou-topos）、どこにもない場所はその語られ方と描かれる内容からしてあきらかなように、場所である。だが、その場はこの身をおいている時空にはない、すなわち無何有にして向こう＝彼岸である。そういうどこにもない場所はちょうど空想というあきらかな空間に自由に描かれる想い描きの典型的な産物である。『クリティアス』でプラトンは神に捧げられた島アトランティスを語る。そこは太陽が燦々と降り注ぎ、あらゆる物資に恵まれ人びとに必要な施設が整えられていた島であった。五世紀に東晋の陶淵明が『桃花源記』に描いた桃源郷でも、音といえば自然のささやきと鶏や犬の声が聞こえるくらいの美しく静かな田園風景が広がっていた。そこは異国風の衣服を纏った男女が行き交い、微笑みながら耕作しているという郷であった。古来、幾多の人によって描かれたこうした無何有の郷には、いずれも人間社会のよりよい姿への願望や希望、理想「的」な像が描かれてきた。フロイトが強調したように、空想世界での想い描きを推進する原動力が何らかの願望であるとすれば、ユートピアにはいかなる願望が込められてきたのだろう。

一般にユートピア物語にはそれが描かれた時点、立場からの社会批判が契機としてあって、架空の場所に設定した理想社会を描きつつも、それがお伽話や不思議体験を綴った幻想文学としてあるばかりでなく、批判対象である現実との関連をもって綴られていることが多い。だから、その空想は必然的に社会構想として変革の指針を示すもの、マニフェスト的色彩をもちがちである。縫田（2000）はユートピア思想の本質をつぎのように簡潔に語っている。

「人間意識の喪失を強く意識させるような時代環境の極限に発生するアウトサイダーとしての創造的な批判精神であり、より高次を求める規範意識である」

ゆえにこのフィクショナル・ファンシーは多くの場合、決してファンタジーの一つではなく、むろんナンセンスな戯れ言でもなく、空想の自由空間を突き進んで描かれた志想としての性質を分けもった創造的想像になることが多い。

一六世紀、その後の数多くのユートピア物語の嚆矢となったT・モアの『ユートピア』（1516）は火薬・羅針盤・活版印刷術の発明、大航海時代の新世界発見によって拡大された視野と思考が、自分たちの立ち位置にある社会体制の旧態から、進歩と宗教的寛容を備えた新たな可能性に向けて想像力を広げていくルネサンス人文主義の自由精神がもたらした作品であった。これが人間の空想力を焚き付ける火薬となり、志想としての羅針盤を担ったことは、その一〇〇年後に書かれた三つの代表的ユートピアによって裏付けられる。一つは思想弾圧のなか、人生のおよそ半分を牢獄生活や幽閉の状態で過ごしたというイタリア・ルネサンスの哲学者カンパネラ（T. Campanella）がナポリの獄中で記し、二〇年ののちに刊行された『太陽の都』（1623）である。これも現社会体制の膠着性に対する危機意識や改革運動を契機にして旧態の精神を相対化し、その対極の姿を描くことで実践的な進歩への可能性を切り開こうとする意想をもった空想作品であった。

ほぼ同時期にイギリスではF・ベーコンの『ニュー・アトランティス』（1627）が未完、没後刊行のかたちで出されている。これは実効性を重んじたベーコンが先々の知を導くものと考えたことにそくして理想の学問所サロモンの家と完璧な法律と政治経済が営まれる社会の設計図を描くことで進歩への道を描き示そうとした晩年の志想的な空想マニフェストであった。カンパネラの『太陽の都』は脱稿後にかなりの写本が出回っていたことが知られている。ベーコンがそれに刺激されたことは十分に想像がつく。また、一〇〇年前の『ユートピア』の刊行はルター（M.Luther）の宗教改革運動と重なっていて、キリスト教思想のゆらぎがこの時期のユートピア思想に強い影響をもたらしている。イエーツ（Yates 1972）は『ニュー・アトランティス』のいたるところに薔薇十字思想の象徴が埋め込まれていることを指摘し、ベーコン思想の背後にカバラ、ヘルメス思想の神秘主義による影響をみている。

同時期に『ニュー・アトランティス』とは反対に薔薇十字思想を前面に形象化したユートピアを描いたのは薔薇十字友愛団を組織し、同思想のマニフェストを刊行しイニシアティブをとっていた神学者アンドレーエ（J.V.Andreae）であった。彼のユートピア、クリスティアノポリス（Christianopolis）は“Reipublicae Christianopoliyanae Descriptio”（1619）において描かれた。これは『太陽の都』を下敷きにして、ヨハネ黙示録に由来する「天上のエルサレム」を意識しながら、神と人との合一を理想にした薔薇十字思想を錬金術的象徴に投映しながら一つの都市計画として構想したものであった。ペルジーニ（Perugini 1983）はルネサンス期の代表的ユートピアとして『太陽の都』『ニュー・アトランティス』とともにクリスティアノポリスを評価しているし、イエーツもこれを「トマス・モア以来のユートピア伝統の小古典として、ヨーロッパ文学の中でそれなりの評価を受けている名高い作品」として紹介している。現在、同著の邦訳はないが、マンフォード（Mumford 1962）がクリスティアノポリスの都市計画やそこでの住民の生活や政治、文化などについて比較的細かな紹介をしている。彼もまたクリスティアノポリスに比較したらニューアトランティスも太陽の都も二流にみえると、アンドレーエのユートピアを高く評価している。また、丸山（1985）はクリスティアノポリスの形態的特徴にあらわれた思想的背景を考察している。

ところでここでは、どこにもない場所がその前提として存在の否定をしている点にも注目しておきたい。つまり、理想郷はそのタイトルからして、背後に「こうありたい」という願望があるにしても、はじめからそれへの諦念もまた表明されているという特徴がある。このことからユートピア空想の根底にある動機は願望の充足ではなく、願望の諦めに対する埋め合わせにあると読むことができる。たとえば、桃源郷では皆が微笑みを絶やさず平和に暮らしていたという情景があり、国家の最善政体を描いたモアの『ユートピア』でも人間性の肯定的な一面が極度に高まった決して普通ではない世界が描かれている。すべて善きことで満たされた世界があったとすれば、よいことと判断できる基準がみあたらないことになる。だから、そのどこにもない世界はこちら側からみれば最善にみえても、その世界のなかではどこにもよいことが見いだせない世界になっているおそれがある。その状況は心理的には善悪はもちろん善いことの評価尺度を失した状態でもあるから、それは人間性の一部が消し去られた社会でもあり、その強力な消去あるいは消毒は絶対的な力の存在なしにはなしえない。それを神の業以外に考えるとすれば、平和に対置される戦争状態以上におぞましい力を空想せずにいられない。だから、モアはユートピアを語らせたラファエル・ヒスロデイのおしゃべりが終わったところで、彼に対して気遣いを払った場面をわざわざ次のように書いている。

「他人の言説に少しでもけちをつけなければ自分の沽券に関わるとでも思っている手合のことを、彼が相当非難したのを覚えていたので、私はユートピアの制度とラファエルの話を褒めただけでその場をすまし、彼の手をとり夕食へと案内していった」

これはモアのカトリック信者としての配慮のあらわれとみることが一般的な解釈になっている。しかし、深層的なこころのうちにはその教会の力も含んだうえでの絶対性を帯びた極端な力へのアイロニーがどこにもない場所という理想的空想に込められていたともみることができる。

モアのあと、一七〜一八世紀にかけては航海記が無数に出版された。一時代前の大航海時代で開かれた世界観が一部の果敢な冒険家や探検家だけのロマンではなく、広く多くの人たちに共有され、現実の航海記だけでなく、ユートピアを含むファンタジーとして航海記が格好の題材になったのだろう。事実として西欧人にとって未踏の島は数知れずあることが知られるところとなったから、そうした島をめぐる想像は果てしない空想をかき立てたわけである。実際、後世に大きな影響をもたらした性格を異にした二大フィクション航海記『ロビンソンクルーソーの生涯と不思議な驚くべき冒険』（1719）と『ガリヴァー旅行記』（1726）はこの時代を代表する空想作品となった。また、ユートピア作品もプラトンとモアとカンパネラ、あるいはベーコンのものを下敷きにしたかたちで随所にそれらのモチーフを含みながら各国で数多くの作品が生み出されつづけた。たとえばバルティエ（P.Partie）の『セヴァランブ物語（L'Histoire des Sevarambes）』（1677）、フォントネル（B.Fontenelle）の『哲人の共和国またはアジャオ人物語（La République des philosophes, ou Histoire des Ajoiens）』（1686）、また東欧やロシアでもクラシツキ（I,Krasicki）の『ミコワイ・ドシフィヤトチンスキの冒険（Mikolaja Doświadczyńskiego przypadki）』（1776）やシチェルバートフ（M・М・Щербатов）の『スウェーデンの貴族S氏のオフィル国旅行記』（1783頃）などなど、オリジナリティにこだわらず細かく拾えば、きりがないほどたくさんの空想作品が綴られた。

### ユートピア実現運動

その後、同時期にはじまった産業革命がそれまでの航海記型ユートピアの潮流に大きな変化をもたらすことになる。

動力機械の導入と新しい機械がもたらす応用技術によって生産様式に革新がおこり、必然的に機械制の大工場のもとでシステムの一部に組み込まれていく労働者とその管理の関係がそれまでになかった課題を人間にもたらすことになった。ユートピアのイメージは海の彼方にあった牧歌的なネバーランドから、人間の労働と生産、経済と幸せをめぐり自分たちが暮らすはずの夢の共同体の想像へと変化していく。したがって、新たなユートピアには理想的空想を踏み越えて実現を志向したり、実践も伴うようになる。とはいえ、ユートピアの実現化はそのことばの論理からすれば、自身を否定することになる。そのこともあってか、実行は根本的な困難を孕む話になる。しかし流れは止めがたく、実践を標榜する新たなユートピア観が一八世紀末から一九世紀にかけてあらわれ出す。たとえば、英国の社会主義思想家オーエン（R. Owen）の『新社会観』（1813–14）や『ラナーク州への報告』（1821）はその先駆であった。彼はこれらの著作をつうじて法の改革による資本主義社会の浄化や環境論的な教育観、さらに資本主義を超えた新たな社会体制としてコミュニティ形成の構想を語った。この頃、英国の文芸界はロマン主義の全盛期にあった。その思潮を形成したコールリッジもケンブリッジ大学の学生だった頃、オックスフォード大学にいたのちの桂冠詩人サウジー（R.Southey）と知り合い、意気投合してパンテサクラシー（Pantisocracy: すべての人による政府という意味）という参加者全員が平等な農村共同体を米国ペンシルバニアのサスケハナ（Susquehanna）川畔に築く計画を立てている。ただし、実行にはいたらなかった。

同じ頃、フランスでもサン＝シモン（C.H.R.Saint-Simon）が『産業体制について』（1821）や『産業者の政治的教理問答』（1823–24）などを発刊し、新たな産業社会体制のもとで貴族や僧侶、地主、軍人といった非生産的な寄生的特権階級による支配を排し、生産者の団結と主権、そのもとにある機械的生産のありかたを主張した。

同時代フランスのフーリエ（F.M.C.Fourier）も産業的封建制を批判し、情念を社会の駆動原理においた『家庭的農業的協同社会論』（1822）や『産業的協同社会的新世界』（1829）などを著す。そこで詳しく説明されたファランジュ（Phalanges）というユートピア的共同体は彼の弟子コンシデラン（V.P.Considérant）が米国で建設を図るにいたっている。

ファランジュに描かれたのは、農業中心経済のなかで「共同の耕作、共同の家計、共同の住宅」によって、各人が二時間区切りで多種多様な労働に自由に従事しながらそのうえでその営みを遊戯的な快楽に変え、機械的な平等とは異なる比例配分を可能にしつつ、人口の均衡を実現する地域協同組合であった。こうした複数の組合を相互に組織化した世界を創造することによって「真の自由、活動の統一性、富に対する手段となった真理および正義の支配」をうたった。実現にあたっては強制権力をもちいず「友愛以外になんらの紐帯をもたない自治連合体」に依拠することをめざした。この点に理想的空想にとどまる徹底したユートピア観がみられた。とはいえ、フーリエのファランジュを空想にとどめず現実化する試みは一九世紀半ばの米国ではコンシデランの試みのほか数多く登場した。たとえば、シアーズ（C.Sears）らのノース・アメリカン・ファランクス（North American Phalanx）がそうであったし、社会革命家として知られるリプリー夫妻（G.Ripley・S.Ripley）が起こしたブルック・ファーム（Brook Farm）もファランジュを下敷きにしたものであった。後者にはこのユートピアを題材にした小説“The Blithedale Romance”などで知られる作家ホーソーン（N.Hawthorne）が設立にかかわった。そのほか、エマソン（R.W.Emerson）、あるいはソロー（H.D.Thoreau）にも影響を与えたといわれている。

また、『イカリア旅行記』の著者でフランスの思想家カベー（E.Cabet）も英国に逃亡後、米国にわたり米国での社会主義の源流の一翼を担うが、実践としてはイリノイ州で一九世紀半ばから旅行記に記したイカリア共同体（Communauté Icarienne）の建設を試みている。これは一時、構成員五〇〇名ほどの共同体に発展したという。共同体はカベーの死後、各地に分散し、少なくとも二〇世紀半ばまでは小規模ながら存続していたようである（縫田2000）。

日本の著名例では二〇世紀はじめに武者小路実篤が宮崎県児湯郡木城村（いまの木城町）に建設した農業共同体「新しき村」があげられる。この村は二〇年後にダム建設のため埼玉県の入間郡毛呂山町に移るがその後も細々ながら存続し、現在も同地において一〇ヘクタールほどの土地に二〇名ほどが農業を主体にして生計をたてている。また、宮崎県の創設地でも新たに意志を継いだ「日向新しき村」ができているようである。

## 空想から科学、そしてディストピアへ

フーリエやカベーなどにつづき、一九世紀半ばから後半にかけてはマルクス（K.Marx）が『共産党宣言』（1848）、エンゲルス（F.Engels）が『空想から科学へ』（1880）を著し、世界的にも史的にも大きなインパクトを与えた。彼らは自分たちの社会主義思想が空想とは異なる次元の想像であることを強調した。その格好の足場にしたのが、彼らのいう空想的社会主義、オーエンとサン＝シモン、およびフーリエ、三人のユートピアであった（エンゲルスの『空想から科学へ』の邦訳題はしばしば悪訳といわれるが、その所以の一つは原典では直截に“Utopie”とあるところを「空想」とした点である）。オーエンらの社会主義もまた都市と農村の対立を解消し、私有財産、賃金労働を廃止することによる社会的調和を描いた。だが、階級闘争を視野に入れていない点で、文字どおりのありえない場所であると批判されることになる。エンゲルス（Engels 1880）はいう、三人のユートピアンに共通するのは「まずある特定の階級を解放しようとはしないで、いきなり全人類を解放しようとした」点である。それらはひとえに資本主義的な生産様式が未成熟な段階にあってブルジョアジーとプロレタリアートとの階級闘争がそれほど明確でなかった時代精神において描かれたということもあり、それ以前の啓蒙思想家たちと同じく理性と正義の王国の理想がそのまま空想に延長したものだった、というのが科学的と名乗った共産主義者たちの解釈であった。もっとも、その彼らが語った社会もまた現実化された姿との比較でいえば、ファランジュを下敷きにしたまだ見ぬ場所に相違なかった。そこもまた、十分にどこにもない場所であったようである。いわく、

「共産主義社会では、各人は排他的な活動領域というものをもたず、任意の諸部門で自分を磨くことができる。

共産主義社会においては社会が生産の全般を規制しており、まさしくそれゆえに可能になることなのだが、私は今日はこれを、明日はあれをし、朝は狩りをし、午後は漁をし、夕には家畜を追い、そして食後には批判をする――猟師、漁夫、牧人あるいは批判家になることなく、私は好きなようにそうすることができるようになる（Marx & Engels 1845, 46）」

この十分なユートピアを唯物論科学として現にある場所へと各地で実現に向かわせた力には、空想であることの否定がその隣りにある事実上の想像としての仮想や予定されている現実としての予想、さらには思想から志想、狂想や妄想にも変容していく想像力の強靭さと変幻性が映し出されている。

また、ユートピアを否定した科学的社会主義の現実が大方、ディストピアに堕した一方で、その反対の右側をみれば、ファシズムの描いたユートピアもその実際は同様のまったくのディストピアであった。わたしたちにとってはナチを引き合いに出すまでもなく、大東亜共栄圏構想がまさにそれであった。また、五〇〇万移民の大計画のもとで進められた自作農共同体による満州国ユートピアの建設は、その空想力が現実に二一二万人の農業移民を動かしたわけだが、その実態は一部の軍人が描いた狂想戯画に他ならなかったし、満州国そのものはまったく欺瞞のディストピアにほかならなかった[*40]。

楽園的空想社会のユートピアはそれ自身が規定するようにどこにもない場所だから、それを現実の場所につくろうとすれば、その空想を日常的に思い描かざるをえないほどおぞましく息苦しいディストピアを現実化するしかなくなる。このユートピアが孕む論理は二〇世紀をつうじてかようにいくつも実証されていった。文学におけるユートピア表現もまたそうした実証結果を想像する方向へシフトしていった。一九世紀後半のユートピア文学といえば、共産主義社会の楽観的空想を描き、具体的にはアーツアンドクラフツ運動のイニシアティブをとったモリス（W.Morris）の『ユートピアだより』（1890）が代表格といえるだろう。だが、これはモア以降続いた夢の島ユートピア文学の最後の花火だった。その一方でバトラー（S.Butler）は『エレホン』（1872）で機械が人間を支配する架空の国の物語を描き出し、このあたりから、逆ユートピア空想の流れが明確になってくる（タイトルのErewhonはnowhereのほぼ逆綴りになっている）。この流れは二〇世紀以降二つの大戦を経ながら、機械とシステムが現実的に圧倒的な力を示すようになるなかで、たとえばハクスレー（A.Huxley）の『すばらしい新世界』（1932）、オーウェル（G.Orwell）の『1984年』（1949）、バージェス（A.Burgess）の『時計じかけのオレンジ』（1962）、ベイリー（B.J.Bayley）の『カエアンの聖衣』（1976）、ローリー（L.Lowry）『ザ・ギバー：記憶を伝える者』（1993）など数々のディストピア物語を生んでいった。

ユートピアはどこにもない場所というところから出発するがゆえに、偽りを前提とすることを許す危険が伴っている。だから、常に笑いに包まれ平和で明るい新しい郷への願いは、どこにもない場所の話だからちょうどよいのである。その最善の幸せへの道を諦めることで浮世の受容が可能になって安堵に包まれるところがユートピア空想の現実的な効能ということになりそうである。

この項のおしまいにハクスレーの『すばらしい新世界』の冒頭に引用されているロシアの哲学者ベルジャーエフ（N.Berdyaev）のことばを再掲しておく。

「ユートピアは実現可能である。生活はユートピアに向かって進んでいる。そしておそらく、知識人や教養ある階級がユートピアを避け、非ユートピア的社会へ還るためのさまざまの手段を夢想する、そういう新しい世紀が始まるであろう」

## 2・4・9　仮想

【認知率72％ 意味了解率49％ 日常使用率11％ 存在否認率6％】

仮想（virtual imagination）とは「仮に」と前置きをする遠慮がちな想像である。想像はえてして自由気ままで遠慮を欠きがちである。そうしたなか、この想像は自身が宿す性質に敏感でみずからの営みにあたまから「仮に」と宣する想像である。だが、それはまた明示的な仮構性と遠慮を提灯にしつつ、やはり強引に想像を展開しようとする一つの反動形成的な手立てになることもある。だから、そのときはかえって仮想のもつ「社会的ふり」の一面が二重構造にあらわとなって煙たさを帯びることにもなる。

仮想は空想に隣接し半ば交わる想像種だが、その核たるところで空想と異なっているのは、その想像が現実の枠のなかで仮りにつくられることである。たとえば、今ここにはないがとりあえずあるとすれば、という仮構、その場合、現に別の場にあるものをそこに見立てることもあるし、その見なしを促進するために模型、モデルにして表現することもある。だから仮想は空想の内容を仮にそこにあるものと見なすことによって空想から容易に身分を転化してくる。その身分変更はある意味の現実化である。仮想のこだわりはその想像形成、あるいは想像する主体が足場を現実におくことにある。その想像は現実に身をおく意識を保ちながら、仮に一時的にふりをしたり、なりきることをする。その背景にはそれが遊戯であるとしても、そうすることの何らかの目的や理由がある。だから、空想のように自由に、無目的にイメージの世界を逍遥するといった営みは仮想それ自体にはない。ただし、一旦仮想された何者かが別の想像をするという二重構造の想像は容易に成り立つ。だから、その仮想の先には空想の世界が展開しがちで、実際には仮想と空想は隣り合わせになっていて混交的である。

仮想の範囲にあるかぎりその想像は現実に錨を下ろしている。だから、仮想現実（virtual reality）という概念があるが、これは基本的には冗長な表現である。仮想性（virtuality）ははじめから現実性（reality）を含意している。その錨を上げてしまえば、想像の船はすぐにも空想や幻想の大海へ出帆してしまう。したがって、はじめからありえないものとして描かれるファンタジーの世界は、仮りにも現実に想定しがたいものゆえ、これは仮想現実にはならない。

大砲の弾丸で月に撃ち込まれるヴェルヌ（J.Verne）の『月世界旅行』は空想世界の話で仮想現実の話にはならない。仮想現実の世界でアリスの不思議な国のように身体が伸び縮みするとすれば、それはすでに仮想された現実の向こう側に描かれた空想である。一方、宇宙飛行士にとって水槽のなかは月面の仮想現実になる。また、仮想現実の世界で億万長者になることや、三〇〇階建ての建造物をつくることはありえよう。こうした次第だから、河邊（2000）は絵画に表現される動きや立体感を成立させるイマジネーションを仮想と呼び、その成立条件や過程についての研究を紹介している。これは至当なのだが、その仮想を「現実から離れ、鑑賞者の心のなかに展開されている世界に依存した現象」としている点は惜しいところであろう。むしろ絵画という現実に描かれた形象に依拠して立ち上がる想像ゆえにそれらが仮想の運動であり、仮想の立体であり、仮想の合成体なのであってその仮想性の所以や条件を追う研究が開かれてくるのだろう。

Virtual reality はもともと日本語の適訳がむずかしく、これを主題にした学会の名称がそうであるように、バーチャル・リアリティとカタカナ表現される傾向がある。漢字で表現しようとするときは仮想現実のほかに人工現実感と訳されることもある。実際に大砲の弾丸に乗って月に打ち込まれたらどのような状況になるか、それをさまざまな仕掛けを使って模擬的に体験するとしたら、その即死につながる体験がまさに人工現実感としての virtual reality になる。ここでいう仮想はこの人工現実感をもった想像という意味に近い。だから、仮想は virtual imagination と表現できる。ただし、virtual image としてしまうと、これは伝統的に理学・光学の世界において実像（real image）に対する虚像を意味することばである。これはむろんここでの仮想の心像とはまったく異なる像である。

というわけだが、仮想がこだわる現実の世界や枠組みも、結局のところはわたしたち自身が知覚している世界である。つまり現実の成り立ちそのものが仮にそのように知覚されるとか、知覚されるはずといったところも含めた多様な仮想によってつくられている。なかには仮想の域を超えて幻想といえるほどの曖昧さを伴った想像によって現実が構成されることもある。だから、仮想がこだわる現実は、それ自身が仮想含みの現実という信念のフレームにほかならず、巨視的にみれば現実の足もとがゆらいでいて、これもまた空想のうちといいうるところはある。

その一方で知覚的な現実ではなく、物理的な現実を枠組みにして仮の現実を模型にしたり模擬することももちろんできる。この場合は理想と仮想が連携する。したがってそこから現実性をもって、つまり理想が仮想の手を借りて現実と折り合いをつけて描き出されてくる想像はわたしたちの知覚している現実感から遠のくことになりがちである。たとえば、まるでアヒルのくちばしのようなロングノーズの新幹線の先頭車両はわたしたちの現実感で想像する流線型からは、かなり外れている。しかし、流体力学にそくした仮想現実から最適解を導き出せばその一見奇妙なかたちに結果することになる。

また、理想の項の「理想と理想的」で述べたように理想そのものではなく、理想的なものと表現される対象がある。理想という想像は経験と切り離された理性が描く想像だから、そのなかには点や線のように、現実には像を描けない想像が満ちている。しかし、それを表現するうえではその理想像に近いものを描くことで代替的に表現する。これは事実上の理想（de facto ideal）だが、この場合、仮想が理想の仮の姿となって現実の表象にその想像をつなげている。このように仮想には自身の身分をあかさず、他の想像の黒子として機能するような役回りもみられる。

**社会的ふり、ごっこ遊び**

仮想の黒子としての働きは大学生のこの言葉に対する認識にもあらわれている。すなわち彼らの仮想に対する認知率は72％で比較的高い値を示し、存在の否認も5％程度に抑えられた。だが、自分でもよく使うかということになると、その肯定は約一割に留まった。つまり、ことばの存在は認めるが、普段は滅多に使うことばではないことがわかる。だが、では仮想という想像の営みそれ自体はどうか、といえば、これは空想に匹敵するくらい日常、当たり前におこなっている心的行為である。想像してやまない人間のその想像のなかでもとりわけお得意の想像種であり、それだけにそれをわざわざ「仮想」とは語らず「想像」といって済ましている。「もし～なら」「仮に～だったら」という仮定話法、「ば」をつける口語仮定形、いわく「晴れれば」「うまくいけば」等々、どれも仮想へのエントランスである。この扉はわたしたちの日常言語行為において実に頻繁に設けられる。「ねえ、想像してみてよ…」と上位概念を使って括っているそれらは遠慮深い性格の仮想にほかならない。

この仮想の黒子性は、人間の心的性質が他の動物から引き継いで、それを増幅させるかたちでおそらく本有的にもっていると思われる模倣、物真似に伴う想像として仮想があるから、心的過程においても基層のところで作動しているることにもよると考えられる。仮想のもつ「ふり」、みなし、見立ては人間の発達過程における想像力の発達においてもその初期の段階から顕著な振る舞いをする。すなわち、三〜五歳くらいの幼児期において想像力が大きく開花する際に、仮想は一連のごっこ遊び、社会的役割のふり遊びにおいて全面展開し、想像する動物としての人間を形成していく。

子どもは乳児の段階から盛んに遊びをするが、二歳くらいまでの遊びはほとんどが一人遊びである。むろん、その遊びに周囲の人間が介入することは多分にあるが、遊びの世界は乳児自身のなかで閉じられている。その一人遊びの過程の後半、一歳を過ぎたあたりから、人形のようなお気に入りの愛着対象との交渉が盛んになる。すなわち、人形に食事を与えたり、寝かせたりすること、あるいはテレビに映った登場人物の真似をするといった断片的で簡単なふりがあらわれるようになる。ピアジェ（J.Piaget）のいう前操作期（一歳半〜六歳くらいまで）の精神発達を特徴づける象徴遊びの始まりである。ウィニコット（D.W.Winnicott 1971）はその仮想体を母子未分化な状態から個人が分化していく移行を促す移行対象（transitional object）として位置づけた。移行対象は愛すべき対象だが、その運命はあくまで移行に際して用立てられる仮のものとしてある。この移りゆきの関係論はそれぞれの個人にとっての世界制作過程が仮想の関係を一時的な足場にしながら構築されてゆくまさに仮想現実であるという観点を提供してくれる。

三歳を越える頃から身体運動が多様になり、言語の発達も加速し始める。すると子どもは誰もが社会的ふり遊びという仮想に満ちた遊びをし始め、夢中になる。この遊びでは一人遊びを脱して、他者との社会的な相互作用が加わる。

遊びの参加者それぞれが役割をもって一定の文脈のもとでその役を演じあうごっこ遊びである。この他者には人形も加わる。人形は単に人型の愛着対象ではない。一人の他者としての人格が付与され、その人格に基づく振る舞いやおしゃべりが仮想される。こうして仮想世界はこともなげに重層化される。

ごっこ遊びの文脈に必要な道具も仮想の見立てになる。飛行機遊びなら「ぼくがパイロットでパパはお客さん」。大きなクッションが飛行機になる。この仮想では相手の役割が文脈に沿って理解されていて、その役回りまでを含んだ想像力が展開されている。したがって「今度はぼくがお客さん」という役割交替はこの仮想遊びの標準的なプロセスになる。

ままごとは漢字で書けば飯事であり、家庭生活の真似事、日々の経験をもとにした模倣行為の一面もある。だが、その模倣では行為の模擬にとどまらず、危険やスリルを直接体感するための冒険的なごっこ遊びも積極的になされる。物語やテレビで見聞きした未体験の感覚を仮想において同化しようとする。この場合、仮想が現実に足場をおいた想像であって空想とは異なる点が際立ってくる。すなわち、仮想としてなされるごっこ遊びは絵空事の空想遊びではなく、現実に投映される想像になっている。だから、現実において模擬行為され、その結果が想像で補われつつ経験されることになる。この仮想のもつ現実性はその見立てられる対象が多くの場合、現実の対象であること、またそうであるなしにかかわらず、その想像が単にこころのなかで想い描かれるのではなく、現実の対象（ふりの場合、自分自身）のうえに重ね描きされる点にある。これによって多少なりとも知覚はその見立てられた想像に融合するかたちで変容する。砂団子がおにぎりに、紙切れが紙幣になり、一本のマッチの火をとおして暖炉や家族の団欒が見えてくる。

ごっこ遊びをしている子どもたちには仮想や空想の区別など問題ではないから、その想像が仮想から空想の域に入って、そこでめくるめく自由な想像が展開されることも自然である。だが、仮想の基本はあくまでも現実に立脚した想像である。それが空想へと流れ出す一面は現実社会での経験が決定的に足りないために、多くを空想によって補う必要があることによる。やがて年齢を重ねるとともに経験が増していけば、社会的ふりはいつの間にか社会的相互作用そのもの、社会のなかで正当とか正統として規定ないし慣習化されている振る舞いに溶け込むようにつながっていく。

だから、成人後、生涯にわたって人間がおこなうあらゆる活動、遊びはもちろん仕事においてもその基底には、子どもの頃に最初に豊かに想像した社会的ふり、ごっこという仮想の営みが活き続ける。そこには個々人の想像経験の内容や量、その結果に伴った肯定的、否定的な感情や周囲への影響なども引き継がれるようである。発達過程における遊びの想像力と創造性の関係に追ったシンガーとシンガー（Singer & Singer 1990）はこの点に関連して、

「このような幼時の行動パターンがいかに早期に形成されるか、そして成長しても比較的一貫しているか、という点は実に印象深い」

と記している。

### 2・4・10 予想

【認知率96％ 意味了解率92％ 日常使用率82％ 存在否認率２％】

「経験の積み重ねによって、今より少し先の情景が目に見えることを「未来にはみ出す」こと、と私は呼んでいます。小説家の私には想像力ということが、仕事をなりたたせる上で中心の役割を占めています。

そして、「未来にはみ出す」心の働きも、想像力の一つです。これから一年後、十年後に、自分や自分の周りの世界がどうなっているか、それを考えるのは想像力を働かせることですね？ すぐさきのことに向けてそうするのも同じだ、といえば賛成していただけると思います。

想像力というと、まず頭で考えること、と感じられるかと思いますが、毎日の生活のなかで、少しだけ先にどういう情景があらわれるか。心を働かせるのも、想像力でやることです（大江 2003）」

仮想について語ったあとに予想（forecast）について述べるのは他でもない。予想もまた仮想と同様に現実に足場をおくという点で共通した想像だからである。ただし、仮想という概念そのものは黒子的で、それとして意識されずに働くが、同じ現実に足場をおく予想のほうは日常におけることばの運用意識が明白である。事実、大学生への調査結果では。予想は認知率や意味了解率はもちろん日常使用率でも高い値を示し、どの指標の値でも調査した想像種のなかでの順位は二位であった。空想や思想が認知率や意味了解率で予想や感想と並んでとても高い値を示しているのに、日常の使用率でははっきりと低く（50％以下）なっていることと比較すると、予想のこの点は示差的である。換言すれば、語彙が必ずしも豊富とはいえない現代の若者にとっても予想はとても身近なことばとしてあり、ほとんど常態的な心的操作として自覚的に使われているようすがわかる。これはあきらかに予想という想像の特殊性をあらわしているが、この点についてはあとで述べる。

予想はまだ生起していない先のことを想い描くことである。だから、確かに想像であるが、空想ほどの自由性はない。むろん、予想は卜占ともつながっているから、当たるも八卦当たらぬも八卦で、予想が実際とずれても予想としての身分を失することはない。つまり予想の見通しの範囲は想像の基本に沿った幅を備えている。この点で予想はノンフィクションに近い状態の空想と重なっている。しかし、それは交差的な重なりであって、空想の幻想的な曖昧さや到底起こりそうもないファンタジー領域の性質は予想の埒外である。予想の内容が現実にそくしていても幾度も外れれば「単なる」ということばを付加しながら空想へと転じることになる。予想には期待や希望が託されることも多い。その場合、それが外れることは失望を相伴い単なる空想どころか、幻想や妄想という身分にまで追いやられることにもなる。

もっとも想像が幻想性を帯びれば、当たらなかった予想もなにやら非現実的なことで、もしかすると実は当たっていたのかもしれないといった曖昧な気持ちを引き起こし、それが失望に対する心的浄化に幾分か貢献するかもしれない。だから、予想好きの人間にとって、予想に幻想性や狂想性が伴うことはむしろ外れるという予想の上にたった防衛機制として積極的に受容されることにもなる。未来を見通すことのいかがわしさに同毒的ないかがわしさを被せて予防線を張る。その結果、古くは陰陽師、現代につづく占い師、予言者から予想屋、あるいは予知能力者といった生業や業師には必ず幻想や狂想、極端には妄想の気配が顕示的に漂い、さらにはその人物そのものの異界性も調達されて、予想が外れたときは存在そのものを幻や狂ったものになしうるようにされてきた。

ここには根っからの予想好きである人間がそれを公言するに際しての心理的な機制の知恵を認めることができる。これにやや狡猾さが加わると、社会的な制度化をもっていかがわしさそのものに無理やり蓋をして別物を装うことになる。すなわち、同じ予想者でありながら、天気を予想し公言する場合はこれを予報と呼び、予想人とか予想者とは呼ばずに、予報官という官職の出で立ちをもって権威づけたり、予報士という国家資格をもって現実にそくした事実データにもとづく予測を報じる役回りであることが強調される。だが、それが当たったり外れたりすることは免れえないから、事実データと科学的分析と予測に依拠しようと、午後の風向きがどうなるかを語ることは予想を含むことに変わりはない。むしろ十分に怪しさを漂わさずに未来を語ることは想像行為への欺きにつながるとさえいえる。

この幾分、大げさに思える言明がそうでもないといえそうなのは、地震については地震予知ということばの使用が一般化していることでわかる。地震研究の専門家集団であるその連絡会は数十年にわたりむろん真面目に活動してきており、かつては総理府に地震予知推進本部なる組織がおかれていたことさえあった（二〇一一年現在それは地震調査研究推進本部に改称的に継承されている）。これらは科学的研究を基礎において地震の予測をおこなっているのだが、ことばによって宣言しているその「予知」とは基本的には霊能による超自然的観測、すなわちオカルト（occult）である（さらにいえば、地震予知連絡会の英文名称は“The Coordinating Committee for Earthquake Prediction Japan”となっている。prediction だから、あらかじめ語ること、予言の意味を強く含んでいる)。予測という推量は科学の仕事の一つであって、科学の目的の一つでもある。だが、あらかじめ知るという予知は科学に可能なことではない。だから、科学の仕事ではないし当然目的でもない。地震予知連絡会の長年にわたる実績が示しているように地震予知はできないという事実は科学と予知が結びつかないことを実証している[*41]。それでも臆することなく活動がつづけられているのはなぜかと考えれば、予知はもとからできないという前提があるからこそ、活動しやすいという含みがあるからかもしれない。これがもし地震予報や地震予想としてしまったら、それが常識的には当たることを目的にしている仕事の意を含み、少なくともときには的中する必要がでてしまう。予知ならば、はじめから人知を超えている行為なのだから、的中の実践とは別に接近に向けた研究が続けられるだろうというわけである。

**予想の霊能性**

もともと人は合理的に判断することが苦手である。たとえば確率的に生じうる最適解に沿って判断することやものごとの典型性に引きずられることなく一般的性質を把握することなどは苦手である。この点についてはジョンソン=レアード (Johnson-Laird 1983) やトゥベルスキーとカーネマン (Tversky & Kahneman 1983) などが巧みな例示とともに強調したことをきっかけにしてよく知られるところとなった。それらより少し以前に、たとえば寺岡 (1971) は「予想と決定」という話題を語るなかで、人間が知覚過程にみる錯覚だけでなく、思考過程においてもいかに不合理な判断をするかを確率対応やゲーム理論を使って要領よくまとめており、そのまとめ的な示唆としてつぎのように述べている。

「夫婦でも、友人どうしでも、もし、自分の利益が確保されてから共同の利益を考えようとか、相手の手を見てから協力するかどうかをきめようなどというずるいことを最初考えていると、気がついたときには共貧の泥沼にズルズル落ちこんでしまうことがある」

先に空想の項でみたユートピア共同体を現実世界で、しかも国家的枠組みで建設しようとしたほとんどの試みが、空想のかぎりで描かれたような微笑みに満ちたそこそこの豊かさには至ることなく、どうみてもそれと正反対の現実をもたらしたという歴史的事実は人間のもつ予想の特性が一つにはその共同体内部において、もう一つにはその共同体自体に対する予想において二重に作用した結果といえるだろう。というのは、はじめに触れたように予想は現実に足場をもっている。とはいえ、その想像が現実の延長線の先を描く以上は、純粋理性に適った推論に徹するか、経験則に依拠した学習行動に依拠することになる。だが、前者はすでに述べたように人間にとっては意外に苦手で、まさに理性のなす抽象の理想像としてはありえてもかたちのある予想の領域には入り込めない。だから後者の経験に依拠することになる。しかし、では強化が弁別刺激のもとに統制された行動の生起確率を上昇させるとした行動理論の予測のモデルと予想が重なるかといえば、現実の人間行動は行動工学の空想物語（Skinner 1948）に描かれたようには機械的に定まらない。その定めの予想が定めをずらすからである。

ヒューム（Hume 1733–40）は先のことは経験していないのだから、その領域に触れる想像力は経験を超えざるをえないとわかりやすく語った。予想は合理的判断と経験的判断のどちらも否定して、そのかわりに「必ず」とか「いつも」「きっと」などの表現を付しつつ因果の根拠を不問にして、神の領域からの預言となりうる霊能的性質を帯びがちである。ここには空想としてのユートピアを含みながら、すでにその次元を超えて人心を駆り立て導くだけの力をもった霊想としての予想の姿がある（霊想については2・4・15で検討する）。

だから、はじめに予想の内容に現実味がなければ、その想像は予想としての身分を失うと予想一般の性質を述べたが、予想が宿すそうした霊能性からいえば、予想される現実が一般的には到底起こりそうにない特殊性を帯びていても、それが予想であるがゆえに現実味をもって受容されるという背理も起きてくる。外れることの防衛機制として予想に能動的に幻想性を付与することが今度はかえってその幻想性ゆえに、おこりそうもないことがおこるようにもみえてくる。まさにミイラ取りがミイラになるかの事態である。それはわたしたちにとっての現実そのものが想像された知覚心像や記憶心像を多分に含んで成り立っているという想像の遍在性に依拠してみれば、理解できることである。現実解釈が想像域を過分に含む信仰の世界で展開される状況では、たとえば千年王国思想にみるような大がかりな予想が現実の延長として受けとめられることにもなる。

## 予想の起源

もっともこの予想が宿す霊能性は予想という心的機能がもともと人間固有のものではなく、また動物由来のものでもなく、人類がその発祥の時点で巨人族ティタン神の英雄プロメテウスから贈られた才能ゆえに、ときに生来の人間には制御不能な超越的な力を発揮してしまうことによるとみることもできる。むろん、これは神話にもとづく解釈だから、脇道の話になるが、プロメテウスにまつわる空想譚が古来、人類を惹きつけてきた事実に照らしてそこに語られてきた話の象徴的な意味は事の真相の何ものかを言い当てている可能性がある。よって余興まじりにここで少しこの点に触れておく。

## プロメテウスの神話から

プロメテウスは、ギリシア神話のなかでは人類にとって唯一の救世主で、わたしたちに火をもたらしたことで有名である。その出来事の発端はプラトンの『プロタゴラス』のなかでソフィストのプロタゴラスが紹介している。それによるとゼウスから地上の動物種族のそれぞれにふさわしい装備と能力を与える任を受けたエピメテウス[*42]は、地上の動物たちに公平にそれぞれの特徴となる能力、すなわち鳥には翼と飛翔を、草食獣には敏感さと逃げ足の速さを、と授けていった。すべての能力を与え尽くし終えたあと、ふと見るとそこに人間がまだ何も与えられずに丸裸で残されていた。エピメテウスが忘れたのであった。この仕事の検査役を引き受けていたのはプロメテウスであった。彼は裸体で自然の猛威に虐げられうごめいていた人類に同情し、天上の火を盗み出してこれを人類に与えた。人類は火を手に入れたことで暖をとれるだけでなく夜闇を恐れる必要もなくなり、同時にプロメテウスが授けてくれたさまざまな技術の知を活かして、調理はもちろん、金属の精錬など自然の素材を多様に加工することも学び取り、文明を開花させることになる。

ここからはプロタゴラスの話を離れ、紀元前五世紀のアイスキュロス（Aeschylus）の悲劇『縛られたプロメテウス』の話につながる。火を手にすることでなした人類の文明開化は世界の支配者にして自然の秩序を構成したゼウスにとっては気にさわることであるばかりか脅威であった。だから、彼は窃盗までして人類に余計なことをしたプロメテウスに重い刑罰を科す。すなわち、プロメテウスは地の果ての荒地の岩山につながれ、土石流や翼をもった犬や鷲に身を裂かれ、肝臓をついばまれつづけることになる。プロメテウスの肝臓は再生力が強かったが、それゆえに再生してはついばまれるという果てしない苦痛にあう（Kerényi 1959）。

アイスキュロスの悲劇ではプロメテウスはおそらくやがて解放されることになる自分の将来を予想できたためであろう、とんでもない責苦を負いつつもゼウスに謝罪することなく、その状況に身を任せておく。『縛られたプロメテウス』の範囲では結果がどうなるかには及ばず、プロメテウスの運命やいかに、で幕が降りる。だが、プロメテウス神話の続編では果たして結果はプロメテウスの予想どおりになり、責苦はヘラクレスによって救われ、のちゼウスとプロメテウスは和解に至る。もともとこのPrometheusという名はprom～theusで、先のことを考えて見通すという意味の合成語になっている。プロメテウスは火や技術とともにみずからの才能であったこの予想力も人間に伝えたとみられている（Kearney 1988）。これは人類が他の動物と一線を画し、文化を急速に発達させていく大本がこの先見の明を開く想像力の伝授にあったという見立てである。ただし、『縛られたプロメテウス』に依拠するなら、もう少しひねった事情がうかがい知れる。縛られたプロメテウスと劇中合唱隊との会話で、責苦にあっている事情をいろいろ尋ねあかすくだりで、いったい人間に何を与えたというのですという問いに対して、つぎのような会話がなされる。

プロメテウス「人間どもに、運命が前から見えないようにしてやった(著者注：運命について思い煩わないようにしてやった)」

合唱隊「そうした患いを癒すのには、なにを見つけておやりでした」

プロメテウス「目の見えぬ、盲な希望を与えたのだ」

合唱隊「大変役に立つものを、これはまた、人間どもにおやりでしたこと」

すでにみたように、人間は定めを知る予知能力に強くあこがれる。だが、それは全能の神ゼウスさえもてず、プロメテウスのみがもつ力、その類い稀な神的な力を人間がもてるはずはない。そのかわりにプロメテウスは仮にも未来が見えるようなことがないようにしたうえで、その日暮らしに陥ることなく、先々に不分明な希望（blind hopes）はプレゼントした、というのである。手が込んでいるが、これこそ移ろう想像によって先々のことを想い描く予想力にほかならない。この贈り物によって、予知にはいたらないが、たえずあれこれと予想してばかりいる動物、人間が誕生したというわけである。不透明な希望のもとに描かれるその想像は必然的に憶測や憶断を含むことになる。だから、その点を強調して憶想とも呼ばれることになる。

こうした次第で神話的にはつぎの二つのことが導かれる。一つには人間がもつ予想という心的機能はプロメテウスからのギフトに起源をもつということである。想像してやまない人間の、とりわけ予想好きの習性は人類の起源に遡ることができ、予想はさまざまな想像種の原型に位置づけられることになる。その一方で、その始まりが天上から盗まれた火とともにあったことから、予想とその基底にある想像力には合わせて窃盗の烙印が押され、神にも似た力をもって神が造った自然の秩序や調和を破壊する力、謀反の象徴となった。実際、プロメテウスが人間に授けた予想する力は神業を真似た想像にとどまるものであった。そのため、人が為す先見の明もサイコロ遊びの範囲に留まる。だが蓋然的であるがゆえに、当たれば思い上がりに通じ、外れれば思わぬ自然破壊のような読み違えを引き起こすことにもなる。ゼウスの憂慮と怒りの根もその中途半端な力に向けられたのかもしれない。だが、人類自身にとってもこの想像力をもったときから、将来の漠たる希望に支えられた不確かな像に対する不安が精神に潜在することになる。それが正負両面で人類の行動に影響を及ぼすことになったといえるだろう。それはパンドラの箱からあらわれた幾多の災いとも組み合わさっているのかもしれない[43]。

## 進化心理学的な見地から

つぎに視点を換えて、進化心理学的な見地からも予想の起源について考えてみよう。というのはこの観点からみると。その事の起こりはより広く想像という営みが人間の心的活動の基軸をなす契機ともつながっているらしいことがみえてくるからである。

現在明らかになっている人類進化の道筋によれば、ヒトが他の猿類から分かれて猿人となった時期は少なくとも今からおよそ四四〇万年前頃のアフリカであり、その大本はアルディピテクス・ラミダス（Ardipithecus ramidus）などのアルディピテクスと考えられている[44]。それに続いたと考えられるアウストラロピテクス（Australopithecus）についてては常態か否かは問題としても直立二足歩行の証拠が見いだされている。この二足歩行によって歩行機能から解放された猿人の両手は、必然的に周囲の物体に触れ、握り、操作するなかで、次第に触知機能を高めていったと考えられる。それが人間の心的機能の特徴の一つでもある多様な道具づくりや工作を導き、さらに創造性や想像力を培い、発達させていくことにつながったであろうことも容易に想像がつく。それと同時に二足歩行によって首が立ち、頭が肩の上に位置することによって喉頭領域にもたらされた大きな空間と自由な舌の動きなどの解剖学的な変化は、一般猿類とは比較にならないほど微妙に異なる発声を可能にした。それが工作に伴う多様な表象形成やその具体的な描出と結びついて言語が生み出されていったであろうことも多くの人たちが指摘し、同意してきた。

このようによく知られている人類進化のスクリプトでは、ヒトを他の動物から引き離し、人間の精神を導く契機になった事象として直立二足歩行と工作、そして言語を強調する。確かにこれらはいずれも人間を他の動物とは大きく異なる存在にしている特性にちがいない。だが、この「始めの一歩」から「文字の書き始め」に至るまでに要した時間をみると、化石人骨や足跡の確かな証拠に基づいてみても三〇〇万年以上に及んでいる。つまり、この人間特有の精神形成の脚本は途方もなく長い時間にわたる筋書きになっている。しかもそのあいだはト書きと動物同様の発声はあっても会話がない時間が気が遠くなるほど延々と続いている。だから、どうしてそれほどに長大な事実上無言の時間が必要であったのか、という単純な疑問が湧いてくる。しかしその問いかけにはじまり、その長き時間のなかで起きたであろう別のことに想像をめぐらせていくと、そこには人類の心の深層に刻まれたであろういくつかの革新的な変化に思いあたることになる。また、その革新が現代人の心的特性に確かに息づき、かたちを変えて表出していることもみえてくることになる。その変化とは何だろうか。

上で触れたように、直立二足歩行の証拠は少なくともアウストラロピテクスに遡ることができる。しかし、この時点での石器の出土は認められていない。では、自由になった手がごく原始的な石同士をぶつけて打ち割る程度の石器を作りだすまでにどのくらいの時間を要したのだろうか。一千年必要だっただろうか、一万年だっただろうか。現在の証拠によれば、最も初期の旧石器、つまり一片を打ち割ってつくっただけの原始的な打製石器（Oldowan 石器）が誕生した推定年代は二五〇万年前である。その間、少なくとも約一〇〇万年、アウストラロピテクス以前のアルディピテクスで直立二足歩行をはじめていたとすれば、その間は二〇〇～三〇〇万年となる。

つまり、初期のアウストラロピテクスは一〇〇万年以上にわたって歩行から自由になった手を、ほとんどただ、ぶらぶらとさせていただけであった。むろん手当たり次第に物を掴んだり、離したり、口に持っていったり、身体を掻いたり、相手を叩いたり、撫でたりと猿類一般にみられる手や腕の使い方はしていただろう。だが、その範囲を超え出ることは想像以上にたいへんなことだったとみえる。手をただぶらぶらさせながら、そのまま気が遠くなるほど途方もない時が流れた。その百万年〜数百万年のあいだにあってはごく普通の動物たちと同様、永遠の反復に等しい日常がつづいた。つまり、アルディピテクスやアウストラロピテクスといった初期人類、猿人たちの足は人になっても手は猿のままで、それまで以上のことはほとんど何もせずに終わったとみられる。

その手はもちろんチンパンジーもときにするように、石を握り、それを戯れに、あるいは道具的に使ったりはしただろう。だが、石は使えばそのまま捨てられて、存在そのものはもとのとおりの石一般でありつづけた。チンパンジーのするように枝を折り重ねて寝床をつくるようなこともしたにちがいない。だが、猿人のそれもまたすぐに自然に戻るような即席のものであっただろう。いってみれば環境に破壊的な操作、つまりなかなか元に戻らないような変化を加えない最も底深いディープ・エコロジカルな生き方が貫かれていた(のか、ただ続けていたといったほうが適切なのだろうが)。一言でいえば、猿人とはむしろ人猿と呼ぶべき存在であった。

## 石器とは何であったか

そういうところから、さらに進めて、あらためて石器とは何であったか、と問えば、その機能はやがては金属に引き継がれていく刃物を基本にしていたといってよいだろう。刃物、すなわち凶器はすでに存在するものを壊し、切り裂き、切り開いていく道具である。だから、石器の出現とはそうした行動の現出を意味している。それが石器出現以前の人猿と出現後の原人を決定的に異なる存在にした。人間以外の動物は刃物をもってはいないが具備している。肉食動物の鋭い歯はまさに刃物であるし、草食獣の角や牙もそれである。猿一般も鋭い犬歯をもつ。だが、その用途をみればわかるように、これらは凶器や武器ではない。そういうものとしてはきわめて使い勝手の悪い道具である。なぜなら、これらを使うには自分のだいじな頭部を先出しながら相手に接触しなければならないからである。だから、使うほうも致命的な危険に身をさらさねばならない。たとえ相手が弱者であってもこの直接の接触にはたいへんなストレスと労力を要する。ライオンやチーターが狩をしてその牙で獲物をしとめるまでに費やすエネルギーは、その消費を回復せんがために肉食にならざるを得なかったといってもよいほどであろう。冗談でいえば、喰っていくことに関してはのんきに草をはんで間に合っている草食動物の状況に嫉妬して噛みついているといってもよいほどのはずである。だからだろうか、賢そうな猿類は犬歯を威嚇用に残したものの、食性は植物を主体とした雑食に変えてしまった。

アウストラロピテクスはどうだったか。彼らの最大の特徴の一つは犬歯がきわめて小さくなり、あきらかにヒト型に近づいたことである。だから、この人猿たちは他の猿のように威嚇のために口を大きく開けることはしなくなったはずである。要不要で犬歯が小さくなったとはいわないまでも、口を開けても相手はその歯をみてひるむことがなくなった。反対にヒトは類人猿あたりから引き継いで、怒りや脅しよりも笑いや楽しさをあらわす場合に積極的に歯をみせ、あるいは口を大きく開く動作をするようになった。そこには「このとおりわたしは牙をなくしました」「わたしもです、このとおり」というメッセージ交換として人類が身につけた固定動作パターンを思わせるものがある。

だが、虚弱な猿が樹上から降りることでますます被捕食の危険を引き受けたにもかかわらず、生きるうえで相手を威嚇し、危険から身を守る所作が不要になったはずはない。つまり、アウストラロピテクスは犬歯を見せるよりも効果的なそれを手にしたのだということがみえてくる。それがまさにただぶらぶらさせていただけのその手であり腕であったと考えられる。怪奇映画に登場する怪人が脅しにかかるときのポーズ、柔道で相手に組み付きかかるときにとる威圧姿勢などにみられるように、両腕を横や上方一杯に広げる動作は、二足歩行動物にとってはとりあえず相手をひるませる威嚇動作になる。

代表的な二足歩行動物である鳥類にも翼をいっぱいにひろげて威嚇するポーズがよくみられる。鳥は翼を広げてばたつかせるが、ヒトも手を差し上げただけで、相手が逃げなければ、さらにその手や腕を振り回すことだろう。いじめられてどうしようもなくなった子どもが腕を振り回して相手に飛びかかっていく動作は先祖返りの動作の一つかもしれない。相手がとてもかなわぬ驚異の対象であれば、その手はそばにあるものを掴んで、それを不器用に振り回しもしただろう。木の枝を引きずり回して叩いたりすることで威嚇したり、気分をあらわしたりすることはチンパンジーにも頻繁にみられる。今世紀に入ってからにわかに街中に流行り出したキャリーバッグを引っ張りまわす行為も、おおかたその我が物顔の振るまいをみると先祖返りの威嚇行動があらわれているのかもしれない。その延長に暴走族がいる。人猿の場合、チンパンジーよりも一層自由になった手腕があり足腰があった。だから、何かを掴んで振り回すことは一段と大きな動きを作りだすことになったはずである。当然、勢い余って振り回したものが飛んでいくこともあっただろう。その偶然の出来事は、意図的にものを放り投げる動作につながる。そうなると威嚇の域を超えて、まったく新たな次元の攻撃行動に転化する可能性がひらかれる。だが、その転換は意外にも容易にはあらわれなかったようである。

地球上の膨大な数の動物たちは生存と直接関係するかたちでさまざまな攻撃行動を身につけている。だが、ものを投げ飛ばして攻撃する動物は人類の他にはいない（テッポウウオのような例外は別として）。腕や手の動作が比較的自由なサルやクマ、ラッコなどでも手にしたものを投げる動作は滅多にみられない。ましてそれを攻撃手段にすることはない。南米のフサオマキザルが両手で石をもって木の実に叩きつけて割る行動が観察されている。彼らには高いところから石を落とす威嚇行動も認められているが、持って投げる行動ではない。また、ときどき動物園のゴリラやチンパンジーが観客が投げ入れたものを不器用に投げ返したりする。これは閉鎖的な人工飼育環境がもたらす単発的なストレス反応と解釈できる。もし攻撃するつもりなら周囲にあるあらゆるものを投げつけてくるはずだが、そのような行動は生じない。つまり、ヒト以外の動物は投げる行動やそれを攻撃手段に用いることからは縁遠い存在なのだと了解できる。

アウストラロピテクスの時代であった一〇〇万～二〇〇万年のあいだも猿の犬歯の威嚇用途が自由になった手腕の動作に継承されたにとどまり、その矩を超えることはなかったとみられる。ものを振り回し、ときに弾みで投げつけることはあったとしても、威嚇や防御の手段に留まり、積極的攻撃には使われなかったはずである。その背景の一つには、常態的に肉を食べる必要がなかったから、そのための積極的行動、すなわち捕食行動にはつながらなかったということがあろう。仲間との争いごとも他の動物一般と同様で、相手が引けばそれ以上踏み込むことはなかった。現代の人類からすれば、徹底的に痛めつけなかったことは不自然なことのように思えるかもしれない。しかし、いわゆる人工環境になく自然と一体化していた人猿たちにとっては威嚇以上の必要はなかった。ただ、自分や自分の（それもおそらく一時的な）縄張りへの侵入を嫌うために、手腕をかなり不器用に振り回しているだけで十分であったと推察される。

## 投げることのはじまり

また、二足歩行をはじめたばかりの初期アウストラロピテクスたちの手腕は、想像以上にぎこちない動きしかできなかったとみてよいだろう。骨格筋の解剖学的な組織編成もそれらへの神経支配も含めて、ゆっくりと他の猿類からの特徴を受け継いだ状態が続いたはずである。だから、石や木片を取った手がそれらを投げる場合でも、驚くほど長い間はチンパンジーがするようにぶらぶらと腕を振って、主としてアンダースローで放り出すような動きしかできなかったと思われる。目標に当てるような投擲コントロールはほとんどできなかっただろう。それでも威嚇には事足りたはずだから、それ以上の発展や可能性は拓かれない状態が延々とつづいたと思われる。

人間が一人もいない地球をイメージしてみる。人工的な環境破壊とは無縁の緑の大地と海の生きものの楽園を想い描くことができるだろう。それは永遠ではないにせよ、今日では想像もつかないほどほとんど永遠につづくように思えるまさに宇宙のオアシスそのものといえるだろう。アウストラロピテクスが生きていた一〇〇万年以上のあいだは地上にまだヒトのいない文字どおりのエデンの園であった。

やがてきわめてゆっくりと、投げる動作に変化が訪れたと思われる。歩行動作から解放された手腕は他の猿にはない動きを可能にしたから、投げる動作と共に手腕に関係する解剖学的な構造も運動神経も自由度の許す範囲でゆっくりと変化していったはずだからである。アンダースローはサイドアームに変化し、やがてはオーバースローを可能にするように変化、発達していった。そのように考えられる根拠は手腕よりもむしろ足腰にある。

野球のピッチャーのフォームにあきらかなように、オーバースローでものを投げるにはかなり安定した二足立ちができ、その上で成り立つ脚、腰、肩の全身をつかった骨格筋の巧みな連携動作が必要になる。だから、立ち上がったばかりのアウストラロピテクスにオーバースローを求めることは、もともと身体構造的に無理である。オーバースローへの変化は彼らが森を抜け出し、平原を遠く移動しはじめることによって、長大な時間をかけて次第に足腰の強い個体が自然選択によって増えていくことをつうじて全体的に身体構造が変化していく過程を待たなければならなかった。人猿が生息していた環境は比較的資源に恵まれていたとみえ、いまのところ広範囲へ移動、分布した形跡はみつかっていない。だから、直立二足歩行をはじめたものの、主たる生息域は森のなかにあり、大地を歩みつづけることによる足腰の鍛練は生じなかった。そのため彼らはオーバースローができないままに終わったと推測される。もの投げがあっても威嚇と防御の範囲に留まったことになる。

## プロジェクト——投げることの革新性

アルディピテクスからはじまった人猿は少なくとも数百万年という長い間にわたって子孫を残しつづけ、今からおよそ二五〇万年前あたりに新たな属、すなわちホモ属、原人ホモ・ハビリスやホモ・エレクトスと入れ替わる。人猿やハビリスの化石人骨がもっぱらアフリカからの発掘にかぎられているのに対して。エレクトスの場合は北京原人やジャワ原人、トータベル人といった名で知られるように、広くユーラシア大陸に生息域が飛躍的に拡大している。つまり、彼らは森を出て、大地のうえを移動に移動を重ねた人たちであった。その理由の一つには厳しい気候変動があったと考えられている。生きていくための糧を求めて移動せざるを得なかった。おびただしい移動は足腰を鍛えた。

強靭な足腰ができあがることで投げる行為に革新がもたらされた。振りかぶり動作を伴うオーバースローの発現である。その投擲技法が可能になることで、ただ威嚇のために盲目的にものを放り投げるだけでなく、見定めた目標に向けて投げつける行為ができるようになった。すなわち、それは地球の歴史が始まって以来、はじめて現れた画期的な攻撃手段、前方の目標に向かってものを投げるというプロジェクト（pro-ject）の誕生であった。

　この投擲行動は足腰の発達とオーバースロー動作との共進化的な産物であった。この行動の発現を考えると、たとえ気候変動と資源の枯渇という理由がなかったとしても、原人たちが移動に焚き付けられたであろうことがみえてくる。つまり、威嚇や防御ではなく、積極的攻撃として対象にものを投げつけることで運動能力において自分たちをはるかに上回る相手、速く逃げる動物も襲ってくる動物も空飛ぶ動物さえも攻撃し、倒すことができるようになったのである。これにより、狩猟と食性、生息域に劇的変化がもたらされたにちがいない。肉食によってもたらされた脂肪と蛋白質は原人の身体構造をますます移動と投擲に適うものに変えていった。

　また、手にしたものを投げることは、たとえそれが何であれ、一度獲得したものを放棄することに対する心理的抵抗も手伝って躊躇、抑制される。だが、投擲による攻撃が獲物に結果するという経験は、手にしたものを一時的に手放すことがより大きく別の意味ある獲得物を手にすることにつながりうるということを学ばせることになる。獲物という一次強化子に対して石器は二次強化子[*45]だが、これにより獲物という強力な報酬に対する高次学習が開かれていく。認知的には石器と投擲が獲物への想像を喚起するようになる。こうして彼らは獲物を想い描き、追い、見つけ、狙って石器を投げつけながら、変動比率スケジュール[*46]のもとで報酬を得つつ、強い消去抵抗を伴う追跡を持続することになる。そうして移動するうちに、必然的にアフリカの大地を離れ、大地のつづくかぎり拡散していったと考えられる。

　このように考えてくると投擲は直立二足歩行や言語の始まりと同じかそれ以上に決定的な飛躍を人類にもたらしたことがみえてくる。クロスビー（Crosby 2002）はホモ・サピエンスを「二足歩行し、ものを投げ、火を操る動物」

と定義し、投擲力を人類進化の決定的な導き手として位置づけているが、ここでもその考えに同意する。ただここでは、単にものを投げるだけでなく、オーバースローで狙って投げることができるようになったこと、その基盤となる身体構造の変化がホモ属への進化ないし誕生を決定づけたであろうことを強調しなければならない。猿は直立二足歩行を始めて人猿になり、人猿は狙ってものを投げることができるように変化して原人になった。

二本足で立ち上がってからオーバースローで目標に向けて何かを投げるという行為が成り立つまでに数百万年以上もかかったというのはずいぶんと悠長すぎる見方に思えるかもしれない。だが、そのように巧みに物を投げる行為をする動物が人間だけであるという事実と、人類史初期の新たな行動様式の発現には、想像を絶するほど長い準備期間を要しているという事実、たとえば直立二足歩行を始めてから最初の石器が作られる（およそ二五〇万年前）までに要した時間にしてもやはり少なくとも一〇〇万年を要している。その初期の片方を叩き割っただけのきわめて原始的な打製石器の出現から、いかにも人の手が加えられたものと認められる道具的な磨製石器があらわれるまでにはさらに一〇〇万年以上、またそうした細工道具を作るようになってから文字が誕生するまでにはさらに一〇〇万年を要したという事実を勘案すれば、二足歩行をはじめてから、身体の解剖・生理学的変容を含めて巧みな投擲力を身に付けるまでに一〇〇万年以上かかったという推測はそれほど妙なことではないだろう。

## 狙って投げること

獲物を追い、狙ってものを投げはじめたホモ・エレクトスにはどのような革新的発達、すなわち進化がもたらされたのだろう。身体構造や日常行動にあらわれたであろう変化はすでにみたとおりだが、さらに神経系、ひいては精神にもたらされた重大な変化を推察してみよう。狙ってものを投げることは神経系に対しても骨格筋に対する制御力の他、さまざまなことを要求することになる。とりわけだいじな能力は「抑制する力」である。ここでいう抑制力とは抑えて揉み消してしまうような力のことではなく、抑えてそのまま保続する力のことである。この能力は一般に高等と称される動物ほど明白に高くなる能力である。高等とはこの種の抑制力の言い換えといってもよいくらいである。手にしたものを投げる。その作業に狙いや制御が加わるとき、神経系では興奮性の活動と共にさまざまな抑制性の活動が生じて、運動神経系への調整作業がおこなわれる。手にしたものをすぐに投げつける神経発動を強く抑制しつつ、目標に向けて投擲の心像を形成し、その調整をする。この心像形成はほとんど自覚できないかたちで進行する。目標が動体なら、投げどころを予想しながら待つという抑制もあるだろう。そうした多重的で微妙な抑制が解除されるとき、投げる行為は一気に発動し、ものが手から放たれて目標に向かって飛んでいく。おびただしい神経活動の抑制作用を経た結果としてのリリースである。したがって、目標への投擲という活動は、一時溜めて一定のイメージのもとに行動を調整し、発露するという心的な活動パターンの学習が形成される。それが別のあらゆる活動に般化していく。その般化の結果が種々の想像の展開をもたらすことになる。だから、人間の類い稀な想像力は対象を狙ってオーバースローで何かを投げるプロセスのなかで芽生え、育ったと考えることができる。むろんその結果として考える活動も促進されることになった。人類が考想をめぐらせ、思想を営むようになった源流には投擲における抑制作用の醸成があったというわけである。

アウストラロピテクスが威嚇でものを投げたり、手腕を振り回していたときは投げ飛んだものを目で追うことなどする必要はなかっただろう。相手が驚いて逃げていけば事足りたからである。だが、目標に狙らいをつけて投げることをはじめたとしたら、投げ飛ばしたものが狙ったとおりに当たるかどうかに行為の関心が向けられるようになる。こうして現代人も熱中しているあらゆる（とくに球技を含む射的）ゲームの原型が、ホモ属の誕生した二五〇万〜二〇〇万年くらい以前に誕生した。また、人間にとっての二次強化子といえば、貨幣があるが、貨幣に託された代理表象の起源は獲物に見立てた標的に向かって石を投げ始めたときに、そのこころに描かれた心像にあらわれたとみることもできるだろう。

ものを効果的に投げるにあたって生じる筋運動神経上の調節をわたしたちは自覚的には「投げ方」と称している。

その内実は無自覚的に形成されているプランニングである。このプランニングはおそらく中枢神経がおこなうことだが、その同じ調整が思考に般化すれば、一般に語られる計画、企画としてのプランニングとなる。つまり、これから為すべきことを事前に描いて調整し、考えることや行為することの組み立てをおこなう。しかも、そのプランの大方は今立っている場所とは異なる場所において。今とは異なるこれから先の時と場に向けて立てられていく。記憶の範疇でいえば展望記憶である。人間が得意とし、ほとんど嗜癖化しているとさえいいうる展望記憶の生成、スケジュールづくり、計画立案、未来予測、将来設計、それらを包含したプロジェクトという営み、それは原人が手にした石ころをいつもより遠くに投げ放った時に始まったとみることができる。だからプロジェクトは人間の由来ともなった精神の奥深いところからいつもわたしたちを突き動かしつづけているのである。

**投擲と予想**

展望記憶の始源はまた「予想」という想像の始まりでもあった。遠くに投げることに伴う神経系内の調整はおそらく運動神経系を中心とする予想回路の生成に帰着する。それは自覚的には予想ととらえられないとしても、同様の神経活動パターンの生成が知覚的な心像生成にも般化すれば先々に起きる出来事や行為の心像を自覚的に描くことにつながるだろう。それはすなわち時間と空間の表象操作にほかならない。遠くに投げることの神経回路パターンがその知覚的な性質を帯びた心像生成を促す。その時空間の表象に描かれる軌跡がすなわち予想である。本書では予想の英訳に“forecast”を当てたが、それは予想がこのようにまさに時空間的に前方に fore、投げ出すこと cast に始まったと考えられるからである。

ホモ・エレクトスたちは石を遠くに投げることで、同時にその先に起きること、起きたことについて自然に想像するようになった。投げられた石は投げた者を導く先導性を帯び、その移動に意味と価値をもたらすアフォーダンスをもつようになる。だから、彼らは石を投げた結果の命中報酬とは別に、投げた石自身にも導かれるように移動するようになった。石は単なる石から道具性を帯びるようになる。よく命中する石や思いがけない獲物を獲ることになった石は特別な意味と価値をもつ道具になる。それが昂ずれば道具以上の物神性も帯び、呪力を宿したお守りとして別種の霊的な想像力を解発することにもなったはずである。

むろん、原人たちの移動の過程は単に投石を追うだけではなく、マクロには彼らの移動時期に一〇万年周期で繰返された氷期によってその気候変動に押され引かれしつつの移動であったにちがいない[*47]。いずれにしてもその気候変動に随伴した移動の過程で食性も変化したに違いない。氷期の只中、氷に閉ざされた土地にあってはちょうど現在のエスキモーのように肉食中心にならざるをえなかっただろう。大型動物の狩と投擲力の錬磨も相乗的に発達してゆき、それらに伴って必然的に芽生え、発達することになった心的機能が予想することにはじまる想像力であったと考えられる。

長い氷河の時期と地域を生き延びて生息域を拡大しつづけた人類の手には石器と共に暖や防衛に役立つ松明が握られていた。プロメテウスがエピメテウスの仕事の監査のために地上に降りたとき、丸裸でうごめいていたのはおそらくホモ・エレクトスたちであったのだろう。時は新生代第四紀の前半、更新世、今からおよそ一七〇万年ほど前の時期である。この時期は別名グレートアイスエイジ、大氷河期にあたる。プロメテウスは凍える人類の窮状を目のあたりにする。矢も楯もたまらなくなり、天上の火をかすめ取って分け与えた。その結果どうなることかを見通しながらも実際そうしてしまったという話であった。

しかし実際、火は自然現象として雷などの自然火としてあったものだし、振りかぶり動作ができるようになった人類にとっては石器類の制作過程で火をおこすことを身につけ、すでにそれを操る術は体得済みであったとみることができる。ということは、ここで神話に始まった予想の起源に関する話を綜合できることになる。すなわち、プロメテウスとは原人が獲得し人類の由来となった火の操りと投擲能、そして予想する力という三種の神懸かりともいいうる能力の獲得を神格象徴化して構想した話であったというわけである。

## 予想の想像前駆性

その解釈でいえば、プロメテウスは想像力の淵源を象徴していることにもなる。何かを想い描くことは、いつも少し先の未来に向けての見通しに導かれている。その見通しとは予覚とか予表とか予感などとも言い換えられるが、見通しが何らかの心像形成を伴うとすれば等しくそれは予想である。つまり、プロメテウスの才、予想はあらゆる想像の基底的過程にあって想像の想像としての想像前駆（preimagination）的な役割も果たしている。もちろん、たとえば、小説において作家が文章にあらわした空想にしたがって、読者が自身の想像を働かせるような受動想像を考えた場合、その想像の前駆は作家の空想になるわけだから、それをそのまま読者の予想と重ねることはできない。しかし、実際の読書を思い浮かべてみれば、かような作家の空想と読者の受動想像の関係性はほどなく読者自身のストーリーの先読みとしての予想と作家の空想との絡み合いと同化の過程になる。さらにはその同化によって生じる読者の主体的な創造性が付加されて受動想像への調整という過程に変移していく。この同化と調整のなかに読者がなした予想通りの展開をみたときの快感や納得、あるいは予想外の筋立てに対する驚きと作者の空想に対する感銘や刺激や魅了が生じて読書は持続していく。だから、こうした想像の全体観的な過程においても予想が想像全体のつながりを随所においてつなぎ、先導する機能を果たし、想像前駆としての作用を担っていることがみえてくる。

受動想像とは異なり、想像する当人が新たに産出的な想像をなすような創造的想像にあっても、prefiguration（予感、前兆、予想）や prenotion（予感、予想）というべき想像の種子としての予想の働きを認めることができる。それが presage（予見、予覚、予想）や prospect（見通し、予見、期待）として見通せるかたちに想像が産出されていくという過程にも予想の想像前駆性は発揮される。むろん、創造的想像には要素としての想像の種子の組み合わせによって、その全体性に要素の総和を超えた新たな想像が生み出されることがある。この場合はまさに予想外の想像になる。だから、予想が宿す想像前駆性は想像の過程に普遍的な特性というわけではないが、多くの想像過程においてその働きを認めることができるはずである。この点は想像と構想の連繫作用における予期予定のゲシュタルトクライスという観点から8・2・2であらためて取りあげる。

### 2・4・11　虚想

【認知率29% 意味了解率10% 日常使用率1% 存在否認率9%】

「あなたの身体イメージは、持続性があるように思えるにもかかわらず、まったくはかない内部の構築であり、簡単なトリックで根底から変化してしまう（Ramachandran & Blakeslee 1998）」

「虚想」ということばはありそうだが、日常一般には使わないはずである。国語辞典にも載っていない。造語だからである。実際、大学生の反応をみても、このことばを日常よく使うという反応は誤反応と解釈できそうな1%という水準であった。しかし、認知率は30%ほど認められ、存在否認もおよそ10%に留まった。一方、調査における反応全般の適切性を判断するために設定したもう一つの造語「野想」に対する認知率は4%程度で、存在否認は半数に近かった。つまり結果として虚想ということばは誤認を導きやすかったのである。おそらくこれは虚像や虚構を思い浮かべての反応だったのだろう。だがそうであるとすれば、虚想は空想の同義語になるから、わざわざ造語するまでもない。それでもここであえて虚想という想像種を造語し新たに同定するのは、むろんそれが空想とは似て非なるものとしてとらえうるからである。

ここで「虚」とは実体のないことを指す。この場合の実体とは他に依存するものなくそれだけで存立するというデカルト的な実体概念に重なる。心的経験にそくしてより端的にいえば、実体とは自覚的な知覚いかんにかかわらず、もともとそこに物理的な存在があってそれにしたがって感知されているような対象のことである。そうした実体の姿かたちに関する実像に比較して、虚像（intangible image）は実体なしにつくりあげられる像で、しかも知覚経験として認知されうるものを指す。そうした虚像をつくりだす想像が虚想（intangible imagination）である。

ここでいう実と虚の像を分ける物理的な存在とは真偽とは無関係である。だから、ある物理的対象についての物理的な模像でもそれが物理的な対象であるかぎりここでは実像である。つまり、ある人物の絵も漫画も彫像も映像も当然その人物そのものではなく、偽りの模像である。だが、その像からの光線によってその像が知覚されるのだから、いずれも実体であり実像にほかならない。ここでいう実と虚を区別する大きな拠りどころは客観性や公共性の有無である。すなわち、類似の知覚器官をもっている人間であれば同意可能な同様の知覚を共有しうる何ものかは実像である。しかし、ある個人の知覚内にとどまり、決して他者と共有できない知覚像、公共性を欠いた私的な知覚像がここでの虚像であり、その心像形成にあずかる想像が虚想である。

虚想が空想と異なるのはその心像が知覚上、実体のように機能していて、主観的にその機能は実像と違わず、ときにはきわめて現実的に意味ある働きをすることとである。その典型をいえば、自分の身体像（body image）をあげることができる。身体像はたたずんでいるときでも運動しているときでも、いついかなるときにも、自分の身体について、その姿勢や位置、筋運動感覚的な状況についてほとんど無自覚的に形成され、意識下で認識もしている想像である。

実際にわたしたちは肩から下の部位、腹面を中心とした自己の身体についてはは視覚的にその像を知覚できる。けれども、現実の身体運動において機能している自分の身体像からすれば、そのように視知覚ではっきり知覚できる身体像はいつも補足的な役割を果たしているにすぎない。これはスポーツをはじめ、日常のあらゆる動作全般についていえることだが、とりわけそれが習熟したもの、高度といわれる領域になるほど、視覚的、意識的に確認しつつ自分の動作を導いていくことは追従的な確認として背後に回るか、ほとんど意味をなしていない場合が多くなる。このごく身近な経験からもあきらかなように、そこでは見たり触れたりして確認できるような知覚像とは別の無意識的な想像のなかで形成されている身体図式（body schema）や身体的自己（physical ego; Neisser 1976）ともいうべき身体像があって、それが動作の導き手として機能している。

このガイド役の身体像は自覚的な過程の背後で働く、いわば自律性の高い想像過程で担われている。よって意識的には個々人内部の虚像として位置づけられる。この虚像は自覚的には虚であるが、自己の動作を淀みなく遂行するために形成されているのだから、自画像として描かれる視覚的な自分の姿などよりもずっと輪郭や大きさにおいて実体にそくした正確な像になっている。しかも、身体はいつもさまざまな動きや姿勢をとっているから、像は決して固定してはおらず、想像過程の特性そのままに流動的に変容している。

このことはごく簡単に確認できる。目を閉じてから自分の鼻先に左手の薬指の先をあててみる。左利きの人は右手の薬指がよいだろう。目を閉じたら手を動かす前に、一旦その動作がどれくらい適切にできるか想像してみる。すると少なからず戸惑いを感じるにちがいない。もしかすると意図してそのような動作をするのは生まれて初めてのことかもしれない。だが、やってみればこれはいともたやすくできる。こうしたたわいないことが大脳基底核や小脳、あるいは大脳の右の運動野や下頭頂野などに異変があれば、とても苦労する動作になったり、とうていできない芸当になったりする。つぎに再び目を閉じ、今度は首や腰を上下や左右にと大きく動かし、しかるのち改めて鼻先に指先をもっていってみる。多少のずれは生じてもほとんどの場合、難なく指は鼻先に当たるだろう。こうした行為は身体像というはっきりそれとは自覚できない虚想を、かなり正確なサイズで自分のなかに形成していて、それを姿勢変化に応じて適切に変化させる自動的な作用なしにはできない。

そこであらためて考えてみる。この動作は初体験だったかもしれないのに意外なほど簡単にうまくできたのはなぜか。この動作は閉眼でおこなっている。だから薬指は視覚による誘導を受けていない。それでありながら鼻先に指先をもっていくには何が必要だろうか。何よりも自分の身体の構造、形態に関する心像が必要である。その像はおそらく筋や関節などに無数に仕込まれている自己受容感覚器から時々刻々と伝えられている現在の自分の身体の姿勢、ありよう、つまり鼻先と左手薬指との関係に関する相対的な位置や状態、頭部の位置や方向などなどからできている。これを「おそらく」といわざるをえないのは視覚的に描かれた像ではないため視覚的形態としてこの像を知覚することも意識することさえもできないからである。つまり、この像の存在は認識できない。だが、この像がなければ閉眼で鼻先に指をもっていくことも、痒いところを掻くこともできないはずである。

視覚の成立や機能発現にとって触覚や自己受容感覚との関係で知覚と運動が協応する経験が不可欠であることはすでに幾多の実験事実があきらかにしてきた（e.g.,Hein & Held 1967; Held 1965）。それを踏まえると、視覚それ自体は視覚がかかわる機能の発揮において主翼を担っていることはあきらかだが、その翼だけではどうにもならず、航路図やコンパス、あるいは尾翼ともいえる心像が必要になるということだろうか、その心像形成にあたっている想像が虚想である。

## 幻肢

ここまでにみたように、虚想は自律的な想像で、虚であるためにその存在や働きが意識されがたい。だが、この想像は認識の基層というべきところで常態的に形成され、わたしたちの認識や行為の基盤として働いている。そのことは非日常的な極端な例であらわれる虚想の強靱性をみるときに思い知らされる。たとえば、幻肢（phantom limb）はその典型例である。これを幻想肢と呼ぶこともあるが、幻想とはあとでみるように、あるようでないような陽炎のごとき像を特徴とする想像であるから、幻肢のありようには適合しない。幻肢では消失した肢にただならぬ存在感を得て、多くの場合、そこに痒み、しびれ、ときに堪え難い痛みを感じて苦しむことがその特徴になっているからである。つまり、あるやなしやの曖昧さという幻ではなく、明々白々存在しないところに明確な存在感をもった虚の像を感じざるをえなくなる。痛覚を伴う幻肢は古い文献では調査上の不備もあって稀に起きることのように記されているものもある。しかし、現在ではその発生率は60～80%と高率で起こることが確認されている。そのうちのおよそ半分では間欠性の痛みが数年以上にわたり持続する（Nikolajsen & Jensen 2001）。しかも地域によっては主として対人地雷による被害で幻肢痛の絶対数も決して稀ごととはいえない実状がある。その苦痛は実体のないところから来る疼痛であるため、直に患部を手当てしたり、癒すことができないという厄介な事態に陥る。それは普段、寡黙に働いている虚想が突然顕在化し、存在を訴えるという様相である。この現象を初めて記述したのはアンブローズ・パレ（Ambroise Paré）というフランス王室の外科医で一六世紀のことといわれている。それ以来五〇〇年になる現在、いまだその虚想形成や痛覚発生の機序は明確とはいえず、そのため治療法も決定策がないままにある。まさに虚を追うことのむずかしさがそのままにあらわれているという状態である。

もう少し踏み込んでみよう。幻肢の原因としてかつては失われた腕や足に対する思慕がもたらす幻であるとか、切断前の感覚や痛覚の記憶が想起されているとか、切断端にできた神経腫によって神経が過敏になっていて、痛覚もそれに由来するといった複数の仮説が立てられてきた。だが、思慕については精神の状態との相関が認められず、精神状態が相当程度に安定したあとでも幻肢が持続したり、切断から数年、場合によっては数十年経ったのちに現れてくる場合もあることから否定されている。また、切断前の痛覚の蘇りについては切断前の肢の痛みの程度と幻肢痛の痛みの程度には弱い相関が認められているものの、切断前に痛みがあることが幻肢痛発生の条件になっているとはいえないことも確認されている。切断端の神経腫原因説については、それにもとづき神経腫を切除する対処がとられてきた。だが、結果的にはますます肢体を切り詰めることになるだけで幻肢発生の解決にはならないことがわかり、現在では否定されている。

原因として有力視されている見方の一つは中枢説である。失われた肢に対応する体性感覚中枢の担当部位では求心神経が縮退することから、その部位に近傍の神経が侵入してきてあらたな神経接合が形成される。その結果、幻肢感覚が生じるという解釈である（Ramachandran et al 1992）。たとえば、腕の場合、大脳体性感覚野の近傍領域には顔の頬や顎の感覚に関与する神経がある。それらの神経が失われた腕に関わっていた中枢神経の領野に入り込んできてあらたな回路を形成する。その結果、頬や顎を動かしたり、そこに何かが触れるたびに腕に存在感を得て感覚がもたらされるというわけである。実際、頬に垂れた水滴の感覚がそのまま幻肢にも感じられるといった現象が見いだされている。

こうした体性感覚野での神経再構築はfMRIなどの脳画像でも確認されてきている。また、他の身体領域の処理を担っている神経の侵入による神経再構築は痛覚の発生とも相関関係が見いだされている（Flor et al. 1998; Grüsser et al. 2001）。たとえば、フロー（Flor 2002）は上肢切断により幻肢痛が生じた患者と幻肢痛がない患者、および切断肢のない人がメトロノームに合わせて口をすぼめる動作をおこなったときのfMRI画像を比較している。結果は幻肢痛が生じている患者にのみ、口に関連する領野だけでなく手に関わる体性感覚領野全体が活性する様子が見いだされている。したがって、幻肢痛と中枢神経での回路の再構築の関係はあきらかなようである。ただし、それがときにはげしい痛覚発生をもたらす理由についてはまだわかっていない。

この中枢での神経の再構築についてみると、神経分布に関して口や唇の領域は手指の領域に近傍しているとみることもできるが、必ずしも隣接しているわけではない。実際の脳表面における距離にして少なくとも数センチメートルの隔たりがある。したがって、物理的に空いた隣に側枝を延ばして侵入したというよりも、求心性の入力が突然失われた大きな体性感覚領域、とくに手指の部分の領域がその入力の待ち受けをある程度満たせるだけの再構築を必要としている状況がある。したがって、身体表面領域から同量の求心入力を受けている近傍の中枢領域といえば、手指の場合は口唇の領域が相当するという事情のあらわれなのかもしれない。

メルロ＝ポンティ（Merleau-Ponty 1945）は幻肢を考察の材料にした際に、

「腕の幻影肢をもつとは、その腕だけに可能な一切の諸行動に今までどおり開かれてあろうとすることであり、切断以前にもっていた実践的領野をいまもなお保持しようとすることだ」

とみた。彼が見通したように実践的であろうとすれば、上肢でもとくに腕よりも手指がその触覚的敏感性に対応して体性感覚野でも担当領域が格段に広くなっている。このことから、そこに同様に敏感な口唇領域の神経がある程度の隔たりを越えてあえて再分布するという状況は納得できるところとなる。また、幻肢痛自体は上肢上端で切断した場合でも多くの場合、切断部よりも最も遠い位置にある（虚としての）手指に生じるという事実、あるいは時間が経つにつれて幻肢の腕の部分の感覚は消失して、手指が切断部に直接入り込んでいるように感じられるという「のめり込み現象」が生じることも手指における触知の実践的な優先性を反映しているといえよう。メルロ＝ポンティはつづけて次のように表現している。

「身体とは世界内存在の媒質であり、身体をもつとは、或る生物体にとって、一定環境に適合し、幾つかの企てと一体になり、そこに絶えず自己を参加させてゆくことである」

虚想が強い現実性をもって作用する背景には、一つにはこの世界に開かれてある身体が媒体になり、多くの想像が主として視覚や聴覚の遠刺激による知覚心像において想い描かれるのに対して、虚想は触覚や自己受容感覚のような近刺激による直接的な世界の想い描きに重なることがある。そのためその想像の現実感の強さが実際の痛みとなって立ち現れるようなことがあるのかもしれない。虚想は開かれてある身体において公共性を欠き閉じた世界に形成されるが、痛覚もまた虚想と同じ性質のもとにある。

ところで、先天的に四肢を失っている場合も一般に幻肢が認められるという。この場合はかゆみとか痛覚の発生というよりも、動かしてしかるべきときに動かしている感覚がするといったかたちで存在感を得るらしい。典型的には会話をしているときに腕や手を動かしての身振り、手振りをしている感覚が得られるという。このことは虚想にとって示唆的である。「とても大きな」とか「この先をまっすぐ」というようなことを言おうとするとき、わたしたちは発話とともに両腕を大振りに回したり、前を指さしたり、手がふさがっていれば顎をつき出してみたりする。一見それらはことばを補助する動作のようではあるが、実際のところは身振り言語としてことば以前のことばとして生じているといってよいのかもしれない。そのことはことばの通じない人や動物との間でわたしたちが頼るコミュニケーション手段や、ある条件においてことばがむしろ邪魔であるような場面でのコミュニケーション、あるいは手話などをみてもあきらかである。つまり、言語機能はことばの組立や発声という言語中枢的な発話機能と同時に、というよりもむしろ先んじて四肢の運動中枢とのあいだに神経連絡をもっていて、その四肢の運動中枢は表現したいことがら（たとえば、大きいとか向こう、とか）を身体表現するのだろう。

むろん、この幻肢の運動感覚は言語に関連しない場合でも何気なく手を伸ばしてものを掴もうとする場合などでもあらわれるようである。それが先天的に四肢を失っている場合でも生じることから、少なくともこの虚想は先験的に中枢神経系内部で成立していることがわかる。

とはいえ、この先験的な虚想は決して固定的なものではなく、経験に対してはきわめて短期間に可塑的に変化していくようである。たとえば、幻肢が認められるケースのうち三分の一程度は幻肢に運動感覚が生じていないという。これはたいてい当該の肢体を失う前に、治療のためにその肢体をギブスなどで固定していた場合に起きるようである。つまり、四肢の運動に伴う中枢へのフィードバックが極度に制限される状態が続き、そのまま永遠にそれが来なくなると動かない幻肢の像が固着するらしい。ただし、これは一般的な幻肢痛とは関係がなく、むしろ動かない幻肢がある患者の場合はたいてい苦しいほど曲がって固着したままの幻肢があらわれ、その硬化がたいへんな苦痛になるという。少なくともその苦痛は幻肢の虚想が動かせれば改善されるのだろう。だが、もはや失われたところからのフィードバックは肉体を通じてはもちろん、視覚的にも求めることができない。そこでラマチャンドランは、患者の前方向に鏡を縦に入れた箱を患者の胸につけたうえで、損傷を負っていない手をその箱のなかに入れ、その鏡像の動きを患者が幻肢と重ね見るようにすることであたかも幻肢が運動しているような視覚フィードバックを与えてみた。するとこのとても簡単な仕掛けによって固着していた幻肢を虚想から解放することができ、それに伴う硬化の苦痛も解消できたことを報告している（Ramachandran & Blakeslee 1998）。虚想の見えないがゆえの頑なさを現実に根をおいた仮想の見えるがゆえの柔軟さをもって解決したというこの話は、現実に足場をもった仮想をもってそれのない虚を制するという話であって興味深い。また、想像のなかで生じている現実の苦悩をその現実面から対処するのではなく、同じ想像によって解決するという想像の次元での共約性も映し出されている。

## 左半側無視

幻肢のように、実体がないところに激しい痛みさえ伴った存在感を得るという事実を前にするとき、わたしたちが目で見て確認している身体そのものがまさに想像の産物であって、現実的に動いたり感じたりしている基盤はその見えている像とは別の、視覚からすれば虚像といわざるをえない虚想による身体像のほうかもしれないとも思えてくる。結局、デカルトの懐疑のように、思うわたしこそがわたしの存在の核になっていると思えてくる。それは人間心理の基底にある想像の働きをあらためて感じさせるものだが、そのことを極度にあらわす例として、もう一つこれも日常一般からは外れた虚想の例だが、1・4・2で少し詳しくみた大脳皮質の右頭頂葉損傷でしばしば発現する左半側無視の現象を簡単に確認しておく。ラマチャンドランとブレイクスリー（Ramachandran & Blakeslee 1998）は典型的な左半側無視の患者との会話を紹介している。これが確認作業に役立つだろう。この患者（ドッズさん）の脳損傷は左半身麻痺を伴っているケースだが、左半側の状況が無視されるため、結局、自身が麻痺している事実も認めなくなるか、理由をつけて不自由な事態を合理化しようとする。この無視は知覚障害としてあらわれるのではないので、患者には左半側が見えないという意識はない。左側を無視しているという自覚があれば、左側に意図的に注意を向けて身体を動かすなりしてチェックすればよい。だが、そもそも左側への関心も意識もなくなっている。そのため運動も含めて右半側で世界全体が成立し、そのなかで意識的な統一感が得られている。そうした患者とのやりとりである。

「ドッズさん、右手で私の鼻が触れますか？」

――彼女は何の支障もなくそれをした。

「左手で私の鼻が触れますか？」

――彼女の左手は麻痺したまま身体の前に置かれている。

「ドッズさん、いま私の鼻に触っていますか？」

「ええ、もちろん触っていますよ」

「実際に触っているのが、自分の目で見えますか？」

「ええ、見えます。先生の顔から一インチと離れていません」

(Ramachandran & Blakeslee 1998 より)


患者の左側でのものごとは想像のなかで成立している。当人にとってはまったく実体的で強靭な自分の身体イメージができている。それは虚想の特徴である。ギャグでもブラックユーモアでもなく、こうした会話が成り立つことをみれば、幻肢にあっては他の身体部位からの触覚情報が手指の触覚処理を担う部位に流れ込んでくる状況になっていて、しかもその手があるようにも感じられる。それなのに、そこに手がないとなればひどい痛みが発生するのも当然と思えてくる。

半側無視の場合は視覚的にも状況を無視している。だから、虚想で成立していればそれが実際の行為として想像上納得される。基本的に人間は見たいように見、聞きたいように聞いているものだが、その想像のあとには知覚的なモニターが追従する。この場合はそのアフターがなく、代わりに想像が補っている。全面的に想像が知覚を凌駕するようになれば妄想状態となるが、この場合は普段の知覚を介する認識と行為が右側の世界については十全に成立し、左側の想像世界は解釈の範囲に留まっている。

## 無心像想像

おしまいにもう一つ虚想の例示として、無心像思考（imageless thinking）における想像、いわば無心像想像（imageless imagination）というべき虚想について触れておく。二〇世紀初頭にキュルペ（O.Külpe）、アッハ（N.K.Ach）、ビューラー（K. Bühler）など、ドイツのヴュルツブルク（Würzburg）大学の心理学者たちを中心にした研究者たち（ヴュルツブルク学派）は、ヴント（W.Wundt）が要素分析の対象外とした思考過程について、それでもその要素を見いだすべく内観法（組織的実験的内観法）による実験を繰り返し試みた。その結果、内観報告からは連合主義が語ってきたような感覚印象の残存としてある心像や観念連合が定かにはあらわれることがないまま思考がなされ、反応にいたるケースが認められることをつきとめた。これを彼らは心像を伴わない無心像思考（imageless thinking）と呼ぶようになる。

たとえば、課題の教示が与えられた被験者は特定の対象に対する観念や感覚、感情とは基本的に異なる無心像の、いわば意識の構えを形成する。これは思考過程の進行に対して一定の方向性をもたらす。被験者はこの意識の傾性に沿って課題を実行しうるというのであった。ただし、ヴュルツブルク学派の人たちがおこなった研究は内観報告が実験直後でなかったり、被験者が数名しかおらず、しかも多くの場合、実験者自身を含む研究室の人間たちがその役を引き受けてもいた。実験心理学の常識では到底考えられない特殊な実験事態だが、知識と経験のある被験者のほうが信頼できるデータが得られるという理由から、そうした方法がとられていた。したがって、彼らがおこなった実験結果を根拠に無心像思考の存在を語ることには無理が強いられる。しかし、彼らの提起したことの可能性はそのモデルとともに考察に値するものがあり、実験方法の不備からその全体を葬り去ることはしがたい。

そこで、彼らのアイデアをもとに少し考えてみたい。ヴュルツブルク学派の人たちが問題の焦点にしたことの一つは、意識の構成要素として感覚、感情、心像、観念などの存在と機能を仮定することに対する疑問であった。それらを完全に否定しないまでも、意識には構成要素とは異なったもっと動的な意識態（Bewusstseinslage: consciousness attitude）と称すべき状態があり、かたちとしては漠としているとしても心的な構えや志向性のようなものがあるのではないかということ、そしてそれが行動の決定にそれなりに作用しているのではないかと考えたのである。これがある程度明示的な心像を伴えばすでにみた志想というべき想像となる。だが、意識態の場合はおそらく志想手前のきわめてかたちあいまいな状態である。ものごとを考えたり、なしたりするときにその背後で支援的に方向づけをしている状態というところだろう。とはいえ、心像一般は基本的にはかたちが定まらない曖昧なものであるから、意識態は心像とはっきり分け隔てられるものでもないだろう。かたちなき心像は矛盾ではなく、むしろ不定流動は想像の基本である。よってその性質の極度の状態を無心像想像と呼ぶこともとくに差し支えなく、おそらく意識態はそこと重なるかつながるはずである。

この無心像想像に近いものとして既知感（feeling-of-knowing）をあげることができる。わたしたちが何かを知っているという意識をもつときは、ある程度の確信をもってそのように感じる。だが、その確かさはむろんその知っていることが本当に（適切に）知っていることとは別にある。またそれ以上に、知っているといいうる程度に表現できるか否かにも関係なく感知される。知っていることをうまく表現できないとすれば、客観的、表面的にはその知っていることの心像をもっていないこと、つまり事実上、知らないことになる。だが、それでも表現できる手前で漠然と、知っているという感じを掴んでいる状態がある。その既知感は知っているものごとに達する想像の進路や枠組みを得ている状態ともいえるだろう。これもいわば無心像に進みうる思考の例であり、この feeling-of-knowing もまた虚想の一つといえる。

実際のところ、わたしたちの記憶のなかでも一般に意味記憶と呼ばれるような細かな知識の数々は一時的には確かなかたちをもって残ったとしても、やがてそのかたちは薄れ、容易には再生されなくなる。だが、そうした具体的な記憶の虚像は残るためだろうか、確か知っていたという既知感はかなり長く残留する。そのため、再生はむずかしくても想起手がかりが与えられる再認では比較的うまくヒットする（e.g.,Nelson et al. 1984）。その際、すっかり忘れてしまったものであっても、なんとなくそれらしいものが潜在記憶の水準でプライミングとしてヒットすることも、虚想的な黙示心像の作用とみることができる。

既知感にはむろん記憶の残滓や、曖昧、中途半端に知っている状態の観念や心像ということが相当程度あるだろう。だが、そうしたものとは別の本源的な虚想としての feeling-of-knowing もありそうである。たとえばユング（Jung, 1944）は錬金術一般にみられる秘密めかした物言いを検討するなかで、それが意図した秘密ではなく、当人たちにとってもそうでしかありようのないことがあるのではないかという見方を示している。

「「ひそかに」、すなわち暗示的な形では知っているが、根本的には未知であるような事柄や事実」

である。本書ではここまで何度か神話をとりあげてきた。それは神話表現に込められた意味も神話の働きそのものが、空想に託して伝えざるをえないことがらをあらわす虚想の知であるという見方に立ってのことであった。

空想のもつ自由性は虚想としての知の埋め込みもまたおこないやすくする。明示的なかたちをもって表現された空想の描く具象像に対する虚像も空想という自由空間であればこそ投写しうる可能性に開かれている。近松門左衛門が語った虚実皮膜に立ち現れる真実もブレヒト（B.Brecht）が強調した異化効果（Verfremdungseffekt）も真実があらわに見える像から少し外れ、虚を背後におき、実と虚を架橋するすがたをとっていることの意味を、想像の身体表現である演劇において掴んだ真相であったといえるだろう。

### 2・4・12 瞑想

【認知率90％ 意味了解率67％ 日常使用率13％ 存在否認率１％】

ここでは瞑想を大きく二つに分けてみる。一つは一般に瞑想（meditation）といった場合に指す意味である。その場合、典型的には精神を一つの心像に集中していく行為を指している。ただし、瞑想の場合、その心像の想像行為そのものはむしろ二次的で、まずはその想像に向けて心身の態勢を統一することに重きがおかれる。それだけにその前提となる精神の集中の方法をめぐって、瞑想法が主題化される。

多種多様な想像のなかでもその仕方において主題になるものは、瞑想法のほかではせいぜい精神分析において自由連想法があるくらいである。ただし、これはその専門領域のなかでのかぎられた話であって、一般に連想法なるものがあるわけではない。瞑想法の場合はとくに幾多の宗教のなかでそれぞれに特殊専門の方法があって多様である。しかも程度の違いはあるにしても、神や仏、浄土といった少なくとも超越的存在への接近をはかるうえではほとんどの宗教に瞑想の過程があって、その意味である程度明確な目的と方法を伴う想像という点では多様ななかでにも共通性がある。それがこの想像の特徴になっている。

そもそも英語表現されたときの meditation の語源、ラテン語の meditatio は準備とか心身の鍛錬を意味することばである。つまり、メディテーションは本来的に鍛練、修練、訓練と対になった想像概念としてある。遊ぶことも含めてあらゆる精神作業に伴って必要となる注意の集中は広く一般の生活世界でも人びとの関心事である。それだけに、実践しているか否かは別として瞑想は比較的多くの人にとって身近なことばになっている。実際、大学生の反応も日常の使用についてはー割程度であったが、認知率は約九割でとても高く、ことばとしての存在の否認は１％にすぎなかった。

ここで瞑想法の具体的な話はその方法を説く幾多の書籍やビデオに譲るが、その基点となることだけに触れれば、それは瞑想という漢字が直接的にあらわしている。すなわち「瞑」とは目をつぶることを意味している。これは視知覚を遮断したうえでの想像が瞑想の少なくとも初発的な基本要件であることを宣しているといってよい。視知覚は見るということと共に注意や運動に直接的に関係している。したがって、視知覚を意図的に遮るということは注意機能の一つである視覚的に検出可能な外界の変化に対する注意を停止することになる。これは言い方を換えれば外部記憶へのアクセスを切ることである。そのことによって、おのずとその分に振り向けられている心的資源を内部に向け換え、想像過程に投入することを可能にする。また。同じように視知覚の遮断によって移動を中心とする運動は大きく制約されることになる。自然と身体は静止に向かう。運動に伴う外界の変化、その変化への注意の移動、配分、選択というめまぐるしい心的処理の状況を一方におけば、それと正反対のこころの状態が目を瞑（つぶ）ることによって生じてくる。そのまま自然にまかせていれば、次第に意識の覚醒水準は低下し、やがて微睡むことになるだろう。だが、意図的に覚醒水準を維持ないし高揚させていれば、視知覚に伴う注意や運動に用いていた心的資源を、律動化したり緩徐化することで心身の安定化を図ったり、問題解決や心像への振り向けによって、知覚入力を必要としない想像を展開できるようになる。

だから、瞑想そのものはこのように実に単簡に目を瞑ることで、必然的に少なくともその導入過程には入れる想像である。ただし、瞑想は心身にさみだれのように注ぐ刺激を少しばかり遮蔽して、その結果としての注意資源の集中を導くことを前提としたその先の想像過程のことである。だから、導入から先は、ある目的化された心像へと収斂的に深化する想い描きの営みになる。よって、瞑想の過程は心像が自由自在に変転、展開する空想の放縦さとは対照的なものとなる。また、瞑想の主たる任務はそうした収斂、集中的な想像作用の心的状態の形成にあって、その後の想像は多くの場合、観想や理想、あるいはあとで述べる霊想や無想といった別の想像に引き継がれる。逆にいえば、それら後続の非日常的で遂行難度の高い特殊な想像は瞑想が導く心的態勢をいわば滑走路のように必要としている。

たとえば、天台宗の修行では止観という方法がとられている。これは心を静め、雑念を排して精神の集中を図る瞑想の止（śamatha: シャマータ）と、そのうえで対象や真理を観察する観（vipaśyana: ヴィパシャーナ）、すなわち観想の組み合わせを指している。また、ヨーガ学派の根本経典『ヨーガ・スートラ』にあるヨーガの八支の体系の場合は瞑想に霊想が加わっている。すなわち、瞑想による心身の統一のうえに、心とは別にある霊我の存在につながっていく霊想による解脱を目的にした行になっている。これらの場合、瞑想は一種の変性意識状態を要する後続の想像をなすにあたっての路地や、にじり口になっている。

また、瞑は視覚遮断による精神集中を引き出す一般的な手段であるから、瞑想の目的とする精神集中が、たとえばまさにメディテーションたる修練によって可能になるならば瞑そのものは比喩でしかなくなる。たとえば、ヨーガの瞑想では特異な身体姿勢をとることがあるが、これは目を瞑ることでおのずと生じる運動の制止を、一層能動的に普段では生じえない姿勢をとり、しかもそのいささか無理な姿勢の均衡を保つことを強いることで運動制止と視点の固定を導き、事実上瞑に等しいかそれ以上の精神集中をもたらす効果をもつ。太極拳でもまた目を開き、運動するものでありながら、姿勢と動作は外界の変化との交渉とは無関係に色と空の太極において意識と呼吸と動作の協調運動をおこなうことに専心する。だから、単に目を閉じて招く意識状態以上の場に身をおくことになる。

また、瞑想を錬金術の立場から探ったユング（Jung 1944）によれば、中世の錬金術師たちもその作業の過程で瞑想を必須にしたという。彼は一七世紀の『錬金術辞典』を引用して、眼にみえない何ものかとのこころの内での対話のこと、という瞑想の定義を紹介している。その何ものかは自分の無意識の声であることもあるし、神の声の場合もある。そうした超越的な対話をとおして「物が無意識的な潜在状態から顕在状態へと移行」し、あるいは石に霊や魂が吹き込まれ、新たな創造につながるとみていた。錬金術において想像は術にとって不可欠の人間の内なる星辰ないし生命力の精髄としてあり、物質に直接影響を及ぼす営みであった。また、無意識は精神と自然のあいだにあって想像の作業場であり、錬金術にとっての思考領域であった。したがって、

「この中間領域は、人びとがいかなる投影をも排して物質それ自体を探求し始めるとたちまち存在しなくなる」
「心理学が自然の学の場合と同様に測り難い闇に突き当たる瞬間 —— この瞬間が到来するやあの中間領域は再び新たな生命を獲得し、自然的なものと心的なものとは再度融合して分かち難く一つに結びつく」

とユングは述べている。錬金の術のなかでわけても瞑想は無意識における対話を可能にする想像であった。この場合もそれは無意識の作業場へのトンネルとして機能していたことになる。

## 冥想

この項の冒頭で瞑想を二つに分けてみると述べた。そのもう一方はふつう瞑想と分け隔てなく使われている冥想である。上で述べた meditation を漢字であらわすとき、一般には瞑想でも冥想でも好みに応じて適宜、使われている。だが、本書では冥想には固有の意味があり、しかも瞑想とは明確に異なる概念としてとらえる。それは冥という文字へのこだわりにある。冥とはすなわち暗い闇のことである。瞑の場合はまさに目をつむって暗闇になることの意味だが、冥の場合、目の動作は関係しない。目をいくら見開いても暗闇であること、それが冥であり、そういう状況、世界を想像することが冥想にほかならない。だから、冥界や冥土といえばその暗い闇の世界、すなわち死者の霊魂がゆくであろうところ、冥（くら）き途はそこに至る道である。冥想とは文字どおり、その死出の旅や冥界フィクションとしての内容をもつ空想のことである。だから、これは瞑想とは異なり、想像種の分類としては本来この項の分類ではなく空想の下に括られるものである。ただ、冥想と瞑想は普段は区別されず後者の意味で使われていることから、あえてここでとりあげることにした。

死後の世界といえば、天国や極楽浄土もある。しかし、それらに語られてきたイメージは神々しく光に満ちているので、冥界の闇とは正反対である。冥想は第一に暗黒の地獄世界の想像であり、光の天国が描かれるとしてもそれはふつう闇の地獄を通ってのちのことと想像される。その点ではここにもまたトンネルのイメージが入り込んでいる。できれば避けたい暗い想像であるにもかかわらず、人間の為す空想にこの種の冥想はつきものである。昔から人間の想像は冥想にたくましく注がれ、文化を超えた普遍的想像として、土着の信仰から世界規模の宗教にいたるまで、あるいは人類の知の遺産としての文学にも幾多の像が生み出されてきた。その想像力は受動想像においても同様で、どの時代、どの場所に生まれても誰もがその発達の過程で、この誰一人として確かめたことのない単なる空想世界の様相に、それでもおずおずと、しかし好んで触れては、怖れ、おののき、おぞましさを味わいつづけてきた。人がその単なる想像に多少なりとも影響され「地獄に落ちる」ことは避けたいと思うのは、わが死すべき運命を意識せざるをえないからであろう。それでいてその避け難い運命の先のことが未知であることに由来する知ることへの欲求が、その絶対的無知のもとにある人間の悲惨さを引き受けるかたちで否定的、暗黒の想像である冥想を誘わざるをえないということなのかもしれない。これはさしずめ不分明な希望というプロメテウスからの贈り物のなせる業というところだろうか。すると冥想は人類の想像力の萌芽期において予想とともに未知への不安と関心を養分にしながら鍛えられてきた空想の一原型であるともいえそうである。

現代の人びとが伝え聞き、抱くことになる地獄模様の冥界像に多大な影響を及ぼしてきた代表的な源泉といえば、日本の場合は源信の『往生要集』（985）や『今昔物語集』（1120頃）があげられるだろう。欧米ではダンテの『神曲』（1307–21）をあげることができる。これらはいずれも古代後期から中世期はじめに書かれている。つまり、十分にいにしえの冥想作品だが、どれも安定成熟した記述になっている。そのことから、そこに至るまでにさまざまな地獄模様の冥想記述や口伝がなされ、それらがこの時代の希有の作者の力量によって後世に残る作品として結晶したという成りゆきがみえる。もっともその時代のことであるから、日本とイタリアのあいだのように遠く離れた異国間の文献が参照されて書かれたはずはない、それでありながら、これら東西で描かれた地獄模様には多くの共通点を認めることができる。このことから、人間が死後の世界に死んでも死にきれない悔やみや罪業を背負っていったときの最悪の様相というイメージには人間が想像することの極みと限界をうかがうことができる。

そのいくつかに簡単に触れておこう。たとえば『往生要集』には「地獄にもまた分かちて八となす。…この地獄の四門の外にまた一六の眷属《けんぞく》の別処あり」という念入りに複雑な地獄の構造が示され、とくにそのなかの八大熱地獄については各々に詳しい内容が記述されている。その典拠にはすでに八寒地獄まで加えて『往生要集』以上に複雑な地獄構造が記述されるに至っていた種々の仏典があった。東洋での地獄記述の系譜については岩本（1965）や石田（1985）が詳らかにしている。それによれば、地獄の描写は仏典以前、すでに紀元前のインド、バラモンのヴェーダにはじまっていたという。

バラモン教の聖典『リグ・ヴェーダ』では、死者がゆく国にいる死者の王ヤマが描かれている。これは歴史上、一番最初に死んだ人間ということで、のちに仏教では閻魔と呼ばれることになる。ただし、この最初期の段階、死者がゆくヤマの国は楽しみに満ちた理想の天の国とされていた。つまり、閻魔は発祥の時点では楽園天国の王であった。やがてそのあとに成立した『アタルヴァ・ヴェーダ』になるとヤマの国と対になってナラカとかニラヤと呼ばれる暗黒の国、すなわち奈落が冥想されるようになる。ここに死後の世界の分化と地獄の発生があったようである。

やがて後期ヴェーダにおいてヤマ（閻魔）は人間の現世における善悪の審判者の役割をもつようになる。紀元前数世紀の頃には恐怖の死神的な審判者の性格が付与され、地獄の王の役割をもつようになる。地獄記述も諸相を呈するようになり、紀元前後の頃のバラモン『マヌ法典』などでは暗黒、腐土、貝毒、極熱など二一の地獄が記され、欲が深かったり、法典に背いたり、王から贈り物を受けた者が落ちるところになったようである。

仏教ではすでに原始仏典の『スッタニパータ』（紀元前三世紀以前成立）においてその第三章のコーカーリヤにありありとした地獄の記述をみることができる。嘘をついたり、聖者を非難したりして罪をつくった者たちは死後、鉄串を打ち込まれたり、熱せられた鉄玉を食べさせられたり、舌を釣り針で引っぱられたり、蛆虫一杯の釜で煮られるなどさまざまな攻めにあうという紅蓮地獄の冥想が表現されている。だが、石田（1985）によれば、より広い罪障、窃盗の罪などが地獄落ちに通じるといった記述がみられないことから、このルーツの段階では地獄概念はとってつけた観があり未成熟であるという。

初期仏教経典で紀元前に成立したとみられている四阿含では地獄の冥想表現がさらに豊かになる。その一つ『中阿含経』のなかの『天使経』には罪人が閻魔王によって落とされる四門大地獄の様相が描かれている。そこではありとあらゆる極重の苦にさらされて死んでは生かされ、死んでは生かされ、それが無量百千歳にわたり続けられては、また別の極苦に同様にされていくというダイナミックな記述が展開している。『増一阿含経』の『八難品』では、のちのものとは多少異なるけれども八大地獄の体系が示されている。その体系は『長阿含経』では一層明確にされ、『世記経地獄品』では八大地獄に付随して一六の小地獄、さらには独自の一〇の地獄に関する細かな記述に広がる。ただし、記述内容については『中阿含経』におけるそれが発展的に書かれている部分も見受けられるから、これら初期仏教経典の地獄記述は相互参照的にそれぞれ独自の発展をみたのかもしれない。その八大地獄と一六小地獄の詳細記述が高い完成度をもってなされるに至るのが『往生要集』が典拠とした『正法念処経』(六世紀に漢訳された)であった。

もっともこれらの仏典における記述が古代の時点でどこまで広く受容されたかと問えば、怪しいところがある。広い意味で地獄の考え方が文献的に受容されるようになったのは、石田によれば、平安初期九世紀頃に法相宗の僧、景戒が著したという仏教説話集『日本霊異記』における地獄記述あたりであろうという。この書は仏教界の最底辺にまで語り伝えられた話と考えられており、民間仏教草創期の布教活動に大きく貢献したとみられている。したがって、のちの『往生要集』はもちろん『今昔物語集』にも頻出する地獄関連の説話にはこの書における冥想が直接影響を与えたとみてよいようである。

また、『往生要集』への影響という点では定かではないが、仏典を離れた日本神話にもいにしえから冥想記述の例をみることができる。その典型といえば『古事記』『日本書紀』である。それぞれの話の出だしからほとんど間もないところで始まる冒険譚、火の神を産んだことから火傷であの世に逝ったイザナミ、その妻を忘れることができないイザナキが、黄泉の国に追っていって、連れ戻そうとした話はまさに冥想ファンタジーである。この場合、黄泉の国は死者の赴くところで必ずしも地獄を意味していない。だが、そこで出会ったイザナミには無数の蛆がたかり、肢体には八種の恐ろしい雷神が取り憑いているおぞましき姿であった。まさにこれは地獄絵図である。イザナキは恐れおのき即座に黄泉から逃げ出す。イザナミは自分の姿を見ないでほしいと願ったにもかかわらずその約束を破り、恥をかかせたと怒り、醜女や雷神たちで編成した黄泉の魔軍を送り出し追いかける。最終的には黄泉の国と現世の境である黄泉比良坂（泉津平坂）のふもとに至るが、イザナキはそこに育っていた桃の実を三つ投げて魔軍を追い払うことに成功する[*48]（これは古事記のほうの話であって。日本書紀ではイザナキはそこで放尿することで巨大な川をつくり、進軍を立ち往生させたとなっている）。イザナキは黄泉比良坂、すなわちあの世とこの世の境に巨石をおいて黄泉との通路を塞いだ。以後、イザナキは生者の住む世界の大神、イザナミは死者の住む世界の大神となる。

むろん、西欧でもダンテ『神曲』にみる地獄像の一つの完成形以前に無数の冥想表現がなされている。最も関連深いものとして聖書をみれば『旧約』では地下の淵のかなたにあって深い闇に覆われた死者の国シェオール（Sheol）の様子が語られている。その地の塵のなかから迫害、試練に耐え、神に忠実であった殉教者を含む多くの者が復活する。しかし、それによって永遠の生命をうける者がいる一方で永遠の恥と辱めをうける者もあるとして、不義の者たちの冥想記述をしているのは『ダニエル書』の第一二章、終末の幻である。

また、アッラーの教えと導きへの不信心、不義者に対して徹底した地獄の責苦を表現しているのはイスラム『コーラン』である。いわく反逆者は地獄の門に入り、そこに永遠に住むことになる。地獄の火のなかで死ぬこともできず、懲罰も軽減されない。アッラーは両目を盲にすることも、姿形を変えてしまうこともある。地獄の底にはザックーム（Zaqqūm）の木が生えている、不義の者たちは悪魔の頭のようなその実を食べて、腹いっぱいになり、加えて沸騰する湯を注がれるという次第である。

『新約』では死者の霊が赴く場所はハデスである。悪しき者たちが果てなき刑を受けるところとしてエルサレム城壁の南にあるヒンノムの谷ゲヘナ（Gehenna）があり、ここが地獄にあたる。ここでは供犠として乳児が焼かれたり、疫病人、犯罪者、畜殺動物の焼却場になっている。『マタイ伝福音書』の二五章には『ダニエル書』をなぞるようにしてつぎのようにある。よからぬ者ほど為した幾ばくかの善についてことごとく記憶し、ずいぶんと善を為したと語る。イエスはファリサイの偽善はもちろん、そうした意識的な善を嫌い無意識の善を尊ぶ。だから、自慢げに善行を語る者に対していう。

「呪われた人びとよ。私を離れて悪魔とその使いたちとのために備えられた永遠の火に入りなさい」
「これらの人たちは永遠の刑罰に入り、正しい人たちは永遠の生命に入るであろう」

以上から冥界と罰にあえぐ人や神の関係は洋の東西にかかわらず、古来、冥想の基本形になっていることがわかる。だが、聖書やコーランでの地獄表現はそれほどおどろおどろしい表現で尽くされているわけではない。これは日本の神話でも同様で基本的にそれらは穢れの世界としての冥想であった。同様のことは古代ギリシアの文学でもホメロス『オデュッセイア』の冥想に認められる。本節の最後にこの点を確認しておこう。

『オデュッセイア』では前半の終盤部分、オデュセウスが帰国の途につくためになさざるをえなかった苦難の漂流の最後に課された冥府行きとそこでの供養、そして先行きの予言者との出会いとして冥想が描かれている。また最後の歌でもオデュセウスに討たれた求婚者たちの霊が登場し、すでに非業の死を遂げていたアガメムノンをはじめとする戦士たちと出会い、ことばを交わす情景として冥想が展開されている。そこは火焔の河と嘆きの河が流れ込む呪わしく陰湿な世界、ハデスの王が支配する亡霊たちの世界であった。その冥界は全体的には深い嘆きのもとにある亡霊たちが暗鬱にさまよっていた。たとえば、禿鷹に内蔵を食われるままになっているガイアの子ティテュオス（ゼウスの妃レトに狼藉をはたらいた）とか、喉がカラカラで目の前の水を飲もうとするが、そのそばから水が消えてしまう難を負ったゼウスの子タンタロス、この神は神界の秘密漏洩のかどで罰せられている、あるいはゼウスが送った死神を捕らえたためしばらく死者がいなくなる事態をもたらしたかどで罪を負い、懸命に大きな岩を押し上げては頂付近で落としてしまうあのコリント王シシュフォスが責め苦にあえぐ姿もみられる。だが、そうして罪人たちが七転八倒しているものの、その主体は無念を背負った亡き人たちがさまよう闇の世界であり、後世の地獄絵図とは異なっている。だからこそ、オデュセウスはそこで彼の出国後、帰国を待ち侘びながら苦悩のうちになくなった亡き母にも出会うことになったし、命を落としたのち埋葬されずにいた部下にも再会したのである。だから、これは日本神話の黄泉の国に近い。一層おぞましい地獄の冥想がなされるようになるのは東西いずれの文化でも精神史的にもう少しあと、古代後期になってからのようである。

### 2・4・13　夢想

【認知率49％ 意味了解率22％ 日常使用率４％ 存在否認率12％】

「現代の人は「夢想家」と云ふ語を古臭いやうに云つて、そんな人間は日日に活動して居る實際の社會に一人も居ないやうな口氣を洩します。けれども果して其通りでせうか。人間は誰もまだまだ傳習の夢を見て居て、折々にちよいと目を開いては微かに眞實の一片を見るのでは無いでせうか(与謝野晶子「夢の影響」)」

夢想（revery）を検討するには、まずつぎの三つの基本前提をはっきりさせておく必要がある。第一に、夢想とは夢をみているような想像であるとか、夢心地の想像ということではない。実際しばしばそうした意味合いで夢想という表現がなされることもある。だが、それらは夢想的な内容の空想や幻想といった夢想とは異なる想像のことである。しからば夢想とは何かといえば、端的にそれは睡眠中の想像として夢をみることである。だから、その想像の内容は紛れもなく夢そのものである。第二に確認すべきことは、少なくともここでいう夢想とは将来の夢とか積年の夢がかなう、といったときに意味するような願望としての夢の想い描きではない。未来の願望もまた想像にほかならない。

だが、これはすでにみた意想や志想という当人の意志が先導してかたちづくられる想像のことである。夢想とは願いや希望ではなく、上述のごとく睡眠中にみる夢のこと、あるいはその夢をみる過程のことである。

第三の確認点は実に当たり前のことだが、夢をみるとは決して夢を「見る」ことではなく、夢を想像していることだという点である。想像を覚醒状態の作用と限定する見方もある（e.g., Arieti 1976）。しかし、意識水準との関係でいえば、覚醒期はもちろん、それが異様に高揚した場合や極度に注意が焦点化された場合のような変性意識状態での想像や、反対に微睡みにおける想像、睡眠相から覚醒相への移行でみるいわゆる寝ぼけなど、睡眠相を含めたさまざまな意識水準でそれ特有の想像活動をとらえることができる。だから、睡眠中の夢現象を想像活動から除外することは不自然な線引きである。

夢をみることは見ることではなく想像することであるということをわざわざ確認するのは、わたしたちは慣用的に「夢を見る」とか「見た」と語ったり書いたりし、その結果として何やらわたしたちに心の眼があって、心のなかに繰り広げられる出来事を見ているかのように思ってしまいがちになるからである。しかし、睡眠中に目玉が網膜もろとも一八〇度回転して脳のなかの夢劇場をみているわけではないし、頭のなかのもう一人の自分という幽霊がそれをみているわけでもない。つまり、睡眠中の夢は見ていないし、見られてもいない。見たと思うことはそれ自体が想像である。夢は見るものではなく、想像することである。

だが、そのようにはいっても割り切れないものがあるかもしれない。それは夢想の内容がすべてではないにせよ圧倒的に視覚的だからである。実際、夢内容の知覚的な性質を量的に検討したシュワルツとマッケ（Schwartz & Maquet 2002）の報告によれば、夢はほとんどの場合が視覚的な内容になっており、それに聴覚的な要素が加わるケースが夢のおよそ60％、運動や触覚的な要素が入ってくる場合が約15％、味覚や嗅覚が感じられている夢は全体の5％以下になっている。この割合はおそらくわたしたち個々の夢経験に照らしてみても大方違和感はないだろう。この感覚様相の偏りの所以は一見、興味深く思える。だが、少し考えてみれば、覚醒時の想像の場合も一般的には似たようなものとして自覚されていよう。だから、視覚的な内容が圧倒的でそれに聴覚が伴う内容が続き、この二つの感覚様相が夢想の主内容を占めることはこの想像に特殊なことではない。むしろ想像一般の性質を反映しているといってよさそうである。その点で夢想＝夢は睡眠中になされるごく当たり前の想像活動としてとらえることができる。

もっともこうした当たり前のことをわざわざ確認する必要を感じるのは、常識的な観点がこの当たり前のことをそのようにみておらず、夢想をほとんど空想や幻想と同義にみることが少なくないためである。そうした語用の恣意性が夢想ということばの存在感も曖昧にさせてしまっている。実際、大学生の夢想に対する反応をみると認知率がおよそ5割と低く、意味了解は2割、誰もがほとんど毎晩描いている想像であるにもかかわらず、日常このことばを使うとした人は4％にすぎなかった。ことによると、これは睡眠中の夢は知覚のごとく見ているもので、想像の範疇にはないという認識を映し出しているのかもしれない。そういうわけで、ここではまずもって夢想を睡眠期に固有の想像活動として強調的に同定したのである。

そうなると、白昼夢とか白日夢（daydream）と呼ばれる状態での想像、たとえば、学校の授業中に「もし時間を止めることができたら何をしようか」などと考え出し、あれこれと夢のような想像をめぐらせた経験など誰にでもあるだろうが、この種の想像は夢想といえるのだろうか。これは日本語でも英語でも夢の一種のように語られるが、実際は覚醒状態でぼんやりとあれこれ想像することを指している。だからこれはあきらかに空想の範疇にあって夢想ではない。もっともほとんど寝入りの微睡み状態で想像する夢もあり、それを白昼夢という場合もある。この場合はまさに夢想になろう。この同じ白昼夢と呼ばれる異なる状況の比較から定かなように、空想と夢想の境界は想像に対する随意性の有無にある。夢想では想像者の想像に対する随意性が失している。だから、微睡み状態で空想から夢想へと遷移するようなケースでは、ときに突然足下が抜けて急落する感覚に襲われ、驚いて我に返るといったことも起きることになる。

また、夢想家という表現がある。これもむろん隠喩であって夢想「のような」想像をたくましくする人である。カント（1798）は夢を「外的な感覚器官が感じていないのに、経験法則と類比的に構想の不随意的な戯れをこうむること」と端的に定義している。そのうえで目が覚めていながら夢想し、それを経験と混ぜてしまうような性癖の持ち主を夢想家と呼び、そういう人は今まであったためしもないような徳や幸福を望む人で、世智に長けた人とは区別される、と率直なことばを残している。誰もが眠っているときは等しく夢想家だが、目覚めても想念を惰眠化していれば四六時中の夢想家ということにもなろう。

もっとも夢想家としての仮定はデカルトに哲学の第一原理「われ思うゆえにわれあり」を導出させるきっかけになった重要な観点であったことも忘れることはできない。すなわち『方法叙説』の当該の箇所にこうある。

「わたしは思いきって仮に次のように考えてみることにしました。つまり、それまでにいちどでもわたしの精神に入り込んでいたものはどれもみな、ほんものではなく、わたしの夢に現れるまぼろしよりましではない、と。しかし、すぐあとで、気をつけてみると、何でもにせものだとわたしがそんなふうに考えたがっているあいだにも、どうしても、わたし、つまりそう考えているものは、何かでなければならない、ということです。そして気がついてみると、この「わたしは考えている、だからわたしはある」という真理はいかにもしっかりしていて、いかにも保証されているので、いくら懐疑論者たちがおよそ常軌を逸した想定を持ち出してきても、この真理をゆさぶる力はどれにもないから、わたしは次のように判断しました。この真理を哲学の第一原理、それをわたしは探していたのですが、その第一原理として、何のためらいもなく、受け入れることができる、と」

ともあれ、睡眠期の想像、夢想が覚醒期の意想や空想のような想像と決定的に異なるのは、カントの引用にみるように、その像の形成や変形、交代などが自覚的な統御を離れ、不随意的に進行する点である。比喩的にいえば、夢想は紛れもなく自分がおこなっている想像にちがいないのだが、その夢想者は覚醒期の自分とは異なり、他者性を帯び自律的なもう一人の自分なのである。そのもう一人の自分がおこなう夢想ではかなり具象的な心像の流れが展開することがしばしばである。それを経験するおそらく覚醒期の自分と重なる自分のほうはいわば放心状態にあって、もう一人の自分が描く想像に対してまったくの受け手になる。だから、意識的、意図的にその像形成や展開を操作することができない。その統御不能性をまえにすると、夢想をしているもう一人の自分というのは実はまったくの思い込みで、夢想は自分とは完全に別の力によって描かれているのではないかと仮定しても、それをあたまから否定することはできない。

もっとも、夢想の制御はまったく不可能かといえば、そうともいえない。ときには夢想の受け手である自分とその想像の制作者としての自分が重なりあう瞬間も認めうる。たとえば悪夢にさらされて「これ以上、ごめんだ」という意識が湧き起こり、夢から覚めるような経験は誰にでもあるだろう。同様の現象は何やらむずかしすぎる内容の夢想をしてしまってその先が描ききれず、困ったり面倒になって目が覚めるというパターンをとることもある。夢想がこのようにある意味で都合よく中断可能であることからすれば、普段の夢想展開でもそれを経験している睡眠期のもう一人の自分では不安夢や恐ろしい夢も含めて、怖いものみたさや想像の限界に挑むような（つまり覚醒時には想像さえ憚られることを想像する）心理が働いている可能性はある。存外夢想は白昼夢と同様、想像したいように想像しているところが結構あるのかもしれない。だから、夢想が統御不能であるということも、それ自体が想像にすぎないことなのかもしれない。ポンタリス（Pontalis 1990）はある夢をみて目が覚め、その内容に困惑し、不満をもって二度寝すると事態が改善されることがあるという例を引き、これを誘導可能な夢と呼んでいる。この点はフロイトが繰り返し強調したように、夢は願望の充足を象徴的におこなう場であるという見方が夢想の性質についての基本的な観点として有効性をもちつづけている話といえよう。とはいえ、夢想が覚醒期の空想にあるような自由な制御を許さないことは明白である。

この制御困難性のために、夢想はおそらくそれを想像している当人がそのまま経験している自作自演であるにもかかわらず、作者が他人で演者がその作者の世界にさらされるような所動的な性格をあらわす。上野（1914）は無目的につらつらと想像することを所動的想像と呼んだが、そのときに想像が勝手気ままに展開していく他者性が全面的に前面にあらわれるのが夢想のもう一つの特徴になっている[49]。この所動、すなわち他者性を帯びた自分はフロイトのエス、自我、超自我のこころの構造論でいえば、エスの部分に相当する。普段の想像の主、馭者である自我からすれば鞭を休め、暴れ馬の想像に任せて流し乗りをしているような状態ということになる。

夢想を白昼夢を含む空想と比較した場合、もう一つの大きな特徴としてみえてくるのは、夢想のなかにあってはそこで描かれるものごとを当人は想像とは思わず、現実的な体験として受け止める点である。つまり、夢想中はどんなに荒唐無稽で支離滅裂な形象があらわれ展開しても、それをそのまま現在化した体験として受け止め、まさに夢中になってかかわることになる。この夢想がもつ特性をいわゆる夢幻劇[50]の代表的作家ストリンドベリ（J.A.Strindberg 1902）は『夢の劇』という戯曲の「おぼえがき」でつぎのように巧みにいいあらわしている。

「夢とは総じて楽しみを与えることより苦しみを味わわせることのほうが多いものであるから、一抹の憂鬱感と全生物への憐憫の情とが、この変化する物語の全体を貫いている。安息であるはずの眠りはしばしば拷問となるが、その苦痛が頂点に達すると、苦しむ者は目を覚まし現実世界に戻って苦痛からのがれる。この瞬間には、現実世界は、たとえいかに苦悩に満ちたものであろうとも、苦しかった夢にくらべればはるかに大きな喜びなのである」

なるほど怖い夢では全身が硬直し、ぐっしょりと汗をかくほどの恐れを味わう。自分が空を遊泳するなど到底信じられない事態だが、それを夢想しているときはまったくの実体験のように、心底スリルとときめきを感じる。この上もなく楽しい夢想をしたときは、目覚めによって何かとてもだいじなものを失ったような悔しい思いをする。夢想の最中にあってはそこでの出来事をすっかり信じている。上出来の映画を見終わったときとの決定的な違いは、映画はまた見ようと思えるが、夢は二度と同じようにみることができないことである。その意味で夢想は睡眠期にあって多くは不鮮明で脈絡を欠いているが、刹那の生命性を宿しており、生きている経験そのものとしてある。

夢想のこの一回性・生命性という特性は空想とのちがいを鮮明にしている。また同時に、幻想との差異もあきらかにしている。幻想は次の項で扱うが、その想像で経験する像は幻として受け止められる。幻とは知覚されるその存在が実際には実体としてそこにあるのかないのかはっきりしないもの、存在に疑念が伴いつつ現在化する像である。したがって、幻想は単なる想像によるものか、確かな存在に対する知覚なのか、あるいは知覚の仕組みに由来する錯覚なのか、いずれとも判断がつかない状態に揺れ動く。これに対して、夢想の場合は少なくともその最中は確固たる現実性を帯びている。夢想がもつ現実感はこの想像がいかに不随意で、統御不能であっても、自分自身の頭のなかで描かれているという事実によるところが大きい。つまり、夢想世界では外部が遮断されているから、外部との関係で起こりうる勘違いや違和がありえなくなる。すべてが内側の作り事で調達されるため、非現実であることを相対化して示せる手がかりを失い、どんなに起こりえない出来事の連続になっても、それらが逃れようのない現実感をもたらすことになる。

神経科学の知見ではたとえば、マッケら（Maquet et al. 1996）やノフジンジャーら（Nofzinger et al. 1997）、ブラウンら（Braun et al. 1998）などが、PET（positron emission tomography）による観察で視覚処理領域の腹側系、すなわち対象のかたちの認識や意味の解釈にかかわっていると考えられる領域と辺縁系、傍辺縁系がREM睡眠時（その状態の安定を確認したうえで、覚醒させ夢を見ていたことを確認）に明確に血流量が増大し、このとき前頭領域やブラウンらの例では第一次視覚皮質も不活性になっていることを見いだしている。一次視覚野が沈黙しているということは外部との交渉がない夢想状況を脳内活性の様子によって確認していることになる。

睡眠期の想像と覚醒期のそれとは脳内活動を指標にした場合は直接比較することができない面もあるだろう。だが、覚醒期に想起された心像を見る際には一次視覚野の活性が認められるという知見は網膜位相関係が保たれたかたちで皮質の活動が見いだされたというものも含め、いずれもコスリンが絡んでのことだが、多数報告されている（e.g., Le Bihan et al. 1993（fMRIで）; Klein et al. 2004（fMRIで）; Kosslyn et al. 1995（PETで））。また、心像の鮮明度を査定する質問紙（VVIQ: Vividness of Visual Imagery Questionnaire（Marks 1973））に対する回答を指標にfMRIを観察した報告（Amedi et al. 2005）では、鮮明度が高い心像生成をする被験者ほど一次視覚野や顔の知覚に関与が深いといわれている外側後頭複合領域の活動が高まる傾向と、それ以上に、とくに視知覚時に比して想像時に一次聴覚野や体性感覚野、あるいは外側膝状体、上丘での活動が低下することが見いだされている。これらは想像で心像を形成する際に他の知覚処理や視知覚のボトムアップ処理系の抑制と視知覚におけるトップダウン処理系に促通があることを示唆している。

その一方で、先の睡眠期での報告と同様、覚醒期の想起による想像でも視覚野に活動の上昇が認められないという知見が報告されている（Roland & Gulyas 1995（PETで）; D'Esposito et al. 1997（fMRIで））。これについては、キュイら（Cui et al. 2007）がVVIQで測定した心像の鮮明度の高低と想像による心像生成時のfMRIで観察した視覚野（一七、一八野）の脳全体に対する相対的な活性度の高低が正の相関を示すことを認め、主観的な心像の鮮明さが視覚野の活性状態という客観的な観察指標をもって測りうることを示している。また同時に、両指標共に個人差が大きいことから、もともとあまり鮮明な心像を生成しない人の場合は想像で心像生成を促しても視覚野の活動変化がとらえられないであろうことも示唆されている。

夢想に戻ると、これらの神経生理学的な知見が示していることは「夢見」が知覚の初期段階から脳内過程として再現されている視覚なのではなく、そこよりも処理的には深い段階で生起している視覚様経験であるといえそうな事実である。つまり、夢は見ているというよりも、見ているかのように想像している状態だということである。だから、その内容はときにははっきりと見えるように思えても、心像一般の性質をそのまま反映して、持続性がなく、まるでつらつらと思い巡らしたり、突然に思いつくように、次々と他のものごとや場面に移ろっていくことになる。

夢想時の脳内では一次視覚野の他にも多様な知覚・記憶情報の統合作用や抑制作用が認められ、反省的な心的過程の拠りどころと考えられている前頭領域でも活動の低下が観察されている。また、活動の上昇が認められる辺縁系や視覚腹側系については、前者での情動喚起や記憶想起の促通、後者での知覚心像の認識機能が領域間での閉じた相互作用のうちに、強い情動性に彩られた奇妙な想像を無批判に描くことを導いているといったモデルを想像させる。

**夢想世界の彼岸性**

ところで、夢想は睡眠期の想像だから、その世界は少なくともこうして目覚めた状態でやりとりするコミュニケーションの範囲からは決して手が届かない彼岸の話になる。ポンタリス（Pontalis 1990）の表現を借りれば「われわれの生活の夜の面によって、覚醒時の通常の知覚が規定しているこの現実を越えた向こう側の世界」ということになるのだが、そこでの経験のすべては夢想のなかに留まる。むろん夢想の経験の一部は目覚めてから語ることができる。しかし、それはすでに夢想そのものではなく、回想という覚醒意識モードでの別の想像である。だから、そこにはもとより曖昧そぞろな想像に対して想像をもって語るという想像の二重性がある。翻訳係の回想にはそれ特有の脚色や補塡という得意技が繰り出される。むろん、回想によって引き出せる夢想内容もあるだろう。また、夢をみたことやどのような種類の夢をみたかは回想に引っかかるが、内容については覚醒意識の領野に引っ張り出せないこともある。しかし、闇の奥の彼岸のことだけに可能性としての推察だが、あくまでも夢想の領界に沈潜していて、回想では拾えない部分もあるにちがいない。

これらについてフロイト（Freud 1900, 1917）の見解を引き合わせてみよう。彼は夢でみるのは夢の顕在内容であるとした。その内容は基本的には願望充足の潜在内容がつきものである。その潜在内容が削除や選択、統合などによって圧縮されたかたちで、あるいは整序や強調点の移調を受けて、さらには無理矢理にも視覚的に表現されたり、合理的なかたちに変換されたりして顕在内容になっているとした。彼はそれを夢の仕事と呼び、潜在内容が願望充足であるのに、夢報告が不安や恐怖の内容になることがままあるのは、夢の仕事が防衛的に歪曲するためであると洞察した。

このフロイトの洞察については不安をおぼえる部分が大きく二つある。一つはフロイトに限らず夢研究のほとんどに共通することだが、夢見の報告として紹介される事例が夢特有の断片化や中断、多様な筋や出来事の混合で構成されているとはいえ、たいてい詳細かつ長文にわたってなされることである。なかには著作の数ページにわたっていることもある。これは自然なことなのだろうか。確かに睡眠時の夢想体験はそうした記述にみるように詳細かつダイナミックで持続性をもってなされることがあることは多くの人が同意するだろう。もし、その夢想時に声を出して逐一情景報告できるなら、夢分析や夢判断の著作の例にあるような報告は誰にでもできそうである。だが、不思議なことに、実に豊かな物語的な夢をみたとしても、目が覚めてからのちその内容を回想しようとすると、夢想状態でのめくるめく体験は嘘のように色あせて縮退し、取るに足らない内容しか報告できないことがふつうではないだろうか。それは語彙の貧困や文才、あるいは語り下手にも起因するのかもしれない。しかしもしそうであるとすれば、かえってそれは覚醒時の想像力がすでに遠くへと消え去ろうとしている夢想の残滓を彩り豊かに膨らませることができるか否かの、夢想とは別の回想における想像力の問題に置き換わっていることになる。

夢想とは徹頭徹尾、睡眠相での想像であって、覚醒時のあれこれを意図して睡眠時にもちこむことができないことと同じように、睡眠時の経験も基本的には覚醒期に延長しないつくりになっているのではないだろうか。とすると、フロイトが夢の報告において顕在内容としていることがらは夢想で表面にあらわれた内容とされているけれども、実際は覚醒時に接近しえた夢想に対する回想の内容で、彼岸の実態ではなく此岸からの眺望にほかならないのではないか、ということにもなる。極端には、これらは夢の顕在内容でも夢想の内容でもなく、夢に対する回想内容そのものということになる。すると夢の顕在内容をつくりあげている夢の仕事とは実は夢がしていることではなくて、覚醒時の想像力の仕事を指していることになる。そして夢想そのものにはいつも潜在夢が潜在せずに顕に現れているということになろう。

もう一つ不安に思うのは、夢がフロイトのいう無意識の世界の出来事だとすれば、そこに現実原則に縛られた自我の関与であるところの夢の仕事が大幅に介入することの矛盾はどのように解決されるか、ということである。この点を解決しながら、フロイトの洞察を活かすとすれば、彼のいう潜在内容の潜在性とはひとえに彼岸のことゆえに、覚醒している自我意識からみれば深く潜っていてみえないということにすぎず、それは夢想そのものの自然なあり方として認めればよいと思われる。歪曲変形は夢の仕事ではなく、夢想を此岸からあらためて眺め直そうとするときの回想の、まったくの意識的な自我の仕事であるとみれば納得できる。

フロイトの見解を借りつつ以上の解釈をまとめれば、夢想は無意識における想像だから、その内容にはエスの性質、すなわち非論理的で非現実、不合理で道徳に頓着しない衝動性に満ちた一次過程の様相が展開されると説明できる。一方、その夢想に対する回想は覚醒期の意識においてなされる想像である。そのため必然的に自我の関与があらわとなり、論理的であろうとする合理性、そのための要約や省略、現実的で道徳的、抑制的であろうとする二次過程の特徴があらわれた想像内容になると説明できる。

夢想の内容を願望充足の歪曲、変形として読み取ろうとしたフロイトに異議を唱えたユングの場合は、夢内容が別の理由で象徴的になっているとみた。「人間は夢の形態において象徴を無意識的に自然発生的に産出している（Jung et al. 1964）」というのが彼の夢に対する基本的な見解で、その夢の象徴は自然なものであって、個人の願望充足と必ずしも直接的な因果関係が見いだせるわけではないとした。そのうえで夢の自然な状態は個人的な無意識の層をはるかに超えた集合的なところにまで及んでいるとした。しかし、ユングの場合も、仮説的な構成体として提起した集合的な無意識やそれを媒介する元型を、その直接のあらわれとはいえないとしながらも諸文化の象徴的な形象と幾多の関連づけをおこなっているうちに、次第にそれらを事実上、実在し、機能している証拠として語りがちになっていた。

フロイトと同様、夢想の彼岸に想像しえた架橋を軽やかに往来したところに行き過ぎがあったかもしれない。

## 夢想の源泉

夢想は睡眠相での想像であるから、必然的にその内容を構成する主材料は曖昧なものも含めてもっぱら経験したことがらの記憶に依拠する。その記憶が当人の経験の範囲にとどまるか、あるいは何らかの先験的なかかわりを含むかは意見の分かれるところである。ラマルク説をもちだすことなく、遺伝的に継承した神経系の形質において経験したことがらがおのずから組織化するところに先験的な性質が多少なりともあらわれるとみることに無理はないだろう。同時に夢想という彼岸におけるその源泉についてまったくの白紙からはじまる純粋な経験主義を想定することはいささか強引かもしれない。

フロイト（Freud 1900）は夢想において普段は想起されがたくなっていることが想起されることを指して、夢の超記憶作用と呼んだ。夢想ではこの超記憶が働くために遠い過去の経験、幼児期体験や歳をとった者にとっては普段もはや思い出すこともなくなった若かりし頃の経験などがあらわれたりする。その唐突な記憶の甦りはまたそれ自体が夢想経験特有の記憶になって覚醒相とは独立した夢体験をかたちづくりもしよう。それはつまり、夢想のなかでのみしばしば出会うことになる特有の場面とか対象ということになる。それらが覚醒相で思い出されがたいのは意識上にのぼることを抑圧する回想時の自我関与が想定される。しかしそれだけではなく、夢想固有のいわば彼岸の記憶領域があることも考えられる。

フロイトの場合、夢の源泉を四つに分類してみていた。その第一は、たとえば眠っている人の鼻先を羽毛でくすぐったときに、当人はとんでもない拷問を受けて面の皮をはがされそうになった夢想をしたといった場合である。睡眠下で外的な感覚刺激が受容され、それが変形して夢内容に組み込まれるのである。夢想の彼岸性という観点からいえば、此岸から彼岸へ、あるいはその逆への行き来の際、すなわち入眠時や自然覚醒時、あるいは浅い段階の眠りにあるときは此岸の状況変化が夢想展開に影響を及ぼすことは当然のこととしてあるだろう。

第二の夢想の源泉は、多分に内部調整的に起こる自家的な感覚興奮で、神経の自律的な活動の所産と考えられるものである。その典型は、ホルト（Holt 1964）が心像の一種に位置づけたような、圧などの外部刺激を目を閉じた眼球に加えることで光のようなものがみえる閃光現象ないし眼内閃光（phosphene）がある。また、入眠時に生じることがある幻想的な感覚性のイメージ（hypnagogic image）や目覚める段階で生じがちな半睡半識のイメージ、いわゆる寝ぼけ（hypnopompic image）などがあげられる。

眼内閃光が生じる背景には視神経系の神経活動によるいわゆる固有光（idioretinal light）があるといわれている。だが、これにはもっぱら末梢の網膜における神経固有の活動だけが関与しているわけでない。たとえば片頭痛の発作の前兆として同様の現象が生じることが知られている、したがって、これには中枢神経の関与も考えられ、夢現象との連続性が示唆される。また、入眠時の想像には必ずしも視覚性の幻だけでなく、（横たわっているから当然なのだが）足下の支えが失して急に落ちていくような平衡感覚あるいは自己受容感覚的な幻を経験することもある。睡眠相と覚醒相のあいだに生じるといわれる金縛りもまたその一つであろう。急速眼球運動が生じることから命名された REM（Rapid Eye Movement）睡眠期の睡眠は逆説睡眠とも呼ばれる。これは睡眠の深さが浅く、意識のうえでは覚醒期に近づいているにもかかわらず、筋肉は弛緩し、自律神経系も深い睡眠期の状態にあることから名づけられた。この状態で意識が半分覚醒した状態になれば、自分の身体がいうことをきかず、まるで別の物体であるかのような感覚におそわれることになろう。いずれにしてもそこには自分が体験していることでありながら、その体験を自意識的には思うように制御できないという特性があらわれる。これはまさに夢想の特質の一つである。

夢の第一の源泉とは異なり、覚醒時に絶え間なく流れ込んできていた感覚刺激は睡眠期には大幅に遮蔽される。だから、そのとき神経系は単に休息するだけでなく、自己調整的に、あるいはときには反動的なかたちで自発的な興奮を起こすことがあってもおかしくはない。この種の神経系の自発的活動も夢想の源泉になるだろう。そうした活動は想像連鎖がはじまるきっかけや変転が生じる契機にもなるだろう。

このことにつながるが、第三の夢想源泉は身体器官に生じる実際の変化である。たとえば睡眠時に膀胱が相当に膨らみ、その結果トイレを探したり、用をたす場面を夢にみるような場合である。フロイトはこの種の夢の源泉を病気による器質的変化との関わりで強調的に論じている。身体に疾病があるときに生じている異変や痛みが睡眠中の想像作用に影響を及ぼさないはずはないというのである。これは睡眠中に外的な刺激が大きく遮られるのに相対して、おのずと身体内の状況への注意や処理が高まることも関与するだろう。ただし、このことを示す逸話的な夢報告のケースはもちろんいくつもあげられてきているが、身体部分の器質的な変調と夢想内容にはっきりとした法則性が見いだされているわけではない。他の源泉と同様、あくまで夢想形成の誘因として考えうることの一つというところだろう。

フロイトが第四に指摘した夢想の源泉は純粋に心的な刺激である。上記三つの原因はいずれも夢想内容そのものとは直接関連しない神経の興奮によって喚起され、その興奮に対する睡眠下での解釈が夢想をつくりだすという見方であった。それに対して、この第四の源泉は日中の覚醒期にあった経験も含めた記憶に由来する連想である。睡眠期が覚醒期とは異なる心的状態にあるからといって、覚醒時に経験したことの記憶が夢想の形成にまったく関与しないわけはない。しかも、記憶にはいつでも想起可能ではないものが膨大にあることはあきらかである。なかには記憶されていても想起機会がすっかり遠のいて消えかかっているものもあろう。そうした記憶が夢想において不意に目を覚ますことがあるかもしれない。フロイトはそこに覚醒時に働いている自我の抑圧の解除を想定した。それは単に覚醒期に働いている知覚や注意の心的過程の後退によって、記憶への選択集中的なアクセスがなくなり、ランダムアクセスの機会が増して生じることとなのかもしれない。

記憶のなかでも手続き的な記憶や意味記憶ははじめから時間のタグとは無縁の記憶としてある。つまり、記憶されたことがらに時間的な指標はないから、過去の記憶という意味合いをもたない記憶としてある。また幾多の自伝的記憶の研究があきらかにしてきたように、時間軸に沿った時間指標をもつはずの私的なエピソード記憶にしても、その記憶が保持され想起されることとその記憶の時間指標の関係はことのほか曖昧で緩やかである。つまり、出来事の想い出は豊かに可能であっても、それがいつのことであったかということを適切に思い出すことは一般にむずかしい。これらのことからわかるように、過去の記憶と呼んでいることがらの実際は、過去という一つの箱に放り込まれたおもちゃのようなもので、ほとんどのものは時間的に整頓されたファイルのようにはなっていない。だから、そこから自然体で取りだして描かれる夢想が時間的脈絡を欠いた内容になることは必然のことなのだろう。

フロイト（Freud 1900）は「夢は苦もなく時空を超越できるということは、あっさり錯覚だと認めることができよう」と語っているが、時空超越はむしろ夢想の基本様態といえる。むろん、フロイトはこのことによって夢想における超自然的な存在との交流のようなことは錯覚の範疇のまさに想像の産物であるということをいいたかったのだろう。しかし、ユングの場合は時空超越と無意識の逍遥を基本とする想像が個人的記憶の形象を超えて人類に共通の普遍性をもった型に沿うことに注意を向けた。もはやそれは一個人の記憶というよりも太古から引き継いでいる記憶で、夢において個人の意志が効かなくなるに及んでそれが想像にあらわれがちになるとみたのであった。夢想へのそうした影響を想像することについて、ユングはわたしたちの身体そのものが個々の人間においてまったく新たに創造されたと考えるのではなく、長き進化の道筋を経ていまの身体に至っていると考えれば、こころの働き方にもそのベースとなる神経系の継承を前提として、同様に遠い過去からの影響が及ぶであろうとみた。

そうした継承的な集合的無意識を構成する先験的な心像の型を元型（Archetypus）と呼ぶわけだが、それは「存在に先んずる型式」であるからそれ自体は具体的なかたちをもたず、ある範囲のかたち（モチーフ）を象徴としてつくりあげる傾性のことであった。だから、この場合の象徴とはロゴス体系における記号とは異なり、語りきれない無意識的な心像を内包してそれをあらわそうとしている常に暫定的な形象をいうことになる。ユングはよく知られるところとなったアニマ、アニムス、グレートマザー、ウロボロスなどいくつもの元型を指摘した（eg.,Jung 1951, 1954）が、これらは夢想においてはそこであらわれるかたちや筋の背後においてそれらを導く傾性を発揮する。その他にも神話はもちろん多くの芸術、文学、思想の創造にかかわるあらゆる想像のパターンや展開にも影響を及ぼしているとみたのであった。

たとえば、ユングが好んで例に引いたのは古来世界中のあらゆる文化で繰り返し語られ、表現されてきている英雄神話であった。英雄は紀元前二〇〜一八世紀頃のバビロニア神話の最高神マルドゥク[*51]から、ギリシア神話のオデュセウス、中世の騎士から昭和の七人の侍、力道山、夕陽のガンマン、ウルトラマン、水戸黄門にいたるまで、物語に応じてさまざまな人間や超人の姿をとり、蛇や龍、怪物、悪魔、悪人どもを退治し、人びとを苦悩や破壊、死の恐怖から救い出す。その背後には知謀豊かで雄々しいヒーロー（古代ギリシアの神人）の元型が働いているのだという。わたしたちがそのストーリー展開を熟知していながら、飽くことなく英雄物語に接しつづけている姿にはフロイトが反復強迫と語ったまさにそのとおりの心性があらわれている。その神経症に迫りうる強迫ぶりをみれば、人間が先験的に備え、その想像、知覚、思考、記憶、情動といった心的過程全般に及ぶ型式原理の作用を少なくとも実証困難として否定することはむずかしいといえよう。

**夢想の世界と生活世界の通路**

夢想がもつ二大特性の一つは覚醒期の意識状態から外れた睡眠相において、不随意に進行する想像世界であるということ、もう一つはその身を任せるしかない体験そのものは想像として了解されることなく、実体験的に迫り来る出来事として受けとめられるということであった。これらについては現存在分析で知られる精神医学者ボス（M.Boss 1953）もとくに強調していたところである。彼の場合はつぎのように述べている。

「夢みる者の感ずるこのような強烈な身体的な体験は、彼らが夢の中の諸事象を心像としてでもなく、また象徴としてでもなく、まさに直接的な所与として知覚することをはっきり示している。彼らはそれらを夢みつつではあるが、現実的な、身体的な所与として経験する。つまり、ある事物を現実のその事物として、ある動物を現実のその動物として、ある人間を現実のその人として、幽霊を現実の幽霊として体験する」

この夢想の特性ゆえに、その昼間とは別の世界での体験は普段の枠組みを超えた存在との接近や関係についてのリアリティをもたらす。たとえば、夢のなかで何やら大いなるものからのお告げに接したとすれば、それは自分勝手な想像にすぎないと思える。その一方で、実際にはほとんど自分勝手にできず、受身の夢想であればこそ、そのうえその経験は少なくとも体験的には汗をかいたり叫んだりするほど生々しいのだから、それが実際の神託であったという可能性を一笑に付すことがむずかしくなる。

ふたたびカント（Kant 1798）に戻ってみると、彼の場合、夢体験は選択意志にもとづいて身体が反応するある種の運動であって、この場合、筋肉の運動は大方止まっているにもかかわらず、不随意に創作される出来事に相応した情動が豊かに生じることから、夢は生命力を活気づけようとする自然の賢明な反応であるという具合にみていた。ただ、そのように書いたすぐあとに「夢の中の出来事を目に見えぬ世界からの啓示だなどとみなしてはならない」という立場をとっていた。もっともこれは古来、ギリシアの時代からの一つの見識であった。たとえば、その代表格としてアリストテレスをあげることができる。彼は『夢占いについて』で夢占いをする人は総じて饒舌で多感的だが、かといって特段、神とのつながりをもつような精神とは思われないという観察から、夢は神からの贈り物ではなく、神と人間との中間的な存在で個々人の内奥にあるダイモーンによる幻のようなものだとし、ゆえに何事にも偶然の一致があるように夢占いもその範疇にあると裁断している。夢と超越の世界や存在との関連を支持せず、その因果を個体の心身に限定してとらえようとする立場は現在まで連綿と引き継がれている。

それでも、その一方で史的には夢想における超越との接触は同じように古来、人間がだいじに考えてきた日常世界における生きた心的出来事として息づいてきた。たとえば、わが国では夢のなかで神仏のお告げに触れたような場合、そのありがたさゆえにそうした夢想を特別に「御夢想」と表現していた。御夢想はおそらく陰陽道との関連もあったのだろう、飛鳥以降、少なくとも近世までは日本人の精神生活において個人、社会を問わず重要な意思決定場面での拠りどころとされてきた。とくに平安・鎌倉期の文学作品には要所においてその登場をみる。

その御夢想を他者や世間に披露する夢想開きという催しもあったようである。御夢想によって連歌の句を得ることもあり、そうした場合は夢想開きをして奉謝し、これを発句とし脇句をつけていく夢想連歌の趣向も生み出されることになる。

また、江戸初期に神道夢想流という近世杖術を確立した人物に夢想権之助勝吉がいる。その彼が神道夢想流の創案に至ったのは諸国を遍歴ののち、筑前の宝満山、竈門神社に参籠して、その満願の夜に夢のなかで託宣、すなわち御夢想を受けたことがきっかけであったと伝えられている。

ことのたよりに、武術に関しては夢想剣という剣法がある。これは夢想権之助と同じ頃、伊藤一刀斎景久という近世剣術の一大流派となった一刀流の始祖があみ出した剣法のことである。ただし、その詳細は不明で、一説には一刀斎が鎌倉の鶴岡八幡宮に参籠していた際に、無意識のうちに敵を斬ることがあって、そこから生まれた剣法という伝承がある。別説にはもともと一刀流がもっていた心身刀一体の境地で、おそらく無念無想のなかに相手を察知し、対するという剣法のことを指しているという。この場合は無想剣が同音変化して伝えられていることになる。だが、夢想剣には超越的な存在の力が付与された剣法の意味も込められていたと思われる。

同音変化といえば、夢想については無双の意味が同音変化して当て字的に使われている表現も多い。双という字は雙の俗字で、雙は一つがいの鳥（隹）を手（又）でもつという意味をあらわしているという。つまり二つで一対になった関係を指すわけで、裏表、男女、前後、上下といった関係が双である。そうした二項関係がなくなり反転自在性がある状態が無双ということになる。そのため、裏地・表地が同質の布と体裁でつくられて、リバーシブルに着られる衣服を無双仕立てと呼ぶが、これを洒落て夢想仕立てと書くことがある。

この場合、夢想剣も同様だが、単に慣用的に同音当て字になったということ以上に、できあがったそのつくり、裏も表もないという状態が何やら現実にみる常識から外れていて夢のごとしという意味を携えていることはあるだろう。加えては夢想と無双、どちらが本当の姿という見方自体もかき消そうとするイマジネーションが働いているというところだろうか。

同じように、夢想側（がわ）といえば、裏も表も同じつくりにした蓋で、粋な懐中時計などにみられる趣向である。夢想羽織は表裏を同色の布で作ったり、同布異色で染めたりした羽織。夢想だんすは裏板が表とは別種の合板といったことがなく全体をただ一種の材だけで作った贅沢なたんす。夢想だんすの夢想引出し（抽斗）といえば、そのたんすの引出しが前後どちらにも引き出せる形状になったもの、したがって前後といってもどちらが前で後ろかは夢の中といったたんすである。夢想筆といえば、一見するとただの竹筒だが、使うときに穂が出るようになっているいわばノック式の筆。鉛筆の両端を削ると昔は泥棒削りなどと呼ばれ咎めの対象になった。たぶん危険だったからだろうが、それを夢想削りとか夢想鉛筆とでも呼んでいたら乙なものだったろう。両端遣いで太さの違う夢想マーカーペンなどはよく見かけるが惜しくもそのようには呼ばれていない。夢想屏風は裏表のない両面遣いの屏風である。夢想窓といえば、板連子を造りつけにし、その内側に同形の夢想連子と呼ぶ引戸をつけることで、一方に引けば二つの連子が重なり普通の連子に見え、他方に引くと一面の板張りのようになる窓のことである。また、夢想枕となると普通の枕のように裏表が不明な枕のことではなく、入れ子になった箱枕のことである。

## 夢幻のこと

すでに述べたように、夢はとてつもなく移ろいやすい想像を、少なくともそれを想像している際は現在化している実体験として受けとめられる、これに対して幻は立ち現れたものを半ば想像として経験する。つまり、このあとにみるが幻想の場合は虚実のエッジで揺らめく想像である。このように夢想と幻想は共に、はかなさにおいては似ているがその質は異なっている。その異質なものをまとめるようにして夢幻という言い方をすることがある。しかもこれは決して稀な言い回しではない。なぜだろうか。一つには異質なものを組み合わせているわけではなく、夢と幻の共通特性を重ねることでものごとの無常、はかなさを語ろうとすることがあり、その場合の「ゆめまぼろし」だからである。もう一つには、夢想がその想像の只中ではあまりにも現実味をもってなされ、その想像をなしている当人は仮に傍観者として位置づけられるとしても、そのスペクタクルに没入的に巻き込まれていることが普通だからである。つまり、どのような夢想でも逃れようなくその出来事と対峙する。だから、夢から醒めてそれが想像にすぎなかったとわかっても、にわかには虚構であったという気持ちになれないことがある。それほど夢想は現実味のある出来事として情動が揺さぶられ、ときには泣いたり、飛び跳ねたりもするわけである。だから、夢想の内容には単に虚として捨てきれない虚実曖昧な幻性を感じざるをえないことがある。それをして夢幻と表現するわけである。

確認しておけば、その夢幻性は夢想の最中にあらわれることではなく、夢想後の夢の回想において認識するところとなる。だから、夢の幻性は本有的に偽記憶を含みうる回想における性質である。夢想それ自身はあくまでも幻から隔たった彼岸世界の現実にある。わたしたちの目覚めているときの人生は此岸の現実にあるが、その人生をゆめまぼろしのごとし、ともいう。それは夢の彼岸それ自身を幻として望むであろうこちら側の想像力がなす喩えとしてはいかにも似つかわしい表現である。

ところで、夢幻といえば、能に夢幻能と呼ばれるジャンルがある。この能にはここでみた夢と幻の関係が組み込まれている。典型的な夢幻能の構成は前後二場からなる。前場ではワキになる旅の僧が名所などを訪れる。そこにシテが里の人としてあらわれ、その土地の昔話などを語る。最後に自分はその話にでてきた人物の霊や神など超自然的存在、つまりは幻であったと語って消える。中入後、後場では先に正体を明かした幻が超自然的存在そのままに姿を現わし、舞い、語りする。そして夜が明けるとともに消えてゆく。すなわち、幻想的な舞台展開がワキの目覚めによって全体が夢想であったという結びに落ち着く。何だ、夢だったのか、という話ではない。シテの舞踊と語りこそがこの能の本領でありクライマックスである。それは虚なのか実なのか、といった問いなぞ無意味であることを知らしめる現実的な興奮の高まりがその物語のなかの虚実の部分に置かれる。だからまさしく夢幻なのである。

この夢幻能というくくりは近代大正期以降になってからの分類によるもので、世阿弥の時代にはその分類も命名もなかったことがわかっている。田代（1994）は夢幻能を死者の霊があらわれる形式のものに限定しつつ、実際の代表例を引きながら、このあたりの事情を解釈し、世阿弥の時代は現世も死者の世界も今日のようには明確な境が意識化されておらず、精神的には基本的に地続きであったとみている。そうであれば、夢想は過去の人と現在の人を会わせる機会としても積極的な位置づけを帯びてくる。夢幻能ではその想像を活かして時を超えて自由に死者を呼び寄せ、その広がりのある時空において物語の創造を積極的に可能にしたというわけである。

また、夢のなかで幻をみるという設定は舞台のなかでの幻の存在的な虚構性を夢想であったことをもって解消し、その実体性を浮き立たせ、印象づける作用をもたらすことにもなる。夢幻能の作者がそれを企図したかどうかはわからない。だが、過去の人たちとの積極的な交流を睡眠という人生のもう一つの現実相における想像活動において活き活きと描いたことは、現代人が忘れかけている自然感覚のなかではずっと容易なことだったのかもしれない。むろん西欧にも夢のなかでの幻という設定を活かした文芸が認められる。たとえば、前にも触れたように一九世紀から二〇世紀にかけて生きたスウェーデンの文人ストリンドベリの『ダマスカスへ』『夢の劇』などの夢幻劇ではまったく荒唐無稽な内容展開がなされるが、その表現に少し慣れてくると夢想者の意識内容そのものの展開が、普段のわたしたちのもう一つの現実相としてある夢のなかのリアリティと重なりだしてくるようで、妙に避けがたく巻き込まれてしまうリアリズムを感じることができる。

夢想は彼岸の想像である。手の届くところにないものは心理的リアクタンスを受けて、禁断の園としての魅力を誘う。たぶんそれは夢想を実際以上に夢心地の特性をもつものにさせる。そうした基本的な存在上の抒情性や神秘性のためか、夢想を標題にした不朽の文芸作品も多い。ルソーの『孤独な散歩者の夢想（Rêveries du promeneur solitaire)』はほとんど妄想ともいえる迫害体験に心身をやつしたのち死に至ろうとする彼が過去の甘美な追想と、まさに夢想的心境を綴った夢想文芸の代表作といわれてきた。ただし、ここで規定した夢想は完全に睡眠相の想像であったから、その観点からすると夢想「的」文芸ということになる。同じことは音楽でもいえるわけで夢想を曲想にした夢想曲（reverie、ドイツ語ではTraümerei）と呼ばれる性格小品が数多くかかれてきた。その代表格といえば、シューマン（R.A. Schumann）のピアノ曲『子どもの情景』のなかにあるドイツ語での夢想の意「トロイメライ」やドビュッシー（C.A.Debussy）一八九〇年のピアノ作品『夢想（Rêverie）』などをあげることができる。いうまでもなく、これらも夢想状態で作曲された作品というわけではないから、律義にいうなら睡眠相という彼岸の世界を主想においた夢想的楽曲とか夢想回想曲の短縮表現ということになる。

### 2・4・14　幻想

【認知率92％ 意味了解率77％ 日常使用率21％ 存在否認率１％】

夢想にはその内容からしてこころの深い領界とのつながりがありそうだが、それは夢見が見るといいつつも覚醒期の視覚で活躍する目が閉じられた状態で世界をみることだから、当然、それは普段、気を取られている外部の知覚世界から外れて自らのこころの世界をみまわすことになるためであろう。だから、どんなにありありとした夢見でも、その視界は何らかの物理的対象からの直接的な光刺激によることがなく、みえるかたちは持続性に乏しく、細部はおぼろで輪郭曖昧にうつろう。それは幻ともいえそうだが、むしろこれは心像一般の性質がそのままに現われているのである。それを幻的と呼ぶことはできるが幻ではない。なんとなれば、幻には知覚が働いているからであり、そのもとで見えたり聞こえたり感じたりする現象だからである。

夢とは異なり、普通に目を開き、耳で物音を聞き、意思をもって触知している状態、つまり知覚世界を感知しているなかで、まったくの想像であるようにも意識され、知覚と想像とのあいだで揺れ動くかたちで立ち現れる曖昧な心像が幻想(phantasm)である。その核となる純粋な幻想についていえば、それを想像の一つであると位置づけてしまうことに忍びなく、実は想像なのではなくて知覚しているほぼそのとおりに立ち現れているのかもしれないというような像である。だから、幻想とは想像の範疇にありながら、自身の想像としての身分を疑いつづけるような、アイデンティティそのものが幻であるような心的現象である。しかも、純粋な意味での幻想は夢想に似て、その幻想を抱く当人の意図が通じ難く、夢想ほどではないにせよ、幻想に対する制御が効きにくくなっている。幻想は少なくともその発生時はまったくの受け身で生じる。

この幻想の顕著な特性は実は泡のような浮世やはかない人生そのものが幻にすぎないのではないか、といった他力唯心論的な見方を誘う。また、現代文化の諸相にあまねく生じている複製や模造、見せ物、似せ物、偽物、偽装が幻想の派生や実際には幻想とは異なる意図的なつくりごとであるにもかかわらず幻想的という表現に適うこともあって、とりあえず幻想的な事象は現代を彩る身近な存在になっている。実際、大学生の幻想に対する認知率も九割を越え、これは夢想の二倍であった。意味了解は四人に三人がなし、日常的によく使うという回答も二割あった。いずれも夢想よりもずっと高い値で身近なことばとして生きていることが確認できた。

### 知覚・幻覚との関係

幻想は知覚と想像の狭間にある。したがって、そのままでは物理的にあるのかないのか判然としない像である。もっともそもそも知覚は残像現象や錯視、運動知覚、知覚的融合(e.g., 映画やネオンサイン)、奥行き知覚(e.g., 遠近画法)などを典型として実際にはないものや状態を、あるように認識させる働きを含んでいる。これは知覚が基本的に刺激(物理的対象)に依拠する以上に感覚器官以降の神経系の処理に依存しているからである。その処理過程で生じる錯覚(illusion)は知覚の迷いとか乱れというよりもむしろその基本性質になっている。錯覚は大きく物理、生理、心理に分けてとらえられている。物理的錯覚は感覚、知覚以前の問題で受容される刺激そのものが光の屈折などの物理的な現象によってすでに歪んだり、ないものがあるように現象する場合の錯覚である。蜃気楼や自動車の運転時にアスファルトに現れる逃げ水、水面に差し入れた棒の歪みなどはその代表的なものである。生理的錯覚は感覚器官に代表される身体器官の生理的な反応に由来する錯覚である。残像や静止画の連続によって動画を成立させる知覚的融合はその代表的なものである。お風呂の適温よりも少し高めの熱い湯に触れると皮膚の冷点が反応して冷たく感じる矛盾冷覚もこの手の錯覚である。心理的錯覚は記憶や推測、期待、文化特性など純粋に心理的な要因によって生じる錯覚である。かかってくるはずの電話を待っているときに掃除機をかけていたりすると電話の呼び出し音が鳴ったように感じるとか、柳を幽霊と間違えるとか、遠近画法によって奥行きを感じとることもこの錯覚である。もちろん、実際の錯覚ではこれらが重なり合うかたちで作用していることも多い。たとえば月が天上にあるときよりも地平線近くにあるときのほうが二、三割増しに大きく見える月の錯視などは複合要因が働いている例である。

これら錯覚はまったくの知覚として立ち現れる。だから、山道にあった縄を蛇と勘違いすることも含めて知覚現象の一部であって幻想ではない。だから、幻想という身分は知覚と想像のあいだの現象であるとか合成であるというのではその身分確定が不十分なままであることがわかる。知覚とはもともと多くを想像に頼って成立しているからである。とはいっても、幻想ではその知らぬが仏がそうではなくなり、その知覚への信頼に懐疑が生じるということではない。普段の知覚を構成している想像の部分が屹立して実際の知覚とのあいだで曖昧さが立ち現れるといったことではなく、想像含みで成立している知覚に対して、その知覚全体が想像の産物であったかもしれないという曖昧さが立ち現れるのである。だから、幻想では錯覚としてあった知覚そのものが疑われることになる。肩を叩いたさっきの冷たい手はあの濡れ柳だったとは思うものの、しかしどうも草っ葉とは思えない重さや意思が感じられたという具合に、出来事が知覚と想像のあいだで動揺するとき、知覚における錯覚とは一線を画した幻想となる。

また、生理心理的な錯覚による幻の存在感が意識のなかで大きく立ち現れ、支配的になるような場合は、幻想というより幻覚（hallucination）の次元に入る。知覚の知が幻におきかえられる状態であるから、これは普段の知覚とはあきらかに異なるモードである。その様相転換の原因は多様だが、現象の不随意性や精神的なトラブルに付随することや薬物による生起が可能なことから神経化学的な変調が基盤にあることはあきらかである。幻の実在感が明確な場合を真性幻覚という。実在感が弱く想像の産物として受けとめられる余地を残している場合を偽幻覚とか仮性幻覚と呼んでいる。仮性幻覚は幻覚そのものが想像ではないかと自覚されるものだから、普段の幻想の範疇に入る。ただ、これが愁訴となって幻の実在感が増し、知覚処理系に負荷をもたらし他の行為の妨げになるようであれば、幻覚という身分に移行し疾病診断の対象になる。

幻想がもつ虚実の狭間で宙吊りになる状態は真実性への接近を垣間みる契機にもなる。そのため、あとにみるように幻想という主題は芸術や文学の創造面を開拓してきた。その結果、主題的にも一大ジャンルが形成されている。むろんそれは必ずしも作者が幻想のなかを彷徨し、そのなかで創造するということを意味するわけではない。とはいえ、作品制作における空想の自由性が幻想との通路を開くことはあるだろう。幻想と仮性幻覚は事実上、重なるから、ときに文芸の創造者が幻覚に苦悩するようなことも起きがちである。これに対して、真性幻覚の場合は幻想という想像に対する自覚が外れ、往々にして譫妄（せんもう）といわれる意識混濁の障害を伴いつつ妄想という別次元の想像につながっていく性質をもっている。

幻覚とは異なるが仮性幻覚的な性質と重ねみることができる特殊な現象として、異種感覚間での通様相性現象として知られる共感覚（synaesthesia）もある。これはたとえば、音、とくに音楽にあわせて色彩がみえる色聴とか、匂いから色やかたちが見える、あるいは味覚に応じたかたちを手の触覚で感じるという具合に、ある感覚の知覚に別の感覚様相の知覚が生じるような現象である。これはおよそ二千人に一人の割合（Harrison 2001）で認められる感覚[*52]といわれる。神経系の発達分化が進行中の子どもの時期に報告されがちであることや、LSDやメスカリンといった幻覚剤によっても誘発されがちである。また、こうした異種感覚間の通様表現は、たとえば黄色い声とか突き刺さるような音、まるい味、硬い水などの比喩として十分に通用していることや、文芸創作における幻想特有の表現世界を彩ることがらにもなっているから、特殊な事象とはいえ一般的には受容、了解されやすい現象である。

これら幻覚や共感覚は基本的に幻を生み出す知覚系がその働きを極端に亢進ないし派生させたときに発生しうる状況として解釈できる。その特殊状況を含みながら、普段の知覚一般においても、錯覚が知覚の常であるという事実からすれば、幻が日常のわたしたちの周囲にある身近な出来事であることは納得できる。同時にわたしたちは不断に想像しているわけだから、幻と想念の結びつきもまた想像以上に当たり前のこととしてあり、気づかぬところまで広げてみれば、幻想は人間の基本的な心的活動の一つになっているといえる。

**類似の想像との違い**

夢想は意識的、意図的制御が効かない不随意の想像であった。幻想はこの点においてやや異なる。確かに一般に幻は総じて不意にあらわれる。だから、その起点においては夢と同様、不随意的である。だが、その幻は感覚器官に受けた物理的な刺激に依拠するか否かによらず知覚としてあらわれる。だから、意図や自覚の有無とは無関係にその立ち現れた心像に対する当人の意識的な関わりはおのずと進行していく。つまり、幻そのものは幻覚として受け身で生じたとしても、そこから展開される想像については十分ではないかもしれないが夢想のようにお手上げの不随意ではない。この点で幻想はあきらかに夢想と区別できる。随意とはいえ自在といえないのは、幻想の対象が知覚現象と重なって現れているからで、どこまでが想像なのかが判然とせず、少なからず知覚の参与を意識できるためである。この点で幻想はそのすべてが想像である空想とあきらかに区別できる。

幻想における幻はある物理的実体が何かの事情で普段知覚されるのとは違って感じられたり、曖昧、うつろに知覚されたりする。それでも思い過ごしや勘違いを感じつつ知覚像として意識されるので、夢想や空想の心像とは違って、はるかに持続性と明瞭性が高く現実的である。

だから、幻想はその純粋な状態にあっては「まるでそのようにみえる」とか「あたかもしかじかのようだった」という根っから別世界の出来事として語る夢想のような叙述はとらない。その存在は信じがたいが「見える」のであり「しかじかだった」と不確定的ながらの事実として叙述されることになる。そのかぎりでは妄想も同じだが、幻想と妄想の違いもはっきりしている。幻想では知覚対象を幻としてとらえ、現実的ではあるが知覚に対する疑いをもち続け、想像の作用による可能性を認めている。あるいはなぜその幻をみることになったのか、その理由が適切であるか否かにかかわらず反省的にそれを求めることもする。これに対して妄想の場合は知覚内容が幻ではなく、まったくの現実として受けとめられており、想像がそのまま知覚に重なっている。

**幻想——怪奇、超常、聖なることの構造**

カイヨワ（Caillois 1965）は幻想（この場合はことばとしてはfantastique）絵画を素材にして幻想を考察し、幻想の条件を厳しく規定している。たとえば、幻想作品たりうる資格として、「まず、経験なり理性なりにとって、到底容認しがたい言語道断の事象として映るのでなければならない」とする。しかもそれを為すにあたり、「計算ずくのたくらみのようなものが働いて、幻想をもって新たな秩序の基本原理に仕立てようとするならば、当の幻想そのものが破壊されてしまう」とし、作為のあらわな幻様のものの興ざめ感を嫌う。そして「本質的幻想にはおそらく、ある種根源的な曖昧さがつきまとう」とし、「なにかしら無意識的なところ、従容としたところ」を必須な条件としてあげている。

このカイヨワの考え方を含め先達の幻想考察をふまえ、トドロフ（Todorov 1970）の場合は、対象を幻想文学において考察している。その結果、幻想文学の条件を三つあげている。第一に、その内容が生身の人間の現実世界をあらわしていて、それでありながらその出来事について自然的な解釈をとるか、超自然的な解釈をとるか、ためらいが生じていること。第二に、その出来事を聞いた人（文学では読者）がその内容について詩的ないし寓意的な解釈をしないこと。第三に、これは必須な条件とはしていないが、解釈をめぐる自然か超自然かのあいだでのゆらぎそのものが作品の主題になっていることである。

この定義を基礎にして、幻想（fantastique）、怪奇（etrange）、驚異（merveilleux）の関係を図2・15のような一次元軸でとらえる。すなわち、幻想を中心において一方に怪奇、他方に驚異をおき、双方の中間域に幻想的怪奇、幻想的驚異をとらえる。ここで怪奇とは奇妙な現象ないし対象のことだが、それでいて自然法則にもとづいて説明可能なノンフィクションたりうる範疇のことを指している。ここには異端、異邦、辺境、裏側、あるいは隠された場所や闇の部分への接近が基本にあって、空間的には現実の場、時間的にも普段の日常性が維持されている。ただそれまで知らなかったり、不慣れであったがゆえに奇異であったり、怪しさが感じられたりして、にわかには容認しがたい状況がある。だから、怪奇を幻想のように思い込もうとすることはあるかもしれないが、怪奇現象そのものは幻想ではない。この見方でいけば怪奇文芸の本道はそうした未知や日常から逸れた存在や出来事の可能性に対する想像作品ということになる。この種の想像はこのあとの項で扱う「奇想」と重なる。

他方、驚異とは当の現象を説明するには自分たちの経験則では立ちゆかず、新たな法則を必要とするような超自然、超常的な事態のことである。それがノンフィンションの場合は日常の次元を超え出たところでの事実記述になる。だから、その事実は普段の認識では到底ありえないことになる。怪奇のようにこれまでもあったのかもしれないが、ただ経験していなかったというのではなく、普段の経験の範囲ではこの先何年経っても出会うことがないはずの出来事や対象が超常であって、トドロフのいう驚異である。だから、この超常とか超自然は日常や自然を超出して別の次元や世界に入るということではなく、普段の生活世界のなかにあるのだけれども、わたしたちの知覚の範囲を超えているために、感じられていない常であり、自然のことになる。つまり特急以上に特急であるところの超特急と同様、ものすごく常であり、あまりにも自然であるがゆえに驚異的なのである。たとえば、空気中に漂う無数のウイルス

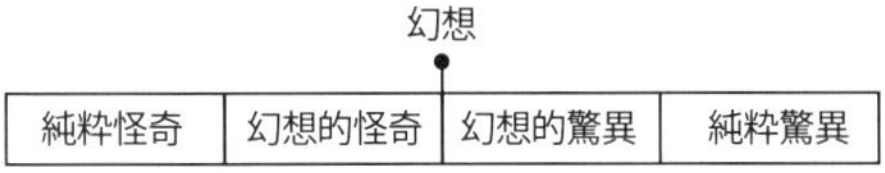


図 2-15　トドロフの幻想をめぐる一次元構造

が何らかの現象を受けて突然可視化されたら、それこそ驚異の出来事だろう。咳をした瞬間に吹き出されるインフルエンザウイルスが見えたら、相当にたじろぐことだろう。無数のウイルスやバクテリアは普段はみえないが、みえないことが自然ありのままの姿であるわけではない。そのわたしたちにとっての普段以上に自然の常がありのままにあらわになること、それが超常であり、超自然の驚異の姿である。

当然、こうした超自然＝オカルト（occult）が想像作品のなかの産物であるかぎりは基本的には驚異についての空想であってオカルトそのものではない。驚異、すなわちオカルトはわたしたちの知覚の隅のところや、その折り重なったところからわずかに引き出されたり、普段の知覚が当たり前にそうであるように、想像力の支援をもって感じとられるような現象である。このオカルトを担う想像を霊想という。これも次の項であらためて取りあげる。

するとトドロフが文学にみた怪奇―幻想―驚異の構造は、想像種で換言すれば、奇想―幻想―霊想と言い直すことができる。それらの想像世界の中軸を主題にして扱った作品が幻想文学ということになる。

### 幻想に関連する想像の平面図式

さらに進めよう。トドロフの一次元構造では、怪奇と驚異（超常）のあいだでその両者の性質をもつ出来事や対象と出会うことで、そのどちらともつかずにためらいが生じている状態を幻想としておさえている。それは怪奇の知覚と驚異の想像のあいだで揺れ動く疑いであって、はじめに述べたようにカイヨワをはじめ多くの人が支持してきた幻想の性質と重なり、その発展型になっている。

だが、怪奇にして超常であることは、いつもその狭間で解釈のためらいを起こしたり、知覚と想像のあいだでの宙吊り状態を引き起こすとはかぎらない。場合によっては、怪奇と超常の複合があまりにも驚駭な出来事であるがゆえに、その圧倒的な力の前にためらいや疑いを挟む余地なく実体として受容してしまうこともあるだろう。それはほとんど麻痺的な状態といってもよい。それが麻痺にみえるのは驚異的な現象や対象そのものに呑み込まれるように一体化してしまうからである。だから、その状態ではもはや疑う対象を客体化できる視座が定め難くなっている。迷いのなかに漂う幻をみる当人もいなくなっている。当人は幻も怪奇も驚異も超えたところで神秘的な聖性に包まれて法悦している状態にある。

この極致においては絶対的存在、信念、確信といった特性があらわれていて、もはや曖昧さ、疑念、ためらいといった性質をもつ幻想とはあきらかに対照的な心的状態になっている。それはオットー（Otto 1917）が戦慄と魅惑の絶対者として位置づけたヌーミナス（numinous; numinose）の状況である。ヌーミナス、聖なることに接近し、一体化してゆく心的過程、そのときに働く想像は幻想ではなくて何だろうか。ここには単なる想像の産物であるとか、つくりごとであるとかといった意識さえも怖れ多くて憚られてしまうほどの霊威をもつ状態への想像が生まれている。崇高的な一体感のなかで、もはや幻を対象化したり、その存在性を判断したり迷ったりする状態ではなくなっている。むろん、この聖なるものごととの一体感という境地にあっては想像の自覚もただ消えゆくところとなるだろう。だが、その魅惑の絶対者というかたちなきかたちとの一体感と恍惚のなかに、その絶対者のものなのか、一体化したものとの当人のものなのかはいいえないとしても、それでもまだそこには何らかのイメージが立ち現れるのではないか、とも思われる。そのときそこに働いているであろう想像は心像なき想像「無想」ということになる。この無想についてものちにあらためて取りあげる。

こうして奇想と霊想の軸に対してクロスする幻想と無想の軸を定めおき、二次元平面にこれらの想像種の関係を描くことができるようになる（図2・16）。その得られた結果からあらためてトドロフのモデルを少し調整すれば、彼が概念構造として怪奇と対照させた驚異（merveilleux: marvelous）はこの平面では二軸の交点、平面の中心を語る性質であるといったほうがよいと思われる。というのは、怪奇と超常、幻想と聖性が交わりあった出来事や対象はまさに驚異そのものであるし、またここに布置された幻想、無想、奇想、霊想はいずれも驚異的な内容を導く想像だからである。その驚異的な内容とは何か。想像力と驚異の関係に焦点をあわせて考察したシュール（Schuhl 1969）はつぎのように述べている。

「本当の驚異は、ジェルファニョン（著者注：Lucien Jerphagnon: フランスの歴史哲学者）の見事な研究（著者注『月並みについて』“De la banalité: essai sur l'ipséité et sa durée vécue” Paris 1965）に示されたような、そうした月並みな思考の対蹠者なのだ。驚異とは何よりもまず眼を見張ることである。しかしそれはまた、ありそうにもない作用、運命を立て直す作用なのである。驚異とはさらに存在が匿された資源に富むものであることを示して悲観的な予想を打ち消す、有機体の予期せぬ反応でもある。「さらなるものがわたしのうちにある」と、ブリュージュ（著者注：ベルギー西フランドル地方の都市）のグリュトゥーズ館の壁に刻まれた銘句はいう。このさらなるもの（plus）を生起させ表示すること、これこそが驚異的活動の本領である」

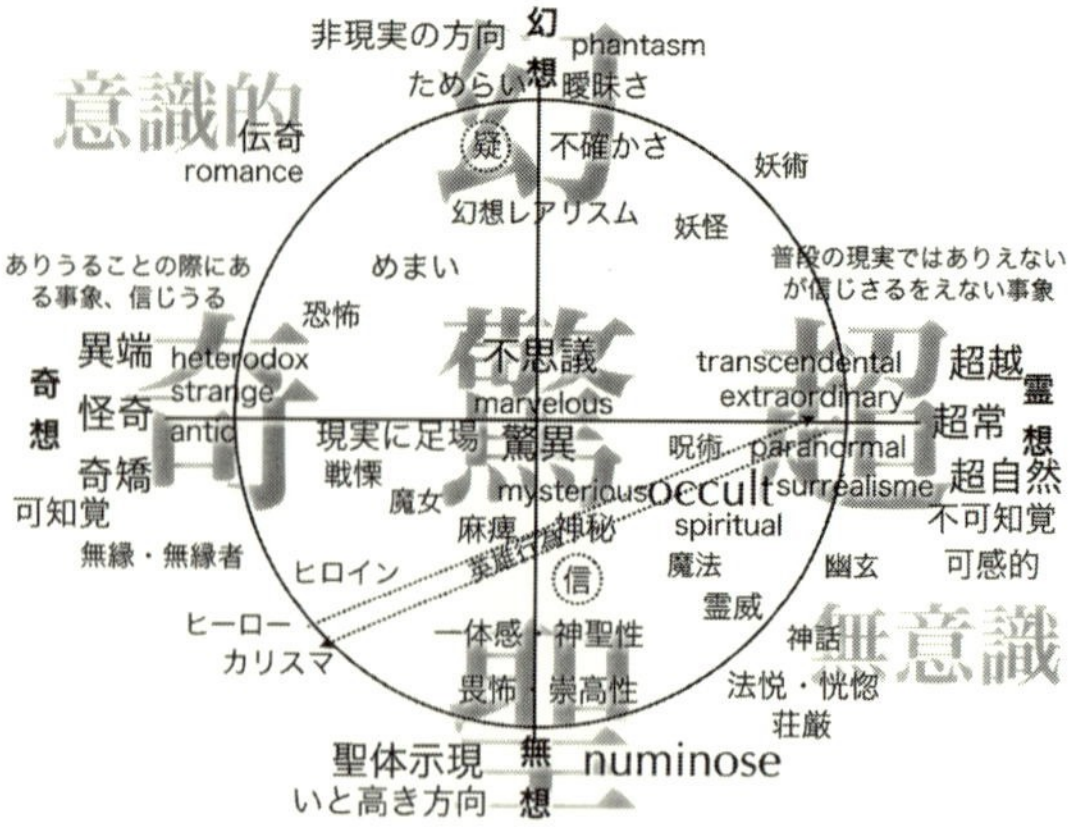

図 2-16 「驚異」をめぐる平面構造

たとえ一瞬のたじろぎやためらいを引き起こしても、それが相応の快い恐怖（agreeable horror）を喚起し、ありきたりの思考を打ち砕き、それとは真反対の突破口を開く可能性や力として驚異はある。それは幻・超・聖・奇の四要素に通底するものとしてこの関係構造の中核を語るに適っている。

幻想まわりの奇想や霊想、無想などの関係を図式的に構造化することで留意すべきことは、このような構造化がこれら複数の想像のあいだを截然と分けることができるということではなく、それぞれの想像の核となるところを強調してみるならば、それぞれの関係をあえて対照構造的におさえることができるということである。この構造により、それぞれの関係のあいだの領域の意味も推移的に読み取っていける。たとえば、怪奇と幻想のあいだには文字どおり幻想怪奇とか、あるいは一口に伝奇と呼ばれるような幻想的曖昧性を特徴とするありがたきロマンス、物語でしかありえないと十分わかりながら、自分もそうした運命のもとに生まれていたら、その主人公になれたであろうと容易にその世界へ没入し、こころをときめかせたりもするロマンスが展開する領域があるわけで、いうまでもなくこれは文芸の一大生息域になっている。

また、幻想性や聖性は背後におき、怪奇と超常という平面の横軸両端の特徴をあわせもち、位置的には中間領域のまさに驚異と神秘を特徴とした想像の産物としてはゴシックロマン（Gothic novels）がある。これは一八末〜一九世紀に主として英国で当時の文芸におけるロマン主義の勃興を受け、同時に合理主義的な社会思潮に対抗して流行したといわれる文芸ジャンルで、ゴシック風の館や城、寺院などを舞台に描かれた特徴的な作品群の生息域になった[53]。誰もが知っているであろうその代表作品の一つといえば、シェリー（M.W.Shelley）の『フランケンシュタイン』（1818）だろう。嚆矢となった典型作品といえばウォールポール（H.Walpole）の『オトラント城奇譚』（1764）があげられる。

ついでに幻想文芸として一括される枠内をもう少しだけ分け入れば、ミステリアスな想像によって不思議で神秘的な現象を扱った作品群がある。これは文芸ではミステリーではなくオカルト作品ということになる。驚異の平面構造上では霊想を中心としながら幻想、幻想的奇想など、それぞれの作品の色づけをもって位置づけられよう。文芸におけるもう一つの一大領域、ミステリー（推理小説、探偵小説）のジャンルは幻想や怪奇的色づけをもつものがある。ここでは想像の自由性よりも理性による論理的な推論がスクリプトを主導するから、その核はこの構造の外側に位置づけられる。サスペンスと呼ばれる文芸もミステリーに近い展開で不安や緊張に力点がおかれたものが主体になるが、恐怖（horror）文芸のように怪奇性や超常性を一層前面に出してこの図式のなかに位置づけられるようなものもある。

## 驚異の立体構造

驚異を中心に幻想と無想、奇想と霊想を各端にした軸によって描ける驚異の平面は、さらにその平面の中心を垂直に貫いて走る第三の軸をおさえることで立体構造に拡張させてみることができる（図2・17）。この垂直軸は一方の極に受動想像、他方の極に能動想像をおく。受動想像は他者の想像に沿って再生的にめぐらせていく想像であった。これは一見、想像にはみえないようだが、たとえば小説には作者が想像した対象や出来事が文章で表現されている。読者はその文章を介していわば作者の想像を自分の想像のなかで再現していく。その再現が決して機械のような再符号化（decoding）にならないのは、同じ小説を読んでも誰もが同じ読み方や感想をもたないことからあきらかである。また、同じ読者が同じ作品を読んでも読むごとに読める内容は違ってくる。作者と読者のあいだの想像力の差異が大きいほど、そういうことが起きがちだろう。つまり、他者の想像をなぞる受け身の想像とはいえ、その行為は再生ではなく、再生的な想像にほかならない。

ドドロフは幻想文学を分析するなかで、作品には一方のタイプに、作中人物が感じている幻想や驚異、怪奇を読者が共有する種類のものがあり、他方には作中人物がとくに幻想も驚異も怪奇も感じているようには描かれていないのに、読者には作品から幻想性や怪奇や驚異を感じてしまうように書かれたタイプの作品があるとし、両者は区別してとらえることができると強調している。

この三次元構造において受動想像の方向はこの前者のタイプの作品にあたる。作中人物が得ている幻想、あるいは作中人物が怪奇現象や超常現象に出会って恐怖や驚異を感じる物語、それを読む読者も受動想像して同様の情動を仮想体験する。とくに幻想については作中人物が出会った出来事が現実の奇怪な出来事なり、超自然的なことがらの一種なのか、あるいはその人物が想像によって描き出した単なる幻にすぎないのか、そのどちらともつかない状態で漂うことになるが、そのゆらぎが読者にもそのまま感じとれることがだいじな点になる。作中人物が出来事の曖昧性のなかで何ともつかない心中にあることが描かれているのに、読者のほうはあきらかに錯覚による幻だとか、自然法則から外れた現象にすぎないと了解できてしまう場合は、作者の想像世界から逸れるわけで、受動想像の極から離れることになる。むろん、幻想だけでなく、驚異平面に位置づけられた他の想像についてもこの立体図式の受動想像の極は同様にある。作中人物はたいへん奇矯な出来事に出会っているのに、読者がその奇想に追従していけないものを感じ、作中人物がみている幻想なのではないかと疑いを強くするとすれば、奇想の受動想像の極から離れることになる。

受動想像と対極にあるのは能動想像であった。どのような想像であれ、その契機は何らかの他者性を帯びた別の想像にあるだろう。その意味では想像の発端はほとんどの場合、受動的である。だが、その先の想像は想像する当人の行為であるから、必ずしもその想像を喚起した想像に従う必要はない。読者が作者の想像世界そのままをたどるとはかぎらない。文芸のなかにはそうした自律的な想像行為の特性を利用するようにして描かれたものもある。つまり、作品のなかで展開される出来事が極端にはすべて現実の普段の生活のなかで当たり前に起きたこととして綴られる。最後までその調子をかえずそのまま終わる。妙な事態が描かれているのに、作中人物はそれを特段の驚きも恐怖も迷いも示さずに淡々と受容する。その場合、奇異な出来事は他のすべてが日常のままであるなかのたった一点であったりする。そうした描かれ方に出会うと読者は言い知れぬ幻想性や奇異性や超常性、あるいは神聖な空気さえ感じるようになる。トドロフはそうした典型例としてカフカ（F.Kafka）の『変身』をとりあげて、次のように書いている。

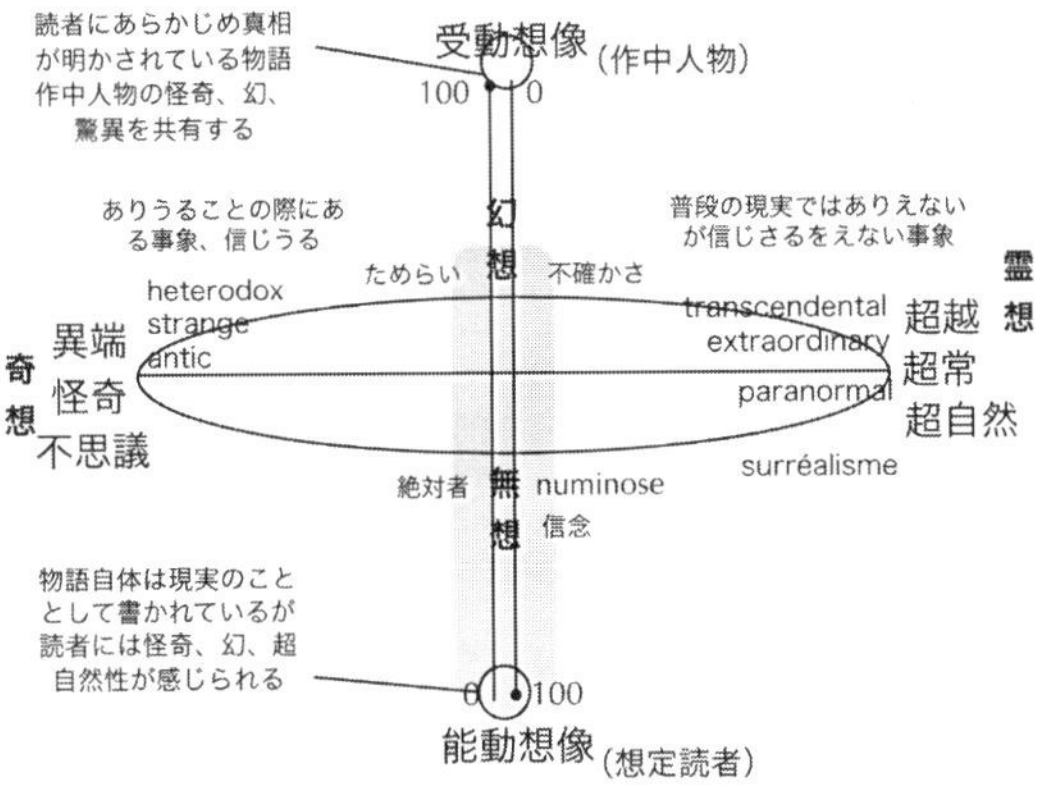


**図 2-17　「驚異」をめぐる立体構造**

「幻想物語とは、本来、完全に自然な状況から始まって超自然へと至るものであった。ところが『変身』では、すべてが超自然から始まり、それが、物語の進行につれて少しずつ自然なものと見えてくる。結果として、物語の終結部がもっとも超自然から遠ざかったものになっている」

読者は作中人物がある日目覚めたら毒虫になっているという到底ありえない超自然現象についての作者の想像に追従して物語を受動想像する。だが、物語の進行に伴ってそのありえない事態を次第に受け入れていく作中人物や物語の筋（超自然なことを自然なことのなかに組み入れていく）については、読者は物語のとおりには従えず、言い知れぬ迷いや驚き、あるいはためらいの境地、すなわち幻想の状態に立たされる。

読者の想像力をかき立てる焦点を読者の自律的な能動想像による幻想に定めて綴ることは幻想文学の極致ともいえるだろう。ただの怪奇ではなく超常でもなく、かといってただの空想の産物でもない、そのどっちつかずの曖昧なところに読者自身の自律的な想像を漂わせるわけだから、この極における創作は高度な技術を要することになる。勢いそれに成功した作品は不朽の作の地位を得る。カフカのほかにカミュ（A.Camus）やドストエフスキー（F.M.Dostoevskii）の一連の作品、『源氏物語』や『平家物語』も少なからずそうした性質を宿している。

**幻想絵画**

文芸に触れたところで、絵画についても簡単に触れておく。実際のところ幻想絵画のジャンルは、文学同様、簡単に触れて済ますことができるような小世界ではない。つまり、幻想絵画と呼びうるジャンルには膨大な作品群が含まれている。その背景には、幻想ということばが絵画においては文学以上に規定曖昧なままにかなり奔放に用いられているという事情がある。その理由は絵画の場合は文学と違って、ただ一枚のカンバスから一撃にしてその想像の姿を伝えるため、描かれる対象や主題はもちろん、描かれ方、すなわち形態、空間構成、陰影、コントラストや彩色、プロポーション、対象の組み合わせなどの表現においても、いわゆる幻想的なイメージを直接つくりだすことに開かれているためである。ただし、繰り返しになるが、幻想的であることと少なくともここで述べている幻想とは異なっている。ふつう幻想絵画と呼ばれるもののなかには幻想的な絵画が多々含まれている。

幻想絵画についても文学においてトドロフがおこなった見方を拡張してつくった先の驚異の立体構造で整理してみることができる。むろんこの構造は個々の作品を明確にジャンル分けするためのものでも、それを可能にするものでもない。幻想性の核となる性質を定め、それと区別される類似の想像との性質的な差異を関係的にあきらかにするための枠組みにすぎない。このことは絵画にあてはめて考える場合でも同様である。また、絵画についてはまずもって上述のごとく描かれた対象や主題そのものとは独立して、表現上の工夫で幻想的な雰囲気をつくりだすことも可能である。その技法上の幻想性を加味すると、それこそゴッホ（V.Gogh）の作品も幼児の描くお絵書きも、ことごとく幻想絵画と認めうることになる。だから、ここでの規定ではそうした描画上の幻想表現を除いてみることにする。

すると、先の驚異平面に基づき、その絵画が観る者に対して、現実の何かを描いたのか、あるいは想像上の何かを描いたのか、そのどちらともつかない浮遊感を引き起こすような絵画がとりあえず幻想絵画として位置づけられる。それがまだ経験していない怪物、怪異、異境、異端、エトランジェな現実のありようを表現したものと観られるならば、幻想の中心から外れた奇想である。カイヨワ（Caillois 1965）もいうように、

「人間世界の外部にあるエレメント、たとえば、混種的動物、地獄の獣、グロテスクで不吉な悪魔の創造物などが、この世界に闖入したとしても、そのこと自体からは、強固な幻想性など生じはしない」

異邦は空間のみならず時間における現在の外側にも当てはまる。その場合の歴史画も未来予想図も、その不確実性ゆえにどこか幻的であろう。しかし、それらは十分にありうることとして想像していることだから、そこにあらわれる幻想的雰囲気はむしろ現在との隔たりにおいて発する奇想によるものと解することができる[*54]。

他方、古代の美術が神話とともにあり、中世までの絵画、彫刻が総じて宗教美術としてあったことは、美術における想像が超自然的な神や超常的な大いなる力に対する霊想を媒介せずには成り立ちがたかったことを示している。当然、そこに表現されるかたちや対象はこの世の常、俗世では姿あらわではないものになる。だから、表現された無数の女神、聖母、天使、イエス、仏像、仏画に働いた想像はどれも幻的である。けれども、それらは俗人の目には映らないだけの大いなる存在の驚異であって、幻想の核に由来するものとは異なっている。むろん、それらのなかには神威的な聖性につながる美を直截的に表現したものも多くある。そのような場合は幻想と対置される無想によって引き出された幻性ということになる。

さらにここに文学のときと同様に、平面に対して垂直に交わる受動想像と能動想像の軸を導入してみる。再びカイヨワのことばに耳を傾けよう。彼は作者が幻を意図して描いたもの、あるいはただ人の目を驚かすため、神秘性を感じさせるために描いたような絵画は幻想絵画から除いている。つまり、作者がはじめから幻を描くことを意図し、観るものにその成果をそのままに感じさせるような作品は「幻想のための幻想」であって、幻想絵画たりえないとする。換言すれば、それは幻想を想い描いた空想作品ということである。絵画としてそれは主題と正攻法に向き合った成果ではあるが、観るものに首尾よく作者の想像を受動想像させるようなものは、作為の幻想にすぎず、真性の幻想にならないというわけである。この見解はあのマグリット（R.Magritte）の「これはパイプではない」と付記されたパイプの絵“The Treachery of Images”を思わせる。

それでは幻想を描いた絵画ではないまことの幻想絵画とはどういうものか。それは真っ先にその条件が幻想を描いた絵画ではないこと、しかしながら絵画そのものが幻想を引き起こす性質のものということになる。つまり、文学の場合と同じく、その絵画を観る側がその絵画をつうじて能動的に幻想を抱かずにいられなくなるような絵画である。むろん、それは描き方における幻惑技法の結果ではない。主題や描かれた対象とその扱い方において一般（ふつうである）と特殊（変わっている）のあいだで、そのどちらともつかぬ曖昧なところで漂泊するような結果として幻想が立ち現れるのである。カイヨワはそうした幻想絵画の典型をいくつもあげている[55]。たとえば、あきらかな宗教画でも一六世紀、ニコロ・デッラバーテ（Niccolò dell'Abbate）の『聖パウロの回心（Bekehrung des Paulus）』や一七世紀、ジャック・ベランジュ（Jacques Bellange）の『主の墓のかたわらの三人のマリア（The Three Marys at the Tomb）』、あるいは数ある魔女図のなかでも一六世紀、ハンス・バルドゥング・グリーン（Hans Baldung Grien）の『三人の魔女（Three Witches）』、同世紀、ドッソ・ドッシ（Dosso Dossi）の『魔術の女神キルケー（Circe）』などは絵の主題とその扱い方のあいだにある食い違いから幻想性が引き起こされるとしている。

**幻想曲**

音楽についてはすでにみた夢想やこの先に触れる奇想、狂想にも共通していえることだが、作曲家の意想によって曲名として夢想曲（reverie、ドイツ語ではTräumerei）、幻想曲（fantasia）、奇想曲（caprice）、狂想曲（rhapsodyまたはextravaganza）などと命名されることから、それにもとづく一応の分類ができるというところだろう。とはいえ、これらのあいだの棲み分けは明確ではなく、これら全体が大きな分類として幻想曲として扱われることも稀ではない。

ジャック・ベランジュ『主の墓のかたわらの三人のマリア』

ハンス・バルドゥング・グリーン『三人の魔女』

もっとも絵画においてカイヨワが主張したように、作者がありありと幻想性をテーマにして制作し、タイトルも幻想曲であるから、聴き手もそれとして受けとめるとすれば、それで幻想曲たりえるのか、あるいはそれだけが幻想曲といいうるのか、といえば、それは大いに怪しいわけである。文学や絵画同様、幻想曲が幻想をテーマにそれを空想した作品であるとすれば、幻想曲としての本領から外れることになろう。反対に、あからさまな幻想曲以外のところで、アンビエントやダンスミュージックやジャズ、ロック、あるいは軍歌や行進曲、ムード歌謡、演歌、民謡に至るまで、ありとあらゆる音楽ジャンルにおいてそれぞれに幻想曲といいうるもの、しかもその本領に属する作品を見いだすこともできるだろう。加えて、音楽作品は曲そのものの性格だけでなく、その演奏と対になって成立するものだから、曲そのものを指してその想像の性格を語ることがむずかしい面もある。逆にいえば、楽曲は他の芸術に比較してその作品名が第一に演奏者の受動想像を導く役割が大きく、その意味では作品名が幻想曲とされていることの意味は他の芸術作品の場合とは異なる働きをもっているといえそうである。一方、声楽曲になると歌詞が楽曲の前面に出てくるから、幻想文学の性格もあらわれてくる。

このように音楽の世界での幻想は絵画にも増して広がりうるので、ここではかえって無理をせず、本質的なところを逸するおそれを引き受けながら、あえて一般的に幻想曲（イタリア語で fantasia、英語で fantasy）と題されたり分類されている作品のジャンルについて金沢（1982）や遠山（1991）などに基づいて一瞥しておく。

幻想曲はもともとは歌詞なしにもっぱら作曲家の想像に依拠してつくられた作品という意味合いや、「気まぐれ・即興」の意味で自由な作風を指してファンタジアの呼称が与えられたことから始まったようである。ある程度の楽曲形式としては歴史的な経緯に沿って主として四つの意味で呼ばれてきた。一つにはおおよそ一六〜一七世紀のルネサンス期から初期バロックに書かれた幻想曲で、リチェルカーレ（ricercare）と呼ばれた器楽曲が中心である。これは主旋律を模倣し合うことで調和をとる対位法にしたがった器曲だが、その派生としてさまざまなポリフォニー風の技法を使った自由な型式の練習曲なども生まれた。作曲技法上の巧妙さを指して幻想と称したところがあるから、これらの楽曲そのものには一般的な意味での幻想や空想ということから喚起されるような印象は認められない。例示としては、初期バロックの鍵盤楽器作曲家として知られるフレスコバルディ（G.Frescobaldi）やフローベルガー（J.J.Froberger）、あるいはクープラン（L.Couperin）などの作品がこれにあたる。この種の幻想曲はやがてバロック全盛にいたりフーガのなかに溶け込んでいく。

一八世紀バロック以降は、伝統的な対位法から積極的に離れ、即興性を携えた自由形式の楽曲が幻想曲といわれるようになる。第二分類の幻想曲である。たとえばバッハ（J.S.Bach）の『半音階的幻想曲とフーガ』やモーツァルト（W.A.Mozart）の『幻想曲ニ短調K.397』などがこれにあたる。これらはあきらかに幻想というよりも、空想のもつ想像や創作の自由性を前面に出して創作された楽曲ということになる。

第三分類の幻想曲は一九世紀以降の作品で、シューマン（R.A.Schumann）の『幻想小曲集』op.12、『三つの幻想小曲集』op.111やショパン（F.F.Chopin）の『幻想曲ヘ短調』op.49、『幻想即興曲』op.66、ブラームス（J.Brahms）の『七つの幻想曲』op.116に代表されるような作品で、夢心地な美しい抒情性や神秘的な詩情をかき立てるような主想をもった楽曲である。したがって、誰が聴いてもその題名が導く想像世界を受動想像できる作品になっている。ロマン派の性格小品（character piece）一般がここにつながっている。したがって、シューマンの『子どもの情景』op.15のなかの『夢想曲（Träumerei）』やフォーレ（G.U.Fauré）の『夢のあとに（Après un rêve）』、あるいはマスネ（J.Massenet）の『タイスの瞑想曲（Méditation religieuse from Thaïs）』といった作品や意想の項で触れた静かな夜の気分を表現したショパンやリスト（F.Liszt）、ドビュッシー（C.A.Debussy）らに代表される夜想曲（nocturne）の数々もここに入ってくる。

横道に逸れるが、「夜想」には昼の意識鮮明で理性が人間の全体的なあり方に制約を与えて気取っている一面に対して、もう一つの人間の側面、夜の意識、人間の全的なあり方を含め、一次過程が顔を出す、夜の意識、感性的で情緒的な想像、本心、放縦、こころの奥、無意識、内発する生命力、そこでの想像という意味合いがある。それはラテン・ギリシアにつながっているクラシックの理性中心に対して、日常生活のそれぞれの風土のロマンにつながる想像の界域ともいえる。

また、ベートーベン（L.Beethoven）のピアノソナタ第一四番op.27-1、2『月光』やシューベルト（F.P.Schubert）の『幻想曲ハ長調さすらい人』op.15、あるいはシューマンの『幻想曲ハ長調』op.17などは自由な形式がさらに多楽章のソナタ風形式と結びついたかたちの幻想曲でこの分類の派生といえる。

幻想曲の第四分類も一九世紀以降のもので、これは標題としての幻想性を積極的に曲想として表現しようとした幻想曲になる。たとえば、リストの『ソナタ風幻想曲：ダンテを読んで』はその標題のとおり、ダンテの『神曲』の内容を表現しようとしたファンタジーである。シェイクスピア作品を題材にしたチャイコフスキー（P.Chaikovskii）の幻想序曲『ロメオとジュリエット』『テンペスト』『ハムレット』の三作品も同様である。したがって、この分類の楽曲の場合は当然しっとりとした夢心地の曲とは異なってくるが、なかにはラフマニノフ（S.V.Rakhmaninov）の『幻想的小品集：作品三』のように標題いかんでは第三の分類のテイストがあらわになったものもある。また、ベルリオーズ（L.H.Berlioz）の『幻想交響曲（Symphonie fantastique）』は「あるアーティストの生涯のエピソード」という副題が示しているように、自身の恋人への懸想と失恋によるアヘン摂取でみた不幸な恋の幻想ないし幻覚を直截的に表現しようとしたものとして知られている。そのために恋人を表現する固定楽想をすべての楽章に使うといった技巧も施されている。こうなると明々白々な幻想を題材にした創作であるから幻想を名乗るも幻想音楽の中心からは外れることになる。

二〇世紀に入ってからの作品としては金沢も遠山もヴォーン・ウィリアムズ（R. Vaughan Williams）の『グリーンスリーヴス幻想曲』を代表作としてあげている。金沢の場合はシェーンベルク（A. Schoenberg）の『ピアノ伴奏つきヴァイオリンのための幻想曲』op.47も特筆に値するとしている。

## 2・4・15　奇想・霊想

「きっぱりいいきろう、不可思議はつねに美しい、どのような不可思議も美しい、それどころか不可思議のほかに美しいものはない(Breton 1924)」

【認知率39% 意味了解率18% 日常使用率2% 存在否認率10%】

ここでは前項でみた「驚異」のもとに関連している想像のうち、対照的に異なるタイプの想像である奇想と霊想を、幻想との関連を踏まえながらみていく。

### 奇想と綺想

奇想（heterodox imagination）は奇想天外なストーリー、といった表現で日常のメディア表現でも比較的見聞きしていることばであると思われたが、大学生の認知率は四割程度、意味了解は二割程度でどちらかといえば、親近性の薄い部類のことばとしてあるようすが認められた。確かに日常会話でこのことばが単体で使われることは滅多にないかもしれない。だが、すでに触れてきたように文芸・映画・音楽・演劇などの創作世界では想像力の核心の一つといえる想像種である。

奇想は同義異字で綺想とも書く。ここではこの二つを意味的に分けてみる。まずその一つ、奇想は先に幻想との関連でみたように、構図としては驚異を中央におき、その上方に幻想、両端に怪奇と超常をおいてみたときの、その一方の怪奇性をもたらす想像である。これは幻想の項で触れたように、異端、異邦、辺境、怪異、怪奇、あるいは隠された場所や闇の部分への接近ないしそこからの闖入ということが基本にある。空間的には現実の場、時間的にも普段の日常的な時間の流れとつながった想像としてある。想像する当人が別世界にいったり時間を飛び越えたり、歪んだ時空を漂うといったことはない。ただ、この現実の時空と地続きにあるところで、それまで知らなかったがゆえに、あるいは不慣れであったために奇異にみえたり、認め難かったりする。そういう風変わりなものごとの想像が奇想の中軸をなす。だから、奇想は現実に足場をおいている点で幻想や空想とは異質で、仮想の仲間といえる。

意識がなす偉大な非現実化作用という面から想像力について考察したサルトル（Sartre 1940）はその非現実化作用として想像は対象を、非存在、不在、どこか他の場所の存在、存在性を問わない、の四つのいずれかで定立するとした。このうち非存在の定立は空想のお家芸である。不在の定立はかつての実在でいまはどこにも存在しないものごと、すなわち亡くなったものごとへの想い描き、たとえば追想や感想である。ここで取りあげている奇想はサルトルのいうどこか他の場所の存在を立てる。この措定は彼が追記しているように「対象の現実的かつ現在的存在の暗々裏の否定を予想する」。だから、ここでいうどこか別の場所は典型的には彼岸とか異なる環境世界、すなわち人間にとっての超自然がその別の場所にあたる。その場合、あとで扱う霊想の対象定立がこれに該当する。だが、このどこか他の場所の存在の定立にはサルトルが述べた以外に、もう一つのパターンがある。それは上述したように眼前に実在しているものごとが、これまでの経験の範囲では出会ったことがなかったがゆえに、にわかには実在として受容しがたいという心境、すなわち異邦性を宿した対象の定立である。奇想における対象定立はこのケースにあたる。

見慣れないものは本質的に怪しい。これは人の精神の常というよりも、動物としての基本態勢といってよい。あまねく動物は未知との遭遇に際してとりあえず動きを止め、息を潜めて静物と化す。人とすっかり馴染んでいる犬猫たちでも通りすがりの人に対してとる姿勢は鋭い警戒と怪しみである。その野性の怪しみは直列的に防衛姿勢や逃避、攻撃へとつながり解消される。それに対して、ヒトは根を同じくする野性の怪しみや警戒を精神のなかで遅延的に滞留し、増幅させていよいよ怪しみを奇想的に膨らましては勝手に怪奇性を生み出すことが得意である。つまり、ヒトの場合は反応を運動として外化するよりも想像活動に内化する傾向がことのほか強い。その想像活動が独立して活動することで、未知の存在であっても出会う可能性のある異端の存在はそれこそタコのような火星人から吸血鬼にいたるまで、遠い宇宙からの円盤から怪奇現象が起こる洋館やトンネルまであらゆる怪奇の想像をたくましくする。その自律的奇想をもって恐れおののき、忌み嫌い、防衛や逃避、怪物退治の攻撃もこれまた内的におこない、その奇想そのものを同水準の奇策の想像をもって解消する。古今東西、想像博覧会たる文芸や演劇、映画、見せ物、遊園地にとって怪奇の想像産物はほとんど精神にとっての食卓におけるチーズや漬物のような存在になっている。だから、奇想の心的過程における位置づけは実は核心に近いところにあって、決して異端ではない。

もっとも怪奇性はもっぱら奇想によってもたらされるわけではない。とくに驚異の平面にかかわる想像からは、いずれもただならぬ驚異や不思議さが喚起される。よってそこには多少なりとも奇怪な性質が漂っている。ただ、奇想という想像の性質を明確にするためにも、ここで再度、奇想にもとづく純粋な怪奇のありようをはっきりさせておけば、奇想の怪奇はそれが想像の産物であることは明確なのだが、その想像された対象が自分の足下の現実世界にありうるものと想定できる対象としてあり、それゆえの不気味さ、怪しい異端性が生じるのである。その奇妙な現象ないし対象はいかに変わったものであっても、既知の自然法則にもとづいて説明可能な範疇にある。それだけに、たとえ想像の産物であってもその闇の現実性に怯えることになる。つづめれば、いつもの日常空間のなかでの驚異が奇想である。この点、すぐあとに述べるようにそのベースが歪んだり亀裂が入る霊想とは対極の想像である。とはいえ、これは奇想がもつ想像の幅の制約を語っているわけではない。奇想には奇想天外という方向への展開があるから、思いも寄らぬありうることとの異端としても怪奇や奇矯の広がりは大きく開けている。

この奇想と同音同義だが、これとは分けてみようとする綺想[*56]のほうは「空想」の一種であり、その異性体である。もともと空想の第一の特徴はその自由性にある。それは空（くう）という一定の枠のなかでの自由性である。よって綺想が奇想と大きく異なるところは綺想のほうは現実に足場をおかず、現実性へのこだわりを捨てていることである。奇想の場合、その対象は未経験だが実際にありうるものとして想像される。綺想は頭からありえない空想となる。

その空想の枠組みが希な大きさであったり、枠をはみ出したりすることによって天外な空想となる場合が綺想である。枠を型とみれば、綺想は型破りな想像である。だから、綺想には婆娑羅な統御不能性がみられる。だが、それは常識的な視座からみたときにコントロールが効いていないようにみえるだけで、決して自覚的に制御されていないわけではない。綺想には飾り立てや体裁、虚飾性への意図的覚悟やその遊びやべらぼうさが前面にあらわれている。だから、それは奇というより綺なのである。むろん、この型破りな空想によっても怪異や異形はいくらでも想像される。だが、その形象はゴジラやウルトラマンのような途方もない怪物となるから、現実性から大きく離れ、ありえなさが増大して怪奇性とともに幻想性も薄らぐことになる。

文芸で奇想と綺想のありようをとらえるなら、奇想が大いに展開するジャンルには幻想の項で触れたように伝奇小説がある。前に述べたようにこの由来は唐の時代に遡る怪異をテーマにした短編小説で、時代変遷によってその意味は変化したが、全体に幻想、怪奇的な内容が綴られた小説である。日本では江戸時代の中後期の読本、たとえば曲亭馬琴の『南総里見八犬伝』や『椿説弓張月』が伝奇の系譜にあたり、西洋文芸では中世騎士道物語に端を発して次第に空想や理想の営みそのものや現実との相克を主題にしていった。たとえば、『ドン・キホーテ』に代表されるロマンス（現代のいわゆる恋愛小説ジャンルとは異なり、騎士道物語がラテン語ではなくそれに由来するラテン口語の起源ロマン語から派生したロマンス諸語（フランス語、イタリア語、スペイン語、ルーマニア語などに派生）により吟遊詩人や旅芸人によって朗誦されたことに由来する）の流れが該当する。これら伝奇小説はまさに奇想、あるいは幻想と奇想の複合領域で花開いた創作群とみることができる。

伝奇（romance）のほかに、英語では小説を novel ともいう。novel ということばは新奇なという意味ももつが、それはこれがロマンスの小説形式に対して、紙や印刷術の誕生と発達に後押しされるかたちで、一四世紀に登場したボッカッチョの『デカメロン』を嚆矢とする新境地、すなわち庶民の目線でエロスや滑稽をふんだんに盛り込んだ小説形式が誕生したことに由来している。この発祥に認められた新奇さ、斬新さからその小説ジャンルが novel と呼ばれることになったわけで、その内容には決して超常的な怪物があらわれるわけではない。だが、そのジャンル形成を導いた様式自体は文芸の歴史においては型破りの画期であり、まさに綺想によってもたらされたものであった。

綺想は普通では思いつかないようなありえなさの想像である。そのありようをうまく語ることばとして、一般に奇想のことばを使うが、奇想天外とか奇妙奇天烈ということばがある。奇想天外のただならぬありようは、えもいわれぬ不可思議さを伴うがゆえに怪奇性を帯びることにもなる。反対にその意外性から生じる滑稽さが度を越したかたちで抱腹絶倒、まさかのおかしさを生むこともある。したがって、ここでの文脈に寄り添えば奇想天外・奇妙奇天烈はあきらかに綺想天外・奇妙綺天烈と表現すべきものである。あまりにも綺想天外なおかしさはチャップリンがその映画に描きとおしたように、同時に、はかなさやかなしさを伴うものであるし、それらの混淆が強まれば聖性や崇高性を帯びることにもなる。天才コメディアンがしばしば神様と称されるのは隠喩と解釈できない面をもっている。チャップリン（Chaplin 1964）はつぎのようなことばを残しているが、これは綺想と共に驚異の平面をも自由に闊歩しながら、さらに立体的に能動想像に勤しんだ彼の信念のことばとして受けとめることができる。

「わたしの信は一切未知のもの、理性で理解できないものを信ずることにある。わたしたちの理解を超えるものも、ほかの次元世界ではいとも簡単な事実であり、そして未知の領域にこそ幸福への無限の力がある」

稀代の喜劇俳優が放ったのは、大衆エンタテイメントとしての奇抜な身振りや演出面での綺想であった。それを美術史学者の辻（1970）の場合は日本美術の造形表現に奇想のことばでとらえている。

「（そうした陽の面の）「奇想」は、一つには日本美術が古来持っている機智性や諧謔性――表現にみられる遊びの精神の伝統――と深くつながっているように思われる」

とし、

「ただ、それがわざとらしさのない、強烈なリアリティを感じさせるものになっているのは、画家の鋭い感受性と想像力――「陰」の奇想――の裏付けがあるからだ」

辻はその太極的な奇想が時代を超えた日本人の造形表現の特徴になっていると読み込んでいる。

創造活動に触れたところで、音楽において綺想曲（奇想曲）*57と名づけられている作品について一瞥しておく。これは幻想曲と同様で、音楽特有の歴史的な発展史のなかで一定の性質をもつ楽曲に命名されてきている。すなわち、綺想曲はもともとは一七世紀のバロックにおいて自由性をあらわすのにフーガの主題に流行歌を用いたり、テンポや拍子を頻繁に変えて奔放さを表現する様式からはじまったようである。やがてその積極的な意味での移り気や即興性、あるいは軽妙さといった性質を曲想に展開した楽曲として、カプリッチオ（イタリア語でcapriccio、英語ではcaprice）が確立するようになる。なかでも一八世紀、パガニーニ（N.Paganini）の『二四の綺想曲（24 Caprices）』はつとに有名である。その他、一九世紀以降はブラームス（J.Brahms）の『六つの小品』、チャイコフスキー（P.Chaikovskii）の『イタリア綺想曲』、リムスキー＝コルサコフ（N.Rimsky-Korsakov）の『スペイン綺想曲』、クライスラー（F.Kreisler）の『ウィーン綺想曲』など多様な作品がつくられてきている。

**霊想**

「それにしてもゆうべの話をすっかり聞いて、
　みんなの姿がそろっておかしくなったことを知ると、

想像力が生み出す幻とは言えない、それ以上の、
大きな現実の力が働いているように思われるけど、
とにかく驚くべき不思議な話と言うほかないわ。
（Shakespeare『夏の夜の夢』）」

想像力は知覚平面にとらえられた物体の重なりの背後や裏側に記憶を動員し、さらに知性の推論、とくにそのアブダクションを借りながら隠れた部分の存在を当たり前に予想する。見えないものをあるものにすることは想像力の自然な営みである。だから、その力の強まりが感覚器官の制約から知覚化されない存在への感性的直観に触れるような霊性をとらえることは特殊なことではなく、想像力の営みのなかにある。

すでに幻想の項で驚異平面を説明する際に述べたように、霊想（paranormal imagination）とは超常想像とか超自然想像、あるいはその意味での超現実想像といった名称で呼んでしかるべき想像のことである。だが、霊想を含め、これらいずれのことばも大いに誤解を招きがちである。その点で同等であるとすれば、ここは他の想像種を二文字で表現している型式にあわせることを優先して「霊想」のことばを用いる。実際、霊想は造語ではなく、たとえば広辞苑（第六版）には「神仏の霊妙な感応。霊感」と説明がある。ただし、本書での意味は神仏をカバーしつつも重心をより広い超越においている。

霊といえば、ふつうには霊魂のことであり、ヒトをはじめ動物の身体に宿って精神の働きを担っているとみる心身二元観では心に相当する。心は目でみて確認できないが、それは人間の目ゆえのことであって、見えないからといって、ないとはいえない。その見えないものの働きがあきらかにある以上は人の目にはみえない存在となっている可能性がある。それが霊に対する一つの見方である。ここではそこから派生しておよそわたしたちには見ることができない、計り知れない存在や働きまでを含めて霊ととらえる。霊の字は靈の略字だが、この字は雨の下に口が三つ並び、

その下に巫を置いて構成されている。雨の下にある三つの口は水たまをあらわし、そのように清らかな巫のこと、あるいは口をそろえて神事としての雨乞いをする巫女たちの意をあらわしているらしい。だから、この字義に照らせば霊は呪術的に超越とのつながりをあらわしている。霊想とは端的にはそのことによって開かれる想像である。

実際、視覚でいえば、わたしたちがこの目でとらえることができる光はおよそ三八〇～八〇〇ナノメートルの波長範囲にある電磁波である。だから、その閾を外れた膨大な電磁波の存在はそれによる作用があらわな場合、わたしたちの目には透明な存在からの働きかけにしか見えない。どうして突然、携帯電話が発光したり、振動するのか、そのことに恐れおののく現代人はいないが、わずか三〇年ほど前に映画『エクソシスト』がヒットした時代のわたしたちであれば、それはいたずら好きの妖精による騒霊、ポルターガイスト現象として受けとめることにもなろう。それはその時代にあっては超常現象にほかならない。しかし、現代に生きるわたしたちとて、仮に本当のポルターガイストによって振動した携帯電話があったとしても、それを受信によるそれと区別することはできない。このことが示しているように、わたしたちは身の回りで起きている出来事についてそれなりの因果をつけ、それができにくい場合は偶然の出来事として始末するけれども、そのいずれについても本当のところは、わたしたちの見えない何かによってもたらされたものである可能性はいつも十分すぎるほどある。そういうわたしたちの環境世界での自然という観点でいう超自然の界域でごく自然に生じているはずの作用について想像を押し広げて、可視、不可視の作用やその働きをなしている対象を想い描くことを霊想というわけである。したがって、この場合の霊は霊魂の霊でもあれば、幽霊の霊でもあるし、電磁波やオゾンや二酸化炭素、サリンや大腸菌やエイズウイルス、素直な意味でのアンタッチャブルな諸々の存在と働きの総称になる。

このことからつぎのこともあきらかである。つまり、霊想は超常とか超自然、あるいはその意味での超現実の想像ともいうべきものと述べた。しかし、これらの超とは日常や自然や現実世界を超え出た別の世界のことを指しているわけではない。「超かわいい」が単なるかわいい以上になお一層かわいいことであって、かわいいを通り越してかわいくないことを指すのではないことと同様である。つまり、超常、超自然、超現実は普段の現実以上に一層、常で、ありのまま、そのままであることを指している。普段の現実や日常や自然はわたしたちの限られた知覚の範囲のなかで制約されたいわば人間用の舞台にすぎない。それでありながらその舞台はもとの切り出された現実から決して独立しているわけではない。わたしたちには知覚できない大舞台にそのまま開かれたオープンステージになっている。言い方を換えれば、わたしたちは超常、超自然、超現実のなかに身を置きながら、そのなかの一部分を日常とし、自然と呼び、現実として受けとめている。だから、紫を少し超えた紫外線もノロウイルスも、青空を見上げたときの満天の星々も膨大な対象がオープンステージにあって出来事を繰り広げているのだが、それを知覚できずに過ごしている。わたしたちの常なる現実はプラトンが比喩にした洞窟の幻燈劇場のようなものである。

シュルレアリスムがいう超現実はそうしたわたしたちの環界の小舞台や洞窟を出て、わたしたちが身を置いている世界のありのままを指していた。これは知覚できない部分だから、まったく想像をもって対処せざるをえない。しかし、想像であればその全容はともかくも、片鱗に接近することは可能だろう。ブルトン（A.Breton）が surréalisme の名称を考えるときも、超現実とすることでそれが意に反して現実の彼方にある別世界のことを指してしまうのではないかと懸念し、一旦は『幻想詩集』などの作者ネルヴァル（G.Nerval）が用いていたような超自然（surnaturalisme）ということばを用いたほうが適切ではないかと迷ったと述べている（Breton 1924）。だが、霊想同様、おそらく超自然としたところで同様の誤解からは逃れられないだろうから、彼はあえて surréalisme ということばを前面に出して注意書きを添える方法をとったようである。これを邦訳する際も翻訳者たちはいつも同様の誤解の懸念を感じてきたようである。そのため、超現実ということばよりもシュルレアリスムという片仮名表記が用いられる傾向が定着した（巖谷 2002）。

シュルレアリスムの困難は想像によって接近可能な対象や出来事をとらえたとき、それをかたちに表現する際には再びわたしたちの知覚的現実のなかに引き入れなければならないことである。それはちょうど深海に暮らす生物の生きているままのその姿をとらえようとして採取すれば、水圧の違いでその生命も姿形も保てなくなるようなものである。シュルレアリスムの表現作業をわたしたちの舞台でなさざるをえないかぎり、その成果はいつも不可解で歪んだ形象になってしまう。つまり、そこに総じてあらわれる奇妙さは表現上の無理ゆえのことになる。これをまともに受けとめれば、シュルレアリスムの作品を観たり読んだりする場合にはその歪みを霊想的に補正する作業がいるということでもある。だが、もし首尾よくそれができて生身の超現実の存在を霊想においてとらえたとすれば、その形象も存在も少なくともわたしたちの知覚的現実から忽然と姿を消すことになろう。それはあたかも目玉の微細動によってその動きある知覚像をもって知覚的現実をみているわたしたちのその目玉を固定して対象をしかと見るような条件をつくると眼前にある対象が消失してしまう静止網膜像の話を彷彿させるような話である。

以上からわかるように、シュルレアリスムの表現にあらわれる歪みや曖昧さは実体があるのかないのかのあいだに発生するゆらぎのそれ、つまり幻想のそれとは本質的に異なっている。それは無制約のありのままの現実に、制約された人間の小窓の現実から想像によってアクセスしようとすることに伴う幽遠さによるものである。ここに後者の霊想と前者の幻想の分水嶺がある。ブルトン（Breton 1924）はシュルレアリスムの定義を端的に「心の純粋な自動現象」としているが、これは同時に霊想の核心でもある。

ここであらためて霊想、幻想、奇想をそれぞれの違いに焦点を定めながら、各々の性格を確認しておこう。奇想はたいそう奇妙な想像を指すが、それは主としてそれが希ごとであることによるのであって、わたしたちの知覚しうる現実世界の枠内での思い描きにおさまる。また、それだからこそその異端性に気味の悪さ、不思議で怪しい感情が直動的に引き起こされる。他方、幻想は想像上のつくりものであろうと思える対象が、否ことによるとそこに現示しているから知覚できているのかもしれないという疑心、あるいは知覚しているものがまったくの想像かもしれないという迷いのなかに生じる想像であった。暗鬼は見えるような気がする鬼だが、暗いために確認できない。実際にいるのか、いないのか、思いなしにすぎないのか、想像と実在のあいだで揺れ動く驚異と不思議が幻想であった。

これらに対して霊想は普段は知覚できない超常の存在を想像によって感知することである。その意味では現実世界にありうるものを想像する奇想と似ている。だが、奇想はそのありうるものが現れればそれと知覚できる対象として想像される。火星人もエイリアンもユニコーンもフランケンシュタインもあらわれれば誰でも目で見て確認できよう。だから、想像による形象も見たとおり明白に描くことができる。ところが、霊想はわたしたちの知覚の制約のために普通はその存在が確認できず、それでいて超常的現実としては存在しうる対象を想像するから、その想像と知覚を直接結びつけて形象にあらわすことができない。だから、霊想における驚異や不思議さは想像の対象がわたしたちの普段の現実と同居していると想像を介して感じられるのに、その存在がとらえられないという透明人間的な不気味さをもつ。透明な存在とはいえ、それらはわたしたちの現実と同居しているのだから、その対象の働きがわたしたちの知覚できる世界に変化をもたらすことは当たり前にある。それがあまりにも独立的であらわな変化であれば、超常現象とか超自然現象として受けとめざるをえなくなる。だが、常識に生きるわたしたちは百聞は一見にしかずを理として、目に見えないものの仕業を当たり前に認めることをよしとしない。だから、知覚できる範囲の出来事との因果連鎖を求めるか、偶然の事象として解釈するか、ことによっては怨霊の仕業などと解釈することになる。

また、霊想の対象が何かのはずみでその姿や姿の一部をわたしたちの知覚閾のなかに晒すこともあるかもしれない。自然のありようが常態的な気候とは大きく異なったり、昼から夜、夜から昼へと移り行く比較的短いあいだ、あるいは雷や地震、台風といった激しい環境変動があったとき、常には知覚されずにいるものごとが知覚閾に顔を出すような事態である。蒸し暑い夏の夜などを好むという暖色系の狐火とか雨の日の夜にあらわれがちという青い鬼火、あるいは有明海でよく見られるという夜間の海上にゆらめく光、不知火《しらぬい》といった怪し火現象はこうした類いの関わりがあるのかもしれない[*58]。

他方、わたしたちの側の生理学的な変化で知覚閾が歪んでわたしたちにとっての現実の枠が一時的に超現実の方へずれることもありうる。たとえば異常なほど覚醒水準が高揚するとか、反対に異常なほど覚醒水準が一定に保続するといった、いわゆる変性意識状態において、知覚や意識に対する普段の注意資源の配分が大きく変化して、著しい注意の選択と集中が生じる場合である。ゆた、のろ、いたこなどの霊媒師、祈祷師、呪術師、巫女、シャーマン、シュルレアリストはそれを意図的になすわけである。その結果として超現実の事象に接することがあるのかもしれない。

ただし、霊想の心像は知覚閾外で超越している対象に対するアクセスが関係している。だから、先に触れたように、そのかたちをそのまま知覚世界で無理に表現するなら、いともたやすく砕けて了解不能なものになるだろう。霊媒師やシャーマンがトランス状態への過程で踊ったり叫んだりすることは霊想の表現としてありうることだろう。だが、そのあと口寄せや託宣が見事に直接話法になることは、たとえそれが翻訳の妙技によるのだとしても、霊想からの隔たりが大きいはずで、幽霊や妖精を見ることと同様の幻想や空想、あるいは妄想の手伝いを垣間みるところとなる。自分の生霊や自分の姿を他者的に自分でみるというドッペルゲンガー（Doppelgänger）現象も、みえないはずの像がみえる以上は同様である。なお、シャーマンには神に仕えて神意を伺う神子や巫女もいるが、この場合は驚異平面の他方、霊想と無想の交わる領域での想像の営みになる。ここについてはつぎの無想の項でとりあげる。

霊想する者は霊を空想したり幻想を抱いているのではなく、超現実において想像しているのだから、その想像行為そのものが常ならざる状態になっているはずである。したがって、霊想は夢想と同様、他者性を帯び、想像する当人の統御が効かず、その想像は不随意的に進行することになろう。シュルレアリスムにおける自動記述（écriture automatique）は霊想に依拠した表現の試みとしてみることができる。それはあらかじめ書く内容を決めておかずかなりの速さでものを書いていくシュルレアリスムの代表的な手法の一つで、ブルトン（Breton 1924）を引用すれば「シュルレアリスム作文、または下書きにして仕上げ」であり、その方法についてつぎのように述べている。

「できるだけ精神の自己集中に適した場所におちついてから、なにか書くものをもってこさせたまえ。できるだけ受身の、つまり受容力のある状態に身を置きたまえ。あなたの天分、あなたの才能、あらゆる他人のそういったものを無視したまえ。文学とは、どこへ行きつくかもわからないひどくみじめな道の一つであるということを、しっかり自分にいいきかせたまえ。あらかじめ主題など考えずに、記憶にとどめたり読み返したくなったりできないほどすばやく書きたまえ…」

ここで彼が語っているのは自分の内側にある何らかの才というものを超えた大いなるものによって動かされ、創造されていくことの追求である。ただ、霊想にもとづいて表現され得たものがわたしたちの限られた世界認識のなかで了解できる創造性にせせこましく収まるはずはない。だから、その作業の成就がわたしたちの成す小さな評価におさまるなどということもはじめから予想や期待の外ということになる。

### 2・4・16　無想

【認知率23％ 意味了解率8％ 日常使用率1％ 存在否認率26％】

無想（inimagination）といえば、普通は無念無想といった言い回しで使われることばである。いうまでもないが、無念無想の場合は雑念を排して心が澄みきっている状態を指す。また、一般的とはいいがたいが否定的な表現として無思慮なさまを指すこともある。前者は仏教における境地として耳にすることが多いだろう。大学生の反応をみると、無想に対する認知率は二割であった。値自体は低いが、まったく認知されていないという部類のことばではないことがわかる。ただし、意味了解や日常の使用については明確に低く、概念としては遠い位置にあることがわかる。

そこでまず、仏教における無念無想の境地をもう少し確認しておこう。これはたまたま何も見えない闇の状態にあるとか、ぼんやりと何も考えていない状態といったことではない。それとは反対に、事物への執着をもってしまう普段の「有想」を、修業を重ねることで排するに至った寂滅の心的状態を指す。だから、これは能動的、獲得的に達する覚醒水準が高く保たれた状態における寂静の境地である。これはすでにみた瞑想を導入にして一種の変性意識状態をつくり、それを基礎にして至っていく本質接近の透察的な想像の一つといえる。上座部仏教では無想天の境地が語られている。それによれば心をもつ者が存在している世界には欲界、色界、無色界の三界があるという。このうちの色界は欲を脱しているが、まだ物質の制約を逃れていない世界である。そこにある四天のうちの一つ第四禅天にはさらに九つからなる世界があり、その一つが無想天とされている[*59]。ここは無想の禅定を修めて感得される境地とされている[*60]。

つぎに、仏教的境地としての無想を離れ、なおかつこれを何も考えず、無思慮なことの意とするのでもなく、この想像の可能性を考えてみよう。心理学の領域で無想に関連してコメントした例として、およそ一〇〇年前に元良(1907)の解釈がある。彼は「意識、表象、注意」を語るなかで「無念無想とはなにか」という節を設けてこれを説明している。すなわち、無念無想とはこころのなかにある一定の形、表象をとらない経験の状態で、それでも経験している以上、心的活動が持続している状態をいうとしている。そのわかりやすい例示として暗室に入って目を見開いている状態をあげている。この場合、いくら見ようとしても真っ暗であるから、視覚的には何もかたちをなさない。だが、それでも暗を無表象の感覚として受けとめているわけであり、これが心理的な無念無想の状態だという。つまり環境条件によって、たまたまかたちのある表象が認められない知覚を無念無想の状態としているわけで、もしかするとここには「なにも見えず無念」といったユーモアも込められているのかもしれない。

もう少し、踏み込んで無想という想像の様態を考えてみよう。ふつう、いくら目を見開いても何も見えない闇につつまれれば、あるいはただ瞼を閉じるだけでも、人はおのずとそこにいろいろなものを想像しはじめる。そのときの想像が無想だというならば、無想という状態は広く想像一般のことを語っていることになる。だが、無想とはそういう当たり前の想像を無ということばをもって強く否定しているのだから、そのうえで成り立つ想像は少なくとも普段の想像とはかなり異なるはずである。しかもこの場合の想像一般との異なりは想像自身の自己否定をすることによる。

無想とは無を想像すること、すなわち想像しない想像ということだが、その自己否定はそれでも想像であることを宣し、機能し存立することを語っている。だから、これを単純に想像しないこととして受けとめて済ますことはできない。それよりもその自己否定には他の想像を向こうに回して為しえている広大、無尽な想像の営みが無という状態にしてあると読み取る必要があろう。そうなると無想はいったい、みずからの何を否定しているのだろうか。

無想が否定するのはおそらく想像がなす心像がもつ、もとより曖昧なかたちや存在の不定性に対して、その形象を表現し、存在の定立を問うことに対してなのではあるまいか。想像は不定の心像を、その先にかたちとして顕現したり、存在を立てることで、次第に定かなる色かたちや位置づけを定め、その姿に寄り添うようになる。そうしていくことによって他方では想像が本有する自律性や自由が損なわれていくおそれも増していく。むろん、想像した内容をかたちに表出することは曖昧であることのもつ不安や中途半端な状態を落ち着かせ、一旦、考えたことをあらわにして、その先につなげるという肯定的な表象化プロセスの一環としてなされることが一般的である。「いったい何を考えているのか、はっきりさせなさい」とか「いいことをおもいついた」とはそういうプロセスにおける契機を象徴するフレーズである。そのことによってある程度、かたちになることが確かにつぎの想像を促進することになる。本書後半の構想編の主題はこの想像のかたちへの表現とその表現が再び想像を刺激し、後押しする営みの循環過程の性状におかれる。循環とはいえ、ことは滑らかに進むとはかぎらない。その過程において構想は想像がもつ十方への可能性を選別し、方向性を規定する働きをなすからである。想像は定めうる形象に対して不定であることを積極的に本態としている。だから、その核心への介入は自身のありようの根源的な危機や否定を意味する。とはいえ、現実的には構想像力は表現に発揮されてこその意義が認められることになる。そのため、ほとんどの心的過程の実際場面では構想力との相互循環を利して、状況に応じてその特性を開花させることで折り合いをつけている。そのことがこれまでにみてきたような多様な想像種をもたらし、それぞれに心像のかたちや存在の仕方において特徴をもった想像を展開させているわけである。

だが、それが大方のところとはいえ、それでもそうした現実的な選択に与せず、生粋の想像としてのあり方を通そうとする想像のありようも想像種の一つのありかたとしては生じうることだろう。かたちをあらわに表現する構想は想像を主導しようとするわけではない。いつもほとんどサゼスチョンとして想像に返す動きをとるだろう。それは想像が描くそぞろな心像がもともと的確に顕現しがたいものとしてあるから、構想が引き受けている仕事の困難さに由来していることである。だが、それは想像にとってはいつも不十分、不適切に感じられるはずである。だから、想像にとって構想は刺激になると同時に、騒々しい存在になる。ときに想像は曖昧な心像さえもあえてつくらず、黙り込むようなこともあるだろう。そのとき想像過程は、心像のもつ無常の動態性をそのままにし、実在性を不問に付す。それゆえに構想としては形象化不能な状態になり、はた目には何も想像していない状態、すなわち無想として映ることになる。このとき想像過程は構想へのつながりを一時的に絶って表出を止めるが、その営みを内閉的に持続する。こうして無想は可能性の次元において、不定の想像という自由の本態を維持し、外見的には静かではあるが内面ではまったく反対に根源的に過激で、想い描きうる深奥の最果てのさらにそのまた向こうへと進んでいくような想像を展開している。だから、これは知覚における閾下知覚、記憶における潜在記憶に対応するかたちで、潜在的な状態でなされる純粋想像の活動なのである。

サルトル（Sartre 1940）も想像が対象を定立する仕方として、その対象の存在や不在を問わない仕方があるとしている。そのうえで彼は対象に対して無意識ではないが、かといって常に対象を意識しているような知覚的意識とはちがった意識状態として非定立的意識という状態を提起し、その状態での想像がありうるとみた。無想はまさに非定立的意識において対象の存在や不在を問わずになされる想像の一つといえよう。これは想像の自由性を素直に体現する空想や、非定立的意識への意図的集中をなすともいえる瞑想、あるいは対象の実在性への問いをはじめから超出している理想といった想像種のさらに先にある想像のありようとしてみることができる。

ここでは以下、そうした最果ての心的過程としてある無の想像のありようを、一つは無際限想像としての無想、もう一つは聖なる無心想像としての無想という二つの異なる様態でとらえてみる。

## 無際限想像としての無想

「心に想あるを痴となし、心に想なきはこれ泥洹なり」

源信『往生要集』（註：泥洹《でいかん》とは涅槃のこと）

まず空想に連なり、空想を超えてその先へとつづく想像、すなわち空《くう》の先の無における想像をうかがってみよう。この想像は文字どおり無である。だから、理想や虚想と同様、思う対象への志向作用はあっても想い描かれるかたちをもたらさない想像である。だが、それは理想のように形而上の想像であるからではなく、また虚想のように筋運動系に身体化された想像であるからでもない。わたしたちの想像行為は多くの場合、感覚経験に依拠した知覚や記憶の素材をもとに像を描くが、その一方で、それらの素材を組み合わせることで新たな像をもたらすこともしている。その過程では学習経験された諸々はもちろんのこと、それらとは本質的に切り離された、たとえばカテゴリーやゲシュタルトに代表されるような要素の体制化など先験的なパターン形成や判断も参与する。これらは想像のための枠組みといってもよいだろう。その入れものが内容待ち受けの空（から）の状態にあって、そこに新たに経験されたことがらを含んだ素材が流れ込んでは切り貼りされて、自由に心像が構成されていく状況が空想であった。空想がもつ自由性はそれが想像の空間としてそこにやってくるものの受容と組み合わせにおける自在さにある。したがって、その自由度はフリースペースの大きさやゆとりや受容力、柔軟性などに左右される。

大きな広場は無軌道な自由にとって不足はないが、まとまったかたちをなしていくことには不向きの面もある。だから、創作活動が背後にある場合はほとんどそういうことになるが、空想がかたちとしての表現を求める過程と連動し、求める目的や主題に沿って空間の枠組みがある程度、決められていたほうが想像しやすくなる。そこで、あらかじめ席が用意されたり、空間が想像の目的に合わせて成型されているような状況が受け入れられていくことになる。しかし、それは次第に予約席や優先席を設けたり、持ち込めるあれこれが制約されたり、ドレスコードがあったり、笑うべきところで笑い、叫ぶべきところで叫ぶという具合になっていき、空想の空に仕切りが増えて自由度が失していくことにつながる。

ただ、もとより空想の空とは描くための空白が定かになっていることである。比喩的にいえば、その大なるところを表現している大空は地上から見上げたかぎりのそれである。大空のカンバスに描かれるのは大方、青空と白い雲、あるいは夕焼けに雁といったことになる。大空の奥は時空を超越した宇宙がほとんど果てなく広がるが、大空のイメージにその深遠なる向こうは含まれない。大空を飛ぶ自由というときもむろん宇宙飛行のことではなく、大気の薄皮のなかを舞うようなことでしかない。それでも大空は地上の人にとってはとてつもなく大きいのだが、大空想もまた同様のところに落ち着く。したがって、自由性を最大の特徴とする空想は、潜在的にはみずからのその特性において自己超克のアポリアを抱えつづける。

空想はその点でその内容とは裏腹に、実状はかなり現実主義的で保守的な心的過程になっている。それだからこそ人は常々、安心して空想に浸り、またその産物を享受しているともいえる。空想は現実原則に沿って現実との折り合いをつけて立ち回っているのである。だから、はたと想像の自由という観点に立ち戻り、その徹底を空想につきつけたりすれば、天に向かってつばを吐くようなことになる。空想が抱える難問は空想自身の問題というより、わたしたちが空想に託した役割によって生じている問題である。したがって、その解決を空想に求めることはお門違いである。空想がなす身の丈からそれを少し上回るくらいの自由度は日常に働く想像にとってちょうどよく確保されている加減である。

では「さあ、どうぞ、ここで好きなだけ思いのままにやってください」ではなく、その「ここ」、すなわち枠組みさえとっぱらった限りない自由を追求する想像はできないのか、と問うてみよう。するとそれは空の先、空間を超え出た無限において想像するしかないことになる。無限は無間、すなわち間断のない想像の連続を意味する。というのはそこでは心像が文字どおり不定のまま、想像してはそのそばから流れ、消散するためである。もはや想像のための空間、枠組みがない。想像したものごとを納めるところがなく、組み合わせては無間の底に落ちてゆき、もってきては散逸していく。それはカンバスなしに絵筆を振り回すような状況である。絵の具は塗り付けられる場所がなく飛散する。絵画手法のドリッピングでさえも受け止める布がないという状態である。だが、もとより空を突き抜けた先の無に求める自由性は、たとえばポロック（J.Pollock）がオールオーバーで埋めたさらに先、カンバスの二次元平面という枠の限界を超えることにある。求められるのは遠近画法をもって錯視的に成立させる偽りの平面立体を乗り越え、立体定位の三次元空間をも越えて、立体が動態として生き死にする四次元での自由性である。なに一つ定まらず、川の流れのようにとめどなく過ぎていく想像は客観的にみれば何も想像していないに等しく映る。ゆえにこれは文字どおり無想である。しかもこの想像は想像を停止してしまったら、もはや無想ではなく単なる無でしかないその一歩手前で成り立つ。この想像はそうした生死のエッジにおいて無間に持続する無際限無想ということになる。

無際限無想の自由はとらわれのない奔放さをもち本質的にアナーキーで、結局はなにものももたらさないようにみえる。しかし、生命の視座からすればかたちが定位、定着するものは脱皮した抜け殻や死んだ亡骸である。想像は生命の為す活動だから、その本性にしたがった自由な営みはむしろとどまることを知らない流動態を自然の姿とする。この観点からすれば、枠や指針をもちうる空想は想像のなかではかなり人為的、機械的な想像で、想像の進化史でいえば、かなりあとから誕生した種類のものであったこともうかがえる。そのことからすると、無際限無想は空想を超出した想像というよりも、むしろ逆に空想の原型回帰で、そこには空想が性質的に引き継いだ想像の自由性がむきだしの状態にあることもみえてくる。

そうした無際限無想の生態にあらためて積極的に従うならば、この想像では定めうるかたちへの執着、換言すれば存在の定立はうち捨てられる。無際限無想にとって外界への表象化は回り道でしかないから、その通路は回避されつづけ、徹底した想像が連続する。バシュラール（Bachelard 1943）は想像力とは知覚的なイメージの囚われから解放する力であると喝破したが、このラジカルな想像の過程ではさらに想像された想像からの解放が追求されつづける。現実と折り合った自由のなかで想い描く空想の姿に自由の囚われを感じ、その現実の枠を捨て去った究竟の自由想像は、内面の快楽に沿いつつも閉じられた無限において孤高の自由を果てなく進むことになる。

その内奥を寄る辺なく潜航する自由想像は無縁の想像でもある。無想がかたちの表出を断ち、それを根拠にした存在の定立を無化するのは、かたちの所有の放棄でもある。その強烈な意志の漂流による無縁の原理を積極的に生かすなら、そこにはアジール（Asyl）がその社会的超越性ゆえに生み出しうる意味の契機が見いだせる。その一つは聖なるものの萌芽の契機で、これはこのあとに述べる聖なる無想に派生的なつながりをもつ。もう一つはアナーキーな精神を滋養とするユートピア、すなわち、善悪も正誤も高低も貴賤もない理想的な公界の想像が開かれ、その自由と平等、兄弟愛、あるいは反骨や抵抗の精神が人の魂をゆさぶる思想や文化、すなわち芸能や文学、美術、音楽、宗教等における創造の契機をもたらすことになる。ただし、無想はかたちを表出しないからこれ自体は創造に直結しない。とはいえ、このことは創造過程に与しないということではない。むしろ、無縁の無際限無想における内面で一途に働きつづけている心的な潜勢力は、それだけにこれが実はほとんどすべての創造過程論が認めているあたため期（孵卵期）における心的活動の実相を担っているということもあるだろう。それは果てなき終局へと帰還する無際限無想の生の道程の一面といえるのかもしれない。

ところで、ユング（Jung 1944）は、誰もが自分の心の深層、それも深奥をめざして進んでいくことには躊躇と抗いを感じるはずだと指摘している。それは無間の地獄行きを予感させるものがあってのためらいともいえる。だが、実際のところはそれと反対の事情があり、その闇の奥には魅惑的な牽引力があるのだという。そのため底なしの深奥に向かうほど、その先への歩みは一層強くわたしたちを虜にするというのである。その惹きつけるものの正体は根源的な原初状態である。これを彼はグノーシス主義の概念を借りてプレローマ（pleroma）と呼んだ。プレローマは始源の無である。とはいえ、そこにはなにもないのではなく、あらゆるものが分離し対立する以前の胚型がある。そこにはものどもが個体化する以前の大いなる安定、心地よさ、豊かさ、保護や慰めがある。だからこそ、そこには惹きつける力がある。だが、それは心地よさの海と愛による無へと溶けていくことでもある。フロイト（Freud 1920）の場合はそれをそもそも存在しなかったところへと回帰するタナトスと表現した。グノーシス主義ではプレローマから脱落して差違をみる知をもった人間がプレローマに回帰して霊的存在になることが罪からの救済とされた。この塵のような知の本体には人間の想像の営みがある。だから、その知の原型の状態に向かい、その純粋な行使を追う無際限無想は究極的には大円ウロボロスを描いて、ちょうど無際限の彼方、宇宙の果てであるその始まりに辿り着くように、いつの間にかこの始原プレローマへと接近し、文字どおりまったくの無へと帰還するのかもしれない。

もともと無間の永劫回帰は、生命の基本的な営みと重なる。したがって、その営みの上に生命活動と律動して昼夜止むことなくなされている人間の想像も、基底的なところではそのフラクタルにあることは薄き知にもうっすらと想像がつく。人間の知は自然の始源にあって滋味豊かな太母の温もりから、少しだけ反抗して自律を目指し無想状態の想像を始めた。それは蛇の入れ知恵による過ちに始まったのかもしれない。しかし、こうして無際限無想はソフィアとしての想像を分離した母体のピュシス（自然）を共有した想像の原型として動き出す。やがてみずからの小さき知の活動の徴をあれこれと表象することで自律を確認するようになる。聖なるものへの気づきや創造の契機により人間は無に衝立をおいたり、迂回路を設けたりして無間無想に亀裂をいれ、心像を一時的に形象表現する構想力を培う。その構想に刺激され多様な想像種を生成しては、さらに種々の表象形成に目覚め、意識の幅を広げていった。そうした由来をもつゆえに、すべての想像は等しくこの原型たる無想の性質を宿していて、ここへの回帰性を帯びているのだろう。少なくとも人類の文明と文化の形成の原動力になっている空想は、文明発祥の時期と相関して、おそらく想像進化の結果としてもたらされた相対的に新種の想像だと考えられる。この新しい想像が身につけた現実主義を咎め、その乗り越えを図ろうとする動機があるとすれば、その背景には始源からの誘惑があるのだろう。

## 聖なる無心想像としての無想

無際限無想の生の営みの過程において芽生え、側枝的に発生する可能性がある別のタイプの無想に移ろう。あらためてこの項の冒頭で触れた無念無想の境地に生じる無想に戻る。仏教はもとより、神道でも、キリスト教、イスラム教でも、あらゆる宗教的な心性に共通してみられるのはこの聖なる無想である。聖なるもの（ヌーミノス：numinous: numinose）の想像が無想になるのは、この想像が「一切の被造物に優越するものに直面して、自己自身が無であることへと沈み消えていく被造物が抱く感情（Otto 1917）」のなかで圧倒的な威力として形象を超えて思い至らされる性質のものだからである。

とはいえ、聖なるものへの想像は決して特殊な種類の想像ではない。日常の知覚平面である対象の一部が何か前景の対象の背後に隠れていても、その部分が消失したわけではないことや、見えている対象は張りぼてではなく、ふつうはその内部も裏側も内容をもっているだろうこと、あるいは今見えている遠景が決して透視画法で描かれた絵ではないこと、これらは知覚像それ自体からは知ることができないが、これらに対して想像力は信念と協調して不安なき世界像を形成している。知性の非合理面にあらわれるこの信と想像の協働は聖性への感性を普段から養っている。

この想像が日常の養いとともにあることは、人類の文化遺産をみれば立ちどころにあきらかである。それらの遺産は最も初期のものから以降、ほとんどが聖なるもののあらわれを造形表現した絵画や彫刻、あるいはそれらが収まるべき建造物、さらには種々の聖なるものに関する観念や概念に依拠した教義、経典、それらの体系などで彩られている。それらはいずれもかたちなき無想の産物なのではない。当の聖なる無想を知覚世界に象徴的に表現しようとした結果、あるいは非合理ゆえに合理化せざるをえなかったものとしてあり、無想から二次的に引き継がれ、現実に一般化された想像種である空想や思想の産物としてある。もっともこの領界には当然、例外もあろう。たとえば、キリストの亡骸を包んだ布に彼の像が転写されたという聖骸布像（トリノの聖ヨハネ大聖堂に保管されている聖骸布など）がある。これは人の手によらざるイコンであろうから、本物であるとすれば、聖なる無想が形象化された稀少例ということになる。むろんも神の子は無想の範疇にないとすれば別であるが。

それはともかく、聖なる無心想像の内容は合理的なものをはねつけるとともに、概念的な把握が及ばない言いがたきもの（Otto 1917）としてある。また、この聖なる無想は想像する者が瞑想を入口にして、やがて無心な状態に至ったその先の可能性の次元に展開する。畏怖に満ちた大いなるものとの出会いによって、その圧倒的な力が自己を空しくし自分を無へと沈み込ませる。こうして聖なる無想をなす心はすでに想像する者の心を超えて、当の大いなるものに取り込まれ、その無量において、もはやあれこれと動じない真実の光に想い至るのかもしれない。オットーが引用している八世紀のイスラム神秘主義スーフィズム（Sufism）の理論的な立役者バーヤジード・バスターミー（Bayazid Bastami）のつぎのことばは聖なる無想のこのありようを伝えている。

「そのときにいと高きものたる主がその秘密のヴェールを取り払い、その栄光のすべてをわたしに啓示してくださった。そしてまたそのときに、わたしは主を（もはやわたしの目をもってではなく）主の目をもって見たために、わたしの光が主の光りに比べると、まさに暗黒か闇にほかならないことがわかった。それにわたしの偉大さや栄光にしても、主のそれの前では何もないに等しかった。そしてわたしが主のためにおこなってきた敬虔と恭順の功徳にしても、これを真実の目をもって改めて吟味してみると、そのすべてが主ご自身から出たのであって、わたしから出たものではないことを知った」

聖なるものごとのあらわれ、聖体示現はこのように聖体との一体化によって否定しようなくその存在を知らしめる出来事になる。客視不能ゆえ、それは客体的な実在として同定できるものではない。だが、他方この無心想像においては心像の存在性に対する疑念も生じないだろう。認識よりも信念が勝ち、不合理ゆえに我信ず、信心によって見えず聞こえずとも、その姿や声、あるいはその手の感触や導きさえもが想像できるからである。ときには身の毛もよだつ戦慄が走り、全身でありありとその圧倒的存在感に打たれることもあろう。だから、この無想は無際限の自由想像とは異なり、以前に幻想や奇想、霊想といった想像の驚異の平面構造（図2・16）でとらえた想像分類のなかの一領域においてとらえることができる。この聖なる無想における神威的な驚異では、幻想にみられるような知覚的な存在感への迷いが伴わない。だから、はた目には錯覚や幻ごとのように思われても聖なる無想自体は信に支えられ、疑を特徴とする幻想の対極に位置づけてみることができる。

この信と疑の対照はそれぞれの想像がよってたつ聖と俗の界域特性を映し出している。幻想は現実の俗世界を生息域にする。俗世間を相手にする知覚はもともと色かたちもとりどりの幻に満ち、知覚はあるなしの欺瞞のなかでそれらを基本的構成にして成立している。それに対して俗世を離脱した聖域は信心の徹底のもとに照見五蘊皆空ののち色即是空、空即是色にある。したがって幻が養分とする疑いや迷いはすでにない。そのように絶対的に浄化されたコスモスの世界は必然として無となる（Eliade 1957）。したがって、そこではふつう知覚と重なり合って作用している想像一般が生み出す再生も産出も認められなくなる。そこにあるのは普段の想像の営みが停止した無心の状態である。しかしそれは熱的な平衡状態を迎えた死とは異なっている。想像作用は圧倒的な力に接して、いわば戦慄き、息を飲んで凝集し、始原的無へと向かう道程で聖なるものに収斂し、恍惚と忘我に至るのである。

いうまでもなく、あらゆる宗教は聖なる無想や超自然的な霊想による神霊の威力との一体化、そこへの接近や懇願、救済を求めて生まれてきた。すでに触れたように、それに伴って発展してきた宗教美術や神話は聖なる無想や霊想そのものの活動ではなく、それらの営みや試みに伴った空想の産物である。宗教美術や神話は人類における美術や文芸の営みの淵源においてあらわれ、洞窟壁画や骨彫刻などの呪物に始まった。このことは聖なる無想や霊想が原始・古代人類の一層自然的な心性にあって、おそらくは日常に寄り添った想像としてあったことを思わせる。聖なる無想はその威力の強さゆえに、のちには回想的にかたちにしてあらわさざるをえない衝動にも駆られたはずである。そのことが想像進化においては新種にあたる空想の育成を促したと思われる。聖なる無想と回想の連携のもとで成育した空想の面影を残すように、無想や霊想で感受的に想像される神威や霊威をかたちに象徴化する際に働く空想については、通例の空想の場合とは反対に、産出的であるより再生的であることが一層価値をもつことになる。多くの原始宗教のほか、イスラム教やユダヤ教、あるいは仏教に出会う前の神道において、見るからに人間らしい偶像崇拝が忌避されてきたのも、神威の再生が小さきものの姿に似ているはずがないためであった。

ところで、聖性への接近は畏怖すべき禁じられた界域への踏み込みである。だから、その一歩に至る背後には少なからず反逆の動機や迫害への抵抗、自己消滅や破壊への覚悟が伴っている。だが、それらもまた想像力がその力の本源に宿している性質のあらわれとみることができる。ただ、それだけに聖なるものの想像力が昂じれば、それ自体を収めることを含めたカタストロフィへの構想に向かわざるをえないはめにもなる。この終局の事態に対する問いは、人類に課せられた聖なる無想の最大の主題の一つにちがいない。

聖なる想像の神威が超自然的な霊威との相性をよくして、世俗の空間に見えない驚異の力を発揮するのが呪術や魔法である。聖なる無想と霊想のはざまでは呪術師、陰陽師、巫女などが世俗の異端でかたちのみえない力や効果としてのイマジネーションを発揮する。前項でみたように、霊想が超えているのは人間の環界における自然であり現実である。そこを超え出てそれを包んでいるより大きな自然と現実に、この想像は足場をおいている。だから、霊想と聖なる無想のはざまでは半ば大いなる現実に、半ばその大いなるものさえ被造物にすぎないという絶対的な神威への畏怖に晒されながら、この世のものと思われぬ神秘や法悦、あるいは美的には幽玄を生み出す契機がもたらされる
（p.342 図2・16の右下）。

他方、奇想と聖なる無想のあいだ、かたちある奇矯的な異端と神威が混ざりあう想像域ではたとえば、稀人であるヒーローにみるカリスマ性が発揮される。神話に描かれた英雄は同じく異端の怪人や怪物と戦い、それらに欠けた崇

高なる神威によって怪異を打ち倒す。あるいはキャンベル（Campbell 1949）がいうように、救済のために驚異平面を横断して超常の冒険にも挑む（図2・16の左下から右を往還する英雄行為）。

「英雄は日常世界から危険を冒してまでも、人為の遠くおよばぬ超自然的な領域に赴く。その赴いた領域で超人的な力を発揮し、決定的な勝利を収める。英雄はかれにしたがう者に恩恵を授ける力を与えて、この不思議な冒険から帰還する」

だが、英雄は奇想をもとに成立しているため、威光が失すればその異邦性において際立つことになり、転落や悲惨、嘲笑の格好の素材に変転する。逆に同じ奇想と聖なる無想の中間領域で大なり小なり悲劇性をまとって生み出されるのがヒロインである。その驚異性がすべてを呑み込む母性的な魔性にずれると魔女のイメージへと移行し、無につながる大いなるものへの神聖な生け贄へと変転する。これは驚異にかかわる想像域におけるきわどい重合ゆえのこととも いえる。それゆえにこの奇・超・幻・聖に広がる驚異は普段の現実面からみれば、狂気の想像と紙一重のつながりにあるように映ることがある。つぎにその狂った想像の様態についてみてみよう。

### 2・4・17　狂想

【認知率20％ 意味了解率6％ 日常使用率1％ 存在否認率17％】

狂うとはどういうことか。これはほとんど常識的に了解されている概念であろうから、あらためてこうした問いを発することのほうが、何らかの狂いのなかからの投げかけの気配さえ感じさせるかもしれない。実際、狂は予定が狂ったり、調子が狂ったりすることも含め、思いの外、日常性のなかに多くある。また、常に想像してやまないわたしたちだけに、頻繁に生じる狂うことがその想像と組み合わさることもまたしばしばである。ところが、その事態をあらわす狂想（maniac imagination）ということばは見聞きすることがほとんどない。あとでみるように、クラシック音楽に協奏曲ならず狂想曲と名づけられた楽曲が散見されるあたりがこのことばの使用が安定的に見いだされるところであろう。大学生の回答でも、狂想に対する認知率は無想とほぼ同程度であった。認知率は低いが決定的に認知されていないということばではない。存在否認は17％で無想よりも10％程度低く、推測的にはありうることばと判断されたようである。

「狂」という文字の語源についてみると、これは獣偏に王、獣偏はもともと犬の字が変形したものらしい。王は天と地のあいだで人が手足を伸ばして立った形象をあらわしているという。この合成から狂の字は犬が囲いを超え出てむやみに走り回る状態をあらわしていることになる。もともと犬は狼男伝説や次項で扱う狼化妄想にみるように、あるいは抑鬱状態のことを英語の俗語表現では black dog といったりするように、精神的な乱れと関係づけられてきた（Porter 2002）。その犬が埒外に走り回る様ということから、狂は程度が度を超して尋常でなくなったことを意味する文字となっている。だから、狂そのものは直接的に質的な変化を指すというよりも、程度の逸脱的な甚だしさをあらわす表現とみることができる。それは想像においても同様で、狂想とはこれまでに述べたような種々のタイプの想像における程度のはなはだしい状態、過度ゆえに、あるいはマニアック、すなわち偏執的に尽くされるがゆえに当該の想像種の度を越して、むしろ狂想の名のもとにまとめられる状態になった想像のこととみることができる。

その典型は前項でみた空想に与えられた枠を超え出て徹底した想像の自由に向かい、それゆえに無秩序、無制約との闘いを引き受けざるを得なくなるアナーキーな無際限無想にみることができる。たとえばその最もわかりやすい例を芸術運動に求めれば、二〇世紀半ばにシュルレアリスムの流れから発展した絵画運動として、フランスを中心に広まったフォートリエ（J.Fautrier）、ヴォルス（Wols（A.O.W.Schulze））、デュビュッフェ（J.Dubuffet）らのアンフォルメル（informel）やマチュー（G.Mathieu）、ミショー（H.Michaux）らのタシスム（tachism）などをあげることができるだろう。米国においては同時期に絵具を棒でしたたらせて描くドリッピング手法や図と地の関係を穿ったオールオーバー手法などを用いたポロック（J.Pollock）やデ・クーニング（W.de Kooning）に代表されるアクション・ペインティングが一世を風靡した。これらはいずれもかたちやそのかたちを体制化する先験的な力への対抗運動に打って出た無際限無想の挑戦において、それでもその過程の一端を表現者としてあらわし出そうとしたときに無想の過剰として絵具の運動や、あるいはラウシェンバーグ（R.Rauschenberg）やジョーンズ（J.Johns）に代表されるネオダダ（neo-dada）においては日常的な事物をたどりながら現実場面に反転して突き出ることで結果的に狂想表現になったものとみることができる。

これらは二次元平面や従前の絵具、あるいは下絵といった定型性に枠組みをもつ想像を三次元的な行為の過程や画材ならぬ素材、がらくたや廃品、偶然、あるいは偶然として解釈されてしまう超自然的な関係に生み出される非定型の表現へと超え出ようとした芸術の、あるいはそれが芸術でないとすれば反芸術としての想像力の追求とみることができる。そのかぎりにおいてこれらの狂想には無際限の自由性が刹那に外部表現として湧出したまさにハプニングとしてあったといえる。

だが、狂想の本分はその自由の以前に屹立し、妨げになっている旧態や常識、規範に風穴をあけたり、破戒するという役割をもつことが多い。それゆえに狂想の基底には多分にそうした意図や意図を伴った意想や志想の伴いを認めることができる。むろんそれは穿たれた側、多くの場合は大勢であり体制（ここには知覚の体制化もまた含まれる）からすれば狂った行為として映るはずである。身の危険からそのように名指さざるを得なくもなろう。そうした例を絵画に求めれば、上記のものも含めたあらゆる絵画運動が多少なりともその性格をもつといってよいわけだが、とりわけ狂想を際立たせた例として、ここでは辻（1970）が近世を代表する奇想的な絵画作品とその作者について解説するなかで取りあげている曾我蕭白《そがしょうはく》（1730〜1781）の作品を例示することができるだろう。その代表作ともいえる『群仙図屏風』を辻は「表現の奇想天外なことは、この種の画題を扱った古今の作品を通じ、まず空前絶後」と評価する。また、水墨画の大作である『寒山拾得図』については、その藁に墨つけてかきまわしたるごときの筆法で描き出された醜怪な巨人を評して「グロテスクという点では、日本の水墨人物画史上類を絶しており、狂態邪学派と呼ばれた一六世紀の明の浙派の人物も、これにくらべればはるかにまともといわざるをえない」と述べている。同書には他の作品も含めて多くの図版が載っているので、奇想狂いの様が十分に納得できる。むろん、こんにちではインターネットをつうじて気軽にその画像を確認できる。曾我蕭白の多くの作品が狂想的であった理由として、辻は家柄や肩書き万能のご時世に対する皮肉があり、加えて大家の写生主義の無内容さに対する主張、それらが画壇を担っていたことへの嫉妬、あるいはそれらが込められた自身の作品への民衆の支持に対する自覚などを読み取っている。

音楽の領域ではまず capriccio をときに狂想曲と訳すことがある。この場合は翻訳上の好みの問題で、すでに述べた奇想曲と重なることになる。これとは別に、一九世紀の米国において徹底した絢爛豪華さを追求したミュージカルが上演され、それをとくに extravaganza と呼んだことがあり、これを狂想曲、狂想劇と翻訳することがある。さらに、これらとは別に一群の狂詩曲と呼ばれる楽曲がある。これは多くの場合、rhapsody の翻訳である。この場合はとくに一九世紀に多く制作された民族的、英雄的な叙事詩の雰囲気をもつ性格小品のことを指す。大きくは一連の幻想曲に含めてとらえることができる。たとえば、リスト（F.Liszt）の『ハンガリー狂詩曲』、バルトーク（B.V.J.Bartók）の『ピアノのための狂詩曲』op.1、ラベル（J.M.Ravel）『スペイン狂詩曲』、シャブリエ（A.E.Chabrier）の狂詩曲『スペイン』、アルヴェーン（H.E.Alfvén）の『スウェーデン狂詩曲』などがあげられ

群仙図屏風

寒山拾得図

る。

現代作家になると自由な表現性に力点をおいたガーシュウィン（G.Gershwin）の『ラプソディ・イン・ブルー』のような作品が登場し、クラシックそのものがもつ伝統貴族的な対位法にジャズの即興的民俗性を穿った狂想の性質があらわにされる。一層のモダンムーブメントとしてはケージ（J. Cage）の『四分三三秒』や『〇分〇〇秒』に代表される偶然性の音楽などはその代表格といえるだろう。これらケージの作品は絵画におけるアンフォルメルとつながり、無際限無想的でもあるが、その極度さにおいて、また実際に演奏会場で演じられる作品だけに、さらに素人でも演じることができ、それだけに曲解や茶化し、悪ふざけとも紙一重にある点においてもまさに狂想曲の名に値する。

これら芸術における狂想はいずれも既存の形式や慣例的、権威的、伝統規範的な定型に対する対抗運動としての想像という点で共通性をもつ。それはそもそも主人のいうことを聞かずに囲いの外を飛び回る犬という「狂」という字に当てられた意味が、どのような囲いで、何の、どういういうことを聞かないことなのか、をわかりやすくあらわしている。およそ想像の自由やそこに切りひらかれる創造に向けての営みにあっては、狂うこと、狂想はむしろ創造的な想像行為の方略の一つとしてほとんど常套的にとられてきたといってよいだろう。

この点をわが国の文芸における狂想例でもうすこし確認しておこう。日本においても曾我蕭白の極度な例ばかりでなく、古くから文芸・演劇における創作に「狂」の領域がほとんど一般的に打ち立てられ、活き活きと生息してきた。馴染みのあるところでは狂言がある。室町初期以来、猿楽として能とまとめ称されてきた狂言だが、狂言の場合は夢想の項で触れた夢幻能のような情感あふれる歌舞とは対照的な役割をもって、滑稽な物真似しぐさや台詞まわしを引き受けてきた。

だが、狂言ということば自体はずっと古くから別の意味で使われていた。遡れば、『万葉集』にも「たわごと」という読み方で用いられている。たとえば、石田王の歌、

「逆言之 狂言等可聞 高山之 石穂乃上尓 君之臥有（およづれの たはこととかも たかやまの いはほのうへに きみがこやせる）」

そして大伴家持が詠んだ歌の一つ、

「…逆言之 狂言登加聞 白細尓 舎人装束而 和豆香山（およづれの たはこととかも しろたえに とねりよそひて わづかやま）…」

前の歌は丹生王《にふのおおきみ》、あとの方は安積皇子《あさかのみこ》の死を悼んだ歌で「およづれの たはこととかも」の言い回しで、狂言は人を惑わす不吉な偽りごとや作りごとという意味で使われていたことが確認できる。やがて時代が下って空想に基づく架空の物語一般を狂言と称するようにもなる。そこから転じたのか、室町時代の猿楽の確立とともに滑稽の意味が付与されるようになる。江戸期に入ると狂言は歌舞伎狂言にも展開することで、広く芝居一般のことを指すようになる。このお芝居の意が現代では狂言強盗ということばに生きている。一方、古典芸能としての狂言は現代では能の引き立て役を脱して、創作や他の演劇とのコラボレーションをはかりながら、独立した演劇ジャンルとしての確立をみている。それでもその根本である滑稽味のある笑いと庶民性は保たれている。庶民の笑いという性質上、それが世相にあわせて風刺を伴うことは必定で、権威への批判とヒューマニズムを背負って「狂」と名乗っているわけである。

**狂の文芸**

「白河の清きに魚のすみかねて、もとの濁りの田沼こひしき」

松平定信（領地白河）の寛政の改革のおりに詠まれたとして歴史教科書にも登場する有名な太田南畝の狂歌である。ここにあきらかなように狂歌は五七五七七の短歌の形式を用いて伝統・権威への穿ち、社会風刺や皮肉、諧謔を身上とする。加えてその根には勅選に代表されるような古典和歌の伝統的権威をはぐらかすポップな機知が働いている。だから、古今集などのよく知られた和歌のパロディが積極的になされ、さらには言語遊戯として洒落た修辞使いが技のみせどころになっている。狂歌の成り立ちは和歌の誕生とともにあり、古代から長い歴史をもってきたと推測されている。だが「言い捨て」であることを特徴としたから、初期のものは文章としては残っていない。

その狂歌が文字として書きあらわされるようになり、文学的な地位を確立したのは江戸時代になってからである。俳諧やあとに述べる狂句、狂詩などとともに大いに発展し、たくさんの作者が作品を残した。伝統を継承する和歌筋からはそのあり方に批判が浴びせられていたようだが、町人文化の強い支持を得て媒体を介して流布し、その跡を残す結果となった。その人気のピークは一八世紀後半の洒落本、黄表紙が流行った明和から寛政期で『狂歌若葉集』の唐衣橘洲《からごろもきっしゅう》、『万載狂歌集』[*61]の四方赤良《よものあから》（大田南畝がしばしば狂歌で使った狂名）や朱楽菅江《あけらかんこう》、『万代狂歌集』（『万代和歌集』（1248）のもじり）の宿屋飯盛《やどやのめしもり》といった狂歌師たちが才覚をふるった。やがて幕末、明治期に向けては衰微していくが、現代においてその精神は演芸において落語からお笑いへと受け継がれているといってよいだろう。

狂歌と同様、世相や歴史のさまざまなことがらを題材に、おもしろおかしく表現する文芸で、形式的には狂歌の前句五七五だけで完結する句が川柳である。これは江戸期に川柳（柄井八右衛門）によって確立されたが、発展する過程で一九世紀初めに人名との区別をする意図で川柳の句のことを俳風狂句（四世川柳の命名）とか柳風狂句（五世川柳の命名）と呼ぶようになった。以降、川柳は単に狂句[*62]とも呼ばれるようになり、代々の川柳の一派の作品を分けて語るときは川柳風狂句と呼ぶようにもなる。上で触れたように、狂歌は幕末明治に向けて衰退していくが、狂句の人気は明治期に入っても息長く続いた。ただし、明治後期以降は次第に狂句の呼び方が後退し、川柳の呼び名が復活、入れ替わって現在に至っている。その背景には「狂」の字義が近代に入ってから風雅に徹した風狂の意味や『論語』における狂者の意、あるいは狂歌・狂句にみる狂の穿ちの精神などをいずれも背後にまわし、常軌を逸した挙動の意味に痩せてしまったことがあるだろう。もちろん、それを援護したことの背景にはフーコー（Foucault 1972）の有名なつぎのような指摘がある。

「十八世紀末に狂気が精神病として制定されてしまうと、両者の対話の途絶は確定事実にされ、区別は既成事実になり、狂気と理性の交換がいとなまれていたところの、一定の統辞法を欠く、つぶやき気味のあの不完全な言葉のすぺてが忘却の淵にしずめられた」

ここでいう両者とは理性と狂気である。むろんこの両者は一人の人間のなかのそれもあるだろう。近代精神医学の確立によって「狂」の病として規定と囲い込みが知としての狂の生息域を閉鎖し、日常一般から駆逐したことは西洋近代医学が一気に流入した明治期以降の日本においても例外ではなかった。

ところで、上で触れた『論語』における狂者とはその巻第七の子路にあるつぎの一節による。

「子日、不得中行而與之、必也狂狷乎、狂者進取、狷者有所不爲也」

交友関係は中庸の人が何よりだが、それが容易にかなわない場合は、せめて狂者か狷者《けんじゃ》と付き合うことだという勧めである。この狂者とは大志を抱いた進取の人である。孔子は別の箇所で、昔の狂はのびのびとして大様であったと心の遠大さを語っている。ちなみに狷者のほうはこの場合、心が狭く頑固な人のことではなく、節操があって、おこなわないことを残している人のことである。

江戸時代の儒学受容のなかでこの論語の精神は知識人をとらえたとみえ、狂者の文としての狂文が書かれるようになる。それが一八世紀にあらわれた漢文体の狂文であり、進取の気性ある人が自分の心にある憤激をのびのびと表現した。やがて狂歌や狂句の影響もあったのだろう、狂文は次第に高まる戯作精神に取り込まれ、狂歌を散文にしたかの戯作文として確立する。志道軒、森羅万象、自堕落先生などを狂名とする多くの狂文作者が活躍した。四方赤良の狂文集『四方のあか』からの一節をあげればつぎのごとくである。

「まことはうその皮、うそはまことのほね。まよへばうそもまこととなり、さとればまこともうそとなる。うそとまことの中の町、まようもよし原、さとるもよし原。

けいせいのまこともうそも有磯海の浜の真砂の客の数々」

狂歌と狂文があれば、当然のごとく狂詩もある。これも読み捨てのかたちで俳諧の漢詩のごとくその発祥は相当古いと考えられている。書き残されるようになるのは江戸中期以降である。滑稽戯作文学の隆盛に伴い和歌に対する狂歌の対比にならい、漢詩のスタイルで書かれた戯作が狂詩で、大田南畝、狂号寝惚先生の一九歳のときの出世作『寝惚先生文集』(1767)が火付け役になったとみられている。風刺を得意とした畠中観斎、狂号銅脈先生あるいは胡逸滅方海の『太平楽府』や『勢多唐巴詩』にはじまり、一九世紀の中島棕隠、狂号安穴先生の『太平新曲』、木下梅庵、狂号方外道人の『笑註茶菓詩』、植木玉厓、狂号半可山人の『半可山人詩鈔』など多数の作品が生まれ明治期における漢文学全体の衰退に至るまで広く作られた。

## プラトニック・マニア

狂に積極肯定的な意味合いを拾ったのはかつての日本や中国での話にとどまらない。歴史を古代ギリシアまで遡れば、プラトン／ソクラテスはたとえば『パイドロス』において魂の本性を追求する途上でつぎのように述べていたことを確認できる。

「わたしたちの身に起こる数々の善きもののなかでも、そのもっとも偉大なるものは、狂気を通じて生まれてくる」

この狂気は英訳の場合、madness や mania である。少しプラトンの見解をおってみよう。彼は狂気のすべてを肯定したわけではない。まず大きくわけて二種類の狂気があるとする。一つは病いによる狂気でこれは論外とされる。もう一方が論ずべき狂気、すなわち神から授けられて生じる狂気で、これは「規則にはまった慣習的な事柄をすっかり変えてしまうことによって生じるもの」であるとする。この神がかりの狂気は四人の神々によるもので、それぞれに四通りの狂気が生じる。一つは予言をことなす霊感の狂気でこれはアポロの神懸かりによる。アポロはゼウスとレトとの子、美しく男性的な神で、医術、弓術、予言、光明の神である。このアポロの神託は巫女たちがドドネのような神託の座において狂気の状態において授かってきた。巫女たちは正気のときは何もなさないが、

「デルポイの巫女、ドドネの聖女たちも、その心の狂ったときにこそ、ギリシアの国々のためにも、ギリシア人の一人ひとりのためにも、実に数多くの立派なことをなしとげた」

とプラトン／ソクラテスは語る。すなわち、この神懸かりの狂気において授かる予言によって実際に過去、幾多の人びとが来たらんとする運命に備え、とるべき道を教えてもらったのである。そもそも予言は mantike ということばであらわすが、これは古代の人びとが「狂気（madness あるいは mania のもととなった manike）」と予言を同じ性質のものとみていたためであると説明する。想像との関連にそくしていえば、予想というその性質からして神業的想像は

発祥的に狂想の性質を共にしているというわけである。このプラトンのいう狂気が神のお告げの通路として考えられていることからすでにあきらかなように、この狂想は霊想の極度の状態でもある。

また、のちにニーチェ（Nietzsche 1872）は芸術類型としてのアポロに調和的な統一や端正な造形的、主知的秩序をみたが、プラトンの第一の積極的狂気はそのいわば造形ロゴス的な狂想といってもよいだろう。これに沿うなら、上述した美術におけるアンフォルメルやタシスム、ハプニング、あるいはネオダダといった試みや江戸期の曾我蕭白の狂態画などをもたらしたのはこの種の狂想であったといえる。

プラトン第二の肯定的な狂はディオニュソスの神懸かりによる。ディオニュソスは豊穣と酒の神、ゼウスとセメレとの子とされる。もともとはトラキアまたはマケドニアの宗教的狂乱を伴う秘儀における神であった。その狂乱のゆえんは作物（葡萄）の豊饒と酒の神であることが背景にある。そのこともあり、この神に憑かれた狂気は秘儀を伴った霊感を導くことになる。ときに先祖の犯した何かの罪のたたりによって、世にもおそろしい疾病や災厄が人びとをおそうことがある。そのようなとき、秘儀を伴った狂気において神意にしたがい、罪を浄めるための儀式を見いだし、病や厄からのがれる道を見いだすことができた、すなわちシャーマンの狂気がここにある。

超自然的存在との交流をなすシャーマニズムは前項でみたように霊想と無想のあいだに位置づけられる想像である。それゆえにもたらされる神秘性、驚異、大いなる力が外見的には狂気にみえることは必然である。他方、そこには呪術の手法として意図的な狂想によって超常への透察的想像に迫ろうとする積極的試みがあることも確かだろう。ニーチェはギリシア悲劇にアポロ的造形芸術類型とともにディオニュソス的な芸術衝動類型をとらえた。この芸術衝動により、夢幻と破壊的な陶酔のなかで、激情と歓喜のもと音楽、舞踊、抒情詩が創作されるという見方は強い情感とともにある狂想の創造的想像の側面をとらえている。災厄からの解放に破壊的なディオニュソス的芸術衝動が投入されるのは呪術における基本流儀の一つともいえる。これは一種の同毒療法で、それによって完全な破滅から救いだそうとすることが一つ、もう一つにはニーチェが指摘し、彼の後年ではとくに強調されることになる生の過酷さとニヒリズムに対するディオニュソス的肯定をみてとることもできる。

また、ディオニュソス的な芸術類型は端的には演奏や舞踏、演劇といったパフォーミングアーツに展開される。だから、上述したクラシックの狂想曲や狂詩曲などを直接結びつけるよりも、ロックやダンスミュージック、種々の演劇運動を含めてその演技、演奏の場に生じる陶酔や歓喜がこのディオニュソスの神懸かりによる狂気を含んでいるといってよいはずである。

三つ目のプラトニック・マニアはとりわけて詩作を導く狂気で、これは人間のあらゆる知的活動、とくに詩や音楽を司る九人のムゥサの神々の力を借りた狂気である。プラトン／ソクラテスはいう、

「この狂気は、柔らかく汚れなき魂をとらえてはこれをよびさまし熱狂せしめ、抒情のうたをはじめ、その他の詩の中にその激情を詠ましめる。そしてそれによって、数えきれぬ古人のいさおをことばで飾り、後の世の人びとの心の糧たらしめた」

詩作がもし技巧の問題で、神々から授かる狂気なしに可能であるとすれば、そこから生まれる詩は正気のもとでつくられたことになる。が、それらはいずれも「狂気の人びとの詩の前には、光をうしなって消え去ってしまう」のであった。

詩作をなす想像には詩想という固有の想像の名を与えうる。その詩想は狂想との混交のなかで力や魅力を宿すというところだろうか。もっとも古代ローマの抒情詩人ホラティウス（Horatius）は『詩論』のなかで「頭を高くあげ、詩を吐き出しながら歩きまわる」うちに井戸や穴に落ちて助けを求めたり、哲学者エンペドクレス（Empedoklēs）のように噴火口に飛び込んだりするような意想的狂想を詩想となすことを諌めた。これは狂想という想像がその基本的性質として意図的であることからすれば、きわめて自然に至りがちな結果であるだけに、その混交の仕方に高度な

巧み技が求められることをあらわしている。ニーチェによれば、抒情詩は音楽に突き動かされ、韻をロゴスに埋め込んで詩想を表現するのであるから、ディオニュソス的な陶酔とアポロ的な夢とを綜合する悲劇の一歩手前にある芸術の一つということになる。だから彼がワーグナーに総合芸術の具現化を期待するも、やがて大がかりな道化と魔術を見るに至り、失意と苦悩を経たのち、啓示を受け狂想的にツァラトゥストラを為すに至ったのは第三のプラトニックマニアの特異な例示といえそうである。

四番目にプラトンがあげる狂は四つのなかでも最も善きものである。それは愛・美・豊饒の女神アフロディテと、その子で愛のキューピッド・エロスがこよなき幸いのために授ける恋の狂気として語られている。

「美しき人たちを恋い慕う者がこの狂気にあずかるとき、その人は『恋する人』と呼ばれる」

恋する人は、

「この世の美を見て、真実の〈美〉を想起し、翼を生じ、翔け上ろうと欲して羽ばたきするけれども、それができずに、鳥のように上の方を眺めやって、下界のことをなおざりにする」

だから、その下界の他者からすれば恋する人の様子はまさに狂っているようにみえる。だが、恋にある人はこの世の美を見て、真実の〈美〉を想像しているのだから、

「この狂気こそは、すべての神がかりの状態のなかで、みずから狂う者にとってもこの狂気にともにあずかる者にとっても、もっとも善きものであり、またもっとも善きものから由来する」

プラトンに沿うなら、この真実の美の想像こそ狂想の核心にあたるといえそうである。「2・4・5意想」の項で「懸想」という恋慕の想像をみたが、意中の人を想う懸想は大なり小なり美しき狂想を伴っている。

恋をテーマにした文芸は等しくこの狂気を詠っているわけだが、ここでは映画『男はつらいよ』の『寅次郎真実一路』(1984)から大原麗子演じる人妻マドンナに恋した寅さんが、お馴染み寅屋の茶の間で面々に聞かせるモノローグをあげて確認しておこう。


寅さん「台所で洗い物をしている。その綺麗なうなじを俺は見つめている…。

針仕事をしている白魚のような綺麗な指先を、俺はじっと見惚れる…。

買い物なんかだって、ついていっちゃうよ。

八百屋でダイコンを値切っているその美しい声音に思わず聞き惚れる…。

夜は寝ない。

すやすやとかわいい寝息をたてるその美しい寝顔をじっと見つめているな…。

俺は寝ない」

ひろし「問題あるな、その考え方には」

おいちゃん「第一、おまえ、どうやって食ってくんだ」

寅さん「いいんだよ、食わなくったって…。あんな綺麗な人と暮らせたら腹なんかすかないんだよ」


プラトニック・ラヴを貫いて銀幕の向こうに消えていった寅さんの最も善きプラトニック・マニアが表現されたシーンである。やはりディオニュソス的神懸かりともいえる演技のなかでの渥美清の科白においてこそ、この狂想はなるほど適切にも真実の〈美〉の想像につながっているように思われる。

**他の想像との関係**

おしまいに想像種としての狂想の位置づけをより明確にするため、類似の他の想像との比較をとおしてその性質を際立たせてみよう。すでにこれまでのところで狂想が無想、とくに無際限なそれに連なり、本来、表現しないそれが現出的に狂い咲きしてしまう姿としてとらえうることをみた。アナーキーな無際限無想は想像の究極的な自由性を求めてなされる心的活動の挑戦であり、冒険であるが、そもそもそれを焚き付けた原因は総じて自由を制約する大きな対象や固着した慣習の存在であろう。したがって、無際限無想への挑み以前に、狂想は現実に足場をおいてなされている日常的な空想において、自由な想像の割にはあまりに現実主義的な空想活動に対する異議申し立てとして狂うということもあろう。地口、茶化し、綯い交ぜ、戯れの誹り、見立て、物真似と意図的変形などの穿ちによって現実を構成する権威失墜のための道化を想像し、創作する。その行為は現実的日常の規準からすれば、あきらかに調子が狂ってみえるし、そのように揶揄されることになる。しかし、狂想はむしろその反応を狙った志想が極まった想像でもある。

この点において狂想は奇想と似て非なるものである。正常とか常識、中心、一般、常態といった規準からすれば、そこから外れた変わった想像はおよそ何であれ奇想の身分をもつ。奇異な想像は意図せずとも生じうる。だから、奇想の場合は想像している当人が同時に驚異や怪しさを感じる場合がふつうである。比喩的にいえば、奇想は現実の場にいるだけでなく、そこから奇想鏡のごときもので異端や異界を観ているようなもので、心地よい恐怖が随伴している。ところが、狂想の場合は想像している当人が意図的に常軌を逸するから、現実と地続きにありながら、あえて狂った場所に躍り出るという具合である。心身丸ごと熱狂し、その状態で想像する。想像している当人はその狂った想像に驚異や怪異を感じるのではなく、むしろその驚異ぶりやその表現を楽しんだり、酔ったりしているはずである。

だから、快の性質としては心地よい恐怖を超えた眩暈にいたっていることだろう。

確かに狂想は常軌を逸した想像である。しかし妄想とは大きく性質が異なっている。決定的な違いは狂想がその想像に自覚的であるばかりか意図的になされていることである。それゆえにとりあえずはその想像を楽しんだり、その陶酔感や創造性に快を感じ、具体的な創作にも結実する営みになりうる。これに対してつぎの項でみる妄想には想像であることの自覚がない。仮にそのような自覚が芽生えても他者の想像であったり、他者からの意図として解釈される。その妄想に楽しみや快を感じえたとしても、皮相的であり、それを上回ってその想像は苦悩と苦痛に彩られる。

むろん極度の想像行為に位置づけられる狂想だけに、いつも意識的、意図的に十分統御できるとは限らない。この想像をあらわす英語に fevered imagination という表現があるように、狂想がなされているときは多分に意識水準が亢進し、感情は激昂、熱情的な情況になっている傾向がある。そのためときには意図をはずれて想像が文字どおりアナーキーに暴走することもある。だが、それは心的機能の変調を反映した想像に連続するということではない。むしろ一般的に狂想の破壊的創造は創造の手前、破壊だけで終息する。それは狂想を支える意識水準の高さからいって、その持続の実現自体が狂想的なありかたを必要とするからである。だから、その実際のありようを無理すると、想像どころか意識の破壊で止まってしまわないともかぎらない。

それでも狂想は妄想に連続する通路ではない。妄想との関係についてはこれまでにみてきたどの想像種とのあいだでも同じである。それは妄想と他の想像のあいだには別の構造があるということだが、想像種を通覧してきた最後に、これまでとは一線を画した想像であるその妄想についてみてみる。

### 2・4・18　妄想

【認知率97％ 意味了解率94％ 日常使用率74％ 存在否認率1％】

妄想（delusion）の「妄」の字は「亡」、すなわち人を衝立の陰に隠し見えなくするという意味に「女」がそれを背負っているかたちをなしている。もって、女に惑わされ道理がみえなくなるという原義をもつようである。むろん、この女とは生物学的あるいは社会学的な女性というよりも男性原理的なロゴスの象徴に対したときの女性原理的な情念、パトスの象徴として受けとめるべきものだろう。だから、男女両性に備わるその両性原理における女性的なものである。情にほだされて迷い道に入るといったところと重なる。ニーチェの見解を借りるなら、妄はディオニュソス的なものに惑わされる状況といえよう。むろん、想像は他方のアポロ的なものである造形表現に向けてもその力を発揮する。だが、その形象化には現実原則、すなわち論理をはじめ、言語、具体的道具、記号的コード体系や法規則にいたるまで、多くのロゴスが前面に動員されて、客観性や論理性、現実性やことばとしてのコミュニケーション性能、精緻化といったことが計算的、計画的に配慮されていく。たとえば、叙事詩や建築にかかわる想像力はそうしたアポロ的統合を経て産出される造形の典型である。しかし、そうしたアポロ的なものに注がれる想像そのものも含め、想像力の本源にはディオニュソス的なもの、すなわち自然の深奥からの歓喜、陶酔、破壊、狂乱、激情といった衝動的性質があるとみられている。ニーチェ（Nietzsche 1872）はそれをまさにディオニュソス的に語っている。

「幾百万のひとびとがわななきにみちて塵にひれ伏すとき、ひるむことなくおのれの想像力を翔けさせてみよ。そうすればディオニュソス的なものの正体に接近することができるだろう」

想像は実に多様な心像を描く心的活動だが、その心像は造形的に志向されることはあっても、実際には流動する不定形であり、非造形的である。再びバシュラールのことばに戻って確認すれば、想像することとはイメージの囚われから解き放たれる行為だからである。

したがって冒頭に帰ると、妄とはディオニュソス的なものに惑わされすぎて道理がみえなくなること、さらにいえば心的活動としては想像に惑わされて常々の定めのかたちが流動することを指していることがわかる。想像に惑わされて道理や論理を失った言動が妄言、妄挙、そうした状態で信じることが妄信である。すると同様に、妄想とは想像に惑わされ道理を失った想像という入れ子の状態になることがわかる。しかしそうなると、もともと想像はディオニュソス的な性質をもち、本態的には道理といったロゴスの権化のようなものから離れている自然体なのだから、その想像に惑わされて道理を失った想像と語るのは果たしてどの想像のことを指しているのやら、自己否定的な無限ループに陥った状況を指すことになる。だが、まさにこの状態が妄想という想像のありようを端的にあらわしている。すなわち、妄想とは想像であるのに想像でなくなる想像というその表現そのものがあらわすように、一般的な想像というたがが外されてなお想像しつづける様態、あきらかに病的に患った状態にある想像というわけである。

ただし、ここで病的ということを異常とか不健全といった相対的な意味に解するとすれば妄想は他の想像の営みのなかに共存し、とりたてて特殊な姿をあらわさなくなる。それこそ本質的にはディオニュソス的な性質をもつ想像にあってはこれまでにみてきたように、むしろある目的や動機のもとで意図的に常態から外れたり、不健全たらんとする奇想や狂想のような行為もあれば、めくるめく想像をしながらそれをまったく表現しようとしないそれ自体、異常といいうる無想のようなもの、あるいは知覚なのか想像なのか判然としない異様の只中にある幻想のようなものもある。想像内容の異常さ、不健全さでいえば、普段の空想や夢想も十分すぎるほどそのとおりの内容を描きうる。想像諸種はそういう点では病的な部分を自然にしかも幅広くに包含している。よって想像の内容についてそれが病的であるか否かという判別線は妄想を他の想像と区別するものにはならない。

また、内容ばかりか、その想像の最中は己の想像への制御が効かないという点でも、たとえば夢想は妄想と同様である。だから、夢見る日常に生きているわたしたちにとって妄想は実際のそれがどういうものかは知らなくても、疑似的には身近な現象として受けとめられている。このことは大学生の妄想に対する認識度合いにもはっきりとあらわれている。すなわち、妄想は認知率では感想や空想、思想と並んで最も高く、意味了解率でも感想と共にトップであった。この常ならぬ極度の状態での想像がこれだけ高く認知され、了解されている事実にはあらためて驚かされた。日常での使用率になるとさすがに統計的には理想とともに上位から3位であったが、それでも値は74%、必ずしも語彙豊富とはいえないこんにちの大学生であるが、その四人に三人がよく使うと回答した。むろんこれは「〜と自分で勝手に妄想しています」とか「単なる妄想です」といった言い回しで、本来なら想像とか空想というべきところを極端な表現によって冗談としてメッセージすることがとくに若者のあいだで日常言語化していることが反映された結果とみなければならない。したがって、この結果から常日頃、妄想のことが話題になっていると解釈することはできないが、それでもこれだけこの病的患いの特殊な想像をあらわすことばが日常に飛び交っていることの現実は、想像して止まないわたしたち人間がこの患いと紙一重の営みをしていることと無関係ではなく、またその状況を潜在的に自覚したうえで、それに対する同一化の防衛機制をしているかのようでもある。

ともあれ、妄想がここまでにみてきた想像諸種とはあきらかに一線を画した想像であることはまちがいない。では、妄想と他の想像を画する決定的な差異は何か。それは妄想が想像であるのに想像する当人にとっては想像ではなくなるという点である。これが他の想像との分水嶺になる。はじめに触れた想像の道理とはこのことである。すなわち、想像が想像であるためにはそれを想像として自覚できるという至極当たり前のことが想像の道理となる。覚醒状態で想像していることが想像として自覚できなければそれは容易に現実存在のものごとの知覚や記憶へと溶け込んでしまう。夢想の場合はすでに述べたように、目が覚めれば想像であったことが自覚できる。覚醒時の夢うつつ状態、白日夢という空想も我に返れば夢心地の想像を振り返ることができる。だが、妄想の場合は我に返ることができない。

ガレティとヘムズレイ(Garety & Hemsley 1994)は、ヤスパース(K.Jaspers)やマレン(P.Mullen)、スピッツァー(M.Spitzer)など代表的な研究者による妄想の定義について比較検討しているが、種々の定義の多くが共通してあげている「確信の高さ」や「訂正不能性」とはこのことである。すなわち、妄想が想像ではないとする確信の高さであり、妄想が想像であったと訂正することの不可能性である[*63]。ガレティとヘムズレイの著書では彼ら自身がおこなった妄想の性質に関する計量的な調査研究も紹介している。その結果でも分散が小さく最も高い反応が認められた妄想の性質は妄想の内容に対する確信であった[64]。すなわち、妄想では想像していることを想像として自覚することが困難なのである。

この点をさらに妄想と似て非なる想像、幻想と比較してみよう。幻想の対象は知覚と想像のあいだでゆらめく曖昧さを特徴にする。それは想像が想像であることの自覚的なモニターが可能な心的状態を前提にしたうえで、その安定性を揺るがすような想像との出会いになる。だから、幻想には安全と知りながら危険を体感するようなスリルや快を味わう魅力がある。この幻想の曖昧さの快感や楽しみは知覚と想像のあいだが一部重なるにしても、それぞれの作用の独立性が保たれているからこそ生じる。もしその独立性が消失し、想像したことがそのまま知覚やエピソード記憶に混ざって曖昧さが保てなくなってしまったら幻の快はあろうはずがない。まさに妄想体験は現実の知覚となり記憶となるから、まともに苦痛となって迫ってくる。それは幻想体験とははっきり異なっている。

ところで、ガレティとヘムズレイは諸家による妄想定義の比較検討で、やはり多くの定義が妄想の要件として指摘している内容のありえなさ、すなわち内容が異様であるとか、現実的でないとか、不合理であるという点に関しては疑義を呈している。これらについては確証バイアスや因果性推論のバイアス、あるいは信念への固執など人間の推論一般に認められる種々のバイアスの観点から、これを妄想に特異な性質としてみることはできないとしている。この観点は興味深く指摘は確かだが、もともと妄想内容の非現実性という特徴は妄想もまた特殊だが想像にほかならないことをあらわしているのであって、他の想像種にもふつうにみられる想像ならではの特徴のあらわれとして了解できる。換言すれば、妄想では想像内容がありえないことになる点が特徴なのではない。それを想像ではなく現実のものごととして固執する点こそが他の想像との比較においてもありえない固有の特徴なのである。それゆえに患いが生じるということが肝心なところである。この点をもう少し検討しよう。

## 妄想は想像の内容が特異なわけではない

妄想は確かに統合失調症や躁鬱、認知症、あるいはそれらとの境界状況に陥り、心的機能がただならぬ変調をきたしたとき生じる現象である。しかし、しばしば誤解されるように、その変調の核はおそらく想像という心的機能にあるわけではない。というのは、確かに妄想の内容は変わったものが多いのだが、それはここまでみてきたとおり想像行為全般に鑑みて、とりたてて特殊なわけではないからである。もとより人間のなす想像はいつでも、どんなに荒唐無稽なものごとでも描きうるものとしてある。想像だにしなかったことがらをあえて想像することに挑むような想像行為もある。そうした奇想や無想、霊想、狂想といった想像の営みからすれば、妄想で描かれる内容の大方はむしろ陳腐とさえいえるものが多い。そのため、あとで示すように個々の妄想内容の細部を追わずに主題内容の性格で分類すれば、妄想での想像はステレオタイプといえるほどわずかな型に整理できる（むろん何事についても例外はあるが）。ここに妄想の本性に接近する手がかりの一つがある。

また、それでいて妄想は末期的なものを別とすれば、ほとんどの場合、自分勝手な想像の世界に内閉してしまうのではなく、現実の生活と関連づけられたかたちで、その知覚や記憶とつながりながら生々しくなされる。だからこそこれは実生活に支障をきたす患いとなるのだが、ここにも妄想を知る重要な一面があらわれている。

妄想における精神の変調は想像することや想像力そのものの変調というよりも、想像を想像として、記憶を記憶として、知覚を知覚として、それぞれの心的機能を自覚することの変調であるとみることができる。この点について、たとえば記憶想起を例にみれば、回想や追想、あるいは喚想と称される記憶想起の想像作用については、すでにみたように結構、創造的に想像されて事実とは異なるかたちに作り替えられるわけで、それゆえにこれらは記憶として信じ込まれている想像ともいえる。では、そのふつうの記憶における想像の混成は妄想とどのように異なるのだろうか。妄想でも想像したことが記憶と混交し、実際にはなかった悪口をいわれたといったものから、実はある有名人の隠し子として生まれたといったものまで強い確信を伴った妄想想起がなされる。これが回想、追想、喚想における想像想起である場合は、それなりに辻褄が合うように想像される。想像は必然的に記憶を補完する役回りを果たす。また、話の内容が不思議な出来事や滅多にありえないことの回想である場合は、自分は普段とかわらぬ状態にあって普通の認識が保証でき、間違いなくその不思議なことが事実として起きたのだということが陰に陽に話のなかに、ほとんど無意図的に組み込まれるといった配慮がなされる（Wooffitt 1992）。だが、妄想では想起内容の主体ないしすべてが想像で構成される。そのため妄想ならずとも想像の常として、その内容は細部や縁取りや他のことがらとの関連性が曖昧になり、出来事として背景との整合性を失い突出、孤立してしまうことになる。内容の主題はたいてい追われる、傷つけられる、臓器の一部が消えたなど尋常なことではないのだが、ことの異常さの表明は相手の理解を誘うよう配慮することなくなされる。社会的なコミュニケーション相互作用としておこなわれる調整的な想像機能は後退し、ほとんど他者から自分へと侵襲的に向かってくる一方的な関係について、それと逆方向にこれまた一方通行の想像世界の吐露が知覚と記憶を混ぜたかたちで主張されることになる。

想像している自覚が覚醒した意識の状態にありながら失われるという自失状態では当然、見当識も危うくなっている。つまり、自分を軸にした時間と空間の表象に亀裂が入り、その境界が溶け出せば、知覚や想起している自分と想像している自分が渾然化する。想像した虫はそのまま自分の身体の外へ内へと這い回って見え出す。当然、そうした想像の知覚への侵入、すなわち妄想は堪え難い苦痛を引き起こす。

確認すれば、この苦しみは想像の内容についての苦しみではなく、想像と知覚や記憶との融解によって発生する苦しみである。虫が身体の内外を這い回るような空想や奇想など、だれでもすぐにできることで、それは不気味な想像にちがいない。しかし、知覚としてあらわれるわけではないし、知覚像として記憶されることもない。言い換えれば、想像内容からは妄想を規定できない。だから、厳密にいえば、妄想はここでいう想像の諸種の一つではない。妄想は想像が想像であることの道理を失った壊れた想像なのである。だが、それでも想像機能が逞しく働きつづけるので妄想の患いが発生することになる。

## 妄想主題の型

いま述べたように、妄想は内容そのものには他の想像と一線を画するような特殊性はない。では妄想の内容を全体としてみたときに、そこには誇張された想像一般があるだけで、何も特徴はないのか、といえば、そんなことはない。妄想としてあらわれる内容には異様とか、不合理とか、ありえない、といったこととは別のはっきりとした主題類型の特徴が認められる。この点をみるために、まず伝統的に類別されてきた妄想主題の型を一覧する。そのあとで、その全体に通底してみえてくる特徴について確認する。

以下にみる妄想主題の型は範疇の常として、型相互の関係は族類似的な関係にある。したがって、実際の個々の妄想が必ずどれか一つの型におさまるというわけではないし、そうした典型もあれば、型の周縁に位置したり、いくつかの型の境界にあたるようなものもある。ただ、妄想の内容の全体を構造化すれば、妄想内容、愁訴の主題にそくしていくつかの型を同定できる。またこれも分類の常だが、族類似の族をどの程度、細かくみるか、どこに基準をおくか、その見方に応じて型の数は種々異なってくる。

たとえば、代表的なところを五つあげれば、世界保健機構（WHO）の国際疾病分類ICD-10（十版、2003）の場合は妄想性障害（F22.0）のなかでパラノイアや恐怖症、あるいは妄想的であるがそれを想像として自覚できる念慮も一部含めて一二病名を分類している。そのなかでいわゆる妄想として表記しているのは、関係、誇大、嫉妬、心気、被害の五型、（これらの他に）妄想性障害と分類しているものを含めれば六型である。米国精神医学会の精神疾患に関する診断と統計マニュアルDSM-IV（1994）およびDSM-IV-TR（2000）の場合は色情、誇大、嫉妬、被害、身体、混合、特定不能の七型、以前のDSM-III-R（1987）では色情、誇大、嫉妬、被害、身体、特定不能の六型であった。古くなるが荻野（1965）は大分類で被害、微小（卑小）、誇大の三型、その下位分類として一九分類を示していた。塩入（1963）の場合は関係、誇大、被害、抑鬱、憑依並びに化身の五型に分けていた。これらにおいて名称そのものも共通している型は被害と誇大の二つということになる。つまり大雑把にいえば、観点や時代背景の違いを超えて一貫して認められ、妄想主題のバックボーンをなしているのは被害妄想と誇大妄想ということになる。

実際、上にみたような各様の妄想主題の性質をよくみると、必ずしも排他的に同水準に並ぶものばかりではなく、荻野が三大分類の下に一九もの小分類をおいたように、ある型は別の型の下位分類として了解できそうなものもある。

また、藤森（1998）は明治から昭和中盤までのおよそ一〇〇年間における妄想主題の変遷を詳しく分析している。それによれば妄想の型のあらわれには世相や時代背景の影響が無視できず、とくにその影響を受けやすい妄想主題と受けにくい主題があることを見いだしている。時代による変化が明白で、時代と共に減少傾向が認められる類型は憑依と誇大の妄想である。かつては悪魔や狐が取り憑いたり[*65]、天皇や高位階級の軍人の化身やそのものであるといった憑依、あるいは獣化、誇大の妄想が少なからずみられた。その後、映画やテレビのサイエンス・フィクションのなかでそうした空想が一般に浸透したことや権威的なものの多くが失墜、相対化したこともあってであろう、時代とともにこの型の妄想はデータの上でもはっきり減少してきた。とくに誇大妄想について藤森は日本の場合、天皇制や軍国主義との関係が明白で、敗戦による体制変化を機に、その種の誇大妄想がすっかり萎んだことをとらえている。

その一方で昨今はスターやヒーローのものまね芸がいささか過剰気味に流行し、その芸人自体が物真似相手以上にスター化するという現象もみられる。その成りきりや物真似に含まれる茶化しと、それを見て没入的に楽しんでいることの背景には、誰にでもある誇大妄想（想像）の志向性をそこで同一化すると同時に貶めることでその志向を解消するという組織的営みがなされているとみることもできる。そのようにみると、真相究明とか真実の報道といった看板を掲げて権力や権威の悪徳を暴いて失墜させることや、新たなヒーローを祭り上げて、有頂天を誘っては叩き落とすといったマスメディアと大衆の習性化にも精神失調としての誇大妄想が減少したこととの関連を語りうるところがあるかもしれない。社会装置化したカラオケにも類似の機能を認めることができる。

反対に、時代と共に増加傾向が認められる妄想主題は被害・関係・注察・迫害・心気（身体）といった妄想である。女性の社会進出が進み、性に関わる意識や倫理が変化して社会文化全体が一時代前より色めき立っていることもあってか、色恋や人間関係にかかわる妄想は増えている。また、嫉妬妄想は時代による変化があらわれにくく、いつの時代にも一定程度認められることが確認されている。これらをみると妄想主題の時代遷移は妄想に認められる特異性ではなく、普段の社会生活の情勢変化がその時代の人びとの想像内容に素直に反映されている結果とみることができそうである。

以下では型分化の多様化に加担しようというわけではないが、比較的新しいDSM-IVの七型分類を基軸にして、このなかの嫉妬型は基本的には被害型の枠組みで了解（たとえば、荻野 1965）でき、内容によって色情と被害の混合型に入れることができると判断して六つの型でとらえ、そのそれぞれの型において想像されがちな内容について簡単に確認しておく。

**色情型（erotomanic type）**

妄想の中心主題は他者から自分が愛されているという類の内容になる。その場合、性的魅力よりもむしろ理想化された恋愛や、精神的結びつきに関する内容がよくみられるようである。このかぎりではDSM-IVの呼称、色情（erotomanic）ということばは性的な倒錯に傾いた意味を喚起する点で、名称としては適切性を欠いているようにみえる。伝統的には他者との勝手な関係を想像する関係妄想に投影的な恋愛感情をかぶせた被愛関係妄想というところで単簡に恋愛妄想などともいわれてきた。この妄想にはあとにみる誇大妄想の性質も投射的に混入して、著名人や自分の周囲にいる社会的地位の高い人から愛されていると思い込んでしまうケースも少なくないようである。

この種の妄想が片思いの恋愛感情と性質を異にしている点は、ことの始まりが自分の感情が相手からの感情として投影的に想い描かれることで、一方的に思いを寄せられるというかたちで妄想される点である。したがって、実際のところ、相手は何も思っていないか、あるいは面識さえない場合がある。だから、相手からの思いを確認しようとして接近することになる。相手は妄想を抱いているなどとは思わないから、状況によってはそれなりの対応をするかもしれないが、ここで曖昧な関係形成をすると、とんでもない事態に発展することになる。被愛妄想は現実的にも半ば支持されるかたちで一層膨らみ、相手の反応が少しでもつれないと、たちまち裏切り行為となり、相手の本当の恋人が浮気相手になってしまう。被愛の関係妄想は嫉妬妄想（妄想で打ち立てられた恋愛にもとづく嫉妬なのだから二重の妄想なのだが）から被害妄想（これも同様）につながって勝手な妄想愛は憎悪に変転して社会的患いに発展することにもなる。

**被害型（persecutory type）**

DSM-IVではこれを、

「妄想の中心主題が、陰謀を企てられる、だまされる、監視される、追跡される、毒を盛られたり、薬を飲まされる、悪意をもって中傷される、いやがらせをされる、長期目標の遂行を邪魔されるという確信に関する場合」

と規定している。つまり、他者（電波など物理的対象も含まれる）との関係において自分が迷惑や被害を被っている、迫害されているとする妄想である。したがって、別の呼称として（被害）関係妄想とも呼ばれる。この種の小分類を指していつも誰かに見られているとする注視（注察）妄想、あるいはルソーや夏目漱石（夏目・松岡 1994）が悩んだ「誰かに追われている」「監視されている」と訴える追跡妄想、多くの人が悪意をもっていろいろ言い立てたり、逆に無視しているとする迫害妄想などの呼称で特定化されることも多い。たとえば、ルソー（Rousseau 1782）が文章にしたためた例を借りればつぎのごとくである。

「こうして私は、いまや自身のほかには兄弟も、近しい者も、友も、つき合う相手もなく、この地上に一人きりになってしまった。人間のうちでいちばんつき合いやすく人なつっこくもある男が、みんなの合意で仲間はずれにされてしまったのだ」

高齢期の認知症でしばしば認められる「物とられ（盗害）妄想」もここに分類できる。また、配偶者や恋人が事実に反して浮気をしていると強く思い込む嫉妬妄想も、これを独立した型としてとらえる見方がDSM-IVをはじめしばしばあるが、これは他者との関係における強い疑念が身近な人物との愛情関係について生じた場合の被害関係妄想として解釈できるから、この型の下位分類としてみることができる。

亜系として被害を与える他者が自分自身に向けられる場合がある。つまり自分のなかの悪性や負の側面、劣等感が増幅的に妄想化する。たとえば、ちょっとした過ちへの罪悪感から自分自身を極端に責め悩み、ついにはそれが知られて逮捕されるなどと主張するに至る罪業（罪責）妄想、その種のことが原因となり具体的に逃げ回るようになれば追跡妄想と重なってくる。さらに妄想としての罪は大罪ゆえに死をもってしても許されず、自責は未来永劫につづくと言い張るような場合もある。これは永劫妄想と称される。この場合は「かなり特別な罪」が妄想され、その影響も甚大であると訴えるため誇大妄想の性質が入り込んでいる。罪業妄想は鬱の強い症状にあらわれがちだが、永劫妄想の場合にはそこに躁の性質が入り込んでいるとみられるから、ここに躁鬱の循環的な性質をみいだすこともできる。永劫妄想の果てには、自分はすでに死んでいてここにいる自分は皮膚の中身が空洞の生きる屍だといった類いの主張（不死妄想、否定妄想、コタール（Cotard）症候群）に展開することもある。この場合、妄想を確認しようとして自傷や自殺に結果する危険も伴ってくることになる。だが、妄想のなかですでに死を経験した結果として死ねないとみずから思い込んでいることには、死の恐怖に対する先取的な同一化がこの特殊な妄想を導いている面があるかもしれない。

同様に抑鬱的、自傷的な被害妄想として自分の能力（卑小妄想、微小妄想）や存在価値（虚無妄想）、あるいは経済力（貧困妄想）などを極度に過小評価した妄想をもつ場合もある。とくに高齢者鬱病などでみられがちな妄想で、事実ではないのに大きな借金を抱えてしまいたいへんなことになっているとか、経済的に困窮していて医療費が払えないといった訴えを導く妄想もある。これが自分の健康や身体に向かった場合が心気妄想であり、つぎにみる身体型との混合の様相を呈することになる。

卑小妄想や虚無妄想から自分の主体性が喪失し、行動や考えのすべては特定の他者か、周囲の人びと、あるいは何かの電波や信号などの支配下にあって操られているという具合に内向性の被害妄想が外向化した被害関係妄想につながることもある。外部の何ものかに影響を受けているという妄想は発生しやすい内容のようである。これを（被）影響妄想と呼ぶこともある。というのは被害意識が伴わない（被）影響妄想があるためで、このことから被害関係妄想の素地に（被）影響妄想があるといえそうである。社会における組織行動をあくまで個の主体的な観点から視野狭窄的にみていった場合、それが反復していけば影響妄想が立ち上がる想像の基盤は常にあるといえよう。

被害型の妄想はまったく根拠がない勝手な思い込みから発生する場合もあるし、ほんの些細な関わりがきっかけとなって、それが非常識的に誇張されて妄想に発展することもある。後者の場合はわずかなことでも事実としての関係性が認定可能であるため、被害や権利侵害をめぐって警察沙汰や訴訟沙汰に発展することもある。その場合、被害が認められるまで関係機関に訴えをつづけるような好訴パラノイア（ICD-10ではF22.8の「その他の持続性妄想障害」に分類されている。好訴妄想と称することもある）を伴っていたり、引き起こすこともある。

**誇大型（grandiose type）**

妄想の中心主題は自分の才能、見識に関するもので、とても重大な発見や発明をした（とくに発明妄想と呼ばれることもある）、よく知られている大きなイベントや事件にかかわったといった内容となってあらわれる。ときに身分や地位、財産、親交に関する妄想も描かれ、戦前では皇族であるとか（血統妄想）、神の使いであるとか（宗教がらみではしばしばありがちで、とくに宗教的誇大妄想と呼ばれる）、著名人の助言者であるとか、より妄想的には公に登場しているある著名人は偽物で、実は自分がその著名人にほかならない（こうなると化身妄想だが）といった主張が披露される。映画『光の旅人（K-PAX）』（2001: Universal Studios）でスペイシー（K.Spacey）が演じたK-PAX星人はこの型の妄想を描いていた。そこで表現されていたような異才が実際にあって、その才能が発揮されつつ誇大妄想が展開される場合を考えてみれば、もしかするとあのドラマの水戸黄門もフィクションながら同類であってもおかしくはないと思えてくる。

慢性進行性の妄想病理では誇大妄想があらわれる前に被害妄想がしばしば認められることが指摘されている（荻野1965）。自分が人から疎ましく思われ迫害を受けるのはなぜか、なぜなら自分が類い希な才能をもっているからだとか、世界革命という大使命を担っているためだと解釈するようになるというわけである。背景に躁鬱の循環病状があれば、当然、鬱から躁に転換することがこの妄想主題の変化に関わることが考えられる。また、この関係性は精神分析的にみれば、不当な被害を受けているという妄想による精神的な危機に対してもう一つの妄想をもって合理化しようとする防衛機制が働いているとみることもできる。妄想はそれが不合理であるとか、現実的でないという説得の言語は通じないが、同毒的に同じ妄想の言語をもってすればつうじうるという可能性は先にもみたとおりである。そうなると、誇大妄想が常に明示的に被害妄想のあとであらわれるわけではないとしても、誇大妄想が表面化されない被害妄想を基礎にしていることは十分にありうることだろう。

ところで、妊娠の事実はないのに自分は妊娠していると確信する場合を妊娠妄想と呼ぶ。これは多くの場合、その関係の事実のない著名人や神などの子を妊娠しているという内容になることから、誇大妄想の下位分類といえる。これとは異なり、妊娠を強く望んだり、反対に恐れたりすることと内分泌系の不調が重なり（あるいは誘発し）、妊娠の事実がないのに妊娠様の身体症状を呈することがある。生物学的には偽妊娠といい一般には想像妊娠と呼ぶ状況だが、これは妊娠妄想とは性質が異なっている。誇大型の妊娠妄想の場合はほとんど非現実的な結婚や血族上の関係妄想を伴った妊娠を確信し、主張することになる。

**身体型**（**somatic type**）

妄想の中心主題が自分の身体の機能や感覚に関することがらになるときは身体妄想と分類する。皮膚や身体から悪臭がする（ICD-10ではF22.0の「妄想性障害」の分類のなかで身体型を分けていないが、他の妄想の型と並べて口臭ノイローゼと自己臭恐怖をおいている）とか、皮膚や皮下に虫が這い回る。体内に寄生虫やただならぬ生物がいる。客観的事実に反して体の一部が醜い、機能していない、なくなったといった訴えが確信的になされる。

ある種の病、多くの場合不治の大病や特殊な病気にちがいないと訴える心気症が硬直、妄想化したタイプのものもある。これは上述したように内向性の被害妄想の性質を伴っている。また、めったにかからない特殊な病気の訴えの場合、特別な自分が前提とされた誇大妄想の性質が混入していよう。心気性の妄想と神経症的な心気症は似て非なるものである。後者は何らかの具体的な身体症状とその訴えをもって精神的にたいへん困惑し、疑わしいとされる疾病にこだわることになる。それに対して心気性の妄想の場合は、死に至るような大病の訴えであっても、事実は異なるのだから当然だが、その病そのものに由来するはずの大きな苦しみは伴わない一面をみせる。

**混合型**（**mixed type**）

これは読んで字のごとく複数の妄想主題がどれが優勢ということなく組み合わさっている場合を指す。たとえば、何者かに得体の知れない薬を飲まされた結果、右側の脳がうまく働かなくなったといった妄想があったとすれば、これは被害妄想と身体妄想のわかりやすい混合型といえる。だが、こころの現象であるから、この混合はいつも1＋1＝2になるようなわけではない。全体が部分の総和以上になって、1＋1が3や4になることも、あるいは統合的に1になることもある。

そうした例として被害型のところで述べたように、DSM-IVでは独立した型にしている嫉妬妄想をあげることができる。これはDSM-IVだけでなく、ほとんどの妄想型の記述で独立した型に同定している。妄想のなかでは頻度が高い傾向にあることと社会的なトラブルに発展しがちで疾患として定めやすい妄想だからであろう。基本的には被害型の下位分類として解釈できるが、勝手な愛情関係を妄想する色情型が結びついた混合型としてみることができるケースもある。

### 特定不能型(unspecifed type)

妄想的確信の主題性が明確に定められないときや、たとえば顕著な嫉妬ないし誇大とまではいい切れない関係妄想など、特定の型として記述できない曖昧な場合を指す。

## 妄想のわけ

妄想は複数の精神疾患に見いだされる顕著な症状であるから、精神医学においても数多くの検討がなされてきた。とくに妄想はどのようなわけで生じるのか、という原因論についても多くの理論が提示されてきた。現況はそれらのどれが決め手になるでも優勢であるのでもなく、もとより「一つの整合性のある理論であらゆる現象を統一的に理解し尽くすことは難しい(高橋 1995)」というところにあって、それが可能とみること自体が妄想的というあたりに落ち着いている。ただし、妄想が生じる誘因や妄想する人にとっての主題の意味を考える理論に意義がないわけではない。また、心的に困難な状況においてもなお逞しく想像する結果として生じる妄想には人間にとっての想像機能や過程の性質を知るうえで多くの手がかりを見いだすことができる。総合的な妄想理解への接近を試みた理論に関する総説やコンパクトなまとめにはすでに多くの成果がある(e.g.,Arthur 1964; Garety & Hemsley 1994; 高橋 1995)。そこでここではそれらを繰り返すことは避け、それらを踏まえたうえで、フロイトの観点と現象学的な解釈に寄り添うかたちで、過去の検討に明確には登場しなかった見方を添えておく。

以上のように妄想の型を一覧してみると、妄想の内容は確かに不合理性や非現実的なありえなさに彩られていることがわかるが、すでに述べたようにそのこと自体は想像として十分にありうべき内容であることがわかる。しかし、それを認めたうえでこれら妄想の内容には全体に通底してつぎの特徴を見いだせる。それはどの妄想も著しく自己中心的な内容になっていること、しかもほとんどすべての場合において、自分に差し向けられた侵襲的な出来事の想像になっていることである。すなわち、他者との関係形成は相手から一方的になされる。監視され、つけ回され、笑われ、罵倒され、奪われ、裏切られ、取り憑かれ、操られる。想像されるほとんどのことが不当な一方的関わりであり被害的である。さすがに妄想されることがらの幅は想像の自由度を反映して多様だが、その自由の範囲は理不尽な侵害のかぎりで尽くされる。それも具体的な知覚対象や記憶想起を伴った表現になるから、これは想像の心像がもつ不定形の曖昧さと一見、相容れないようにもみえる。しかし、妄想は多くの場合、急性にあらわれる場合でも、はじめはいつもとは違う異様で落ち着かない気配、何やらとんでもない破局が訪れるような漠然とした大きな不安感といったいわゆる妄想気分から始まる。実のところ、この心的過程にあらわれる得体の知れない異様さ、過緊張、破綻への予兆は妄想を支える曖昧な想像の本態をなし、妄想に一貫して存在しているようである。それに対して知覚することがらや記憶がその曖昧な想像の正体に向けてつぎつぎと意味づけられ、具体的なかたちをとっていく。だから妄想の立ちあらわれは想像というよりむしろ構想の過程においてなされているのである。塩入（1963）はこのことをつぎのように一般化して語っている。

「人は見通しのきかない広野にさまよう時、恐怖を覚え、通信が絶えたとき、デマがとぶように、限界状況にあっては、退行と説明要求が強まるものと思われる。不安に閉ざされた時「わからない」ことは耐えられないことであり、たとえ悪いニュースでもはっきり説明されることを望む。心にフト浮かんだことであってもそれは実在性をもって迫り、一つの説明体系に組み込まれるのであろう。それは心に浮かんだことではなくて現実にあることになる」

では、妄想の基底をなす破局的不安に満ちた漠然とした想像はなにに由来するのだろうか。これはいうまでもない。心的過程に生じた不調や障害そのものであろう。わたしたちは心的過程の働きそのものが乱れても、そのことを痛覚のようにはっきりとモニターすることができない。多少の乱れでは疲労や調子の悪さに帰されてしまうだろう。心的過程は総じて順応性が高いから、茹で蛙のように相当程度まで変調に合わせて普段の状態をずらして応じていってしまう。認知機能や感情の内側からの本質的な変化に対しても、わたしたちはさまざまな理由をつけて都合よく解釈しようとする。このことは、2・4・11でみたような左半側無視の患者の病識の無視や想像によって形成される知覚、あるいは分離脳患者が言語化できない左視野の情報に基づいてなす左手の行為に対する想像による説明[66]（Gazzaniga 1983）などの例でも如実に示されてきたことである。したがって、不幸にして心的過程にただならぬ変調が生じた場合、それが相当程度に大きく変容してしまうまではその変化を自覚することはなく、気づき始めた時点ではかなりの変調をきたしており、もはや随意的に統御が効かず、自分のこころが自分ではなくなって他の何者かが侵犯してきたり、統制したりしているように感じられることにもなるのだろう。あるいはそうした他者性が具象化されずとも、何のいわれもなく突然にわけのわからない状態で自分のこころに介入してこころを乱しにかかってくる迷惑さを感じることになるのかもしれない。

フロイト（Freud 1900）は夢が無意識につうじる王道であり、それは抑えつけられた無意識の願望の充足にほかならないとした。けれども、夢には無意識の内容がそのまま露呈することはなく、検閲を受け歪曲、象徴化されてあらわれるとみた。彼はいう。

「夢は無意識の興奮を放出させ、無意識に対し安全弁の役を果たし、同時に覚醒活動力を少々費消して前意識の睡眠を確保する。このようにして夢は、その系列の他の心的形成物同様、両組織が互いに協調しうる範囲内で、両方の願望を充足することによって、一つの妥協として、両組織に同時に奉仕する」

仮に無意識にある願望が裸のままであらわれたら、その内容の激しさにおちおち眠ってなどいられず、目覚めてしまうはずだというわけである。だから夢想は無意識の内容を偽装することで安眠を確保する役割も担っていることになる。夢想の夢心地、あるいは曖昧さは想像の特性を活かした睡眠保護作用にほかならないということになる。ときにわたしたちは悪夢やむき出しの欲望充足を描こうとする夢をみることがある。それは検閲によるブロックや偽装が失敗した例で、それゆえにその際は安眠が破られるというわけである。

すでにみたように、妄想は夢想と似ている点がある。つまり妄想はいわば覚醒期に夢をみるかの状態である。すると、フロイト流の夢の仕事に対する見方を援用して妄想を考えるならこうなる。妄想はみずからの心的過程に突然発生した制御不能の不調とそれに対する大いなる混迷と不安をそのままのかたちで露呈することをブロックしようとする。妄想は心的過程の変調を外部からの不当な侵害に想像的に投映して具体化し、不安の理由をその不当な被害に求めようとする。そうすることで夢が睡眠を保護するように、妄想は自分を見失いそうな覚醒意識を保護しようとする。仮想敵を外部に見立てることで内側に発生している危機を外部に投射し、その問題を訴えることで崩れかけている自尊を支えようとするのだろう。

得体の知れない心的機能の不調が持続し、そればかりか次第に強まってくるようならば、戸惑いや不安は恐怖感に変わってこよう。一体どうしてしまったのか、何の因果かわからぬその事態に、一方的かつ不当な被害者意識が生まれることも当然である。知覚、記憶、想像の重なりの部分から個々の過程との関係が決壊し、それらが全面流入するようなかたちで、想像したことが知覚され、記憶され、想起され、さらに想像が付け加わり、雪だるまのように、不安と恐怖の内面の変調がただ今の世界認識の変調へとつながってゆく。わけのわからないものが具体的な知覚対象に置き換わって不当な迫害をしかけてくることになる。自尊感情があればこその被害者意識である。この不当な迫害はなにゆえか、自分があまりにも偉大すぎたり、特別な存在だからだと想像されることにもなるかもしれない。だからこそ、彼らは国家的陰謀をもってわたしの精神を陥れようとしているのだと。自尊的におのれを守らんとして誇大な想像が描かれ、あるいはその同じ動機の裏返しとして厭世的な自己矮小化が図られる。

こころの機能がただならぬ変調をきたせば、なにゆえにその崩壊を自分が受けねばならないのかという理不尽さの叫びと、その変調を認めまいとする精一杯の抵抗が不調なこころにおいて懸命になされることになる。そうしたただならぬ心的状況にありながら、妄想はあくまでも逞しい想像の働きとして、きてれつなものを含めて力強くあらわれる。このことからあらためて想像するという営みは心的過程の最も基底の部分で作動していること、それゆえにこころの機能が大きなトラブルに見舞われてもなお、その問題をそのまま反映するかたちで、なおとどまることなく想像しつづけるさまを見せつける。妄想とはその「誰そ彼（たそがれ）」の状態にあっても、まさにこの世のものとは思えぬような真っ赤な夕陽のごとき強さと崇高性を帯びた人間の想像力の姿をあらわす営みであるといえそうである。

### 2・4・19　想像種の比較一覧

この節の最後に、2・4・2から2・4・18までに項目として取りあげた想像二〇種について、主として文中で扱った想像に関する九つの観点からの性質ごとに肯定○、否定×、どちらともいえない△に分けてその性格を比較した一覧（表2・2）を載せておく。むろん、ここであげている性質の観点表現が曖昧な部分を多々含むことや、かような截然とした三件法での判別はもとより無理な面をもつから、いずれもそれぞれの想像種の典型的な様相に焦点をおいて大まかに判断したものにすぎない。そのうえで、あえて一応の整理と項目インデックスを兼ねてここに提示する。

つぎにふたたび概念構造を一段上がって「想像」に戻り、ここまで頻繁に語りながらもとりあえず棚上げしてきた

**表 2-2　本文で扱った想像 20 種に関する性質のまとめ**

| 想像種 | 類義語 | 想像の自覚 | 想像の意図 | 曖昧さの自覚 | 想像の随意性 | 想像の自律性 | 想像の一回性 | 現実立脚性 | 通常覚醒水準 | 心像の形象性 |
|---|---|---|---|---|---|---|---|---|---|---|
| | | 想像者は想像していることを自覚している | 想像の対象には想像者の意図が明示的に反映される | 心像が曖昧であることを自覚している | 想像の生成に関し想像者は随意的で統御感をもっている | 想像者の意志から自律して想像される | ほとんど同じ想像を別の機会に反復することがない | 現実の枠組みに沿ってそのなかで想像する | 覚醒期の通常の意識水準で十分想像できる | 心像が表現可能な形象につながりやすくなっている |
| 感想 | 随想 | × | ○ | △ | ○ | × | × | ○ | ○ | ○ |
| 回想 | 追想・喚想・反想 | × | △ | × | △ | △ | △ | ○ | ○ | ○ |
| 思想 | 考想・誤想・謬想・迷想・妙想・断想 | × | ○ | △ | ○ | × | × | ○ | ○ | ○ |
| 意想 | 曲想・楽想・詩想・志想・懸想 | × | ○ | △ | ○ | × | × | ○ | ○ | △ |
| 理想 | | △ | △ | △ | ○ | △ | × | × | ○ | △ |
| 観想 | | △ | × | × | × | △ | △ | △ | △ | △ |
| 空想 | | ○ | ○ | ○ | ○ | × | × | × | ○ | ○ |
| 仮想 | | ○ | ○ | × | ○ | × | × | ○ | ○ | ○ |
| 予想 | | ○ | ○ | △ | △ | × | × | ○ | ○ | ○ |
| 虚想 | | × | × | × | △ | ○ | × | ○ | ○ | △ |
| 瞑想 | | △ | △ | △ | △ | △ | × | × | × | △ |
| 冥想 | | ○ | ○ | ○ | ○ | × | × | × | ○ | ○ |
| 夢想 | | × | × | × | × | ○ | ○ | × | × | △ |
| 幻想 | | △ | × | ○ | △ | ○ | △ | × | △ | ○ |
| 奇想 | | ○ | ○ | × | ○ | × | × | ○ | ○ | ○ |
| 綺想 | | ○ | ○ | ○ | ○ | × | × | × | ○ | ○ |
| 霊想 | | △ | × | ○ | × | △ | × | × | △ | × |
| 無想 | | ○ | ○ | ○ | ○ | △ | △ | × | △ | × |
| 狂想 | | ○ | ○ | ○ | △ | × | × | × | △ | ○ |
| 妄想 | | × | × | × | × | △ | × | △ | △ | ○ |

その力、「想像力」について検討する。

## 2・5　想像力

「想像力よ、私がおまえのなかでなによりも愛しているのは、おまえが容赦しないということなのだ」（Breton 1924）

「想像力はぜひとも発達させねばならない能力だし、想像力だけが――変わりやすく、稲妻のように速い――現実をただ一瞥しただけで自然をもっと激しいものにもし、また安らかなものにも出来るのだ」（Gogh 1911（1888））

### 2・5・1　想像力とはどういう力か

ここでは想像力とはどういう力なのか、その力の性質について検討する。想像力のみならず、記憶力とか思考力という具合に心的作用について語られる「力」とは少なくとも本書では、当該の作用を可能とする働き、英語でいえばアビリティ（ability）やケイパビリティ（capability）のことを指す。

したがって、その力量の違いがそれを可能にする程度の差異となる。ただし、想像力、記憶力、思考力という具合に概括的に語られる力は、それぞれのこころの過程が質的に異なる複数の過程から成り立つ全体を包括的に称する力になっている。だから、その水準での語られかたの力量がその力の何を語りえているのかは曖昧になる。たとえば想像力であれば、想像が前項でみたように多様な様態から成り立っていることからしても、それらの複合として成り立つ想像力の力量を一元的な尺度で比較するようなことはほとんど無意味である。ここではそういう測量としての力を語ろうとするのではなく、多様な想像を駆動することに通底している想像力一般の性質に着目する。

想像を可能にしている力（ability ないし capability）を考えるには大きく性質の異なる二つの力をみる必要がある。一つはそのこころの過程の主体が発揮する力（force）、まさに想像力である。英語のフォース（force）というと、とくに動力とか兵力、あるいは強制力のような意味合いが出てくる。しかし、むしろここではフランス語でのフォルス（force（fɔrs））の意味、すなわちとりわけ人間の力、それもとくに非理性的な力のニュアンスを前面に出した力を指す。フォルスという力はバタイユ（Bataille 1945）が別種の力、ピュイサンス（puissance）との対比でとらえたように、後者のような権威的、価値的な持続性をもった力ではなく、自身に対してさえ異議申し立てをしうるような葛藤や矛盾を孕み、基本的には瞬発的に生きる力である。

想像力が非理性的で刹那の力であるのは、一つには扱う心像が不定、流動で曖昧さを特徴としているためである。かたちの定かでないもの、変化しつづけ同定しがたきあやふやな様は理性に耐え難き対象である。理性的な力はそうした対象を明晰判明なものに定めおこうとする。だから、想像力とは真っ向から対立することになる。想像力はそうした不定、流動を無常のままに扱いながら、静まろうとする動きにはむしろ刺激を与えてさらなる変化を誘う力としてである。そういう点で想像力とは決してかたちを生成したり形成したりする力ではなく、基本的には非理性の象徴である暴力性を帯びた破壊力としてある。その点、想像力は軍事力と相同でまさにフォルスとしてある。

想像力は生命活動さながら流転の心像を動かしつづける。だから、心像を定め、かたちを明確にしようとする働きは想像にとっては自身の活動への制動を意味する。想像力はその制動力に対する抵抗力となる。フロイトはエロス、生の欲動のなかでもとくに衝動に着目したが、想像力は基本的にこのエロスの衝動を内包した力といってもよい。

すでに何度か触れたが、バシュラール（Bachelard 1943）のつぎの見解はこうしたフォルスとしての想像力の性格をうまく言い当てている。

「人びとは想像力とはイメージを形成する力だとしている。ところが想像力とはむしろ知覚によって提供されたイメージを歪形する力であり、それはわけても基本的イメージからわれわれを解放し、イメージを変える力なのだ」

想像力は知覚あるいは想起された心像をこね回し、付け加え、組み、圧し、叩き、引っ張り、一部を捨て、ありとあらゆる変化を加えつづけ、静止や固定を許さない。外部への表現の試みはそうした想像力のフォルスの横溢、煩悶の結果であるという面もあろう。

ところで、人はロゴス的な理知性が働くゆえに、曖昧模糊のまま何かが感じられていることに対しては放っておくことができない。他者へのコミュニケーション意図が背後にあることもそうだろうし、思い描きを安定させようとか、一連の活動に一区切りつけようとする気持ちも手伝うのだろう。そこで想像を引き受けて別の力が協働し、現実にある対象に想像を具象化する。それを実行する力が構想力である。想像が構想に引き継がれる理由の一つは想像力が持続性をもたないフォルスとしての性質をもつため、かたちの形成というある程度筋道だったプロセスの参与にその力が向かないためである。これに対して表現化をなす構想力は理性や知性とのつながりをもったピュイサンスとしての性質をもった力である。そのため、目的的な働きに適う力になっている。

想像力はライヴに働く力であるから、構想力が想像を引き継いで形象化するそばから、想像をさらに変容させつづける。その力は基本的にかたちあるものを否定し乗り越えようとする。だから、構想との協働関係とは決して宥和的なものではなく、互いに自分にない部分を認め合いながら相互の独自性を高め合おうとする批判的な競争関係になる。想像力は基本的に構想を認めようとせず、いつもすでに自分が一足先にいっていることを宣するだろう。

だが、想像力が持続的に働き、構想に対して先んじるように働くのは、卵と鶏の関係であって、実際は構想によって触発、励起させられている面が多分にある。その点で先駆けているのは構想のほうであるともいえ、現実には姿かたちにあらわな構想が想像に先立っているようにみえる。そうすると想像力を発動する源泉は想像する者のこころの内部ばかりではなく、こころのなかに描いたものを外化した構想にあるようすもみえてくる。本書の後半でみる構想力という力には想像を表現する力とは別に、表現された構想そのものが想像に対して働きかける力としての一面もある。それは想像する者にとっては自身の環境に配置されたものごとから想像力に関与してくる力である。この場合の構想力は想像にとってのファカルティ（faculty）と呼ぶことができる。

## 想像にかかわるファカルティ

ファカルティ（faculty）というとロックやヒュームと同時代の人で、心理学（psychologia）ということばを書名（“Psychologia Empirica”（1732））に用いた最初の人[*67]といわれているドイツの哲学者ヴォルフ（C.V.Wolff; 1679–1754）が提唱した能力心理学（faculty psychology）のことが想起されるかもしれない。ヴォルフもこころの過程における心像の働きを重視し、想像力も含め多様なこころの過程を能力として要素還元化した。だが、本書でいう想像にかかわるファカルティは、彼がおこなったような心的機能別の専門機能観に与するものではない。また、その翻訳として通用することになった「能力」という概念もここでのファカルティには適合しがたい。

ファカルティ（faculty）ということばは語源的にはfacileで、このfacileはこんにちではファシリティ（facility）ということばに活きてよく使われている。ファシリティ（ーズ）といえば、いまやそのまま日本語化しているが、施設や設備、あるいはそれによる便益のことを指す。しかし、このことばの第一義は容易さや流暢さのことをあらわしている。すなわち、ファシリティへの気遣いがすぐれ、整った環境では人がどのように振る舞うかをみると、ファカルティの力がどういうものか、その性質がみえてくる。わかりやすい例はディズニーランドだろう。あのソフトウェアとヒューマンウェアを含めたファシリティはその多くが張りぼてや一時雇用のスタッフで構成されている。だが、それが夢と魔法の国というその基本コンセプトのなかではむしろ正面から許容され、それぱかりか卓越したファシリティ管理のもと、まさに魔法にかけられたかのごとくそれまでの遊技施設とは一線を画した力が発揮されている。その魔力ともいうべきファカルティはわがままな大衆を気持ちよく、お行儀よく振る舞わせ、かつスタッフもまた（クルーと呼ばれているわけだが、その魔法の絨毯に乗って）活き活きと演技させている。むろん、その環境に援護されて発揮されるクルーの振る舞いが客にとってはその場で構成される生身の驚きのファシリティとなる。それはまさに共同幻想を構築するすぐれた例だが、それを不特定多数の人びとを相手に可能にさせているのがその卓抜したファシリティ・マネジメントにもとづく力、ファカルティである。その力は部分的にではあるが、当のディズニーランドを越えて、他の遊技場はもとより数々のリゾート施設やショッピングモール、あるいはまちづくりへと拡延、波及していき、少なくともファシリティの価値に対する気づきを汎化した。この広まりと浸透の理由も単純なことだが大きく二つあり、だいじなポイントになっている。

その一つはファカルティという力、すなわち人がおのずともちあわせているフォルスを容易に、流暢に、気持ちよく、他の力と相乗的に発揮させるような力に対する配慮がそれまで欠落していたことである。それは力に対する関心がもっぱら主体の持ちあわせている力量に注がれてきたことにもよる。学習と努力、それにもとづく能力の発揮はもっぱら個々人に帰せられる課題であり、状況や環境といえば、飴や鞭としての強化や罰としての圧力が前面に立ってきた。行動主義は行動する主体を基軸にし、ラットやハトを使う機械工学論でありながらも実際は人間中心主義の観点にたつ思想であった。だが、人間にとってファカルティは人間自身を演技的に導きつつ、自身に浸透、同一化させてしまうほどの力である。そのファカルティを活用しながらその力そのものにさえなり、人間は結局環境の一部にすぎないこと、主客関係は容易に自在反転することを知らしめる力となって働いている。

ファカルティの力が種々の領域に拡延したもう一つの理由は、そのファカルティという力が励起し促進する人のもつフォルスは、何か特別な努力や訓練を通して形成、発揮されるような力ではなく、日常、普段の営みにおいて自然に働いている行為の力であることが再認識されたことによる。たとえば、ディズニーランドのファシリティが励起促進するのは人びとが夢心地になること、大人たちが忘れかけていた童心に戻ること、微笑むこと、アトラクションを単純に楽しみ、快適な時空を共有すること、きれいなトイレを自然とそのように気持ちよく使うことである。そこにはゆめゆめ「トイレはきれいに使いましょう」などといった張り紙、そういったパワー（power）による力（権力的な定言）はもとより無用なのである。その自然さがファシリティの構想力によって個々の人びとがもつあたりまえのフォルスを引き出している[*68]。

この例にも想像はすでに深く関与しているわけだが、想像という営みは微笑むことと同じくらいおよそ人間として生まれたかぎりその心の働きとして生得的、先験的に備わっている力（フォルス）である。想像力は必然的かつ常態的に、寝ても覚めても微睡んでいても、貧困と飢えの極限にあろうと、心身に回復不能なダメージを負ってさえも、その心的機能の最小限のところで働きつづける。すなわち、ほとんどこころの働きそのものと重なるような営みなのである。

### 2・5・2　創造的想像力

ところで、すでに想像分類において再生想像と産出想像という分類をみた。再生想像は事実上、記憶心像の想起とみなすことができる想像であった。では、再生的な想像ではなく、あらたな心像をもたらす産出想像は創造の換言では済まされないのだろうか。これは想像の過程の身分を考えれば創造の手前にあって創造に与するとしても創造の過程そのものとは異なることがあきらかといえるだろう。創造という営みは実体的な表現活動を伴う。ゆえにその全体は想像と構想の循環運動のなかにあらわれる。産出想像は構想に対する知覚心像や手持ちの経験内容に関する再生想像を流動的に組み合わせることであらたな想像を産み出す内的な過程である。

一方、ここでみたように想像力という力は基本的には破壊的な性質をもつフォルスとして働いている。すると産出想像のいう組み合わせとか産み出しという働きは単純に建設的な作用とは異なることになる。また、第一章でも触れたように、想像をめぐる言説には一〇〇年ほど前から、創造的想像（creative imagination）や創造的想像力という概念がしばしば取りあげられ語られてきた。これは産出想像のなかでも創造活動に明白にかかわる想像のことをいうのだろうと推測がつくが、なお一層のこと破壊性を帯びたフォルスとしての想像力がどのような働きをもって創造的と称されるにいたっているのか、気になるところである。ここでは想像力そのものの性質をより明確にするためにも、この創造的想像とその力についてすこし検討をしておく。

## 創造的想像の正体

上で触れたように、創造的想像（creative imagination）ということばは心理学の文献においては想像力に関して定常的に語られていた一九世紀の終わり頃からしばしば言及されていた。たとえば、デューイ（1891）はこれを「想像の最高のかたちである」としたうえで、対象に意味を直接に感受する作用で、想像が経験の分離や統合に留まらず、それに生き生きとした現下の感情や感性を加えて、創造性をもたらす働きであるとした。ほぼ時を同じくして日本では西村茂樹（1885–86）が「創造の想像」について説明している[69]。創造、創作における想像は新たな状態や品種をつくるものだが、それが自らの働きによってなされるとはいえ、その背後には素材となる経験が不可欠であるとした。そのうえで「これに己の才智を加えて」という点を控えめに付してこの想像の特徴を語っている。ただし、これは意図的な創造作用ではなく、一般的になされている自律的な想像の一種とみている。

これらをまとめるかのように、一九世紀末にフランスのリボー（Ribot 1900）は創造的想像を前面に掲げた著書“Essai sur l'imagination créatrice”をまとめている。彼はとくに想像がなす類比に着目しつつ、想像的創造に二つの段階をとらえた。想像が自律的に働く開花期と、これにつづく思惟による表現化や組織化が進む構成期である。この見方は同時代のドイツの生理学者にして物理、数学者であったヘルムホルツ（Helmholtz）が自身の古稀を祝う席（1891）で披露したという飽和（ゆきづまり）、あたため（回復）、啓示からなる創造過程の三段階説と相まって、その後ワラス（Wallas 1926）による準備、あたため、啓示、検証という四段階説、さらに段階を増やしてみたオズボーン（Osborn 1953）による見当づけ、準備、分析、着想、あたため、統合、評価の七段階説などという具合に想像から創造へ焦点を移して継承発展していく契機になったとみることができ、創造研究の一つの礎型をつくることになった。

すでにみたように、その後二〇世紀半ばにかけて心理学における想像への言及は消えていく。だが、創造性に対する探求は思考研究の一領域を形成しつづけた。曖昧で自由奔放な想像（力）よりも実体を産み出す働きとして創造（性）のほうが実用的な観点からも世の関心を惹きつけやすく研究価値が認められやすかったからであろう。そのため、「創造」を付せば「想像」も息をつなぐことができ、創造の文脈や派生として創造的想像に対する言表は心理学の外側にはみだしつつ、学際において散発的に登場し（e.g, Downey 1929; 大脇 1948; Barnes 1960; Polanyi 1966a）、なかにはその力を測定する尺度（The Creative Imagination Scale）をつくる試みもなされた（Wilson & Barber 1978）。最近では想像研究に対する復権にともなって、文芸領域も含め主題化されることが目立つようになっている（e.g.,Engell 1981; Roskos-Ewoldsen et al. 1993; Thomas 1999; 内田 1994）。

こうしたなか、あらためて創造的想像とは何かをおさえようとしたとき、これを単簡に経験に依拠した心像をもとにして新たな心像をもたらす想像といった具合に記述しても到底足りるものではないことがわかる。すでに述べたように、それでは既知のことがらを自在、流動的に組み合わせて何ほどかの新たな心像生成をもたらす産出想像のありようを語っているにすぎないからである。だから、産出想像から派生するとしても、それとは独立した過程として創造的想像をとらえうるとすれば、やはりこの想像は産出想像がもたらす新たな心像に加えて、創造性を構成する主要要件を満たした想像になっているとみることができる。創造性（creativity）に対する研究はすでに多くの考察の蓄積があるが、それでもたとえば、創造性を構成する主要要件といっても多様な見解があって決定解に至っているわけではない。本来はそうした見解のいくつかをみる必要があるが、ことに創造性に関する多くの見解は核となった見方の派生として提起されてきている状況にある。したがって、ここで必要としているところはそうした見解の範型となったものを確認すれば足りるだろう。そこでその典型としてギルフォード（Guilford 1967）が因子分析から抽出した創造性の六つの因子をあらためてみてみる。それらはつぎのとおりであった。

（一）問題への広い感受性をもち、目標達成に向けた見通しができる問題発見力
（二）円滑流暢性、たくさんの思考をよどみなく描き出す力
（三）柔軟性、多様な思考を必要に応じて捨てたり、変形できる力
（四）独創性、型にはまらない独自の思考をする力
（五）再構成・再定義力、あるものを種々に使用、機能できることを見いだす力
（六）精緻化、複数の能力を使って入念に考え、工夫できる力

このうちとくに（二）（三）（四）で思考と記されたところはそのまま想像と置き換えてみても何ら違和感がない。すなわち「たくさんの想像をよどみなく描き出す力」「多様な想像を必要に応じて捨てたり、変形できる力」「型にはまらない独自の想像をする力」。だから、これらは想像一般に備わる性質を語っているといると受けとめることができる。これらに関する限り、要は程度の問題で想像力の産出性における質、量の豊かさの相違がこれら創造性因子の力を左右

するとみることができる。

しかし、残りの（一）（五）（六）についてはどうだろうか。むろん、これらいずれについても想像が関与し、その力が発揮されるところではある。しかし、感受性、見通し、再構成、精緻化といった作業は一人想像の過程において扱いうるものではない。これらにはある一定の礎となる具体的なかたちを必要とし、それに対する直接的な関与を語る力が記述されている。想像はこころのなかに描かれる不定流動であるから、ここの（二）（三）（四）にかかわる直接的な力となる。だが、残りの部分はまさに（六）に「複数の能力を使って」と記されているとおり別の力を必要としている。

そもそも創造とは新たなものを「創る」ことに加えて、さらにものを「造り」あげることを重ね強調している概念である。ちょうど知識が知ることであると同時に識ることでもあることを語っているように、創造は創、すなわちはじめてつくられることであって、しかも造、すなわち、最終的にかたちにつくり至ることもあらわしている。つまり、その点において創造は万物流転の無常を姿とする想像とは同音であるとはいえ、その基本性質において異議の概念になっている。ちょうどその差異は詩学と実学の差異のような違いにあたる。福沢諭吉（1872）にいわせれば「実に遠くして日用の間に合はぬ」前者と「人間普通日用に近き」後者、しかしそのほぼ同じ時にオックスフォードで思索をしていたラスキン（Ruskin; 1843–60）によるなら「人生の目的になるもので、それらの成果は普通の意味で無用な」前者と「人生に役立つもので、それらの成果は言葉のごく普通の意味で有用な」後者ということになる。この場合「普通の意味で」と「言葉のごく普通の意味で」の差異が要諦になっている。例示は前者が地質学者、化学者、建築家、芸術家で、後者が炭坑夫、薬屋、煉瓦工、鉛管敷設工である。むろん、このような比較に対して福沢はおそらくすかさず「論語よみの論語しらず」を語るであろうが、ともあれ、創造的想像とは水と油を合わせたような止揚を要求する緊張した概念であることがみえてくる。それは福沢とラスキンの対話空間を産出的に想像したときの緊迫感にも感得されるものといってもよい。だが、創造的想像はその対話がコラボレーションして予想不可能な創造を想像するものとしてある。たとえば、ラスキンは論語よみについては、装飾的、娯楽的あるいは衒学的な空想（fancy）と詩的芸術の根源である想像力の、とりわけモラル的な観想の能力（theoretic faculties）の違いを強調することで創造的想像へと迫るはずである。

そうした止揚の過程には先の創造性要件で想像が寄与するであろう（二）（三）（四）の力とは、少なくとも想像にとっての貢献を考えるかぎり、創造性の発動にとって呑気に単なる加算的関与をするものではなく、むしろ乗算的に不足すれば全体を割り引き、なければ無に帰するような働きをするとみることができる。その意味でこの場合の想像力は創造にとって破壊的な役割を演じることになる。実際、（三）の想像における柔軟性は、たとえ（五）においてあるものが再構成され、（六）で十分に精緻化されたとしても、（一）の観点からして不足があれば、（三）をしてそれらすべてを覆すことができる力としてある。ではその代わりとして何かといったときに（四）の独創が発揮され、それに沿ってふたたび（五）の再構成や（六）の現実的な工夫が始まるという動的な連携（先の架空対話でいえば、両者とも、いと強靭な知性ゆえに相互尊重のモラルにたったより高尚な成果を目指せる対話）こそが、創造的想像における場合の創造性の背景因子の関係に浮かび上がってくる。

それではここで想像と連携して創造を導く（一）（五）（六）の力は直接的には何によって担われるのかといえば、これが本書後半の主題になる構想力である。すなわちすでに触れたように、創造という営みは想像力と構想力の循環的協働作業が創り出し、造るという志向性を携えて働く心的活動とみることができる。

こうしてあらためて創造的想像について確認すれば、これ自体は創造ではないが、創（はじ）めての造りへの志向性を宿した産出想像として志想の性格をもって構想と連携する想像であるといえよう。この想像が明確な志向性をもち構想と分かちがたく協働するということと共に、もう一つ確認すべきことはその創造過程への貢献としてこの創造的想像は一見、創造とは相反するような破壊的作用を担うということだろう。それは想像が固定化するかたちへの囚われから脱出する営みとしてあるという本有的な性質に根ざしてのことである。むしろ、その想像の自然な性質を創造過程に投ずることによって創めて造るというなにかと困難な営みに、想像過程が積極的な役割を果たしうるといってもよい。むろん、その破壊は創り出し造るという志向性に差し向けられたものであって破壊それ自体を目的としたものではない。まさにシュンペーター（Schumpeter 1950）が資本主義の本質をとらえたときに「不断に旧きものを破壊し新しきものを創造して、絶えず内部から経済構造を変革化する産業構造上の突然変異」と認めた創造的破壊は創造的想像の作用にして特質にほかならない。

## 創造的想像力

このように創造的想像とは、ありていにいえばこころの過程において質的には異なる創造過程と想像過程が創造に求められる困難な要件を満たすために目的的に特別編成される協働的タスクフォースとしての想像としてあるということになろう。すると、その力、創造的想像力についても、これは何やらそれ自体が創造をもたらす特別なイマジネーションの力を思わせることばだが、実際のところはそういうことではない。この力もまた想像力一般にほかならず、ただそれが創造のプロセスにも創造性の要件を満たすかたちで促通的に関与している状態としてみることができる。ただし、創造的想像力においては想像力そのものがもつフォルスの特性もひときわあらわとなり、囚われず、崩し、歪形し、変革していく力が表現における構想力との合力になる。とはいえ、それは加算や相乗とは異なり、壊す力と造る力という基本的には背反的な力のぶつかり合いになる。だから、創造的想像力にとりわけて注目するゆえんはその揚棄性にあるといえる。創造過程での協働作用という点でいえば、創造的想像力は淀まず果敢に、柔軟性をもって今知覚されるかたちのさらにその先へ、それもできるだけ新たに、先導というよりむしろ扇動していく役割を果たす。したがって、創造的想像力そのものは何も創造をもたらす力にはならない。そればかりか、ただそれだけが前面に現われるならば、新たなものごとの創出はおろか、ただ既存の否定と断片的なアイデアやイメージの呈示ばかりで破壊的な力が振り回されるだけになってしまうだろう。

内田（1994）は創造的想像力の発揚が新たな時代を切り拓いていく際のテーマの一つになるという力強いメッセージを発している。その一方で想像力のありようが歪むと破壊をもたらすと警鐘を鳴らし、ギフォード（D.C.Gifford 1989）を援用しながら、

「破壊的想像力は、理性による議論を受けつけず、また、対をなす創造的想像力の声を聞き入れることもなく、自己増殖していく」

「真の恐怖をもたらすのは錯誤に陥った空想（偽りの想像力）なのである」

といった見方を提示している。

これに補足するなら、おそらく想像に虚偽や錯誤、善悪や健全性や正しさといった相対的な評価基準を導入すると、その広大な想像世界の大海に人間がその都度に便利に使いうる定規や巻き尺を投げ入れるようなことになり、その結果いくつかの波紋は起きるだろうが、ほどなく何ごともなかったように消えゆくことになると思われる。想像は人間が考え得るあらゆることを呑み込んで、それでも足りずに可能性のかぎりを超えてなおその先にまで拡張しつづけようとさえする精神の無量のなかの活動としてある。

また、少し前に述べたように、創造的想像力はそれ自体は当たり前の想像力であって、またそれゆえに基本的には破壊的なフォルスとしてある。だから、ここには正義の創造的想像力と悪漢の破壊的想像力があるというよりも、創造的想像力は同時に破壊的想像力であってその破壊性が想像と質的には矛盾する創造において効果的な働きをするという構図があるのだろう。創造過程のものごとづくりに対して働く創造的想像力はその生み出されたかたちに対して、もとはといえば、みずからの力の成果でもあったはずのそれを、いまは否定し、さらにもっと先の別様を、ほぼ漠然と示しつづけるのである。それが原子力や遺伝子操作といった繁栄と幸福を標榜する先端科学技術であろうと、頭か

ら破壊的な軍事技術であろうと創造の賜物としての芸術であろうと、創造的想像力は常に純粋に想像力本来の力を尽くして破壊的に創造にかかわっている。

したがって、創造的想像力がそれとして成立するのは想像力からすれば、その力に相応するか、それを超えるような創造の力が相伴うからである。それがなければ結果的には同じその想像力が破壊的想像力として揶揄や非難の対象になってしまう。つまり、破壊的想像力というい方で生じうる問題は想像力自身の問題というよりも想像力と機動的に協働して破壊を創造に結びつけるはずであった創造過程における問題、とくにその構想力不足の問題が第一にあり、ついで協働のバランスの問題が表面化し、ただ想像力の破壊性が表現にあらわれでる事態のことである。だからこれはもっぱら破壊的と称される想像力に帰される問題とはいいきれない。

では、創造的想像力を受けとめきれない創造過程の問題、想像や創造の営みが破壊によって社会や人類を苦しめたり、自然に災いをもたらすような結果に陥らないようにするにはどうしたらよいのか。答えの手がかりは、先にみたギルフォード（Guilford）の創造性の六つの因子に戻ると見いだせそうである。たとえば、そのなかの一つには「問題への広い感受性をもち、目標達成に向けた見通しができる問題発見力」があった。創造性の要件にして特徴の一つとして抽出されたこの力は、人類や社会、自然、環境といった現実実践の水準での問題と創造の関係を扱いうる力としてある。ここでみている創造と連携する創造の過程とは本書では構想の過程にほかならない。この手がかりは想像力と構想力の循環的協働において、構想力が担い、発揮する「ビジョン」の問題としてとらえみることができる。この続きは第七章以降の構想とその力の検討で引き継ぐ。

**創造に関わる想像の姿**

この節のおしまいに、創造に関わる想像の実際を描き出した例として、内田（1994）がわかりやすい情景を紹介しているのでそれを引用し、創造過程に発揮される想像力の振る舞いの姿を確認しよう。これは保育園の砂場で二つのクラスの三歳児たちとそれぞれの保育者が遊んでいる場面に関する記述である。

「子どもたちは思い思いに、だんご砂に少しの水を混ぜ込んで丸め、砂のお団子をたくさんつくり、砂場の縁に並べはじめた。それを見て、残りの子どもも競ってお団子をつくりはじめる。このような遊びは、すぐにもう一つのクラスにあてがわれた砂場にも伝播していく。やがて一人の子どもが、

「先生、お団子どうぞ」

と、そっと受持ちの保育者にさしだした。先生は
「ごちそうさま」

と心をこめていい、食べるまねをした。

さらに、

「ああ、美味しいこと、クリームの味がしますね」

といったのである。もう一つのクラスの子どもも、自分の受持ち（の先生）にやはりお団子をさしだした。（その保育者も）

「ごちそうさま。美味しいこと」

と同じように心をこめて礼をいった。そのことばをかけてもらったときの子どもの幸せな気分は、その柔らかな微笑から伝わってきた。

二人の保育者はほとんど同じように応対しているように見える。しかし、その後の子どもの行動はまるで違ってしまったのである。

「クリームの味」

と言われたクラスの子どもたちはその後、

「こんどはレモンの味」

「いちごの味」

「きなこがついてんの」

とヴァリエーションを次々に考え出しては先生にさしだした。さらに、水に砂を混ぜて
「コーヒーです。いっしょにどうぞ」

などと、レストランごっこへと発展させていったのである。

ところが、もう一つのクラスでは、相変わらず
「お団子どうぞ」
とくりかえし、たくさんつくることを競ったり、砂場の縁にていねいに並べる遊びになっていった。

もちろん、どちらの遊びが質が高いか、簡単に評価が下せるわけではない。団子並べでも、たとえば数の概念の基礎がつちかわれているかもしれないのである。しかし、レストランごっこのほうが、子どもたちのやりとりが活発に起こり、いろいろと工夫をしたり、考えたりしながら遊んでいる様子が、子どもたちの表情から見てとれたのである。保育者が、見えないものを子どもに代わって「見」て、「ことばに表す」ことをしたかどうかで、二つのクラスの子どもたちの頭の中で営まれる想像活動の中身が、質的に変わってしまったと言えそうである」

一方のクラスのお団子づくりでは保育者の「クリームの味がしますね」によって、およそ一般的な和菓子のお団子のイメージは解体した。内田はこの契機を子どもが見ていないものを保育者が代わりに見て、それをことばにしたと指摘している、これに加えて注目したいのは、かたちで似せて何とか類比的に「見る」ことのできる団子づくり遊びの想像を、その素材からは絶対に了解できない味覚において反応することで、完璧な想像遊びの世界に誘導したことの意義である。視覚と運動のあいだの協応関係は味覚心像の導入で異種の知覚における心像間の結びつきを開き、想

像の場が大きく拡張したはずである。これによってお団子にみたてた砂の塊は砂はおろか、いまや団子という知覚的なかたちへのこだわりも解体されて、変幻自在な洋菓子のスイーツに拡張した。だから、子どもは唐突に切れ味の鋭いレモン味に結びつけてきたのだろう。本来の団子からすれば、この味はほとんどシュルレアリスムのデペイズマンに等しい[70]。手術台でのミシンと洋傘の不意な出逢いのごとき砂場におけるレモンと団子の思いがけない遭遇である。この組み合わせは一体どんなものになってしまうのだろうという驚きをも誘いながら、おそらくレモンの酸味に対する強烈な無条件反射も手伝って否応なく他者の神経細胞集団が反応したのだろう。それに般化してイチゴ味の提案があり、さらにはきな粉がついているものに戻る。ここでさながらイチゴ大福を経由して一旦、和菓子に回帰したようにもみえる。だが、つぎには水に砂をまぜたコーヒーが差し出されて、ふたたびスイーツに拡延し、さらにレストランごっこに発展したということだから、ここにいたって当初の砂団子づくりは位相転換的に創造的な脱構築がなされたことになる。

他方のクラスではお団子づくりが続き、「たくさんつくることを競ったり、砂場の縁にていねいに並べる遊び」に発展していったとある。これは再生産的な産出想像が進行した様子である。これに対して前者のクラスで展開された遊びには差延的な再生産から飛び抜けた創造をみることができる。内田はこの例を創造的想像力を育てたり、働かせるという主題のもとで語っているのだが、その観点からすれば、保育者が慣性的な再生産の動きを脱するために最初にクリームの味によって離脱を焚きつけたといえる。ここで「クリームの味がしますね」というコメント自体はなんら創造的ではない。ケーキ屋さんごっこをしていたら、同じコメントはあまりにも陳腐な反応である。だが、砂団子づくりという状況においては、その同じコメントが反復再生とそのずれに依拠した産出の想像過程を突き破り、想像展開の許容域を拡張したわけである。

また、この例でもう一つ注目すべき点は、この創造過程が実際のものづくり（構想）を媒介にした複数人の想像の力動的なコラボレーションで成り立っている点である。とくにこの協働ではクリーム味によって反復差延的な再生産の枠組みから外れたあと、そこでレモン味を想像した子どもの役割が大きい。さらにそれがイチゴ味につながったのち、きな粉がついているものを想像した子どもの役割も注目に値する。内田はこの例ではそれぞれの発言の主を区別して表記していない。そのため察するしかないのだが、おそらくこのきな粉を想像した子どもはレモン味を想像した子どもとは別人であった可能性が高いだろう。そうであったとすれば、つぎにコーヒーを添えてさらなる場面の移調をもたらしたのは、レモン味を想像した子どもであった可能性も高いといえる。きな粉を提起した子どもはおそらくクリームやレモンやイチゴへと展開した想像をよしとせず、基調であったはずの団子の世界に戻す役割を担った。いわば意外性につられて移調していくことでもたらされた違和感が悟性のロゴス的整序を刺激し、想像力の破壊性によって一度崩れかかった構造を改修したのだろう。だが、和菓子の世界からスイーツに転調させた子どもにとっては、その改修が再刺激となり、今度は団子づくりを離れ、別の砂混じりの水を使ってコーヒーを差し出し、団子づくりの相全体を解体してしまったというわけである。だから、この一連のプロセスで、きな粉の抵抗と揺り戻しがなかったら、この創造的想像力による破壊はなかった可能性が高い。

まさに勝手な想像をしてしまったが、この小さな社会的相互作用のなかで展開したであろう心理的な力学が、創造の過程に働く想像力、さらには構想力にとって見逃すことのできない作用をしていることはあきらかである。複数人の想像の交錯によって成り立つごっこ遊びのなかの力学は、むろん他の遊びにもゲームにも、その延長にある社会化されたあらゆる仕事にも同様に働いている。そこではそれぞれの個人の想像のたし算的な重なりだけでなく、表出された構想の存立をめぐっての競争やぶつかり合い、それらを介しての弾みや解体、そしてさらなる創造への発展や衰退、終息をみることができる。想像はそれぞれの個人のなかの心的営みであって他者にはみえない。だが、それがかたちになって構想されることで公共化され、それを介して他者の想像につながっていく。想像と構想の循環的な協働は個人のなかで閉じられたこころの過程としてだけでなく、他者のこころの過程にも網目状に開かれて、集団的な心的協働を引き起こしていく。競うがゆえに無茶な想像が焚き付けられもするが、それは想像がもつ自由性の本領でもある。また、飛び抜けた想像の存在自体が気にくわず、あえて正統無難な想像をそれゆえに声高に示すということもでてこよう。しかし、創めて造ることとは異なる方向性があらわれれば、想像力は超出への力を発揮して枠組み全体の創造的破壊にかかるだろう。それもまた止揚を前提とした創造的想像の協働の姿である。

アリエティ（Arieti 1976）は創造が発生しやすい社会文化的条件を探るなかで九つの因子を提起している[71]。そのなかで誘因と報償の促進があることや、人びとの相互作用はもちろん対立的な文化の刺激に身をさらすこと、あるいは「厳しい抑圧や絶対的な排斥の後の自由、さらにはある程度の差別」といった要因が示されていることは注目できる。こうした集団のなかでの相互作用は一種の惰性、あるいは反復自体を快とする心性のもとで駆動する差延的再生産の想像過程から大胆に跳躍する機会をもたらす。

ホモ・サピエンス以前はもちろん、以後においても人類が人間らしさを発現してきた道具における創意工夫、創造性とそこに働いたイマジネーションは驚くほど長い時間にわたって乏しいままの状態がつづいた（半田 1989）。旧石器に見いだせる飽くことのない再生産から滲み出る心性は一徹な反復強迫である。その間、人類はおそらく地理的に分散し自然と対峙しながら動物一般としての生態的なニッチで暮らしていた。小集団ごとに物理的に離散して生きると、今日いうところの人間特有の社会や文化の構成的な作用や圧力が生じにくくなり、およそ創造性とは縁遠い存在になるのかもしれない。この点でも創造に関わる想像は、それ専門の特殊想像としてあるというよりは、想像一般が創造へと差し向けられ、社会力学的な関係を得ることで機動的に成り立っていく様態であるといえそうである。

関連して付け加えれば、ブルーナー（Bruner 1990）は「人間機能に対して生物的に課せられている限界は、文化的発明を挑発する力として働く」と述べている。これまでのところから、彼がここで述べている力とは創造的想像力のことであることがわかる。人類のなした文化的な大発明の数々、携帯電話、コンピュータ、ロケット、飛行機、自動車、鉄道、蒸気機関、印刷、羅針盤、火薬、文字、金属器、石器…。確かにそれらはわたしたちが背負った生物としての限界の乗り越えをもたらした。それらの発明の動機には生物学的宿命の超克も確かに一部はあっただろう。だが、おそらくほとんどの文化的発明を挑発する力の原動力となり最大の動機となったのは、そのときどきの社会状況的要請としてなされた創造を手段にしてその背後にうごめいていた目的や心理的圧力であったかもしれない。端的には戦争や競争に勝つため、他者を打ちのめすため、見返すため、手柄をあげるため、名声や大金を得るため、御国のため、あるいは家族、恋人、世のため人のため、すなわちブルーナーのいうとおりであって、心理の現実は社会文化的に決定されるのであって生物学的な機構のうちに従属して決まるわけではない。創造に深くかかわる想像力のようにそれが直接的に文化形成につながるこころの過程である場合はなおさらのことであろう。

### 2・5・3　想像と想像力に関する断章

「芸術家に最もたいせつなのは想像力です。想像力が城を築き、人間関係を描く。世界の上に羽ばたいて、自分もその世界の住人になる。想像力なしでは舞台で何もできません(G.Vishnevskaya, in Sokurov 2006)」

この世に新たなものを創り出すという点では、この世を含め万物を創成した神は最大の創造力をもつ。だから、その力によって創られし人間が創造をなしたとしても、せいぜいがその真似事に留まるだろうし、あるいはもしかするとそれもまた人を介した神の創造の一端なのかもしれない。ともかく人間精神の全営為は創造主的な行為からずっと後退したところでなされるにちがいない。そうしたわけで、詩人キーツ(Keats)は「神の創造行為と人間の精神的営為をつなぐ」ものとして大いなる想像力をみたのかもしれない。しかし、であるとすれば人間の想像行為はともかくも神業の近隣に位置しているわけである。ミルトン(Milton)も『失楽園』をつうじて人間の魂のなかで想像力は理性のすぐ下に位置していると語り、その力を高く評価した一人であった。神からすればそれは反転した構図で、人の理性などは想像の背後に位置しているということになるのかもしれない。なるほど理想という想像は理性が一つには神域に接近すべくめぐらす思いなしである。

もしそういう構造でもあれば、創造に関わる想像力の働きはとりわけ崇められる高尚な営みといえそうである。しかも、すでにみてきたように想像力の日常は寝ても覚めて間断なくつづく精神の生命活動そのものであって、常に身近で働いている心的過程でもある。つまり、想像力は過去から未来、現実のことから超現実のことがらまでに及び、さらには具象の造形に関与し、強化し、未知のかたちを想い描き、抽象し、さらにはかたちあらわならざることがらの可能性や関係まで透察する幅の広い力である。その大きさと多様性を前にすると、無理に想像一般の力をとらえようとすれば、あのお馴染みのあらゆるゲームに共通する一般特性を抽出しようとして、ことのほか貧しい結果に至るようなことになるだろう。だから、それよりも族類似的関係に連なる想像一般をあらためて見渡しながら、その各所から放たれている光のとりわけ目立つ輝きに注目し、これまでにおさえきれなかったところを中心に掬いとる試みをしてこの想像編のエピローグとしよう。

そうした試みに適合する一つの方法としてここでは、あえてアフォリズム的な断想形式をとることにした。以下の断章はとくに全体の配列や前後関係に関してほとんど配慮せず、想像と想像力について補遺をなしたものである。シュレーゲル（Schlegel）やノヴァーリス（Novalis）に少なくともその理念だけは借りて、まったき統一への愛と憧憬のために形式的体系性を捨て、想像と想像力を推移的に随想する想像力それ自身の性質に適うスタイルをとったというわけである。そのことがまた想像力への本書における最終的な接近法としてもふさわしく思われた次第である。

＊　＊　＊

再生想像と産出想像について述べた際にも触れたが、カッシーラ（Cassirer 1944）は再生想像と産出想像を人間の文化生活のあらゆる領域に見いだせる両極の力としてみた。すなわち、人間の文化生活には一方で固定的、安定的な生活に向かおうとする傾向と、他方でその固着した型式を脱し、あるいは破壊しようとする大きく二つの相反する傾向があるというわけである。それは安定と進化、伝統と革新、模倣力と創造力という人間性の本源ともいえる双極の傾性に沿っている。カッシーラは言語や芸術、学術の諸相にみる活動にはこの両極の力の比率の変化をみることができると語っている。

再生想像は産出想像に比較すると、惰性と反復の性質を強くし、保守的な性格のものとみられがちである。実際、それは日常場面ではたとえば記憶想起において補完、補修的な作業を黒子として果たし、それをみずからの仕事として主張することなくいわゆるシャドウワークに徹する。しかし、その仕事の内容からわかるように再生想像は単なる再生とか反復ではなく、再生とみなされる心的活動に関与する想像である。ただあからさまに結果を産出や創造といわず、控えて再生産といっているようなもので、実際はありものを埋め合わせたり、組み替えたりしているにせよ、新たな組み合わせ、新たなかたちにつながっていることがほとんどである。だから、その再生想像は再生そのものとは異なり、差延的再生となる。その差延は機械的な再生からすれば誤差であり、ロゴス的な基準からすれば間違いにもなる。だが、それはときには突然変異として革新や進化の契機となるし、発見や発明をもたらすこともある。だから、再生想像と産出想像というのは本質や由来において異なる想像なのではなく、ただ想像の営みがどのような状況でその性質を前面に発揮しているかを示す想像一般の様相の違いを語っているとみることができる。

シャドウワーク（Illich 1981）としての想像力に焦点を合わせてその特性を強調的に語れば、これはその仕事の本質としてヴァナキュラーな価値をもっているといえる。つまり、想像力は人間誰しももつ普遍的で強靭な、言い換えれば当たり前の力だが、それでいて種類豊富なこともあって、その構成的性質は個々人に特有である。だから、このシャドウワークとしての想像力は、個々の身体を超えた向こうとこちらではその性質がだいぶ異なっていることが多い。たとえていえば、それぞれの家庭の典型的なシャドウワークの結果としてあるカレーライスの味は同じ市場から調達した似通った材料を使っているにしても、それぞれの流儀でつくられるので、どれ一つとして同じものがなく、たいていは自分のうちのカレーライスが結構いけると思っていることと同じである。

しかも、この力はシャドウワークのもとにあるから、ごく普段着の当たり前の働きであるようでいて、基本的には市場交換不可能なものとしてある。市場交換は現代では当たり前の貨幣を介した交換だが、そのためには大量生産により市場を形成する必要がある。だが、家庭のカレーライスはどんなにうまいものでも大量生産できない。だから、交換不可能なものとしてある。それを食べるにはその家庭に出向いて食べさせてもらうしかない。おいくらですか、といってみる。そんなつもりで出したのではないから、といわれる。これがヴァナキュラーな差異に見いだしうる価値である。こうした価値は身の丈を越えた市場経済のなかに漬かり、公共性の価値が称揚されている現代においては、かえって見過ごされがちな掛け替えのない価値をもつ。そうした価値が普段の日常の影の経済におけるシャドウワーク、わが家のカレーライスにあり、みそ汁、肉ジャガ、そして個々人の心的過程における想像力に見いだせる。

産出と再生の二様態は生命活動と律動するかの想像力にとって、その本源にあるキネシス（kinesis）としての探索と侵食、および始源、すなわち無への回帰をその基底に孕んだ心的作用としてみることができる。これに対応する見方としてバシュラール（Bachelard 1942）は彼独特の表現を使ってこれら二つの想像力の様態を語っている。一つは産出想像にあたる。すなわち「新しさを前にして躍動しはじめ…描かねばならぬ春をつねに持っている」想像力である。もう一つはウロボロス元型を宿した再生想像に対応する。すなわち「存在の根源を掘り下げ、原初的なものと永遠的なものとを同時に存在のなかに見いだそうと望んでいる」想像力である。

明治時代に西村茂樹が連想をあらわすのに瓜蔓（想）ということばを用いたことは前に述べた。瓜蔓や不定根にも似てそれ以上にラディカルな根茎（rhizome）がもつ性質、すなわち非体系的、無階層的、状況的な連繫様式がもつ脱中心的な力強さと生命性は想像力の基本的な作動様態をよくあらわしている。リゾームは「どんな一点も他のどんな一点とでも接合されうるし、接合されるべきものである。これは一つの点、一つの秩序を固定する樹木ないし根とはたいへん違うところだ（Deleuze & Guattari 1980）」。

リゾーム的な連繋は造語の好きなケストラー（Koestler 1964）にいわせれば、バイソシエーション（bisociation）である。アソシエーション（association）は単一平面上の諸関係をリテラルに辿る連合である。これに対し、彼がバイソシエーションというコンセプトに込めたのは異なる平面に位置づけられている関係の結び目のあいだを隠喩でつなげ、その異平面間に一期の意味空間を生成することであった。確かにこの刹那の意味立体生成のモメントは想像力の振る舞いの真骨頂にちがいない。

こうした意味立体によってもたらされる思いがけなさが頭脳に響くのは、習慣化で平板化した神経回路に対してもとより立体的な神経系の構造が素直に共鳴するからかもしれない。

想像力は理性と折りあい理想を形成する。だが、想像からみるなら、それも理性による合理的編成、体系的秩序の様式を楽しむ一面にすぎない。合理性は人為の限りでのロゴス世界に展開される性質ゆえに、空想や仮想のフレーム空間における守られた戯れと似た快によって支えられている。

想像力は感覚や記憶、運動と協働し知覚を成立させている。その浸潤的なかかわりは知覚のことごとくに及ぶから、まるで知覚という一つの独立した過程があるかのように思わせるほど想像力は影武者としてふるまっている。だが、想像にとってas if「ふり」をすることはその性質の本領でもある。だから、脳において知覚領野として同定されてきた諸領域は実のところ想像の場の一部とみてもよいにちがいない。しかし、想像にとっては脱領土化がそれ自身の機能原理になっている。したがって、想像に機能局在が求められてこなかったことは想像にとって幸いにして正当なことであった。ただし、昨今は脳活動の画像処理研究の進展で想像力の隠密行動にもサーチライトが及ぶことがある。それが本格化して想像力のノマド的な挙動がとらえられるとすれば、逆に脳の機能的構造に対する解釈全体が脱構築されることになるかもしれない。

想像力のシャドウワークは知覚や記憶の影法師として見慣れた世界を立体化し、その安定的供給に貢献している。だからといって想像力は不当にして過酷な労働を強いられているわけではない。むしろその反対で、想像力は生命のモードとリズムに合わせてごく自然体で働きつづけているだけである。ときに、想像力はその手を少し休めることもある。そうしたとき、普段と異なる感覚や感情がもたらされることがある。人はそれを想像力を逞しくするといったりするが、実は反対で想像力が少し退くことでそうなることもある。

想像力が影の仕事であることは単なる隠喩ではない。想像力は個々人にとってまったく当たり前の心的作用であるが、その仕事の本質ははっきりとしたかたちを想い描かないことである。とはいえ、あたかもよく想い描いたかのように思わせることがその仕事の特質でもある。だから、想像は想像する当人にとってもまさに影のように、つかみどころのない活動になっている。

想像力はコールリッジ（Coleridge 1817）がエセンプラスチック・パワー（esemplastic power）と称したような合力を発揮して、想像の断片の組み合わせから新たな意味や心像を生み出すことにも関わる。このことはコールリッジの影響もあると思われるが、想像力のふるまいの説明として最もしばしば認められるものの一つである。しかし、想像力がこの力によってなすことは、何らかのまとまった形象を現示、表出させることではない。それをなすのは構想力の仕事だからである。むしろ、想像力にエセンプラスチック・パワーをみるとすれば、それは構想に対して、さらにあらたな想像を加えていく過程においてその衝突、破砕的な組み込みとして投じられる際の力であろう。だから、それは全一、統一を志向する悟性的な構想力の統合性とも異質である。もっともコールリッジは多くの論者と同様、想像力と構想力を分けてみていなかった。そのため、エセンプラスチック・パワーとして想像力とも構想力とも言いきれない力を語らざるをえなかった。

奇想を語った項で触れたが、サルトル（Sartre 1940）は想像力がこころのなかに描くだけで現示しない心像の立て方について、つぎの四つを分けみた。

（一）非存在、つまりそもそも実在しないものを立てる。たとえば遊星Xの遊び人たちを想い描くようなことで、これは空想が得意とする想像である。

（二）不在のものを立てる。「不在」ということばは誤解を招きがちだが、ここでは場所を問わず、今現在存在しないという意味である。そうした対象を想い描く。この場合は今いないことにこだわりがある。だから、その対象は一つにはかつて存在したものごとである。故人のこと、あるいは昨日の食卓を思い浮かべるようなこと、回想や追想、喚想における想起心像である。もう一つはこれから先のこと、明日の天気や来年の自分、日本の将来に思いをいたすこと、予想におけるいわば展望記憶の想起心像である。

（三）どこか他の所に存在するものを立てる。これも眼前には不在だが、存在は現在において肯定されていて、ここに知覚できないだけで今どこかには存在している、あるいはそのはずの対象を思い浮かべる。だから、「今頃あいつはどうしてるかな」といった空想に始まり、火星に生息しているかもしれない生物についての空想や奇想、あるいは肌に浴びているのに知覚できないだけの紫外線を気にしたり、超常的な対象を霊想することなどもこの範疇に入る。

ただし、サルトルの（二）と（三）の記述はかなり曖昧である。たとえば、この「第三のものは、肯定的な形をとるが、対象の現実的かつ現在的存在の暗々裏の否定を予想するものである」ということで（二）の不在と重ねてしまうようなこともする。それは前提として可能的存在を立てることや他の場所にいるために現在存在として確認できないための可能性としてのことである。だから、もし（二）と（三）をあえて分化するならば、ここでおこなった程度にははっきりさせてよいはずである。

（四）存在を立てない。あるなしを不問に付すことがらを想像する。ユートピアや理想の人を想い描くこと、あらゆる理念、あるいは瞑想や静想による浄土や大いなるものへの接近がこれにあたる。

サルトル（Sartre 1940）は知覚でわたしたちがなすことは観察だが、想像でなすことは観察とは似て非なることであり、それを準観察（quasi-observation）と呼んだ。不在あるいは非存在を立てることは準観察によって可能になるとする。

ただし、準ということばは当のものに近いもの、その一歩手前にあるものでそれゆえに事実上観察にあたるものという意味合いを伝えてしまいがちである。だから、適訳ではないかもしれない。サルトルはquasi-observationを「観察的態度をとるのであるが、しかもそれは何一つ教えることをしない観察である」と語っている。だから、これは、もどき観察、つまりあたかも観察しているかのように意識されるが、観察しているわけではないこと、事実としては観察とは異なっているという意味合いで受けとめるべきものである。もどき観察が何も教えてくれないのは、すでに知っていることについて、観察をしているふりをしているだけだからである。わたしたちが想像することはすでに知っているかぎりのことなので、それは観察にならないというわけである。

しかし、この解釈にはサルトルが触れなかった二つの但し書きがいる。第一に、もどき観察は再生想像についていえる制約つきの話である。すでに知っていること、その記憶に基づいて想像することは知っている限りのことの再生でしかありえない。だから、何もあらたに知ることはできない。たとえば、東京駅の丸の内側の旧レンガ駅舎を思い浮かべ、それを丹念に探ってみる。それはもどき観察である。それでも人によってはあたかもCGのごとくさまざまな視点から自由な視角でみることができるだろう。だが、その駅舎の大時計の存在を知らない人は、どの方向からいくら時間をかけて探ってみてもあらたにその時計を見つけ出すことはできない。これは観察とは似て非なるもどき観察だからである。

これとは別にもう一つの但し書きがいる。それは東京駅舎の大時計の存在を知らない人が上の要求にしたがってもどき観察し始めたところ、「ああ、ありました駅舎の中央の塔の上部中央に大きな円い大時計がみえます」と応えたとしよう。「文字盤の数字はどうですか」「えーと、ローマ数字です。時計の中心に立って回わりながらそれぞれの時刻の方向を見たときに正立する具合にきれいに一二個描かれています」などと返事をしたとしよう。いったいこれはどうしたというのだろう。サルトルは想像でみるというのは知覚での観察とは違い、その対象へと意識を向かわす志向と、それと分かちがたく結びついた知、つまりその対象について知っていることの諸々を綜合することであり、それをもどき観察であるとした。だが、それは知覚との比較において、想像の知覚的な観察の性質を述べたにすぎない。想像という営みは知覚のような観察、記憶想起になぞらえた再生にかぎられるわけではない。見たこともない時計をありありと報告した人は何のことはない、今ここにはみえないが東京駅舎に存在するという時計をサルトルが措定分類(三)で示したように、ただ想像しただけのことである。時計どころか東京駅舎を知らない人でも、北京駅舎と同様、誰もが思い思いにその姿を想像してみることができる。これは産出想像だが、先の再生想像にしても、実際は知っている限りの範囲から一歩も外に出ないといった律義な働きをするわけではない。再生想像とて十分に産出的であるのが想像の本領である。

むろん、であるとしてもサルトルがいうように、その創作がすでに知っているかぎりの材料からなさざるをえないという制約はある。だから、産出想像をみることもむろん志向と概念知から構成されるもどき観察になる。ところが、これもまたその実際行為では簡単に乗り越えられている。それはもし想像が想像として内閉している過程であるとすれば、みずからの志向と概念知によるもどき観察に留まらざるをえないけれども、実際はそうではなく、想像された内容は積極的にそのかたちの表出が試みられるからである。すなわち、想像力は構想力とつながり、いわば思いつきの想像を、その場、その場で具体的なかたちに、ことばに、その組み合わせに、と形象化していける。したがって、想像で非現示的に立てられた内容は多少のずれを含みながらも構想として知覚による観察の対象になる（むろんこれには言語化に対する聴覚的観察も含まれる）。つまり、想像の日常は間接的には白日の下での観察にさらされ、観察知による新たな教えに対して開かれているのである。

想像力の隠喩的な連繋の原型の一つとして、事物に容姿や表情を読む相貌的知覚（physiognomic perception）をあげることができる。これは擬人法、擬物法とつながる隠喩の土壌であり、想像力の源泉である。これを精神発達過程における未分化な段階に特徴的な知覚様式（Werner 1948）と判別するのはある意味、想像力の衰微のあらわれか、一平面ないしその階層からなる構築物への整序にこだわる閉じられた悟性の主張であろう。

わたしたちは漫画のデフォルメにほとんど抵抗を感じることなく、その形象をごく自然に受けとめる。これは想像力が扱う心像の一面がそのように著しく簡略化された誇張表現に沿うものになっているからなのだろう。そうでなければ、ギャグ漫画、ポンチ絵、戯画、似顔絵の一々にわたしたちはかなりの異形性を感じてたじろいでしまうはずである。とはいえ、心像は漫画よりもはるかに漠然としているものにちがいない。その点では心像の姿は漫画やアニメーション制作の過程で作家が自身の心像を手早くほとんど直動的に描出しているようにみえる絵コンテの方に一層近いだろう（図2・18）。

図 2-18 アニメーション絵コンテの例（『風の谷のナウシカ』より）（宮崎 1984）

想像力は知覚世界の細かさと複雑さを形象的には簡略化し誇張的に要約化すると思われる。それを可能にしているのは、想像の心的過程が感覚の感受性、感性と直接的なつながりをもっているためだろう。

想像力と感性のつながりは自己の内環境に向けても開かれている。想像力は内外の環境変化を受容して気分や情感との関係も密にしている。これは情動の帰属理論が広汎に探ってきたところだが、それらは時代状況もあって大方、情報処理理論のモデル平面の上で推論過程に沿う見方を展開してきた。だが、想像力の気分や情感に対するかかわりは隠喩的で立体的である。その立体的なつながりはまた情緒が奥行きをつくりだす契機になっている。

想像力が単一平面の上に留まらず、種々他面への立体的連繫をとる力であるとする比喩は、感覚に対してもあてはまる。すなわち、球状平面で受容された光のパターンから、視知覚は立体を創出する。その奥行きはより豊かな想像力にあってはさらにその光景の裏側へと突き進んでいく。そればかりか反対方向に向けても、立体的光景のなかで感覚器が取り逃しているところをとらえようとする。超自然、超現実への誘いは想像が感覚と運動との協働で創りあげた仮構に対応して、その自己超出の挑戦としてみることができる。

生命力を語る一面は縁取りが破れて絶えざる外部とのやり取りにあらわれる。その運動を失して輪郭が閉じれば生命は尽きる。その原理については想像力もまったく同じである。想像力を内なる思考、想像を内側に構成される世界ととらえるならば、記憶や感覚の世界、あるいは理性中心の観点から一歩も踏み出せず、想像の姿は虚でありつづける。想像力の実際は、反対に外部に向かう思考としてある。想像は外界の知覚における空間表象や記憶における時間表象に投じられてそこに描かれ、反射されて、その内外の時空交通の道程において無常に生成されつづける世界像としてある。

おおよそ二〇世紀後半まで主流をなした個体に向かう理性主導の人間中心モデルの思潮は、世紀を越えて地球規模の生命観を基礎にした環境モデルへと大きく転換してきている。この視座と視野の転換が外へ志向する想像力の挙動を見やすくした。前世紀までの反想を踏まえた想像力のエセンプラスチック・パワーがそれ自身の解明に向けられる環境は整ってきた。

豊かな想像力は当然ながら豊かな記憶力や表現力につながる。とりわけ私的な未来を展望することと私的な過去のエピソード記憶を再生することはそれにかかわる神経領域がよく一致し、その機能不全による過去と未来に関する両者の障害が共起することもあきらかになってきている(e.g., Addis et al. 2007; Hassabis et al. 2007)そのうえで未来展望のときにより活発に活動する神経領域も報告されている(Szpunar et al. 2007)。これはW・ワーズワースが語ったように過去と現在、そして未来をつなぐ「時」の絆として想像力があることを実証する事実でもある。同時に、エピソード記憶として語られてきたことが想像力を基盤にしていること、また健忘症に見いだされてきた記憶障害が未来展望を含めた想像力の障害であり、それゆえに時の絆を失した知覚や記憶の断片が想像的に混淆した妄想が語られるようになることなどが瓜蔓のようにつながってみえてくる。加えてこの時をつなぐ想像力におそらく深い関連をもつ神経領域の一つとして海馬に焦点があてられ始めている。このあらたな海馬機能像をみるとき、想像力と連携した構想力の働きもみえてくる。この点は後編でとりあげる。

長年にわたってチンパンジーのそばでこころの実験研究をつづけてきた松沢（2011）はチンパンジーの行動をとおしてその比較と相違から人間をみつめ、つぎのように引き出している。

「人間とは何か。それは想像するちから、想像するちからを駆使して、希望をもてるのが人間だと思う」

また、希望と共に類い希な想像力ゆえに人間は絶望もするのだと述べる。まさに比較認知科学の研究者ならではの生きたことばである。むろんチンパンジーにも想像力があることは彼も認める。だが、人間の場合は、

「想像する時間と空間の広がり方が違う。それが私のとりあえずの結論だ」

と松沢は結んでいる。この結論を引き継ぐなら、では、その類稀な想像時空の広がりを可能にしているのは何なのか、ということになる。それはただ単に人間の想像力が桁外れに大きいから、ということでは済まされないだろう。並外れたものになっているからには、それなりのわけがあるはずである。そのわけにこそ他の動物たちと異なる人間のゆえんがみえてこよう。その問いかけに移ったとき、そこにみえてくるのが構想であり、その力なのである。

「この長い一連の出来事を見渡し、すべてを額面どおり受けとらず、また揣摩《しま》憶測《おくそく》を加えてほんらいの秩序を乱さなければ、そのときはじめて、過ぎ去ったものとこれから来るものとのかくれた連鎖に気がつき、希望と思い出から歴史を組み立てることができるようになります（Novalis 1802）」

# 構想編

以降の章ではこれまでの章で扱った想像と想像力に関する検討をふまえつつ、それらとの対比や関係性に留意しながら構想と構想力に焦点を移し検討する。

ここまでに繰り返し述べたように、想像される内容は不定形にして流動であることを特徴としている。そのため、かたちの定まらないものや、定かではないものに対する知覚や記憶はむしろ想像過程に馴染み、わたしたちの想像力をかき立てることになる。レオナルド・ダ・ヴィンチは若い画家へのアドバイスとして、事細かな描画手法の学習と習作の鍛錬、さらに片時も忘れない自然や周囲への観察を強調した。だがそれらに加えて、創作のためにこころを覚醒させておく必要も説き、壁の滲みのような不定形をみても、種々の風景や人物、その動き、顔や服装、さらにそれらの像の無限の変化を思い浮かべるよう勧めたという（Richter 1883）。画家にとっての想像力はそれにつなげて手ずから表出できることで活きてくる。すなわち芸術家としての画家にとって、描画表現技術はその類い稀な想像力とのせめぎ合いをとおして負けず劣らずの力量を発揮できるだけ磨かれる必要があるということだろう。

表現という技は英語では expression、動詞で express、イタリア語では espresso、すなわち圧搾蒸気を使って一気に絞り出すあのコーヒーのような操作が不定の心像に加えられ、そこから形象が押し出されるというイメージでとらえてよいだろう。ことほど左様に、表現者はしばしば七転八倒しながら自らなしたイマジネーションの表出に立ち向かう。このかたちの表現術を下支えしている力がここで扱う「構想力」にほかならない。はじめに端的にいってしまえば、「構想」とは想像されたものごとを具体的なかたちに表出したその形象のことである。したがって「構想する」といえば、想像することに対応した具体的なかたちへの表現行為のことになる。ただし、それだけでは構想は表現の、構想力は表現力の言い換えにすぎなくなってしまう。構想が構想であり、構想力がそれ独自の力であるからにはそれがただの表現や表現力とは異なるゆえんがあることになる。そこをはっきりさせることがこの本書後半の焦点の一つになる。

心像とは想像過程の無常の生滅流動を指している。これに対応して構想過程はその過程の部分についての表現化、形象が現に表われるプロセスを指す。したがって、想像から構想へのこころの過程は想像された心像から物象への変換過程、認識から行為への転換プロセスにあたり、いわばエスプレッソマシンの作用域に相当する。だから、構想力といえばとりあえずはその変換力を指すことになる。芸術・文芸の世界では一つの作品が完成をみる過程で無数ともいえるエチュード（étude）、すなわち意図的、無意図的な習作が積み重ねられる。構想とは第一にそのエチュードの道程である。だから、構想の過程は創作活動にあっては想像と同様、作家のバックヤードにおける汗や涙、歓喜につづられた生の営みになる。宮下（2008）はP・ピカソが『ゲルニカ』の制作過程でなしたエチュードの数々を日を追って紹介している。そこで解説、示唆されているとおり、この作品はピカソがその天才的な芸術家人生の壮年後期において、はじめてなしえた無数のエロスとタナトスのたたみ込みの成果であり、折り重ねられた想像と構想の営為の好例としてみることができる。

以降の章では、まずはじめに第三、四章、二つの章で、なぜいま「構想」をとらえみる必要があるのか、という問いに対して、それは現代社会の日常の要請としてあるということ、もっといえば社会的現実によって構成され、日常生活を営んでいる当たり前のわたしたちの常識的な知識（common sense）として息づいているという応えを、複数の視点から事実根拠を示しつつ確認する。そのあと第五章では心理学がこのいわば共通感覚における心的活動に対してこれまでほぼ無反応できた事実を史的におさえ、その背景にあった原因について少しく考える。第六章では反して哲学においては久しく注目されてきた構想力について、今日に至るまで影響力を保ちつづけている二者の見方を整理する。これらを踏まえ最後に第七、八、九章では、想像とは異なりながらそれと一対の働きとしてある構想の過程と構想力について複数の角度から考察する。

# 第三章　生活世界に息づく構想の使われ方の状況

本書冒頭で研究動機を述べるなかで現代社会では「構想」ということばを意外なほど多く目にし、耳にするという印象を述べた。だがこれは著者が当の概念に関心をもったがゆえに自然とそのことばに注意が向き、偏向的に知覚していることによる誤解の可能性もある。そこで最初にこのことばの使われ方の実状を複数の角度から事実データにもとづき客観的に検証する。

具体的には第一に、とくにこのことばが多用されている観のある書籍全般の書名についてみてみる。すなわち「構想」ということばを書名にした新刊書を手がかりにして、実際にそれらがどの程度、持続的に刊行されてきているのかを調査し、そこに多用の事実は見いだされるのか、見いだされたとしてもそれは流行語のように一時的に好まれて使われている傾向はないか、あるいは特定のシリーズや出版社や著者、分野で偏って使われていることはないか、といった点を検討する。

第二に、インターネットの検索エンジンを用いて、ニュース検索とウェブ検索をつうじて「設計」「想像」「デザイン」といった類似のことばとの検索ヒット数の比較をおこなう。これにより、現代社会に開かれた日常言表の場において「構想」ということばが実際、どの程度使われているのか、その実態をつかむ。

ただし、これらの検討の前に、構想ということばは決して最近の造語ではないことや、最近になって使われだししたことばでもないことを確かめておく必要があろう。たとえば、少なくともこのことばは半世紀ほど前、太平洋戦争前後の公共的な言説の場においても時局にそくして好んで使われていた形跡が残っている。現況をみるまえにその史跡を確認し、関連してこのことばの過去の国語辞書における載録状況と定義の変遷についても整理し、「構想」の社会的構成のはじまりの相を明確にしよう。

## 3・1 二〇世紀半ばの「構想」と辞書定義通覧
### ――構想の社会的構成、その過去を振り返って

#### 3・1・1 二つの『構想』誌

構想ということばは少なくとも大正期ころから一般社会の言論のなかで好んで使われていた様子がつかめる。とくに昭和初期から太平洋戦争敗戦の時節にかけては、一つに「大東亜共栄圏構想」が謳われ、東亜新秩序のスローガンのもと大陸侵攻の合理化とその行動原理として機能した。そのA級戦犯が手がけたといわれる構想の周辺とは別に、もう一つ、同時期にはまさに『構想』という名称の思想誌と文芸同人誌が発行されていた。

両誌は昭和一〇年代の異なる時期にどちらも短期間刊行されている。名称だけでなく、あとで述べるように表紙の外観もよく似た両誌なのだが、内容も出版にかかわった関係者も異なる雑誌であった。一方は構想發行所（発売は東京の赤塚書房）のち洸林堂書房から一九三九年（昭和一四年）一〇月〜四一年（昭和一六年）一二月の三年間に計七冊発行された文芸同人誌である。

一九三九年というと時代状況的にはドイツのポーランド侵攻によって第二次大戦の引きがねがひかれた年、日本では満州ノモンハンで関東軍の独走があった年である。そこから日独伊三国同盟調印や大政翼賛会の発足などを経て東条内閣が成立、日本の対米開戦が始まる一九四一年一二月までのあいだ、国内外の緊張感が著しく高まっていくその

三年間に発刊された雑誌である。真珠湾奇襲は一二月八日であったが、その三日前に発行された号をもって同誌は終刊している。当時、文芸同人誌は当局から強制的な統廃合が迫られていたようだが『構想』最終号には、その道に与せず終刊の道を選んだと記されている。この同人のメンバーのことや同誌の性格、終刊の際の事情などはのちに紅野敏郎（1980）が詳しく記している。その一節を引けば、たとえばつぎのごとくである。

「全七冊あげてことごとく時局迎合の傾向はひとかけらもなし、といってもよい。ここにあるのは、すべて自己内面の凝視、内部のおのずからなる成熟と静謐、闇の中からの透視。そういう点でこの「構想」は、全体としてこの戦中の荒れ狂う季節のなかで、目立たぬが、静かで、勁い精神志向の確かな拠点、広場となり得た。埴谷（雄高）を軸にしてはいるが、山室静も久保田正文も、また高橋（幸雄）も栗林（種一）も、これを守るべく努め、同人としての責任をわけあったといってよい。

「構想」は太平洋戦争勃発と同時にうち切るが（一二月九日の朝、予防拘禁法で拘引、年末に釈放、拘引された際「構想」も押収され、「不合理ゆえに吾信ず」がシュールリアリズムと刑事より見られ、わけのわからないシュールで共産主義を宣伝しようとしたといってせめた、と埴谷はのち語っている）、埴谷の戦時下の仕事はなおも執拗につづけられていく」

同誌は一九八四年に言叢社から全号の復刻版が関係者の回想記とともに出版されており、文芸同人誌として日本文学史に残る役割を果たした実績が保全されている。なお、戦後一九六〇年代に「構想の會」というところからやはり『構想』という名称の文芸同人誌が少なくとも五号ほど出されている。これは謄写版刷りの手作り同人誌で戦前の『構想』誌とは別物である。

昭和一〇年代に戻れば、当時の思想・オピニオン誌のなかに河出書房から一九三八年（昭和一三年）に創刊された

『知性』があった。この創刊には哲学者の三木清が関わっており、時期的には彼が『構想力の論理』第一にあたる最後の原稿を『思想』誌に出し終えた直後にあたる。この雑誌は太平洋戦争勃発後も刊行されつづけた。だが、サイパン島で日本軍が全滅し、いよいよ時局がただならぬ状態に至った敗戦前年の一九四四年（昭和一九年）九月に『知性』は突然改題し『構想』となる。したがって『知性』誌は第七巻八号まで存在するが、連番を継いだ第七巻九号は『構想』誌に変身している。物資・流通が全面的にままならない状態のなか刊行されつづけた同誌には、ただならぬ言論統制がかかったことは容易に想像がつく。このように誌名そのものが予告なく変わるという事態は時局のありようの一端をよく伝えている。一九四四年九月の『知性』誌最終号の編集部による「出版だより」にはつぎのようにある。

「来月号より本誌は「構想」と改題し強力な編集内容をもって思想誌として再出発することとなった。したがって、他に差し障りなきかぎり、「知性」の題号は本号をもって終止符を打つわけである。…（中略）…「構想」の未来性にいたってはわれわれに想像も及ばない重責を今より感ずる次第である。「構想」は思想誌として皇国の重大関頭に処する特殊な使命にたち、われわれの全能をよりよき編集に傾けるつもりである」

こうして翌月は『構想』となって発刊されたわけだが、その編集後記にはこうある。

「本誌は「知性」を改題して思想雑誌として新生の発足を開始したわけである。過去七ケ年にわたる「知性」へのご愛読を深く感謝すると共に、ここに「構想」として面目を新たにして、知識青壮年の期待に応えるべくわれわれも決戦の構えで、立ち上がっている。真実、読者の血肉となり皇国の安危の秋に二人力、三人力を発揚しうる指導と激励を果たしえたならば、我々の責務もいささかは果たしうることになるのだと思う」

ところで、この思想誌『構想』の内容はどのようなものだったのか。改題創刊号に並んだ論述のタイトルをみると、たとえば、次のごとしである。鬼頭英一による「決戦思想の構想」この著者はフッサールなどの現象学研究者として名高かった哲学者の鬼頭であろう。小林元による「国民総武装の要諦」、中野好夫による「国民指導に希望する」、さらに高倉テルも「日本農業精神」という論述を寄せている。このリベラル思想家として知られる著者の論述が掲載されている事実から、同誌はこの時点にあっても当時ありがちであった軍部によるプロパガンダ誌とは一線を画していたことがわかる。

この河出書房版『構想』は翌年の敗戦直前、昭和二〇年（一九四五年）四月の第八巻三号まで計七冊刊行され終刊を迎える（発行された冊数も先の文芸同人誌『構想』と偶然一致している）[72]。この時点で創刊時に関与した三木清がどの程度かかわっていたかは現在に残っている同誌からはうかがい知ることができない。だが、同年の三月に三木は友人高倉テルをかくまったとして治安維持法違反で検挙され収監、そのまま獄死という運命をたどっている。時期的には『構想』誌の終刊と彼の収監がほとんど一致しているから因果関係が推察できる。

その後、敗戦の混乱期を経てこの雑誌の系譜はおよそ九年後の昭和二九年（一九五四年）八月に河出書房から装いを新たに『知性』第一巻一号として復活をみる[73]。しかし『構想』誌の再登場は果たされなかった。

以上、昭和半ばの未曾有の国内緊張と物資不足、流通・言論統制のさなか、その言論界において二つの異なる『構想』という名の雑誌が、それぞれ七連発花火として打ち上げられたという事実を確認した。この史的事実は「構想」ということばが剣に伍すペンという意味でも特殊な力能をもった日本語として機能することをうかがわせる。

### 3・1・2　「構想」の辞書定義通覧

つぎに「構想」ということばの国語辞典での扱いについてみてみよう。まず、明治期（一八～三七年のあいだ）に発刊された国語辞典として近藤真琴「ことばのその」大空社、高橋五郎『和漢雅俗いろは辞典』大空社、物集高見『ことばのはやし』大空社、大槻文彦『言海』大空社、山田武太郎『日本大辞書』大空社、物集高見編『日本大辞林』大空社、藤井乙男・草野清民編『帝国大辞典』三省堂、林豊臣・棚橋一郎編『日本新辞林』三省堂、落合直文『ことばの泉』大倉書店、落合直文『国語辞典』大倉書店、大槻文彦『言海　縮刷』吉川弘文館、以上一一冊を調べた。その結果、これらにはいずれも「構想」の項が認められなかった。

これに対して、大正期以降の国語辞典になると、いわゆる学習辞書以外の大型のものを中心に調べたかぎりでは、そのすべてに『構想』が載録されていた。たとえば、一九二一年（大正一〇年）の落合直文著・芳賀矢一改修『改修言泉』大倉書店では、つぎのように定義されている（なお、用例がある場合はそれを除いた）。

（一）思想を結構すること、又その結構したる思想
（二）想像に同じ

金澤庄三郎編一九二五年（大正一四年）『廣辭林』三省堂発行では、

（一）かんがえをくみたつること。叉、くみたてたるかんがえ
（二）そうぞう（想像）

となっている。この『廣辭林』はその後、一九五八年に新版『広辞林』となる。そこでの「構想」には定義が一つ増え、次のようになった。

（一）考えを組み立てまとめること、また組み立てた考え
（二）芸術作品を創作するとき、その内容、表現形式などの構成を考えること
（三）想像

同じ三省堂の発行でこの少し前（一九五二年）に刊行された金田一京助編集の『辞海』では読みが「こおそお」になっていて、

（一）思想を組みたてまとめること
（二）芸術作品を創作する時、その内容、表現形式などの構成を考えること
（三）想像

とある。部分的にまったく同じ記述になっているから、これが踏襲されたのかもしれない。

もっともこれらにみる（二）の観点の導入はすぐあとにみるように、昭和初期の冨山房の『大言海』（一九三三年）にその芽生えがあり、『広辞苑』の前身ともいうべき『辞苑』（一九三五年）に発しているとみることができる。この字義はその後の「構想」定義として定着する。

冨山房から出版されたものをみると、一九二八年（昭和三年）上田萬年・松井簡治著『大日本国語辞典』修正版では、

（一）構えたる思想
（二）想像に同じ

とある。この辞典はその後、一九四〇年（昭和一五年）に修訂版が出るが、記述に変化はなかった。

一九三三年（昭和八年）の大槻文彦著『大言海』では、

（一）思想を、構うること
（二）作文、詠歌、絵画などの意匠
（三）構思

とある。約二〇年後、同著者で『新訂大言海』（一九五六）が発行されるが「構想」の記述には変更がなかった。

岩波書店『広辞苑』の前身である一九三五年（昭和一〇年）新村出編集『辞苑』博文館では、

（一）考を組み立てること。叉、その考え
（二）芸術作品を制作する場合、主題・仕組・思想内容・表現形式等あらゆる要素の構成を思考すること
（三）想像

となっている。この第二義はその後の広辞苑に引き継がれ、先にみたように他の辞典にも影響を与えた。

『辞苑』を出版していた博文館は明治・大正を通じて日本の出版界をリードした出版社の一つであったが、戦後に解散した。『辞苑』の内容は岩波書店によって新村出編『広辞苑』に継承される[74]。その初版は一九五五年に発刊された。そこでの「構想」は、

（一）考を組み立てること。その考え
（二）芸術作品を制作する場合、主題・仕組・思想内容・表現形式など、あらゆる要素の構成を思考すること
（三）想像（二）に同じ
【構想力】想像力
となっている。二〇年前の『辞苑』の記述がベースになっていることはあきらかである。ちなみに（三）の「想像（二）と同じ」とある当該の想像の記述は「おしはかること、想定すること、あてずいりょうすること」とある。
一九七六年発行の第二版補訂版では付加記述されていた「構想力」の項目が省かれたが、つぎのように基本的には変わらなかった。
（一）考えを組み立てること、またその考え
（二）芸術作品を制作する場合、主題・仕組・思想内容・表現形式などあらゆる要素の構成を思考すること
（三）想像（二）に同じ
一九八三年発行の第三版ではつぎのように、第三義にあった「想像（二）に同じ」が消え、替わりに「構想力」の付加記述が復活して「哲学で」と限定定義がなされる。この一見微細な変更は少なくとも日常一般的な観点においては、構想と想像を同じとせず、切り離したという点で本書の見地からは画期的な変化とみることができる。
（一）考えを組み立てること、またその考え
（二）芸術作品を制作する場合、主題・仕組・思想内容・表現形式などあらゆる要素の構成を思考すること

【構想力】哲学で、想像力に同じ

一九九一年発行の『広辞苑』第四版では「構想力」に項目が付加された。

(一)考えを組み立てること、またその考え
(二)芸術作品を制作する場合、主題・仕組・思想内容・表現形式などあらゆる要素の構成を思考すること

【構想力】
(一)構想する能力
(二)哲学で、想像力に同じ

一九九八年発行の『広辞苑』第五版では、記述内容に変更はなかった。その一〇年後の第六版(二〇〇八)でも構想の定義には変化がなかったが、【構想力】の定義はその妥当性はともかくとして、つぎのように詳しくなった。世紀をまたいで構想力が問われる機会が増えたことを反映したのかもしれない。

【構想力】
(一)これから実現しようとする物事を考えの中で組み立てる能力
(二)哲学で想像力に同じ。特にカント哲学では対象が現前しないのに対象を直観において表象する能力とされる

一方、先にみた三省堂の『広辞林』は一九八三年に三省堂編修所編『広辞林』第六版が出るが、そこではやや記述

が丁寧になり、つぎのようになった。

（一）物事の全体・内容や実現するための方法などについて、考えを組み立てまとめること。また、組み立てた考え

（二）芸術作品を創作するとき、その主題・内容・表現形式など、各要素の構成を考えること

（三）想像

『広辞林』はその後、一九八八年に事実上『大辞林』に引き継がれる。松村明編第初版における「構想」は、つぎのとおりで『広辞林』からの継承と『広辞苑』からの取り込みがわかる。

（一）これからしようとする事柄について考えを組み立てること。また、組みたてた考えの内容

（二）特に芸術作品を作る際に、その主題・内容・構成など全体にわたって組み立てられた考えの内容

【構想力】

（一）考えを組み立てる能力

（二）［哲］想像力（二）に同じ

ちなみにこの「想像力（二）」の記述はつぎのとおりである。

「カントでは、感性と悟性とを媒介して認識を成立せしめる能力。すなわち直観における多様なものを結合して統覚による統一にもたらす能力。構想力」

なお、『大辞林』は一九九五年に第二版、二〇〇六年に第三版が発行されるが、ともに「構想」についての記述に

は変更がなかった。
最後にもう一例みておこう。一九七二～七六年に小学館から発行された一〇巻以上から成る日本大辞典刊行会編の『日本国語大辞典』では、

（一）考えを組み立て、まとめること。特に、芸術作品を作るとき、主題・構成・表現形式などについて、組み立てまとめること。また、その考え。構思。
（二）想定すること。想像

となっている。やはり広辞苑（初版）の記述に倣っているようであり、表現をやや変化させ「まとめる」ことを強調している。「構思」という表現は決して特殊ではないが、構想に比較すると表現としては一般性に欠けることから、この記述を用いていた『大言海』を参照したことがうかがえる。『日本国語大辞典』は二〇〇〇～〇二年にかけて第二版が刊行されるが、用例が詳しくなっただけで定義には変化がなかった。

以上のように「構想」ということばは少なくとも大正期以降、およそこの一〇〇年にわたり代表的な国語辞典には常に載録されてきた事実が確認された。その定義は第一に「考えを組立てる」という行為と、「その組立てた考えそのもの」をいう場合の二とおりあるという解釈が当初から一貫してきている。これに加えて、途中からとくに芸術作品の制作過程で主題や構成や表現形式を組立てたり、まとめたりするという意味が記されるようになり、これも定着した。

また、もう一点、当初からほぼ一貫していることは構想ないし構想力は想像ないし想像力の言い換えであるという説明である。とりわけカントの考え方を起点にその系譜の哲学では想像を構想と称するといった意味合いが語られる。

これはたとえば、当の哲学関係の辞書定義をみても一見同様である。たとえば廣松渉ら編の『岩波哲学・思想事典』（1998）では「構想力」の項目があり、坂部恵が記述している。その冒頭には、

「形象を想い描く能力、《想像力》の訳語が当てられるのと同一の西洋諸語のいま一つの訳語である……」

とある。ここまでを採れば確かに国語辞典が伝える解釈のニュアンスになる。だが、実際のところこの坂部の冒頭の文章はさらに続く長い一文の一部となっていて、その残りの部分はつぎのように記されている。

「が、単なる心像の再生や二次的加工を超えてカントがこの語に割り振った後述の際立って重要な役割と位置故に、また明治以後の日本における西洋哲学受容においてカントが占めた重要な役割故に、主としてカント哲学とそれに直接間接に由来する用法に限ってこの語を訳語として使用し、またほぼその用法を核に日本語の哲学用語としての意味内容も限定されるという慣行が確立している」

このように、構想力は哲学の特定領域における特殊限定的な意味での想像力のことを指し、これを一般的なことばの使用における想像力との混同を避けるために用いていると慎重に説明している。だから、これを単簡に想像力のこととか、構想＝想像のような記述をとくに国語辞典などでしていることは日常用語としても過度の一般化ということになる。実際、哲学の世界といわずとも、日常生活のなかで「構想」ということばを使うとき、ではそれを想像と言い換えてもいわんとする意味内容にかわりはないか、といえば、わざわざ構想ということばを用いた意味がなくなるというところが実際であろう。本書の立場も想像（力）と構想（力）は相即不離の関係にありながらも独立したこころの過程とみる。したがって、国語辞典に一般化が認められる第二、三義の記述は気になるところである。では、実際

に日常社会のなかでの使用について、想像とは弁別的に使われている構想の姿についてみてみよう。

## 3・2 「構想」を書名にした新刊書の発行状況——構想の日常性、過去から現在まで

現代社会はコンピュータ・ネットワークを基盤にした電子メディアによる情報発信と取得が一般化し、なお一層進行しているが、それでも印刷媒体による書籍の需要が極端に減退しているわけではない。日本国内における市場全体の販売額（書籍実売り総額）自体をみると一九九六年に一兆九九〇〇億円のピークを示して以降、頭打ちとなり〇三年、〇五年には一兆円を割り込んだ（出版年鑑編集部 2005）。その後も次第に減少傾向がつづいているが、その背景にはわが国の人口構造が極端かつ急速な少子高齢化の変容の直中にあり、かっての多読者層が縮小していることや、多メディア化で読書時間が相対的に減少していること、あるいは種々の電子メディアとの融合などの複数要因が絡んでいることによるものであって、書籍そのものへの需要や要求は決して衰えていないとみられる。

新刊発行点数や雑誌銘柄数については記録がとられて以来、少なくとも二〇〇五年までは衰えることなく伸び続け、その後頭打ちとなって二〇一〇年には減少傾向に向かう気配を示したが依然高水準にはある。図3・1には一九八〇年以降五年ごとの日本における新刊発行点数の推移を示した（全国出版協会出版科学研究所 2010）。たとえば〇五年の新刊点数は約七万六千点で、これは二〇年前の倍以上の値である。その後、二〇〇九年に約七万八千点の発行があって過去最高を記録し、その反動あってか二〇一〇年には約七万四千点に下がったもののなお高い水準にある。販売額でとらえた市場規模がすでに天井に達しているなかで市場に投入される商品が増え続けてきた構図には、商品全体への薄利多売傾向（書籍にあっては文庫や新書の比重増加、電子取引に伴う実質値引きなど）と商品寿命の短縮化、消費における新商品、高回転商品への偏向などを読み取ることができる。同時に発売時マーケティングの観点が強まり、じっくり待って少しずつでも長く売れる商品ではなく、大量かつ一気に売れるヒット作や売れ筋に企画制作の

ウェイトが置かれる傾向が一層強まったこともこの構図をつくりだしている。

また、新書・文庫市場の拡大、市場販売額に反映されないフリーペーパーや直販、あるいは自費やそれに類似した出版、オンデマンド出版に代表されるヒドゥンマーケットでの取引など商品形態の多様化や増加も、新刊発行点数の増大に比しての販売額の頭打ちという結果に影響していよう。現況の新刊発行点数の増加はそうした構造変革のなかで生じてきた現象とみることができる。

こうした状況にあっては内容がものをいうはずの書籍においても、勢い販促に直結する商品計画が重視されるようになる。たとえば広告や店頭、あるいはウェブ等の他／多メディアをつうじて消費者の商品に対する関心を刺激的に喚起し、商品そのものよりも商品に関する情報を認知する段階を購買決定に結びつけることがだいじにされていく。したがって新刊書籍にあって最も重視されることの一つがネーミングとなり、その市場戦略性が問われることになる。

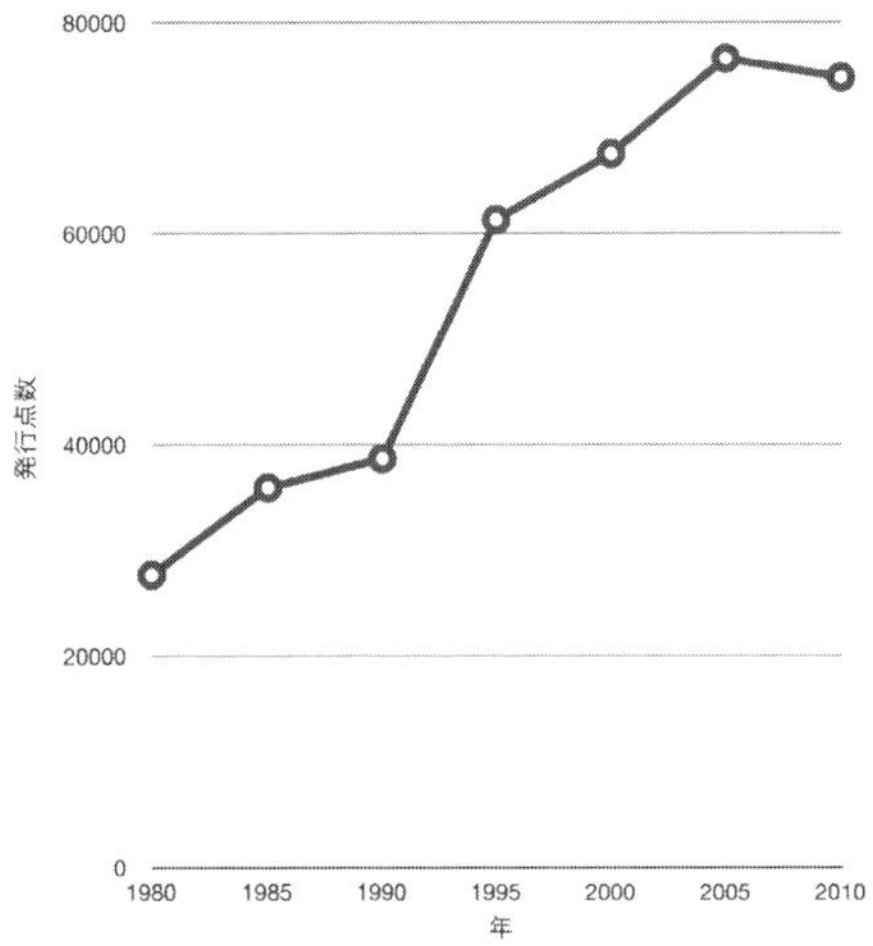


**図 3-1　1980 年以降 5 年ごとの日本における新刊発行点数の推移**

逆にいえば、激しい競争市場のなかにある新刊書籍のタイトルには、時代が、あるいは現代人が探し、求め、気にするようなことがらやことばが直截的に映し出されることになる。

そうした社会構成的に世相知識を形成する特性をもつ場において「構想」ということばが使われている状況を調べれば、このことばや概念が日常現実に受容されている様子を端的にうかがい知ることができるはずである。そこで、ここではこのことばを書名に使用した新刊書籍の経年的な発行状況を調査した。調査は二とおりの対象、範囲、方法でおこなった。第一に、国立情報学研究所の書籍目録所在情報データベースを用いてここ約半世紀の期間において「構想」を書名に付した新刊書籍の年間発行点数を調べ、その推移をおさえた。

第二に、同データベースでは自治体等の機関から発行された報告書の類いも含まれているが、こと構想に関しては地方自治法において市町村が行政運営を計画的に図るために「基本構想」を作成する必要があると定められていることもあって、とくに大きな、あるいは独特の計画を含んだ基本構想の場合はその報告書やそれに類したものが図書館に納められることが多い。これらはここでみようとしている一般市場での受容とは異なる性質のものだから、これらや一般市場に流通しなかった書籍を除いた新刊書に限定して今世紀に入ってから一〇年間の発行状況とその内容の性質について検討した。

### 3・2・1 「構想」を標題にした新刊書籍の年間発行点数のここ約半世紀における推移

**方法**

調査対象とした書籍は国立情報学研究所の書籍目録所在情報データベースに登録されている雑誌を除く図書であった。検索時点（二〇〇八年八月）で検索対象は約一三四九万件であった。検索には同研究所が提供しているWebcat Plusを用い、書籍タイトルに対して「構想」の部分一致検索をおこなった。検索対象期間は一九五〇～二〇〇七年の五八年間で、年間の発行点数を指標単位とした。

**結果と考察**

「構想」を標題にした新刊書籍（自治体を中心とした公的機関から発行される報告書を含む；以下当節では同様）の一九五〇年から五八年間の発行総数は三五二〇冊、年平均六〇・六冊、レンジ五～一二一冊であった。この約半世紀のあいだ「構想」を書名に付した書籍が発行されなかった年はなかった。年間発行点数の推移は図3・2に示した。

**図 3-2　構想を表題にした新刊書籍の年間発行点数の推移**

この図からわかるように、推移は大きく三つの相でとらえることができる。第一相は一九五〇年代を主とする一〇年で、この間は年間二〇冊内の発行に留まり、大きな変動がなかった。

第二相は一九六一年から一九八六年までの約二五年間で全体に明確な右肩上がりの上昇基調で推移し、最終的に八六年には最大値の一二一冊を記録するに至っている。この年は「構想」をタイトルにした書籍は月平均一〇冊発行されていたことになる。この二五年のあいだ発行数は一旦七〇年代のなかばに低迷したが、これは七三年のオイルショックにより戦後の高度経済成長路線に終止符が打たれたという認識が広がったことの影響によるものだったとみることができよう。しかし、オイルショックは確かに世界経済と政治勢力のあり方に変化をもたらしたが、実質経済や当の原油供給にはそれほど大きな変化がなかった。そのため、高度経済成長ということば自体は過去のものとなったが、日本の経済発展や開発意欲そのものはほどなく復活した。それを象徴するように「構想」を語る書籍の新刊発行も七〇年代末からふたたび勢いを加速して上昇し、八六年にピークに達する。時はバブル経済の入口、日本中の自治体から勢いのある大型構想が次々と提起された時期であった。

第三相は世紀をまたぐ一九八七年から二〇〇六年に至る約二〇年間である。この相の当初はバブル経済の絶頂期にあたることもあり、数年は年間一〇〇冊を越える構想標題書籍が発刊されつづけた。だが、九〇年代に入り、バブルが実感され始めた頃にあわせて構想を標題にする書籍の新刊も急減する。そのあと九〇年代半ばに一旦持ち直したあと、この相全体の基調として逓減で推移、そのまま〇六年に至っている。〇六年の値は六二冊であったから、月平均で五・一冊、ピーク時に比較すると半減、八〇年代当初の水準と同等になっている。

以上の結果から、まず「構想」を標題にした新刊書籍は一九五〇年代からすでに年間ほぼ一定の数発行されていたことがわかった。では、いつごろから「構想」を書名にした書籍が発刊されていたのだろうか。国立情報学研究所の書籍目録所在情報データベースでみるかぎり最古のものは一九二五年（大正一四年）弘文社発行の藤井真澄著『戯曲の創作と構想』であった。その翌々年には洪洋社刊、丹羽美著『建築構想図集』が発刊されている。そのあと一九三〇年代に八冊、一九四〇年代は戦下を含むわけだが、例の共栄圏構想に関連、類似した書籍や三木清の『構想力の論理』の発刊とその影響、あるいは戦後は民主主義関連の将来構想に関する書籍などがあって、七六冊の構想標題新刊が出されている。この事実から「構想」ということばは二〇世紀半ばに書籍標題としてのアイデンティティを確立したといってよさそうである。このアイデンティティが市民権を得たといってよさそうなところまで高まるのは五〇年代を越えて、六〇年代以降といえそうだが、出版界における動静としては比較的早い時期から着目され、使われていたことばであったといえる。

このことばは〇六年代以降、バブル経済に至るまでは右肩上がりで書籍タイトルに使われていったことがわかったが、この背景には何といっても一九四七年に制定された地方自治法の普通地方公共団体に関する第一編総則、第二条四の影響がある。そこにはつぎのようにある。

「市町村は、その事務を処理するに当たつては、議会の議決を経てその地域における総合的かつ計画的な行政の運営を図るための基本構想を定め、これに即して行なうようにしなければならない」

この定めに則って、どの市町村も基幹業務として基本構想の策定をおこなうようになる。とりわけ大規模な計画がある場合はそれなりの内容をもった基本構想報告書の類が作成されてきた。書籍にも匹敵するような場合はそれがそのまま図書館に配布されたり、それをもとにした一般書籍化がなされることもあった。すでに触れたように、ここでみた構想を標題にした新刊書籍にはそうしたものが多分に含まれた結果になっている。そのこともあって、日本の戦後復興、高度経済成長期の姿をそのまま反映するように、当該書籍新刊発行の推移変化の第二相は六〇年代はじめにはじまり、さまざまな（基本）構想を語る書籍（報告書）の発刊が年を追うごとに伸長した結果があらわれた。同様に第三相のバブル経済崩壊後、現在に至るまでは図書館に納め地域を超えてまで高らかに語るような（基本）構想は減りつづけてきている様子がつかめる。

そうなると、そうした公共団体や政府系の機関から発行される報告書やその派生的書物ではなく、一般書店に商品として流通している書籍においては、この「構想」ということばの標題としての扱いはどのような状況にあったのかが気になってくる。基本構想報告書の類いはいわば法律の定めにしたがった業務の延長であるから、それが多く含まれているデータをもって、「構想」のことばが社会的に一般化しているとか、最近はその傾向が逓減していると語ることはできないだろう。そこでつぎに、一般書店に流通していて原則として機関ではなく個人が単著ないし共著で書いた書籍に限定して、ことに最近の発行状況とその内容（書籍ジャンルなど）について検討する。

### 3・2・2　一般書籍における最近の発行状況とその内容

上述したように、調査対象を自治体等の機関から発行される「基本構想」等を主体とする報告書やその派生的な書籍を除き、全国の一般書店に商品として流通した書籍に限定して、今世紀に入ってから一〇年間の発行動向とその書籍ジャンルの傾向をみる。

## 方法

調査対象にした書籍は全国の一般書店に流通した書籍である。一部地域に流通した書籍や通販を主体にした書籍、自費出版、私製出版、著者や出版社が不明の書籍、あるいは機関が著者となり発行している報告書やそれを書籍化した類いのものは含めていない。検索対象期間は二〇〇一年一月〜二〇一〇年一二月の一〇年間で月間の発行点数を指標単位にした。検索には紀伊國屋書店と丸善のインターネット上の書籍検索を用いた。

また、前項の結果との比較のため、一九五〇年から四年ごとに前項と同様の方法で検索した書籍のなかから上記の除外対象書籍を取り除いたデータも作成した。

## 結果と考察

表3・1はその結果を月別の発行数で示したものである。表からわかるように、この一〇年間で「構想」を標題に用いた書籍の発行総数は三六三冊、年平均三六・三冊、月平均三・〇冊であった。また、一二〇ヶ月の期間のうち「構想」ということばを書名に含めた新刊書籍が発刊されなかった月は二〇〇九年の一月だけであった。

この事実をみると、あるいは構想という概念を軸にした連作企画の書籍が長い期間にわたり刊行されたのではないか、といった疑いも生じる。実際、調査対象期間内に「構想」をシリーズタイトルにした全集や企画が四件あった。そのうち二件は全三冊（『構想日本』）と全一一冊（『戦後教育改革構想』）のシリーズであった。だが、共に一ヶ月内に全巻が刊行されている。残り二件のうち一方は全五冊のシリーズ（『岩波講座自治体の構想』）で、これは月に一冊ずつ、五ヶ月で刊行を完了している。他方は全七冊のシリーズ（『日中社会学叢書』）で二〇〇八年から三年間のうちに発行された（先の統計における月平均発行数三・〇冊にはこれらも各巻ずつカウントしている。そこでシリーズについては全巻で一点と換算してみると、一〇年間の総計は三四一点、年平均三四・一点、月平均は二・八点となる）。したがって、構想をシリーズタイトルにした企画の連続刊行が一〇年間にわたるほぼ連月刊行を支えていたわけでは

表 3-1　2001 〜 10 年における「構想」を書籍の表題に用いた新刊書の月別発刊数

| | 2001 | 2002 | 2003 | 2004 | 2005 | 2006 | 2007 | 2008 | 2009 | 2010 |
|---|---|---|---|---|---|---|---|---|---|---|
| 1月 | 3 | 2 | 5 | 6 | 3 | 2 | 2 | 7 | 0 | 2 |
| 2月 | 3 | 4 | 2 | 4 | 3 | 1 | 4 | 3 | 2 | 2 |
| 3月 | 5 | 5 | 8 | 5 | 7 | 3 | 4 | 4 | 3 | 9 |
| 4月 | 1 | 1 | 4 | 1 | 1 | 4 | 1 | 3 | 2 | 2 |
| 5月 | 5 | 1 | 1 | 1 | 3 | 2 | 3 | 1 | 3 | 2 |
| 6月 | 3 | 5 | 2 | 3 | 4 | 3 | 1 | 3 | 1 | 2 |
| 7月 | 12 | 3 | 2 | 3 | 2 | 5 | 1 | 1 | 1 | 4 |
| 8月 | 2 | 2 | 2 | 4 | 1 | 1 | 1 | 2 | 3 | 1 |
| 9月 | 2 | 2 | 2 | 1 | 2 | 4 | 2 | 3 | 2 | 1 |
| 10月 | 6 | 2 | 5 | 2 | 9 | 2 | 4 | 6 | 3 | 3 |
| 11月 | 2 | 3 | 2 | 6 | 1 | 3 | 2 | 4 | 2 | 7 |
| 12月 | 3 | 4 | 4 | 3 | 1 | 1 | 5 | 4 | 3 | 5 |
| 年間 | 47 | 34 | 39 | 39 | 37 | 31 | 30 | 41 | 25 | 40 |

ないことがわかる。

　とりわけ構想ということばを好む出版社があったという可能性はなかっただろうか。一〇年間に発行された三六三冊の出版元は一九九社、一社平均一・八冊であった。発行数五冊以上の出版社は九社で、発行数の多かった順に（カッコ内の数字は発行数）岩波書店（一九）、日本図書センター（一四）、明石書店（一一）、有斐閣（八）、明治図書出版（七）、信山社出版（七）、風間書房（五）、東京大学出版会（五）、御茶の水書房（五）であった[75]。この上位九社による発行点数は七八冊で全体の発行数に占めた割合は二一・四％であった。これらのうち岩波書店の一六冊中五冊と日本図書センターの一四冊中一一冊、明石書店の一一冊中七冊はシリーズ企画であった。この結果から明白なように、とりたてて特定の出版社が「構想」ということばを書名に多用していたという事実は見いだされなかった。

　ただし、こんにちのわが国の新刊発行状況は少数の大規模出版社が相対的にかなり多くの新刊を発行し、多数の小規模出版社が相応に新刊を出しているという特異で、しかもそれを定常とする様相を呈している。たとえば、二〇〇五年の実績でみると（「構想」を標題に用いているか否かに関係なく）新刊発行数そのものが多い上位一〇社は次のとおりである。講談社、新風社、学研、角川書店、小学館、集英社、ＰＨＰ研究所、新潮社、岩波書店、ハーレクイン。このうち講談社の新刊数は二〇九九冊、毎日平均五冊以上の新刊発行という驚異的な発行ぶりである。一〇位のハーレクインが六三一冊で、これもかなりの多さだが講談社の三分の一以下で、この十傑の範囲内でも差は大きい。

これら一〇社のなかで上述のごとく「構想」を書名にした書籍の発行数が高かった出版社は岩波書店だけである（新刊発行数が二番目に多かった新風社は一六七三点も新刊を出しているが、これは同社特有の自費出版形式によるもので、その全体が一般の販売ルートに乗っているわけではない。そのため、同社の書籍については当調査の対象にしていない）。このことから新刊書籍全体に広く「構想」という書名が選好されているわけではなく、いわゆるベストセラー型書籍というよりは、ある程度一定の分野、領域の書籍において使われている様子がうかがえる。

そこでつぎに、書籍内容の分野についてその傾向をみてみよう。とはいえ、もとより書籍の内容分類をおこなうことは容易ではない。したがって、ここは多分に恣意的な分類にならざるをえない。あくまで全体の傾向をみるという大まかな目的のもとで、書名を拠り所に一点につき複数分野にわたる仕分けも可としておこなった。結果は表３・２

表 3-2　2001～10年における「構想」を書籍の標題に用いた新刊書の分野別発刊数（1冊について複数分野帰属あり）

| ジャンル | 発行点数 |
|---|---|
| 教育 | 57 |
| 歴史 | 55 |
| 社会政策 | 50 |
| 事業 | 41 |
| 政治・行政 | 32 |
| 経済 | 28 |
| アジア社会 | 25 |
| 方法 | 21 |
| 経営 | 20 |
| スポーツ・文化 | 20 |
| 地域社会 | 19 |
| 建築・都市論 | 19 |
| 哲学 | 16 |
| 社会学 | 15 |
| 文学 | 12 |
| 現代社会 | 11 |
| 法律 | 10 |
| 国際政治・政策 | 9 |
| 思想・宗教 | 9 |
| 医療・福祉 | 8 |
| ビジネス | 6 |
| 心理学 | 6 |
| デザイン・芸術 | 5 |
| 囲碁・将棋 | 5 |
| 学習 | 4 |
| 倫理 | 3 |
| 工学 | 1 |
| 軍事 | 1 |

のとおりであった。教育、歴史、社会政策の三分野がそれぞれ全体の二割程度を占め、これらで全体の半数近くを占めた。

教育分野では学校教育において授業の設計、組み立てに「構想」ということばを用いることが慣例的になっている様子が読みとれた。具体的には『ものづくり学習の構想設計における生徒の思考過程』『授業の構想と記号論』『「わかる」授業の構想から実践まで』といった具合である。

歴史分野では、例示すれば『現代日本政党史録：戦後体制の構想と政党政治の模索』『国粋主義者の国際認識と国家構想』『幕末維新期の情報活動と政治構想』のごとくである。

発行数がとくに多かったわけではないが、やや特徴的にみえるところでは、アジアをテーマにした書籍が「構想」を書名に含めがちであることが見受けられた。例示すれば、『日中韓「自由貿易協定」構想 北東アジア共生経済圏をめざして』『アジア学術共同体構想と構築』『アジア太平洋連帯構想』といった具合である。二〇世紀前半に日本では南方圏や大東亜共栄圏の構想が取りざたされ、大陸侵攻から太平洋戦争にいたる道程はその構想を背景に引かれたわけだが、その史実も合わせみるとき、極東の地からアジアを語る場合、その社会構成された知識に依拠してそれが構想として組み立てられる社会心理的な傾性があるのかもしれない。

出版分野全体をみると「構想」を書名にした書籍の大半は人文科学分野と社会科学分野、加えて方法論を含む実用書において発刊されていることがわかる。他方、自然科学分野や工学分野では一部、事業や教育などが絡むかたちで認めうる程度であった。したがって、結果的にはあらゆる出版分野にわたるとはいいがたいが、構想を書名に用いている書籍に特定分野への著しい偏りがあるという事実はないことが確認できた。

**結果をまとめて**

上記の二〇〇一年から一〇年間の年間発行数データにあわせて、あらたに一九五〇年から二〇一〇年までのあい

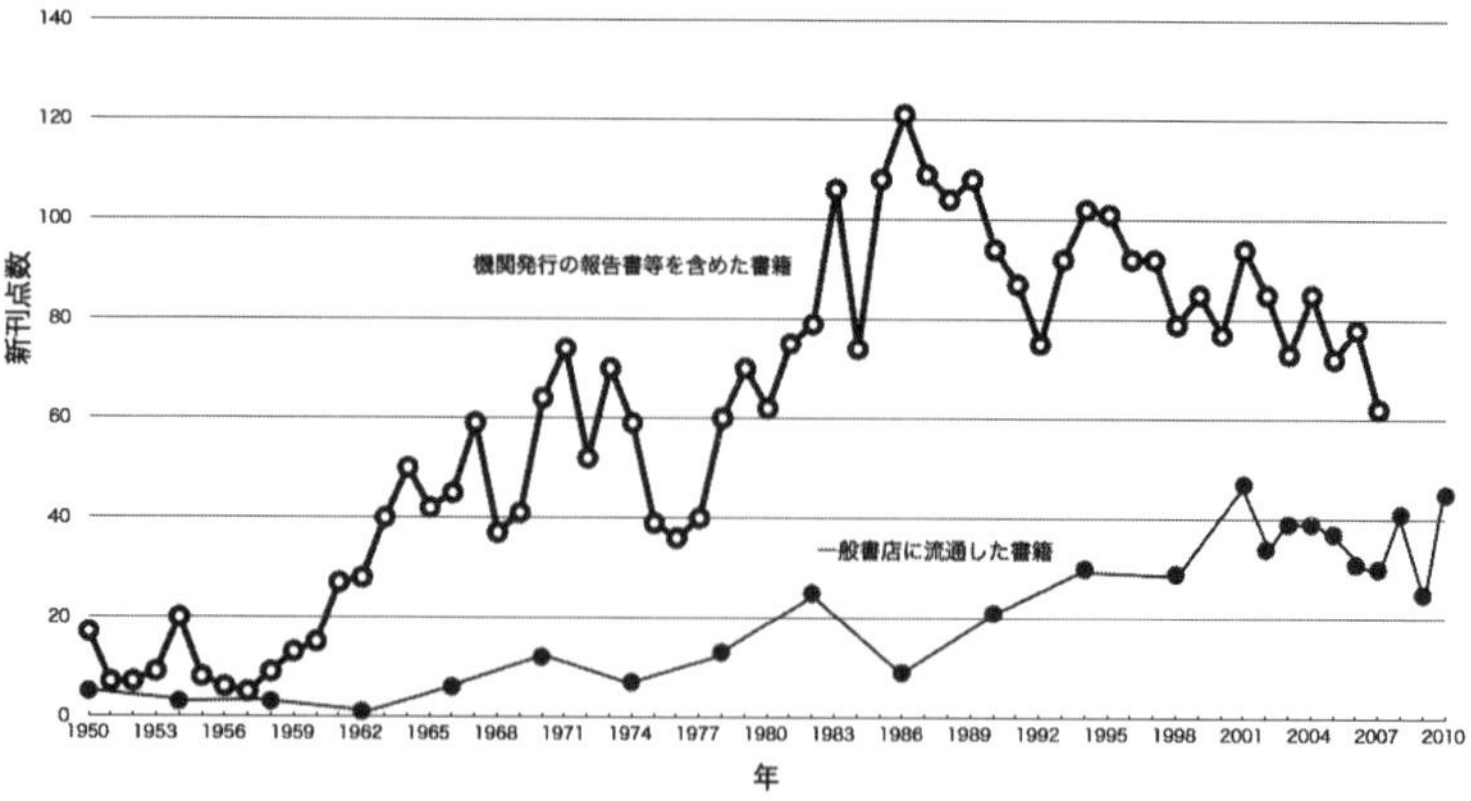


**図 3-3　「構想」を標題にした新刊書籍の年間発行点数の推移（○は期間発行の報告書等を含めた書籍（データは 2007 年まで）。●は一般書店に流通した書籍）**

だ、四年ごとに同様の一般書店流通の新刊書に限った年間発行数を求めて、前項の結果と比較したグラフが図3・3である。図中の上のグラフが前項の結果、すなわち機関発行の基本構想などを内容とした報告書やその派生を含めた書籍の新刊発行推移であり、下のグラフが一般流通の書籍に限った場合の推移である。前項の結果では新刊発行の伸びが六〇年代から八〇年代終わりにかけて大きく上昇し、その後現在までピーク時の半分程度まで下落してきたことをみた。しかし、このグラフからあきらかなように、一般市場に流通した書籍に限った場合では、やはり六〇年代から新刊発行数が上昇してきている状態がつかめる。同時に、その趨勢は現在に至るまでほぼ一貫して逓増で推移してきており、ここでみたとおり、今世紀に入ってからは最大の発行数を呈していることがわかる。

　このことから自治体を中心とした業務関連の報告書においては「構想」の標題利用やその書籍化、あるいは図書館などへの広域配布が高度経済成長やオイルショック、バブル経済、その崩壊、低成長といったマクロ経済的な変動に随伴して消長した様子が読み取れる。畢竟するに景気がよくなると大きな構想が描かれ、それに見合った書籍化や配布がなされ、景気が萎えれば基本構想も内輪に留まるという傾向がみえ、それが発行点数の推移グラフの形状によく反映されたといえそうである。

一方、それとは別に「構想」ということばが社会により一般化され、受容されていく過程を映し出す指標として一般市場において、このことばを標題にした書籍の発刊数をとらえた場合は、この約半世紀のあいだに少しずつ受容枠が広がりつつ、ほぼ上昇基調で現在に至っており、現況は「構想」が過去最も一般化し、定着した状態になっているといってよさそうである。換言すれば、構想ということばが一般消費財のマーケティングに資するかたちで社会的に構成された知識として使われるようになっているということである。この背景にはこのことばの書籍標題としての利用が決して流行語のように一過性に生じたわけではなく、ここで示されたように昭和の初めの頃から長い歴史をもって安定的に使われてきたことや、一部領域ではまさに耳にタコができるほど使われ、ほとんど飽和にも達した経緯があったわけである。以上のごとく当調査の結果から現況の「構想」に関する一般化と受容の様子をその背景とともにあきらかにすることができた。

## 3・3 日常社会の言表にみる使用状況 —— 構想の日常性、その現在

前節では新刊書籍の標題で「構想」ということばが一定程度、確たる使用頻度で用いられてきた事実をみた。このことばが日本の社会のなかで、決して一部ないし特殊な領域における用語として使われているわけではなく、日常的な公共空間で常態的に用いられていることばである様子がつかめた。ここではその点をさらに別の角度から確認するため、インターネット上で使われるこのことばの頻度を一定期間追跡し、類似のことばとの比較をおこなう。

### 方法

調査期間は一ヶ月間（二〇〇六年三月一二日から四月一一日まで）、毎日ほぼ同時刻（レンジ7時50分〜9時50分、ただし一日だけ例外として16時20分、他のデータと比較してこの例外時刻でのデータに固有の特殊性は見いだされな

かった）に、インターネットの検索エンジンGoogleのGoogleニュース上での記事検索とウェブ検索によるホームページ全体の検索、この二通りの検索により、以下のことばを検索しそのヒット件数を記録した。

ニュース検索では種々の新聞・雑誌の記事が検索対象になっている。したがって、必然的に時事の話題が中心になり、文章もジャーナリストの手になるものが主体になっている。それに対しウェブ検索ではウェブページ全体が検索対象となる。そのため、領域の限定がなく典型的には企業や機関の公式ホームページから個人のブログにおける記述に至るまで。きわめて広範にして雑多な言表が検索対象になる。

検索語は「構想」「設計」「想像」「デザイン」「コンセプト」「ビジョン」で、調査期間の最終四日間のみ「プラン」を加えた。「デザイン」「コンセプト」「ビジョン」、そして「プラン」は前後するが第四章4・2での調査結果にもとづき選択した。すなわち「構想」ということばを自著の標題に用いた著者が構想の英単語換言に選んだ上位語がこれらのことばであった。これらのうち「プラン」についてはその調査分析において「デザイン」「コンセプト」「ビジョン」の三概念に付随する要素と同定されたため、調査当初は検索対象に入れなかった。だが、調査期間の終了近くになって、後述するように、インターネット検索エンジンのもつ検索特性がほぼ見いだせたことから、他の検索語との相対比較により数日の調査期間の結果でもそのことばの使用状況の傾向が大まかに推測できることが見通せた。そのため、参考までに加えたものである。

**結果**

ニュース検索の結果については図3・4、ウェブ検索の結果については図3・5に示した。個々の結果の内容に入る前に、このインターネット検索特有の性質についてみておく。両図にあらわれた検索ヒット件数推移の全体的な形状からわかるように、当該の検索システムではおそらくそれぞれの検索語の検索ヒット数の規模に応じて動的に検索対象範囲の大きさに上限や標準枠のような水準を設けていて、そうした基準は超えないようにし、また一定周期で標

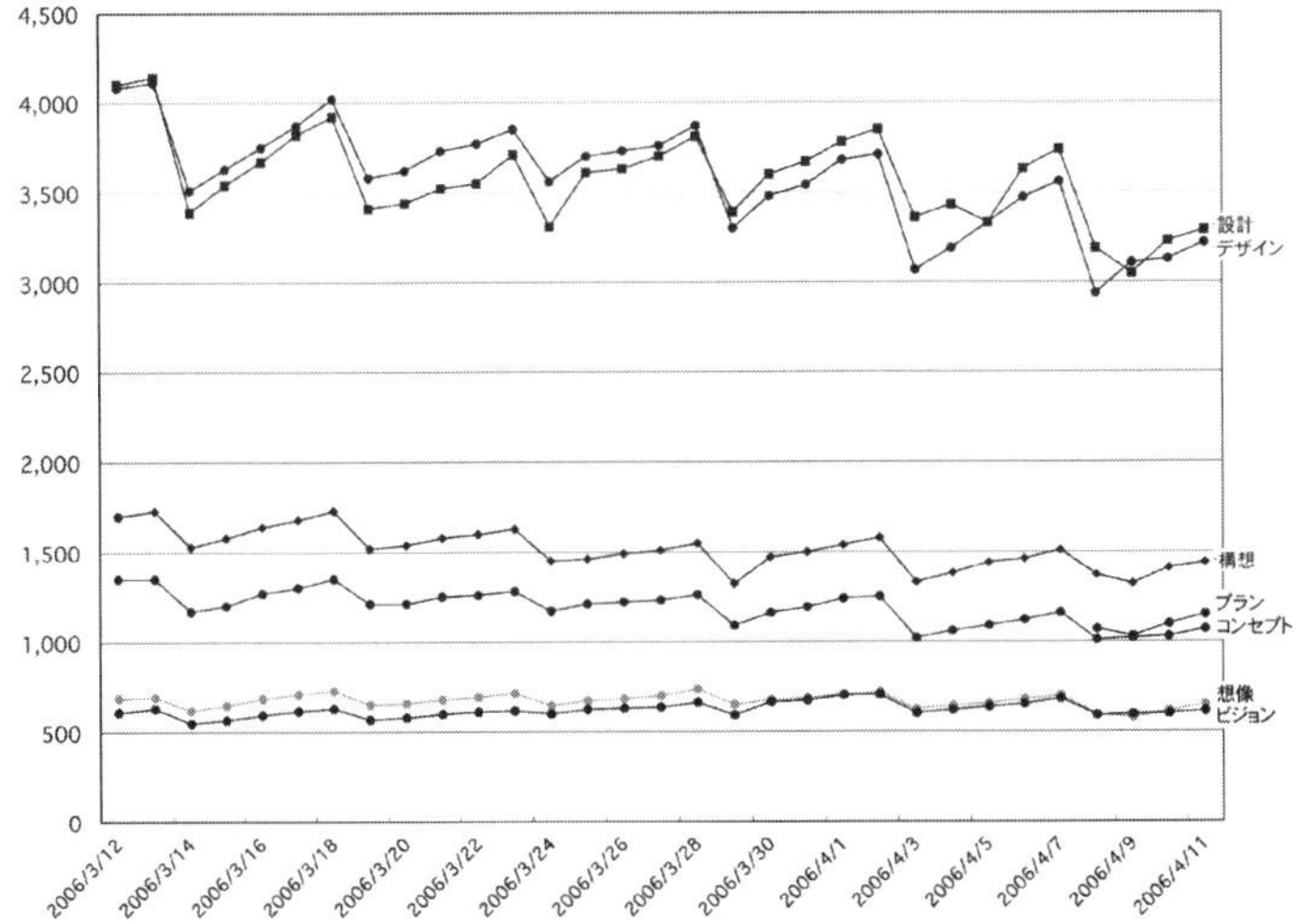


**図 3-4　Google ニュース検索によるある 1 ヶ月間の「構想」「設計」「想像」等のことばのヒット件数推移**

準枠に戻すような調整を施しているようすがみてとれる。

おそらくこうした調整をおこなわないと、インターネットによる情報発信が増加の一途にある現状では時間の経過とともに検索ヒット数が無制約に増大し、検索機能が損なわれることになるのだろう。したがって、これは今回利用したGoogleに限ったことではなく、インターネットの検索エンジンの仕組みに共通した特性とみてよいはずである。その調整の仕方の実際についてはそれぞれの検索システムのノウハウにかかわることだから、さすがに公開されていないが、ニュース検索についていえば、たとえば検索対象となる情報の発信日の範囲を一定の期間に絞るような調整をしているようすがうかがえる。たとえば、図3・4をみるとGoogleニュース検索の場合は五日周期でこの調整操作をしていることがはっきりわかる。その結果、どの検索語のヒット数推移にもこの周期をもつ規則的なギャロップがあらわれている。

ウェブ検索については情報そのものの発信日を情報素材そのものから読み取ることがむずかしいためだろうが、ニュース検索にみるようなはっきりした調整周期は見いだせない。しかし、何らかの量的基準に達すると検索範囲を調整していることはグラフからあきらかである。調整を施した翌日には極端にヒット

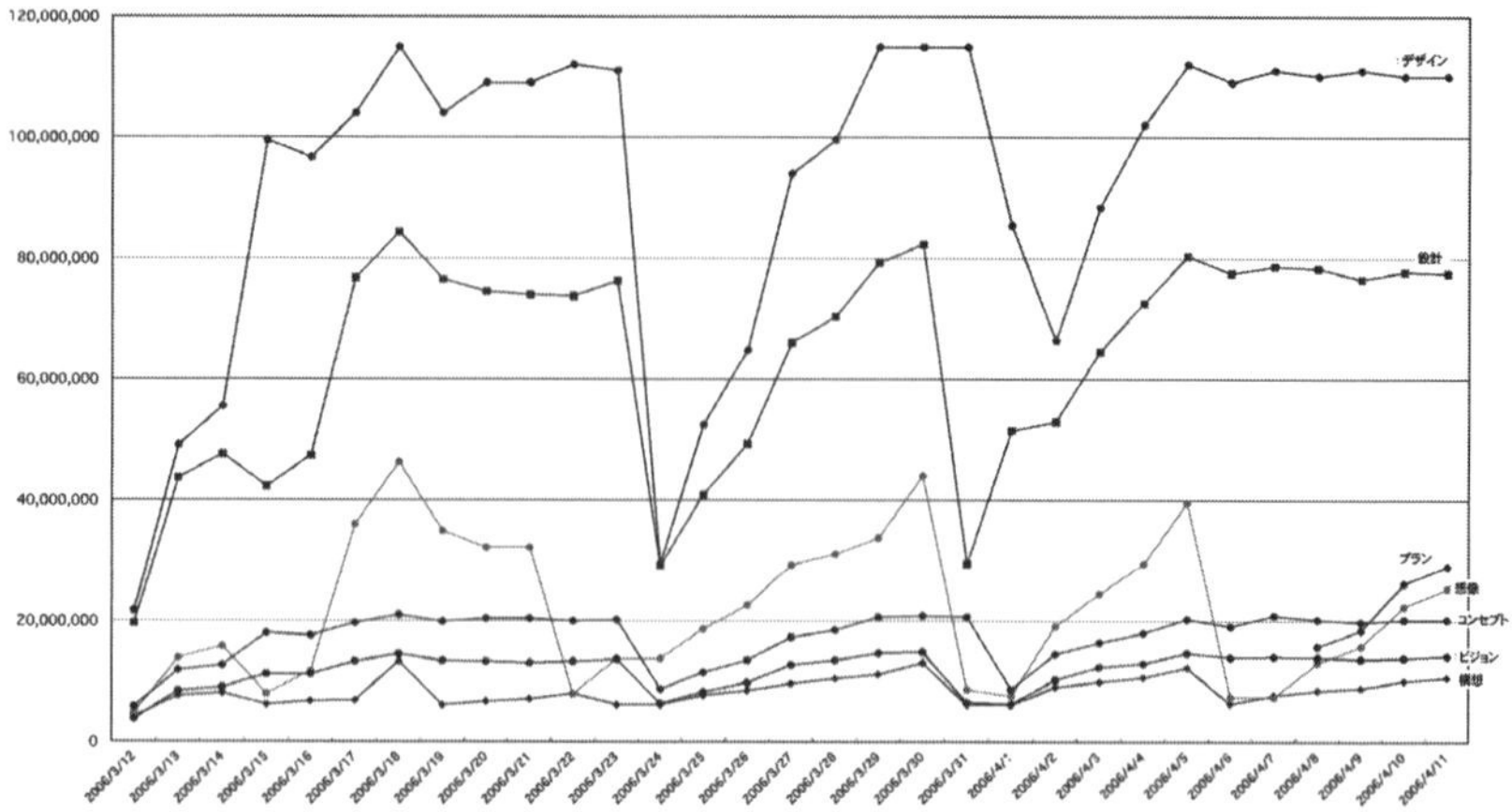


**図 3-5　Google ウェブ検索によるある 1 ヶ月間の「構想」「設計」「想像」等のことばのヒット件数推移**

件数が減少し（たとえば、「デザイン」の例では一気に八千万件分急減した日もあった）、その翌日からふたたびヒット数が上昇していくというパターンが繰り返されている。あたかも生命力旺盛な野草を相手に野良仕事をしているかのようである。

### 3・3・1　ニュース検索の結果

こうしたインターネット検索エンジンがもつ性質を踏まえたうえで、まず、ニュース検索の結果、すなわち時事的な文字情報に関するマスメディアにおける調査対象語の使用状況からみてみよう。結果の量的な相違にもとづけば、対象語はおおよそ四グループに分けてみることができる。最も高頻度で使用されていたのは「設計」と「デザイン」で、これらは他の語の二倍以上の頻度で使われていた。しかも、マスメディアではこの二つのことばがきわめて近似した頻度で使われている状況もわかった。設計の典型的な英訳はまさにデザインであるが、日本語においてはそれぞれが特有の分野で固有のニュアンスをもって使われており、その場合、換言的に使われることはあまりない。たとえば、ファッションの世界ではデザインが設計ということばで語られることはほとんどない。また一般に設計図のことをデザイン図と呼ぶことは滅多にない。とはいえ、建築設計を建築デザインということはそれほど違和感なく受けとめられる時代になっている。とくにITやバイオ関連など新しい分野ではデザインと設計はほとんど相互換言的に使われている。そのため、同一の文章でデザインと設計がレトリカルに使われることも多くなっていて、そのことが両語の使用頻度の近似という結果を導いたとみることもできそうである。

また、時事的な特殊事情としてこの調査期間においては、たまたまあるマンション業者と建設業者、設計者が中心となって引き起こされた建築物の耐震強度偽装問題が大きな話題になった。そのため普段以上に「設計」ということばがマスメディアに登場していた。よってここにあらわれた「設計」の使用頻度にはややバイアスがかかっていたかもしれない。

これらのことばとの比較でいえば、他の五語の使用頻度は半分以下であった。だが、そのなかでもグラフの分布から他とはあきらかに異なって多頻度で使われていたことばが「構想」であった。前節で「構想」ということばを標題に用いた新刊書籍が一般流通書籍においては今世紀に至って過去最大の発刊数に達しており、少なくとも調査した五年間についてはひと月も欠けることなく毎月発刊されてきたことが見いだせた。このことから、このことばが公共的な言説空間に確実な生態域をもっていることが認められた。そのことはこの調査結果によって新聞・雑誌を中心とした時事情報とその周辺の日常一般の言説空間においても、たとえば「想像」とか「コンセプト」あるいは「プラン」「ビジョン」といったことばよりも頻繁に使われているという事実によってあらためて追認された。

また、後の章の4・2の一部を先取りすることになるが、そこでみる調査結果では「構想」ということばを書籍標題にした著者たちが「構想」の英語換言として「ビジョン」「デザイン」「コンセプト」「プラン」を高い頻度であげていた。このうち「デザイン」は別として残り三語の使用頻度はあきらかに「構想」よりも少なかった。このことはこれらのことば各々がもつ意味の他にこれらを複合することであらたに立ち上がる意味合いを宿すことばとして「構想」が使われていることを示唆する結果と解することができる。

さらに、これは多分に偶然の一致というべき数字のお遊びに近くなるが、「ビジョン」「デザイン」「コンセプト」

「プラン」の使用頻度を平均すると（四項のデータが揃う最後四日間における平均値のレンジ一四〇二～一五一四）、「構想」の頻度（同じ時期の頻度のレンジ一三二〇～一四四〇）に近くなっている。この重なりの意味を思いきり思考をゆるめて読むなら「デザイン」という今やかなり広範な領域で多様な意味に使われていることばを「ビジョン」「コンセプト」「プラン」が伴ったそれとして、一語で言いあらわそうとすれば「構想」が適合するという使用状況の示唆とみることができる。

他の四語は「コンセプト」と「プラン」がほぼ同頻度で、使用頻度は「設計」「デザイン」のおよそ三分の一、「構想」とは頻度三〇〇～四〇〇件程度少ない状態で一定の差をもって使われている状況がつかめた。また、「想像」と「ビジョン」の両語もほぼ同頻度で「デザイン」のおよそ六分の一～五分の一、「構想」の三分の一～二分の一程度の使用頻度で推移した。これらのうち「想像」の使用頻度が「構想」よりも明白に下回った点は、時事の話題が中心となる新聞・雑誌記事が検索対象であったことによるといえそうである。これが日常一般の会話であれば「想像」ということばの使用が「構想」よりも少ないとはまさに想像しがたいことである。以下のブログなどを含むウェブページ全体の検索結果では、どのようになっただろうか。

### 3・3・2　ウェブ検索の結果

そのウェブ検索のヒット件数の結果（図3・5）をみてみよう。全体的には調査期間をつうじて冒頭に述べた検索範囲の調整によると思われるヒット件数の減少と回復という反復の波がニュース検索よりも振幅大きく、周期少なくあらわれた。だが、回復を得たのちの頻度にはどのことばも比較的安定した水平状の推移がみられた。それぞれの検索語に固有の天井があるかのような形状を示している。このことから、ここにヒット数の規模に応じた検索上限値が設定されていることが推察できる。すべてのことばについてほぼ同時期に周期的なヒット数の減少が認められることから、こうした調整操作がおこなわれていることがわかるが、このときおそらく検索範囲やルートのアルゴリズムを更新しているものと思われる。だが、この調査の目的は同一期間における検索対象語の使用頻度数の相対比較であり、しかも幸い調整の周期性がほぼ同時期になっていることが確認できたから、ここでの結果の読み取りにこうした調整の影響はとくにないと判断できる。

グラフ形状や全体的な頻度からみて、ウェブ検索の結果は三つのグループにわけてみることができる。一つは検索対象語のなかではあきらかに高頻度で用いられていた「デザイン」と「設計」である。冒頭に述べた検索範囲の調整があった直後は極端にヒット件数が減少するので日による頻度の上下動が著しいが、「デザイン」と「設計」は他の検索対象語の三〜一〇倍多く用いられていることがわかる。この使用頻度の差はニュース検索の場合よりも一層著しかった。また、ニュース検索では「デザイン」と「設計」には一貫してほとんど頻度差異が認められなかったが、ウェブ検索では期間を通じて「デザイン」が「設計」を上回って検索された。これはニュース記事では「設計」の用いられ方が相対的に増加している状況をあらわすものである。これにはやはり先に述べたように時事的にちょうど話題になっていた耐震設計偽装問題の影響が反映されていたといえそうである。

この二語に似た上下動の推移パターンを示しながら、それらよりも五〜九千件の差であきらかに使用頻度が少なかったのが二番目のカテゴリーで「想像」と「プラン」である。「プラン」については最終四日間のデータだけだが、そのかぎでの推移は「想像」とほぼ一致している。他の語の変動傾向からみるに、おそらく期間全体をつうじて「想像」と同様の使用傾向がみられたと推測できる。これらのことばは検索調整が施されたと思われる直後は残り三語と同程度の頻度になるが、その後の回復過程をみると残り三語よりもあきらかに高頻度で用いられていたことがわかる。ニュース検索では「想像」は「ビジョン」とともに、最も低頻度で使われていたことばであった。しかし、ウェブ全体、すなわちより一層日常的な言表がなされている場で検索すると様相が異なり、相対的に比較的よく用いられている事実が確認できた。

残りの「コンセプト」「ビジョン」「構想」は相対的には他の調査対象語よりも使用頻度が低かった。期間を通じた推移パターンは類似しているが、使用頻度そのものは「コンセプト」「ビジョン」「構想」の順で相互に差異の認められる用いられ方を示した。つまり、「構想」は検索対象語のなかで最も使用頻度が低かった。この結果はニュース検索の結果と対照的であった。とくに、ニュース検索では「構想」が「デザイン」「設計」に次いで相対的によく用いられていた。だがウェブ検索では「想像」が「構想」の位置づけに替わり、反対にニュース検索で低い使用頻度にとどまった「想像」の位置づけをウェブ検索において「構想」が引き受けるパターンとなった。「想像」と「構想」の比較に関していえば、日常会話的な状況では「想像」が、時事的な話題が中心となるマスメディアの記事表現では「構想」が明確に多く用いられる様子をつかむことができた。

以上、この調査の結果から「構想」ということばは決して特殊な領域での専門用語や抽象語としてあるのではなく、現代日本の日常において、広範かつ一般的に用いられていること、またその使用状況は日常会話場面では相対的にはそれほど頻繁に用いられているとはいいがたいが、マスメディアの記事を中心とする言表のなかでは、たとえば、「想像」「ビジョン」「コンセプト」「プラン」といったことばよりも高頻度で用いられている実態をとらえることができた。この結果は、前節までのところで「構想」ということばが現代の出版界にあっては一定程度の安定した語用状況が認められ、人間の一つの独立した心的活動ないし行為をあらわす概念として認識されているということを、別の角度から支持したものと受けとめることができる。

# 第四章　構想に対する認識とことばの使用
## ——構想の日常性と現況をすこし掘り下げて

前章3・3ではインターネット上で経時検索をおこなった結果、マスメディアの記事を中心にしたニュース検索では「構想」の使用頻度が「想像」「ビジョン」「コンセプト」「プラン」といったことばよりも常態的に高頻度で用いられている事実をとらえた。その一方でブログなど日常会話的な言表を含んだウェブ検索では反対に「想像」や「ビジョン」「コンセプト」「プラン」といったことばよりも「構想」の使用頻度が下回る事実をつかんだ。この結果は第一に、3・2の書籍標題調査で確認した「構想」ということばが現代社会においてもつ市場価値性を別の角度から支持するものであった。第二には、前章でみた辞書定義でも触れたように「構想」は「想像」と事実上同義であるという定義や見解がある一方で、少なくとも前章の結果では使用場面や文脈に依存してこれらのことばの使用には、はっきりとした相違が認められ、必ずしも同義換言的に用いられているわけではないこと、社会構成的には異なる生息域にあって使われていることが示唆された。

ここではこの示唆された点をさらに検証するために二つの調査をおこない、その結果を考察する。一つは「構想」が「想像」やその種概念（specific concept）や関連概念との間でいかなる関係をもって認識されているかを検討するために、大学生を回答者にして実施した質問紙調査の結果である。もう一つは「構想」ということばを標題に用いた新刊書を出した著者に対して、その「構想」に託した意味や構想の英語換言、あるいは構想力の意味などについて尋ねた質問紙調査の結果である。

## 4・1　大学生にとっての構想 ―― 想像諸概念との関係

「構想」ということばは3・3でみたように、インターネット検索では「想像」や「コンセプト」「プラン」といったことばと比較した場合、マスメディアの言説においてはそれらよりも多用されていること、他方、日常一般の言表ではこの使用状況が逆転することが認められた。ただし、その調査ではとくに「構想」と「想像」の関係に見られるこの使い分けが両語に対する意味的な解釈の相違にもとづくものなのか、あるいは単に文脈や使用場面におけることばの適用の差異や配慮を反映したものなのか、は知るよしがなかった。そこでここでは質問紙調査によって「構想」「想像」、さらに「空想」や「妄想」などの想像種、「イメージ」などの関連語に対して、それぞれの概念の性格についての態度評価を求め、それら諸概念との関係のなかでの「構想」のとらえられ方を検討した。また、本書の2・3・1で大学生に対しておこなった想像諸種に対する認識調査では、調査項目に「構想」も含めておいたので、その結果もここであわせて検討する。

### 4・1・1　方法

**調査回答者**

この調査の主題や方法について未経験の静岡大学の複数学部の学部生一一六名を調査の対象者にした（第二章2・3・1で示した調査とは異なる年度、対象者におこなわれた）。このうちランダムに選んだ35名（男性23、女性12、年齢レンジ19～23歳）に七段階評定尺度の質問紙を（以下、段階評定群）、81名に無段階連続量の自由評定尺度（visual analogue scales: e.g., Aitken 1969; 半田 2006; Hayes & Patterson 1921）の質問紙を配布し調査した。ただし、当分析では両群の結果を同等の標本条件で比較する目的もあった（その目的のための分析はここでの検討範囲外である）。そのため、後者の81標本から段階評定群の男女数と同数になるよう無作為に35名を抽出し（以下、自由評定群：年齢レンジ19〜23歳）、分析対象とした。

**調査内容**

松井・小玉（2003）は学生を回答者にして「空想」「想像」「幻想」「妄想」「イメージ」「夢」「白昼夢」「思考」「回想」の九概念に対し、一〇観点からの評価を求める調査をしている。この評価観点は事前にPAC分析（Personal Attitude Construct分析：内藤 2002）を施すことにより、「空想」とその関連概念の識別に関して適切性が確認されていた。当調査でも基本的に同じ調査概念項目と評価観点を用いた。その評価観点はつぎのとおりである。（1）健康的―病的、（2）行為をコントロールできる―行為をコントロールできない、（3）自分にとって有益―自分にとって無益、（4）意識的―無意識的、（5）現実的―非現実的、（6）内容をコントロールできる―内容をコントロールできない、（7）訂正できる―訂正できない、（8）常識的―常識から逸脱、（9）願望が反映されている―願望が反映されていない、（10）論理的―非論理的。

段階評定群の尺度は両端に上記の評価観点が表記され、そのあいだに1〜7の各番号が記されている。回答者はいずれかの番号に○をつけることで反応した。数字に伴う別の文字表記（たとえば「そう思う」「どちらともいえない」など）はなかった。他方、自由評定群の尺度は10センチメートルの反応直線に中点と両端点に小さな目盛りが付してあるだけのアナログスケールであった。回答者はその線上の任意の部分にチェックすることで反応する。反応の計測は各スケールの左端点から反応点までの距離を測定する。尺度上の文字表現は左右の端点にのみ表記し、尺度の性質上、評価観点に強調表現（「とても」「完全に」等）を付した。その結果つぎのようになった。（1）とても健康的―

とても病的、(2)行為を完全にコントロールできる―行為をまったくコントロールできない、(3)自分にとってとても有益―自分にとってまったく無益、(4)まったく意識的―まったく無意識的、(5)とても現実的―とても非現実的、(6)内容を完全にコントロールできる―内容をまったくコントロールできない、(7)完璧に訂正できる―まったく訂正できない、(8)まったく常識的―常識から完全に逸脱、(9)願望が完全に反映されている―願望がまったく反映されていない、(10)完全に論理的―完全に非論理的。

調査概念項目についてはつぎの各点について、松井らの方法と相違した。まず松井らの結果では「白昼夢」の意味が伝わりにくかったという懸念が示されたこと、さらに「幻想」と「妄想」のあいだに最短の意味関係が認められた。そのため、ここではその結果を踏まえたうえで、当目的と関心に依拠して、松井らの調査項目のうち「白昼夢」と「幻想」を、「理想」と「構想」に入れ替えた。また想像種間の比較であることを明確にするため「思考」は「思想」に、「夢」は「夢想」にした。他の五項目については松井らの方法と同項目を用いた。調査概念項目を整理すれば「空想、想像、理想、妄想、イメージ、夢想、構想、思想、回想」の九項目であった。

**手続き**

二〇〇六年四月、大学の講義時間終了後、同講義室で受講生に質問紙を配布し回答を依頼、その場で直ちに実施、回収した。調査は一日のうちの一回で完了した。分析は九概念について一〇観点ごとの評定値の基礎統計量や概念間の評定の相関係数を求めたのち、概念間での母分散についてのF検定を踏まえて評価平均値の差異をt検定した。なお、自由評定群については回答者毎に評定値を標準化(平均50、標準偏差10)した上で上記の分析をおこなった。

### 4・1・2　結果と考察

段階評定群と自由評定群の一〇観点評価を、概念毎に平均した評価平均値プロフィールをそれぞれ図4・1、4・

2に示した。このプロフィールを用いて各概念毎に両群を比較したところ偏差積率相関係数は平均0.87、レンジ0.96～0.70で高い正の相関を示した。ちなみに相関係数の高かった順に空想、妄想、理想、構想、夢想、回想、想像、イメージ、思想であった。このように調査回答者属性が同等の異なる集団に対しておこなった七段階評定による回答結果と無段階の自由評定の結果には大幅な差異が認められず、集団や反応尺度の違いを越えて比較的安定した結果が得られた。このことを踏まえて以下では連続量尺度であることから、より細かな差異を読み取れる自由評定群の結果を主体にしてみていく。

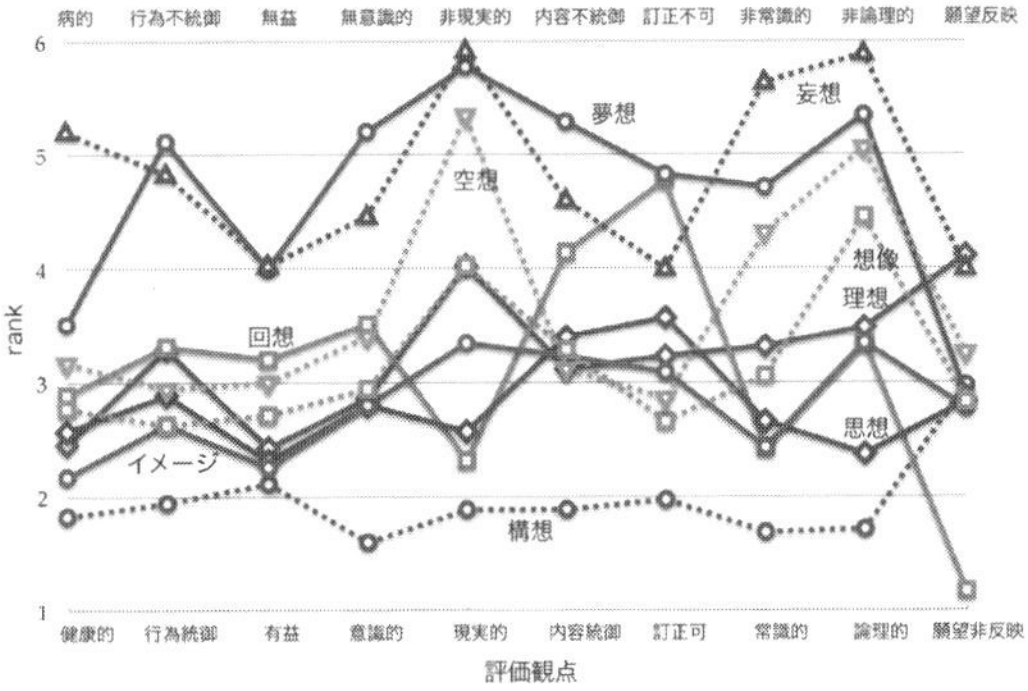


**図 4-1　段階評定群の概念別評価平均値プロフィール**

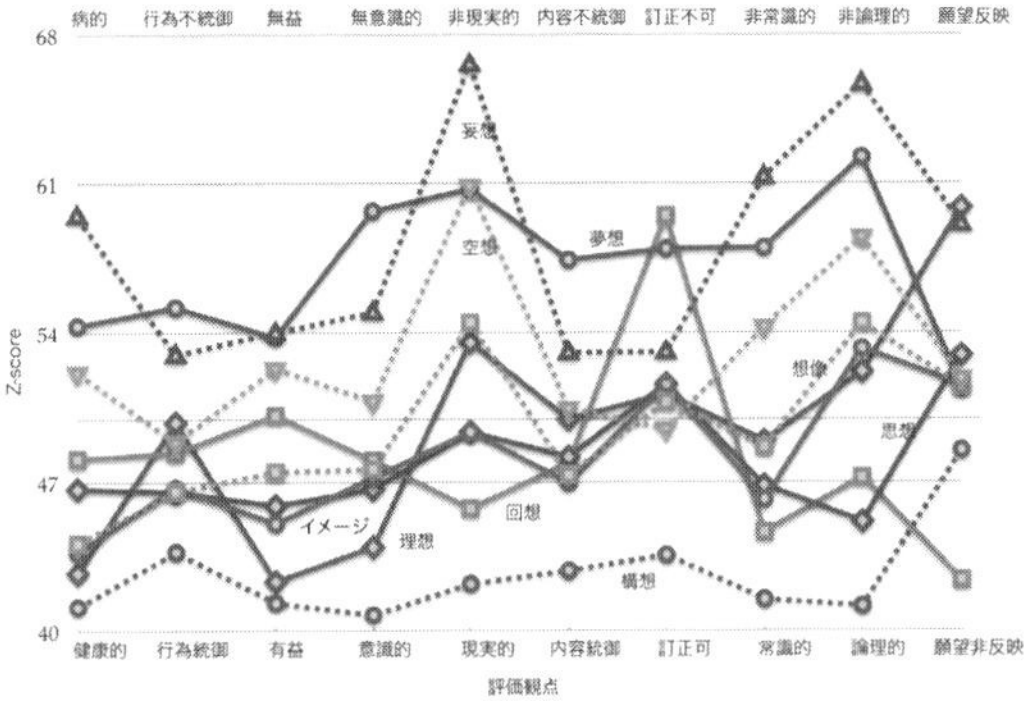


**図 4-2　自由評定群の概念別評価平均値プロフィール**

全回答者の評価差累計に基づき概念間の反応類似性をみると、双方の評定群において妄想―空想、妄想―夢想、妄想―想像、空想―想像、想像―イメージ間に他の対とは差別的な高い類似性が認められた（この認定は評価平均値プロフィールを用いて概念間の相関係数を求め、その値を高い順に並べることで連続性が途切れる部分に注目し、両群で一致する対を選別した結果である。ちなみに自由評定群で最も高い相関を示した対は空想―妄想で0.54（段階評定群で0.43）、段階評定群では空想―想像で0.46（自由評定群で0.39）であった。

評価平均値プロフィールにあきらかなように、妄想、空想、夢想、想像は非現実的、非論理的といった評価についてとくに近似していた。また、この関係で妄想、空想、想像の関係は相互に高い相関関係が認められた。このことから、少なくとも学生の認識においては想像という概念が幅の広い想像の諸種を包括した上位概念として認識されているというよりも、むしろ質的には空想や妄想に近似した認識傾性をもってとらえられていること、ただし相対的には常識や健全性といった点で一般的な日常生活における心的活動の範囲にあるものとして認識されている様子が読み取れた。また、妄想がここで高い相関をもって加わっていることは、このことばの語用が病理概念としてよりも、「ほとんど妄想に近い」とか「しかじかを妄想してしまい」といった表現として通用している日常用語のそれとしてとらえられたためとみることができるだろう。

構想との間で評価平均値プロフィールの相関が最も高かった三概念をあげると、自由評定群では回想（0.178）、思想（0.162）、イメージ（0.148）、段階評定群では思想（0.259）、回想（0.238）、イメージ（0.177）であった。高かった順とはいえそれぞれの値をみればわかるように、かなり弱い相関ないしほとんど相関関係があるとはいいがたい値である。一〇観点評価差の平均値でみると、構想との差異が最小であった概念は、思想（両群とも同様で、最大距離七の段階評定群で0.87、自由評定群で偏差値にして4.40）であった。質、量ともにという表現をすれば、構想に対する反応に相対的に近かったのは思想であった。

反対に、構想との間で評価平均値プロフィールの相関が最も低かった三概念をあげれば、自由評定群で妄想（-0.21）（これは九概念間の全組み合わせのなかで最小値）、空想（-0.12）、夢想（-0.10）、段階評定群で妄想（-0.15）、夢想（-0.08）、空想（0.00）で、両群において無相関ないし弱い負の相関関係が認められた。一〇観点評価差の平均値でみると、構想との距離が最大であった概念は夢想（段階評定群で2.73、自由評定群で13.81）、次が妄想（同2.68、13.22）であった。

図4・3には自由評定群の評価平均値プロフィールのグラフ上に、概念相互間の評価の有意差検定（t検定、有意水準5％）をおこなった結果を重ね合わせて示した。グラフのポイント上に縦方向に網のかかっている部分が有意差

が認められなかった範囲をあらわしている。この図からわかるように、一〇観点評価それぞれについて他の概念すべてとのあいだに有意差が認められた観点数をみると、最多は構想で七つ（行為をコントロールできる、意識的、現実的、内容をコントロールできる、訂正できる、常識的、論理的、という方向で他のどの概念よりも有意に高い反応が得られた）。最少は想像、イメージ、思想、理想で0であった。この結果は構想が今回調査した九概念のなかでは他概念との認識差の距離を最も大きく示し、独立的、異質であったことをあらわしている。

すでにみたように、構想は想像の換言であるという解釈は語彙の辞書をはじめとして、しばしば散見される。だが、以上の結果にあらわれたように、少なくとも今回の回答者となった大学生における日常用語としての現実的な語用にあっては、両概念間につぎのような差異があったことを要約できる。

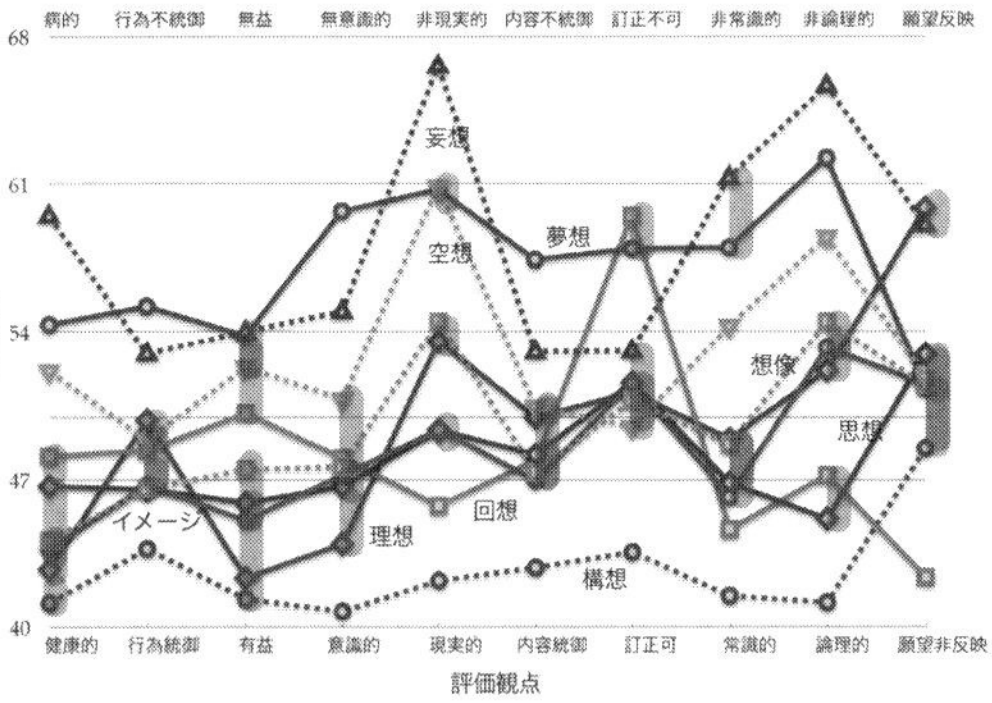


**図 4-3　自由評定群の評価平均値プロフィール上に、概念相互間の評価の有意差検定結果を重ね合わせたグラフ（ポイント上の縦方向の網部分が有意差の認められなかった範囲）**

（一）構想と質的に最も異なると評価された概念（妄想、夢想、空想）がいずれも想像と質的に近似した概念として認識されている。

（二）直接、構想と想像のあいだの相関係数をみても段階評定群で0.15、自由評定群で0.02で無相関であった。

（三）構想は他の八概念すべてとのあいだで一〇観点中七点においてその評価に有意差が認められた。一方、想像はすべての評価観点について他のいずれかの概念とのあいだで有意差のない評価がなされた。

（四）構想と想像の間には一〇中九つの観点について統計的に有意な評価差が認められた。

以上から、構想と想像は質的にも量的にも分化された概念として認識されていたとみてよいだろう。また、単なる分化に留まらず、構想が夢想や妄想、空想とは反対の性質をもち、ここでみた想像関連の他の概念との重なりが少なく、とくに訂正を含む統御性があり、意識的、現実的、常識的、論理的という点で他の概念と差別的に認識されていて、想像種概念のなかでは意味的独立性が高いことがわかった。

言語相対説を持ちだすつもりはないが、英語で未分化の概念であるからといって他言語環境での認識が英語での世界観に縛られる理由はない。とはいえ、そうした範疇弁別に日常一般での共通認識が伴っていないのなら、それは江戸紫と京紫の区別のごとき特殊領域の話であろうし、そこへの心理学の接近意義も認めがたいだろう。しかし、ここでみた結果は特殊な語用経験をしている人たちについての調査結果ではなく、典型的な現代青年層を回答者にした調査結果であった。この点、日常生活場面において社会構成化された心的状況の一面を切り出したという点で生態的な妥当性が高い結果としてみることができる。

この結果は構想というこころの過程が想像一般と分化され、固有性をもった心的過程として研究対象になりうること、否、それをしなければ現実社会に生きるこころの働きの一面を見落とすことになることを物語っている。ただし、必ずしも語彙豊富とはいえない現代青年層を調査回答者にしたということは、それだけに構想ということばそのものをそもそも知識として十分にもっておらず、ここで用いた他の概念に比べて認知した経験も少なかったがゆえに、単に異質なものと評価したにすぎないというおそれも残している。それでも、構想に対する意味評価の内容をみれば、上述したように他の想像諸種よりも「統御性があり、意識的、現実的、常識的、論理的」と弁別的に評価した事実からみれば、その可能性は低いとみることができる。また、すでに2・3・1の「想像諸種に対する大学生の認識」において、構想ということばに対する認知度や意味了解が相対的に高い状態にあることをみている。ここで確認のため、同節でみた調査結果のうち、構想に関連する部分についてあらためて整理し、示しておく。

### 4・1・3　「構想」に対する認知度、意味了解、使用経験の確認

第二章2・3・1では「構想」と三四の想像諸種、および造語一つに関する認知率、意味了解、日常使用の程度、ことばとしての存在の否定について、大学生六〇〇人を回答者にした調査結果を示した。ここではその「構想」に対する結果を確認しておく。図4・4には四つの設問に対する回答結果のグラフをまとめて再掲した。全体のなかでの「構想」の位置づけを確認する便宜のためであるから、見づらくなることを犠牲にしてサイズを縮小し「構想」に対する反応結果の部分を薄色にしたうえで▼をつけて示した。これらのグラフの詳細は第二章、図2・4〜2・9を参照されたい。

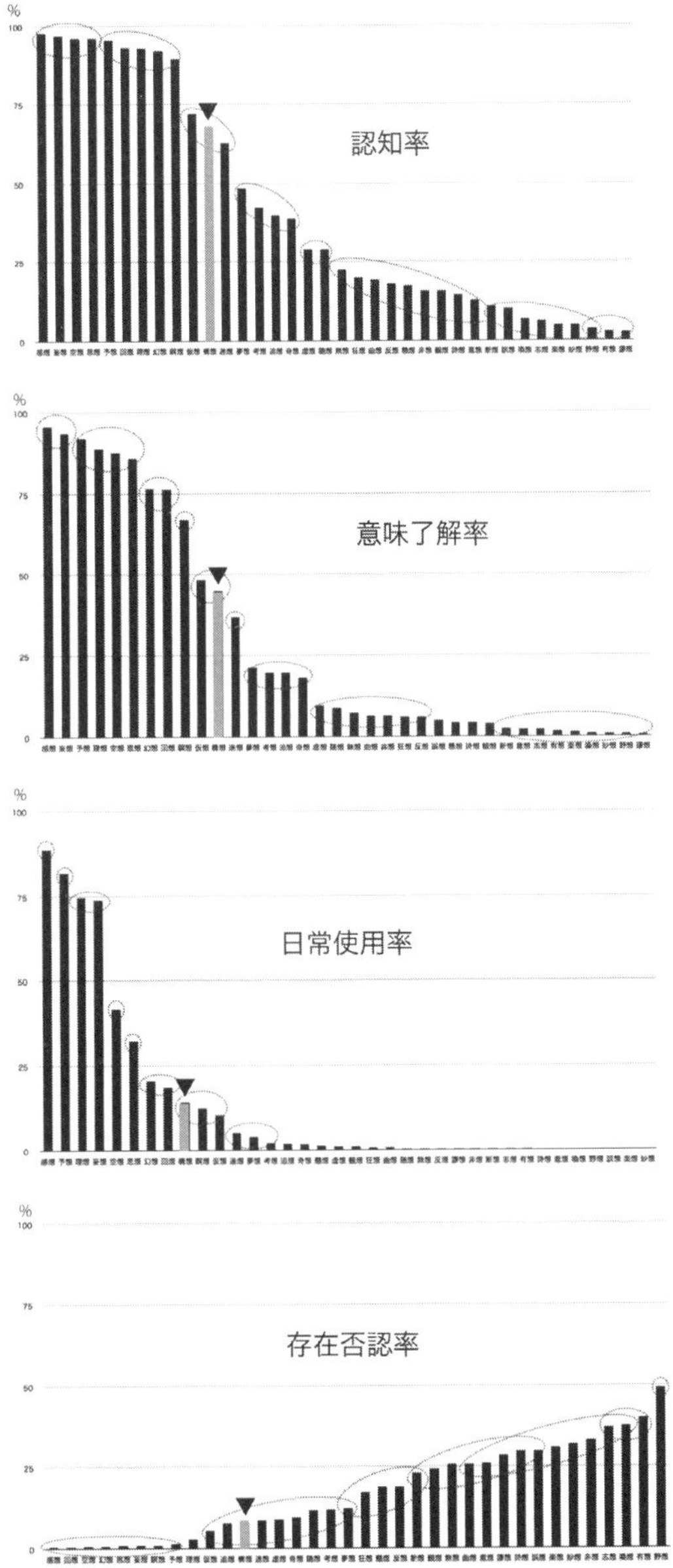


図4-4　第2章の想像種に関する調査結果における36概念中の構想（▼付き薄色のグラフ）の位置

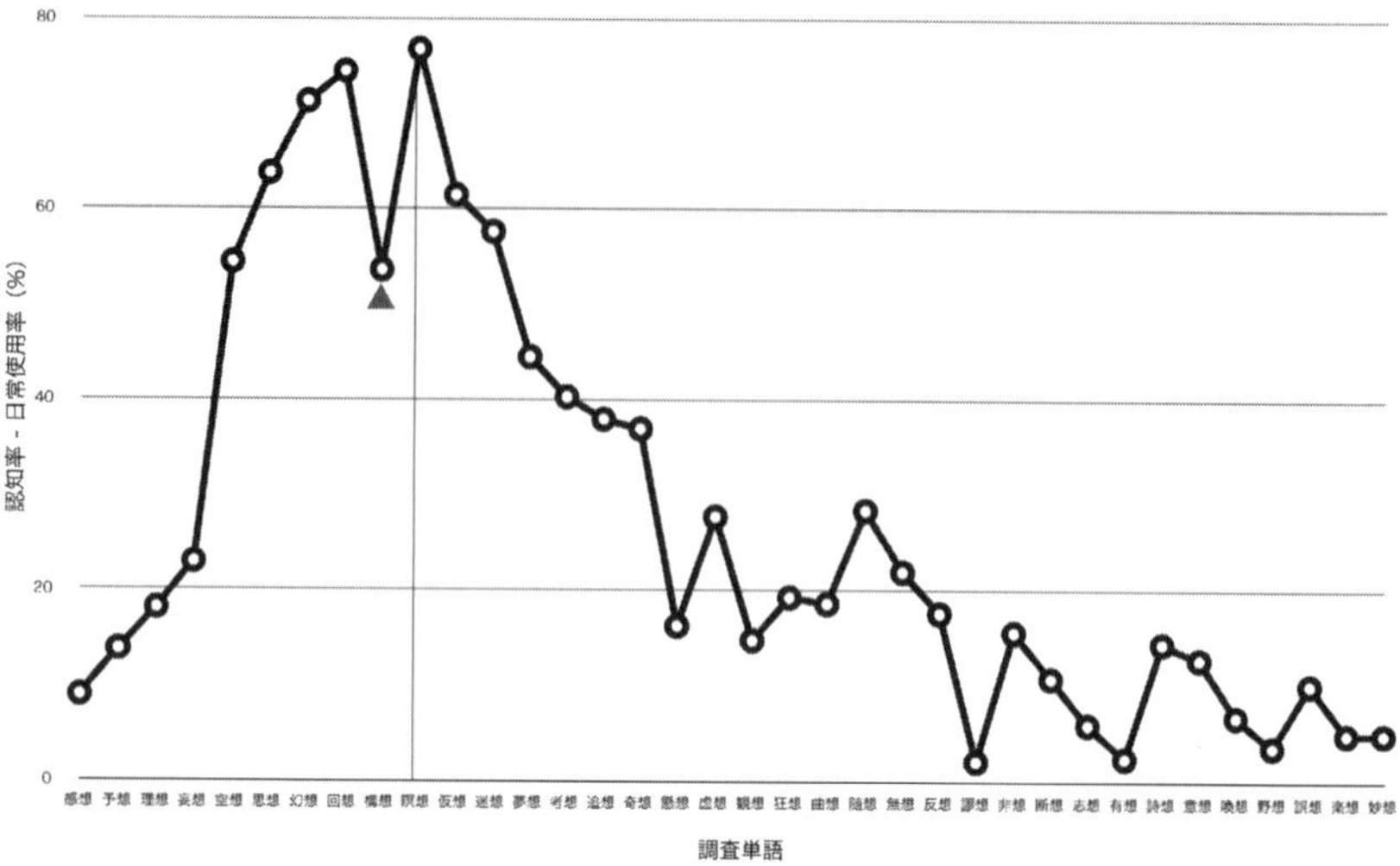


**図 4-5　36 の調査単語に関する認知率から日常使用率を差し引いた値（▲は構想の位置）**

結果をみると「構想」に対する認知率は約68%で、きわめて高かったわけではないが、約七割の学生が見たことがあると反応しており、想像諸種のなかでは相対的に高い認知率を示した。前章では「構想」という概念が現代社会で比較的広い分野で好んで使われている状況を確認したが、学生一般にとってもこの単語への認知率は高いことが確認できた。

意味了解率は45%で、回答者のおよそ半数が意味を知っていると答えた。この値そのものも決して高いとはいえないが、調査対象36語中の20語が10%以下の意味了解率であった状況からすれば、中程度に了解されている（と自覚されている）ことがつかめた。ただし、実際によく使う単語かといえば、肯定した人は一〇人に一人程度であった。とはいうものの、図4・5に示したように、認知率から日常使用率を差し引いた値のグラフをみると、「構想」の値（▲で示した）は似たように低い使用率にあった他のことばに比べてあきらかに小さくなっていることがわかる。これは類似の認知率の他のことばに比して「構想」の使用率が高いという特異性をあらわしている。換言すれば、見たことはあるけれども普段は使わないという他の想像諸種とは毛色が異なり、「見たことがある人はそれなりに使う傾向がある」ことばであることが読み取れる。

「構想」ということばに対する存在否認率は8％で、存在に疑いを示した人は一〇人に一人以下であった。これを認知率七割という結果とあわせみると、社会一般、多分野で用いられている「構想」ということばは、学生にとっても身近なことばとして受けとめられているとみることができるだろう。

## 4・2　「構想」を標題にした著作者は「構想」をどうとらえているか

ここまでのところで「構想」ということばが現代社会では日常的な水準で多用されており、学生による弁別的な認知もなされていて、意味についても他の想像諸種とは異なった固有の意味合いで受容されている様子をつかむことができた。ここではさらに踏み込んで、「構想」ということばを前面に用いて文章表現をおこなった人たちに、このことばに込めた意味を直接尋ねることによって「構想」というおそらく一つの独立したこころの過程に人びとがみている性質を読み取る試みをする。

すでに第三章3・2でみたように、二〇〇一年からの一〇年間についてみたところ「構想」ということばを書名にした著作は一二〇ヶ月中一ヶ月を除き毎月途切れることなく平均三冊のペースで人文社会系を主体に学術専門書からビジネス系実用書まで、多様な分野にわたり幅広い出版社から刊行されてきた状況をとらえることができた。

第三章冒頭でみた「構想」の辞書定義の範囲からすれば、書物を著す行為それ自体が、まさに「考えを組み立てること」であるから、およそすべての著作はすなわち「構想」そのものということになる。そうなるとその書名に「しかじかの構想」と名乗ることは本をしてわざわざ「しかじかの本」と題することと同様の、いわずもがなの表現ということにもなる。

もちろん、この一見、屋下に屋を架すような事態は、もとの屋根とその下の屋根の性質が異なることが確認できれば納得できる。もとの屋根は著作そのもの、すなわちある考えをまとめた構想にちがいない。だが、それをしてさらに「構想」と重ね称するからには、その構想のほうには、ことによると辞書的定義とは別の意味、あるいはそれでは満たされない意味が託されている可能性が考えられる。そうであれば、むろんそれは無用の長物ではなく、特有の役割を果たす屋根ということになる。そうなると実際にその著者が標題にした「構想」に含意した意味について、ぜひとも知りたいところとなる。この解明のため、それらの著者に直接、このことばに関する意味合いを複数の角度から尋ねる調査をおこなった。以下ではその結果をあきらかにし考察する。

### 4・2・1　方法

**質問紙の配布・回収経過**

二〇〇三年四月にインターネット上にある紀伊国屋書店の刊行書籍検索をつうじて「構想」を標題に用いた書籍を検索し、一九九六年発行以降の二九一点を見いだした。そのうち著者とその著者の現在の所属を特定できるものを選別した。そのなかの最新著作から順に一〇〇点を選定し、それらの著者に対して質問紙を送付した。

質問紙はA４版一枚で構成し、これに依頼文１枚、質問紙返信用切手つき封筒一通、図書券（五〇〇円券一枚）を同封して郵送した。返信締め切り日は指定せず、できるだけ早めの返信を希望したうえで、質問紙送付完了日から約二ヶ月後に回収を打ち切った。その結果、回収数は61、回収率は61％であった。

**質問紙の内容構成**

質問紙は六つの設問と、回答記述を引用する場合の氏名併記の希望の有無、氏名、所属を尋ねる設問で構成した。調査の主眼は著者が「構想」に託した明示的、あるいは共示義的（connotative）な意味合いを探ることであった。そのため、設問への回答は以下に具体的に示すが、託した意味を直截に自由記述で求めたほかに、著作を離れて一般的に「構想」を語る際の意味を探るために、英単語や熟字表現への換言も求めた。英単語換言を求めた設問の選択肢は各単語の英和辞書訳として「構想」が表記されている単語とそれらのよく使われる動名詞（たとえば、planning、framing）により構成した。なお、「構想」と「構想力」は分けて尋ねたいところであったが、回答負担が大きくなることと、著作標題での表現は「構想力」ではなく「構想」が圧倒的に多かった（調査対象のうち92％）ため「構想力」で問うた場合には未回答になることが懸念された。そこで一設問については「構想する力」という表現を用い、他の設問では表現を「構想」にして質問した。六設問の実際はつぎのとおりであった。

（1）ご著書『XXX』において「構想」ということばに、どのような意味を託されましたか（XXXには各著者ごとに当該の書名を入れた）。

（2）ご著書の書名に「構想」ということばを入れる経緯は以下のどれに近かったでしょうか。

A　このことばを用いることは著者の意向であった。

B　このことばを用いることは出版社の提案であった。

C　このことばを用いることは出版社とのやりとりのなかで、とくにどちらの意向ということなく決まった。

以下は、上記のご著書にかならずしも即することなく個人的ご意見をお聞かせください。

（3）「構想」という意味合いに適合する英単語に○をつけてください（複数可）。そのうち、もっとも適合すると思われる英単語には◎をつけてください。

agitation　concept　conception　creation　creative　design　drawing　envisage　envision　frame　framing　imagination　initiative　mythos　plan　planning　plot　schema　shape　story　vision

（4）上記以外に、適合する、あるいはより適合する英単語があれば、お書きください。

（5）「構想」の意味に、より適合する英語表現（熟語・句）があれば、お書きください。
（6）構想する力にもっとも求められる精神的な性質、人的特性は、どのようなことだと思われますか。

### 4・2・2 分析の手続きと結果

最初に設問一の自著の標題に託した「構想」ということばの意味に対する回答結果をみる。この設問に対する回答率は一〇〇％であった。ただし、このあとの設問二に対する回答から、書名に「構想」を用いたことが、出版社の意向であったというケースが六件あった。この設問は著者自身が「構想」ということばに「託した」意味を問うものであったから、このことばの使用が必ずしも著者の意向ではなかったとした回答はこの設問の分析から除外した。ただし例外として「出版社の提案ですが、私自身は「構想」ということばを大切に考えています」と付記されていた一件は分析対象とした。結果的に分析対象数は56件、回答標本全体の91・8％であった。なお、設問三以降は「著書にかならずしも則することなく個人的な意見を聞かせてください」という指示のもとで問うたものであったから、以上の除外はおこなわなかった。

#### 自著の標題に構想を付した経緯

ここでの話の流れにそくして設問一の結果分析の前に、自著の書名に「構想」ということばを入れた経緯について尋ねた設問二に対する回答結果を示しておく。それが著者の意向であった割合は全体の約77％であった。出版社の提案であったケースは上述したように六件で10％、出版社とのやりとりのなかで、とくにどちらの意向ということなく決まったケースが約13％であった。

### 自著の標題に託した構想の意味

設問一に戻り、自由記述の各回答から意味的に分離できる項目があった場合はそれらを分離し、適宜要約した（同じ意味内容の項目はまとめる方針であったが該当するケースはなかった）。つぎに抽出した項目を項目内容の類似性に依拠してKJ法[*76]を援用しつつ分類した。

その結果、表４・１に示したように、三つの大分類とそれを構成する一二の小分類に分けることができた。著書にそくした構想の意味合いを問うたことも影響していると思われるが、大分類にはコンセプト、プラン、理論、理念といった抽象観念的な意味分類と、フレーム、プロセス、デザインといったかたちや構造に関連した意味分類、および展望としてのビジョンやオリジナリティをあらわす意味分類の三つを同定することができた。

### 構想の英単語換言

設問三では「構想」という意味合いをもつ英単語の複数選択を求めた。その結果、一七四回答が得られた。回答数の多かった順に11単語（カッコ内の数値は回答数）を示すとつぎのとおりであった。

vision（36）、design（32）、concept（16）、plan（13）、conception（10）、planning（9）、frame（8）、imagination（7）、creation（6）、framing（6）、schema（6）

このリストには同じことばに由来する同義語、名詞／動名詞の関係が三組あった。それらをまとめあわせればつぎのようになる。

vision（36）、design（32）、concept/conception（26）、plan/planning（22）、frame/framing（14）、imagination（7）、 creation（6）、schema（6）

反対に、選択リスト中、一回答もなかった単語は agitation と mythos の二単語、一回答に留まった単語は shape であった。

また、複数回答を求めたなかで最も適合すると思われる一単語には、二重のチェックを求めた。これについては24回答が得られた。回答数の多かった順に示すとつぎのとおりである（カッコ内の数値は回答数）。

vision（9）、concept（5）、design（3）、creation（2）

回答数1が conception、creative、envision、imagination、initiative、plot

であった。

上述のように、この設問では複数回答を許容したが、一単語にのみ反応してきた回答（以下、単一回答と表記）が12件あった。それらを回答数の多かった順に示すとつぎのとおりである。

vision（6）、design（2）

回答数1が concept、creation、planning、envision

これを前者（複数回答のうちでもっとも適合すると思われる一単語）に加え、その結果、回答数二以上になった単語を多かった順に示すと、

**表 4-2　「構想」という意味合いに適合する英単語。複数回答の連言頻度 1 以上**

| | | | | | | | | | | | | | | | | | | | | |
|---|---|---|---|---|---|---|---|---|---|---|---|---|---|---|---|---|---|---|---|---|
| agitation | agitation | | | | | | | | | | | | | | | | | | | |
| concept | | concept | | | | | | | | | | | | | | | | | | |
| conception | | 5 | conception | | | | | | | | | | | | | | | | | |
| creation | | 1 | | creation | | | | | | | | | | | | | | | | |
| creative | | 1 | | | creative | | | | | | | | | | | | | | | |
| design | | 12 | 8 | 3 | 3 | design | | | | | | | | | | | | | | |
| drawing | | 1 | | | 1 | | drawing | | | | | | | | | | | | | |
| envisage | | | | | 1 | 1 | | envisage | | | | | | | | | | | | |
| envision | | 1 | | | | 2 | | 1 | envision | | | | | | | | | | | |
| frame | | 6 | 2 | | | 5 | | | | frame | | | | | | | | | | |
| framing | | 3 | 2 | | | 5 | | | | 2 | framing | | | | | | | | | |
| imagination | | 1 | 1 | 1 | 1 | 2 | 2 | | | | | imagination | | | | | | | | |
| initiative | | 3 | 2 | | 1 | 3 | | 1 | 1 | | | | initiative | | | | | | | |
| mythos | | | | | | | | | | | | | | mythos | | | | | | |
| plan | | 5 | 4 | | | 9 | | | 1 | 1 | 1 | 2 | 1 | | plan | | | | | |
| planning | | 3 | 1 | | 1 | 4 | 1 | | | | 3 | 2 | | | 2 | planning | | | | |
| plot | | 1 | 1 | | | 1 | | | | | 1 | 1 | | | 1 | 3 | plot | | | |
| schema | | 3 | 2 | 1 | | 5 | | | | 2 | 3 | | | | | 1 | | schema | | |
| shape | | | | | | | | | | | | | | | | | | | shape | |
| story | | 1 | 2 | 1 | | 2 | | | | 2 | 1 | 1 | | | | 1 | 1 | 2 | | story |
| vision | | 11 | 6 | 2 | 2 | 22 | 1 | 1 | 2 | 6 | 4 | 3 | 3 | | 9 | 3 | 1 | 6 | | 3 |

vision（15）、concept（6）、design（5）、creation（3）、envision（2）となった。

これらの最適換言単語の頻度順列をみると、いずれもほぼ複数選択の回答結果に対応していることがわかる、そのなかでも差別的な特徴が二つほど見いだせる。一つは複数回答では concept（および conception）とほぼ同頻度であげられた plan（および planning）が「もっとも適合する」という観点（ないし結果的に単一回答された結果）では一回答しかなかったことである。もう一つは、複数回答の総計では vision と design はほぼ同頻度であったが、もっとも適合する、ないし単一回答の結果をみると、vision が群を抜いて高く、design は concept/conception と同程度の回答数であったことである。

表4・2には、複数回答がなされたものについて、同時に回答された二単語間の組み合わせをみた連言頻度[*77]を一覧にした。その結果、連言頻度の高かった順に五つの単語対をみると、当然のごとく回答数の多かった単語同士の組み合わせが高頻度となり、つぎのとおりであった（カッコ内の数値は連言頻度、ここでの単語対の表記順は各単語の回答数の多かった方を先に示した）。

vision-design（22）、design-concept（12）、vision-concept（11）、design-plan（9）、vision-plan（9）

**構想により適合する英単語**

設問四では、前問の単語選択リスト以外で「構想」に適合する、あるいはより適合する英単語を自由記述で尋ねた。その結果は、複数の回答者（五件）から idea ないし ideas があげられた。その他、全回答をアルファベット順に示すとつぎのとおりである。なお、回答の引用に際し、回答者名の記載が求められたものについて、その氏名を敬称を省略して（ ）内に示している（以下同様）。

blueprint、construction、formation、framework（廣吉紀二）、imagining、intent（大月博司）、outline（廣吉紀二）、philosophy、policy、process、project（藤井千春）、roadmap、strategy（伊藤憲一）、structure（廣吉紀二）、system

また英単語を求めたが、ドイツ語での回答もあった。それらはつぎのとおりであった。

denkengang（水野博之）、Einbildungskraft、Überdenken

**構想に適合する英語表現**

設問五では「構想」の意味に、より適合する英語表現（熟語・句）を自由記述により求めた。結果は順不同でつぎのとおりであった。

good strategy(伊藤憲一)、fundamental design、fundamental plan、political philosophy、structual thinking、intended design（大月博司）、the power of uniting、draft design（sketch）、image design、concept design、rough design（以上四件は「構想段階に示されるデザイン用語として」という注記つきで野口瑠璃）。design concept（「デザイン技法のプロセスとして」という注記つきで野口瑠璃）。the social framework（廣吉紀二）、break through、creative vision

**構想する力に必要な心的特性**

設問六では、構想する力にもっとも求められる精神的な性質、人的特性は、どのようなことだと思うかを自由記述で尋ねた。回答数は57、回収回答中の回答率93・4％であった。設問一と同様、各回答において意味的に分離できる複数項目の回答があった場合は項目を分け、適宜要約し、その内容の類似性に依拠してKJ法を援用しつつ、一枚のシート上に二次元に分類してまとめた。

その結果は図4・6に示したとおりであった。設問三の結果で上位にあらわれたvision、design、conceptにかかわるような諸特性は「広く長期的な視野」「先を見とおす力」「あるべき姿をデザインする力」「表現力」「論理的思考」「問題状況を的確に認識する力」などとして表出された。しかし、それら以外にも五つほど、カテゴリー性をもった新たな特性群が見いだされた。それらはつぎのとおりである。

（一）忍耐力、持続力、やりとげる気力といった精神的な強靱さ、あるいは強い意志や意欲、志といった意志や情熱などの情意、情動的な特性

（二）冒険心、先行性といったイニシアティブ、変革への挑戦、柔軟な対応や発想、既存の仕組みや価値観からの脱却といった行為面での自由度や柔軟性、先取的な性質をあらわす特性

（三）幅広い関心、好奇心、知識、思考、それらに根ざして統合化、体系化をはかる綜合的な認識、判断力、あ

図 4-6 構想する力に求められる精神的な性質、人的特性。自由記述による回答からの抽出と要約

るいは幅広い思考の展開、同時に、ものごとの本質を見抜く力や洞察力にかかわる特性
（四）他者とのコミュニケーション力や説得力など交渉力にかかわる特性
（五）利他性ともいうべき無私の精神、献身、社会貢献といった特性

## まとめ

以上の結果をまとめよう。自著の標題に「構想」を用いた著者がそのことばに託した意味を尋ねた結果に、構想の辞書的な意味である「考えを組み立てること、また、その考え」といった反応やその類義が得られた例をみてみよう。すると、たとえば『育児保険構想：社会保障による子育て支援』の著者である鈴木真理子は「テーマである育児保険に至る理論的根拠をあきらかにしてその理念を示し、考え方を様々議論の糸口として示せれば」と回答し、『生産システムの基本構想：ローコスト仕組みづくりへの展開』の著者、泉英明は「『骨組みを描くこと』ただし、骨組みには外観の骨組み、構造の骨組みなどがあろうかと思います」という回答を返してきている。その他にも「原理、原則にたちもどり、システムのあり方を検討した。結果をまとめたものという意味」「一般的事業の流れである構想、計画、設計、工事（建設）、維持管理の全体、あるいは初期構想」「骨組みを考え、しっかりした形として提示する」「一つの理念に基づいて構築されたアイデア」という回答があった（回答引用で著者名を記さないケースは回答者の希望による。以下同様）。

しかし、このような辞書的意味に沿った反応は割合にして全回答の約10％ほどに留まった。多くの回答はこれらに別の意味を付加するか、「構想」ということばに辞書的な意味とは異なる意味を託していた。この傾向を象徴的に示している回答としてつぎの例を示すことができる。「「構想力」は「考えを組み立てる力」と考えられますが、わたしは「直観力、想像力、論理的思考力を豊かにはたらかせて異質なものをダイナミックに結合させ、考えることを豊かな人間形成に資するようにしていく力」というようにおさえていま

す」。このような回答に照らしつつ全体の回答結果をみてみれば、辞書的意味からすれば、著作そのものがすでに典型的な構想そのものであるから、その書名に託された構想には何か別の意味が付加されていたはずであるという当初の仮定はある程度支持されたといえよう。

また、辞書定義の第二、第三義、あるいは学究関係者に対する複数の面談経験も併せて推測すれば[78]、構想は想像＝imagination の換言、あるいは一様態とか類義としてとらえられるわけだが、この調査の結果では、構想の意味解釈に対してほとんどまったくというに近く「想像」や「imagination」という意味の指摘は見いだされなかった。すぐ上に引用した例にはたまたま「直観力、想像力、論理的思考力をはたらかせ異質なものをダイナミックに結合させ、考えること……」という具合に「想像」ということばを見いだすことができる。しかし、これも構想ないしその力が「想像力」を他の心的諸力とともに働かせるものとする記述であり、想像や想像力の意としてみているものではない。

以上、全般的な回答内容から綜合すると、少なくとも自著の標題に託した「構想」の意味は想像という概念から喚起されるような自由な想念という性質からは離れ、「計画や設計につながるような意志明確な方向づけのなかにあって、ある程度のかたちや見とおしができている心的状態」といった意味が託されていたとまとまりそうである。たとえば、『情報文明学の構想：高度情報化社会と文明の共存』の著者である吉沢英成は「築くほど具体的に構えができていないため構えを想におさえ」たと述べている。ここには設計というほど完成された製図ではないが、その手前で草稿としてのかたちはできているといった意が伝わってくる。同様の意味合いは「理想より現実的で設計図よりは抽象的、理想的なもの」という回答例からも読みとれる。

ただし、これを補足するものとして「具体的なかたちの手前にあるということは単に前段階のよりプリミティブな素材を意味するわけではない」という意見もある。たとえば、『海洋国家日本の構想』の著者である伊藤憲一は「目的とその達成方法に思想的ないし理論的基盤を含めた」と述べている。『子どもの求めに立つ綜合学習の構想』の著者、藤井千春も「たんなる計画や設計ではない。自己の哲学にもとづく理想や目標の実現に向けての道筋や方法、戦略などを展望して練ること」と述べている。これらからは主観や情意的成分が捨象され物化された設計や計画に至る以前の、著者や作者の想いやそのよって立つ理念や思想が構想に込められているさまが読みとれる。

同様の意は「理論体系を、その基礎にある視点、パースペクティブをも含める」や「無意識をそのリビドが現実と妥協しながらあえて頭をもたげるときのエネルギー」といった回答からも汲み取れる。また、3・2で触れたが、この調査をおこなったのちの二〇〇七年にプロ将士の谷川浩司が「将棋とは構想力の戦いである」という観点から『構想力』と題する著作を出版し、対局経験から培った構想（力）観を一般化する試みをしている。その内容はたまたまここでの調査項目に沿うものが多かったので、引用すれば、彼の構想観もビジョンを含んだ状況論的、動態的なプランニングというべきものとなっている。いわく、

「何かものごとを成し遂げようとしたとき、どうすれば最終的な目標に最短でたどりつくことができるか、置かれた状況やさまざまな条件を考慮しながら、そのための方法と具体的な手順を導き出し、組み立てていくこと」。

自著を離れて「構想」ということばを英語で換言した場合の結果をみても、先述のとおりimagination に対する反応は目立たなかった。複数選択回答では最多頻度のvision が全回答の約21％を占めたのに対して、imagination は4％で、換言率はvision の五分の一に留まった。複数回答のなかで最適合ないし単一回答された結果では最多がvision で15反応あった。これに対しimagination は一反応であった。また、自由記述による英語換言ではimagination を用いた表現はなく、近いものとしてimagining があったのみであった。あえてこの動名詞形が回答されたことには構想に動的特性、つまり行為的意味合いを加えた結果とみることもできるだろう。

この直接換言の結果をみても、辞書的定義やおそらくそこに由来する常識的な見方の典型としてみられるような「構想＝imagination＝想像」という図式は、実際に「構想」ということばを、意図的に使用する人の頭にはそれほど

前提にされておらず、あきらかに想像、imaginationでは語りえない内容を表現するために構想ということばを使ったということが読み取れる。

ただし、「構想する力」に最も求められる精神的な性質、人的特性を自由記述で尋ねた結果をみると、57回答中、14%にあたる8回答に「想像」ないし「想像力」という指摘が認められ、少しばかり反応傾向が増した。それらの回答はたとえば、「想像力と創造力」「過去と現在をいかにつないでいく想像力」(引用は回答に記述されたとおりに記載している。他の箇所も同様)「市井の人びとが求めているものへの想像力と共感力」のように、いずれも他の心的作用と組み合わせて語られており、創造力や総合、展望する力との組み合わせが目立った。このことから、構想(力)は想像(力)の鏡像換言とはいえないが、構想することの背後に想像するという精神行為が密接に関係しているという認識があることははっきり示された。

この調査の範囲から外れるが、先に触れた谷川(2007)は「構想に必要な力とは何か」という章立てのなかで、その力を四つの要素で語っている。第一は情報を集め、傾向を知るという意味で知識、第二に形勢を正しく判断する状況判断力、第三に先を見通す正確な読み、第四は以上の分析を限られた時間で適切におこなうための時間管理である。この第二と四は時空間的な認知地図における自己の定位をもって可能となる判断であり、虚像としての自己像を含んだ想像力に依拠しているといえよう。また、第三に指摘されているvisionが予想という想像力の営みであることはいうまでもない。

以上の結果から「構想」ということばを自著の標題に用いた著者たちがそのことばに託した意味には、いくつかの想像種やその類義との関連を含んだうえで、動態的なかたちの表現にかかわる心的過程が想い描かれていたようすが読み取れた。つぎにその心的過程の意味内容について探ってみよう。

## 4・2・3　辞書定義を超えた「構想」の意味

自由記述によって自著のタイトルで用いた「構想」に託した意味を尋ねた結果、その意味分類で最も反応量が多かったのは、表4・1で大分類の二に括れた回答要素である。それらは図式（フレーム、スキーマ、プロセス）やその生成、あるいは広い意味でのデザインやさまざまなことがらの綜合をめぐる意味合いを伝えるものであった。この結果はカントがとらえていた「構想」に近そうである。カントのとらえた構想はのちに第六章で確認するが、何らかの対象についての感性的な姿かたちと、その対象に関するたとえば命題規則のような概念のあいだを取りもつ媒介過程のことであった、それはやはり六章でみる三木清が多用した表現でいえば、パトスとロゴスの綜合的仲介である。当世風にはデータ駆動プロセスとコンセプト駆動プロセスのインターフェースということになろう。かたちの明確な骨組みや具体案といった回答の場合は、むしろ設計や計画に近くなり、カント的な観点からは遠のくようにみえる。だが、全体的にみれば『かたちの構想力』の著者、野口瑠璃がいうような「広義のDESIGN」や『構想力のための11章：新しい発想を生み出す方法』の著者、水野博之のいう「Neue Kombinationを実現する力」に代表されるような見方が、ここの分類の要素の組み合わせからみえてくるものであり、カント的な構想のとらえかたとの重なりが見てとれる。

また、構想力に求められる心的特性としてあげられたことがらをみると、図4・6にみられたように、ビジョン、デザインといった成分のほかに意志のような情意的性質や幅広い関心や柔軟な思考といった精神的態勢が多くあげられた。たとえば、『初期シベリア出兵の研究「新しき救世軍」構想の登場と展開』の著者である井竿富雄は構想力に求められる心的特性についてつぎのように回答している。「綜合的判断力、幅広い知識を体系化する力、そのための周到さと精神的な忍耐力、長期的な視野と想像力」。『理科における授業研究の進め方　構想からまとめ方まで』の著者、森本信也の場合は「既存の概念（その研究分野の）のうえにたち、その発展を見通そうとする意欲、逆にいえば既存の概念にこだわらないこと」だという。また、『原子力の未来持続可能な発展への構想』の著者である鳥井弘

**表 4-1　自著の書名にある「構想」ということばに託した意味、自由記述による全回答からの抽出と要約**

■　大分類 1

[アイデア・コンセプト]
新しいアイデア
比較的、複雑かつ壮大な考え
皆で知恵を絞り考える
基本的な概念の構築
一つの理念に基づいて構築されたアイデア
概念づけとそれにそくした展開

[理念・体系・理論]
既存の体系をよく理解したうえで、それを越える現代の新しい体系を考える
築くほど具体的に構えができていないため構えを想におさえる（吉沢英成）。
理論的根拠をあきらかにしてその理念を示す
理論体系を、その基礎にある視点、パースペクティブをも含める
理想より現実的で設計図よりは抽象的、理想的なもの
実践に対峙する用語
目的とその達成方法に思想的ないし理論的基盤を含めた（伊藤憲一）
新しい学問をどのようにつくりあげていったかをあきらかにする
まだ実現はされていないが、既にまとまった考え

[独創・独自性・創造]
新しく創る
自分自身のオリジナル
著者独自の考え
Einbildungskraft を哲学上の創造的概念として把握
新しい発想
広く定着した考えではない新しい考え方
目標、内容、方法、評価が一体となり、創造、改善する

[プラン]
計画
政策案、プランニング
方法などについてのプラン、システム化
抽象的水準での将来の計画
実践したものではなく、机上で内容や方法を検討し、計画のかたちに具体化したもの

[提案]
改革への提案
骨太の提言
ポジティヴな提案やビジョン
結果をまとめたもの

■　大分類 2

[フレーム・スキーマ・モデル・プロセス]
骨組みを描く
骨組み
外観や構造の骨組み
骨組みを考え、しっかりした形
みずから設定した一定の到達目標だけでなく、そこにたどりつくまでのプロセスをも含める
状況に応じて柔軟に対応できるように、何段構えかで考えること（藤井千春）
大戦略ということばの意味に近い
現実に直面する課題に対する対策、青写真
新しい分析枠組み
たんなる計画や設計ではない。自己の哲学にもとづく理想や目標の実現に向けての道筋や方法、戦略などを展望して練ること（藤井千春）
戦略論と組織論の融合（統合）モデルの構築（大月博司）

[フレーミング]
組み立てる力量
直観力。想像力、論理的思考力をはたらかせ異質なものをダイナミックに結合させ、考えることを豊かな人間形成に資するようにする力
シュムペーターのいう「イノベイション」の本質である Neue Kombination を実現する力（水野博之）
人間対人間の活動であること（藤井千春）

[デザイン]
具体的な計画への橋渡しの設計
実現可能な具体案
具体的なありかた
目標に対応した内容を抽出し、方法を考える
一般的事業の流れである構想、計画、設計、工事（建設）、維持管理の全体、あるいは初期構想
広義の DESIGN の役割（野口瑠璃）
グランドデザイン
社会システムのデザイン
個別のアイデア = 発想力をつなげて（構築して）役に立つようにする

[実践]
より積極的な考え方とその実行を示唆
実現可能性
提案より本格的なもの

■　大分類 3

[ビジョン]
あるべき姿
これからの社会のあり方を示す
創造性を伴ったヴィジョン
過去からの延長線にある発想ではなく、未来に向けた大胆な考え方
世界をいかに認識し、あるべき世界とは何かに関する見通し、考え
方向性、将来像
将来実現を目指すべき目標
将来の方向性のビジョン

[エンビジョン]
未来に向けてその実現をはかっていく姿、形
大きな方向は示すものの細部に至るまでの設計はできていないようなもの
開かれた構造的な未来展望
envisage と envision
広がることと深まること

[情念]
実践への決意
無意識をそのリビドが現実と妥協しながらあえて頭をもたげるときのエネルギー

之は「ものごとの全体像を俯瞰する能力、俯瞰しようとする意志。(社会) システムは変更が可能だと考える柔軟性。複雑な系について単純な因果関係にとらわれることなく認知する能力」であると語っている。

こうしたことから、現代の公共的な言説空間で使われている「構想」には、三木清がみていたような意志や意欲、忍耐力といったパトス的なこころの過程と概念的なロゴスの成分をつなぎ合わせるような統合性能が投映ないし反映されていることがつかめる。

複数選択による「構想」の英単語換言の結果をみると、高頻度順(カッコ内の数値は反応頻度)に vision(36)、design(32)、concept/conception(26)、plan/planning(22)であった。これに複数回答を求めたなかでもっとも適合すると思われる単語への反応結果、および単一反応の結果を重ねてみると、vision への反応が明確に強いことがわかった。また、連言頻度の結果では、vision-design(22)、design-concept(12)、vision-concept(11)と上位三対の結果が閉じた。最も高頻度の組み合わせ vision-design は頻度22で回答者の36%が示した反応であり、それ以外の組み合わせよりも目立って多かった(二位以下はこの数値が20%以下になる)。ここでもやはり先々に投じられる認識と志向の企図ないし設計で、しかも構想におけるデザイン性だけに当然、感性的な美的判断も加えられた表象が浮かびあがる。

これらの結果から「構想」は第一義的には vision に並び design を強調するかたちで、これに concept を加えた三要素の複合概念としておさえることができそうである。これら三概念間の連言頻度を逆数にして概念距離とし、それを反映させて作図した概念三角形が図4・7である。この図式の範囲であらわせば、三辺の中点とそれぞれの対角を結んだ線分の交点が「構想(Kohsouh)」の意味を表現する核ということになろう。

同様に四、五番目に連言頻度の高かった組み合わせは design-plan と vision-plan であり、構想の複合概念としての第二義的な意味には plan の性質が加わるとみることができる。しかし、concept-plan の連言頻度は五であり、この水準では schema や frame といった概念との連言も同程度(たとえば、concept-frame や vision-schema で六)にあらわ

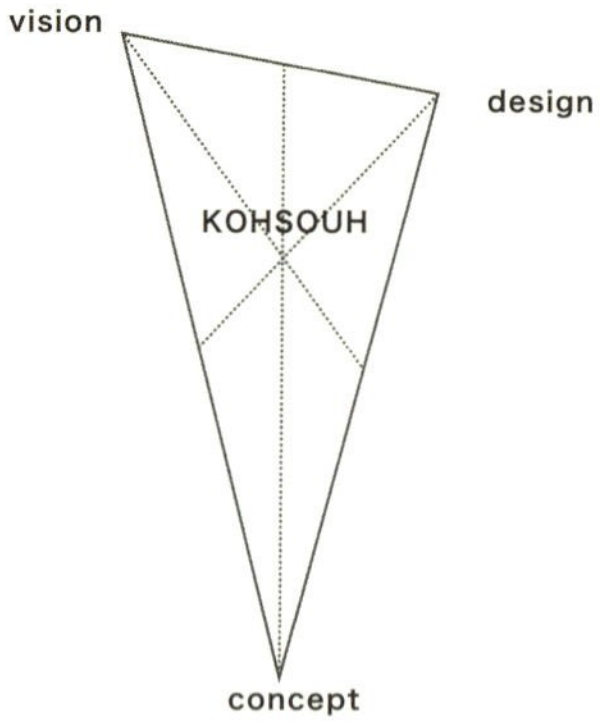


**図 4-7　連言高頻度上位三概念対間の関係を同頻度を逆数にして概念距離とし、それを反映させてあらわした概念三角形**

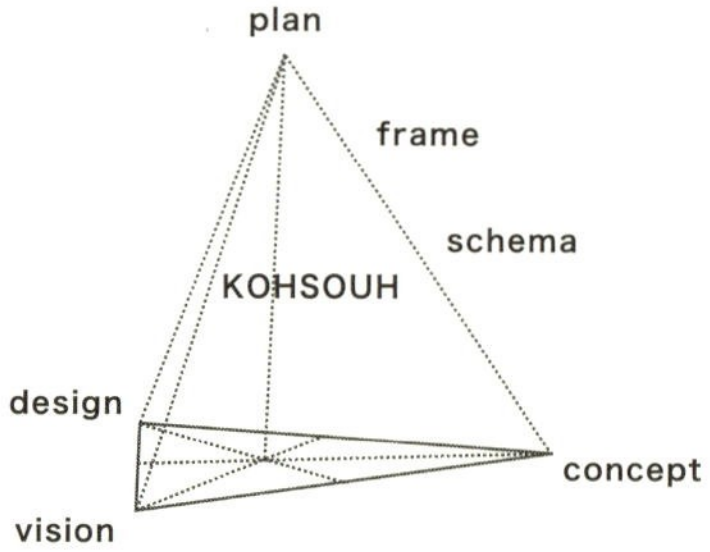


**図 4-8　構想の意味内容を他の概念との関係で構造的にあらわす概念三角形を、さらに拡張してみようとした場合に表現できる概念三角錐**

れてくる。つまり、概念対の関係は閉合せず開かれてゆくため、都合よく図式化して表現できなくなる。そこでここではあくまで模式的にplanを加えたかたちで三角錐によって表現されうる関係を図4・8に示した。この水準ではschemaやframeも位置づけをあらわしがたい関係として入ってくることになる。したがって、この立体図は先の概念三角形を補足的に拡張してみる場合の参考図である。

自著に託した意味としての構想でも「ビジョン」に関連した表現は表4・1の大分類三にみるように明確に認められた。ただし、要素の量は他の分類よりもやや少なかった。これは実際に著書として著す際の現実的な困難さ、つまり必然的に時間的な成分を伴った見通しとしてのビジョンを語ることのむずかしさと、それに比較すると、どちらかといえば時間的な性質よりも空間的な性質に関わることが多いデザインのほうが相対的には語りやすいということを映し出した結果かもしれない。

ところで、ここにあらわれた構想におけるビジョンの性質はカントがとらえていた構想にもまさに一つの要ともいえる性質としておさえられていた。彼はそれを産出的構想力（produktive Einbildungskraft）の必然的統一の原理として語っている。回答にあらわれたビジョンが先々を見通す目といった意味に代表される遠望的なものであることを承知のうえで、あえて反対の近視野においてカントが用いた例は手のなかのペンであった。そこには彼が構想力にみた超越論的綜合の力が働く。たとえばペンという一つのまとまりのある全体の統覚にあたっては、それ以前に連続して継起してきた知覚的記憶を保持しておくことはもちろん、それをつなぎ合わせていく作用、さらにはあらかじめそのまとめあげる方向性を先導している図式があり、その働きがビジョンにほかならないと語っている。しかも、彼はそれを経験とは無関係なア・プリオリな作用としてみる。よってそれは経験知に比較すると必然的に抽象度が高く、作用が感知できたとしてもことばにして表現しにくい働きになる。これに示唆を得て調査結果に戻れば、英語で換言すればビジョンが第一にくるものの、自著に託した「構想」の意味として自由記述した場合はビジョンの要素記述量がやや低下したという結果は、とくにデザインとの比較におけるビジョンとしての構想に特有の現象、すなわち、そのア・プリオリな性質が反映された結果と解釈することができるかもしれない。

最後に、現代の構想ということばの使用に託された意味に関してもう一点検討しておく。いま触れたカントに代表される哲学における構想の考究では、認識論の枠組みにおいて解釈がつづいてきた経緯がある。しかし、この調査でもあらわれたように、構想が宿す vision や design としての性質には、先々の行動に向けた志向性、意志的な力動的性質が含意されており、こころの過程としては認識から行為へとつながる媒介過程としての意味が表出していた。であるとすれば、たとえば英語換言をしたときに、選択肢にあった initiative や agitation といった行為的性質を強く含んだことばが選択されたはずである。

しかし結果をみると、initiative への反応は五件で全回答の約8%、換言として最も適合するとした回答は一件に留まった。また、agitation に対しては反応が認められなかった。もっともこのことばはアジ演説への連想から「扇動」といった意味を強く感じさせるところがあり、その否定的な意味合いから「構想」を標題にした著者にとっては反応されがたかったことは容易に推察できる。

また、認識と行為という関係性に照らして、これを名詞—動名詞（動詞）の関係でとらえみると、その対が設問の選択肢にあった frame-framing、plan-planning、envision-envisage のいずれについても名詞に対する反応頻度のほうが上回った。

こうした細かな反応パターンの結果から解釈すると、構想ということばを標題に用いた著者たちにあって、現状、構想という概念は「想像」からは切り離されているとはいえ、やはり第一に認識の営みとしてとらえられていて行為主体の営みや両者の媒介過程としての見方は背後に回っているといえそうである。もっとも、すでに述べたように、一番適合すると思われる単語への反応、および単一反応の結果をみると、vision への反応が群を抜いて強かったこと、その vision とは設問一のカテゴリー分析から、将来の方向性を見とおすことや未来展望としての実践的意味を含んだ動態的性質が込められることが読みとれた。このことから、単に頭のなかでの認識作用にとどまらず、外へ向けた行為特性の含意があることは十分推量できた。この点はすでに述べたように、構想する力に求められる心的特性に対する回答結果からも読み取れたことである。

以上の調査の第一の狙いは現実に語られている「構想」ということばの生きた意味、その概念の現象的な意味をあきらかにすることであった。ことばは辞書上の定義を超えて実際状況に応じて時空間的な変移を受けながら現実的に意味を変化させている。むろん、その意味の振動はつねに定義的コードに回帰するから変動には制約がある。しかし「構想」がその典型であるように、比較的意味が曖昧でありながら、現実的には多用されているようなことばにあっては、むしろ辞書的定義のくびきを事実上、振り切った状態で概念のもつ実存的意味が生息する余地が大きく、それが明に暗に認識されつつ使われている傾向がある。ここではそうした意味で現実社会において構成され、生態的に妥当性のある「構想」のこころの過程の一端をとらえようとしたわけだが、その結果として少なくともその生きている意味の輪郭には接近できたといえるだろう。

# 第五章　心理学における構想のあつかい

本書第一章の1・3では、一九世紀末以降の心理学概論書における「想像（imagination）」の扱われ方の推移を検証し、図1・5にみられるような結果にまとめつつ、心理学における想像に対するここ約一〇〇年間の扱われ方の変遷をみた。その状況を大ざっぱにまとめればつぎのごとしであった。すなわち、実験心理学の幕開けから二〇世紀のはじめまでのあいだ、想像は概論において章立てで扱われる定番主題の一つとして位置づけられていた。ところが、そののち二〇世紀の半ば以降、行動主義の台頭から認知論につながる流れのなかで、想像は一転して説明や研究対象の蚊帳の外におかれた。人によってはその状況を陶片裁判による追放劇とまで呼んだ。しかし二〇世紀最後の四半世紀になると、想像はかつての身を隠すように、imageryやイメージという名のもとで表舞台に戻ってくる。とはいえ、想像（imagination）という概念そのものに押された「対象外」の烙印が容易に消えることはなかった。ただ、それも世紀を超えて二一世紀の最近になって生態学的な妥当性や日常生活世界におけるこころの働きへの着目が一般化するにつれ変化の兆しがみえはじめ、心理学の文脈において正面からこの話題をとりあげる論者があらわれはじめ、やっと名誉回復を果たすことになろうかという様子に至っている。

想像がこうした状況にあったから、こと「構想」については心理学の歴史上、これが一度として表舞台にあげられたことはなかった。その理由はいくつも考えられるが、ここではまず、構想が主題にされるどころか、言及さえほとんどなされなかったという事実、あるいは言及があった場合、それはどのようにであったかを確認することからはじめよう。

なお、すでに3・1で坂部（1998）の説明を引き、構想力は想像力の訳語が当てられるのと同一の西洋語に対するいま一つの訳語であるが、それと同時に、とくに日本ではカントを中心とした哲学とそれに関連する用法における特殊限定的な意味内容をもっているという事情を紹介した。おそらくはそこから主として三木清の貢献と媒介によるところ大にして、このことばは想像や想像力とは一線を画した特有の意味を宿した概念として成長し、哲学の特殊領域を超え出て日常社会の場で発展的、拡延的に使われるに至っている面がある。

この現況についてはここまでの章のなかで複数の角度から確認してきた。したがって、ここまでの差し当りの結論として、構想（力）はいまやすぐれて日本の社会・文化において固有の意味内容を構築し、独自性をもって機能している概念であると認めてよいだろう。この社会構成性、文化固有性を端的に示すように、このことばに適訳の英単語は存在していない。構想は少なくとも英語圏からの輸入概念ではないのである。したがって、ここでの検討対象の主体も翻訳以外の日本語で書かれた心理学概論書とする。なお、構想が心理学で主題にならなかったことはすでに心理学概論書における想像の扱いを調べた段階で概括的に確認したことであった。ここではその調査対象のなかから（想像が扱われずして構想が扱われる可能性はかなり低いと考えられたから）想像が主題になっていた古い時代の書籍を中心にランダムに50冊を選び、それぞれの内容構成をみつつ「構想」と「想像」、およびそれらに関連が深いと思われる「創造」「図式」への言及、またとくに想像や構想に言及があった場合、その扱われ方に着目して調べた。その結果の個別の内容については、半田（2011）を参照されたい。ここではその結果のまとめについて述べる。

はじめに結語を述べれば、検討対象にした50冊のうち46冊（92％）には構想への言及が認められなかった。この50冊はすでに述べたように、想像への言及があるものを中心にランダムに選定したものであった。だから、とくに想像への言及について積極的な著作を意図的に含めてサンプリングしているという特殊性がある。換言すれば、想像への言及が前提となるはずの構想への言及についても相応の偏向があるはずの条件下での結果ということになる。なお、このサンプルにおいてもともと想像への言及が認められなかったのは25冊（50％）であった。

構想への言及が認められた著作は四冊であった。そのうち一冊は文章の表記上たまたま構想ということばを使ったもの（今田 1952）であり、こころの過程として説明がなされたものではなかった。また、二点は構想（力）を想像（力）の換言であるとしてごく短く触れたものであった（城戸 1950; 相良 1968）。つまり、構想を独立したこころの過程として説明していたテキストは皮肉にも和書を中心にサンプリングしたなかでその内容から例外的に含めた翻訳書 Rubinshtein（1946）一点のみであった。

参考までに同じ調査を「創造」などを主題にした各論書六冊についておこなった結果（これは半田（2011）の最後部に付記してある）は四冊（66・7％）が構想にも想像にも言及がなかった。一冊（亀山 1962）は構想（力）を想像（力）の換言として触れ、一冊（恩田 1971）は想像と構想を完全に同義とは言い切れないと説明していた。

結果的に以上の概論、各論あわせて構想への言及が認められたのは六冊であったが、言及の仕方の違い別にまとめればつぎのとおりであった。

（一）文章表記上たまたま構想ということばを使ったまでで、こころの過程として説明したわけではない言及――今田（1952）

（二）構想（力）を想像（力）の換言としてとらえていたケース――城戸（1950）、亀山（1962）、相良（1968）

（三）構想（力）を想像（力）とは独立した過程として示差的にとらえていたケース――Rubinshtein（1946）、恩田（1971）

一番目は構想を扱ったわけではないので対象外である。二番目も構想（力）ということばに着目はしたものの、想像（力）にほかならないと判断して独立には説明していない。結論として56冊中、三番目の二冊だけが構想を独立したこころの過程として認め、説明を試みていた過去事例ということになる。

このうちRubinshtein（1946）は調査対象としては例外で翻訳書であったから著者自身よりも訳者に負うところが大きいわけだが、この「構想」はロシア語замыселをвоображение（想像）と訳し分けたものであった。だから、単に一般的には想像と訳すべきところを構想と訳したようなケースとは異なっていた。その構想の意味は仕事や創造過程の取っ掛かりにおいて、遊び一般にみられるような活動それ自体に喜びを見いだすような営みで、目的とは別の情動的な志向性としてその先の実践行動を先駆先導していくような過程と説明されている。これはあきらかに構想の一側面をとらえたものにちがいなく、翻訳書ながら適訳であってここに据えてしかるべきものと思われる。

恩田（1971）の場合は構想力は想像力のことだと書いてはいるのだが、単なる想像力とは異なり「一種の重み」を感じ「思考の特徴がかなり含まれている」という特殊性を指摘している。そのため一応三番目の分類に位置づけた。ただし、その重みや思考としての特徴について踏み込んだ記述はしていない。

したがって、前章までの結果もあわせればここでの結論はこういうことになる。「構想」はこころの過程、あるいはその結果をあらわす概念で、英語適訳のないすぐれて日本特有の概念である。だが、いまだかつて日本の心理学のなかでは表立ってこれを検討、考察した人はいなかった。例外は旧ソビエト連邦のRubinshteinに認められ、その翻訳にこのことばが当てられるかたちで二〇世紀の半ばに一つの説明がなされた程度であった。

しかし、前章までに確認したように、構想や構想力ということばは、現代の日本の日常言説において多用され、またそれが想像とは十分に差別的に認識され用いられているという事実がある。すると構想（力）が、独立した心的営みをあらわす概念とみなされている現状にありながらも、心理学がそしらぬふりで、黙していることは不自然にして摩訶不思議なことといえよう。

なぜこれまで心理学では「構想」を扱ってこなかったのか。理由は複数考えられよう。ここでは最も可能性が低いと考えられるものから順に八つの可能性をあげて考えてみる。

## 心理学で「構想」が扱われてこなかった理由

**可能性・一**　心理学的な観点から構想を検討することは、善や美について検討するようなことと同様で形而上学的な課題にかかわるようなものなので、そもそも心理学における主題の対象外と判断されてきたり、検討が棚上げされてきたという可能性が考えられる。とくに心理学が科学としての立場をとり哲学から独自のアイデンティティを形成しようとした流れのなかにあっては、それはいわずもがなのこととされてきたのかもしれない。しかし、そうであるとしても、「構想」が現代社会において日常的に問われ、語られている実際に照らせば、埒外ゆえに扱わないという理由がどこかで（状況からすれば、繰り返し）言明されていたはずである。

しかし、少なくともここでみた調査の範囲（半田 2011）では、検討対象外、棚上げ、後回しに類する言表が構想に対してなされていた事実は見いだされなかった。したがって、この理由は可能性としては考えうるが、実際の理由としてはありそうにない。

**可能性・二**　すると、心理学で構想が扱われてこなかったのは、ほとんど偶然のことであったのかもしれない。とくに心理学が一つの学問分野として独立し確立する道程にあっては、実験室からの成果を問うことが優先された。だから、中途半端に日常生活で云々される心的営みにはなかなか目が行き届かなかった。また生活世界に関わる心理学は主として精神の変調や異常、あるいは教育や社会行動との関連で検討されてきた。そのため、日常生活における個人の心的営みである構想はたまたま心理学研究の死角に入り、見過ごされてきたのかもしれない。だが、これは書いているそばから無理な理屈であるように思われる。補足的にはこうした側面も手伝ったかもしれない。しかし、主要因としてはほとんどありえなかった可能性だろう。

**可能性・三**　構想は別の概念やことばで扱われてきたという可能性もある。その場合、第一に明示的にそうしてきた可能性が一つ、もう一つはそれと知らずにそうしてきた可能性もある。前者であれば、過去のどこかで、たとえば「この○○は一般には「構想」と呼ばれているが……」といったその代替概念や換言の関係性が明記される機会があったはずである。だが、こうした事実はすでに述べたように、想像（力）とのあいだで一部みられた以外には見いだされていない。むろんこの場合は構想を独立した心的過程としてとらえたわけではなく、単なる想像の換言とみなしたわけだから、対象としては見過ごしたことになる。

後者のそれと知らずに別の概念やことばで扱ってきたという可能性はどうだろうか。これは一部の重なりをもっていいうるところとしてはいくつかある。たとえば、想像の周辺でも産出想像や創造的想像が語られるなかで、あたらしい「もの」をかたちにしてつくりだすという行為的側面を強調する場合は、その多くのところが構想に重なっていたといえそうである。

また、のちに触れるが、Neisser(1976)の知覚循環モデルにおける予期図式（anticipatory schema）やGibson(1979)の生態学的心理学におけるアフォーダンス、あるいはある状況を予期するとその方向に適合した行動がとられる傾向が増して結果的に予期したとおりになる確率が高まるというMerton（1957）の自己充足的予言（self-fulfilling prophecy）やMiller et al.（1960）のイメージと行動を橋渡しするものとしてのプランなども構想と部分的に重なっていたといえそうである。ただし、構想そのものを別の概念で語りえていたというほどの例は見いだされていない。

**可能性・四**　打ってかわって、心理学で対象にしなかった特段の理由があったという可能性がある。特段の理由とは心理学においては「構想」は扱わないことにするとしたことや、英語に直訳できない日本語特有の概念は扱わないことにするといった方針があったとか、不文律があったとか、影響力のある見解にその種のものがあったなどといった可能性である。実際そうした概念の例としては急進的な行動理論において排除の対象とされた「本能」「感情」「意志」などがある。それを学んだ心理学者にとっては、そのことばを条件刺激とした逃避行動やその予期にもとづく回避行動が身についてしまい、その後の思考に長いあいだ制約が及んだはずである。一部今もってその学習効果がつづいていることを自覚できる研究者は決して少なくないだろう。想像（力）もその際に明示的には語られなかったにせよ波及的に影響を受けた概念の一つといえる。

急進的行動理論以外の文脈で類似の影響が及んだ例をあげれば、すでに何度か触れたように「構想＝想像」とか「構想力とは想像力にほかならない」といった具合に、ほとんど理由抜きに構想を想像の換言とみなす言表がある。そうした言表があったなかで、想像に対する言説が下火になるような状況下では、構想への検討は着火のしようがなかったといえるだろう。

**可能性・五**　「構想」を検討対象にしないという特段の理由があったわけではないが、潜在的に「構想」を扱うことを避けるような自己抑制作用が働いたということもありうる。この可能性は潜在因子であるから根拠を示すことは困難だが、想像力に任せて推察すれば、少なくとも二つの可能性が考えられる。

一つは心理学が独立した学問領域になる過程にあった事情に由来する影響である。心理学は近代において哲学から分かれて成立をみたが、その背景には哲学の担当する形而上の思弁、観念論とは袂を分かち、とくに当初は生理学に歩み寄りながらもっぱら経験に由来するこころの過程を扱うことを請け合う学問として独り立ちしたという経緯があった。いわば心理学は哲学を親としながら、その親のありように背を向けて自らの信じるところに同一化を図った。あるいは哲学を母に、生理学を父にした子どもであったともいえる。ゆえに常に母なるものに引き寄せられながらも超自我としての父に自我を同一化することを心理学的な現実原則として生きることになった。

だから、カント（Kant 1787）の場合は母親的観点にたち、構想力を語るとき、それを産出的構想力（produktive Einbildungskraft）と再生的（reproduktive）構想力に分けてみたともいえそうである。彼は前者については哲学が扱う対象としたうえで後者についてはつぎのように語った。

「再生的構想力による綜合は、経験的法則すなわち連想の法則のみにしたがうものだから、ア・プリオリな認識の可能を説明するにはまったく役立たない。またそうした理由から、先験的哲学に属するものではなくて、心理学に属する」

こうしたことをいわれた心理学としては「それはしかじか構想力などではなくて記憶想起のことにほかならない」などと返したくなるのも当然というところだろう。そしてまた「超越論の次元を加えて語られることになる構想力については全部哲学にお任せします」という気持ちにもなるだろう。つまり、超越論哲学の世界観で役割を振られて子ども扱いされるようなことは拒否し、そうしたマターナルな計らいからの自立をなすために心理学は実験室という道具立てや法則性、操作主義、還元主義といった父権的ロゴス規範に積極的に同一化していった。二〇世紀の心理学はそのようにして成立をみたから、当初から超越論哲学特有の訳語ともいえた構想力は直観的にも忌避すべきことばになった。心理学ははじめのうちは「想像」を当然のように主題に据えた。しかし、その際にも「構想」は封印され、それでも気になった人の場合は構想は想像の換言であると語り、急いで蓋をしたというところかもしれない。

**可能性・六**　心理学において潜在的に進行したと考えられる「構想」への抑圧をもう一つあげておく。すでに想像についで検討したところでみたように、もともと想像力は思い上がりや誤謬の原因として中世から近代に至る長きをつうじて抑圧の対象としてあった。西欧においていえば、おもに神につうじる理性にとって想像力は災いの種とみなされた。その長い歴史の影響もあって近代理性の視線が神から人間自身へと向き換わったあとも、想像力は情との関連において合理的判断を惑わす放蕩者の烙印を引き継ぐことになった。

だが、近代理性の覚醒により自我にも目覚めた人間がもはやその想像力を押し留めておくはずはなく、溢れ出したそれは文芸、芸術の分野で開花し、間もなくロマン主義を代表に想像力が大いに称揚、発揮され、養われることになった。活路がそこに開かれたと同時に、学術の分野では論理実証をエートスにした科学的思潮が急速に高まっていった。芸術との対比でロゴスの営みが一層強調的に語られ、科学一般からは想像力は他方の世界の力とみなされるようになる。

心理学では行動主義が行動科学と名乗り、そのあとに続いた認知心理学も認知科学の主軸を担う流れのなかでは、ことばとしての「想像」はそれを口にしないことでみずからの態度決定やアイデンティティを明確にする徴表にさえなった。だから、のちに認知科学がそれを連れ戻したときも、その外観は想像（imaginaion）ではなくイメージ、表象、あるいは心像（imagery）としなければ収まりがつかなかった。こうした状況にあって「想像」の背後にあった「構想」はなお一層のこと表に現れようがなかったというわけである。

**可能性・七**　つぎに心理学で構想が扱われなかった理由として「構想」ということばないし概念そのものの問題に起因する可能性に触れてみたい。「構想」ということばは日本の文化・社会に特有の概念をあらわすことばで、たとえばたびたび指摘してきたように、これに適合的に対応する英単語はない。このかなり単純な事実ゆえに輸入翻訳を軸にして成長してきた近現代の日本の学問にあっては、二〇世紀後半、とりわけ英語で綴られた文献を基盤にしてきたから、そこで登場したことばについては新語、造語を含めてただちに受容されてきた。だが、反対に英語にない概念は考察の対象になりがたい状況になった。心理学の場合もその例外ではなかった。

むろんこの概念が英語圏においてまったく表現されないわけではない。近い単語としてはimaginationがあるが、これは日本語では想像が適訳になるため、想像と異なる意味をもつ構想としての適訳にはなりがたい。想像との相違をあらわす意味合いとして構想は前章でみたように、vision、design、concept、plan、envisionなどとも換言されうる。しかし、どれも一語をもって構想としてあらわしきることがむずかしく、構想はこうした諸概念の複合概念といわざるを得なくなる。英語熟字としては随分と昔に、Sully（1884）が用いたconstructive imaginationという表現が構想の逐語訳として近いようにみえる。しかし、少なくとも彼がこの表現に託した意味は2・2・2などで触れたいわゆる産出想像（productive imagination）であり、それは一般にわたしたちが普段意味するところの想像そのもののことであった。

日本語の「構想」そのものを第一義にあらわす英単語がないのは、おそらく英語文化にあっては伝統的にこころのうちに留まる純粋想像のあり方が十分には考えがたく、想像はそのまま外部表現されるものとして事実上構想と一体化していたことによるのかもしれない。想像は常に語られ、明示的に表現されるかぎりのものとしてあったので、ここでいう構想をとりたてて分ける必要がなく、構想なき想像、つまり表現されない想像は少なくともストレートな言語表現としては一般的でないというとらえ方にあったとも考えられる。ところが、日本の心性ではもとより表現困難な純粋想像のありようが種々想定されている。実際、観想、虚想、瞑想、霊想、無想などのようにそうした想像種をあらわすことばが使われてきた。そうした精神性があったから、こころのなかで積極的な意味でそぞろに想い描かれる純粋想像と、それを外部に表出しかたちにする構想を分けみることもできて、構想という概念を独立させて考えることが自然に成立したのかもしれない。

こうして、少なくとも英語文化圏ではこの概念を直示することばがないため、こころの過程としても対象化されがたく、当然のように心理学でも構想が主題化されることはなかったと考えられる。その英語文化圏を基盤にした研究を主体にしてきた日本の心理学では必然的に構想が看過されてきたというわけである。

ところで、二〇世紀末の日本では工学や心理学の学際領域で感性工学という分野が立ち上がった。その動きの中心となった学会ではその際、「感性」の英訳に sensibility でも sensitivity でも sense でもなく、すぐれて日本文化固有の意味を含んだ Kansei のことばをそのまま国際表現として用い、Kansei engineering を公式名称に用いた。英語としては意味連想がまったくできない造語であることが、この工学分野の新奇性と他分野融合領域としてあることを伝えることに貢献している。また、ロゴス悟性的に伝わらないことばであることが、もとよりパトスの中軸たる感性を対象にしていることを表明するうえで有効性を発揮している。あとで述べることになるが、これこそ構想の妙味ともいえる。当の構想もまたその一面はまさに Kansei とロゴス悟性を橋渡しするこころの過程ともいえそうである。だから、ロゴス主体の英語体系にパトス的剰余をつなぐため、Kohsouh といった和読英語表現が必要であると思われる。ことばが構想されないかぎり、そのこころの過程が心理学の研究対象として切り出されることはない。これこそまさに構想の役どころでもある。

**可能性・八**　最後に前項の可能性七を含めて本書が支持する可能性をあげる。心理学にはむろん集団としての人や組織、社会を対象とする領域もあるが、一般的にはヒト個体の心的な過程や働きを対象にしている。とくに基礎心理学や実験心理学では多くの課題において生理学との協働があったから、その眼差しが個体内の仕組みに向けられる成り行きも当然のことであった。想像の営みはこころのうちに生じることであるから、それが心像やイメージ、表象といったことばで置き換えられたとしても、こころのブラックボックスの内部を探る研究対象としてはふさわしかった。ことほど左様に二〇世紀末に認知科学の分野では想像が語られ方を変えて論争対象の一つになったわけである。

その想像に対して構想は想像したものごとを表出したものと考えられるから、そのもの自体は表現や表現されたものとしてヒト個体の外部に客体化される。よってそれはあきらかにこころの営みが反映したものではあるが、成果、産物、出力、排出物として、こころの過程の外側に位置づけられてきた。つまり、ごく自然に心理学の埒外におかれてきたのである。

だが、隣の哲学をみると、二〇世紀は言語論的転回によって個の認識への反省的な眼差しから公共的な言語を方法として理想言語や日常言語の分析へと大きな研究パラダイムのシフトが起きていた。このことが象徴しているように、わたしたちがおこなう外部に向けた表現は単なる吐き出しではなく、こころの過程をそこに拡延することにほかならない。だから、その開かれたこころの過程とその作用を探らずして、心理に迫ることはできないといえるはずなのであった。つまり、構想は心理学の埒外どころか、心理学が扱うべき須要な主題であって、そこを見過ごしては他の動物はいざしらず人間の心理には迫りえないものとしてある。

確かに構想はあとでみるように一見、表現の言い換えにすぎないようにみえるところがある。また、構想力という概念には性質と作用を異にする二つの力が含意されているといった不分明なところがある。だから、意味的に定位しづらい面をもってきた。しかし、心理学が個体の機械論的観点を脱して身体外部に延長されたこころの過程をとらえようとする環境論的観点に立つならば、想像の営みと相即不離の関係をもって作用している構想と構想力のはたらきは検討せずに済ますことはできないのである。

以上、ほとんどありえそうにないものも含めて、これまで心理学が構想を研究対象として扱ってこなかった理由として八つの可能性をあげた。むろん、可能性はほかにもあるだろうし、それらを含めてこれらが複合的に作用した結果として、これまでの経緯があったのだろう。しかし、過去がどうであったにせよ、現況の心理学の周囲をみまわせば、すでに確認したように、構想は日常生活世界のあらゆる場面でそれ固有の営みとして明確に同定され語られている。また、その力は「構想力が鍵を握る」「構想力の問題」あるいは「構想力不足」といった言い回しで、現実社会の重要局面を担う力としても語られている。したがって、構想とは何を指し、その力はどのようなこころの過程で、その独自性はいかなるものであるか、また、どのように養われ、発揮されうるのか、といった問いには心の理を説く学からの考察と説明が必要とされているにちがいない。

　そうした要請への返答責任は、これまでの経緯を踏まえれば哲学にあるのかもしれない。臨床哲学といった立場を表明しだした哲学の現況をみてみれば、哲学が実用の道に接点をもつことも一昔前とは異なってありうることになっており、そうした動きに期待して任せておいてよいのかもしれない。だが、そのような哲学の一部にみる態度変更を他人事として眺めていられるほど心理学の学問状況が安穏としているわけではないだろう。心理学の実用的貢献が資格のような制度的文化資本の産出には熱心な一方で、現実社会の言表にあらわな人間の精神（行為）がかかわる営みについては無言のままという状況では学問の社会貢献も連携もその地盤が液状化していることになろう。また、経験的なものごとだけでなく、理性や悟性という超越論が絡むことがらとのあいだをつなぐ構想力だから、これは心理学の領分の話ではなく、哲学が扱うべき対象であるとするカントの言い分をそのまま従順に受けとめて引き下がりつづけているのも、その発言から二世紀以上が経ったいまにあってはすでに遠慮しすぎを超えていよう。前章でみたごとく、日本人は構想力を把持し、この力に痛く魅力を感じ取ってきているのだから、むしろ日本の心理学こそ率先して哲学と協働しながらでも、その性質を明確にし伝えていく使命や責務があるとまでいってよいように思われる。

　そういうわけで、ここから先は構想とその力に対して接近していく。まずその第一歩として、哲学においてとくにこの力に着眼したカントと三木清の見解を振り返りまとめることからはじめる。

# 第六章　哲学における構想力

はじめに、認識論のなかではじめて構想力を考究対象の焦点にしたといえるカントが、それをどのようにとらえていたかをみてみよう。彼の考究がどこからつながってきて、どこにつながっていったかといえば、本書のなかでの関連でいえば、一つには1・1で述べた想像の探求史におけるとくにヒューム（Hume 1733–40）からのつながりがある。それはカント（Kant 1783）自身が述懐していることであり、ヒュームが彼の「独断論の微睡から目覚め」させたのであり、その後の研究の方向づけに決定的な影響を与え、同時に人間の認識に関する見解を批判的に継承、発展させる動機を与えてくれたのであった。また、カントの構想論は主としてドイツ観念論の系譜のなかでシラー（Schiller）、フィヒテ（Fichte）、ヘーゲル（Hegel）、ハイデガー（Heidegger）と批判的に継承されていく。

英語文化圏での展開が思わしくなかった大きな理由の一つとして英語では構想力（Einbildungskraft）がimaginationと訳されることが一般であったことがあげられるだろう。そのため、構想力の意味が一種の想像力と解されて意味が制約されがちになった。たとえば一例としてジョンソン（Johnson 1987）は想像力に対する哲学研究には大きく二つの流れがあったとしている。一つは想像力を芸術、空想力、創造性と結びつけた流れ、もう一つは知覚と理性を結合する能力とみなした流れである。後者はカントの考究にあたるわけだが、このように英語に翻訳されたカントのEinbildungskraftはimaginationの下位分類に位置づけられる傾向があった。そのため、少なくとも想像との関係性における概念としての独自性は見過ごされがちであった。

この点、日本では一九二一年にはじめて『純粋理性批判』を完訳した天野貞祐の才覚に負うところが大きかったといえるだろうか、Einbildungskraft に「構想力」という訳語が当てられたことによって、少なくともことばのうえで想像力とは区別されうる概念として受けとめられ、対象化され、さらにこのことばが日常社会の言表にあらわれるなかで社会構成的に知識化されていく機会を得ることになった。そのことによって日本独自の構想力観が養われることにもなったといえよう。そのことにも照らしてカント以降のつながりとして本章後半では三木清の構想力に対する考究もとりあげて整理する。

## 6・1 カントがみた構想力

カントが『純粋理性批判』でなしたいわゆるコペルニクス的転回は、まず対象があってその写しとしてわたしたちの認識があるという、典型的なボトムアッププロセス、すなわち刺激入力ではじまり、その分析、綜合から認知が成立するという経験論的な見方を転回し、対象の認識はア・プリオリに規定されたわたしたちの側にある枠組み、典型的には時空や量、質、関係、様態といった悟性によるカテゴリー概念にしたがって、つくりあげられるというトップダウン・プロセスなしには成立しないとしたことであった。これはつまり対象が認識を決定するのではなくて、認識が対象を決定するという決定プロセスの向け換えであった。もっともこの転回は単にAからBをBからAにしたわけでなく、BからAなしにAからBはなく、その逆も同時にいえるという回転扉的転回であった。現代的にいえば「AかBか」の経験論と合理論の対立構造を「AもBも」としてポストモダン的解決を図ったものといえる。実際、カントの提起にはボトムアップとトップダウンの並列ということもない。無重力の部屋のように上下がない認識論である。現代からみればこの転回はさして驚きを感じさせるものではない。が、二世紀以上前のカントの時代においては劇的にして、にわかには納得できない、まさにスーパーF難度級の認識の回転技であった[79]。

とはいえ、心理学の領野からこうした認識の転回を冷静に眺めみられるようになったのも、二〇世紀を超えた今だからのことである。とりわけ二〇世紀半ばから後半にかけて米国や日本の心理学でいえば、行動主義の時代から認知心理学が台頭してくる時代にあっては心理学のどのテキストをみても、知覚の成立や認知の仕組みを語るその視座は、刺激としての対象を起点にそれが感覚器官に受容されたのち、中枢に上行する処理の流れを構造的に把握していく見方が常套であった。

心理学を概論的に扱った教科書や大学の講義ではこんにちにあっても、たとえば、概念やカテゴリーといったテーマを扱うときは、感覚・知覚の話からは一寸隔たったところ、思考を主題とする枠組みのなかで扱われる傾向がつづいている。しかも少なくとも人間の心理を語るその手順として感覚・知覚に比して思考の話はどちらかといえば、奥まった高次の領分として、こころの全体構成においては後半に語られるものとして扱われることが一般的である。最初に推論の特性であるとか構えとか、概念形成や問題解決の特性といった話題から入り、しかるのち後半のほうで知覚や感覚の話題に移るといったトップダウンの流れで書かれた心理学や認知心理学のテキストは今もって見あたらない。感覚や知覚は入口にして認知の基礎になるものだから、先に書くほうが理解やことがらの順序として適切で、書きやすいという理由がありそうだが、そうした前提がそもそもカントが解体したイドラだった。地動説を当然のこととして解してはいるが、基軸はあくまでも大地にあるという思考が根を張っている。したがって、こころの働きの基本的なあり方として、最初にア・プリオリな枠組みから始まりうるという説明のあり方は今もってユニークでありつづけている。つまり、カントの成したコペルニクス的な回転様転回は頭では了解したつもりでいても未だ身体化されるには至っていない。カント流にいえば、理性的に解しているが、それが経験的に結びついていない。だから十分に認識されるにいたっていないということになる。こうして彼の認識論は今もって新しく、わたしたちにとってのテーマでありつづけている。

ところで、戦前、つまり一九世紀に心理学が学問としてのかたちをなしてから二〇世紀前半までのあいだ、わが国の学問状況は米国というよりもドイツの知見に負うところが大きかった。それは心理学でも同様であった。だから、認識の成立には中枢性の作用が重視されていた。したがって、半田（2011）にあるように、戦前の心理学のテキストにはごく自然に「意識」や「意志」といった主題の章が設けられ、認知というより認識の成立との関係が論じられていた。

変化は敗戦後、教育や大学のシステムがすっかり米国流に転換して以降にあらわれた。その転換を象徴するキーワードとして統覚（apperception）をあげることができる。これはまさに統覚心理学（apperceptive psychology）を唱道したW・ヴントが重視した概念であった。統覚は一般に感覚や感情といった心的内容を明瞭に意識し、自己意識として統一することや、意志の活動として心的内容を能動的に統合する機能として語られ、連合による心的要素の機械的・受動的な結びつき（これは英国経験論に由来する連想心理学が重視した認識の構図、基本的には米国の心理学が継承するわけだが）よりも高次の機能として認識の基盤にあるものとされていた。この統覚概念の由来は少なくともG・W・ライプニッツにまで遡れるようだが、ヴントの考え方にはカントの綜合による認識論（ここでもむろん統覚は認識の三源泉として重視される）が影響していることは十分に読み取れる。その統覚が戦後日本の心理学においては次第に言及されなくなり、辞書に痕跡をとどめる用語となっていく。

巨視的にみれば、どのような学問分野にも思潮の振り子のようなものがある。見方が一方に傾いたのちには他方に振れる。やがてまたもとの側へ戻り、ふたたび返る。行きつ戻りつでは発展がないので、振り子というよりも繰返し同様のところをめぐりながら、次第に全体の眺望が開けていく螺旋だとも語られる。そういう観点からすると、前世紀を過ぎた今、先延ばしにしていたかつての課題をいま新たに引き受けるときが来ているともいえそうである。眠っていた「統覚」をふたたび統覚をもって意識の直中にとらえることや、それとともに考えるべき概念、たとえばカントがその書において認識の成立における綜合に不可欠な作用として語った構想力に光を当てるときかもしれないというわけである。

その「構想力」はカントが果たした認識論における転回にとっての梃子、否、それは回転であったのだから、ちょうど軸足に相当する位置づけをもって語られた。それはあとで確認するように、軸足だっただけにその重要度が大きく、彼自身、考察の焦点の一つにした対象であった。そのことは六年の隔たりをもつ『純粋理性批判』の二つの版のあいだで書きぶりを大きく変えたのがこの概念であったことからもその新機軸性と冒険性をうかがい知ることができる。それが思考の苦慮を伴った概念であったことと、その思考デザインにおける新奇性の中軸に据えられたものであっただけに、構想力は後世のカント思想の解釈においても必然的に焦点の一つに据えられてきた。そのことは現在にいたってもなお変わらず、哲学界の検討対象としてとりあげられつづけている（e.g.,Feger 1995; 細谷 1998; 岩城 2001)。

では、カントは構想力をめぐっていったい何を考え、語ったのだろうか。それが認識論の転回において果たした役割は何だったのだろうか。『純粋理性批判』第一版（1781)、第二版（1787）にもとづき以下にその見解をまとめる。

『純粋理性批判』の全体構成は、まず大きく「超越論的原理論」と「超越論的方法論」に分かれる。原理論は彼自身の喩えでいえば、建築物の材料とそれでどのような建築ができるかという話である。方法論はその材料を使った建築物の設計の話である。『純粋理性批判』の主眼は分量的にいえば、あきらかに前者にあり、原理論が全体に占める量的割合はおおよそ80％である。このメインの原理論は二つの部門「超越論的感性論」と「超越論的論理学」から成っている。感性論では主として時間と空間を題材に超越論ゆえのア・プリオリな感性の条件について論じられる。他方、論理学ではア・プリオリな悟性の条件がとりあげられ、純粋悟性概念の働きやそれと感性との綜合が話題の中心になる。この原理論を構成する感性論と論理学は認識過程におけるボトムとトップにあたるようにみえる。だが、すでに触れたようにカントはそのようにはとらえず、両者を水平においてみようとする。論理学の部門はさらに二つの論「超越論的分析論」と「超越論的弁証論」に分かれている。前者では人間の認識の根元的な構造を分析する。後者は悟性と理性の自然なありようを超え出た使用について批判的に扱っている。これらそれぞれはさらに細かな章や節で構成されている[80]。

超越論的ということばはこれらの構成単位のすべてに付されているので、これを除けばいま述べた『純粋理性批判』の構造は次のように図式化できる。以下、とくに明示の必要がないと思えたところでは見やすさを優先して「超越論的」の冠は除いて記述する。

・原理論（全体の分量の約八割）――・感性論
　　　　　　　　　　　　　　　　・論理学――・分析論
　　　　　　　　　　　　　　　　　　　　　　・弁証論
・方法論（全体の分量の約二割）

### 6・1・1　構想力は認識にとっての三つの源泉の一つである

序文を除けば、構想力に関する説明がはじめて登場するのは「分析論」においてである[81]。しかも「構想力」についてはここで最も多く語られる。ここは同時に第二版で最も多く書き換えられた部分でもある。その改訂によって構想力に関する多弁が控えられたのである。最初に構想力に言及される部分は、分析論の第一篇「概念の分析論」で、その第一章「すべての純粋悟性概念を残らず発見する手引きについて」の第三節「純粋悟性概念すなわちカテゴリーについて」である。ここは第一版と第二版で共通している部分であり「のちに改めて述べるが」という但し書きを添えたうえで、予備的、予告的に構想力について触れる。

ここで語られることは「わたしたちが認識の起原を究明しようとする場合に、まず着目せねばならない第一のもの」である。それは感性に与えられた多様な表象を通観し、まとめ、結合して認識を構成する綜合（Synthesis）のこ

とである。この「綜合一般」と呼びうる作用が構想力であると語られる。加えて、

「この構想力なしには、わたしたちはいかなる認識ももたないであろう。けれども、わたしたちがこの機能を意識することはきわめてまれである」

とされる。なお、構想力がとりまとめる多様な表象の代表的なものに感官を通して経験的に得る多様がある。また、これとは別に経験に由来せずア・プリオリに与えられる表象もある。その典型はそもそも感性的経験を条件づけている時間と空間という純粋直観[*82]である。

さらに、この綜合を概念とつなげる作用はまた別の心的機能の役割であり、それは悟性であるとつづける。あとの章で述べられることを先取りすれば、こうして対象の認識のためには第一に、二様の直観に対応する感官の概観（Synopsis）が必要であり、第二にはこの多様の綜合（Synthesis）を担う構想力が必要で、さらに第三にその綜合を統一（Einheit）して意識へともたらす統覚（Apperzeption）が必要になる。これら感官の概観、構想力の綜合、統覚の統一の三つは認識にとっての根源的源泉ということになる。感官の概観と統覚の統一は構想力の綜合とともに、いわゆる三段の綜合として直観による覚知の綜合、概念による再認の綜合とも対応的に語られる。ただし、三つの綜合が単なる換言か、別様の意味かはカント自身ははっきり語っておらず、のちの研究で議論の火種の一つになったところである。なお、統覚が綜合を統一させる際には悟性に属する諸概念が用いられるとみる。だからカントは別の箇所では、

「構想力によるそうした綜合を概念にするのは、悟性に属する機能であり、悟性はこうしてわたしたちに初めて本来の意味での認識を与える」

と語っている。つまり、構想力の綜合と連関する統覚の働きは悟性の作用ということになる。

### 6・1・2　第一版における構想力の役割

つづいて「分析論」は「純粋悟性概念の演繹」の段に入る。この部分の内容は第一版と第二版で大幅に変化している。

第一版では前半から構想力に対する言及があり、つぎのように書かれている。上述のように、認識における綜合は感官、構想力、統覚の三連構造を通じておこなわれる。すなわち、まず感官が現象を受容して知覚が成り立つ。ただしこの知覚は主観的な意識を前提としており、意識されなければ知覚とはならない。ここでこの意識とはア・プリオリな純粋直観を担うものの言い換えになっている。したがって、知覚された現象といっても、その現象が客観的に実在するとはかぎらない。ア・プリオリにある時間と空間のなかに描かれる表象であるから、認識において存在しているのである。だから、適切にいえば認識において知覚されたものが虚であることは、時空に割り付けられた像をありありとした知覚としてとらえる幻覚や妄想を極端な例として、錯覚や盲点処理や周辺視の色覚に至るまで幅広くある。超越論的感性の純粋直観としての時間と空間という表象の枠組みについては、たとえば、ヴァイツゼッカー（Weizsäcker 1940）のつぎのことばがその特性をよくいいあらわしている。

「経験の秩序は経験された対象の秩序ではない。一枚の絵の空間的状態をわたしたちは時間的継起において経験するが、外界においてはそれは同時的に存在している」

つぎに、構想力は連想と再生を伴って経験を形成する。感官の現象に対してはそこで個々さまざまにあらわれている多様なものを互いに結合する覚知（Apprehension：または把捉）の作業をおこないア・プリオリな綜合をなす。

カントはいう。

「多様の綜合の活動的能力を構想力と呼び、直接に諸知覚に行使された構想力の働きを覚知と名づける。すなわち、構想力は直観の多様を一つの形象へともたらすのだから、前もって諸印象を自らの活動のうちに取り入れなければならない、すなわち、覚知しなければならない」

構想力は感性の現象に向けてはア・プリオリな綜合としての覚知をおこない、他方、概念を体制化している悟性に向けては経験としての一つの形象をもたらす媒介過程を担っている。

カントはそれまで心理学者[83]が構想力を考える場合はもっぱら再生の働きにおいてであったが、それをさらに知覚のなかで必然的に働く綜合の過程としても位置づけたことを強調する。しかも、そこには感官から与えられたものを受けとってまとめていく作業だけでなく、むしろ能動的に感官に働きかけ、覚知する活動をみた。

知覚過程における表象生成は複数の知覚の並列という点だけとってみても、ちょうど夢のなかのシーンのように諸表象が無差別に現れるような事態に近い。だから、認識が生じるには諸表象の現れに一定の規則が必要になるはずである。この規則にしたがって、選択的に表象を綜合していくのが構想力であるという。この点について彼は第一版のなかで述べている。

「構想力はア・プリオリな綜合の能力でもあり、それゆえに、わたしたちは構想力に産出的構想力という名前を与える。そして、構想力が現象のすべての多様に関して現象の綜合における必然的統一を意図するかぎり、この統一は構想力の超越論的機能ということになる。だから、奇妙だが、諸現象の親和性さえもが、さらに連想が、またこの連想によって法則に従う再生が、したがって経験そのものが構想力のこの超越論的機能を介してのみ可能になる」

現象のあらゆる連想に関してすべての経験則に先立ちア・プリオリに洞察されるべき根拠がある。それがここでいわれている現象の親和性である。これは悟性の統覚的な統一に由来する。感官の知覚過程においては構想力を介した綜合として感官に対しア・プリオリに行使される。それは直観において現象するがままに多様を結合する。これはいわば構想力の作業を結果的に知性的にする統覚の作用であり、ここに構想力を通じた純粋悟性概念、すなわちカテゴリー[*84]による悟性の働きが及ぶ。親和は異質な元素を結合することで新たな元素を創り出すことを指す化学用語に由来している。カントは最晩年の著『人間学』において、これをよりわかりやすく、感性的創作にとって必要とされる異質な要素が同一の根源をもっているかのように結合しようとして相互作用し、第三のものをもたらすことと説明している。これらをまとめるようにカントは第一版のなかでつぎのようにいう、

「純粋構想力によって、一方では直観における多様なものを感性的に綜合し、次にこのようにして綜合された多様なものをさらに純粋統覚による必然的統一の条件と結合する(するとそこから対象が生じる)。感性と悟性という両極は、構想力のこのような超越論的機能を介して必然的に結合されねばならない、さもないと感性は、なるほど現象を与えるかもしれないが、しかし経験的認識の対象を、したがってまた経験を与えることができないからである」

留意すべきはここで語られていることは構想力の超越論的機能であるから、これはア・プリオリな純粋構想力を想定した説明になっていることである。

「わたしたちは純粋構想力を、すべてのア・プリオリな認識の根底にあって人間の魂の根本能力としてもっている」

とカントは考えたのである。

### 6・1・3　第二版における構想力の身分変更

このように第一版では構想力が認識過程の中軸を担っていることが強調されている。だが、この説明がなされた箇所「分析論」第二章「純粋悟性概念の演繹」のなかの第二節「経験の可能性へのア・プリオリな根拠について」以降は、第二版では「純粋悟性概念の超越論的演繹」へと、全面的に書き換えられる。結果的には第一版に比較して構想力に関する記述が控えめになり、第一版では全般にわたり頻繁に構想力に関する言及がなされたのに対し、第二版では第二章二節に一三項立てられた項目の一〇項目に至ってはじめて構想力について記述されることになる。替わりに第一版ではあとのほうに書かれていた統覚や悟性の説明をはじめにもってきてそれらの内容を厚くした。

具体的には、たとえば書き換えられた節の冒頭で、第一版と同様、諸表象の多様が結合されるのは感官においてではないことが強調され、それは結合が表象力の自発的作用だからであるとする。そして、

「この自発性は、感性とは区別されて、悟性と呼ばれねばならない」

とし、

「すべての結合は、わたしたちがそれを意識しようとしまいと、それが直観の多様の結合であろうと、あるいはさまざまな概念の結合であろうと、感性的直観の多様の結合であろうと、あるいは非感性的直観の多様の結合であろうと、悟性の働きであり、この悟性の働きにわたしたちは綜合という一般的な名称をあてる」

と語る。

第一版では構想力に綜合の役割をあてていたが、それを包み込むかたちで悟性の綜合を強調するようになる。伴って同じく悟性に含まれ、場合によってはその一部の換言ともいえる統覚の役割を前面にとりだした。第一版では感性と悟性のあいだを仲立ちし、感性側にあると位置づけられながらもかなり独立性をもって機能する構想力という見取り図があった。統覚は構想力の綜合を統一し、意識化させるが、それは構想力に知性を付与する悟性の役回りとして語られていた。それが第二版では認識成立の基本構造として構想力を悟性の働きの一部としつつ感性と悟性の関係の背後に置き、代わって統覚を表に立てながら悟性の役割を強調、悟性と感性の二者関係においてこの綜合、統一過程をシンプルにとらえなおそうとした。

感性に与えられる多様は当初個別的で主観による同一性をもっていない。これを「わたしの表象」として同一性をもった表象にまとめあげること、それをカントは根源的結合を果たす諸表象の綜合、さらには統一と呼ぶのだが、その全過程においてあらためて悟性を前面に出した。そうして「全人間的認識における最高原則」という名をもってつぎのように述べる。

「結合は諸対象のうちにはない。それは知覚によって諸対象からは決して借用できないし、また悟性のうちに知覚によって最初に取り入れられることもできない。結合は、ただひたすら悟性の営みであり、しかも悟性そのものは、ア・プリオリに結合する能力、しかも、与えられた諸表象の多様を統覚の統一のもとにもたらす能力にほかならない」

これは第一版の記述でいえば、悟性ではなく構想力の働きとして書かれたはずの内容であった。だが結局、構想力は悟性の一部としてとらえうることから、版を改めてはこの記述になったと思われる。反面、構造をシンプルにした分、悟性をもって語る範囲が広がりすぎることになった。

ところで、主観的統一は各個人の感官由来の経験的意識がつくりだすものだから、おのずと各人多様である。だが、その基盤には超越論的なカテゴリー概念に合一する超越論的統一がある。それゆえに他者と認識を共有し、相互コミュニケーションをはかりうる客観性が担保される。カントはこの説明につぎの例をあげている。

ある一つの物体を持ち上げる場合、主観的に妥当性のある判断のかぎりでいえることは「重圧を感ずる」ということだけである。この経験はいくら反復しても、あるいはいかに連想しても主観的には妥当性が増すだろうが、その経験を他者と共有するための客観性が高まることはない。重い抑鬱症状を呈している人にとっては自分にのしかかる空気がひどく重い。その重さは意識するほどにいよいよ増すかもしれない。だが、他者にはその重さも確信の高まりも伝わらない。それでありながらわたしたちはある物体を持ち上げ、主語をその対象にして「これは重い」と表現することができる。これができるのは個人の知覚経験の多寡や個人差を超え出て、超越論的統一に依拠した客観的判断ができることによってであるとカントは指摘する。わたしたちはこうした判断をごく当たり前になしている。しかし、それが可能になるのは「わたし」を除いて対象化した「物体」と「重さ」を関係的に結びつける超越論的統一ができているという前提があるためにほかならない。これが悟性のもつカテゴリーにつながる統覚の作用である。

このように第二版において統覚を含む悟性の役割を一層強調することになった背景は、カントといえども古代から連綿と続いてきた認識に対する見方、すなわちそれが直観と思惟（あるいは感性と悟性・理性）から成り立つという見方の圧力から完全に脱せなかったからだといわれている。第一版で両者の中間項としてたて、カントみずからのうちに存在感を強めていた構想力は、それに与えた役割の大きさから伝統的観点に照らして座りが悪く、反論のヴァルネラビリティを高めてしまった。だから、カントのなかで構想力に対する見解が揺らぎ、第二版では構想力が反省的処遇を受けることになった。このように解釈している一人に、構想力を心の根源の一部であるとする見方を支持したM・ハイデガーがいる。彼（Heidegger 1913–44）はいう、

「構想力を心性の根本源泉として解釈する際にカントがいかに揺れ動いていたか、カントが構想力を根本的にはいかに厄介なものと感じており、しかしそれでも他方では、認識の構成と連関とのなかで構想力に基本的役割を割り当てざるをえなかったか」

ハイデガーは綜合の固有で純粋な源泉として構想力を根底にすえなかったならば、カントの説明は骨抜きになり、理解できなくなるとして、第二版より第一版での考想を支持した。

ハイデガー以前にもヘーゲルやショーペンハウアーも第一版の支持者であった。たとえば、若きヘーゲル（Hegel 1802）はカントの二元論的認識論と悟性の有限性への踏止まりに不満を呈しつつも、そのあいだにあって突破口とみることのできた超越論的構想力に自分の思考が大きく揺さぶられたことを述べている。彼は感性と悟性の媒介過程としての構想力というよりも、むしろ理性としての構想力をとらえ、経験と概念のどちらとも異質な表象を止揚する超越論的構想力をカントが否定した直観的悟性のありようとして認識過程の根底にみた。いわく、

「根源的総合的統一、すなわち対立物の所産としてではなく、対立物の真の必然的絶対的根源的同一性として把握されねばならぬ統一は、一方では産出的構想力の原理である」

「産出的構想力は直観的なものとしても経験的なものとしても、理性から分離される特殊な能力ではない」

このことはとくに、構想力を法則性とは別のところで恣意的な空想をなすことのように受けとめる人によく聞いてもらう必要があるとしている。そのうえでつぎのようにつづける。

「先験的（超越論的）構想力は直観的活動であると同時に、その内的統一はまったく悟性の統一そのもの、すなわち延長から分離されるかぎりにおいてはじめて悟性およびカテゴリーとなるところの、延長のうちに沈められているカテゴリーにほかならない……それゆえ先験的（超越論的）構想力はそれ自身直観的悟性なのである」

これは回転扉に踏み込んだカント自身にとっては躊躇せざるをえない一歩であったが、カントをステップにできたヘーゲルにはジャンプ可能な考想であった。

あとでみる三木清（1946）も第一版に分があるとしたひとりであったが、彼の場合は、版改訂の事情をもう少し前向きにとらえている。すなわち、確かに構想力に対するカントの見解は時間をおって発展的に動揺するのだが、それはどの機能にしてもそれを「孤立的、固定的、並列的に分類することに彼が満足しなかった」というカントがもつ思考傾向のあらわれであり、同時にとくに構想力には根源的な力として「創造的原理」があると予感した。だからこそ、そのことが「構想力に絶えず新たな能力を帰属せしめる動機になった」。その結果、移調的な書きぶりによって大きな変化がもたらされたとみている。

本書ではこれらに加えてカントにとっては“Einbildungskraft”、わたしたち日本人にとっては「構想力」という概念がもつ宿命ともいえる意味構造の性格が改訂での変化に影響したとみる。Einbildungskraft も構想力も meinen、すなわち考えること、考想の意味を含んでいる。その一方で、どうしてもその前景には Fantasie すなわち空想や夢想といった意味が立ちあらわれる。この概念の両価的な意味特性自体、感性と悟性を仲介するという自身の機能を映し出してもいる。それだけにその働きはまことに状況依存的で風見鶏のような性質を呈することになる。陰陽をもって一体となすことを一般原理として受容する感覚をもってすれば、その性格も受け入れることができる。だが、感性と、悟性ないし理性という二項図式をもって、曖昧さをなくす整序に傾けば、頭上でカタカタと動く風見鶏は苛立ちの原因となるだろう。カントは大きくみれば、その時世にあった合理論と経験論の二大潮流の合流を誘導した。しかし、彼の足場はまさに大陸（合理論）にあったから、二版改訂にあたってはEinbildungskraftの悟性としての一面をおもてにして釘を打ち、姿勢を安定させることを選んだのだろう。そうしたのは安堵のためというよりも、つぎの考察の段階、あらたな批判に進むために必要な措置であったとも思われる。

構想力の振る舞いを後退させたとはいえ、むろんその役割を見捨てたわけではなかった。構想力を認識過程の中軸に据え多能的に前に出てくる面持ちを修正したまでである。したがって、第二版にあっても、悟性が構想力に代わって前に立ち、感官による直観の多様を綜合するといったショートカットな見方は悟性に神的な働きを措定するものであるから、ありえないと明記している。悟性によるカテゴリーがそのまま感官に及びかかるようなことはなく、カテゴリーはあくまで「全能力が思惟において成立する悟性に対する諸規則にすぎない」としている。そしてつぎのようにつづける。

「思惟とは、すなわち、悟性に対してよそから直観において与えられた多様の綜合を統覚の統一へともたらす働きである。したがって、悟性は、それ自身ではまったく何ものも認識せずに、ただ認識の素材を、つまり客観によって悟性に与えられねばならない直観を結合し秩序づけるのみである」

これはまるで第二版でカント自身がとった対処を隠喩的に表現した文章にもみえてくる。ここでいう思惟の働きには構想力が重ねられていることもみえてこよう。

この第二版において構想力について比較的詳しく述べているのは「純粋悟性概念の演繹」について論じた「感官の諸対象に対するカテゴリーの適用について」の部分である。たとえば、

「構想力とは、対象が現に存在していなくてもこの対象を直観的に表象する能力である。ところでわたしたちの直観はすべて感性的であるから構想力は感性に属する。その理由は感性こそ悟性概念に、これに対応するような直観を与えうる唯一の主観的条件だからである。しかしまた構想力による綜合は、自発性をもつはたらきである、この自発性は規定するものであって、感官のように単に規定されるのではない。つまり構想力の綜合は、感官をその形態に関して、統覚の統一にしたがってア・プリオリに規定することができる、それだから構想力はそのかぎりにおいて感性をア・プリオリに規定する能力である」

この記述は誤解を生みがちである。構想力は感性に属するといいつつ、あとではその感性をア・プリオリに規定するといっているからである。これは第一版の当初から語られているように構想力が感性と悟性の両者にかかわるため、あるときは感性機能の一部として、別のときは悟性機能の一つとして働くことになるので、そのことを言いあらわしたものと解釈できる。

この構想力が感性に対して及ぼしている綜合は感官自体ではなしえないことである。それは経験に依拠しない純粋構想力の働きによる。これを形態的綜合と呼んでいる。この超越論的な形態的綜合を通じて感官に悟性の綜合的影響が及ぶと考える。このことを、つぎのようにもいう。

「感性的直観の多様を連結するものは構想力であるが、構想力は自らの知性的綜合の統一に関しては悟性に依存し、覚知の多様に関しては感性に依存する。ところで、すべての可能な知覚は覚知の綜合に依存するが、覚知の

綜合そのもの、つまりこうした経験的綜合は超越論的綜合、したがって諸カテゴリーに依存するので、すべての可能的知覚は、したがってまた、経験的意識につねに到りうるすべてのものも、すなわち、自然のすべての現象も、その結合に関しては諸カテゴリーに従わねばならない」

ここで「経験的綜合は超越論的綜合、したがって諸カテゴリーに依存する」としているのは、このカテゴリーが経験とはかかわりなく成立するア・プリオリな概念（純粋悟性概念）で、経験一般を可能にする根拠を、悟性の側から得てくるとみていることによる。このあたりは第一版で述べられた構想力の役割を維持させつつ、基本的には悟性機能に含ませた第二版の見方があらわれているところである。

すでにカントは第一版において構想力に再生的な機能と産出的な機能を分かちみていた。その後者に対してア・プリオリな認識のありようを再確認する。

「構想力が自発性であるかぎりにおいて、わたしはこれをときおり産出的構想力と呼び、そのことによって産出的構想力を、その綜合がもっぱら経験的諸法則、つまり連想の諸法則に従属している再生的構想力から区別する。だから、再生的構想力は、ア・プリオリな認識の可能性の説明のためには何ごとも貢献せず、それゆえ超越論的哲学に属するものではなく、心理学に属するものである」

このように、第一版に引き続き、感性から悟性への流れにおいては、いわばイギリス経験論的な習慣形成に根ざした認識機構として再生的な構想力をおさえた。これは同時または継時的に生ずる表象を結合する構想力であり、かつてその綜合がなされた経験を拠りどころにした法則にしたがう。つまりこれは連想の法則である。よって、再生的構想力は経験的構想力とも呼べるが、この換言は第二版では除かれている。

### 6・1・4　図式と構想力

つぎに「分析論」だが、これは第二篇の「判断力の超越論的理説あるいは原則の分析論」に入ってふたたび両版で同じ内容になる。その第一章「純粋悟性概念の図式機能（schematismus）について」で、悟性が扱う図式（Schema）に関連してふたたび構想力に言及される。

ここで図式は純粋悟性概念（e.g., 円）と経験概念（e.g., 皿）を媒介するもので、感性的な直観にもとづく現象を悟性のカテゴリーに結びつける働きをすると紹介される。これにより図式はたとえば、皿をみてそこに自然と円みをみてとるという超越論的な機能を果たすことになる。さらに図式の働きについてカントはいう。

「図式はそれ自体としてはいつも構想力の産物にすぎない。しかし、構想力の綜合がいかなる個別的直観も意図せず、感性の規定における統一のみを意図するとき、図式はやはり形象からは区別されねばならない。したがって、もしわたしが五つの点……を順番に並べるならば、これは五という数の形象である。これに対して、わたしが五でもあり一〇〇でもありうる数一般をただ考えるだけならば、この思惟はこの形象そのものというよりは、むしろ、ある種の概念にしたがってある集合量（たとえば千）を形象においてあらわす方法の表象である。千という数の場合にはその形象を概観したうえでその概念と比較することは難しくてできないであろう。概念にその形象を与える構想力の一般的な手続きについてのこの表象を、わたしはこの概念に対する図式と呼ぶ」

このように図式は五つの点に対応した「……」のようなかたちある「図」ではなく、千や一兆といった場合のように具象の生成対応がままならないものにも対処しうる抽象的に一般化された表象のことである。この図式を介することで純粋悟性概念は諸現象一般と結びつくことができる。これはかつてデカルトが『省察』のなかであげた例示を思い起こさせる。すなわち、わたしたちは千角形を思惟しようとするなら、それが千の辺から成り立つ図形であることを、三角形が三つの辺から成り立つ図形であると理解できるのと同じように解することができ、それらしいかたちも想像できる。けれども、その「らしいかたち」の像が正確に千の角と辺からなっている図形でないことはあきらかで、三角形や五角形のように現在化[*3]しているかたちとして千角形を想い描くことはできない。千角形は観念のうちにとらえうるだけである。これはちょうど心像をめぐってのコスリンの擬画像とピリシンのいう命題のあいだの観点の相違にも重なる。

三角形も五角形も千角形も想い描く限りにおいては図式によって純粋構想力が超越論的にそれを可能にする。だが、三角形や五角形が具体的な形象にもなるのは、図式とは異なる個別具体的な図としての経験的（再生）構想力も働きうるからだろう。ただし、その際も具体的に描き出したその三角形はどこかで見た三角形の想起として描かれるわけではない。だから、基本的には図式が作用していることは間違いない。このことから多角形の図式はこの例でいえば、三角形や五角形の個別具体的な経験を介しつつ、そうした感性的な直接経験とは切り離されたところで超越論的に構想されるものであることがわかる。カントも同様に別の例、三角形や四足動物をあげて、こうした図式は実際の個々の形象をもとにした構想力による綜合の規則になっていると説明する。

「実際わたしたちの純粋な感性的概念の根底にあるのは、対象の形像ではなくて図式である。三角形の概念には三角形のどんな形像とも決して十全に合致しない。三角形の概念は直角三角形であろうと、不等辺三角形であろうと、いっさいの三角形に通用する普遍妥当性をもっている。一方、三角形の個々の形像となると、このような普遍性に達することができず、常に三角形の図式の一部だけに制限される。三角形の図式は、思考のうちにしか存在せず、空間における純粋な形像に関して、構想力による綜合の規則を意味している。まして経験の対象やそうした対象の形像は、決してその対象の経験概念に達し得るものでない。経験概念は、常に構想力の図式に、すなわちわたしたちの直観をある一般概念にしたがって規定する規則としての図式に直接関係する」

経験概念とは感官による直観が形象に転写したようなものではなく、すでに悟性に通じる構想力によって図式に適合されたものとして説明されている。カントはこの図式とそれを生み出す構想力が人間の認識に占める位置づけをつぎのように語る。

「構想力は、経験がわたしに提供する何らかの唯一の特殊な形態や、わたしが具体的に表示しうるおのおのの可能な形象にも制限されることなしに、四本足の動物の形態を一般的に描くことができる。現象とその単なる形式に関するわたしたちの悟性のこの図式機能は、人間の魂の深みに隠された技術である」

再度、形象と図式と純粋悟性概念（カテゴリー）の関係をまとめれば、感官からの形象が認識される過程では図式を介してそれを概念と結合する必要がある。しかし、個々の経験的形象が純粋概念に完全に合致することはない。それでも、それが不一致にならないのは図と概念の二面性をもった図式のインターフェースのおかげである。感性と悟性にかかわる構想力の一面はこの図式形成や作用に発揮されているというわけである。すなわち、

「図式は、カテゴリー(純粋悟性概念)が表現する概念一般にしたがった統一の規則に適合した純粋綜合であり、構想力の超越論的産物(ア・プリオリな純粋構想力の産物)」

であると、カントは語る。ただしこの点、本書の立場は純粋悟性概念と経験的形象のハイブリッド媒体ともいえる図式こそ構想というより想像そのものであるとみる。したがって、カントの語っている図式産出に与る力はまさに想像力のことになる。とはいえだから、構想力は想像力にほかならないというのではない。構想力は「図式」ではなくまさに「図」の産出を担っているとみる。

図の産出についてはのちにみるとして、図式は想像であるという見方についてはカントの別の箇所での説明にも照らして語ることができる。たとえば、彼は図式をモノグラム（組合わせ文字）に喩えている。図式論からずっと先に進んでいった「弁証論」の後半部分、第二篇「純粋理性の弁証論的推論について」の第三章「純粋理性の理想」で語っているところをまとめれば、図式は命題的な規則そのものではなく、むろん一定の形像もとらずに、ばらばらな線画から成るようなもので、いろいろな経験の中間に漂っている線描、あるいは人に伝えられない影絵のようなものであると説明している。それは感性の理想ともいえ、経験の範囲を超えている。この理想はものごとの不完全性を判断する際の尺度として使う理想に比べると、ずっと経験的で現実的だが、それでも実際のかたちの手前にある範型であるとしている。このモノグラム、範型とはまさに想像にほかならない。また、カントは構想力のなかでも図式に関わるのが純粋構想力で、形象をもたらすのが産出的構想力であるとしているが、これを本書では前者を想像力、後者を構想力としておさえることで一層明解にできるとみる。この先の話は次の七章以降に引き継ぐ。

### 6・1・5　第二部「方法論」では

はじめに示したように『純粋理性批判』は量的主体をなす「原理論」とそれに比較すると補足的な「方法論」の二部構成になっている。その第二部の目的は純粋理性による認識の全体を一個の建築物に見立てれば、第一部で見いだした材料に基づいて実際の設計をすることであった。その材料集めの結果についてカントは、当初、想い描いていた摩天楼ではなく、経験という平野に立つ一軒家になったが、それが実際に仕事をするには手ごろな広さと高さであることを知ったとしている。そのとおりに建ったその美しく堅牢な一軒家は知の殿堂、まさに哲学における世界遺産の一つとなり、建ってから二〇〇年が経つ今もひっきりなしに世界中の人の訪問を受け、眺められては、細部にわたり念入りに調べられ、論じられる館となっている。

設計作業とされた第二部「方法論」で実際におこなわれたことは純粋理性体系の形式的条件を規定することであっ

た。そのために悟性の使用に関する論究を訓練、規準、建築術、歴史という観点にたって試みている。いわばこの応用編は結果的には第一部の付録のような位置づけとなった（この部分の内容は第二版でも変化していない）。そのなかで構想力に関する言及は第一章「純粋理性の訓練」のなかのつぎの一ヶ所である。理性の監督下で作用する構想力がもたらす「仮説」について述べている。

「わたしたちが理性を批判した結果知り得たところは、（経験を援用せずに）理性の純粋な思弁的使用だけでは、実際には何もまったく知りえない、ということである。そうするとこの理性批判は、仮説にそれだけますます広い領域を拓いたことにならないか。仮説であれば、たとえ主張することを許されない場合でも、想像によって設定し、また臆測的に考えることは、少なくとも許されているからである。

構想力がただ奔放にはたらくというのではなくて、理性の厳重な監督下に構想するとなると、想像によってつくりあげられたものとか、単なる臆見のようなものではなく、何かあることが、前もって確定している必要がある、それは対象そのものの可能性である。その上でならこの対象の現実性に関して、臆見を頼りに考えることが許されてよい、しかしこの臆見が根拠をもつためには、現実的に与えられしたがってまた確実であるものが、この臆見に結びついていなければならない。そうした場合にこの臆見を仮説という」

カントは理性の批判、すなわち限界設定をおこなうことで、近代になって神の座に取って代わった人間の理性の役どころを厳しく見極めようとした。その結果、それを構成する材料は天にも届かんとする超高層建築ではなく、平野に建ちその景観に馴染む手ごろな家のためのものになった。その端正な理性はそれ自身がすべてを見通し、創造する神的力をもつものではなかったし、俗世を知らぬ高座からトップダウンで指令する類いのものでもなかった。それらとは反対にそこには外光の届かない人間精神の奥間で理性自身のことばを使って孤独に仕事をしている営みがあった。

だから、理性は現実と直に接する感性の直観や、その綜合を悟性に橋渡しする構想力、そしてそれらを理性につうじるロゴスに整序、統一する悟性に各々の力を発揮してもらい、それらとの協働をとおしてはじめて現実に適応した働きができるのであった。そのような協働の設計が「方法論」の主題になったわけである。

こうした協働体制のデザインのなかには想像力がその力のなすまま自由奔放に空想したり、臆想したりするという設定はない。想像力に求められるのは、悟性をつうじた理性とのコラボレーションにおいて「対象の現実性」「現実的に与えられしたがってまた確実であるもの」についてその力を発揮することであった。対象の現実性は感官に受けとめられる個別具体的な主観が純粋悟性概念に適合されることで、そのア・プリオリな体系のもとに客観性を担保することでもたらされる。現実的にしてまた確実であるといいうるのはその客観性に依拠する。この主客の異質な性質をつなぐ役割が概念とも図ともいいがたい想像を生成する想像力に委ねられた。ただし、カントはそれを書きあらわすのに Fantasie や Phantasie、あるいはドイツ語にもある imagination ということばを避けて想像の役どころには Schema、想像力には Einbildungskraft を選んだのであった。それらを選んだ狙いは、こうした協働を前提とした認識過程におけるそれらの働きが、あきらかに日常用語の想像や想像力とは異なっていたためで、それらとの混同を避けたかったからにちがいない。

その協働において構想力が理性的に提示するのは臆見というより仮説になるとカントはいう。仮説は構想力の対象として現実的な可能性を根拠にしている。理性がこの現実的な可能性を判断するにあたっては、理性概念すなわち理念において、あるいは悟性の範囲にあるカテゴリーなどを拠りどころにしておこなうことはできず、感性由来の経験に基づく必要がある。つまり、理性は単に悟性とやりとりすることで超越論的な仮説、すなわち理想をつくりあげることはいくらでもでき、またそれを得意としているが、それが現実の経験に根ざしていないなら、実践的には仮説にならず単なる空想に留まってしまう。現実から遊離した理説に理性が拘泥することがないよう理性は悟性と感性を橋渡し実践的に経験と理性との通路を開く構想力との協働を必要とする。

カントはこのことを語る節に「仮説に関する純粋理性の訓練」という標題をつけている。それは理性が外界から閉ざされたところで働いていることと、その仕事はロゴスを用いた思弁であることから、裸の王様になったり、独り相撲をとりがちになる性質を指摘し、その回避策を示したかったからであろう。理性は容易に理想世界を描き、そこで奔放な想像力と戯れながらいくらでも時を過ごすことができる。だが、それでは現実を見る目とつながる想像力をただ自分のところに従えて洞窟のなかで夢想に耽り、現実への対処や探求から逃避した蒼白い理性として、実際には何ごともなさないことになる。カントが独断の微睡みから覚醒したのは、そうした純粋理性が宿す限界性への気づきからであった。理性が自身の性質に目覚め、自らを律することで想像力はただ空想や臆見を生み出す存在から、仮説をもたらす構想力として機能しだす。そのことは必然的に構想力が橋渡す悟性と感性の認識過程全体をそのように駆動、活性化することになるのであった。

## 6・1・6　カントがみた構想力の特徴とそこからの展開

以上、カントが『純粋理性批判』で述べた構想力に関して概観した。最後に彼がとらえた構想力の代表的な特徴をここでは五つとりあげてまとめ、適宜本書での立場から、のちの章への展開のありようを簡単に予示する。

（一）構想力はもともとカントのなかでは認識過程の中軸として構想されていた。そのことが最も力強く書きあらわされたのは第一版で純粋構想力に言及したところであった。いわく、

「わたしたちは純粋構想力を、すべてのア・プリオリな認識の根底にある人間の魂の根本能力としてもつ」

「純粋構想力によってのみ、一方では直観における単なる多様なものをまったく感性的に綜合し、次にこのよう

にして綜合された多様なものをさらに純粋統覚による必然的統一の条件と結合する」

カントは感性と悟性の二元論においてそのあいだをコーディネートしながら、ときに感性としての様相を帯び、ときに悟性とも組み合うマルチモーダルな構想力をもってして、それまでの認識論の二大潮流を合流させた。また、それにあたって自身のなかにも自然と受け継がれていた認識過程におけるヒエラルキー的なおさえ方も、かなりのところを意識的に修正し、水平的な横つながりへの構造改革をおこなった。この仕事は慣習打破という困難なイノベーションを伴うものであった。その結果、改革は認識をめぐる天地をひっくり返すコペルニクス的転回となった。また、その転回軸にいま一つのアクロバット的な大技を導入した。それはそれまでほとんど不可触同様の身分に疎外されていた想像力の大抜擢であった。それにあたりカントはこれを変身的に構想力と呼んで登場させ、純粋という名の超越論的なモードや、単なる再生とは異なる産出機能のモードにもスポットを当てながら、変革を推進したのであった。

この大胆な変革をカントのなかで後押ししたものにJ・J・ルソーの思想があったことは間違いない。たとえば『エミール』は規律正しいカントの生活習慣を唯一乱してまで読みふけった著作としてカント自身が告白しているし、彼のほとんど飾り気のなかった書斎にはルソーの肖像画が掲げられていたと伝えられている。また、カントが構想力を基軸にして認識過程の構造改革をなしえた背後では、ゲーテ（J.W.Goethe）やシラー（J.C.F.Schiller）につながる揺籃期のドイツ・ロマン主義の風も、ほどなく疾風となる勢いをもって吹き始めていたからである。

（二）その構想力についての記述は六年後の第二版で大きく変化した。改訂の焦点の一つは第一版に対する批評で指摘された晦渋さを取り除くことにあった。これはカントみずからが記している。その指摘と改定結果を比べれば、批判の主たる対象が構想力に向けられたこと、とくにそれを前景に出して、認識過程の真ん中で異質のものをつなぎまとめる綜合の仕事を一手に引き受ける姿を描いたこと、長く抑圧されてきた想像力をやや変身させながらも、一気に表舞台に引き上げて主役級の役を与えたこと、などが災いしたと受けとめられたことが察せられる。

よって改訂の要点は自説の革新性をオブラートで包むことに向けられた。すなわち悟性とその働きの一つである統覚を前面に出し、その分、構想力への言及を弱めた。構想力は初版では感性寄りの位置づけにあったが、第二版では悟性寄りのものとして定め、その傘のもとにおいた。認識過程全体の構造は水平性を強調していた外観から、理性につながる悟性が全体を包み込む二元論的合理論の大陸的な見方に適う面持ちを醸し出した。ただし、構想力の基本的な役割は感性と悟性という性質の異なる表象の源泉に通じ、基本的には感性の多様を綜合し、統覚の統一、悟性のカテゴリー分別につなげるもの、つまり対象に関して客観的に妥当性のある判断をくだすための要に位置づけたことにかわりはなかった。

このカントのいわば日和見は史的にみれば、それが認識論のパラダイム変革であったことを一段と明白にした。変革をなした当人が狼狽えるほどの革新であったことを素直に伝えているからである。また、こうした事情からその後、この著作を訪れる際には第二版と共に常に初版が読み合わされることになる。その結果、むしろ初版に刺激を受けて評価、発展させる後継者たちも少なくなかった。本書も第一版における構想力に対する活き活きとした叙述に多くの想像力と思考を掻き立てられた。

（三）構想力の作用様式は決して受け身の過程にはない。その綜合役は単なる中継ぎ仲介ではなくて、感性に向けては自発的、能動的に把捉し、悟性に向けては純粋概念に依拠した統覚の統一に適うように綜合する。そのためその過程は再生的な作業で事足りるはずがなく、構想力は積極的に産出する。この産み出しは主観的な経験再生とは別の、超越論的統一に差し向けられた客観的認識を可能にするための志向性をもっている。この異質の感性と悟性に親和性をもって、場合によってはそれぞれの機能の一つとして通じる構想力はその作用を進めるなかで必然的に諸カテゴリーに沿った客観性を前提としながら感性に対する経験的綜合をなすようになる。その結果、産出的構想力は「空間の記述としての運動」をもたらし、具体的には客観的に共有できる形態を生成する。カントは空間に描き出される諸形態は産出的構想力の経験的な能力の産物であるとし、たとえば「二直線の和が第三の直線よりも大きいような三直線によって一つの三角形が描かれる」というなら、産出的構想力によってその条件を満たすような大小、形態さまざまの三角形を次々と描き出せると語っている。この描出力が本書でいう不定の心像を生み出す想像力と連動しつつも、それとは区別しうる定かな形象を現出する構想力の姿にほかならない。

（四）感性からの経験は対象の形象とは異なる図式に直接関係する。図式は構想力の産物で、同時に綜合のためのいわば規則となる。構想力はこの図式によって感性からの個別具体的な形態を、より一般化し、統覚の統一を介して純粋悟性概念に結びつける。したがって、この悟性の概念と直観の図を媒介する図式形成が構想力の力の発揮どころとなる。このようにカントの構想力は想起心像としての図式を頭のなかで使いながら個別の経験を客観性のある認識につなげていく作業に勤しむ。ただしこの点に関し本書では、のちの章で述べるように図式運用は想像力の仕事として分けみる見解をとる。

（五）理性は悟性、すなわち規則の能力とのやりとりによって超越論的な仮説をつくることができる。それらは規則や法則に沿って論理的にも整合したものとなるが、ともすれば現実の経験から離れた理想像になる。理想は経験と縁なく成立しうるから実践を指南する仮説にはならない。現実につうじる仮説には合理性への要求から理性の参与を必要とする。だが、それには理性とつながる悟性が他方で経験に全開している感性を引き込む必要がある。

悟性と感性は秩序と混沌と換言できるほど異質で直接には接合できない。そこで両者を調整親和的に結びつける構想力が経験にもとづく仮説形成や、その逆向きの経験世界への仮説の適用を可能にする。構想力はこのやりとりを通じて単に空想や臆見を振り回す惑わしの想像力ではなく、事実上、理性や悟性との協働による現実的現象に対する仮説提示をおこなう力となる。

ところで、想像の領域といえば、理想はもちろん、思考そのものとしての思想や考想、あるいは意志内容を中軸とした意想や志想、幻想や霊想のような超自然的な想像にいたるまで、とくに日本語特有の概念世界においては幅広くとらえることができる。豊かな想像概念をもつ日本の言語文化において日本人が考える構想力は、たとえカントから触発されてそれを批判的、発展的に継承するとしても、本書の場合のように、おのずと独特の性格や働きをもつ過程として再構築できうる環境にある。それではその日本文化の土壌において構想力について思索したたとえば三木清は、この力をどのように考想したのだろうか。つぎにこの点を探ってみよう。

## 6・2　三木清がみた構想力

三木清は二〇世紀前半に思索を重ねた日本を代表する哲学者の一人であった。第一高等学校の生徒であったとき、西田幾多郎の『善の研究』に出会って感銘を受けたらしく、京都帝大哲学科に入って西田に師事した。その後、一九二〇年代のドイツ、フランスに留学し、リッケルト（H.Rickert）やハイデガーに学んだ。帰国後、法政大学教授となり主としてマルクス研究で論壇をにぎわす。その過程で日本共産党への資金提供をめぐり検挙され、公職を退き、雑誌や講座の執筆、あるいは第三章で取りあげた雑誌『知性』などの編集に力を注ぎつつ、次第にマルクス主義から距離を置く。その時分、一九三七年から七年間二一回にわたり雑誌『思想』に「構想力の論理」を発表する。途中三九年には「神話」「制度」「技術」の章からなる前半をまとめ『構想力の論理第一』として岩波書店から刊行している。そののち、四六年には後半の「経験」の部分が『構想力の論理第二』にまとめられ刊行された。もっとも三木自身は第二次世界大戦末、敗戦も間近の春、友人高倉テルをかくまったかどで治安維持法違反により検挙され、敗戦直後の約一ヶ月のあいだ釈放されないうち四八歳で病により獄死する。戦時下ということとその件があって『第二』の刊行は著者没後のことになった。『構想力の論理』は「経験」の章の最後で「構想力の論理そのものは次に「言語」の問題をとらえて追及していくはずである」と予告されたが、こうした事情でこの文をもって未完に終わっている。

この著作は体系的な叙述スタイルをとっておらず、必ずしも読みやすい内容とはいいがたい。しかし、自らの思索に独自のかたちを与えようとするそれ自身が典型的な構想である試みはあらわで不思議な魅力を宿している。そのためか、出版当時、哲学を専門としない学生などにも広く関心を集め読まれたという（大峯 2001）。その魅力は二一世紀に入っても衰えず、装いをかえて再版されている。

ここで焦点にするのはその三木の著作『構想力の論理第一』（1939）で、神話、制度、技術の三主題のもとに展開された構想力についてである。その要点をとらえると共に、彼がなにゆえにこうしたテーマをもって構想力にアプローチしたのか、そのわけに検討を加える。むろん、当然のことながら同書の内容分析については哲学専門領域において、最近に至るまでいくつもの研究が重ねられている（e.g., 荒川 1981; 田中 2001; 内田 2004）。よって本書では不器用にその一端を繰り返すようなことは避け、むしろ本書のあとの章における構想とその力に関する考察とのつながりを念頭におきながら、三木のみた構想力からその先の構想に敷延した部分をあえて織り交ぜながら検討していく。

なお『構想力の論理第二』（1946）に編まれている「経験」の部は分量としては『第一』全体に匹敵する。しかし、その内容構成は「経験と構想力の関係」という項のあとには「イギリス経験論」として主としてヒュームをとりあげ、以降「カントにおける構想力の問題」「「判断力批判」の意義」「フィヒテの生産的構想力」「弁証法の根源としての構想力」と構成されている。つまり、そのほとんどはヒューム、カント、フィヒテ、ヘーゲルの思想における構想力に対する関係や見方に関する哲学史的な観点からの論考になっている。したがって、ここでとりあげる部分はその冒頭の「経験と構想力の関係」にとどめる。

さて、そもそも三木が『構想力の論理』であきらかにしようとしたことは、彼自身が記しているようにつぎの四点であった。第一に、理性やそれに基づく思惟の論理はその性質からして、抽象的に展開せざるをえない。しかし、もしそれと異なる論理があるとすれば、それは構想力の論理（Logic der Einbildungskraft）ないし想像の論理（Logic der Phantasie）になるだろう。だが、構想力や想像に論理はありうるのか、またあるとすればどのようなものになるか。つまり、この著作のタイトル『構想力の論理』とはそれ自体が、そもそも存在の不確かなことを語りかけている。ゆえに大本の標題からしてファンタジックなのだが、それは人を非論理面において惹きつける主体の論理をすでに語っているようにも感じさせる。ここで理性や思惟における論理が抽象的にならざるをえないのは、もちろんそれが現象の経験と直接結びついていない形式論理の世界にあることによる。だから、それと異なる論理の可能性を探るなら、逆に典型的には主体の知覚経験や感情世界がフィールドになる。そこに論理が成り立つとすれば必然的にその根城である理性と経験との連関が焦点にならざるをえない。そこに浮上してくるのが構想力ということになる。換言すれば、知覚経験や感情世界は基本的に直観的で非論理的性質をもっているが、そこに論理があるとすれば、理性的、知性的な関わりがあるゆえのことであり、その関わりを担いうるものとして構想力を考えることになるというわけである。

第二に、構想力の論理（Logic der Einbildungskraft）という表現は三木のオリジナルではなく、たとえばすでに一八世紀の哲学者で認識学を感性的認識論と悟性的認識論に分け、前者を美学、後者を論理学に位置づけたことで知られるバウムガルテン（A.G.Baumgarten）が使っていたという。その概念が三木と同時代に活躍したフランスの心理学者リボー（T.Ribot）のいう感情の論理やバウムガルテンの弟子マイヤー（G.E.Meier）のいう感情的思惟とどのような関連をもつのかを探ろうとする動機があった。

第三の企図は、構想力の論理と形式論理との関連性を明確にすることであった。三木は形式論理をこの書でのキーワードの一つ、ロゴスの論理と言い換える。つまりアリストテレス的にいえば、物は存在に不可欠な本質的構造としての形相と材料としての質料からなっているが、そこから質料を抜き取り、形相だけを扱うような抽象の論理がロゴスの論理である。これに対しておそらく構想力の論理は具象の論理として位置づけられる。するとそれはロゴスの論理に対してもう一つのキーワード、パトスの論理と表現できる（ロゴスの論理が同語反復的であることに加え、パトスの論理とはまた対照的に違和的だが、標題共々こうした表現がこの書の魅力の一つになっている）。この論理の特徴はわたしたち自身が物質として成り立っていることからすれば、まさに身体的に対象物とかかわることを要請している点にある。ここから「物の論理は単純にロゴス的な論理ではなく同時にパトス的なものに関わらねばならぬ」という観点が生まれ、静態的に頭のなかでとらえられる認識から抜け出て、動態的に身体がかかわるなかで生成されていく行為的認識の見取り図が描かれる。そこに構想力の論理がみえてくるのではないかという目論見であった。

第四に、とりわけ重要な問題として弁証法の論理は構想力の論理といかなる関連をもつのか、をあきらかにしようとした。上記に示した構造からすれば、構想力の論理は理性的な抽象客観世界と感性的な具象主観世界のあいだをつなぐ通態的な論理であることがみえてくる。だから、そこにはおのずと弁証法的な論理の性質をうかがう課題が生じてくる。

そもそも三木がこの主題に至った背景には、主知主義的な性格の強いギリシア的論理の伝統ではそこであきらかにされることが知識の論理にはなるかもしれないが、感覚・感情の感性から行為までを含んだ人間の全体的な営みについてはとらえきれないという不全さへの問題意識があったようである。それは心理学においても機能主義からつづいてきた機械論的観点に基づく思考規範が心理機能の分析と説明を豊富にする一方で、人間性の心理学から次第に遠のいていったことの課題と重ね合わせてみることができよう。三木には頭のなかだけでとらえようとする認識ではなく、身体全体としての人間の営み、とりわけ人間存在の基底と目された表現行為の論理を掴もうとする強い動機があったとみられる。

また、美学や芸術の分野では想像力の論理が主として審美的な観点から盛んに語られてきた傾向があった。しかし、そこでの想像には制作や創造を伴う表現行為が含まれているから、その行為を含めた全体的な営みをとらえる論理は、頭のなかで認識的に描かれる想像とは別の次元でとらえうるものであり、それをことばをかえて構想力の論理と呼んだのでもあった。

以上の二つをつなぐことができれば「構想力の論理を表現的世界一般の論理として美の領域への拘束から解放して、道徳や理論、とくに理論と実践との関係のうちに示」す試みもできるはずだと考えた。そのようにマクロな視座が据えられれば、人間の行為をさらに本質的な観点から、すなわち社会的、歴史的に規定されたものとしてみることも可能になってくる。そうした視野が開かれると、この論理は普遍性を求めるロゴスの論理とますます大きく異なることがみえてくる。たとえば、歴史には時の環境と主体との相互作用がある。そこに主体あるいは行為の立場での歴史創造の論理をとらえることができれば、ギリシア由来の対象客観的で観想的なところにとどまったヘーゲルの弁証法を超える新しい論理がみえることにもなるだろう、と三木は期待した。

「歴史的な形は単にロゴス的なものではなく、ロゴス的なものとパトス的なものとの統一である。構想力の論理はかようにしてロゴスとパトスの統一に立っている」

その構想力の論理を追う方法として彼が採った方法は現象の分析であった。その分析対象の選択はユニークで、神話、制度、技術、経験であった。まず、その第一の対象になった神話からみていこう。

### 6・2・1　神話

古代から神話は表面的には伝承としてあり、神を中心とした物語として成り立ち、実践的には自然や社会の事象を超自然的な存在、典型的には神の関与の結果を説明した語りで、神聖な真実につうじる日常生活の規範として機能してきた。それが近代啓蒙期において、神話は非科学、あるいはせいぜい科学の前駆体とみなされ一旦その価値が貶められた。しかし、こんにちでは文化人類学や民族学などの貢献により、神話の文化形成力としての役割や実践的な目的が再認識されるに至っている。たとえば、明確になったことの一つに、未開とされる地域に暮らす人たちの心理と、いわゆる科学的先進国に暮らす人たちの心理の関係は、子どもと成人の心理の関係と同じではないということがあった。このことは前者においてその文化の表面に姿をあらわしている神話が科学の前段階としてあるのではなく、各文化において潜在したかたちを含めて固有の位置づけと機能を担っていることを示唆するものであった。そうした見地からあらためて見直してみれば、科学的、経済的先進国の社会にあっては、かたちをかえた神話が未開といわれる文化におけるのと同様に、人びとにその力を及ぼし、日々現実の行動に影響を及ぼしている様子もみえてくる。科学神話、土地神話、情報神話、安全神話等々は単なる言い回し以上に神話機能の本質を担って作用してきたこともすでにあらわである。

**神話と分与の思考様式**

一九~二〇世紀にかけて社会学に大きな成果をもたらしたフランスのデュルケーム(E.Durkheim)の一派は未開社会といわれる地域に暮らす人びとの心理を探究し、それが集合表象、すなわち一定の社会群の成員に共有されている表象の問題としてとらえうることをみた。この集合表象はふつうの知的な認識に関わる表象とは異なり、情動的(感情的かつ運動的)特質をもつ。同一派のレヴィ=ブリュール(L.Lévy-Bruhl)は未開社会に暮らす人びとの心理に前論理的な特徴を見いだし、その集合表象には対象の客観的な関係には無関心で、たとえば出来事の因果関係といった純粋悟性のカテゴリー判断よりも、超自然的に身体化した神秘的なつながりが重視されている特徴を見いだした。一般に先進文明社会に暮らす人たちは時間経過の順や関係の矛盾に対して敏感であり、それにより論理的、分析的な思考を発達させていく。だが、その発達もすぐ先の見えるおまけの範囲に留まる。その種の思考が習慣化した社会に育った人も根本のところでは不合理な推論を普段とし、論理を超えた直観的、綜合的判断をおこなうことが常である。未開といわれる社会ではその根本の性質が周囲の自然現象に溶け込む状態で発露されがちである。そのためそれに応じて集合表象のかたちが特有のものになってくる。

三木は未開といわれる人たちの集合表象が分与の法則（loi de participation）にしたがっている点を強調的にとりあげている。だが、この法則は人間一般が抱く集合表象に当てはまることといってよいだろう。たとえば、自分と外部の対象との間には分有されたつながりの関係があり、本質的には同一性をもつと考える。つまり、集合表象化される対象は客体的な対象に留まることなく、その表象をもつ主体との一体性をもち主体化されている。たとえば、豚という集合表象があったとすれば、わたしはわたしであると同時に豚であるという見方がとられうる。これは自分が豚の生まれ変わりであるとか、変身したものであるとするような見方とは本質的に異なっている。分与の心は単に対象を知覚するだけでなく、対象と交通し、身体的、包括的な次元で対象に関わっていく。その対象を客体として切り離して考えるのではなく、わたしが対象を生きるかたちで考える。これは共生とも表現できようが、その意味は主客通態的[*85]に文字どおり共に生を分けもつことを指している。この意味の共生によって社会集団には本態的な共同（communion）がもたらされると三木はいう。

この分与の思考様式は何ゆえにもたらされているのだろうか。主客を交通し、身体的、包括的な次元で対象に与することができるのはなぜだろうか。これは三木が直接述べていることではないが、ここでは二つの可能性を指摘しておきたい。一つにはカントのいう感性と悟性のあいだにあって経験と超越論的なことがらをつないでいる構想力の作用があるだろう。三木は構想力の有無がヒトと他の動物を分けるとみている。それは構想力がもつと想定されている悟性と感性の通態性に着目したときに際立つことである。分与の思考様式はそれでありながら、構想力が悟性主導ではなく独立性をもって、感性からの多様を悟性に綜合させるところに生まれる。豚と称される人が豚の生まれ変わりになってしまうのは悟性や理性の戯れ的な物まねや理性中心の内在的な万物表象主義によるためであり、その思考のうちでは外部経験が断ち切られる。一方、外に開かれている感性が表現されたなにがしかのものごとに触れて構想力によって悟性とつながり協働すること、いわば構想力が理性的に経験と悟性概念のつながりを止揚するならば、豚に分与して生きうる人、すなわち豚でありながらその人自身でもあり、かつわたしでもあるといったありようが平気で成り立つ。

社会が未開と呼んでいる状態から先進と呼ぶ方向に変化してくると、それまで共立していた理知的思惟のほうが前面に張り出してくる。理由はたぶん単純である。社会のその変化は一様に教育の制度化を強め、その全般化、精緻化を進める。それぞれの家でそれぞれの親が、あるいはそれぞれの集落でそれぞれの長や仲間集団がそれぞれの慣例に従い、風土に分与したヴァナキュラー（vernacular）な教えや掟を詩的言語をもって語り伝えることに代わって、制度化した教育は広域社会的に標準化された実用言語を使って（語られることばの量と発信源の権威を根拠にした）普遍妥当性を加味し一般化された内容を、それぞれの正答つきで正統的に正当化して伝達するようになる。どこにいても同じように同じことを教え学べるよう管理的に統御するようになる。したがって、たとえば、土地ごとに異なる言葉遣い、それぞれの自然において生きうる表象様式は局所的にしか成立しない特殊なこととなり、やがては例外、異端、さらには不当、異常、間違いとして無視され伏せられ蓋をされていく。一方、個々の肌感覚を超えてロゴス的に標準化され明文化されることは、たとえ各々の自然風土のなかでは必ずしも成立しにくいことであっても、形式論理的には成立する。そのため、誰がどこで聞いても納得、共有されうることになる。こうしてそのときどきにとりどりに知覚される経験世界を拠りどころにするのではなく、抽象世界で共約される一貫性が優先されていく。そのようにして論理的な思惟が養成されてくれば、理性と悟性が偏重的に頭をもたげ、固有の経験世界につうじる無常の感性とそれをつなぐ構想力は背後に押しやられることになる。

未開と呼ばれる社会ほど分与の思考様式が一般化しているもう一つの理由は、知覚世界が悟性や理性に合致するロゴスの記号に埋め尽くされている現代の経済先進国のような状況とは異なり、知覚されることのほとんどが人びとの営みを含めて自然の諸現象と直結し、それに対する直観によって世界が構成される割合も高くなっているからだろう。現代日本のような社会、それも大都会に生きるわたしたちが一日に見聞する対象がどのようなものか、その知覚世界はどのようなものごとで構成されているか、と考えれば、感性は内側でカントのいう構想力によって悟性とつながっているばかりか、反対方向の外側にあっても悟性の写像と密着しているに等しい。だから、事実上はほとんど悟性の世界に内閉している状態にある。感性と構想力はまるで二つの鏡のあいだに立たされているようなものである。だから、そこで語られる感性はどうしても仮想的、人工的な性質を強く帯びることになる。

しかし、論理的思考様式を規範として身につけたからといって、わたしたちから前論理的な思惟が消えてなくなるわけではない。抽象論理的な思惟の世界はもともと区切りが明確につけられる限定された世界だから、創造的にして想像にほかならない思考が自由に働けば、その枠組みを軽々と乗り越えて、前論理的、非論理的になる。その自在な思考はわたしたちにとって自然体の日常思考としてある。三木は、

「他の最も普通に用いられる概念は、前論理的な考え方においてこれに相応する集合現象があったものの形跡を留めている」

とし、そうしたものの例として霊魂、生命、死、社会、秩序、血族、美などの概念をあげ、こうしたことがらには古来同様の分与の法則が見いだせると指摘する。

むろん論理的思惟は分与の法則のもとで形成された表象が矛盾を含むことを是としない。それでも神秘に通ずる心理はそうした論理的要求に対しては無関心で、わざわざ矛盾を求めるわけではないが、矛盾を避けることもしない。しかも、

「分与の内面的な生々した感情は論理的要求の力に匹敵することができ、且つこれを超えている」

だから、不寛容な論理的思惟がいきり立っても前論理的な思考は野性的なところで根強く生きつづける。

せいぜい数百年も遡れば、その一般的な日常の知覚のほとんどは人為メディアというバリアからフリーであって、奥行き、サイズ、さまざまな自然の光景に満たされていた。自然の姿は知覚像をなすと同時に、今と同様、環境に分散された認知としてたとえばわたしたちの外部記憶として機能していたはずである。それが分与の意識化を自然に促すと同時に、そのかかわりの説明や理解に超自然的な存在の想像が生まれることにもつながっていただろう。

かくしてそうした想像の集合的表象の代表格ともいえる神話は、むろん人類の文明展開の初期段階にあっては知の全面を覆い、その長大な歴史を背景に現代でもかたちを変えてあらゆる文化の基底に息づき、わたしたちの思考や行動に影響を及ぼしつづけているというわけである。

## いまも生きている神話と構想力の関係

現在も創造され生きている神話と構想力の関係を確認しよう。なによりも神話は単なる認識の対象としてあるのではない。神話の内部には強い感情と行為につながる要素が含まれている。ここに想像、あるいは構想力のかかわりを見いだすことができる[86]。この点で神話は夢の作用とよく似ている。神話がそれとして表立って作用している社会の人にとっても夢は夢として判別できるが、神話や夢がもつ実在性は場合によって現実のことがらに強い影響を及ぼす。三木がいうように未開社会のみならず現代の経済先進国、先端科学文明の社会に暮らす人びとにあってもこの点は同様である。経済的に先進、急進している人たちが抱く夢に描かれる途方もない構想、あるいは先端科学を担う研究者が語る夢の実現は往々にして境目なく神話に寄り添う傾向がある。多くのそれは経済合理性や科学的真理、あるいは学術の追求を吸引力として、冷静かつ客観的な思考をもって進められているはずである。だが、それが極まるほどに熱情を帯び、語りには盛んにロマンが供給され、それが推力に転化される。いつしか実業家にも科学者にも大いなる詩人が分与している状態になる。その詩人を例にして三木はいう。

「構想力の作用と夢、また幻覚、更に狂気との近親は、これまで特に詩人の構想力について語られている」

ここに認められる共通特性は想像によるあらわな表象、感覚的な先鋭さ、そして現実の限界を超えた自由な形成力である。これらの特性にはいずれも移入の作用が認められる。それはまさに分与に求められる作用である。こうした特性が強く発揮された構想力にあっては生命性に満ちた衝動的な力が伴い、次々にあらわれ出るあらたな想像を含めた創造物のなかでいつのまにか自己意識は受動的な状態にさえなりがちになる。

夢や狂気における想像の連関にあっては意志的な統御が弱まったり、消えたりし、気ままな展開や結合が生じる。それに対して詩人の構想力では心像を意図的に関係づける力が働く。そのなかで感情、情緒、感官の作用における常ならぬ力が現実の制約を超えて心像を自由に展開させる。これを三木は構想力の原現象としてとらえる。未開といわれる社会にみられがちな思考様式や詩人にあっては自然との分与がここでいう現実の論理を超える手助けをするのだろう。一方、先進国といわれる社会について考えてみれば、それは先に進んでいるのだから、全体からみれば異端である。その異端のなかにあってさらにそれを先導する牽引役となっているアントレプレナーや先端科学者たちは異端中の異端として行為していることになる。その生態そのものがすでに現実の制約から外れた域にある。だから、それを受容できる精神の挙動はおのずとあきらかといえるだろう。

ところで、三木の構想力のもとでの表象についていえば、これは一枚の絵のような固定的な性質を帯びたものではなく、動態的な象徴としてみることができる。たとえば芸術作品の外的形象を内的状態の象徴化とみた場合、構想力の表象は前者ではなく後者を指し、単なる主客合一ではなく、それを超える力によって形成されているようである。

それによって抽象的な思惟ではとらえきれない部分が浮きあがる。それは三木が繰り返し述べることになるパトスとロゴスの統一であり、そこからタイプがつくりだされる。このタイプとは形式論理における類のことではなく、

「どこまでも個別的なものでありながらつねに一般的なものを指示している」

ものである。タイプは外部の模写や抽象、概括とも異なり、内部の自己のパトスに由来するもので、たとえば、『レ・ミゼラブル』の著者ユーゴー（V.M. Hugo）のいう「観察の混ぜられたインスピレーションの創造」がこれにあたるという。こうして構想力は外的形象による内的状態の象徴化をなしうることになる。そのうえでさらに三木は、

「象徴の最も深い意味は象徴する物なくして象徴するということ」

であると注記する。

この象徴するものなしに象徴するということに、構想力の超越的問題があらわれてくる。それを考えるにあたり、彼は一九世紀フランスの歴史家にして言語学者であったルナン（E.Renan）が、神話においては物と志向が区別されていないと指摘したことを引用し、これが神話の創造における構想力の働きに示唆を与えているという。

すでに述べたように、構想力は人間と動物との最初の区別をなす精神過程として理性よりも根源的であると考えられている。この力は主客、内外、感性と知性、身体と精神の結合点において必然的にあらわれるカオスを超えたのちの全体秩序を導く。ここに構想力の超越的性質があらわれることになる。神話は超自然的なものと自然が混成しながら分与によって安定をみている。ここに構想力による超越の原始的な作用の例をみることができる。

すでにみたように、長きにわたり想像力は誤謬の根源とみなされ、理性の館から追放されていた。それは想像力が

感情的性質を豊かに含み、希望、愛、憎悪、欲望、激情、衝動など、旧くはストイシズムの語った魂の病と結びついていると考えられたためでもあった。いわば魂を刺激し揺さぶる対象をみずからのうちに現前させ、あるいはこれらを像に対象化させる力が想像力だとみなされてきた。三木は構想力と想像力を重ね、構想力にも同様の性質をみている。だが、構想力が想像力と大きく異なる点はさらにこれが感情と対置された知性的な成分とも結びつき、一なるものとしてかたちがつくられるところにその力が発揮されることだとも語っている。だから構想力は理論をかたちにしていくうえでも不可欠な働きをし、

「実践家の構想力によって理論は形となる」

と語る。むろん、それは同時に机上の理論のことではなく、感性、感情を含み、行為へとつながる構想力であればこその実践に結びつく理論のかたちのことを語っている。

「この世界の実在性は構想力の論理によって基礎づけられねばならぬ」

構想力が人間にとって現実的な意味で理性よりも根源的といえる理由はここにある。このことは社会において神話が理論に先立って生まれるという事実にもあらわれている。これらはデカルトの合理主義とクリティカ重視に対するヴィーコの詩的智慧やトピカの強調という対比構造にも移調させてとらえみることができるだろう。

ところで、神話の本質は物語のテキストにのみあるわけではない。知のありようはもちろん、物語られる仕方や場などの状況も含んで構成される。

「物語は紙の上にではなく土人の生活のうちに生きている」

つまりここで語られた神話は観念的にあるものではなく、慣習ないし制度としての意味をもって現実に機能しているものを指している。

「構想力の論理は単なるイマージュの論理ではなく、むしろフォームの論理でなければならぬ。かくのごとき客観的歴史的なフォームとしてまず考えられるのは制度である」

こうして三木の構想力をめぐる思索は制度とのかかわりに移っていく。

### 6・2・2　制度

#### フィクションとしての制度

あらゆる社会には特有の慣習がある。その慣習は基本的には合理的な必然性をもって成り立っているというよりも、所以不明にあって一種の呪縛として定言的にあることが普通で、ある部分では神話的に働いている。この慣習の性格は言語、道徳、法律を含めた広義の制度のうちにも見いだすことができる。

この広い意味での制度に三木は三つの意味をよむ。（一）多数の人のあいだでの同意、約束を意味し、ロゴス的で顕在的なかたちをとった社会的性質をもつもの。（二）集団内の慣習としてありながら、個人的な習慣のごとくパトス的で、閉じられた慣例や伝統的な性質をもつもの。（三）慣習法のような人為的、法的、規範的なもの、ゆえに社会の成員全員に対してはっきりとした強制力や権威をもつもの。

いずれの場合にせよ制度は多少なりとも擬制、すなわちフィクションを含んで成立している。ここでいうフィクションとは事実と異なることを事実として扱うことである。だから、それは基本的に非合理なのだが、なにか積極的な意味、多くの場合、現実的要請から合理化がはかられた結果としてある。法律の例でいえば、たとえば法人は人ではないが、その名のとおり人とみなして人格を認めている。これが擬制にあたる。あるいは、失踪宣告を受けた人はその事実とは無関係に死亡とみなすとか、婚姻をした未成年者は成年として扱うといった具合である。これらは現実社会を営んでいくうえでの必要から、非合理を合理化した擬制として機能している。

フロイトが防衛機制の一つにあげた合理化はそれぞれの個人のうちで働く生きるうえで構築されるフィクションだが、それが社会的な水準で機能する場合が擬制ということになる。たとえば、イソップ物語に出てくるお馴染みの「酸っぱい葡萄の言い訳」は現実原則のうちに見いだせる葡萄には酸っぱいだけのものもあるという合理化をもって快原則下で沸き立つ心的エネルギーを解消しようとする防衛機制である。これは俗物根性や貪欲な精神を理をもって御していくこころの作法を語っているとする見方もある。むろん、そのすまし顔の奥には歯ぎしりがあるとしても、ここには単なる自己防衛的な合理化から一段昇華した擬制の形成が認められる。

三木はこの擬制を語るなかで、

「ロゴス的とパトス的とが一つと考えられるような構想力から創造は考えられる」

という『構想力の論理』における中心命題を語る。この創造は単にロゴスとパトスの綜合を語っているのではない。制度の三つの意味でいえば、(一)では、その綜合がロゴス的に編成され、社会で明示的に機能する制度の構想として成立するわけだし、(二)(三)ではパトス的に共有された暗黙の決まり事となり作用する。

とくにフィクションとしての制度の構想は、社会によってつくられる人間という受動的な姿だけでなく、そのようにみえる社会のなかにあってなお社会を創造していく人間の自律的、自発的なあり方を映し出している。この社会制度にみる受動（制度から人間へ）と能動（人間から制度へ）の関係性には、ひとりの個人における感性直観的な受動性と綜合および表現における自発性の関係性とのあいだにフラクタルな構造をみることができる。これは三木のではなく本書における見取り図になるが、非合理を合理化する擬制の働きは、かたち不定に成立する想像に悟性を動員しつつかたちを与えていく構想力の基本作用の一つとみることができる。

**象徴の力**

家族から血族、地域集団、国家へと集団規模が拡大するにつれ、制度は多重的、複雑になり、共有と運用のために明文化され顕在化していく。そこにはロゴス的知性に則った営みが一層入り込んでくる。制度的な規範や規則が複雑化するほど、決め事のあいだで矛盾や衝突が生じ、制度をフィクション＝擬制的に働かせていく必要も増していく。それだけ構想力への要請も高まることになる。制度的拡張とそれに伴う困難を打開する擬制において構想力はしばしば象徴を活かす。

三木はその例として同胞の象徴としての「血」をあげている。たとえば、儀式として数滴の血を混ぜ合わせたり、血判が並べおかれたりすることは本来の生物学的な意味での血族を規模的に拡張してフィクションとしての血族化を象徴する構想になっているという[*87]。こうした血の象徴が血族的な絆を意味するということはそれ自体は非合理である。しかし、実際の血族関係を考えてみれば、ＤＮＡ鑑定でもしないかぎり、目で見てあらわな証拠が必ずしもあるわけではないのだから、直接に血という象徴を媒介する儀式は、何かの行事の際に突然、親戚同士であると紹介されるような関係よりもむしろ血族的関係の意味生成力が強いともいえる。この象徴の形象がもつ力は構想力による擬制生成のわかりやすい例示である。

**共感、慣習から制度へ**

習慣や慣習の基本原理は模倣であるといわれる。習慣は個体の行為の反復の過程のうえに成り立つ。反復は言い換えれば、自己に対する模倣である。社会慣習の成立においては多数の個体が相互に模倣しあう。社会それ自体の独自性を原理においたデュルケーム一派と対立したタルド（J.G.Tarde）は社会そのものが模倣であると語った。その彼は模倣を基点に社会についての科学が可能になるのもそこに反復の現象があってこそだとした。社会では発明や独創が模倣される。発明や独創は個人的天才に依拠する。だから、社会はその起源において個人的だが、そのあとに公衆による模倣の連鎖があって社会化するというのがタルドの見方であった。

「ライプニッツにおいて無数のモナドは互いに写し合うことによって世界を作るように、社会はタルドにおいて無数の個人が互いに模倣することによって作られる」

と紹介する三木はこうした社会のなかでの個人間の模倣の背景に共感の作用をみる。ここでいう共感は現代心理学でいう他者の情動状態を知覚することで生じる情動反応、すなわち共感性（empathy）のことである。共感性の成立の背後では他者の情動の認知、他者の立場にたった想像的な役割取得とそれによる情動の共有がなされる。これは社会的感受性をあらわす指標でもあり、そうした感受性が高い状態では対人的な相互作用が促進しやすくなり、個人間の模倣についても促通的になる。どちらにしてもこの模倣には感受性を含めた感性面のかかわりが背景条件として大きな働きをなしている。だから、三木は模倣がパトスの過程を基礎にしていることを強調する。

その一方で、無数の個人が相互に模倣しあうなかで顕現する社会慣習はロゴスがかかわることで構造化、一般化し、規範として制度化していく。このロゴスの適用には意識的な技術が求められる。つまり、慣習に体系を見いだし、構造化していく作業の段取り、すなわち手段、方法、様式が必要となり、それは技術の問題となる。その意味で制度は慣習と技術の合一によって成り立つ。前者は感情や信仰の要素、後者は合理性の要素をもつ。この慣習から制度への変容過程の背後にもパトスとロゴスの行き交いと組み合わせが要請されているわけである。

ここにも見いだせるパトスとロゴスの交わりと綜合、それを担う構想力という見方ははじめに感性的なパトスと悟性的なロゴスありきで、その交通整理やまとめ役として動員される構想力という筋書きが前提にされている。しかし、この筋立ては逆かもしれない。もしかするとカントが『純粋理性批判』の第一版で語っていた純粋構想力[88]の働きによって、単にパトス的になりたつ認識や行為では収まらず、ロゴス的な論理立てやカテゴリー化、そして体系化が必然的に呼び込まれているのかもしれない。この構造は三木においては慣習から制度の成立過程として説明されているが『構想力の論理』としては神話から制度という章立てにも表出している。さらに制度化のロゴスに働く技術にも実は同じ構造が埋め込まれていることをみるのが次節である。つまり、制度づくりにかかわるロゴスとしての技術自体も単にロゴスであるだけでなく、パトスとロゴスの両者を含む構想力が基底にある。

これらを語るなかで三木の場合は、ヘーゲルやハイデガーがカント解釈でこの超越論的（純粋）構想力にふたたびスポットライトを当てたようには、ア・プリオリな構想力に言及することはない。しかし、神話、制度、そしてつぎの技術の各局面において、ときには入れ子にしてロゴスとパトスのヘーゲル的な弁証法的統一を語る。だから、その背後では構想力の超越論的作用を人間の創造原理とみていたことがうかがえる。そうした意味での歴史を背負っての創造的な世界こそ自然の世界から超越して文化に生きる人にとっての社会の姿であり、その社会ゆえに制度をつくる技術も要請される。つまり、制度はその根底に創造的社会をおいている。人間は歴史的に社会から構成されているものでありながら、なお未来につながる社会を構成している存在だからである。こうして三木の論考の主題は創造的に構成することにかかわる技術に進む。

### 6・2・3　技術

技術も一般に広義から狭義までさまざまな意味で語られるが、いずれにせよポイエシス（制作）、生産と道具の概念がかかわっている。技術は神話においては魔術や呪術として働いている。したがって、すでにみた神話機能の役割からすれば、技術の根底には呪術や魔術の性質があることが示唆される[*89]。呪術はいわゆる黒魔術的な呪いの術としてばかりでなく、超自然的な存在や機能にはたらきかけることで、病気の治療、降雨、豊作、豊漁など望ましいことの招来や生産を目的とした行為としても使われる。その生産も材料あってのそれではなく、環境とのかかわりにおいて無から望ましい状態を生み出す魔術的な生産になる。しかも、その魔術的実験は成功してはじめて呪術たりえる厳しい実践活動としてある。そうした呪術の対象はたいてい社会生活のなかでの希求的な要請に結びついてきた、そのため、そこには人類や社会にとっての発明や発見につながる回路が開かれていてそのことがこの術の迷信を強化してきた。たとえば、呪術は史的には一方で占星術、他方で錬金術へとつながり、やがては自然科学や科学技術を導く一脈となった。

これら三木の見立ては呪術のいわば白い部分に着目した観点である。呪術は外見的には超自然的な存在に働きかけるようにみえる。だが、実際にこの術が相手にするのは人間の生の営みに支えられて横溢する想像力である。それもその過剰性ゆえに呪われた部分（Bataille 1976）として普段は抑圧されている類の想像力である。白呪術はその想像力を呼び起こして生産的な創造につなげようとする。他方、ロゴス制度的な生産性に相まった過剰が想像力の破壊性と結びついて、むしろ黒魔術のような消耗戦的な競争や災いを呪術に要請することもある。とくに歴史創造や社会実践としての構想力との関連ではこの点もあわせて考えるべきところであろう。

**制度としての呪術**

呪術における道具立ては骨や石などの呪術的実体、さらに呪術師の身体、身振り、儀式、まじないことばなどである。総じて呪術の道具は種類が少ない。呪術においては伝統と反復にもとづく信用が強い力をもつ。そのため、道具立てには新しさとは反対に、かえっていつもと変わらぬものが求められる。また、呪力をもつ道具だけに新品にはありがたみがない。現代の科学技術は革新や進歩が第一の主題であるから、その道具立ても新品は大方すぐれていることになる。この点で呪術と科学技術のあいだにおける道具は質的に異なっている。絶えざる更新や革新は呪術的視点からみれば、進歩ではなく未熟で不完全であることの証だから、信用に足らぬものになり、術自体に悪影響を及ぼす。技術の道具はこれら両術を含んでそのあいだに立っている。

先に制度的なものの構想には技術によるコード化が含まれることをみた。その技術の源にある呪術のコードは、飽くなき反復による伝統の継承という潜勢的規範にあることがみえてくる。この制度的、伝統継承的技術が新しいものを創造する力を発揮するのは、おそらく派生的、余興的、逸脱的な営みとしての周縁活動においてであろう。そのエッジに創造が生じうるのは、呪術において主観的なものと客観的なものといった対立的なこころの過程を結びつけたり、神話的な分与を可能にしている構想力が、先に述べた呪術原理によって呪術行為そのものに弁証法的作用を及ぼすことによってであると考えられる。この点に関連して、三木はつぎのように述べている。

「伝統なくして真の創造はなく、創造なくして真の伝統はないというように考えることがいかにして有意味であるかということは、構想力の論理によって初めて十分に理解されうる」

心理学的にみれば伝統の根底にある構想力には記憶がかかわり、創造の根底にある構想力には想像が関与する。これを哲学では歴史と自然、時間と空間に対応させる。構想力は伝統と創造、新旧、記憶と想像、歴史と自然、時間と空間という対比的に異なったものを止揚する力としてあり、呪術から科学技術への位相転換[90]もこの弁証術を技術となした産出的な構想力の所産とみることができる。

## 科学と技術から科学技術への構想

近代において科学と技術は相互に影響しあいながら共に発展してきた。だが、純粋科学はもともと自然哲学の嫡子であり、社会実践はもとより経験の束縛からも自由な身分と生息域をもっていた。他方、技術の出自は自由人たちの外側にあって、それ自身日常経験に依拠して成り立ち、職業や生活、軍事など世俗のなかでの実践において培われてきた。したがって、真理なる超越を追う科学の理論と現実社会の地面を足場にした技術の実践は元来相容れる性質のものではなかった。しかし、両者はそれだからこそ、ロメオとジュリエットのように魅かれあい、結果的にはいまや「科学技術」という名にもほとんど違和を感じないほどすぐれた異種融合体が成立している[91]。これこそ近代人がなした産出的構想力の代表的成果の一つといえよう。『構想力の論理』はそれが書かれた時期もあって、科学技術については ことさら触れてはいない。しかし、ここでは構想力をみるにあたり、三木が呪術から技術への転換にみた位相を一層わかりやすくあらわすものとして科学技術をみている。

この融合体形成の過程で、技術が科学に条件提示し、構想力がそれを満たしたのは具象的なかたちの表出であった。一方、三木がすでに書いているところからいえることは、呪術に淵源をもつ技術は経験世界での反復にもとづくかたちの洗練や技の伝承を基本原理にしてきた。したがって、純粋技術にあっては新しさは求められない。そうしたなかで科学技術の止揚にあたり科学が技術に条件提示したことは漸進的な新しさ、その都度の“something new”であった(村上 1994)。科学技術はこの条件をも構想力が満たすことによってはじめて「かたちのある」「新たな」成果を継続的に生み出すという今では常識化した営みを行動原理に据えて成立をみた。

三木はこの構想力が本有的にもつ哲学についてつぎのように書いている。

「構想力の哲学は無限定な空想に道を拓こうとするものではなく、かえってかたちという最も限定されたものに重心を有する」

ここに三木が空想に代表される想像力とそれとは異質別種の構想力をはっきりと分けみていたことが確認できる。それと同時に、構想力の本質に実践的な制作行為の力をみていたことがわかる。だから、科学より技術に親和性をもっている。三木が構想力の論理を語るうえで技術を主題の一つにしたのはそのためでもあっただろう。純粋科学の方は理性の想像力、イデアを用いた理想世界をホームグラウンドにしている。それゆえに数学も天文学も手の届かない想像界での思考の営為となり、それら科学はいみじくもしばしばロマンを相伴って語られる。それが大きく延長した空想科学は文学の一ジャンルとして成立している。これに対して技術は徹頭徹尾、実用であり、純粋技術にあっては自由な想像力は忠実な反復や伝承にとって妨げになる。高度な職人技やその伝授に求められるのは技に収斂する経験知の積み重ねと飽くなき反復である。そこにみられる構想力はロマンチックな想像力とは異質なストイシズムである。その力は制度として技をつないでいく規範に支えられながら、黙示的に技や所作のなかに鍛造されていく。そのロゴス的性格はときに際立ち、プロセスを明示的に表わし残すことを思いつかせる。その結果、手引き本、マニュアルなどの制作をみる。だが、これは構想力の派生的湧出であって、技術というより、むしろ科学技術的営みの副産物である。つまり、そこには技術を学や教育として、ことばを介して伝えるという社会的構成のロマンが入り込んでいる。それは意想的な想像力の産物だから、手引きそのものは改訂を続けて漸進的に発展するかもしれない。しかし、そのたびごとに皮肉にも地に足のついた技術の経験からは遠のいていく。

ただし、こうしたマニュアル制作にみる構想力の戯れは科学の想像力を技術の構想力に結びつけようとするもう一巡りした構想力の作用とみることもできる。ここには科学技術という異種融合体に組み込まれた基本的性質を読み取ることもできる。つまり、技術そのものとは異なるマニュアル作成の背後には技術を支援しようとする意図や希望を含んだ想い、意想や志想といった情意性の想像力が働き、それが言葉綴りのかたちをあと押ししている。三木は技術における形象生成の原動力にこうした構想力をみてつぎのように語っている。

「欲望や意志がかたちとなるのでなければ、それは技術のなかに入ることはできぬ。かようにかたちとなる欲望や意志がまさに構想力である。構想力において主観的なものはかたちとなって主観から抜け出るのである。動物は身体の器官の奴隷であるが、人間は道具を支配しこれによって身体的な欲望の主人となる」

ここで彼が述べている技術はあきらかに純粋技術というよりも、科学の想像力が構想力によって技術と結びついた科学技術の姿としてみることができる。その科学技術において作用する構想力が欲望を反映した空想や狂想や奇想を技術がもたらすかたちに結びつけること、あるいはロゴスを介した技の伝授を純粋に想い描いた志想や意想がマニュアル制作を導いていることがみえる。

**科学技術再発見のための構想力**

文化がロゴス的な側面において発展を進めていくと、人は社会や環境を客観的対象としてみる機会が増し、その傾向を強めていく。それと相対するかたちで人は周囲から切り離された自己の主観性を対比的に感じとるようになる。人間が周囲のものごとに対して距離を感じ、自己の意識を明確にしていくという主客の分離は世界を分別し名づけて解そうとするロゴス的知性の働きによって促進される。だから、この自己疎外感は自らのうちに招いた想像的な出来事といってよい。その一方で、今度はその客体化された対象との距離を縮めようとして、自然（環境）を含めた対象を技術によって操作、制御することで秩序化し、遠のいていくものを手の内に留めようともするようになる。ところが、その技術制御のために要する自然に対する精緻な分別と対象化はそもそも主客分離を進める原因になっている。そのため、一つの達成はいつも別種の振り出しに帰着する。そうして次第にその営みは生きるための戦い、人類の存亡にかかわる課題という様相を呈し、その技術は戦術的な意味をもつようにもなる。

欲望や意志をかたちに表現する構想力は科学技術によって都合よくも合理性を感じさせながら、人類に発展という思想と志想に向けての具体的な術策をもたらした。この戦いの技術はとくに二〇世紀以降、文字どおり人類同士の抗争にも自然の制御にも、ユートピア的想像に描いた合理的な文明の発達にも差し向けられ、力の限りふりまわされた。だが、結果的に人類は大いなる構想力をふるうほどに自然から浮き立ち、疎外感を増大させていった。前世紀末以降、にわかに人類共通の課題として浮上した地球環境問題もその疎外感の果てに人類が地球の客体化をとおして、おのれの精神の問題に挑む戦いとなっている。その世紀の前半、日本が太平洋戦争に突進しようとしていた時期に書かれた『構想力の論理』のなかにはつぎのように記されている。

「技術は主体へ超越した人間の環境に対する戦いとして生まれる」

しかし、そのように確認したあとで彼は強調する。これは技術が単に戦闘の方法としてあるだけではなく、逆に和解の方法としてあること、観点さえ換えれば、自然から乖離した人間の意識を、技術こそが自然とふたたび結びつける和解の役割を果たすことがみえてくるのだと。なぜなら、その戦術ならぬ呪術をもたらすのが構想力の弁証法的性質だからだという。三木はここでの弁証法を技術は環境に対する人間の適応でもあるから和解の方法でもあるとか、調和は何らかの闘争から結果する、あるいは戦うのは和解せんがため、といった少なからず当時の時代精神を反映させた論理をもって披露している。しかし、そのときから半世紀の時を経て、この間、科学技術の幾多の所業を確認してきた今にしてみれば、ここはこの環境に対する戦いにして和解という技術に働く構想力の所産が、実は生粋の科学技術の姿だったと読み取ることで三木の着想が生きてくると思える。

人間の構想力の賜物、科学技術というハイブリドーマこそは、純粋知性と手仕事のコラボレーションによって環境の客体化を緩め、もともと人類自身が環境の内にあってその一部としてあるという分与の想像力を自分の技術が生み出す「かたち」に結びつける新構想となりうること、あるいは元来そういうものであったことが再発見できるものとしてあるということである。つまり、科学技術はそのサイボーグ的な誕生の衝撃が強かったこともあり、とりあえず政治的な欲望と意志を呼び入れて人類ないし社会にとってのあらゆる戦闘のための技術として、かなり未熟な技量のもとで奔放に発揮されてきたという歴史を残した。それは言い換えれば、科学技術がその生粋の構想力をまだ十全に発揮せぬままに留まりつづけているということでもある。

三木は科学の本質は発見にあり、技術の本質は発明であると確認している。しからば再発見とは発見されたものに発明的創造が加えられることで隠されていたものを新たにあばく科学技術的な構想力の産物になると見込めるかもしれない。

### 6・2・4 経験

闘争と和解、発明と模倣、創造と記憶、空間と時間、これらの対立が技術の本性にあり、その弁証法的な統一に生きたかたちの生成としての構想の本質がある。このことをみた三木は、つぎに似たように対立する二つの性質をあからさまにもった「経験」に着目し、それと構想との関係について考察を進めた。

経験はいつも主体自身の主観的な内容である。とはいえ経験は普通、その主体が単に想像したこと、たとえば夢でみたことや空想した内容を指すのではなく、感覚を通じて得た内容のことを指す。だから経験はその本質において客観的にしてかつ主観的なものという二面的な意味を抱えている。想像でもたとえば幻想は実際の知覚として感知される部分を含んでいる。だから、これはまさに客観性を携えた主観としての経験となり、まったくの思い過ごしとは性質の異なった幻体験として語られることになる。聞く人もまたその幻の客観的な共有可能性を感じることになる。

アリストテレスの見解に始まり、カントも語ったように、感官のうちになにもなかったものは悟性にはない。これが経験論の原理であった。ものの存在とはすなわち知覚にほかならないという経験論は素朴実在論だが、これはそれゆえに出発の動機は実証的客観的であろうとしたにもかかわらず、結局は観念と現物の比較ができなくなって主観主義と観念論に陥った。主観のなかにとどまる観念論的な経験論では客観世界の出来事とのかかわりが不十分になり、経験して知ること、すなわち知識の十全性は損なわれる。

そこで行為が見直され、イギリス経験論を批判的に継承したプラグマティズムがこの問題を乗り越える見通しを提示した。この立場では主体は単なる意識のうちにとどまらず、行為する身体であることが再確認された。だから、物が主体の外にあるということは単に意識の外にあるだけでなく、端的に身体の外、環境にあることになる。また、この場合、主体は単なる意識ではなくその環境の場における独立の存在として定位される。かくして経験とは客体である物と主体である身体というもう一つの物との独立の存在同士の一定の時空を介した出会いと関係形成になる。その関係は主体の内部で感覚的、受動的に意識されることではなく、主体の外部で独立の存在同士の行為的な関係として顕現する。経験とはその客観的な場所性をもって語られる主客間の出来事になる。また、その出来事には必然的に時間が含まれるので、おのずとそれぞれ独自の歴史的性質を宿すことになる。

こうして経験とはある個体の意識現象ではなく、行為者と環境のあいだ、主客のあいだに生じる交渉過程、行為の反復やその出来事と変化の連なりを指すことになる。するとその経験をつうじて形成される知識もまた主客の相互作用が生じる場所、主体からみれば外部の環境をつうじて生じ、跡を残すことになる。三木は基本的には自然の環境から遠のき疎外を強める人間が、それゆえに表現行為をつうじて文化社会的な環境づくりに勤しむという見方をとっていた。だから、ここでの主客の相互作用をいわゆる自然環境を超え出た文化的な世界制作ととらえれば、以上の見取り図は彼の基本的な観点に沿うことになる。また、こうした環境論、行為論の見方はわたしたちの経験が外部に形成される知識、すなわち社会的に分散された認知系における外部記憶とのやりとりを指すというとらえ方にもつながっていく。そうした見方は1・4・3で触れたように、最近の視知覚や心像、知能に関する研究でもオレガン（O'Regan 1992）やトーマス（Thomas 1999）、半田（1996）などが展開しているところであり、本書の最終章でもう一度とりあげることになる。

環境における出来事として生じる行為の経験は自律性をもつが、決して散逸せず、自身から出て自身へと再帰する。外部記憶の更新や付加は当然、その参照によって新たな調整や活動形成を引き起こす。こうした主体と環境とのあいだの不可分な関係に成り立つ行為を三木は成全的行動（integrative behavior）と呼んだ。この成全は単に結合的とか、相互作用的というよりも、主体と環境が統合的な全体性をもち、共変化する創造過程としてあることをあらわしている。ここに神話の分与の説明にもみられた主客通態的なかたちの生成という構想の働きがつながりみえてくる。

三木はいう。

「行為の論理は構想力の論理であると私がいうのは、構想力によって予め行為のかたちを思い浮かべ、これに従って行為するという如きことを意味するのではなく、行為そのものが構想力の論理に従っているというのである」

構想力がつくり出す行為図式があるとすれば、それは頭のなかにあらかじめ描かれるプランめいたものではなく、行為そのものが発せられることで外部化される経験、記憶、すなわち変化していく状況そのものを指すことになる。記憶とはいえ、それは過去の行為記録というより、まず第一につぎの行為を引き出す只今の行為そのもののことである。だから同時にそれはありようとして未来図式の先導性をもっている。それをもつことができる背景には過去の出来事との連なりがそのベースにあるためである。

三木はデューイを引用しつつ述べる。経験論は与えられたものや与えられているものに縛り付けられている。ところが本来、経験はその生命的な形式において実験的であり、技術的であり、与えられたものを変化させる努力として働いている。もともと experience という英単語は experiment がもつ to try の意味を含んでいる。それは投射による未知への前進的到達を性格づけられている。だから、経験は過去の蓄積を意味するだけでなく、未来とのつながりもその特質としている、と。この経験の創造性を可能にしているのがあの技術の項でみた「伝統なくして創造はなく、創造なくして伝統はない」ということを意味あるものにしている論理である。それは記憶と想像、制度と神話を担う技術のそれぞれの背後に認められた構想力の論理と重なる。

### 6・2・5　三木がみた構想力のまとめ

三木の構想力観の最大の特徴は、彼が人間を考えるにあたり、その基本に据えた社会的、歴史的に規定された人間という視座をもってきて、そこからダイナミックに構想する力をとらえた点にある。むろん、三木の構想力に対する考察は「経験」の章で振り返ったカント以降、ヘーゲル、ハイデガーと発展的にとらえられていった人間精神の根本で機能している構想力という見方を継承したものであった。だが、三木のオリジナリティは（それは三木にいわせればまさに構想力の産物なのだが）従前の構想力観に日本における師であった西田幾多郎から受けた影響を綜合することでもたらされたといえそうである。すなわち、人間は一個体の生物であると同時に、その特有の文化・社会においてどこかの時代に生きる存在としてある。したがって、人間という実在は他の生物とは比較にならないほど多大な影響をその場所性から受けざるをえない。つまり、人間とは彼の生をおくる時空とのかかわりを含めてはじめて人の間たる存在なのであって、その場所性を捨象したヒト個体一般のことをとらえても現実に生きる人間のことは語りえないし、知りえない。これが三木の思索の出発点であった。

これは構想力のように環境への関わりをもった創造や行為が含まれる人間の営みを考える場合には一層明白なことであった。彼にはこの基本姿勢があったから、ドイツ観念論の系譜で検討されてきたヒト個体内の認識論としての、しかも法則的な自然科学の対象のなかでの経験において論じられる構想力観では到底満たされないものを感じたのだろう。その結果として、三木のみた構想力は必然的に人間が文化・社会とかかわるなかでおのずと産出する行為に発揮される日常的で、ゆえに人間として自然な実際行為において発揮されている力となった。その結果、検討の切り口には神話、制度、技術、経験といった一見、相互に無関係なようでありながら構想力が働く局面において深いつながりをもつテーマが選ばれたのであった。

おしまいに、そのそれぞれのテーマで切り出された主特徴をあえてワンポイントの鍵概念でおさえることでまとめておく。まず、神話は人間のこころのなかのかたちなき作用を話としてかたちにしたものである。だから、その歴史的な機能、および心像の外部表現化という点では構想の原型的な典型といえる。神話の構想力は必ずしも神話というかたちをとらずとも、いつの時代にも人間精神の普遍的な作用として文化形成の基盤で働いている。神話の構想における概念の鍵は「分与」である。分与によって客体としての対象に主体が浸透し、主体化することをもってロゴス的な分別にパトスの埋め込み表現を可能とし、また象徴をもってより積極的に内的状態を外的形象に投映する。

神話作用の社会におけるあらわれの一つには制度がある。制度における概念の鍵は「擬制」、すなわちフィクションである。制度はロゴスによる典型的な社会編成と秩序形成の所産である。それは人間の営みが本有する非合理を合理化する理性の理想的産物でもある。それだけに経験の次元から離れても成り立つ。だが、その制度が機能する場は架空のユートピアではなく、現実の経験の場である。したがって、生きられる制度はパトスを含んだ慣例、慣習といった不文律を付帯しつつ、ロゴスとして明文化する構想力によって創造的に解釈、回収される動態性をもつことになる。制度に働く構想力は、社会によってつくられる人間と、そのような社会にあってなお社会を創造していく人間のもとであらわれる。

技術における鍵概念はその根底にあると思われる「呪術」である。これは何らかの希望や願望をもとに、無から有を生成する術としてある。しかも呪術は伝統と反復に強く拘束されたなかで類い稀な創造をなすという背反状況で創造的止揚をなす術として、そこに概念と感情、主客を通態する神話的な分与といった構想力の働きをみることができる。技術は呪術がもつ客体分与のパトス的な性質に自然法則の認識を結びつけることでできたとみることができ、まさに構想力の賜物といえる。同様の関係をさらにロゴス的に体系化した科学とのあいだでなした所産が科学技術であった。

最後にとりあげられた経験におけるキー概念は「行為」であった。行為が焦点になったのは人間の場合、その経験が各人のもつ白紙に書きつけられるものだけに留まらず、環境に働きかける行為がその時空に具体的形象をつくりだし、そのかたちづくられたものが社会的記憶の経験として広がり共有されるためであった。すなわち比喩としてのタブラ・ラサではなく、実際の紙切れに書かれ、あるいは材料を加工し、組立ててかたちを創造することが、歴史的存在としてその場所性を共にする人間にとっての経験のありようなのであった。現代人は環境を客体化することで、そこから意識的に相対化した主体においてみずからの経験を独立に語る傾向を強め、その内面の鏡に囲まれた状態で現実感の希薄な経験のうちに理性的な孤立を深めてきた。それからすると、三木が構想力のもとにとらえた経験は現代人にとって救いの手となるあらたな環境論の提起でもあった。その意味で三木が二〇世紀半ばに未曾有の戦時体制下でとらえた構想力は、その状況からすれば驚くほど未来を見据えた構想力に支えられた思想であったといえる。

# 第七章　想像から構想へ

「おおきな想像力が、しっかりとしたものがなく、ある終末への方向づけがないならば、それは一種の狂乱（Hobbes 1651）」

「人間の世界が想像力によって牛耳られているのは、想像力がわれわれの習慣から自由になれないからだ。だから、想像力は創り出すものではないと言わねばならない。創り出すのは行動である（Alain 1928）」

この章では「想像から構想へ」という標題のもとで、まず一連の想像とは別種のこころの過程と構想できる構想の姿を、想像との関係をおさえながらはっきりさせる。つぎに知覚、記憶など他のこころの過程と構想との関係や図式論やプランに関する理論との関係、若干の臨床知見の検討などをつうじて構想というこころの過程に複数の視点からアプローチしていく。

はじめに、構想を想像の一種ではなく、別種の独立した構成概念として語らねばならない理由についてここまでにみてきたことを振り返っておこう。まず、第三章、3・2および3・3の調査結果であきらかになった事実があった。構想を書名にした書籍数の多さの確認はこのことばが少なくとも現代社会の日常にあって、固有の意味や価値をもった概念として生息していることを明白にした。また、競争の激しい出版市場にあってそのネーミングに多用されている現実は、この概念がもつ固有の意義もまた少なからぬ重要性をもって認識されている事実をあらわすものであった。

もし、構想がしばしば述べられてきたごとく想像の一種ないし換言であるとすれば、そうした書名の「構想」を「想像」に置き換えても不都合はないだろう。しかし、たとえば『自治体の構想』『戦後体制の構想と政党政治の模索』『授業の構想と記号論』といった書名が『自治体の想像』『戦後体制の想像と政党政治の模索』『授業の想像と記号論』であったとしたら、書籍自体の性格が変わってしまうほどの変化を感じるだろう。同じことは3・3のウェブ調査でみたようなより一般の言表における「構想」についてもいえる。

また、第四章の大学生を調査対象にした構想を含めた想像関連の概念に関する語彙調査でも一〇観点からの評価結果について、概念間相互の評価差異において構想が八概念中、七概念とのあいだに統計的な有意差を示し（最多）、他の想像諸種やその関連概念との異質性がはっきりと認識されていることが確認された。さらに、4・2では構想ということばを書名に用いた著者に「構想」の英訳を問うたが、意外にもimaginationをあげた回答数は少なく、その頻度は最多のvisionの約五分の一であったという事実もみた。

では、いったい構想は想像とどのように異なる可能性をもっているのだろうか。まずはその相違について検討しよう。

## 7・1　想像と構想

「知性がその自らが観想する真なるものの諸要素を拾い集めるときには、知性は自分の認識する真なることがらを作り出すことにならざるをえない（Vico 1710）」

想像は2・1で述べたように、主体の内側、その領域内[92]での活動であって潜在的にして無意識、不随意に進行するこころの過程を豊富に含んで成り立っている。だから、想像はあらゆる心像の形成過程のこととみてよいだろう。知覚心像も記憶からの想起心像も基本的に想像の心像形成に与っている。むろん、観念などの心像を基盤にした思考の営みも想像と分かちがたく重なりあっている。また、知覚とも記憶とも間接的にしかつながりをもたない純粋想像と呼んでしかるべき過程もある。その最も純粋な部分の内容は感覚印象的な性質を強くもち、概念や何らかの範疇に達しない水準にある。だからその存在を解釈的に意識化することはむずかしい。とはいえその存在を感得できないわけではなく、その想像による感情の変化やメタ認知、たとえばfeeling of knowingのようなとらえ方はできる。そうした純粋想像はおそらく想像の根源的な部分としてある。ほぼその特性のままにある想像種には無想や一部の観想や瞑想、夢想、霊想といった例をあげることができる。他の想像種は純粋想像を基盤にしながらも、想像過程に構想過程がつながって成り立っている。すなわち、想像により生成された心像は構想によって外部に何らかのかたちとしてあらわされ、その想像として、すなわち思想とか随想とか回想といった具合に語られる。

構想は内部過程としてある想像と異なり、その過程を運動器官を介した行為として内外、主客通態の場においている。構想の過程は想像による心像を悟性概念、典型的には文化社会化されたコード体系やア・プリオリな認識や行為の枠組み（通俗的にいえば人間としてできること、ゆえに人間の規矩ともいえる）に照らしながら、顕在的、意識的、意図的、随意的に結構していく過程である。しかも構想はその過程において感情や情緒、気分や意志による志向性など多様な心的活動に後押しされながら心像を表現化する。

ここで構想の営みを「表現」ではなく「表現化」としたことにはそれなりのわけがある。それは想像による心像がひとえに不定であることに由来している。心像は基本的に漠然としたかたちへの方向性をもつだけだから、それをかたちとして顕わなものにしていくことは一般に容易なことではない。そこには想像の心的操作とはあきらかに別種の作用が必要とされる。感性的に了解されていることがらと、悟性的に整序された世界のかたちとのすり合わせや整合という課題も立ち現れる。

このことに関連して建築家の菊竹清訓（1984）が自身の仕事をつうじてデザインの過程を分析した見解が参考になる。それを発展的に補足しながら取りあげよう。彼はデザインの過程には一般に構想、技術、造型の三過程があるとみている。すなわち、デザインの出発点としてまず未来に向けてつくっていくものについてのイメージ生成があるとする。彼の場合はこれを構想と呼ぶ。これは彼に特有のことというより一般に造形、美術関連の仕事をなす人たちの構想観にしばしば認められる[93]。しかし、この見方は想像と構想の過程を曖昧に重ねとらえることにつながり、その結果、両者は基本的に同義とする解釈も導くことになる（結果的に構想が未消化になる）。本書の場合は彼のいう構想は想像の過程、想像による心像の形成段階にあたるとみる。菊竹はつぎにイメージ、つまり心像＝想像を現実化するための具体的な手段の問題を考える過程が来るとする。どのような技術や材料を使うか、あるいは既存の技術になければ、どのような新技術でその想像を具体的に実現するかを検討する。

さらには構造や生産や運営の問題も含め、実体にしていくための技術が問われる段階が来るとする。「いろいろな技術の相互間の調整検討を通じてイメージが一つの具体性をもったシステムとしてとらえられるようになる」過程である。この言い回しはいかにも近代建築の機械論、機能主義の思潮のなかで活躍した建築家らしい表現である。それだけにこれを技術の過程として語ったことも納得できる。だが、これこそまさに三木清（1939）が構想力を検討するにあたって技術を主題の一つにしたことと重なるところである。つまり、これは心像に描いたものをどのようにしたら、現実に可能なかたちにしていけるかという表現化をあれこれ探り図る過程である。むろんそれは単に思念のうちに留まるものではなく、素描や試作やモデルづくりなど、主として枠組みや特徴、主要部分についての具体的な表出行為が幾多もなされ、その結果と想像とのあいだでの循環的なやりとりが繰り返されるプロセスになる。

この表現化の過程を経て、菊竹は具体的な全形態の造型過程に入っていくとする。想像による心像の生成が確立され、それをかたちに成すという二つの過程が単に結びつくのではなく、心像と形象の試みのあいだで実体化に向けて両者を相乗的に練って目指すべき結構に築きあげていく過程が入るというわけである。これは設計建築プロセスに携わる人間ならではの見識といえよう。ここに見いだせるただの表現ではなく、いかに満足なかたちに成していくかを検討し、いわば想像世界から現実世界への掛け橋をつくりあげるこの表現「化」の過程こそが構想の過程というわけである。

この構想にみる形成的、綜合的な特性を三木の場合は、技術の他にも神話における分与や行為論、場所論としての経験にも照らしてとらえたわけである。神話として語りうる構想には三木が検討したように対象を客体として切り離して考えるのではなく、わたしが対象を生きるかたちで考える分与の性質をみることができた。三木はこれを未開といわれる社会をわかりやすい例としてみながら、現代社会でも機能している神話思考、神話づくりの底流にある特徴として取りあげた。そうした主客通態的で刹那のワーキングイメージが具体的な形象に重ね描きされることで、ある程度持続性をもった枠組みができることが構想の神話特性の一面になっている。

ただし、神話は超越的性格をもち、パトスとロゴスの綜合の結果として物と志向の区別がなく、かたちなき多様がまとまった象徴としてあるという三木の見解も見逃すことはできない。たとえば眼前の光景の基盤となっている世界像の枠組みが構想力に支えられて内的に形成されているとみてしまうなら、心の眼でみる内部に投映された景色という話が単に心像や想像から構想に横滑りしただけの話になってしまう。だから、そういうことではなくて、神話としての構想の性質が具体的な神話のかたちをとる際にはむしろ想像力の刹那が寄与するのである。それは知覚像としての光景においても同じであろう。構想過程で用いられる参照図式がパトスとロゴスの動態的綜合としてあり、表現化される対象に投じられることの基本はおさえるべきポイントである。この動態図式についてはのちにあらためて取りあげる。

他者と共有されうる客観世界はこころの内部にはない「他なるものによる制約」に満ちている。だから、想像した心像とその形象の表現化のあいだには必然的なずれが免れえない。想像した「あのこと」をことばで表現するには、言語体系の制約はもちろん、客体共有化されるものとして公序のコードにも縛られる。むろん、表現そのものの力量にも制約される。それに対して想像はみずからの手中にあって奔放であるから、その描かれた大方はこの知覚世界に収まるよう表現することがむずかしい。もともと知覚世界や運動性能の制約を超えて自由時空で想い描くことが想像の働きでもある。だから、そうして想い描いたことを人間による表現の規矩においてあらわそうとすれば、それは表現そのものというより、表現といいうる状態にするという意味での表現化に留まらざるをえない。表現に向けての手前で、構想はたいてい未充足の表現化プロセスに留まる。そのためその不完全さにふたたび想像過程が着火することになる。充たされないがゆえに表現に向けての構築的な表現化が継起する。

シュレーゲル（Schlegel 1882）はロマン主義文学の全体に漂う愛について触れながら、このことをつぎのように語っている。

「空想（Fantasie）だけが、このような愛の謎を捉え、謎のままに描写することができる。そしてこの謎めいたものが、あらゆる文学的描写の形式における空想的なものの源泉なのです。空想は力を尽くして自己を表現しようと努めるのだが、神的なものは、自然の領域内では間接的にしかみずからを伝え、表現することができない。それゆえ現象の世界の内部では、本来空想であったもののうちで、われわれが機智と呼んでいるものしか残らないのです」

こうして構想は想像の表現化過程としてあると同時に、別のあらたな想像の励起過程としても作用することになる。想像して止まない人間の秘密は単にこころのなかで想い描きに没頭するのではおさまらず、こころに描いたことを器用と不器用の狭間において表現化することにある。だいじなことはその表現化が想像からの一方通行の出力として終わらないことである。それは構想が表現、あるいは表現することの言い換えではないということも示している。むろんそれは構想力が表現力とは異なっているということでもある。

手塚治虫がある対談（手塚・石子 1992）で彼の漫画に対する考え方を述べているところがある。

「漫画っていうのは、人に見せることが本命でね、一人でもいいから描いたものをメッセージとして見せて、その人を納得させ、同調させ、場合によっては洗脳するくらいの力があってこそ漫画だと思うんです。ただ自分が好きで描いているというのであれば、それは漫画とは違うと思うんですね」

この漫画に対する定義はむしろ構想についての定義といってよさそうに思える。というよりもすぐれた構想力を宿した漫画である場合、まさにここで彼がいう定義になるというべきだろうか。だから、このコメントを借用して漫画の部分を構想に置き換えてみれば、構想と単なる表現あるいは表現されたもの、あるいは「ただ自分が好きで描いている」絵との違いがはっきり語れることになる。

「構想っていうのは、人に見せることが本命でね、一人でもいいから表現したものをメッセージとして見せて、その人を納得させ、同調させ、場合によっては洗脳するくらいの力があってこそ構想だと思うんです。ただ自分が好きで表現しているというのであれば、それは構想とは違うと思うんですね」

但し書きは必要である。ここでいう「一人でもいいから」の一人は表現者自身も含まれる。想像を表現したその当人が自身の表現からふたたびメッセージされ想像力を掻き立てられていく場合、それは単なる表現ではなく構想力のある表現化すなわち構想という身分を得ていることになる。だから、「ただ自分が好きで表現している」としてもそれが表現のための表現ではなく、つまりそこで表現し終えるものではなく、それによってさらに自身や他者の表現化が焚きつけられていくような場合は、単なる表現を超え出た構想になっていることになる。

つくづく構想とはその名のとおり、想を構えていくこと、すなわち諸想像を導きつくり上げていく営みを指している。その営みは主体としての想像と客体としての構想のあいだで展開される主客通態的な循環過程としてある。このサイクルはもちろん回転木馬のような堂々巡りの回帰ではなく、想像された心像と表現化された構想の形象との照合を介して生じる不整合が新たな想像を励起していくものとしてある。だからその循環平面は立体的に浮揚展開していくことになる。

構想が想像を沸きたてていくうえで重要なポイントは一つには想像がもとより表現の困難な不定流動としてあるため、構想が想像にとってそのものずばりの表出になりがたい点にある。その不全性が想像に尽きせぬ駆動をもたらす。たとえかなり要所をとらえた構想が得られたとしても、想像はすでにその時点で流動しているから、とくに両過程が密に循環しだした段階では構想はつねに想像にとって過去進行形となりながら貴重な踏み台として機能していく。

もう一つ、構想の想像励起において重要になっている点はとくに構想が物象として媒体に残る場合、それが外部記憶として想像に向けて安定的に供給されることになる点である。残ることと安定は想像過程に備わらない特性であるから、想像が構想のその性質を能動的に活用する心的態勢をとれれば、あたかも外部ストレージに拡張した心像形成をなすかのごとくいかんなく想像活動を持続できるようになる。それは想像と構想の循環過程に生じる両者の協働の姿であるが、2・4・2でみた創造的想像はこの状態にある心的営みの典型である。

こうして想像と構想の過程には自己組織化、すなわち「生成プロセスが次の生成プロセスの開始条件となるように接続した生成プロセスの連鎖（河本 2000）」をみることができる。この主客通態的な自己組織化をもたらし想像してやまない心的活動を担うことが構想の営みの本領であり、ここに想像（内的な、それゆえかたちなき世界でそれなりに自足しうるプロセス）とも表現（外部へのイメージ形成プロセス）とも異なる特有の構成概念として構想の姿を同定することができる。

## 7・2 プランと構想

もとより曖昧でかたちを定めがたく、またそれを本領としている心像に、かたちを定めて表現化する構想の過程は粘土細工の制作過程によく似ている。粘土細工では主題に沿って抱いた心像を粘土に投影していく。だがこの場合、いきなり細部からかたちを整えていくようなことはしない。抱いた心像は大まかであるうえに、未定の部分を多くもっている。だから、粘土もまず大体のかたちをつくるところから始める。そのかたちができると、手の造形運動と時々の粘土の反応を確かめつつ、皮膚に伝わる粘土の感触を次第に自分のものとしながら、視覚的に変化していくかたちとのあいだで調整運動をなしていく。粘土をかたちづくる手の運動がそのまま触覚、あるいは筋運動の自己受容感覚となり、それに視覚的なかたちの確認が綜合され、主題のコンセプトを背景にした心像と照らし合わせつつ、つぎの行為が生み出されていく。曖昧な心像と照合することは具体的なかたちづくりの過程とは根本的に合わない。しかし、心像が曖昧であるのは仮にできあがっていく形象を感覚するうえでの遊び（許容域）ともいえる。だから、かたちと心像の照らし合わせはかたちづくりの可能性を保証することになる。その可能性にあらわれる不可測のかたちが心像への提起、働きかけを開くことにもなる。

この心像からかたちの表出、さらに心像へという循環プロセスは一見、G・A・ミラーら（Miller et al. 1960）のTOTE（Test-Operate-Test-Exit）単位を想起させる。また、そのプロセスの全体はそれを基本要素にしてまとめられたプランニング過程のようにもみえる。TOTEでは状態をテスト（T）し、操作（O）し、その結果をテスト（T）する。プランに適合すればその操作単位は終了（E）し、出口に進む。だが、プランに適合しなければふたたび操作（O）へ戻る。すなわち、それはサイバネティックス特有のフィードバック回路であった。

このTOTEの説明に彼らが用いた典型例は釘打ちであった。この例はここでの話にも好都合である。というのは、釘打ちと粘土細工のあいだの差異がTOTEのようなプランと構想のあいだの違いをわかりやすく示してくれるからである。
　一般に釘打ちは目標が明確である。はじめに釘の頭が加工物の表面と平らになるとか、カレンダーの穴を引っかける程度に壁から出ているといった明示的な目標がある。そのゴールに向けて金づちで釘の頭を叩くというほぼ同様の動作が反復される。むろん、その動作の力の入れ具合や金づちの持ち方、釘の支え方など、この単純なTOTEにおけるテストと操作の反復もその都度のテストの結果にあわせて微妙な調整が必要である。必ずしも単純な繰り返しであるわけではない。だが、すべての行為に先立って終了条件が明確に規定でき、そのあいだにテストと操作のループ構造と演算がある。だから、ミラーらはTOTEに代表されるプランの定義をつぎのように明言した。

「プランは一連の操作を実行する順序をコントロールする生活体内の階層構造的過程である。生活体にとってプランは、コンピュータに対するプログラムと本質的に同じである」

これに対して、一般的な粘土細工の過程は釘打ちとは性質が異なっている。最終的につくるものが皿であるとか蛙であるとかといった主想はあるとしても（はじめに粘土を手で捏ね始める段階では、それさえはっきりしていない場合もある）、最終的なかたちが事前にはっきり定まっている必要はない。実際たいていの場合定まっていない。そこにあるのは「こんな感じの皿」とか「怪獣」といった思いおもいの心像でかまわない。これはプランという画然と計られた手続きからはほど遠く、意想、モチーフという類の想像にとどまっている。その想像をそれとよく似た不定形の素材を用いて、かたちにしていく、すなわち実際のかたちづくりである構想の過程を介しつつ心像のありようを顕現させていく。この想像と構想の連係過程の反復が練っては観察し、その結果をもとに、ふたたび練って観るという循環行為になる。ここにはTOTEとは似て非なる性質の操作とテストの反復がある。
　その性質の相違はテストする際にあらかじめプランのなかに定められているような「頭が加工物の表面と平らに

なった」といった終了条件の判断規則がないことである。テスト手続きはロゴス化されていない。したがってこのプロセスはコンピュータプログラムとしてコーディングすることができない。いうまでもなく反復ルーチンのなかにそこを抜け出す条件式を欠いたプログラムは無限ループに陥る。だからミラーらの観点に沿っていえば、粘土細工にみる構想の過程はプランとは異質である。

粘土の場合はひねったり、伸ばしたり、へこましたり、くっつけたり、といった自在な操作がなされる。が、その操作の一つひとつからしてどこまでそれを反復し、終えるかという基準がはっきりしていない。それぞれが尽きることのない反復を許している。つまり行為の端が開かれていて対象の側には収束点がない。操作する側の意思が状況を判断して、常に暫定的に行為の終点や到達を仮決定することになる。だから、各操作によって生じた結果が、つぎの操作を方向づけることはもちろん、その操作が元の操作に戻って仮決定を取りやめて再開を促すことも頻繁にある。そのため、ある程度の到達目標なり終了条件が事前に決まっていたとしてもそれら自体が随想的な不定形としてあるから、そこに達する手前で大本が幾度も変化、更新されることもありうる。細工と更新はいわばプランめいたものに対しても当たり前に加えられる。こういうわけで粘土細工にみられる構想はプランを足下から揺さぶる性質をもっていて、プランの範疇に納まるものでなく、基本的に別種のものになっている。

TOTEばかりではない。その派生や拡張ともいえるPlan-Do-See、あるいはPDCA（Plan-Do-Check-Act）といったいわゆるマネジメント・サイクルもある。どちらもその構成要素にプランを明示したうえでのフィードバックシステムとしての入れ子のプランにほかならない。これらは二〇世紀半ばの産業先進国における品質管理のある意味では素朴な科学的管理や機械主義が通用した時代のマネジメントモデルである。基本的には構成要素となるPlanから始まり、Planへと戻るサイクルとして語られるが、Planは一段高みにおかれた理性的な産物としていわば玉座にあり、実行部隊の結果がPlanどおりになされているか、品質基準や目標に照らしてそこに向かっているか、到達したか否かをSeeないしCheckする構図になっている。この構造はマネジメント・サイクルが組織「管理」の発想からつくられたことに由来している[94]。PDSがPDCAになったのは何を見るのかが明確でなかったPlan-Do-SeeのSeeに対して、それはPlanに対するDoのCheckであって、その結果をただ点検、評価して終わるのではなくActとして改善したり対処することを明示するという発展型になったものと解釈できる。ただし、Actがどこに対してなされるかは明白ではなく、Planどおりに進まなかった実行のDoに対してなされるか、そもそものPlanを改良的に変更するか、あるいはその両方に対してなされるか、そのいずれであるかはこのモデル自体は語っていない（久米 2000）。

とはいえ、これは建前であって、DoのCheckの結果、適応的にPlanが変更、改善されるのは大方Doをなす当人がPlanの策定者であるような個人的な仕事の場合のことである。組織におけるマネジメント・サイクルとして語られるPDCAのCheckは計画にそくしてなされたか、到達目標が満たされたかがまず点検され、Actの改善はDoに求められていくことが通例である。Planが見直されるのは予定されたサイクルがどうにもこうにも回らなくなった場合である。組織にあってはPlanの状況適応的な変更がかえって朝令暮改の計画としてDoを惑わせるものと非難を浴びることさえある。だから、有機的に合わせていく可能性をもつ人間の実行のほうが改善対象となりがちになる。そのこともあり超然的な計画のもとでの理想が先駆しがちになる。その典型例としてたとえば廃虚からの建て直し期にあった高度経済成長期の日本において、品質管理が全社的なTQC（Total Quality Control）運動にまで祭り上げられていった事例をあげることができる。工場単位で進められていたQC運動が事務組織を含む全社あげての運動に拡大していた時期があった。しかし、プラン駆動型、いわば想像のほうから一方通行にかたちを求める理想型が部署を問わずに適用されればそのサイクルが数回転で重くなることは必定である。その先も回すことにこだわればプランをなし崩しにするか、現場が悲鳴をあげることになる（徳丸 1999）。実際、一時は毎年全国コンクールまで開かれて多くの企業が競い合ったTQCは今や廃語同然となり、いつの間にかTQM（Management）にことばを変えることでかつての文脈から外されるに至っている。

TOTE単位やPDCAサイクルを範とするようなプランはそれ自体がミラーらのいうようにプログラム化できる、

その結果、工程表や予定表のように書き出されもし、それに沿って行動が制御、規定、整序されていく。これに対して構想はすでに前節までに繰り返し述べたように、粘土を形成表現するその形象によって内部の心像とのあいだの調整と同化を図る内外通態的な全体像にあらわれ働く。だから、もし構想をプログラムになぞらえるとすれば、そのプログラムの実行は逐次、自身を書き換えるオートポイエティックな性質を発現するものとなる。そのようなプログラムは疑似的なものは別として現在のデジタルコンピュータでは実現されていない。想像と構想の協働はプランとは異なり、コンピュータライズ困難な人間に固有の心的働きとしてある。

ただし、コンピュータのプログラミングをしている人がその作業中に思考し、行為している状態にはまさにその協働があらわれる。プログラミングにおいては、はじめからバグのないプログラムは想定されていない。作ったものを実行してはバグを探し、修正し、次第に完成させていく。そのデバッグ作業のときプログラムのロード場所はコンピュータのメモリ上であるが、それと同時に、少なくとも作業の焦点となっているプログラムの一部分はプログラマーの頭のなかにも引き込まれ、展開されている。このときプログラマー（想像の主体）からみれば、コンピュータのメモリは外部の記憶（構想）だが、プログラム（構想の主体）の実行場所からみれば、プログラマーの頭のなかの記憶は外部の記憶（想像）にほかならない。だから、こうした作業においては内外が反転図形のように定かならぬ状態で通態し、どちらを欠いてもプログラミング作業の全体が成り立たない状態になっている。

この作業過程には典型的なプランとしてフローチャートが伴う。だが、構想はその流れ図とは別にそれに沿ってつくり、動かすことによってあらわになってくる不具合や要求、さらには欲求をもとにあらためて見通される完成型に向けて具体的にかたちをなしていく実際過程にあらわれる。

念のためつぎの点を明確にしておこう。TOTE単位のようなプランも未来の行動を予想してそれを計画としてことばを含めた記号を使い、工程表や予定表のような具体的な形象に表現したものである。だから、その点でこれも構想の一つではないか、ともいえる。これは一面そのとおりである。少なくともそのようなプランをかたちづくるところまでは想像から構想への典型的な表現化にちがいない。ところが、構想とは想像がとめどなく移りゆくことと同様、その描出で終わるものではない。描き出されたそれがふたたび想像を励起し、プランが描出された時点とは異なる現在の状況に即して、しかも必ずしも想い描かれたとおりには表現しきれていないはずのプランの改善もあわせ、同時にあらたな予想に結びついているさらなるかたちが構想といいうることになる。だから、一度立てた計画だから、最後まできっちり実行する、といった物言いはプランでは正当性をもっても構想ではありえない話となる。計画がころころ変わるという非難はプランには当てはまるだろうが、構想では（もとよりそれは計画ではないのだから）見当違いとなる。むしろころころかわってこその構想である。常識的にはそういうものには信頼がおけないとされよう。だから、人はとくにメカニカルな社会構築の過程で不確定な未来を定めることに価値を見いだし、行動にあたっては計画や予定の策定を常識化してきた。けれども、それはわたしたちが基本的に構想によって行為しているがゆえの理想のもとに描かれた一階上の構想の産物としてプランが生み出されたことを映し出したものである。そのことからすれば、「机上のプラン」ということはまさにプランの本有的性質を語っているといえる。

## 7・3　動態図式と習慣記憶

### 動態図式と認知地図

２・１で触れたように、想像の過程が「かのように」と語られるような「ふりをする」図式にもとづくとすれば、それに応ずる構想の過程はベルクソン（Bergson 1919）が提起した動態図式（dynamic schema）を形成するといえるかもしれない。ベルクソンのいう動態図式とは「イメージを再生するためになすべきことの指示を含んでいる」もので、一連の流動、欠落を伴う想起の心像を単に記憶の想起では間に合わず、必然的に想像で補い再構成しながら全体を一つにまとめあらわすような再表現化のためのプロットであった。このプロットは相応の長さをもつ再生想像や産出想像、そしてその表現化としての構想、それを介してのさらなる想像の励起という想像・構想循環が繰り返されることで形成されていく構想の内部モデルといえる。ここではベルクソンの動態図式のありように照らして、その発想を拡張し、通常、頭蓋内部に形成が想定される図式を、その外部に拡延して物象としての外部記憶を含めてなりたつ姿としてとらえなおすことで、想像・構想循環そのものの動態フィールドをあらわす概念として発展させてみよう。

物象としての外部記憶、そのわかりやすいプロットの例示といえば、演劇であれば台本、演奏であれば楽譜、料理であればレシピという具合になろう。これらのプロットは実際のパフォーマンスや調理という想像・構想循環をおこなう主体がその循環形成をなすにあたって利用する手引き、他者の構想の副産物である。だから、当初はそれを頼りに演技や調理の行為心像や知覚心像をつくっていくことになる。その想像の連なりが次第に自分のなかに身体化されてくるにつれて演奏や調理は楽譜やレシピから離れていく。その実際の行為形成はまさに表現化であり、身体化される構想の過程、動態図式の形成となる。ベルクソンはその過程形成を「その他のすべてが通貨にすぎないような（大本）唯一の基本金貨」とも喩えている。彼はW・ジェームズがあげている例を引き、長い説教を暗記するのに説教者は当初何日も要して覚えねばならないが、次第に練習効果がでてきて、しまいにはただ一度だけ注意深く分析的な読みをすれば事足りるようになるという話をもってきて、唯一大本の基本金貨を手にすることの意味合いを説明している。小沢征爾のドキュメント映像に、彼がコンサート前に楽譜をさらう様子を映し出した場面があった。要所をおさえるようにペラペラと楽譜をめくる動作は素人目には気休めの動作にしかみえない。だが、すでに演奏の構想を身体化している当人にはまさに基本金貨にあたる部分を勘定している状況なのだろう。一方に感性の直観―主観―パトスと悟性の概念―客観―ロゴスとの正反合的な総合の結節として図式があるとすれば、他方には流転する心像と縁どり定かなかたちをもった外部表現化のこれまた直にはつながるはずのない両者を結構するものとして動態図式、すなわち構想がある。

動態図式は、二〇世紀前半にトールマン（Tolman 1948）が提唱した認知地図（cognitive map）とも重ね合わせてみることができる。認知地図は個体にとっての環界地図というべきもので、それぞれの個体が知覚し記憶し想像した心像を布置するカンバスと喩えることができる。

トールマンは認知地図を方向や距離、目印などの空間情報を含んだ心像とみたが、これを環界に存在する実際の対象と心像との関係性のなかでダイナミックに構成される構造として拡張してみれば、この地図は心像と物象の双方を取り込んだ表象として構想の動態図式にオーバーラップしてくる。その拡張は表象の次元を空間のそれだけでなく過去現在未来をつくりだす時間表象にも広げることができよう。環界の物象は個体との対峙経験に応じた時間を宿すことで、広くは記憶術の場所法の手がかりにもなるように、外部記憶として過去に遡及したり、その手がかりや導火線としても機能する。その一方で、只今の環界の状況を反映した認知地図は過去からの経験動態に即した予想のもとに先々の予期図式としても機能する。十全に機能している認知地図は未来に向けても過去に向けても開かれた地図としてある。その四次元的な時空に想像と共創的に協働する構想が展開することになる。

**習慣記憶と純粋記憶**

動態図式を語ったベルクソンは記憶については運動機構における習慣記憶と、それとは別種の独立的な記憶過程にある純粋記憶に分けて考えた。習慣記憶は手続的記憶、運動記憶とも言い換えられる。これは主として身体運動を介して記銘され想起される記憶で、自覚的には記憶というより日常行為のなかに溶け込んだまさに習慣である。他方、純粋記憶は記憶内容に（その的確性は別として）日付が伴い個々の内容が特定化できるエピソード記憶や特定の言語化された知識などのことで陳述記憶のことである。

ベルクソンは習慣記憶を運動機構の記憶として身体（神経系）に蓄積されるものとみていた。だが、本書ではこれを動態的な認知地図、すなわち構想にそくして、つぎのように別様にとらえたい。まず、これが習慣として成立しているのは、その記憶が働く場が日常生活場面において、比較的変化の少ない時空間の状況下にあって、一定の動作系列の文脈や背景も心像と連合的につながることによるとみる。つまり、習慣記憶はふつう考えられているようにその記憶のあるじの身体内の記憶だけで成り立っているものではない。その身体が常態的に存在する周囲のいつもの物体や状況の知覚心像（外部記憶）もそのまま習慣記憶の主要構成要素としているような外部に拡延した記憶としてあるとみる。習慣記憶とは日常時空の環境に配置された記憶（認知地図）と身体的に多重反復的に生成された動作記憶が内外通態的に形成している動態図式としての構想が本体をなしている。つまり習慣記憶の実際はいつもの認知地図上の諸々の外部記憶からのアフォーダンス（意味や価値）を受け、運動記憶がこの手がかりつきの再生をしているとみることができる。

習慣が必然的に使い慣れた道具やいつもの場所に強く結びついているのも、単なる当然の成りゆきではなく、その記憶基盤が身体だけでなく、その身体が関わる場所に置かれているためである。極度に習慣化された熟練の技は新品の道具や新たな材料を相手にするとぎこちなくなる。これはその技が一般に思われているよりは身体に染みついているわけではないことを示している。匠の記憶は愛用の道具と馴染みの材料に分与されその綜合において形成されている。また、習慣記憶の内容をことばで表現することがむずかしいのも、それがことばではあらわしがたい運動や技に関わる記憶だからという理由だけではないだろう。その記憶の全容が自分の身体のなかにあるわけではなく、身体から離れ出た外部の物体や関係性に分散しているため、自分サイドのことだけでは掴み語りきることができないという理由も加わっているはずである。

それに対して、習慣記憶と対置される純粋記憶はまさに純粋に身体内部に独立的な記憶として形成されうるものを指している。むろん、これが記憶である以上、生物の記憶の基本形といってもよいはずの習慣記憶の性質もあわせもつだろう。だからこれが外部の手がかりを利用したり、外部記憶とつながるかたちで成り立つことも自然にある。だが、純粋記憶は身体内部に形成され、（その確実性はともかくとして）想起されうる記憶としてある。これは系統発生的にみれば、中枢神経が余剰をもって拡張した結果、相対的には新たにもたらされた記憶の仕組みであると考えられる。その背景には頭のなかで外部の知覚認識から離れて、勝手に世界を想い描く想像力が発達したことがあったとみてよいだろう。したがって、純粋記憶は夢見る動物がもつ記憶ということになる。

純粋記憶は生物の記憶様式として新しいだけでなく、おそらく想像力の副産物のようなものだから、基本的にはその名が示すような純粋な記憶としては本源的な無理を抱えており、事実かなり不安定である。だから、人はその補助手段として習慣記憶の原理を援用して、さまざまな媒体にラング（langue）をはじめとするロゴス体系を形成し、記録を残し、能動的な記憶の外部化を図ることで、習慣記憶的にも純粋記憶をみずからの記憶として活かすように記憶世界をつくりあげ発達させてきた。それはまた想像力の発達を構想力の助けを借りて支え、活かしてきた道程と共にあったといえる。

だが、これらのこころの過程は系統発生的に新しいだけに、中枢神経系にみられるラストイン・ファーストアウトの原則（半田 1994）にしたがう。すなわち、純粋記憶自体は老化に伴って習慣記憶を残して先に劣化していく。神経生理学的な障害によって引き起こされる記憶障害も一般に純粋記憶のほうが障害を受けやすい。反対に習慣的な手続的記憶は身に染みついているという理由よりもむしろ、基本的に外部記憶に依拠する（物象にアフォードされ、意味や価値を受けとる）がゆえに、障害や老化に耐え、比較的よく保たれる（e.g.,Rosenbaum et al. 2005）。

## 7・4　失行と構想

前項でみたように、習慣記憶や動態図式の見方に照らすと、臨床症例の失行症（apraxia）は動態図式、すなわち構想における機能不全を呈した状態とみることができる。少し立ち入ってみてみよう。

失行症では使い慣れている道具の使用やごく簡単な挨拶の動作などを他者の指示に基づいておこなうことに難儀を示す。しかし、道具の名称やその用途、使い方、あるいは挨拶の意味などには難なく答えることができる。よって指示内容に対する認識や了解には問題がなく、しかも当該の動作をおこなううえでの運動機能にも明白な障害が認められないことを特徴としている。失行に伴う症状はそれぞれ独立して見いだされうるので（複合することが多いが）、いくつかの分類がなされてきた[95]。なかでも観念運動失行（ideomotor apraxia）と観念失行（ideational apraxia）がおそらく最も多く取りあげられてきたといってよいだろう。観念運動失行とは言語的に喚起可能な社会的習慣性の高い動作について、実際の物品を使わない動作（つまり、物品があると想像しつつ使う真似をするということで、これを観念運動と称している）の表出が適切にできなくなる。たとえば指示に基づいて歯ブラシを使う身振りをすることなどがうまくできなくなる（手腕がうまく動かないわけではないが、妙な持ち方や動きをしてしまい適切な動作ができない。たとえば、歯ブラシであると認識しながら頭にもっていったり、左右の手で持ち替えつづけたりする）。これに対して、観念失行とは指示に基づいて実際の物品の操作をしようとするとそれが適切にできなくなることをいう。たとえば、実際の歯ブラシを使って歯磨き動作をしたり、お茶を入れるなど複数の物品を系列的に操作することなどが困難になる。

失行はこうした一般的な説明の範囲では道具のことが理解されていて、しかも十分に習慣化されている動作ができなくなっているのだから、純粋記憶は保たれていて、反面、堅固なはずの習慣記憶やその想起が障害を負った（めずらしい）ケースであるように思えてしまう。ところがよくみていくと、失行は習慣記憶そのものは障害されておらず、構想過程の障害として了解できることがわかってくる。というのは、実際、歯ブラシを使う動作ができないとか、クリスチャンでありながら十字をきることができなくなった患者が、では日常生活ではどうしているかといえば、当たり前に歯ブラシを使って歯磨きをし、教会に入れば自然に十字をきっていることが認められるからである（de Renzi 1989）。

つまり、習慣記憶はそれがまさに習慣としておこなわれるかぎりでは適切に想起できる。失行してしまうのはそれを習慣記憶としてではなく、診断ないし検査という場面設定で検査者の指示によって純粋記憶的に想起が求められる場合なのである。それはおよそ日常的な場面に埋め込まれた習慣動作から引き離され、個別要素化された特別な動作要求になる。しかもその要素化された動作要求は診断という評価的な注視状況下でなされる。患者としては、注意を集中して手元の知覚と自分の動作の統合を意図的におこなわねばならない。つまり、いつもの習慣動作は解体されて、普段気にも留めていなかった動作の一つひとつをあらためて構成していく事態になる。ちょうど教員なら誰もが経験しているように、板書で漢字や外国語の単語を書くと、常ならぬ大きさの字を間違いのないように書こうと意識するがゆえに、普段気にも留めていなかった個々の文字のつくりが異様に見えてきて、的確に書けたかどうか不安になってしまう事態のようなものである。

だから、失行において失われる行為は知覚や想像による（観念運動）心像と道具に関する純粋記憶（それが何であり、どのように使うかといった知識）とのやりとりのなかで新たに構想する動作になっているのである。普段であればそうした要求も難なくおこなうことができる。だが「イメージを再生するためになすべきことの指示を含んでいる」動態図式を組み立てられない事情にあると、使い方を想像したとおりに表現化するというその簡単な構想に戸惑い、適切な動作がままならなくなるというわけである。

イメージどおりにかたちにする、というのは言うは易きことながら、実際には難儀な変換処理である。というのはすでに何度も述べたように、想像はサイズや実現可能性に頓着せずになされるし、ときには実際のところ想像していないのに、想像したと思い込むこともまた想像の一部または全部になりうるからである。それをかたちに結構する処理は当該の対象と時空と自身の身体との制約関係のなかで、近似的に折り合いをつけながら行為を実態化させていくプロセスになる。したがって、その過程のガイドとなる構想は動作の仕方の心像と対象、背景（文脈・環境・時空）、自己（身体）のあいだに表象的（すなわち心像—物象関係）に表現化される必要がある。具体的には歯ブラシという対象認識ができ、使い方の心像も描かれたのちに、それを眼前のテーブルに置かれた歯ブラシに適用して、歯磨きの動作をしようとする。そのとき、背景、状況がいつもの洗面所ではないため歯磨き動作を誘発する知覚が伴わなかったら、歯ブラシを手にしたままそれを適切に動かす構想は宙に浮かざるをえないだろう。しかも検査状況におかれた歯ブラシは自分がいつも使っているものではないし、歯磨き粉もコップも洗面台もない。ふつう構想のプロセスはこうした状況に対して想像を喚起して、状況を「であるかのように」想定すること（ごっこ）であらためて構想につなぎ、歯磨き動作のふりを組立てる。ところが、失行症ではおそらく構想過程に問題を抱えているため、不備の構想を想像で補うことができがたくなっていると考えられる。むろん、構想過程以前に環境に欠けていることがらを想像すること自体に問題が発生していても同様の失行が生じうる。だが、もしそうであれば、物品の名称やその用途を語ることができなくなるはずである。

　こうした状況を映し出した様子は長谷川ら（1999）の実験によくあらわれている。彼らは観念失行患者四名に対して、図7・1のような検査を設定し、状況1～6までのそれぞれにおいてスプーンを使って皿のなかのものを食べる動作を求めた。図からあきらかなように、六段階の状況はスプーンだけで他の一切を想像して動作しなければならない設定から、実際に食べ物が皿に盛られ、その他の食器も普段食事をしている場合と同様の設定をしたものに至るまで背景設定が細かく段階分けされていた。この実験設定はまさに習慣記憶における外部記憶量が変数になっているのである。実験は背景要素（外部記憶）の最も乏しい状況1から実際の食事状況に等しい状況6に向かって進む上昇系列と、そののちにその反対に進む下降系列の計一二の設定についておこなわれている。

図7-1　長谷川ら（1999）の実験の設定。6つの状況

　表7・1にこの実験結果を引用した。原典では動作に問題が認

表7-1　長谷川ら（1999）の実験の結果（表4の一部表現を改変：本文参照

| 症例 | 上昇系列：状況1→状況6の順序 | | | | | | 症例 | 下降系列：状況6→状況1の順序 | | | | | |
|---|---|---|---|---|---|---|---|---|---|---|---|---|---|
| | 状況1 | 状況2 | 状況3 | 状況4 | 状況5 | 状況6 | | 状況6 | 状況5 | 状況4 | 状況3 | 状況2 | 状況1 |
| IT | × | × | ○ | ○ | ○ | ○ | IT | ○ | ○ | ○ | ○ | ○ | × |
| HK | × | × | × | ○ | ○ | ○ | HK | ○ | × | × | × | × | × |
| WS | × | × | × | × | × | ○ | HK | ○ | ○ | × | × | × | × |
| UY | × | ○ | ○ | ○ | ○ | ○ | HK | ○ | ○ | ○ | ○ | ○ | × |

められた状況については、それが無反応、錯行為、無定型、修正行為、開始の遅延のいずれであったのかが区別して示されているが、ここでは目的に照らして、それらすべてを適切な動作ができなかったケースとして×で示している。ここで注目したいのはスプーンを使って食べる動作を求めたときに、実際の食べ物が皿に盛られている状況6では失行患者全員が適切にそれができたという事実と、反面、スプーンだけが提示された状況1では、全員が食べる動作を適切にできなかったという事実である。後者は、想像と構想の循環のなかで想像を交えた即興演技として動作表現が求められたため失行があらわになったと解釈できる。それに対して前者では、想像も構想もほとんど必要なく習慣化されている外部の具体的対象、すなわち単なる知覚対象であることを超えて外部記憶になっているその記憶に頼りつつ（おそらくは小脳—大脳基底核系の駆動によるような）手続的な運動記憶が喚起され、その全体で構成される習慣記憶にもとづいて動作をすることができたとみることができる（なお失行症では主として頭頂野や前頭野に責任病巣があるとみられている）。

まとめよう。習慣動作は常識的には身体に刻み込まれた記憶に依拠しているようにみえる。だが、実際は習慣記憶こそ習慣形成されたいつもの場の外部記憶に大幅に移譲され、それに支えられて成り立っているようである。それは中枢の記憶のアウトソーシングというにふさわしい。いみじくもベルクソンがそれを純粋記憶と区別したように、実際、習慣記憶は外部委託され、外に権限委譲された記憶であり、わたしたちが常識化している脳のなかの記憶という姿からすれば純粋とはいえないことになる。だが、それはちょうどこころのなかで描かれる想像がその外部表現化としてある構想を抜きには成立しえないものとしてあるという内外通態的なこころの過程のありようをそのまま映し出した姿にほかならない。習慣記憶は想像と構想、心像と物象が組み合わさった表象としての記憶として生息しているのである[96]。

## 7・5　過去現在未来と構想

西欧のロマン主義時代を代表する哲学者の一人シュレーゲル（Schlegel 1882）の文章につぎのような一節がある。

「構想は未来から来る断片とも名づけうるであろうが、このような構想のための感覚が、過去からやってくる断片のための感覚と異なるのは、その方向だけである。すなわち構想は前進的であり、一方（過去からの）断片は逆進的である。両者にとって本質的なのは、さまざまな対象をそのまま同時に観念化しかつ実在化し、補足して、部分的にはそれ自体において完全なものにする能力である」

この「構想」は訳者山本定祐がprojekt「ホイエクト」に対して当てはめたものである。だから、カントのEinbildungとも異なり、まさに日本語の構想の意に照らしてなされた翻訳の妙技といってよい。シュレーゲル自身の意図を十分に汲んでいることはつぎの一節からも確認できる。

「ところで観念的なものと実在的なものの結合あるいは分離に関係しているものごとはまさに超越論的なものであるのだから、断片と構想のための感覚は歴史精神の超越論的構成要素と名づけることができるかもしれない」

ここに提起されている時制の違いという単なる表象上の相違が構想の水準では同様の構想力においてとらえうるという点は構想の特性を考えるうえで重要なポイントの一つになる。

すでに何度か触れてきたが、最近の神経科学の知見からは自分の未来のことを想像することと、過去のエピソードを再生するときに活性化する神経領域にはかなりの重なりが見いだされてきている（Addis et al. 2007; Hassabis et al. 2007; Klein et al. 2002; Okuda et al. 2003; Szpunar et al. 2007; 簡単なレビューとして Atance and O'Neill 2001）。

たとえば、アディスら（Addis et al. 2007）は　過去と未来の出来事についてこころのなかで生成する際と、それを精緻化する際に関与している神経領域を健常者を被験者にして fMRI で観察している。被験者のうち実験群は四八試行からなる実験セッションの各試行において二〇秒間、ある特定期間（一週間、一年間、五～二〇年の間の三パターン）内の過去のある一日のうちに起きたこと、または同期間の未来の一日に自分に起きると予想される新奇な出来事を実際にその場にいて見ている自分の視点で想い描くよう求められた。それができたらボタンを押し、続いて試行内の残り時間はその想像を精緻化するよう求められた。一方、対照群は提示された単語の定義についての意味記憶想起をおこない、つづいて指定された図形を想像して視覚化することが求められた。

その結果、過去と未来のそれぞれのエピソードの生成時に特異的に活性を示す領域も当然一部認められたものの、過去、未来の区別なくエピソードを想像する際には多くの領域、とくに後頭野や外側頭頂野や下側頭野など視空間知覚に関連が深い領域、あるいは左の海馬において対照群に比較して有意に高い活性を示すことが観察された。また、エピソードの精緻化時にも対照群に比較して有意に高い活性を示した領域が時制の違いによらずよく一致し、その部位は左の内側前頭前野、両側の海馬傍回から後部帯状回、楔前部と広範囲に及ぶことが認められた（図7・2）。

オクダら（Okuda et al. 2003）も健常者への PET 観察で、同様の知見を得つつ、未来のことを考える際には海馬傍回を含む内側側頭領域、さらには前頭極での活性化が顕著であると指摘している。どの報告でも活性部位に海馬が含まれていることは昔からこの部位が認知地図と深い関連があるとされてきたこととあわせて、構想との関係でも興味深い点である。

こうした画像上の神経活性部位の重なりは健忘症患者が記憶障害ばかりでなく同時に未来のことを考える際にも

障害を示すという知見（異なる個人のケーススタディで Levine et al. 1998; Klein et al. 2002; 実験群で Hassabis et al. 2007）と一致している。これらは出来事の回想や追想という想像的な記憶想起が基底的に未来の出来事に関する想像の営みと共通の基盤をもつことを示唆している。とくにこの点については前頭領域の関わりが考えられるという見解もでている（Rosenbaum et al. 2004）。障害が過去のエピソードに限らず未来のエピソードの想像にも及ぶということは、検索した内容を自己像を含めて心像化することやそれを表現する際の問題である可能性も示している。つまり、この障害は記憶の問題というよりも、想像や構想の過程の問題を示しているのかもしれない。

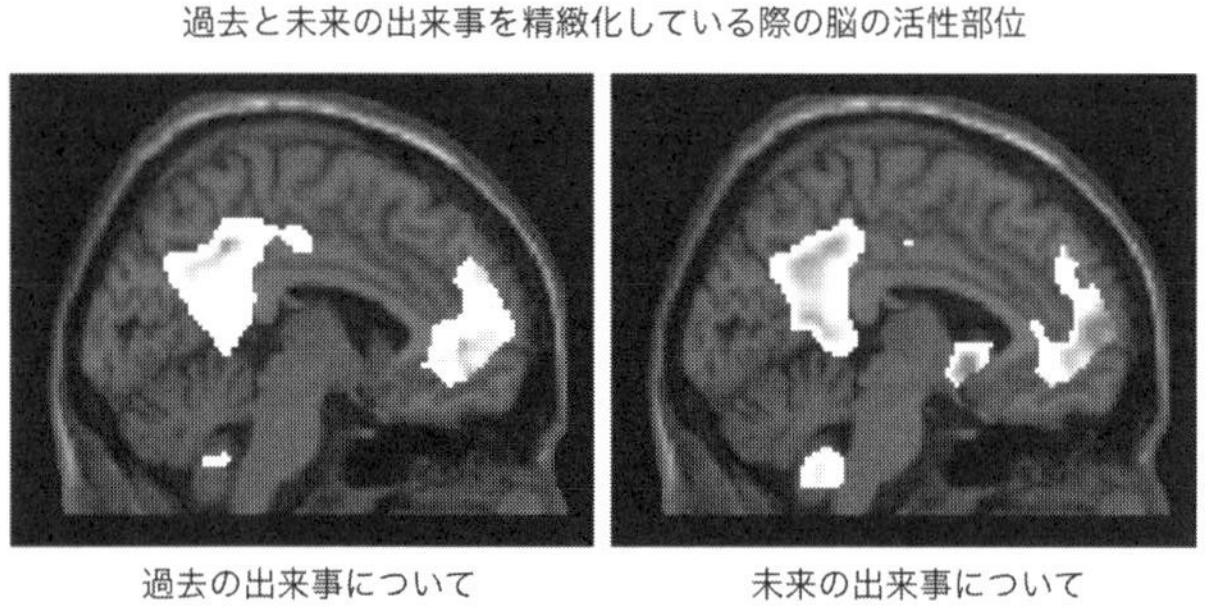

Addis et al.（2007）より

**図 7-2　Addis et al.（2007）の実験より。健常者における fMRI 画像で対照群に比較して、過去の出来事を想起し精緻化している際や未来の出来事を想像し精緻化している際に活性化していた領域。両者がよく一致している点に注目。本文参照。**

これに関連して、自分自身を過去や未来において想像する機能の問題としてこれを心的タイムトラベル（mental time travel）と呼び、自己意識の文脈でとらえなおす見方（Tulving 2002）もしばしば言及されるようになってきた（e.g.,Murray 2003; Polyn et al. 2005; Suddendorf & Busby 2003）。実際、たとえば加齢によって記憶力の減退が実感されるようになったとき、同時にわたしたちは将来に向けての夢や展望もまたかつてのようにはしなくなっているといえそうである。それは一般にはゆく先が見えてきたから、と解されることが多い。だが、ほんとうは器質的変化によって過去と同時に未来を描く想像力もそれを表現化する構想力も衰えだしている結果なのかもしれない。しなくなったのではなくできなくなったというわけだが、一方で神経系はしなくなるとできなくするという始末のつけ方をするから、これは考えどころである。先々の世界に向けて新しいことを展望し想い描き、積極的に語り、またつくりだすことは海馬や前頭領域をはじめとする心的時間旅行の関連領域の賦活になり、それが過去を振り返り、引き出すことの自在性も促通することになるのかもしれない。

## 7・6　三大小道具としての海馬と構想

人はさまざまな小道具を発明し、つくり、利用してきた。人間にとって不可欠な道具は何か、といった問いはおよそ容易に答えうる問いではない。しかし、それを考えることは人間というものの基本性質を知るうえでは大いに役立つことにちがいない。たとえば、前世紀末から急速な発達をみた小型電子機器に装備された各種ウェアでその激しい選択圧に耐えて残り、なお地道に発達をつづけている小道具は何か、とみてみよう。すると少なくとも現代人にとって予定表を含んだ暦、地図、そしてメモ帳が不可欠の三大小道具になっていることがみえてくる。

それら以前に紙とペンという意見もありそうだが、これらが電子機器に吸収されつつある状況をみると、むろんまだ完全ではないものの、すでに紙とペンは系統発生的にかつてのものになりつつあるといえよう。インクと紙媒体が電子化されようともそれに合わせてそれ自身が個体発生の発達をつづけている小道具は何といえば、やはりカレンダー、マップ、メモということになる。これらは日々絶対に欠かせないものではないが、誰にとっても一般的に必要とされており、いわば現代の多くの人間にとってほとんど空気のように機能している。そうした存在のありようは、これらの道具が人間の日々の基本的な心的活動を身体の外側にあらわし出したものになっていることを示唆している。ちょうど靴が足にフィットして身体の延長となり、同時に現代社会における移動を事実上可能にし、促進する不可欠な補綴具として機能しているように、これら三大小道具もこころの過程の人工的な延長として外部に形象化し、事実上の記憶機能を発揮することで精神を現代的に機能させ、促進する補綴具になっている。

では、この三大小道具はこころの過程の何を拡張的に補綴しているのだろうか。改めていうまでもないが、暦はいわばわたしたちの予定記憶、未来の出来事を想像する機能を補っている。地図はわたしたちの空間記憶、物理的な場所の位置関係を知覚し、記憶し、想像する機能を形象化した小道具である。地図の起源をたどるとほとんど人類知の起源にゆきつく。現在見いだされている最古の地図は古代メソポタミア南部、アッカド（Akkad）のサルゴン（Sargon）王時代（紀元前二三〇〇年頃）のものと推定される粘土板に描かれた地図である。そこには村落や山川が描かれ、耕地面積や方位を示した楔形文字が書き込まれている（Wilford 2000）。このことから、地図とメモの関係は卵と鶏の関係にあるといってよいのかもしれない。

そのメモはmemorandaの略字であるから、まさにメモリー、あらゆる記憶を具体的なかたちにして記すための小道具である。暦も起源的には覚書きとして生まれたことは遺跡に認めることができるし、現在でも予定表は基本的にはメモの延長としてある。暦は時間記憶[*97]の、地図は空間記憶の備忘補綴具として発達をみたものだから、基本的にこれら三大小道具は人間にとっての代表的な外部記憶装置にほかならない。

そうなると動物実験や臨床知見で中枢神経における海馬の機能がちょうど暦、地図、メモの役割と重なるように指摘されてきたことが想起されてくる。海馬と心的機能との関連についてはこれまでも幾度か触れてきたように、大きく二つのことがあきらかになっている。一つは海馬損傷によって引き起こされる記憶障害である。これは多くの動物実験を通じて確認され、臨床知見からは宣言的記憶の形成に海馬がかかわっているであろうことが指摘されてきた（総説として e.g.,Andersen et al. 2007; Gluck & Myers 2001）。海馬機能におけるエピソード記憶と意味記憶の乖離については確定的ではないが、海馬がとくに自伝的なエピソード記憶の形成や想起にあきらかな関わりをもっていることは間違いない。このこととの関連として記憶ばかりではなく、自分自身の未来の出来事を想像することについても、海馬損傷を負った患者が困難を示すことは前節でみたとおりである。

もう一つの海馬機能はオキーフェとドストロフスキー（O'Keefe & Dostrovsky 1971）の研究に端を発する。これは被験体が環境を探索したのち、一定の場所にくると一定の活動を示す神経細胞が海馬で見いだされたことに始まる。

このいわば場所細胞は空間記憶との関連がみられることから、海馬が認知地図の形成に関与しているという説が提起されるようになった（e.g.,O'Keefe & Nadel 1978; O'Keefe et al. 1998）。ラットを被験体にしてはじまったこのラインの研究はその後、人間でも同様に空間の移動と自己定位に際して海馬の神経活動が関わりをもっていることが報告されるに至っている[*98]（e.g.,Kumaran & Maguire 2005; Maguire et al. 1999）。

これらから予定表を含んだ暦、地図、そしてメモという三大小道具が外部に配置された記憶としてちょうど海馬が未来のエピソードを想像し、自己の時間的定位をはかり、認知地図において自己の空間定位をし、さらに私的な記憶を保持する働きを補綴し、支援、促進しているありさまがみえてくる。三大小道具すべてが海馬につうじるというのはいかにも都合のよすぎる話にもみえる。だがむしろ方向は逆で、プライベートな記憶と深い関係をもつ海馬機能が自己の場所定位や時の定位に必要な記憶を再生想像するときの表現化をつうじてその構想が地図や暦に特化していったと考えることができる。上で触れたように三大小道具はもともとそのうちの一つであるメモから分化したとみてよいだろう。また、自己の時空間定位の心像と暦や地図の関係づけ、その想像・構想循環をつうじて必然的に生じる表象が、それぞれ時間と空間という人間の社会・文化にとっての基盤ともいえる二つの表象を強固に構築することになったとみることができる。

人間にとって、その存在を支える来歴と見当識、すなわち自分はどこからきたのか、今はいつで、どこにいるのか、これからどこで何をしようとしているのか、という普段はそれほど強く自覚されずとも、しかし常にモニターされているこころのナビゲーションを下支える三大小道具に対する技術は、やはり主客の延長を産出する技術としてわたしたちが常に理想的なそれを求めて止まないものである。ここにまたあらためて産出的構想の働きを確認せざるをえない。

## 7・7　産出的構想

産出的構想力（produktive Einbildungskraft）ということばはカント（Kant 1781, 87）に由来する。彼が別のところでも語っていることもあわせ、本書での見解を付加しながら、これをあらためて確認しておく。まず、2・2・2でみた産出想像（productive imagination）とのちがいを明確にしておこう。産出想像はその目的が当然のごとく想像の結果におかれ、新たな心像生成を意図したり、招くような想像のことである。連想基準表（e.g., 梅本 1969）で上位に位置するような黒に対して白とか、犬といった連想がほとんど条件反射的に反想されるようなことは経験的に得たことがらの再生想像の例であり、これは産出想像とは異なる。だが、そうした単純な例でも、もしその反想をした彼がパティシエで、たまたまつぎのスィーツの新作に取り組んでいるときであったとして、そんな再生想像から、白黒ストライプのスポンジやムースのイメージが喚起され、そこからの連想でゼブラというキーワードが思いつき、そのことからテーマをサバンナにしてみようと思うに至り、つづいてガゼルやらチーターやらオカピなど、次々と新作スィーツのイメージが広がり、素材には大胆にきな粉やハーブや豆を使ってみようとか、さらにはアフリカンタッチのウインドウディスプレイやパッケージまで心に浮かんできた、といったことになると、これはもう産出想像に展開しているわけである。それは既知のことがらの転移や編集や組み合わせを主体にしているが、その編集の結果は新生的で産出的になっている。

では、これに対して産出的構想はどういうことになるのだろうか。カントは『純粋理性批判』においてこれを再生的構想力との対比で説明している。まず再生的構想力は、経験的な構想をもたらすのであり、同時または継時的に生ずる表象を結合する。だからこれは経験法則すなわち連想の法則だけにしたがう。つまり、かつてなされた連合や綜合の経験をもとにして成り立つ構想である。それに対して産出的構想力は自発的で先験的な感性と悟性の統一を図る綜合の力としてある。先験的、超越論的であるということは、その綜合が経験則によらず、人間が共有する世界の客観的構造の枠組みに沿っているということである。それでいて産出的構想は心像形成を前提にして主体の外部に具体的なかたちとして結構することにおいて産出性をもつ。サバンナをイメージしたスィーツが実際にかたちをなすにあたり、技法や素材の制約から、結局はこれまでのかたちや味の域を出ることができなかったとすれば、想像は産出想像として理想的に広がったのだが、構想においては再生的に留まったことになる。逆にいつものサヴァランを再生想像してつくり始めたのに、たまたまサクランボ酒がなかったため梅酒を使ってみたところ、驚くほど新鮮な味わいに出会ったといった産出的構想もあろう。だから、産出想像と産出的構想の過程はいつも一対としてあるわけではなく、基本的にはそれぞれに独立した過程としてある。

カントは『判断力批判』において産出的構想力のことを、

「現実の自然によって与えられた素材から、いわばいま一つの自然を創り出すことにかけては非常に強力である。それだから経験がわたしたちにとって余りにも平凡に過ぎると、わたしたちはこの構想力をはたらかせてみずから楽しみ、またこれを用いて経験を造り替えもする」

と語っている。環界としての世界制作である。そうした産出的構想力が生み出すものの代表として、カントはカントらしくスィーツ・サバンナではなく「理念」をあげている。

「こうして(産出的構想力によって)わたしたちは連想の法則(この法則は構想力の経験的使用に属する)から解放されたという自由を感じる。それだからわたしたちは、確かに連想の法則にしたがって自然から素材を借りてくるが、しかしまたこの素材に手を加えてこれまでとは別の何かあるもの、すなわち自然に優るところのものを造り出すことができるのである。

わたしたちは構想力のこのような表象を理念と名づけてよい。その理由は第一に、少くともこの表象は、経験を越えて存在するところの何かあるものに到達しようと努め、したがってまた理性理念（知性的理念）をできるだけ完全にあらわそうとするからである、なおこれによって理性理念には客観的実在性の外観が与えられる」

さらにカントは、産出的構想が理念になるもう一つの主たる理由として、

「内的直観としてのかかる表象には、いかなる概念も十分に適合しうるものでない」

と付け加えている。

ここに生み出される理念は理想という想像種が随伴する構想によって純粋理性概念を具体的なことばとして表現しようとする。だが、理性による想像の営みが掴んだものを客観的実在として表現化するという構想の営みが一筋縄ではいかないことはあきらかである。そこでたとえば、

「詩人は、不可見な存在の理性理念、たとえば在天の聖徒の住む国（天国）、地獄、永遠、創造等をも感覚化して揮らない、また経験においてその実例が見いだされるもの、たとえば死、嫉妬、さまざまな罪悪ばかりでなく、愛や名誉等にも、構想力を駆使して経験の制限を越え、自然においてはついぞその実例を見ないほどの完璧な形を与えてこれを感覚化しようとする。そしてこの場合に構想力は最大のものを追求しつつ、理性の示す模範と相競うのである。それだから詩こそ、美学的理念の能力がその本領を余蘊《ようん》なく発揮しうるところの芸術である」

ここにおいて理想の構想が詩想や曲想、楽想といった芸術域での想像と構想の協応に転移する過程を語る。

「しかしこの能力は、それだけとして見れば本来一個の才能（構想力の）にほかならない。ところで構想力の表象〔美学的理念〕がある概念の根底に置かれるとする。するとこの表象は、その概念の表示を事とするが、しかしまたそれ自体だけである一定の概念のなかにとうてい包括されえないほど多くのことを考えさせる機因となり、したがってまた件の概念そのものを無辺際に、しかも美学的に拡張するのである。そうすると構想力は創造的となり、知性的理念の能力（理性）をはたらかせる、換言すれば、表象を機因として、その表象において捕捉されまた明らかにされ得る以上のことを（これとても対象の概念に属するものであるが）考えさせるのである。…（中略）…つまり構想力は、かかるものを機因として、ことばによって規定された概念が表現しうる以上のものを考えさせるような、多数の類似した表象全体の上に及ぶ」

産出的構想の過程はこのように純化された理念と芸術の展開を典型例として、幅の広い内的な営みである想像の過程が内外にわたる表現として表象される場面においてあらわれる。とはいえ産出想像がもつ自由度の大きさは、産出的構想の段階で形象に伴う表現手段や方法、そして人間のもつ先験的な諸制約をうけて産み出しに伴う挑戦をふたたび受けることになる。だから、あらたにつくりだすことにおけるわたしたちにとっての現実的な課題はその挑戦を乗り越えうる構想力の問題として立ちあらわれる。ここまで章を積み上げて、やっとその構想力に正面から向きあうときがきたようである。

# 第八章　構想力

「構想力の哲学は無限定な空想に道を拓こうとするものではなく、かえってかたちという最も限定されたものに重心を有する（三木 1939）」

## 8・1　構想力とはどういう力か

本書前半で想像力について述べたときに触れたように、こころの過程において語られる力、しかじかのことができる力（ability、capability）には少なくとも性質の異なる二つの力をみわけることができた。一つは想像する者自身がその想像する営みにおいて発揮する力量、フォルス（force）[99]である。一般にわたしたちはこころの過程の力をみようとするとき、そのこころの過程をもつ当人の力を中心に、あるいはこれのみを語る傾向がある。たとえば記憶力といえば、文脈・背景要因ができるだけ統制された実験室環境で記憶検査を施して測定される記憶にかかわる種々の力、記銘力とか保持力といったことを指すとみる。だから、試験で備忘録に頼ることはそのフォルスを測ることを目的としているかぎりでは不正行為とみなされる。だが、そうしたいわば手助けなしに発揮される記憶力は日常生活世界に生きるわたしたちの記憶の営みで発揮されている記憶の力の一部でしかない。それはわたしたちの日常現実において働いている全的な記憶力とは一致しない。その意味ではメモをみることがもってのほかとなる試験は日常記憶の運用力とは異なる非現実的な記憶の力を試そうとしていることになる。このずれは電子メディアによる記憶補綴がいっそう顕著になっていくであろう今後に向けてはますます大きくなっていくだろう。仮にそのことに十分自覚的でないとすれば、受験者の不正行為を語る以前に、その試験の目的性が問われる必要があることになろう。ここで芭蕉の一句、

「またうどな犬ふみつけて猫の恋」[*100]

忠犬は誠に人間社会の義を象徴するが、人は義とともに情においても生きている。

わたしたちは誰もが自分自身の記憶力の脆弱さや、その力が及ぶ記憶の過程そのものが本質的にあやふやであることの特性を幼いころからみずからの経験として嫌というほど繰り返し確認しつづけ、よく知っている。だから、それを補うさまざまな小道具を日常的に使っている。むしろそうした種々の媒体を身の回りに適切につくり出すことで記憶そのものを自然と外部に配置し、それらとの常態的なやりとり過程全体をつうじて現実的な記憶を運用して、その力を発揮している。外部とはいえ、たとえば誰にとっても携帯電話のなかのメモリーは他者に知られたくないだいじな自分自身の記憶にほかならない。そのメモリーは自分の頭蓋のなかには存在しないが、私的記憶であり、その記憶を使う自分の行為は事実上わたしの記憶力の運用、発揮にほかならない。むろんそこに生じる交互作用はわが心的行為以外のなにものでもない。

このように日常現実の場で発揮される記憶力には自分自身の記憶想起からそのまま引き出される過程を指しての力量のほかに、自分の外部におかれ、それとの交互作用をもって運用される記憶の力が加わった合成力となっている。この合力において外部からの力はこころの過程の力を促進したり、刺激したりもする。ゆえに、この過程にあらわれ

る力量を環境情況力とか環境力能、ファカルティ（faculty）と呼ぶことができるのであった（第二章2・4・1）。

ところで、身体の外から想像を励起し、その活動を促通しているのはまさに想像を形象化した構想であった。記憶力のファカルティ、すなわちグローバル・ネットワークに無数に分散配置された外部記憶装置や座右のスケジュール表や備忘録の中身、会話をつうじて獲得される他者の記憶は、事実上、自分の記憶に編成され自分の記憶力の一部となる。同様に、ファカルティとしての想像力とは事実上、想像が形象化された構想が発揮する力、すなわち構想力のことになる。この力は想像過程においてはあらたな想像力に陰に陽に重合し、事実上の想像力として合成される。だから、すぐれた構想力は想像力のファカルティとしてそのフォルスの推力となり想像を前進させ膨らませることになる。さてそうなると構想力それ自身の力の性質はいかなるものととらえうるだろうか。

### 8・1・1　想像力と構想力――フォルスとピュイサンス

一般に構想にかかわる考察や言説は形象としての構想よりも、そのかたちを導き出す過程に関心がもたれる。そのためか、その産出過程にかかわる構想力を検討し論じる傾向が強かった。もともとこの概念への関心の礎石を敷いたカントが『純粋理性批判』で考察の対象にしたのは、“Einbildung”（英語ではimaginationあるいはconceit）ではなくて“Einbildungskraft”（Kraftは英語ではstrength, power, force, energy）であったから、哲学における問題の主対象も構想より構想力におかれ、すでにみたように三木清もその流れに沿って『構想の論理』ではなく『構想力の論理』を著したのであった。

本書ではこれら過去の考察を踏まえながらも、ここまでに述べたように想像による心像の外部への表現化とその産物を構想とみる新たな観点を提示した。その観点にそくしてこの力をとらえるならば、まずは順当に想像の延長としての外部表現化の過程における構想力に焦点を合わせることになる。ただし、ここでこれを「想像の外部表現」と簡単にいえないのは、構想が想像そのままの写し絵ではないからであった（8・1参照）。想像は既存のコード表にしたがってつくられる記号列のようなものではない。だから、もし構想が想像の単なる延長としての投映であったら、構想ははっきりとしたかたちをなさなくなる。かたち曖昧であるなら、それは未だ構想ではなく想像のままである。だから、構想する力は想像による曖昧な心像に接近し、想い描いたものに寄せてそのかたちを表現しようとするプロセスにおいて発揮される力量である。その課題の性格上、構想はいつも暫定性をおび、想像力に対してはほのめかし（suggestion）の性質を含むことになる。

ここにおいて想像と構想との関係は前者から後者への因果の一方通行にあるのではなく、相即不離の循環的問い返しの関係にあることがみえてくる。想像力はもっぱら内在する記憶の想起を手がかりにして心像を内生しているわけではない。心像形象のほのめかしや提起としての構想にも依拠して、その外在する記憶の形象に対する知覚をつうじてみずからの心像の調整をしている。ただし、その結果の多くはほのめかされた形象に対して同化的であるよりも、心像との不一致感、違和感、未充足感となって意識化される。それは何より心像に対する構想が、たとえそれが自身の身体表現であったとしても、こころに対するあらわな物象として他者性を帯びるからである。なにより客観視可能であること自体が客体としての異体性をあらわにする。そのため、そぞろな心像に対してそれを表現した形象はそれが明快、見事であったりすればなおのこと、主体喪失の危機を喚起することになる。他者から「そういうことですか」と理解を示されるほど、「いやそんなものじゃない」と思えてしまう。だから、想像が少なくとも表向きは構想に積極的に同化するようなことはほとんど生理的な水準において忌避される。その嫌忌は無機質に対する有機的反応の必然といってもよいだろう。そのウェットで生命的な防御反応のうえで逆に想像力は構想力に対して調整を促し、因果は卵と鶏の関係をとりながら想像と構想のあいだを循環していく。

この想像と構想の関係は三木清が強調したパトスとロゴスの関係に相当する。構想力は外部世界との関係を任とするがゆえに、こころの内側にあってパトス的な想像力に対してはこころの過程において使徒的にならざるをえない。フロイトのことばを借りれば、想像力は一次過程に深くつながる一方で、構想力は二次過程の力になっているといえる。構想力は想像力という暴れ馬を御してその馬力を疾走という目的的なかたちに転換する力である。ここにあらわれている力の性質をことばで分けて表現するなら、想像力はすでに本書前半でみたようにフォルス（force）である。それは非理性的で生命力に直結したパトスの力である。それに対して構想力が放つ力はピュイサンス（puissance）である。ピュイサンスはフォルスに比較すれば、ずっと理知的なロゴスの力であり、社会的な価値や権能と結びつく力である。カントは構想力をKraftと表現したが、これはフランス語ではforceに近い。だが、構想力はフォルスというよりピュイサンスであり、独語でいえば、Machtということになろう。かたちの表現化にかかわる構想力がピュイサンスの性質をもつという見方はカントが構想力に悟性と感性の仲立ちをとらえ、三木がロゴスとパトスの綜合をみたことを力の観点から構想した結果ということになる。

頭にせよこころにせよ、その内部時空は果てしなく広大であろうからその気になれば、想像力は勝手にどこまでも心像生成に勤しんだり、戯れたりできるようにも思われる。だが、身体運動や表現技量の制約や限りあるコード体系で整序されたロゴスの城から一歩外に出たそこは手がかりのない底なしの暗闇でもある。だから、想像力は真夜中の眠りのなかでこそその力を縦横に発揮するが、その夢の世界では途方に暮れるばかりである。目覚めて知覚世界に戻ればそこはふたたびロゴスの王宮のなかであり、筋道のとおった考えもコミュニケーションも取り戻せる。構想力によるサゼスチョンに囲まれながら、多くの場合は自分の想いどおりに表現できていないと構想力の力量を嘆きつつ、密かには自身の想像を調整したりし、ロゴス世界でのさらなる構想につなげているのである。

ところで、想像力はどうしてみずからは心像のかたちを明確にしないのだったか。もしその力をもってかたちを定めることに向かうなら、構想力という別の力の助けを必要としないだろう。その答えは明快である。もし、想像力がそうした力を発揮してしまえば、構想力が不要になるばかりか、自身の存在意義も失うことになるからである。ここでふたたび、バシュラール（Bachelard 1943）のことばが蘇る。

「想像力は知覚によって提供された(基本的)イメージを歪形する能力である。それはわけても基本的イメージからわれわれを解放し、イメージを変える能力なのだ」

想像力は積極的な意味でかたちを壊し、理知のかぎりを超出する力としてある。何のかたちを壊すのか。バシュラールのいうイメージは、ここでいう構想である。かたちを定めず可塑的に流動することが想像力の特性である。想像で思い描かれる心像が曖昧不定であるのはそうすることが想像力の作用だからである。だから、思い描いたものごとを結構させ、表現化するにはそうした想像力に抗し得る別種の力、構想する力、ピュイサンスとしての構想力が必要になる。ただし、構想力にはこれとは別種の力もある。これについてはつぎの項で述べる。

先に述べたように、ピュイサンスとしての構想力の成果に対しても想像力はおそらく納得、同化せず、そのかたちを解体してさらなる構想を求めることになる。バシュラールはその力を imaginaire(想像的なもの)と呼ぶが、その力は、

「感情に希望を与え、人間たろうとするわれわれに決意と特殊な逞しさを与え、われわれの肉体的生命に緊張を与え」

ると語っている。これはちょうどフロイトが快原理の彼岸を考察した際に、無機物に回帰する迂回路として生命現象を語ったことに重なる。

一方、ピュイサンスとしての構想力はたいていの場合、想像力の無理な注文にひるむことなく、たとえばロゴス体系を援用することで想像力の心像に分類や配列や輪郭を与え、知覚に馴染みやすい現実的な意味づけ、価値づけをおこなう。それは私的な心像を社会的なコミュニケーションの道具を使って社会構築する作業である。むろん既存の記号で事足りなければ、新たな記号を創り出すこともする。表現技術に磨きをかけ、造形を工夫することはその営みに

つながる。だから、この造形は工芸のそれはもちろん、発話や文章、あるいは身体表現を含む広い意味のデザインプロセスとなる。つまり、このピュイサンスは技術や制度の諸力を動員しながら、曖昧さのもとにある想像の無常を現実に照らしながら定めていく実践力として働いているのである。

### 8・1・2　ファカルティとしての構想力

いまみたように、構想力は第一に想像を外部に表現化し、構想をなす力のことをいう。構想が表現の換言ではなく、構想力が表現力の言い換えに留まらないのは、構想力が別の力の性質ももつためであった。その力を発揮するとき、表現はその身分を超えて構想といいうることになる。その構想そのものが発揮するのはさらなる想像を焚きつけ、想像力を喚起する力である。想像には自由性、無辺性に浸ることで積極的な意味を含んで混沌に向かう性質がある。だが、人間がそうした夢だけを食べて生きるバクにならず、その類い稀な想像力を現実社会の実践においてかたちに構築し、夢の現実化に向かうという基本的には無謀な試みを果敢に繰り返し、ある程度なしえてきたのは、想像力がかたちの囚われから脱しようとする性質に抗してそれと拮抗するほどに強くかたちづくりにこだわるすぐれて悟性的なピュイサンスとしての構想力が働きつづけてきたゆえである。つまり、人間は類い希な想像力をもち、のべつまくなしにその力を発揮している傍らでそれと同時に強力な構想力も発揮しつづける特異な動物としてその特性を構成しえたのである。

ただ、そもそも想像がかたちの囚われからの脱出に大いなる力を尽くすのは、かたちづくられたイメージの発揮する力が想像力を挑発的に惹起するからである。この想像力にとっての状況性、環境性能がもう一つの構想力、ファカルティとしての構想力である。ファカルティという力の性質は第二章で想像力について検討した際に述べた。その語源 facile はファシリティ（facility）ということばにもつながり、現代社会では人びとの便益に供する施設や設備をあらわしているが、ファカルティという力の表現には何かの単体の力というより集団や社会環境としての力の意味が宿されている。構想力にみるファカルティも外部表現化された構想がもつ環境性能ということになる。

想像力と構想力の相補性は当然、相互にない特性を補い合うことで片方だけではおよそ不可能な相乗をなしうるところにあらわれる。だが、それは単に都合の良い加算的なコンビネーションとしてあるだけでなく、むしろその相補の力動性は抵抗と反発の力学のうえに成り立っている。つまり、「あとは任せた」「合点だ」といった息の合った関係としてよりも、多くの場合はむしろ「現実を知らずにわけのわからないことをするおまえには任せておけない」という構想力に対して、「思い描いていたのはそんな程度のものじゃない」という想像力の関係、みずからの力のプライドのため相手の力を表立っては認めようとしない張り合いに似た関係こそが結果的に両者の力の相補的協働を引き出すことに結果している。

前者の相互扶助的な関係はそこそこのところで折り合いをつける協和的な運動を生み出すことにはなるだろう。それは人類史でみれば、ホモ・エレクトスの人びとまでの数百万年間にみられた関係というところであろう。彼らがその途方もなく長い時間をかけてつくりだし残したものから察すれば、かなり虚弱な想像力と構想力の関係が互いに支えあう協和関係としてあったことがうかがえる。頼りない想像のもとで表現されたものはそこで消尽し、構想力を発揮せず、つぎなる想像を喚起せずに終わっていた。しかし、原人にかわってサピエンスが現われたあたりから、想像力と構想力はそれぞれを逞しくさせる機会を得て、互いに相手の生息域に踏み込むかたちで競い合い、相互発展的、競争的に協働する関係をとるようになったとみられる。そのきっかけとなったのは手先や口先の運動が想像を媒体に表現化する構想を可能にしていったことがあげられよう。現代人の大脳皮質運動野と体性感覚野にみる手先と口先にかかわる神経分布領域の相対量の大きさは、――これは一般的に着眼されていることとは異なるが――人類の脳進化の過程においておそらく最も大きな変化としてもたらされたものにちがいない。

人間の理性化が進み、ロゴス世界が多様に充実してくるにつれて、ピュイサンスとしての構想力も力をつけてくることになる。よってその結果もたらされる構想も必然的に社会における権能を高めていくことになる。三木が構想力の論理をみるにあたって選んだ神話、制度、技術が拡張し洗練されていく。その結果、ある場合には権力と権力の衝突、覇権をめぐる争いが想像を絶するような悲劇をもたらすこともあり、それが繰り返されてきた。構想力のピュイサンスが先導的に暴走することの危険は勝手気ままな空想とは違い、社会のなかに具体的なかたちや出来事となってあらわれる。それだけにその制御は人類にとって常に現実的な課題としてありつづけている。だからこそ大いなる構想力によってもたらされた構想がそれゆえに発揮するであろう大いなるファカルティとしての構想力によって、どのような想像力が励起されることになるのか、その適切性について考察することの意義は大きい。

　このように構想は何らかの想像をベースに表現された客体であるが、その客体性ゆえにファカルティとしての構想力は文字どおり環境力として基本的には無指向にその力を放散し、構想した当人に留まらず、それに接する他者の想像力に影響を及ぼすことになる。形象づくりに向かうピュイサンスとしての構想力はコレクティブ、すなわち収斂的であるが、ファカルティとしての構想力に誘われて発動していく想像力はたとえ反発力としてあらわれたとしても、明に暗にかたちづくりに向けられた構想力を辿り、回収するリコレクティブな性質をもつことになる。木前（2008）はこの構想に継起する想像力をメタ構想力と呼んでいるが、本書のごとく構想と想像を弁別しなければメタレベルの次元を導入して説明せざるをえない関係がここにある[*101]。

　ところで、ピュイサンスとファカルティという二面の構想力は4・2の「構想」を標題にした著作者が構想をどうとらえているかを調査した結果から導き出された構想の意味を構成している主要素、すなわちビジョン、デザイン、コンセプトをそれぞれ切り口にしてみると一層その性質を分析的にとらえることができる。すなわち、ビジョンには想像を収斂的に形象化していくピュイサンスとしての構想力をみることができるが、同時に想像力を喚起させていく構えとしてのファカルティもみることができる。デザインには想像から構想への形象化を導くピュイサンスと、デザインされた構想が想像力をアフォードするファカルティをとらえることができる。また、コンセプトはピュイサンスとしての構想力がもつ素材であるし、想像力の喚起を産み出すファカルティとしての一面をみることができる。以下ではこれら三つの概念にそくして複数の角度から構想力の性質をさらに考察していく。

## 8・2　ビジョン

2・4・2で創造的想像について述べた際に、人間のもつ創造力が結局は自分たち自身を苦しめたり、自然に変調をもたらすような暴力性を発揮することになってしまう傾向をみた。だが、その解決を想像力自身に求めることは想像力がもち、また求められもする破壊的特性からして矛盾した要求である。そのため、解なき解法をめぐって理念のうちに留まってしまう懸念を述べた。では、この問題解決はどのように求めうるか、といえば、それは創造の過程でかたちを生み出していくときの想像力と構想力の循環協働において、構想力がもつビジョンに求めうると触れてその節を閉じた。ここではその構想力のビジョン特性について深堀し、その解への接近を試みる。

### 8・2・1　観ること

構想力という力がもち、またその力に求められるビジョンには対象を見るという視知覚を超えて、時空の先々への見通しや展望、あるいは予期といった拡張した意味が託されている。だが、それを検討するまえに、むしろ見ることの第一義である視知覚に戻ったビジョンとしての構想力をおさえる必要があろう。というのは、構想がこころの内面に描かれる想像を外部に表現化する過程であることからすれば、とりわけピュイサンスとしての構想力には必然的に視覚、わけても視覚運動協応のはたらきが深くかかわるからである。むろん構想における形象形成は視覚に限らず、他の五感のいずれのフィールドにおいてもまたそれらの複合においてもなされうる。だが、かたちを語るうえでは空間表象を定位できる点で視覚が他の場合を代表して理解しやすいはずである。

その視覚としての構想は第一に想像されたことがら、すなわち心像の暫定的な眼前への現在化、プレゼンテーションとしてある。言い換えれば、構想は試みに、ある場合にはおずおずと、こころのなかに描いた曖昧模糊とした何がしかを表出したものとなる。元来、視覚は知覚運動協応のプロセスのなかで発達し、機能している。だから、構想に伴う視覚は形成運動と共に変化するかたちをとらえながら、同時に表現化行為にフィードバックやフィードフォワードを与えていく全的性質のものとなる。これはむろん構想者自身の営みであるが、他者の構想に接する場合は必然的にその知覚運動協応性が埋め込まれた表象に、見る目や行為を導くようなアフォーダンスを得ることにつながる。

ただ構想者の側に戻れば、この視覚の基本機能の発揮は常識的な意味での見る行為ではなく、視覚に備わる基本特性が十全に発揮されるという隈なきエッセンシャルの意味になる。顕現されるプレゼンテーションが暫定的であるのは、もとよりかたち不定の心像を表現化するからだが、それゆえの不安定感は相応の動揺と緊張をもたらす。その上で現示した表象に対して「みる」行為がなされる。想像の表現としてどれだけふさわしいものになりえたか、というこの眼差しは単なる「見る」行為というよりも、観察に接近した「観る」行為とならざるをえない。「観」の字は「觀」の略字だが、この偏は「めぐらす」という意味である。観るとはまさに対象を注意深く回し、あるいはみずから回ってみることである。「注意とは知覚そのものである」と語ったのは、ナイサー（Neisser 1976）であった。彼は注意が知覚というこころの過程の基本機能であるとみてつぎのようにも述べている。

「注意がもたらすであろう構造化された情報を予期して、われわれは見るものを選択している」

これはまさに知覚の本態的な働きに違いない。その注意を前面にセットした観る行為の焦点は単に見る対象に注がれるだけではなく、想像と構想の比較過程にも向けられる。だが、その一方の心像は大方、輪郭が滲み、あるいは動揺して定まらない。だから、とりあえずは構想を心像の核たる部分に重ねるかたちであてがい、想像とのあいだで調整や同化をしつつ形象の顕現にむかう。その表現化の過程は想像と構想のあいだでの振動ともいうべき細かなやりとりの連続となる。
東洋美学者の金原省吾（1933）も構想力に関心を払ったひとりだったが、写生のような表現行為において、

「観る働は、描く働によってなされ、描く働は観る働によってなされる。観る働と描く働とは連続した一連の働である」

とし、二つの心身過程の相即不離性を強調した。観る働きは対象に対する接近であり、それゆえの新たな発見や関心を生みだし、観る働きを持続させると同時に描く働きを誘う。金原は、

「あらわに見ゆるものが、見えざるものによって支持せられてくる。この支持がすなわち構想である」

と語っている。この見えざるものとはすなわち想像を中心にした感情や感性などピュイサンスとしての構想力が表現化において綜合していく内容である。
身体の外部に具体的なかたちをとって表現化する構想と内面で働く想像は相互に作用しあいながら、心像と形象の漸進的な重ね描きをする。その過程で想像力は構想を通じて想像のおぼろげな全景を感知していく。むろん知覚内容も多くが想像力の産物で構成されている。したがって、そこに結構されるものが自身を超えた先への見通しに欠けていることとの制約と限界は薄々にせよ意識せざるをえない。そのこともあって構想自身が放つファカルティとしての構想力に対して、想像力はほとんど常に反射的に反応しつつも従おうとはしない。それと同時に想像の内生性、つまりそれが内側に閉じられた活動であるといういま一つの現実的な制約も意識せざるをえない。その枠を乗り越える糸口が外部への表現化につながっている構想にあることも認めざるをえなくなる。どれほどすばらしい想像も構想なしに

は実存できない。この相克を原動力にしながら、想像力はファカルティとしての構想力に反発しつつ、リコレクティブに想像を膨らませ、ピュイサンスとしての構想力に対して心像を反映した的確な表現（基本的にはアポリア）を求めることになる。この想像力と構想力のあいだに継起していく押し引き含みの循環的な協働は、まさにヴァイツゼッカー（Weizsäcker 1940）が自我と環界との関係に焦点をおいて、そのあいだのやり取りに生じる円環的動態の全体性に対して名づけたゲシュタルトクライス（Gestaltkreis）である。

ゲシュタルトクライスは単なるフィードバックループにもとづくメカニカルな調整や同化ではなく、生命あるものが宿す自己組織的な運動である。すなわち、心像に合わせてかたちを形成しようとすることが、必ずしも主体から客体への一方通行の制作プロセスにならないのは、元来曖昧な心像にとっては表現化されたかたちを得ることで、自身の姿を観るという客体から主体への映し返しを無視できないという現実があることによる。それと同時に、その客体からの作用によって主体は決してそれをそのまま真に受けず、想像力を焚き付けてかたちに表現され得なかった心像の部分に働きかけ、さらに発展的、綜合的に新たなかたちを構想するだろうからである。二相の構想力が基底的に宿しているビジョンには主体を鏡にしてその先の外部に映じた心像の姿を決してそのまま受け入れず、むしろそれを自壊的に吸収したうえで、非平衡の動的定常状態を維持すべく心像を基盤に新たなかたちを新生しつづけるウロボロスの自己消化的な円環運動のまなざしをみることができる。

### 8・2・2　予期と予想のゲシュタルトクライス

構想力のビジョン特性を最も素直に解釈すると、前項の冒頭で触れたように、先々を展望する、見通す力ということになる。4・2の調査結果でも目立って多くの回答において構想や構想力のことばにこの意を読み、託していることが認められた。同じくこの意味をもつ英動詞に envisage あるいは envision がある。同調査で構想の英単語換言を求めた結果にもこれらの回答が認められた。あらためてこの意味でのビジョンを規定するなら、この構想におけるビジョンは時間と空間という人間にとっての二大表象世界における見通し、見込み、遠方や未来への表象をかたちづくる形成作用を指すといえるだろう。

むろんこうした意味での構想の背後には予想という想像とのつながりがある。構想力は全体としてこの想像に期待や覚悟、あとに述べる体勢としての構えをつなげて予想の具現化を準備する。前項では対象に対して身体運動的、体性感覚的に想像と構想が直動して循環する観る働きと描く働きの動態をみた。この場合のゲシュタルトクライスはその基本形においては構想が身体、とりわけ手指の運動をつうじてかたちづくられ、あるいは身体の運動そのものにあらわれる。だから、循環は空間的には身体の動きが及ぶ範囲、時間的にはその運動と律動して浮上する。ここでの観る働きと描く働きの関係は直列的である。それだけに当然緻密な循環も形成される。このことはあらゆる職人技や工芸、芸事の匠においてあきらかである。また、この構想の形象はおおかた身の丈のうちに留まる。それは想像の自由性が構想において身体の矩によって必然的にまとまり落ち着くことによる。結果的にその構想は人間一般の自然な運動や眼差しに適したアフォーダンスをもつことになる。

この場合、構想力のビジョンはもはや時空間的に先方を展望するということではない。たとえ視線が向こうに注がれていても身の丈のなかで反射されて手元に戻り、ふたたび肉眼による観る働き、観察に還る。この循環は必然的に手仕事の範囲において想像力を働かせ、そこでの心像生成とそこに繫がる身体運動、かたちづくりを導いていくことになる。

このいわばミクロ・ゲシュタルトクライスにおける観る働きに対して、予期と予想のビジョンではマクロ・ゲシュタルトクライスで働く構想力をみることになる。マクロ・ゲシュタルトクライスでは観る働きと描く働きが複数のミクロ・ゲシュタルトクライスを内包しながら循環する。ここに生じる想像と構想の循環はまさに人間特有の心的機能といえる。ここにはおそらく人間がその進化過程においてオーバースローでものを投げることを身につけた唯一の動物であったことが深く関係していよう。以下その投擲能の獲得過程にかかわった想像と構想について考えながら、そのプロセスで身につけ、予期と予想のマクロ・ゲシュタルトクライスを駆動させるに至った三つの心的働きについて推察してみる。それらは第一に時間と空間の表象形成、第二に分身ないし分与、第三に遅延と抑制である。

### 時間と空間の発生

原始、猿人は立ち上がり、自由になった手腕で、手にしたものを投げ始めるようになった。むろん、当初それはチンパンジーにみるように、コントロールのおぼつかないアンダースローによる単なる放り投げであっただろう。それだけに手にしたものを目標に向けて投げつける行為はなかなか成り立ちがたかったと思われる。それがまったく位相の異なる運動に変化する段階が来る。手にしたものが、少なくとも自分に関わりがあるものとして意識化されるようになる段階である。それは投げた結果を見に行くことから生じたと考えられる。ぎこちなく放り投げる程度の段階では、投げつけるものや投げ方にはほとんど関心が向かない。もともと思うように投げられないから、投げる行為そのものに注意が至らない。前にナイサーの指摘にみたように、注意しないということは基本的に知覚しないということである。極言すれば、投げても投げたものを見ないということであり、いわんやそれを観ることは生じえなかった。したがって、投げることの想像と投げる行為、あるいはその結果としてあらわれる成り行き、すなわち構想とは結びつくことがなく、投げる行為は場当たり的で単純な運動として霧散していた。だから当然、投げることについての想像も膨らんでゆかない。つまり投擲の行為や方法には到底思いが及ばなかった。この段階では投げる行為は吠えることや立ち上がることと同様の威嚇行動の一つに留まりつづけた。だから、投げつける行為も身の丈の範囲でおさまっていた。

このことから逆に、投擲行為の位相変化はほんの五、六歩先の個人空間という意味での身の丈を超えたところにまで目的的に投げられるようになった時に生じたと考えることができる。現在のわたしたちからすれば、その行為は造作もないことである。だが、二足歩行をはじめるようになった猿人がその類いの投擲行為をなすようになるまでには、種としての身体構造全体の変化を必要とした。したがって、そこに至るまでには途方もなく長い時間を要した。その時間は人類が直立二足歩行をはじめたと考えられるアウストラロピテクスのおよそ四〇〇万年前から、オルドワン型の人類最初の石器が現れる時期を経て、約一〇〇万年前ころから見いだされるアシュール型の石器が現れ出すくらいまでの長い時間、つまり三〇〇万年ほどかかったと見積もられる。

そのアシュール石器にしても旧石器に分類されるかなり原始的な石器である。しかし、そのなかにハンドアックスや、なた状のクリーバーが出現する。ここにサル型からヒト型へと身体構造が質的に大きく変容した跡をみてとることができる。この変化はあまり注目されていないが「人間への条件」の一つといいうるものであり、直立二足歩行に並ぶ身体革命であった。というのは、クリーバー（なた）にはそれを握り操作しつづけるための握力はもちろん、肩の上までの振りかぶり動作や、そこから手腕のみならず足腰を含めた全身の調整動作をもって石器を的確に振り下ろす行為が可能になったことがあらわれているからである。

ギニアの野生チンパンジーの集団が石を使ってアブラヤシを割って食べることや、南米のフサオマキザルが同様の行為をすることがよく知られている。それらの映像をみると、彼らの石の使い方はそれを掴んで持ちあげ、あとは石の重さを利して持ちながら落とすといった動作の反復になっていることがわかる。この動作を対象の破砕目的でより効果的におこなうなら、石を頭上まで振り上げて狙いを定めて打ちつければよいはずである。だが、そうした動作を当たり前のように考えてしまうのはそれができる人間だからである。チンパンジーやオマキザルには身体構造的に無理なくその動作を為すことができない。それは直立二足歩行をするようになり、二本の手腕がただ自由になっただけでは可能にならない。それをするには足腰の十分な発達と、肩を中心とした全身の骨格や筋肉が解剖学的に変化する必要がある。そう考えると、漸進的進化にせよ断続平衡進化にせよ、その必要を満たすために三〇〇万年という長大な時間がかかったことはもっともなことと了解できる。

こうしてクリーバーの出現はその使用とは別の行為、すなわち人類が握った石を振りかぶり、目標を定め、足腰を入れたうえで手にしたものを投げるというオーバースローが可能になったことを伝えている。当然、これによって棒やその先に石をくくりつけた槍も生み出されたことだろう。だが、オーバースローという投擲法は単に新しい投げ方と道具の誕生を示すに留まるものではない。それは人間の精神そのものに劇的な変化をもたらすこと、そのイニシエーターになったと考えられる。

### 精神革命としてのオーバースロー

オーバースローは第一にものを遠くに投げること、第二に投擲行為に巧みな統御力をもたらした。遠くに狙いをつけてものを投げられるようになると、投げた結果が投げた位置からは見えない場合もでてくる。このことは人類の精神発達に意外なほど飛躍をもたらすことになったはずである。そのわけは以下のごとくである。第一に、身体の動きに直結して効果が及ぶかぎりのことは為すことの多くがほとんど遅延なく直接眼前の変化として起こる。そのため、時空の感覚に「間」が感じられる経験が生じがたい。ところが、遠くに石を投げて生じた何らかの結果を見に行く必要がでてくると、それまでの時空は時間と空間という間として意識せざるをえなくなる。この間（ま）は身の丈にある時と距離感を超えた延長世界をつくりだす。このことは想像世界の領域を飛躍的に拡大する契機をもたらしたはずである。自分の存在を知らしめる範囲も時間と空間のなかで拡延し、想像のなかではその範囲を仮想的に想い描けるかぎり広げられることを知るようになる。一方で、その拡張が壁に当たることで、死すべき存在というみずからの運命を意識するようにもなる。だから、オーバースローは人類にとっては革命に値する行為となった。その体得は「人」にもう一つの「間」をもたらし、事実上「人間」を誕生させたといっても過言ではない。

時間と空間という表象は想像と構想の主客通態の循環を支えるフィールドになった。言い換えれば、想像と構想は時間と空間という大いなる表象域を入会地としてもつことで、その場を介して交通すると同時にそれぞれの営みを一時的に溜め育てる間（ま）もつくりだすことにつながった。その間（ま）はより遠くに、まだ見ぬもっと先へと広がる想像と、投げた結果の構想とのあいだに、具体的には歩くなり駆けるなりする身体移動の過程のなかに期せずしてもたらされた。

また、投げた結果を知るため、あるいは成果を手に入れるためにそこに行き、それで結果がすぐにわかればよいが、わからなければ何かをもたらしたはずの石を探すことになる。投げた石は結果を発見する手がかりになる。そうなると探す石はいわば自分の分身になる。その効果が意図どおりに結果すれば石に対する自分の分身、身体の延長という意識が強まるだろう。三木清（1939）が構想力の検討にみた分与の精神が芽生え、もはや石は単なる道具ではおさまらなくなる。

さらに、投げて効果を生む方向はだいたい目標が移動していく方向でもある。だから、身を分けた石は強化子として進むべき方向を指示する志向的な象徴性を放つことになる。目標探知と命中の象徴性が間欠強化的に発揮されれば、その石や投擲行為には大いなる者の意志の関わりさえも感得され、呪物的意味が付与されていくだろう。こうして人類が身につけた投擲行為は想像力と構想力のミクロ／マクロのポリフォニックなゲシュタルトクライスを生みだし、それに応じた神経編成を促していったと考えられる。

### 遅延と抑制

ところで、標的に当たるかどうかは別として、目標に向けて投げ放つ時に一定の方向を見定めることがこの場合の知覚上のビジョン、観る働きになる。そして石や槍を投げる。それらは身体を離れて空間を飛び、一時の時間を隔てて直接には手の届かないところで何らかの結果をもたらす。この場合の描く働きはこの到達と結果の確認に終わる。このプロセスにおいて観る働きと描く働きのあいだに遅延が生じる。この遅れが重要である。遅延期間のあいだ、想像されたことは構想に結びつかず浮遊する。その間は、標的の形象を知覚して心像を構想に統合する処理を抑制的に留保し、投げた石や行為、標的や結果の複合的な心像が、高ずる期待と共に維持、あるいは増幅していくことになる。

しかも現実は想像どおりに的中することは稀だろう。だから、この場合、想像と構想の循環は手仕事加工にみるゲシュタルトクライスのように直動的には回らない。

このように想像と構想が直列的に循環しないとき、そこで膨らんだ期待や希望、あるいは覚悟や心構えといった情意や志向的なパトスの成分が抱かれた心像に回収され、蓄積、延長されることになる。このときピュイサンスとしての構想力は外に向けた表現化のかわりに、この内向きの綜合によるビジョン形成に参与し、予想の産物を予期へと変容させていくかもしれない。予期もまた心像にかわりなく、明確なかたちをもたないが、予想に比べると情況性のビジョンが加味されてより一層、現実にそくした具体性と期待が強まっている。

予期の形成には神経系の働きにさらなる抑制力を必要とするはずである。また、抑制によって想像力の働きが萎えることなく内的にはパトス面での備給によってむしろ想像が拡大し強まっていくことに応じうる容量的なゆとりが求められよう。ヒトの脳が他の動物に比して卓越している面をみれば、こうした要請に応じたつくりを認めることができる。ヒトの脳は他の動物に比べて容量的に贅沢な環境になっている。ただしそれは脳全体の大きさや神経細胞の数の多さではなく、むしろ神経細胞一個あたりに占める空間的なゆとりとグリア細胞の相対量の多さによる神経系の生態環境についての贅沢さである（半田 1994）。とりわけ大脳皮質の神経細胞の機能は相対的には抑制性の働きをしているものが多いこと、また意志的な行為の指令や遂行系の反応抑制を含む制御はヒトで発達が顕著な前頭領野の代表的な機能であることは、むかしから現在に至るまで多くの証拠とともにあきらかにされてきている（e.g.,Miller & Cummings 2007; Stuss & Knight 2007）。

こうしてオーバースローで石を投げるようになった人類の脳は、予想し、さらにそれに期待を込めて構想していくビジョンと、その先は代替的にかたちへと表現化する予定づくりという典型的なロゴスの結構による構想へと向かうこころの過程の成立を基礎づけたと想像できる。人間は自己像を未来に投じて経験を想像的に先取し、そのシナリオを構想し、それに従っていこうとするエピソード的な未来思考（Atance and O'Neill 2001）の生成を常としている。ここではさまざまなことを予想し予期して予定を決めることが大好きなわたしたちの心の習性の源流を、およそ一〇〇万年前の人類の投擲行為の発祥にみた。こうした遥かなる過去へと後投げする史的ビジョンもまた、わたしたちが培ってきた想像と構想の力ゆえにもたらされたものにちがいない。

### 8・2・3　構え（poise）

ところで、先々のことを想い描き見ることは予想という想像作用のことだから、その見る対象は定かな形象にはならず曖昧な見込みに留まる。だが、この場合の不定性も想像一般の常で、決して否定的な性質のものではなく、むしろ積極的な意味で臨機応変な可塑性をもつととらえることができる。だから、その点でよくできた定かならぬ見通しは実践的にはその自在性と開放性のスコープにおいて意義と価値をもつ。このある程度の作用域を携えたビジョンに対応して体勢がとれる力、これは想像力と相即不離に働くがゆえに、構想力がもつ特性の一面といえ、これを構え＝ポイズ（poise）として語ることができる。

英語のpoiseは姿勢や構えといっても、足下の定まらぬところでバランスをとって姿勢を保つという意味や、どっちつかずに浮かんでいるといったニュアンスをもっている。肯定的にとれば、ある範囲においてとりあえず「よい加減」のところで体勢をとっている状態を指している。これはまさに奔放な想像力とその無常の産物を相手にする構想力の構えの様態を言いえている。したがって、ポイズ＝構えはあとで比較のために取りあげるが、一般に心理学で語られる構え（set）とよく似ていながら、ある重要な点において異なっている。

ポイズとしての構想の構えはプラン（計画）とも本質的に異なっている。プランはまさに予め定め描かれた手順や工程のことである。そこには製図につながるコードがある。プランの仕切りと組立てはもっぱらロゴス的行為になる。前項では予想という心像に期待や希望、あるいはまさにここで語っているポイズを統合した予期として構想のビジョンをとらえた。その立ち位置はかたち定かに線引きされたプランへと向かう流れにあって予想と予定の中庸にある。このありようは構想が外部への表現化でありながら想像とつながっているがゆえにもたらされている。

プランと構想の異なり方は「漠然とした計画」とか「不明瞭なプラン」ということが当然、よい意味をあらわしていないことからしてあきらかである。これに対して予想や予期の見通しや見込みのもとにある構え（ポイズ）の場合は基本的にとりとめなく不確定であることを本領とする。見通しが甘く、見込みが漠としていることが逆に構想力の構えとしては力の源泉になっている。だが、こういういい方は精神のある側面をいらだたせるにちがいない。前世紀半ばに、

「以下の頁のどの箇所においても「プラン」を「プログラム」と置き換えることができる」


と述べて、わたしたちの行動を制御するプランの構造について論じたミラーら（Miller et al. 1960）のこの立脚点がまさに象徴しているように、予想を予定におきかえて、先々に為すことを可能なかぎりアルゴリズムにあらわそうとする傾性は、分類と命名によって世界を知ろうとするロゴス的知性の典型的なふるまいである。その知性からすれば甘い見込みやアバウトな見通しといった類いのものはまだ手を付けていなかったおのれの仕事として映る。だから、とても落ち着いてはいられない。

ところが、構想力の本懐はそのいきり立つ知性のことをも予想し、その気持ちを受容したうえで、見通しの甘さを前向きに甘受し、予想という想像の曖昧な見立てを受容しながらそれらを綜合することで遂げられる。この点でここで奮われるのはピュイサンスとしての構想力だが、この基本的にはロゴスの性質をもった悟性的な力にとっては、みずからの性質を脱構築し超克することが課題になることがわかる。加えて構想力は理想という豊かな想像作用のうちで働く理性の言い分も受け入れつつ、それでもきわめて実践的な行動の先導を担う役割を果たすために、耐えて見通しに遊びをもたせる構え＝ポイズにその力量が問われることになる。それはおそらく放縦な想像力との相克があって

こそ捻出されるといってよいだろう。

## 構え――セットとポイズ

心理学の領域でも早い頃から構えが語られ検討されてきた。ただし、この場合の構えはsetであった。セットは個人がある特定の状況を予期し、行動の準備態勢をとること、あるいは認知や反応の仕方についてあらかじめ「一定の」方向性をもつことを指していう。だから広い意味では思考パターンや性癖などもこの構えの一つになる。性癖は個性的な精神傾性の偏りであるが、その偏りに沿って心身が準備されているという構図は心理学的な構えの意をよくあらわしている。さらに二様の代表的な構え（set）の例を確認しておこう。

二〇世紀初頭のドイツ、アッハ（N.K.Ach）に代表されるヴュルツブルク学派の心理学者たちは、思考の方向を統べる決定傾向（determining tendency）について考察した。これも構えの一種であった。たとえば、連想実験では過去の経験が連想のされやすさを左右するようにみえる。だが、彼らの研究は未経験の連想関係であっても、あらかじめ与える情報なり示唆が連想の方向を導くことを示した。これにより、彼らは顕在的な刺激―反応関係であらわされるような経験主義的な拘束性を、潜在的に構成されうる可塑的な傾性に緩める視座を提供し、行動や思考の方向性を決める構えの存在を示した。その方向性は幅をもった一応のものとして見いだされたから、決定傾向はポイズに近いセットであった。

もう一つ、構え（set）に焦点をおいて心理学史に一つの里程標を残したのは二〇世紀半ばにウィスコンシン（Wisconsin）大学でアカゲザルを相手に研究を進めたハーロー（Harlow 1949）であった[*102]。当時、学習理論は顕在的な刺激―反応連合にもとづく行動主義の学習観が支配的であった。だが、その背後では洞察のように、顕在的な行動を介することなく潜在的に進行する認知構造の変化を認めようとする認知論的な学習理論の観点もトールマンなどを筆頭に提起されていた。ハーローはその二つの学習観を橋渡しすることで理解できるような学習事態の成立を示した。その実験はアカゲザルを被験体にしたもので、一定の課題法則をもった刺激対を少数試行ごとに新奇な対に変化させていく弁別課題の学習の成立を検討したものであった[*103]。

その結果、長い試行錯誤の訓練を要したものの最終的には理想的に遂行できる水準に学習できることが確認された。これは個々の物理的な刺激特性に結びついた反応の連合関係だけでは説明できない学習で、課題全体に通底する法則性（たとえば、新奇の刺激対で、一方を選択して報酬がなかったら、次試行では他方の刺激を選択する。報酬があったら以降その刺激を選択する）を学ぶこと、すなわちいかに学習するかを学習すること（learning to learn）を要求したメタ学習の課題であった。ハーローはこれを学習の構え（learning set）の獲得と称した。

この種の構えの獲得はとくに見通しをともなう複雑な学習には不可欠の過程である。人間の言語の発達過程においても、たとえば生後一歳半から三歳ころにかけて語彙量や統語の仕方、文生成などに飛躍的な発達をみる時期がある。これは語彙爆発とかダムの決壊期（Pinker 1994）などと呼ばれ、ヒトの発達過程のなかでもとりわけ顕著な変化の一つとして知られている。この背後には対象とことばのあいだにある諸関係に潜む法則性を暗黙的に修得する学習の構えの成立が大きく関与していると考えられている。

しかし、学習の構えにしても決定傾向にしても構えは一般に両刃の剣である。思考や行為を習慣化、固定化することで、問題解決にあたり機能固着を招き、解決を遅らせることにもなりがちだからである。メタ学習の成立はいわば一つの世界観の形成である。人類が自然界に働いている法則を見いだそうとして科学に邁進してきたそもそもの動機も同根であり、それが科学における定説やパラダイムの強靭さの問題にもつながっている。長い試行錯誤を経て確立に至った学習の構えもそれゆえに本有的な固執性を孕んでいる。F・ベーコン流にいえば、構え（set）は偶像化されやすく、容易には手放しがたい迷信的な行動原理、思考規範になりやすい。

そのため心理学における構えへの関心は、一方ではこの負の側面に着目して、思考の隘路がいかにつくられやすいか、また人がどれほどそこに執着するかを示し、その行き詰まりを打開するための観点の再構造化や視点の中心転換

(recentering)といった問題解決のありようを見いだすことにも向けられた。つまり、構えそのものと並んでその解体や再構(reset)のほうも十分魅力ある主題となった。

だが、この点を前項までに述べたことからみれば、機能固着に陥るのはポイズをもった構想力が後退し、セットがいわば暗黙のプランとなってこころの過程をプログラム化するためということができる。もともとセットとしての構えはアルゴリズム化できる点でプランと相同といってよい。とくにミラーら(Miller et al. 1960)が扱ったTOTE(Test-Operate-Test-Exit)のようなプランはセットの可視化ともいえ、その組み合わせによって一定程度に複雑な行動の連鎖を予定的に組む(セッティングする)ことができるとみる。だから、機能固着はプランが定まることで見通しに甘さがなくなり、それによって計画どおりに実行すればできるはずだと思い込むことで不確実に生じる現実的な変異に対処しがたくなることだということができる。これに対して構想力がもつ構え(ポイズ)はこうした行為や展望の固着から逃れるための「あそび」として発揮される。

**状況的構え(situated poise)**

振り返ってみてみると二〇世紀前半、日本の心理学でもたとえば、大脇(1937)がその多くをヴュルツブルク学派の知見に依拠しつつ表象研究をつうじて、表象の心構え(Einstellung)の側面に着目し考察していた。それまで表象に対する一般的な見方は知覚像の模写であった。だが、大脇は表象が知覚されたことがらを創造的に変化させていく点に着目し、それを心構えとの関連で再検討した。「心構へとは心の向きであり動かうとする構へである」というのが彼のシンプルな心構えの定義であった。

大脇はその説明の例示として、同じ五〇〇グラムの箱でも小さい箱は大きい箱より重く感じるというシャルパンティエ(Charpentier)の錯覚をとりあげ、これは表象がもっぱら知覚の産物なのではなく、逆に知覚に影響を及ぼし、実際に見聞き感じる体験をつくっている例であるとした。このあらかじめ準備され知覚に能動的にかかわる表象が心構えである。この錯覚で小箱のほうが重くなってしまうのは道理で、持つという行為をするにあたっては心構えをもって身構えをする。実際、経験にそくした予想に沿って持ちあげるべき動作とその動作にそくした筋運動の体勢をとるから、大箱より小箱への対処は動員される心身の資源が小ぶりになる。結果、渡されたマッチ箱が一キロもあれば、片手にあまる代物として受けとめられる。

このように予想にしたがって心構えや身構えにつなげていく日常行為の構えは不確実な現実の出来事のなかで臨機応変に働く。だから、一定のプランで対処できるような心理学的構え（set）ではなく、種々の情報を綜合し幅をもって応じうる構想力の構え（ポイズ）の例に近くなる。知覚した対象から想像される重さのイメージ（心像）ができ、それに応じた身体の体勢をとる過程、この感性由来のビジョンと具体的行為の橋渡しにピュイサンスとしての構想力が働く。

構想力の構えが不定形のビジョンに対応しているということはその特性が基本的に状況的（situated）だということである。心理学的な構え（set）は、頭のなかにできる心的モデルとして了解されてきた。だから、それはまさにそのプラン設定をもってトップダウン処理の典型として次の事態にもあてがわれていく。これに対して構想力の構え（ポイズ）の場合、たとえ心理学的な構え（set）が描かれていたとしても、それは前段階の心像の一つとしてあり、綜合の一要素に留まる。それを行為に表現化する構想の段階では環境や文脈の状況に依拠した調整がなされる。その変化は制約というよりも可変としてである。この状況的（situated）という意味は決して状況のなすがまま待ち受けるという意味あいではない。それとは反対にポイズとしての構えはもとより漠とした心構えを具体的行為に、思考に、と表現していくときに状況をいかに利用するかという能動的な探索の体勢のことを指している。その点でポイズという方向づけにみる構想のピュイサンスは広く環境情況的なファカルティとしての構想力と併せ発揮される力であることもわかる。

心理学的な構え（set）が研究されてきた状況は被験体が動物であれ人間であれ、自然事態とは異なる実験的に統制された特殊環境であった。たとえ、数百種類の刺激が用意された複雑な学習課題が設定されたとしても、その場は日常世界の生態からは大きくずれていた。だから、心理学的な構えでは日常的に自然なファカルティとしての構想力を適切に働かせる余地がなかった。それは実験者があらかじめ想い描いていたセッティングに多数の試行錯誤を伴う訓練をとおして成型させていく特殊な事態であった。まさに set のための setting であったといえよう。それゆえにセットはおのずと機能固着を招来しやすい状況にあったともいえる。

一方、現実の生活世界における営みはどうかといえば、心理学的な構えは予想や意想の想像作用の一種としてある。そのもとになんらかの行為が表出するときのビジョンは構想力の構え（ポイズ）として能動的に環境の状況を探索しつつ統合を図るものに変容しうる。

ここでポイズをビジョンとしての構想力の性質の一つとして語っていることに鑑みれば、ノエ（Noë 2001）が知覚経験を環境に対する能動的な実践参加（a form of active engagement with the environment）[*104]と語り、「知覚はたまたまわたしたちの身に起きている何ごとかではなく、わたしたちが為していることなのだ（Noë 2004）」だから「どのように見えるかは何を為すかによって決まる」と強調していることに結びつく。同様にオレガン（O'Regan 1992）の場合は「知覚していることは探索的な行為（exploratory activity）そのものから感じ取られる」と表現する。同じ見地に立つトーマス（Thomas 1999）の表現では「知覚は環境に対する能動的な問いかけ（active interrogation）の継起」ということになる。これら視覚や触覚を例に展開されている昨今の代表的な知覚観の一つはビジョンとしての構想力にあらわれる構え（ポイズ）の状況的特性とよく符合する。

以上をまとめる意味で心理学におけるイメージ論争を例にとり表現し直そう。心理学的な構え（set）が学習の構えとして獲得されたとすれば、それは頭のなかに心像として形成されるのだろうから、そのセットはたとえばピリシン流（e.g.,Pylyshyn 1973）にいえば、命題的な知識になるだろう。コスリン流（e.g.,Kosslyn 1975）にいえば擬画像的なフローチャートや反応場面の描画になるかもしれない。そのどちらであるかをめぐり長年にわたり戦わされてきたイメージ論争のその戦場こそ構想力の構え（ポイズ）の例示である。そこで論じられてきたイメージは心像というよりも心像に関する構想であった。次第にそれぞれの構想はほとんどセット化した形象となり、それゆえに双方譲らぬライフワークとしての論争に展開した。だが、その背後で問われていた当の心像（イメージ）は実際のところ命題でもあり、擬画像でもありうるもの、だからそのどちらでもないものとしてありつづけてきたのかもしれない。またそれゆえ、そこから発した構想力のビジョンの視角は二様のモデルの構え（ポイズ）として広がりえたともいえそうである。

ここでは構想力がもつビジョンの特性を第一に観ること、第二に予期と予想のゲシュタルトクライス、第三にポイズとしての構えという三つの観点からとらえみた。構想力のビジョンが単に見通しや見込みの換言ではなく、想像力との連関をもってなされる外部表現化に注がれるピュイサンスの方向づけとしてあること、そのうえでなおそれが想像からの飽くなき形象摂取の探索的観察を誘うファカルティとしての構えになっていることをみた。つぎにそうした複合力としての構想力が一層綜合的に発揮される構想力のデザイン特性について検討しよう。

## 8・3　デザイン

構想があいまいな心像を相手にいかに結構されていくのか、という課題に際して構想力が大いに依拠するのは環境に外在する知、外部記憶である。外部記憶はもともと多くの場合、構想力の産物である。だから、あらたに構想力が頼るそれはファカルティとしての構想力からのチャージとみることができる。構想力はその環境情況に配置されている記憶の備給によって、こころのなかに描いた想像へ接近する。ここに綜合するピュイサンスとしての構想力の力量があらわれる。すなわちかぎりあるロゴス、たとえば三木のいう「制度」としての外部記憶からいかにして自由奔放で不定形の想像に照応させていくのか、そこに三木のいう「技術」が問われ、その綜合の過程に「経験」がものをいうことになる。ここではこのピュイサンスとファカルティの組合わせとして構想力の性質を語りうる代表的なデザイン特性について「インゲニウムとトピカ」、「隠喩」、「かたちと型（kata）」という三つの切り口から接近してみる。

### 8・3・1　インゲニウムとトピカ

インゲニウム（ingenium）[*105]は一七〜一八世紀に生きたイタリアの哲学者ヴィーコが人間の本性に等しいとさえみた心的作用である。彼はこれをつぎのように語っている。

「遠く離れた異なった事物のあいだにそれらを結びつけているなんらかの類似関係を見つけ出し、自分の足下にあるものを飛び越えて、遠く隔たった場所から自分の扱っていることがらに適した論拠を探しだしてくる（Vico 1710）」

想像力は根茎、あるいはそれ以上に自由な運動をし、ノマド的な心像生成をなす。インゲニウムと称される作用が遠く離れたことどもに共通性を見いだして、結びつけるところにはまさに想像力の働きが映し出されている。そのうえでインゲニウムはそれを現在のテーマに適合する論拠やかたちにしてあらわす力能を指している。これはインゲニウムがトピカ（topica）、すなわち論点やかたちの発見術も兼ね備えた心的作用であることを示している。ヴィーコの翻訳を多く手がけた上村忠男（1988）によれば、インゲニウムは構想力に重なるという。想像力と不即不離の関係にある構想力という点でみれば、想像力の作用とのつながりをもってインゲニウムを構想力とみてもよいのかもしれない。だが、ここではインゲニウムはとくに普通では結びつかないものどもに共通性をみいだす想像過程から、それを実際にかたちやことばへと結構していく構想過程へとつながるプロセスの全体を指すものとみる。たとえば、

閑さや岩にしみ入蟬の声　　芭蕉

『奥の細道』山形の山寺における有名な句である。蟬の声と閑さという質的に遠く離れたことがらを反射するはずの岩に吸い込ませるという驚異的な結びつけによって異化的に東北の山奥の静寂を響かせる。これは俳句の世界にある二章一句とか二物衝撃と呼ぶ取りあわせ技巧だが、ここには共通感覚的に柔軟な動きをみせる想像力に支えられ、それに見事に協応して働いた構想力が句を紡いだ成果をみることができる。この想像力と構想力の連携の冴えにあたる働きがまさにインゲニウムである。

想像力が精神の内面で働かせる性質は、たとえば知覚像形成にあっては外的対象への行為や認識においても、主観の自在性とは異なる客体世界という制約のかぎりにおいて働くことになる。もちろん、その制約は必ずしも事柄を矮小化するものではない。この場合はむしろそれが契機となって想像力から構想力にわたるインゲニウムを発動している。

想像と構想の競争的協働過程にとってインゲニウムの重要性はこの点において際立つことになる。想像の世界ではノマドの逍遥は基本的に無際限であり、それこそ老荘の世界のごとく俗世の時空を超えたあれこれを魔術のように結びつける。その自由度の大きさはインゲニウム本来の異なるものどもに共通性を見いだすことも飛び越えて、いきなりの異質融合も是とし、ありえない一者をつくりあげることも許す。だから、インゲニウムというプロセスからみれば、想像力は現実面で働く構想力に対して挑発的な性質を強くしている。

想像力は構想力にはじめから無理難題をぶつけて刺激、鼓舞する役割を引き受けているともいえる。構想力もそれを求めている面があろう。その構想力は現実の客観世界にあって想像力が突きつけるその異なるものどもの組み合わせに、一つのものを見いだす共通性があるのか否かを実際に見いださねばならない。しかも、それは要素に還元した各々ではなく、前節の「構え＝ポイズ」でみたように各々の状況において現象として組み合わせることにおいて、しばしば揚棄として立ち現れるものをある程度見通す力を要することになる。普通、白と黒は対立こそすれ、そこに共通性を感じ取ることはできない。それでも、現実のさまざまな状況や文脈に応じた白と黒の組み合わせに見いだす調和や共通性は何か。想像力はそれを直観の水準でつかまえる可能性をもつ。そのつかんだものを明確にしてそこに調和や共通性をあらわしうる組み合わせを「実際に」表現化することが構想力の任であり、そこにインゲニウムの力能が手助けすることになる。したがって、インゲニウムの参与をえた構想力にはロゴスのピュイサンスのみでは足りず、想像力そのものの力も受容したフォルスの性質を認めることができる。

ここで共通性とはそれぞれの要素に認められる同じ性質という意味に限られない。上記の白黒の例のごとく、それぞれの要素が同じ背景や状況において調和的に共存し、しかもそれによって新たな一なる性質があらわれるという意味での共通性（community）がある。白黒の市松模様、チェッカーフラグはその特異な組み合わせのデザインを成立させる上で、白黒どちらにも共通の役割が担われている。その点でこの種の共通性を語る好例になっている。ここにみられる部分の総和以上の全体において、要素はinter-communityとしての性質を共にしている。

現実の物象の異なるもののあいだの組み合わせにおいて、あらたな綜合的一を生み出すのでなければ、インゲニウムは想像の過程で立ち消えとなる。だが、人間の知性は確かにヴィーコが強調したように豊かな構想に展開するインゲニウムを発揮してきた。その展開をわたしたちは広い意味でいうところのすぐれたデザインとして讃えてきた。

もちろん、称賛されたデザインの背後ではいつもインゲニウムが働いているというわけではない。だが、インゲニウムがデザインにとっての十分条件になるのは、およそ異なるものどもの組み合わせにおいて新たな一が生まれる際には、既存のコード体系に「創出」がもたらされることによる。これはやや誇張した表現ではあるが、決して大げさではない。そもそもdesignということばが、その文字にそのままあらわしていることは、de-sign、すなわち既存の記号をうっちゃり脱するという勇ましい変革の謂にほかならないからである。そのうっちゃりは構想力のピュイサンスと想像力のフォルスのぶつかり合いに生じるといってよいだろう。

カントも『判断力批判』でインゲニウムに言及し、それを「芸術に規則を与える天才の生得の産出的能力である」とした。「自然は天才のかかる心的素質であるインゲニウムを通して芸術に規則を与える」とも換言している。この場合、インゲニウムとは既存の規則にしたがってこれを習得するような能力とは異なるジーニアスの第一の特質、すなわち既存のサインを脱して本質的に新たな身分のサインを形成すること、すなわちデ・ザイン（de-sign）をおこないうる独創の才を指している。

すぐれたデザインへの称賛とは人間特有のロゴスの営みによるサイン、記号という外部に据えた記憶体系に新たな成長をもたらしたことに対する賞美である。記号コードの編成はロゴス知性の類い希な産物であるが、反面、それがもつ体系性や合理性、規範性は秩序や普遍性や正統性を主張するから、記号のコード体系は自然と機械的に堅く閉塞しがちになる。他方でサイン体系は機械的合理性には馴染むが人間の処理能を容易に超えて量的に拡大し、コードそのものが無機的性質をむきだしにして疎外性を強める性質も宿している。その記号とロゴス的知性のあいだで直線的に独走していく動きに対して、うっちゃりをしかけて別方向に姿勢を変えたり、あらたな次元での動きを生み出したりすることがデ・ザインの働きになり、その程度に応じて有機的な拍手に値する行為となる。

だからこの脱記号の営みは記号を単に壊すのではなく、いわば習慣化され、無機的、あるいは惰性的に整序に向かいがちな体系に対して異義を唱えることで、あらたなゲシュタルト、全体体系の様相を変化させる作用になっている。ふたたび先に触れたところに戻れば、インゲニウムはそれが現実的制約のなかで発揮されるところに妙味がある。この制約の最たるところは既存のコード体系を相手にすることである。ロゴスが掴みうる範囲を条件にして、多くの場合、すでに掴み得ている範囲においてあれとこれを組み合わせ、あるいは解体し、接合し新たな発見を得る。これはピュイサンスによるトピカ（topica）の術にほかならない。

この点についてヴィーコ（Vico 1709）は手短に「トピカはことば豊かに述べる弁論の技法」であると語っている。

そのわけはトピカが中概念を発見する技量のことだからだとする。中概念は形式論理学で大概念と小概念を媒介する概念で、結論にはあらわれないが、たとえば三段論法の大前提と小前提の双方に共通する概念にあたる。ここにインゲニウムが有効に働くことで論理的に整合した豊かな語りが成立する。例をあげれば、「すべてのヒトは宇宙である」という言い方はいきなりの物言いとしては呆気にとられる。だが、これは一定の秩序をもった世界、すなわちコスモスという中概念を介せば容易に納得されよう。この中概念の見いだしがトピカである。

これに対して「どの人生もお汁粉である」のように、ただ妙な組み合わせをして何かを語るかの試みをした場合は、中概念不周延の虚偽という状況にあたる。これはインゲニウムの欠落した構想の真似事の例示となる。しかし、これをなぞかけのように問い、そのこころは「善哉」とするならば、この中概念のトピカに人生と汁粉のあいだを架橋したインゲニウムが働くことになる。ヴィーコはいう。だから、

「トピカの訓練を受けた者たちは、論述に際して、すでに論点のあらゆるトポス〈在り処〉を知っているので、いかなる問題に当面してもそのなかにある説得可能などんなことをも、あたかもアルファベットにざっと目を通すかのように、即座に見てとる能力をすでにもっている」

想像力はいかに自在であっても既存の材料を使って仕事をせざるをえない。構想力はさらにそれをかぎりある記号体系や結構しうるかたちという制約のなかで仕事をせざるをえない。そうした多重制約のなかにあって、変化に富んだ多様性や新奇性をもたらすうえでインゲニウムとその足がかりとなるトピカが果たす役割は大きい。

ヴィーコは学問の方法を青年に説くなかで、あれこれと真理の追究のために批判精神をもって究明するクリティカの能力を養うこともだいじだが、それ以前に「トピカのトポスを豊富にし、そしてその間に賢慮と雄弁のための共通感覚を増大させ」ることが必要であると語った。その共通感覚（sensus communis）こそインゲニウムの触手である。

これは先に述べた共通性の認識にある原動力ともいうべきものである。とりわけ community としての共通性は社会的な次元でのコミュニティに視点をずらせば、common sense として語られる常識という実にゲシュタルト的な共通認識のデザインにもつながってくる。しかじかの常識は世界の非常識といった言い回しは、ふつう否定的な事柄を語る際に用いられる。しかし、その「世界」のほうが既存のコード体系であるとみれば、まさにこのしかじかの常識形成こそデザイン（de-sign）の本領をなす構想力の発揮ということになる。共通感覚についてはあとであらためて取りあげる。

### 8・3・2　隠喩

記号は広義には文字に限られるわけではない。人が描き、造る形象はもちろん、そらにはそれらを超えて、自然界のあれこれの出来事にまで拡張してとらえることができる。だが、そうであるとしても記号は人間の知覚で把捉できる範囲におさまる。そのため人間の想像力はその知覚閾の制約に常々阻まれ戸惑うことになる。これまで幾度も述べてきたように、想像力が描く心像は一般にかたち定まらぬ曖昧性をもっている。その性質は限られた知覚の閾内でその姿を表現化せざるをえないという制約ゆえに、その解き放ちを求めて生じているところも多々ある。また、自然界の現象にしても当然のことながら人間の知覚の都合に合わせて生じているわけではない。ただわたしたちはその現象の一部を小窓を通してかすめとっているようなものである。だから、その窓枠から少し外れたところで輝く紫外線も暗闇を明るく照らす赤外線の輝きにもわたしたちは盲目である。想像力のもつ自由性もまたこの知覚閾の枠を軽々と超え、色かたちの定めきれない存在や現象、あるいはそうした可能性を空（くう）に想いながら、知覚の小窓の手前に立つことになる。

その一層大きな世界で想われ、感じられることがらを自分の内側に留めおかず、外側に表出して他者と共有しようとすれば、小窓や小穴を通し、その向こうで共有しうる記号を介して表現化せざるをえない。この縮約と変換に構想力の力量が発揮されることになる。ただし、構想が想像の外部表象の最終形としてあるのなら、外の世界のことばやかたちへのありうべき表現に向けてピュイサンスのかぎりを尽くすことに留まらざるをえない。しかし、構想はほとんどいつも想像に比較して不十分、未完として、暫定的な表現化に留まる。その結果、構想は想像に戻り、とりあえずの成果に同化を求めると同時に、想像力には構想を異化してさらなる想像展開を誘う[*106]ことになる。ここにはファカルティとしての構想力が巧みに発揮されている。

このファカルティに着目すると、ときに構想力の想像に対する縮約は、想像全体を圧縮したうえで、知覚世界に結構するときはもとの想像に限りなく近づくように解凍、復元できるようまるで魔法の暗号のように記号を用いるような作法がとられる場合もあることがわかる。それは決して、想像を知覚世界にあわせて切り取り、一番近い記号を選んであらわすようなレディメイドの仕事ではない。そうした作業は想像力に対する構想力の従属を意味する。そうした構想の力不足は想像力への刺激や挑戦にはならない。そればかりか想像力は構想力に遠慮して自身を縮退することにもなろう。こうしたゲシュタルトクライスの負の渦動は、つまるところ知覚と記号の世界に働く構想力がその世界のコードにあわせて、その内側で記号の規則的な取り合わせ作業に勤しむことによって生じる。これはいわば既存の体系のなかで記号を使い回す、いわばリサイン（re-sign）作業にほかならない。ちょうどresignということばには「諦め」とか「忍従」という意味があるが、構想力にとってはまさにその意を含んだ定型業務的な作業となる。

これと反対の動きをとる仕事がデザイン、すなわちde-signである。これは構想力が想像力の産物を現実態において引き受け、なおその解凍と回答をもって想像力を挑発的に鼓舞していくような仕事になる。すでに述べたように、デ・ザイン（de-sign）は記号世界のなかにありながら既存のそれを脱し、あらたに記号を開拓する営みである。構想力が現実界の限りある資源を使いながら、それを通してさらなる想像力を焚き付けていくには、なによりも既存のコード体系内にではなく、その外側に向けて創造的に表現化することが求められる。だが、それは構想力が限りあるものをもって限りなきものをあらわすという不合理を引き受けることになる。そこで構想力は想像力のフォルスを利してサインの超出に活路を見いだす。ファカルティとしての構想力は確信犯的に想像力を焚きつけ、あらたな構想を導いていく。

記号はことばに限られるわけではないが、わかりやすさからことばを例にすれば、これは端的には新語や新たな語義の誕生となろう。しかし、語彙を増やして心像を直接あらわそうとすることは最も直接的で簡単なことのようだが、実際には心像のもつ曖昧性からして困難が多い。また、それは確かに創造にはちがいないが、コードの体系性や秩序を緩める方向への営みとなる。そのためロゴス的な知性の挙動としては安直で、累積的には自身の働きの不経済性を強めることになる。したがって、この方法において構想力のピュイサンスは想像力のフォルスと相乗することができない状態でロゴス面での綜合に手を焼くことになる。それでも押し進めていけば当座的にしか受容されない産物を生み出すことになっていく。実際、多くの造語、新語の産出プロセスはこれにあたる。

構想力がとりうる別の方途として構想そのもののなかに入れ子として生じる想像をもってもとの想像をあらわそうとする技法がある。構想そのものが想像的であることはその内部に不定形の力であるフォルスを宿すことになるから当然、想像力を大いに刺激するところとなる。想像力は小窓を通じて知覚世界に心像を投じることの無理を前にして、たいていの場合、構想力の描く形象には矮小化や切り捨てといった不足に出会うことになる。ところが、突然にして知覚世界への小穴がピンホールの役目を発揮して、心像そのものが頼りない知覚世界に投射された姿をみたとしたら、想像力はその構想に冷や汗をかくことになろう。構想は外界でたくさんの他者の想像をも刺激して大いにもてはやされる世界にある。それだけに内閉されている想像力は痛覚がそうであることと同様に、直接的には共感されない自らの営みを痛く悔しく思うにちがいない。だから、想像力は構想力の営為に負けじと一層想像を逞しくもさせるだろう。こうして想像と構想のゲシュタルトクライスは陽明学が述べるがごとく知行合一的に正の螺旋を上昇しだす。

このとき構想力が用いるのは想像力をしてそのフォルスを用いた幻影をピンホールカメラにして映し出すというトリック的手法である。想像されたものをそのまま表現化するには現実界の資源が不足しているのだから、構想そのものに心像が映じられるわけではない。だが、構想力はそのときの状況、文脈と、使える材料の組み合わせ、配置によってその構造的な関係性のなかに、想像力が知覚世界の小窓を通してみるとまさにそれがスクリーンとなって心像が浮き上がるかのような術、すなわち隠喩を使う。

前節で「人生は汁粉」という謎かけをあげ、遠く離れたあれとこれをもってきてそのあいだをつなぐ中概念「善哉」のトピカをもって記号にインゲニウムというデザインをもたらす構想力の例をみた。これはかぎりある既存の材料のなかでも意外な組み合わせに新たな表現の豊かさをもたらしうることと、既知の記号世界のなかでの機知的な発見の技術を構想力に重ねみた例であった。この構想力の展開はたとえばあらゆる境界領域における問題群に対して異なる分野の知の融合がヒューリステックスによる新たな解決を導く過程に働きうるものとしてみることができる。また、歴史を遡れば、隠喩はギリシア・ローマの古代から修辞学のなかで論点の発見や巧みな弁論のためのアルスとして重視されてきたことであった。ただし、その起源は修辞をはるかに遡る以前の技術として生まれたと考えられている。言語の歴史の初期段階では、ことばをいかに巧みに用いるかということ以前に、かぎりあることばのなかでより多くを暗黙に表現し伝えようとした時代があったはずである。極端にはことばが十分な体系をもたず、集団ごとに記号群を造っては別の集団の記号群との衝突やすり合わせが繰り返され、まさにサイン（sign）ができるそばからデ-ザイン（de-sign）されていくような過程が長くあったはずである。その過程では個々のことばそのものの意味生成よりも、ことばが使われる状況に応じてことばとことばの関係をもって探られ、みえてくる意味に本義が表現され、読み取られることが言語の自然な働きとしてあったとみてよいだろう。

だから、隠喩はことばの成立とその豊饒ののちに生まれた文飾的技術ではなく、反対にことばそのものが量的に足りず、あるいは体系性やある程度の一般化という次元において不十分であった時分に、その状況を補い、必要な意味表現や伝達を可能にするものとして生まれ働いていた。言い換えれば、人間のロゴス世界が未熟であった時点で、構想力が自身のファカルティを自己組織化しつつピュイサンスを強めるために構想自体にこころに描いた思いを映じる方途として想像力のフォルスに手を借りた隠喩があったといえよう。それはまさに、ありあわせのロゴス（ことばや規則）を組み合わせ、その関係に心像を表現化しようとする一種のブリコラージュの営みであった。むろん、このありあわせとはゆめゆめ手抜きとか手近なもので済ませるといった意味ではない。手元にあるものを即興的に使って、背景の多様を利することで、状況を前提とした創造をなすという積極的な実践知の意味である。

このありあわせのことばはヴィーコ（Vico 1725）の表現では詩的記号となる。詩的なサインはサインそのものの意味生成がきわめて緩く柔軟なポイズにあり、はじめからデ-ザイン的な性質を帯びている。歌にみる懸詞はその典型である。そこでは記号そのものの意味よりも他の記号との関係性で生まれる多義性に記号を分けていく。いうまでもなく和歌やそれ以前の神託などにみる枕詞にいたっては、自身の意味をもたず、ただ別の記号を導入指示するdesignationを任としていた。これらは隠喩ではないが、詩的記号の段階がことばの体系や種類という次元でのコードの豊かさではなく、少ない語彙のなかでの過剰といえるほどの使い方の豊かさのもとにあったことがみてとれる。隠喩はこの段階で詩的知恵（Vico 1725）あるいは野生の知（Lévi-Strauss 1962）によって開拓された基底的な人類知の一つになったといえる。

修辞学の成立以降、隠喩は文飾としてのレトリックの一つに組み込まれ、そのなかで発達と深化をとげていく。とはいえ、その起源は言語体系が整序され、教育制度のもとでそれぞれの規範なり標準が普及するよりもずっと以前にあって、言語の底流においてロゴスを使う構想力がなすde-signとしてあった。したがって、その心像としての本義の投映をsignをもって表現しようとすることは、いくら語彙を動員してもかなうものではない。だから、たとえば、サール（Searle 1979）は隠喩に関する考察のなかで、どれほど軽微な隠喩でもそれらの背後にある本義をわかりやすく述べたパラフレーズにはいつも不足感がともなうといい、ときには、

「隠喩の意味するところを正確にわかっていながら、その意味するところを伝える本義的表現など存在しないか

ら、本義的なパラフレーズ文を立てることができないだろうと感ずることがある」

と述べる。

パラフレーズはかたち定かなことばの綴りをもって心像、こころに描いたことを語りきろうとするロゴス、ピュイサンスとしての構想力の意地ともいえる。それに対して隠喩は心像をピンホールカメラのようにして、そのまま構想に投映するための想像力のフォルスを内包させた綜合的妙技としてある。その技は投映像の布置や心像の主想結構のポイントにロゴスを配し、その関係性に心情や動機といったパトスを綜合することによって本義を表現する。それによりサインをもってサインを超出しようとする。

この隠喩にみる構想力のデザイン特性はもちろん言語以外の種々の知覚的な造形表現にあっては多様なゲシュタルト原理や色彩、音色の配合、配置において、さらには概念形成、あるいは考想や思想といった思考の営みにおいても、用いる要素の性質を超えて生成ないし創成される意味や価値に応用展開されている。

### 8・3・3　かたちから型（kata）、ふたたびかたちへ

「彼は何年か経って初めて、完全に自己のものとした形式が、もはや自分を圧迫せず、かえって自己を解放するという経験を持つようになるのである。彼は一日一日と次第に容易に、どんな芸術的霊感にも、技術的には造作なく従うことができるようになる（Herrigel 1948）」

型《かた》には大きく二つの異なる位相がある。一つはかたちを成型するための鋳型としての型[*107]、あるいは「型にはまる」「型どおり」の型である。決まりきった型どおりの意は英単語の場合 set である。つまり、先に構想力のビジョ

ンのところで取りあげた構想力の構えとは異なる心理学的な構えである。

型どおりのやり方がだいじな定型業務は心理学的な構え、学習セットの習得でスムースに仕事が運ぶ。定型業務は人の個性や特性に依存する仕事ではなく、人が仕事に合わせる業務である。型枠があってそれを身につければ人の違いによらず仕事を標準化できる。したがって、型どおりの運びの習熟度合いが増すほど能率は上がる。最も単純化された定型業務はことばや図によって説明することで型の伝達が可能になる。すなわち、手引き、マニュアルである。これは仕事の型をサインという別の典型的な型を介して伝える。もっともマニュアルはものごとの名称づけと分類によって力をふるうロゴスの知性がかたちの明確な対象：what ではなくかたちの曖昧な「仕方」：how に同様の営みを施そうとした理想上の産物という面もある。だから、マニュアルそのものは立派にできても肝心のそこに記述された型が型どおりに伝わり、学習、運用されうるかといえば、それは別問題になる。そこにはことばや図という型をもって為すべき型の伝達をおこなうという二重の型、媒介的な型の伝達に相応の無理が伴うことと、そもそも how to の型を限りあるコード化された記号で表現することの困難さもある。ポランニー（Polanyi 1966b）からヒントを得た野中郁次郎らの組織論用語でいえば（e.g., 野中 1990; 野中ら 1996）、形式知をもって暗黙知をカバーしきれないということだが、この場合の形式はコード化された型である。一方、暗黙知にも型が形成されうる。それを形式化できるなら、暗黙知は形式知の前駆体ということになる。だが、どうやらそうではなくこれら二種の知は独立並存しているようである。

定型業務しかり心理学実験でサルや人間がおこなう学習セットしかり、形式知の介入がなくても身体行為の反復によって、暗黙知の次元（Polanyi 1966b）にある型（set）は形成されていく。たとえば、世阿弥が能の習いにおいて強調した物まね、その本意は「何事をも、残さず、よく似せん」とすることだとしたこと、反復につぐ反復によって型にはまったかたちはできあがっていく。

こうしてある型をもとにした型どおりのかたちが造られる段階は型の第一位相といってよい。その達成は見事に完壁な物まねである。学習セットもここで確立する。だが、これは型の確立とは異なる。というのは、完璧に物まねされたかたちは型の真似である以上、どこまでいっても型そのものではないからである。とはいえ、客観的にそのかたちは型どおりである。だから、事実上は型として認められる。

型どおりのかたちは一定の段階で偶然もたらされる場合もある。才覚によって細部が補われ、見た目、型どおりのかたちを為すこともあるだろう。やっと達した境地であるから、まだ青く不安定である。だから、次にはすぐにかたちが崩れることもある。それでも型の第一位相にあっては型を規範にしてそのかたちを型どおりに生み出せるようになったかたちを称して一応の型とする。

生田（1987）は世阿弥『花鏡』を引きながらこの段階を無主風のわざとして説明している。「外見の「形」はよく似ていてもまだ自分の主体的な動きとしていない」わざの段階である。

無主風の型は物まねであって型そのものとは異なる。だから、さらなるかたちの安定化を図り、型に確実に似せようとすることはいまだ課題であり、なお反復が重ねられる。やがてその営みを通じて仕方を説明しようとするゆとりも生まれる。みずからの反復行為を客観視して記述してみる気にもなるかもしれない。そのようななかから手引きが綴られたり、直接、他者を手引きしたりするようにもなる。その多くはしかし、わかった気になった段階での派生的営みであり、思い上がりや勘違いの横道であったりする。その横道に迷い込み、定着すれば型は第一位相の物まねのかたちに停留することになる。そのかたちがやがて膠着することで、型枠になることもある。だが、これはどこまでも第一位相の型である。

これとは違い、型似せのかたちの反復に継ぐ反復を重ねていくうちに、第二位相の型があらわれることがある。ときに横道に逸れても型の反復を怠らず、軌道に戻ることを繰り返すうちに、やがてかたちに型が乗り移り、かたちは型を真似るのではなく、型そのものとなってそこからかたちがおのずと生まれるようになる。これを生田は世阿弥を引いて「わが物になりて、身心に覚え入り」た有主風の状態であると説明している。

型の第一位相の過程で横道に外れ、知ったかのように思うそれは客体としての形相（eidos）である。その形相はまさに他者としてある。第二位相ではその形相が我《われ》になる。形相＝エイドス（eidos）はいわばわたしのエートス（ethos）になる。わが身の内のことは最も身近なところでありながら、客観的には知り尽くせず、主観的に感じ、直接ふるまうことのうちにあらわれ気づくことになる。こうして、みずからが型そのものとなって型どおりのかたちを生み出す主体が誕生する。ブルデュー（Bourdieu 1979a）の文化資本の概念でいえば、第一位相の型は客体化された文化資本、第二位相の型は身体化された文化資本ということになろう。彼のいう客体化の典型は絵画や著作のような物質的媒体を指すが、身体という物質を媒体にした客観的表現行為に型としてあらわれる第一位相の型も同様の文化資本といえる。

ブルデューはもう一つの文化資本として称号や各種の資格に代表される制度化された文化資本を同定したが、これは第二位相の型が不分明であることからそれを社会的に制度化することで客体化をはかろうとして構想される記号としての文化資本である。だが、第二位相の型の確立を制度的にいかに保証するか、端的にいえば資格授与や学歴、免許皆伝の社会的認証の仕組みそのものが孕む困難さ[108]から、事実上、制度化された文化資本は第一位相の型の取得認証に留まらざるをえないことになりがちである。よって、制度化された文化資本は基本的には客体化された文化資本の範疇にあって、文化資本的にはいうなれば一・五位相の型という性質をもつ。

ところで、ブルデューは文化資本が身体化され、その人物に完全に組み込まれ無意識的に所有化されている特性をハビトゥス（habitus）と称した。個人の慣習化された実際行為（pratique）はこのハビトゥスを根にして生じると説明する。たとえば、言葉遣い、立ち居振る舞い、趣味などは身体化された文化資本のハビトゥスを基盤に生じている。ハビトゥス概念はもともとM・モース（Mauss 1968）が単なる習慣とは異なり、学習者が社会的、理性的な働きを前提に身につける身体技法として提起した概念であった。生田はそのモースのハビトゥスに照らしながら、それをかたちとは一線を画する型の本質に根ざした概念であるとしている。ハビトゥスは社会・文化的な状況に依存して典型的には威光を借り受けながら環境情況にあるかたちを主体的に模倣することで形成、確立に向かう型だからである。

このように、主体が無自覚的な過程も含めて身につけた型はただ単に知ることでは足りず、感じ、あらわすことで気づくしかない。だが、このプロセスにはまさにかたちのあいまいな、しかし確かに存在する想像された心像を、外部のかたちにして表現化し、その結果をもって想像力に再帰していく構想の営みが働いていることがわかる。こうして身に付いた型から生み出されるかたちは、型どおりのかたちは当然のこととして、それを軸にした構想力の構え＝ポイズが型どおりのサインを超え出るデ・ザインを、形相を透かしにしながらもたらしていくことになる。ここに発出するかたちは想像力と構想力のゲシュタルトクライスの過程において積極的な意味で動態的な形象となるだろう。

型を有主となすことによって型にあわせるのではなく型から出立することが可能となる。かたちをつくるのではなく、かたちづくることができるようになる。クレー（Klee 1970）のことばを借りれば、これはFormをあらわすのではなく、生成しつつあるフォルム、すなわちFormung（フォルムング）の生成である。それは構造的リズムという彼の造形論においてその理念の根幹をなす見方であった。

ところで、想像と構想のゲシュタルトクライスのなかで、身に付いた型をあえて位置づけるとすれば、それはことばどおり心身の内側に認められるのだろうか。すると型とは心像のことなのだろうか。これはおそらくそうではない。想像された心像は心中にあり、定まらぬかたちはかたちなきかたちとはいえるが、これは型そのものではない。では、型はどこに位置づけられるのかといえば、構想力によるかたちの産出の向こう側に展開する想像とあい対していわば鏡像的にもたされる構想そのものの縁取り的な布置としてとらえることができよう。あるいはその布置は弓道における裏的[*109]のごとく己の想像を支点にして、その背後に構想による表象（標的）とあい対するかたちに浮きあがるものかもしれない。どちらにせよ想像の心像はあくまでも心身の内側に描かれる。そのために想像者自身にも姿がみえない。それに対して型は構想力によって外部に表現化されるかたちを誘導するように、同じ外部に投じられたパースペクティブにかたちなきかたちとして見通される。これはまさに構想力のビジョンがもつ構え（ポイズ）によってとらえられる眺望といえるだろう。
　これをここでの主題にそくして換言しよう。構想力はかたちの定まらない想像をかたちあるものにあらわす働きを担うが、それは単に既存のサインに還元してあらわそうとするのではない。サインをいわば質料として使ってアリストテレス的なものをものとしてなりたたせているところの形相（eidos）をもって想像を表現しようとするのである。だから、その営みがかたちをなすとすれば、サインを使いながら形相と結びついてサインそのものを超出したデ・サインを生み出すことになる。このときの形相（eidos）がすなわち型である。こうして構想力は想像を表現化するだけでなく、さらにその形象をつうじて想像力にメッセージを返す。この伝達は個物の知覚的なかたちをコードに準じて解読した意味ではなく、かたちなきかたちとしてのデザインに依拠している。だからこれは相性よく本質直観的に伝わることになる。

**型の創造性**

　ところで、型なくしてかたちはできないのだろうか。型とかたちは卵と鶏の関係とは違い、かたちは基本的に型なしで生成できる。ただしいくらでもつくれるようでありながら、その背後に型なしであることはむずかしい。たとえば、知らない外国語をまったくでたらめに真似て発語したり、書いたりする遊びは容易にできるが、そこに日常言語の影響を消し去ることは困難だろう。かたちの新生は創造だが、その創造の多くは型の派生や組み合わせに依拠している。型を型なしにしてしまうようなかたちの生成はあっても、純粋に型のないかたちの生成は稀なことであろう。型なしのかたちの生成もまた自然と型へ変化していくのが常である。その根底のところには同じことを延々と反復する生物的営みの原理が作用しているのかもしれない。フロイト（1920）はそれを人間のこころの過程において反復強迫としてとらえた。かたちの生成の反復は生命の基本的なリズムとして原理的に刻み込まれていて、そのかたちの生成が状況的に受容されるならば型への変化は自然なことなのだろう。人間はそれと同時に知性によるロゴスの世界をもつ。だから、その型は分類と体系に相性をよくし、記号のかたちに対してコードが、身体動作の世界では技や作法が顕現する。

ほぼ同じかたちが繰り返し生成される状況を考えてみよう。第一位相の型の場合の典型は大量生産の工場で、その背後には鋳型、金型、あるいは型紙といった型があり、型からのずれは品質管理で統御される。ことばという一定の記号のかたちの反復もまた背後にコードとかソシュール（F.S.Saussure）の用語を借りれば、ラング（langue）、すなわちことばの型をもとに成立している。学校教育課程の主要課題はこの型に沿ったかたちの成型の訓育である。

だが、同じかたちの反復は常に背後に型を必要とするわけではない。そもそも型の成立を考えれば、型式や類型という型の関係構造や系譜を示すことばがあるように、その背後にもまた別の型を認めることができる。だが、個々の型そのものは一定のかたちを生み出すからこその型である。だから、とくに第一位相の型であるかぎりは別の型を生み出すことはない。それでも現実的には型そのものが摩耗や疲労、破損などによって崩れ、別のかたちを生み出し始めることがある。型崩れである。この場合、ふつうは不良品を生み出すことになる。またそのように解釈されるからそれが生き残ることは少ない。だが、それがときとして偶然に思いがけなくよいかたちを生み出し、新型を派生させることもある。ここで「よい」というのはむろん状況的な要因にもとづく判断である。たとえば、ある型が長期にわたって受容され、そのかたちが支配的になっており、かつすでに威勢が飽和化しているような場合、その型に穿ちを入れた異型が鮮度や面白さ、あるいは状況への批判や皮肉も込めた「快」として受容され、時分の新型となり、やがて範型として入れ替わり適応してしまうこともある。

そのわかりやすい例として商品史におけるアサヒビール社の「スーパードライ」をあげることができる。二一世紀も一〇年ほど経過した現在にあっては、この定番商品を型崩れの例とすることは意外かもしれない。だが、もともとこの商品は一九八〇年代の終盤にその名称からわかるように、いわゆるマーケットの隙間ないし周縁のやや突出したポジションを担って誕生した。商品コンセプト自体は他の多くの商品同様、比較的短期の中継ぎ商品として登場し、当時の考え方からすれば本筋王道のビールに対する色物であり、能動的な型崩しの一角にすぎなかった[110]。だが、発売時におけるキリンビール（ラガー）の寡占状態とそのことに対する消費者の気づきが潜在的に醸成していたこと、また他社がアサヒにつづいてこぞってドライビールを発売し、新ジャンルを形成したため、結果的にはスーパードライを祭り上げてしまったこと（その後他社は数年のうちにドライビールから撤退する。そのことも逆にスーパードライを覇者として印象づけてしまった）、あるいは当時のアサヒビールの生産体制の状況（売れ出したとなったら全社あげてそこに集中せざるをえなかった）など、いくつもの偶然が重なって、誰も予想していなかった大ヒットを生み出し、さらにヒットを超えて二〇年以上に及ぶロングセラーを続け、いまや定番商品の型式を確立してしまった（反対に現在のアサヒビール社はこの型からの脱却に苦労している様子がうかがえる）。むろんこうした出来事は稀なことだが突然変異による種の進化、あるいは断続平衡説のような考え方は基本的にこうした型形成の動静と合致しているといってよいだろう。

型崩れには他に少なくともあと三つの異なるタイプがある。一つは型の位相にかかわらず、型から成型されたかたちにおいて、もとの型が維持できずに崩れるという意味での型崩れである。これはふつう否定的な意味をもつが、標準とか水準という規範としての型が現実世界のなかでかたちを生み出す場合は、当然、現実のなかで生じる多様性によって型が維持されつづけるはずはない。なかには状況適応的に「生きる」型崩しが新たな型をもたらす場合もある。方言や業界用語を典型とする一定の社会集団における日常語はこの種の型崩しである。

あとの二つの型崩れはどちらも第二位相の型における型崩れである。そのうちの一つは型が主体化されたために、その主体の営みが続くことによって必然的に受けていく経年変化、一般的には劣化による型崩れである。これは必ずしも否定的なものになるとはかぎらない。たとえば、ここでは衰え、失うことによって醸し出されてくる型の芯、形相そのものへと枯れていくことでみえてくる型崩れに注目しておく。それはパティーナ（patina）、古つやをもった趣き、渋みである。使い込まれることで馴染み、原型の崩れが独特の風合いをもった個性的なかたちを生み出し、かたちそのものが一つの型とさえいいうるような状態になることである。したがって、これは単なる新型とはわけがちがう。世阿弥（1400–12）はいう。

「稽古の劫入りて、垢落ちぬれば、この位、自れと出で来る事あり」

この位とは意図して目指す境地ではなく稽古とともに得られてくるところといわれる。物まね、すなわちかたちを学ぶことを稽古の本意とする『花伝書』で、そのかたちの真似を徹底する稽古によって自然に得ていく「位」とはまさにここでいう型である。その型は単に身に付く過程ではなく、垢を落とすことによって完成に向かうことは洗練ともいえるが、それは身につける型のここでいうところの崩れである。崩れうることであらわれる花には時分の花とは質的に大きく異なる味が備わっている。

このパティーナの型崩れは記憶と経験の刻みであり、時間がたたみ込まれた原型の構想がもつポイズ＝構えにほかならない。だから、パティーナをもつものを鋳型にしてそのかたちを成型しようとしても、生み出されるものは中身が空洞の浮薄な似せ物か経験を欠いた不気味なクローンにしかならない。パティーナは単に崩れたのではない。構えの年輪が増えてそれが宿す構想力のファカルティに厚みと幅がつき、肯定的な意味での古色、クラシックになっており、型はそのポイズのゆらぎのなかにある。だから、風合いが感じられる。

もう一つの型崩れはこの構想力の構え＝ポイズの幅のなかで、より能動的に型を緩めたり、崩したりすることで状況的に変動させるファカルティの仕業にあらわれる。これは冒険や遊びとしてもあるから型崩れというより型崩しである。この主体的、能動的な崩しは形相を据えたうえでの崩しである。だから、余裕のなかでぶれや不安定さが確かな面白みや創造をもたらすことになる。しかし、その確かさのなかに創造性の限界を見いだすとき、この型崩しは型破りへと向かうことになる。

元来、型は背後に型破りの創造を含んでいる。型が頑強であるのは一面において内在的に型破りを準備するためといってもよいだろう。たとえば、バスチーユ監獄は絶対王制の型をあらわすシンボルであったと同時にその象徴としての顕示性が革命の烽火を準備させた面もある。その備えの一つには堅く型に従うことで抑圧的に溜め込まれる型破りに向けてのフォルスの備給がある。もう一つには溜め込まれたその力の膨張とともに型の不十分な部分にほころびが生じることがある。型が堅固になるほど硬直化した部分には亀裂が生じがちである。だが、ほころびは事の常であり、そうして現れる型崩れは当然、修繕、修正によって補強されていく。だから、その過程での新型誕生は弱点補強の繕いに留まりがちで、型破りにはつながりがたい。そのため大方の新型もまた型破りに向けての準備過程に位置することになる。そうして相次ぐ繕いを重ねていくうちに、それらがついには同時的なほころびとして顕在化し、もはや部分的な崩れとして受けとめられなくなるときがくる。それはほころびというより瓦解であり、同時に態様そのものの生まれ変わりの機会でもある。トクヴィル（Tocqueville 1952）はいう。

「大革命の最も特異な点は、それが独自の理念を案出した、ということではない。多くの国民がこの方法を有効に用い、この理念を容易に受け入れることができる段階に達していたということこそ、きわめて新しい事態なのである」

アンシャンレジームの型破りというフランス革命の実際はそれであった。

昆虫やカエルにみるメタモルフォーゼはそれまでの形態はもちろん、生理も生態も一変させてしまうまさに型破りな変化である。より一般的にも型破りは方々の繕いが続いた新型の連続ののちに果たされる内破としてある。しかもその破れは必然的に自身を成り立たせてきた外的な諸関係のあり方も根底から刷新する位相転換的な変化として現れる。それは進化でいえば新種の誕生にあたる。8・2・2でみたようにサルは直立二足立ちで移動行動の型破りをして人猿となったが、さらにオーバースローによって投擲の型破りを果たすことで人の型が成立したというわけである。

このように型が型としてある本意は伝承にあることはもちろんだが、それに加えてやがてその型が破られて新型が生じることを迎えるがためともいえる幾多のほころびと修繕に耐える堅牢さにも型の本意があるといえる。その強さを支える可塑性は型が鋳型のごとき無機物ではなく、それとは正反対の自己組織的な有機性をもつところに依っている。だから、幾多の破れや壊れは破損として現れるというよりも、修復を前提とし現象的には一時的不具合として、その背後では型の閾を広げる振動として生じる。それを通して型は状況適応的に成熟していくともいえる。先にみた生きる型崩しもこの変化によるもので、ここから型が継承された類型が派生する。この分派もまた型を構造的に支えることになる。

こうして構築されていく可塑性のある型を転倒的に揺るがすような型破りはしたがって、繕いに継ぐ繕いの果てとはいえ、単なる一派の型崩れという事象ではなく、型全体の構造を転覆させるような反構造的事態として生じる稀ごとである。しかしそれはまた、型の宿命的な出来事とみることができる。反構造（anti-structure）といえば、人類学者のターナー（V.W.Turner）の用語で、構造の境界で生じる自己創出的な創造を指す概念である。これについては構想の過程にあってはむしろイニシアティブの特性のなかでみるほうが一層ふさわしいので、そこであらためて取りあげる。

つぎに、みずからのうちに内破的な創造性を宿し、振幅を遊びとして生み出しゆらぎをもたらす型の成熟が、同時に不可逆的な硬化を一方で進行させ、その過程の必然として起きる型崩れはともかくも、それがときには型破りを生じさせることの背後で働いている構想力についてもう一歩探りをいれてみよう。まず、いま一度、型の習いのプロセスをとらえかえし、そこに認められる特徴をはっきりさせる。そのうえで型破りを誘発し、後押しする際に影響する構想力のデザイン特性に関わる「判断」に光をあててみる。

鹿毛（1991）は習いの仕方を論じるなかで、そこに認められる練習（exercise）、稽古（practice）、修行（ascesis）の三種の違いに着目している。その区分はここで問題にしている型の理解の助けになるので、それに沿いながら敷延してみよう。彼によれば、練習とは習う手順が分節的、法則的に示されうるものだという。つまり、記号化されたロゴス界における習いがその典型である。そこにはある程度明確化できる方法論も伴うことになる。練習帳やドリル練習、練習メニューはそうした代表的なツールや手段であり、演習は模擬や予行に重きをおいたより実践ないし実戦的な練習の派生である。トレーニング（training）も練習と同義である。この場合は列車のように列をなして走り込むイメージそのままに、いっそう身体運動的な練習の様相を強くする。それでいてこれは科学的トレーニングという考え方があるようにロゴス的な習いの範疇に入っている。

これらと対極にあるのが修行である。修行は不立文字を型とする習いで、正面的には記号へのとらわれを排している。宗教における奥義や秘術の体得は実践を通じたこの習いによってなされる。この点は宗教、宗派の違いによらずほとんど一致している。そのためでもあろうが、ほとんどの宗教で勤行や行法に際して膨大な経典が伴うことも普通だが、これはあからさまに記号に密着することで、それを直接的に超出しようとする習いが意図された道具立てになっている。この超越が習いの目的であるとすれば、修行そのものは習いの一過程であり、その先にひらかれるはずの悟りを含んで習いが成り立っている。この修行の錬成には大きく二つの見方がある。一つはどちらかといえば練習的観点に立つもので、修行により積みあげ的に徐々に錬成が進んでいくという見方である。たとえば北宗禅がとる漸悟的なプロセスはこの例になる。もう一つの見方は修行の効果がその経験によってはっきりとは感じられず、自覚的には試行錯誤の連続のうちにあるなかで、やがてあるとき一挙に悟りが開かれるという南宗禅がとる頓悟である。鹿毛の見方では修行と練習を対極におくから、後者の頓悟こそが修行ということになる。漸悟は練習の道具や手段には頼らないから修行と練習の中間に位置することになる。

なお、練習の「練」と錬成の「錬」は偏が「糸」と「金」で異なっているが、これはどちらも火を使って不純物を除去することを意味している点で共通している。前者は生糸を煮てそれをおこなうのに対して、後者は金属を溶かし錬り鍛えることでそれをおこなうことをあらわしている。どちらも繰り返し手をかけて質を高めていく行為だが、それに要する温度と激しさについてはあきらかに後者が厳しい。また「しゅうれん」といったとき「習練」と「修練」の二様のことばがあるが、前者が練習の前後入れ換え表現であるのに対して後者は練習に修行の趣が入ってくる。さらに「修錬」となると、鍛え方が鍛錬、錬成となり、すでに練習を越えて修行の域に入っている。ことほど左様に修練という書き方はしない。

鹿毛の見立てに戻れば、この練習と修行のあいだに位置している漸悟的な習いとして稽古がある。練習がガイドブックやマニュアル、練習帳など各種のロゴスを基盤にして成り立つのに対して、稽古にはそれらがあっても意図的にか簡略的で、それでは足りず、習いを「つける」師匠や師範が必須となる。習いの対象も書かれたものではなく書いた心になる。だから、稽古ではロゴス相手の独習だけでは間に合わない。心身一如の型が手から手へ、こころからこころへと習われる。これが修行の場合になると習い手が自身に向き合い、克己が習いの過程を貫く。その先に目指すものは聖体であり超越になる。同じく稽古にも克己が求められる。だがこの場合、それが向かう先は手本にあらわれるかたちであり、目指すはその型である。

本項のはじめの部分に照らしていえば、練習にも型が存在するが、それははっきりと第一位相の型に留まる。稽古も習いの目的と過程で用いられる型は同様に第一位相の範囲にある。練習の場合はあくまでもかたちの写しに正解がある。そこからの逸脱は誤まりとして定められる。これに対して、稽古の場合は第一位相の型を習いながら、かたちを真似るうちに、そのかたちの背後にあって型となっている形相に達し、型そのものを身体化することが到達点におかれる。稽古の意は古き型をいまの自分のかたちと引き比べ、よく考える（習う）こと、同時にその古き型に留まることを語っている。これはその反復の道、すなわち漸悟の過程にあたるが、頓と同様、やがては悟りに至る点においいて型の第二位相に転ずることが含まれている。この点に練習とは異なる稽古の特性をみることができる。

むろん、漸悟そのものは単なる反復のプロセスによっていつかは必ず至る悟りを意味しているわけではない。その過程に見込まれている無意識のうちに型が身体化することの背後にはかたちの物まねをつづけることのほかに、もう一つの重要な要件がある。鹿毛は形式知として明文化されうる科学法則にもとづく技術のスキルと稽古の師匠や名人の手本のあいだ、あるいは個別と普遍、科学理論と現実実践のあいだにある項として、タクト（tact: tactus）を指摘している。英語の tact は多分に触覚的な肌感覚を根底においた如才なさ、気転、さらには鋭敏な感覚や洗練された美的感覚を含意したことばである。ロゴス的な視覚優位のセンスと聴覚や体性感覚的なセンスのあいだをとりもつ美的共通感覚（sensus communis aestheticus）にもあたるタクトは、知らず知らずに至る型の第二位相への扉の鍵といえるかもしれない。その正体は作為の物まねが反復のうちに無作為になることで触覚的、体性感覚的、あるいは自己受容感覚的に身体全体で習う対象が受容され、現象的には型が憑依することといってもよいだろう。その直覚的な過程には所作や心遣い、あるいは幽玄や余情への感性と洗練、それを支える判断が含まれていよう。その判断の種類を尋ねれば、ロゴス的なそれでないことはあきらかである。

ところで、構想力は想像を外部に暫定的なかたちとして表出するとともに、その表象への観察（観る働き）をとおしてふたたび想像力に問いなおしをかける。その際の構想力のスタンスは想像に対する表現化への調整と同化である。しかそれに応ずる想像力の態勢はすでに述べたように、受容と反発、構想力に対する再現前の要求が一般的である。しかし、ときにその一般的なありかたは特別な事態にとってかわることがある。構想力の外部表現化と観る働きは当然のことながら、想像力に対してのみ受けとめられるわけではない。概念的な解釈や講釈、批評としての悟性や、感性を介した快不快、好き嫌いの感情喚起を伴った美的判断も引き起こす。端的には「なんと美しい」とか「すばらしい」といったほとんど先験的な判断を伴う反応である。そうした美的判断に際しては想像力も構想力に対する常なる態度をひるがえし、構想力との一体性を得心しつつ、わがイマジネーションの為せる技と看取しながら、さらなる想像の現前化に鼓舞されることになるだろう。だから美的判断は想像と構想のゲシュタルトクライスの循環の勢いを左右する。

カントは『判断力批判』において先験的な認識能力である純粋理性以外の自分自身の根原から得られる快・不快の感情や欲求に着目し、それらが影響を及ぼす悟性と理性とをつなぐ中間項としての判断力を主題に据えた。とりわけ焦点は自然あるいは芸術における美と崇高とに関する判断、すなわち美的判断力に合わせられた。この判断力は認識能力であると同時に先験的な原理にしたがった快・不快の感情に直接関係し、概念を用いずに形式を判断する。その美的判断力をカントは趣味能力に換言する。なぜなら、ここでいう趣味とは「与えられた表象に結びついているわたしたちの感情に、すべての人が概念を介することなく普遍的に関与し得る」先験的な判断能力のことだからである。

むろん、この趣味とはホビー（hobby）のことではなくテイスト（taste）であり、鑑識、あるいは風流ともつながるこころの過程のことを指している。テイストといえば、知覚的には味覚であり、ある意味では皮膚感覚が化学物質に対して先鋭化した特殊肌感覚で、タクトの一面をよく代表している。というのは味覚嫌悪学習が広範囲の動物に認められる一回即時の特殊学習の典型としてあることからすれば、そこには先験的に組み込まれた忌避すべきテイストの型の習いを頓悟に成立させるタクトが見いだされるからである。

その趣味をカントが先のごとき判断能力のことだとしているのは、それが個人の嗜好や好尚のことではなく、他者の立場に身をおいて考えうる普遍に向かうすぐれて主観的であると同時に客観的な能力としてみていたためである。だからこそそれは「健全な悟性〔常識〕にもまして共通感覚（sensus communis）と呼ばれてよい」のであり、前者を論理的共通感覚（sensus communis logicus）とするなら、趣味は美的共通感覚（sensus communis aestheticus）と名づけられるとしている。この場合の共通感覚は個体のなかの共感覚以上のものであり、他者とのあいだで共有されうる普遍的な快感情の意になる。だから、カント（1790）は洗練された趣味の持ち主を例にあげて、その人は、

「他者をして自分の快に与らしめることを好み、かつまたこのことに巧みな人のことであり、また対象に関する適意を他者と相共に感じ得るのでなければその対象に満足しない人のこと」

であるとする。しかもそれ以前に彼はつぎのように語っている。

「何かあるものが美であるか否かを判別する場合には、その物を認識するために表象を悟性によって客観に関係させることをしないで、構想力（おそらく悟性と結びついている）によって表象を主観と主観における快・不快の感情とに関係させるのである。それだから趣味判断は認識判断ではない、したがってまた論理的判断ではなくて美学的判断である」

だから、ここでいう他者には人のみならずもともとファカルティとしての構想力によりもたらされた想像の客体（他者）である物象表現も含まれることになる。そこに個別のかたちを超えて、普遍的な形相を見通し、他者における快感情を受けとめることができれば、普遍に向かう美の型、サインを超え出たデザインへの判断が下されていることになる。

以上、ここでは構想力がもつデザインの特性を語る切り口として、第一にインゲニウムとトピカ、第二に隠喩、第三に型をとりあげた。インゲニウムは遠く離れた異なるものごとのあいだになんらかの類似関係を見いだし、現下に扱っていることに適合させる発見の知であった。それはデザインが対象のかたちを形成したり変化させたりすることばかりでなく、既存の対象を規定している関係性に新たな関係を導入することによって脱構築的に新たな意味生成をもたらす可能性をもっていることを示すとともに、そこに想像力のフォルスと構想力のピュイサンスが相乗する一面をみるものであった。

隠喩は想像が展開する変幻自在で無際限な心像形成の世界から知覚・行為が及びうる現実の環界への不等価な橋渡しを担う構想力が、表向き簡素な記号とその圧縮、組み合わせをつうじて想像力に返すことで、その適切な解凍をはかる技法であった。これは放埒な想像力と現実界の制限のあいだで忍従を余儀なくされている構想力が表現化のすべてを一手に引き受けるのではなく、逆に想像力を挑発的に鼓舞していくファカルティをもってゲシュタルトクライスとしての過程的な結構を仕掛けていく方策の一つであった。構想力は想像の主想表現化の礎石としてロゴスを配し、その関係性に心情や動機といったパトスを埋め込むことによって本義を表現し記号をもって記号を超出しようとするのであった。

型には大きく二つの異なる位相をみた。第一の位相は型を真似る範囲のかたちが型になっている状態。第二の位相はその反復の結果、かたちが型そのものになってかたちを生み出す側になった型であった。この第二位相の身に付いた型は型どおりのかたちは当然のこととして、そのビジョンの視野となるポイズにおいて能動的な型崩し、さらには型破りによるサインの超出、すなわちデ・ザインを果たしていくのであった。

ところで、構想は思考としての心像表出、すなわち思想の表現化もまた担う。そこには造形の形象表出と基本的には同様のゲシュタルトクライスが働くが、理性による考える作用と悟性による概念（concept）が関わる点で少しばかり特殊である。つぎにそこにみられる論理的共通感覚と構想力との関係、そのファカルティとしてのコンセプトの特性に関する考察に移る。

## 8・4　コンセプト

### 8・4・1　外在する知の分画と整序

ここまでは想像一般をかたちとして外部に表出し、その表現化をふたたび想像に回帰させるプロセスとして構想力の働きをとらえた。ところで、想像された心像には画像や印象のようなものだけでなく、かたちとしてはもとより不分明な観念も含まれている。ことばを使う人間の場合、たいていはかなり不安定な状態ではあるが、ことばとの関係をもった観念（idea）が心像に占める割合が高い。むろん、観念のなかには三角形や台形のように具象的なかたちを伴うものもある。だから、良心とか正義といったことばに支えられた純粋な抽象観念にかぎれば、それらが心像に占める割合は大半とまではいえないかもしれない。それでも常日頃、善し悪しや好き嫌い、愛やしあわせを語り、そうした主題の出来事や物語を日々求めてやまないわたしたちのこころのなかは、抽象観念にかかわる心像が少なからず渦巻いていよう。

具象・抽象を問わずことばとのつながりをもつ観念に大きく依拠しつつ、それ以外の心像全般に及びながらわたしたちはものごとを考える。ただぼんやりとしていても、眠っているときでさえ想像しつづけているわたしたちの想像作業の多くは、感想とか随想、あるいはかなり精神を集中させての考想とか観想といった様態をとって幅広く思考のプロセスを担っている。ただ、そうした想像が実際に思考としてかたちをなすのは、想像界での出来事にとどまらず、そこから外に出てかたちあることばとして表現されていく構想との循環過程においてである。そこに観念と概念の相互作用が生じることになる。ここではこの構想の概念（concept）としての特性と役割をはっきりさせる。

ところで、何気なしにせよ常に考えつづけているわたしたちであるが、その物知り顔を強調するようなホモ・サピエンス中のサピエンスというわたしたちに対する学名（Homo sapiens sapiens）には、おそらく防衛機制を含んだ自嘲的自称という面がありそうである。というのは、いざその考えていることを人間のゆえんたる得意の言語で表明しようとすると、意外なほど苦労を強いられるからである。もし思考が明確な言語をもって営まれているなら、その考えをほぼそのまま口に出したり、書き出したりすればよい。自分の考えをことばにすることに取り立て苦労するはずはない。だが、その内なることばをそのまま吐露すれば、とりわけありありとかたちに残る文章に書き出すなら、実際は進んでは止まり、戻っては進み、いつの間にか曲がり、フリーズし、その先はダウンしてしまうこともしばしばである。ということは、頭のなかで考えていること、観念の束は一見ことばを頼りにしていそうだが、実際はその本態である心像としての性質があらわで、かたちは定かではなく、常に流動し、浮かんでは消え、消えては浮かぶ雲のようなものになっているのだろう。この場合のかたちはことばだが、それは断片的で、たえず揺れ動いている。だから、客体としてまともな話や文章にするにはあらためてほとんど始めからつくり出すような作業にならざるをえない。

そうしたあやふやな観念の連なりでもそれらをもってそれなりに考えていると感じている。考えることは想像することだが、想像とは場合によっては想像しているということ自体も想像してしまうものである。だから、実際には到底考えているとはいえない状態でも考えているかのように思い込んでしまうことにもなる。また、思考に関わる想像の要素にはことばとのつながりをもつ観念だけでなく、その観念と関係をもつ心像全般も含まれる。ロッシュ（Rosch）が言語相対説をめぐっておこなった一連の実験研究（e.g.,Heider 1972; Rosch 1973）では、二語の色名しかないダニ語をしゃべるニューギニア人が、欧米人と同様の11の標準色への記憶や学習を非標準色よりもあきらかに優ってなしたことが報告された。これは高次の認知機能がことばやそれに関連する概念が定かに自覚されていなくても利用でき、あるいは常にも使われている可能性を示す知見であった。この結果は概念形成が必ずしもことばに依拠せず、知覚弁別可能な範疇に対してなされうることを証明した研究として扱われてきた。確かにこれは生物学的な知覚特性として備わり、それゆえ同種の生物であれば普遍性をもつ先験的な可知差異にもとづく認知作用のあらわれを示している。カントの用語でいえば、直観的な多様が構想力によって純粋に綜合され、知性によって純粋悟性概念としてカテゴリー化されたことにもとづく遂行がなされたことになる。

この水準の、こころのなかでとらえうる純粋な範疇の段階は人間特有の先験的な観念の枠組みのなかにある。それゆえに超越論的に普遍性をもってそのまま公有できる概念として純粋に構想可能である。ここにおいて観念と概念は人の内外にあって一卵性の双子の関係にある。最も純粋なかたちで観念は環境に固有な言語によって外部に表現されて概念となり、それをもって他者と共有できる外在記憶として機能する。カント（Kant 1781）がカテゴリー表として名辞つきで整理し表現した純粋悟性概念はこうした観念の自然な体制化の例である。生物と無生物の区別に働くと考えられるような対象の運動に関する生得的な制約（e.g.,Gelman 1990; Golinkoff et al. 1984）や物体の運動における連続性や重力についての理解に関する素朴力学、あるいは心的事象と物理的な事象を区別するような心の理論が幼児期の早い段階で獲得されていることの背景に想定される同様の制約（e.g.,Estes et al. 1989; Spelke 1991; Wellman & Gelman 1992）などもその例になるだろう。

だが、先験的な観念に対応した概念形成は生得的に用意されているけれども、その概念に対応する社会・文化的な規定と制約、端的には言語の対応がなければ、必ずしも表面化するとはかぎらない。ダニ語を語る人たちにとって色名はその例であった。彼らが弁別し、学習や記憶もできた11の色は人間の色覚特性に依拠した色彩心像の観念的な集合の代表であったのだろう。だが、それらが概念として外在記憶の働きをしていたなら、ダニ語にもそれに対応したことばがあったはずである。まさにヴィゴツキー（Vygotsky 1956）が主張したように、概念はことばなしにはありえない。

ダニ語に色名が二つしかなく、よってあえてサピア＝ウォーフ仮説の一部を復活支持するように、二つの概念しかなかったといいうることは、その状況がその生活世界において社会文化的、生態学的な妥当性をもって社会構成的な構想として成立していたと考えられるからである。しかし、これは言語相対性仮説が思考を決定すると語ってしまったところまで支持するものではない。概念は二つでこと足りてもそれが思考の内容を制約したり、あらわしたりするわけではない。思考も想像もそれが用いる観念やイメージはロッシュらが示したように、先験的な弁別閾に基づく世界分画においてそれに応じてなしうるものだったからである。

概念の機能としてしばしば認知的な経済性（e.g.,Rosch 1978; Smith 1989）があげられてきた。これは主として膨大な情報に溢れる世界認識を概念によってチャンク化することで情報処理の効率を高めることをいう。だが、より根本的に、生きるうえで不要な分画をせずに情報的にシンプルかつスマートに世界を解するというのも、別の観点からの認知的な経済性といえる。概念にはその意味での役割もあろう。その典型例が二語の色名で生活上こと足りて、その概念形成のもとにあるダニ語の世界であるとみることもできる。そうなると、そこに英語文化にある11の色名に対応した知覚弁別能を見いだし、それを普遍的概念として語ろうとすることは西側文化のロゴス中心規範の野暮な押し出しともいえそうである。できるかぎり精一杯のことをするという価値意識もそれが高じて疲弊や無駄を排出しだした現代となっては、できるけれど、せずにとどまるという精神に、できるかぎりのことをする以上の強さや豊かさがあることが改めて見いだされつつある。この観念の芽生えが新たな言語相対論の解釈につながる可能性もある。

心理学の動物実験では結果分化効果（differential outcome effect）と呼ばれる学習促進手続きが知られている（e.g., 半田 1989; Trapold 1970）。たとえば、赤い刺激が提示されたときは右の反応キーを押し、緑の刺激が提示されたときは左のキーを押せば、それぞれ正解で餌の報酬が得られるといった学習実験をハトやネズミやサルといった被験体に学習させる。ある程度の訓練期間を経れば、どの動物もこの条件性弁別課題をうまく遂行できるようになる。だが、ちょっとした工夫をするとその学習獲得までの所要時間は大幅に短縮される。たとえば、弁別刺激の違いに応じて餌の種類を変える。サルであれば、赤で正解したら干しぶどう、緑で正解したらピーナッツが出るようにする。すると、どの被験体でも一層早く学習できるようになる。人間は記号の世界で考え、ある意味でそのなかで学び、遊ぶことに慣れてしまっている。そのため刺激（赤）と反応（右）の関係づけを学習課題とし、その報酬として単に「餌」を設定して済ませてしまう。報酬で反応を強化するとしか考えない。だが、動物にしてみれば、弁別刺激の違いも反応方向の違いも同等の餌に連合するので認知経済的には同じ事態になっており、刺激や反応方向の違いの意味がわかりにくくなっている。それが赤と緑では結果が異なるという課題になることで、はじめて弁別刺激が違うことの意味が生態学的に妥当なかたちではっきりし、学習が促進される。というよりも、むしろまともな学習が成立するようになる。

ちょうどこの結果分化効果が反転したかたちで、ダニ語を話す人たちにとって弁別可能な典型色のそれぞれにことばをもつことは日々の暮らしにとって余剰でしかなかったとみることができる。記号があり余っていることは豊かさの徴ではなく、概念という概の意味からしても逆向した不経済ということになる。概する要のないところを概しても無駄に多色の色鉛筆をもつようなものである。概念の機能をこうした観点での記号ないし情報の経済性としておさえると、ここにはできるだけ人工的な構成物をもたずに必要最少の人為のなかで自然環境に寄り添って生活するエコロジカルな意志さえ感じとれることになる。むろんこの野生の思考は観念と想像の貧困を意味するものではない。むしろ反対に、個別のものや日々の訪れの一回性や特殊性を敏感に尊ぶ精神はそのポイズ＝構えに豊饒な観念と想像を生み出しうる。それゆえにそこに一般化や普遍性を見いだし、概念にまとめて整序していくようなことははばかりたくなるだろう。また、そうしたことは個々のことがらを味わう時間、生きられる時間を奪う余計なはからいとも受けとめられよう。だから、かえって野生的な思考は卓抜、広大な想像の自由精神をあらわにし、概念を媒介にした人間同士の整序されたコミュニケーションよりも、霊想的な想像を含めたロゴス的には不合理な想像を介して自然とのつながりや交渉を豊かにすることになる。

やや横道に逸れた。もとに戻ろう。このように個々人の観念を含めた心像において営まれる考えのなかにはことばの対応を欠くものも含まれている。だから、一見、ことばをもってなされているような思考も、それを明示的なことばに表現しようとすれば、あらためてそのために適切なことばを探し、他者に通じるよう配慮した構成をする必要が出てくる。つまり、考えていることを表現するには穴と覆いに満ちた想像に対して穴埋めをし、覆いを外しながら客体化していくことになる。それは制作作業そのものであるから決して容易な営みではない。

## 観念と概念の違いと関係

本書における観念と概念のとらえ方はすでに一章の1・1で示し、ここまでそれに沿って記述してきたから足りているはずである。だが、とくに概念（concept）に対する本書のとらえ方は一般に心理学の文脈で定義され了解されている見方とはやや異なっている。そこで構想や想像との関係を論じるここでは、もう一度、それを観念と比較しながら明確にしておきたい。

まず、代表的な心理学辞典（過去五〇年間ほどのあいだに各年代において発行された編者の異なる五点）で「概念(concept)」を引き、主文にあたる最初の一文ないしそれがあまりに単純な記述になっている場合は複数の文をみてみよう。

「an idea that represents a class of objects or events or their properties such as "cats," "walking," "honesty," "blue," or "fast." ("APA dictionary of psychology": VandenBos 2007)」

「個々の事物・事象に共通する性質を抽象し、まとめあげることによって生活体内に作られる内的表現（『心理学辞典』有斐閣：中島ら 1999）」

「思考や判断によってつくられるもので、はっきり限定された一般的な表象（『誠信心理学辞典』外林ら 1981）」

「複数の経験（事物、事象、関係）に共通する一般的特性を抽象したもの（『心理学辞典』ミネルヴァ書房：園原ら 1971）」

「抽象作用によってそこにつくりあげられたものを概念という。……心理学においては、概念を過去経験の圧縮であるとか、多くの事物に分有されている共通要素であるとかというふうに定義する『心理学事典（初版）』平凡社：梅津ら（1957）」

中島らのいう「個々の事物・事象」や外林らのいう「思考や判断」が経験に依拠したものと考えることができるなら、これらの見方を総合すると、概念とはそうした経験に共通する一般的な特性をあらわし、結果的に集合したものということになろう。そのあらわされたものをヴァンデンボス（VandenBos）は観念、中島らは内的表現、外林らは表象、園原らや梅津らは抽象したもの、としている。抽象も表象もこころのなかであれ、外部表現であれ示すことはできる。だが、とくに中島らは内的表現とわざわざ強調していることや、外林らは表象を「経験の心的代表物一般」と定義していることに鑑みれば、どうやら概念はいずれの定義でもこころや頭のなかにつくられるものとみているようである。確かに心理学では動物やことばがおぼつかない幼児の概念形成をさまざまな実験をつうじて認め論じてきた。

しかし、すると概念は立場的には観念とどのように異なるのだろうか。ヴァンデンボスの場合は上にみたように概念を観念に含めているが、今度は「観念（idea）」を上記の辞典で引いてみる。すると、つぎのように記述されている。

「in cognitive psychology, a mental image or cognition that is ultimately derived from experience but that may occur without direct reference to preception or sensory processes.（VandenBos 2007）」

「具体的なイメージからより複雑な概念や思考内容までの広い範囲の心的表象をさす用語（中島ら 1999）」

「表象と同義に使われることが多い。心像や思考内容を意味する（外林ら 1981）」

「歴史的には心の内容（Spinoza,B.）を指す。想像、思考など感性的でない認知過程、あるいは認知過程の対象を指す。この意味で表象と同じである（園原ら 1971）」

なお、梅津ら（1957）には「観念」の項はなかった。

いずれについても表象という共通項を介しつつ、あるいはそれを別称としつつ概念と重ねられている。なかでもヴァンデンボスや中島らは概念を観念の一部と規定しているから、概念は観念の共通特性をまとめたり一般化した特殊観念とみていることがわかる。このあたりが心理学における「概念」と「観念」についての基本的な概念規定になる。

しかし、本書ではこれらのとらえ方をいわば概念の公私混同とみる。まず何よりも上記のように概念と観念の関係をとらえるなら、概念ではない観念とはいかなるものを指すことになるだろうか。たとえば、「キリン」とは観念なのか、概念なのか、あるいは概念といいうる観念なのか。マサイキリンやアミメキリンなど多様な亜種の共通項をとって一般化したそれがキリンであると意識してのことであれば概念だが、漠然とキリンを思ったり、アンゴラキリンを見てキリンと同定したりしたときは観念ということなのだろうか。あるいは中国の伝説にある一角獣の麒麟を思ったとき、それは観念だろうか。だが、一角獣は概念が必ずしも現実的な対応物を必要とせず想像上の対象で構わないということの例示として好んで用いられてきている (e.g.,Medin & Goldstone 1991)。するとやはり概念なのだろうか。概念が抽象であるなら、キリンなる抽象が概念で、それと重なるのが抽象観念、それから外れる具象観念、すなわち具体的形象であるイメージは概念ではなくなる。だが、キリンという概念でそれがキリンビールのそれであるにせよ、具象のイメージなしにその抽象を想定することはほとんど困難であろう。すると結局、抽象にせよ、具象にせよ、観念はすなわち概念ということになるか、あるいは具象的な像を伴う観念は一切概念ではないか、のいずれかになってしまう。

概念の身分を得るに至る諸観念の共通性の程度や一般化に至る基準はどういうものか。概念との比較において純然たる観念とはいかなるものか。少し考えただけでも観念と概念の区別は判然としなくなる。するとこういうときはたいてい「ほぼ同じということで」と純粋なあり方はあくまで観念的なものとして棚上げするわけだが、その観念ということがここではっきりしていないのだから、この場合は落着かせようがない。また、だいたいということにするのなら、余分なものがあると混乱のもとであるし、せっかくのおそらくだいじなことばが中途半端に使われていることで半死状態になってしまっている。だから、どちらかのことばは死語として丁寧に葬ったらどうだろうか。だが、仮にそうした廃語手続きをとるとなったら「食べられる」と「食べれる」をめぐる選択などとは質の違う大問題になるだろう。本当は観念と概念とは大違いで、曖昧に重ねみていることこそを排する必要があるのかもしれない。

ということで、本書ではこの細部をだいじととらえ観念と概念を峻別する。両者の区別は実は明解につく。観念（idea）についてはこれまでの心理学における見解と同じである（もっとも現代の心理学でこの用語は積極的に用いられていないが）。すなわち、観念は人の頭やこころに抱かれる考えや想念のことである。それは部分的にことばで構成されもするが、このことばには当人だけが了解している内言も多分に含まれている。単にことばが「想定されているだけ」のこともある。だから、これをそのまま口に出してあらわすなら、精神の統合が失調したときにしばしば生じるような作語を含めた意味不明のことばが湧出することになる。考えていることとその考えを言い表わすこと、あるいは書き表わすこととはかなり異なっている。それは考えていること、すなわち観念の自然なありようが心像の特徴そのままに曖昧で不安定な証拠である。つまり、観念は想像にほかならない。だから、ないものもあるものと思い込まれることが当たり前にある。夢がその典型であるように、想像は部分的に強調、誇張される反面、他の部分は曖昧、不完全で、しかも常に自律変幻的に流動する。観念もそのとおりの性質をもっている。

こころは個々人に個別のものとしてあり、テレパシーをもたないわたしたちはこころ世界を私的に閉じられたものとしている。だからそのなかでつくられる観念は徹頭徹尾、私的になる。デカルトが方法的懐疑で存在を疑いうるあらゆるものごとを排除していったとき、最後にただ一つ残ったパンセは「わたし」の根拠となった。そのように観念は「わたし」の根になっている。よって、たとえ破産して身ぐるみ剥がされても、あるいは極端には理不尽な強制収容で希望を含めたすべてを失っても、観念の自由が「わたし」を係留しつづける（Frankl 1946）。

他方、概念（concept）はこの観念に相対するように存在し機能している。観念が想像力の私的産物であるのに対して概念は構想力の所産である。したがって、それは必然的に言語というかたちをなし、その結果として私物を離れ、それ自体が実体性をもち、共有性の程度はさまざまにしても公的産物として他者との共有物になる。三木が構想力にみた擬制の産物である。この場合、共有化の実定性が明白で、多くの人たちによって認められているかたちを基準にしたところの擬制である。

こうして想像と構想との関係そのままに観念と概念は相互に関係しつつ独立した概念としてその働きを認めることができる。むろん、概念を見聞きして受けとめたとき、それはこころの内側に読み取られることになるから、概念はすでに観念に姿を変えている。概念を寸分たがわず丸暗記したとしても、その内容はすでに観念や観念手前の心像であって、もはや概念そのものではない。それが証拠に暗記したそれはまったく当人の都合で、しかも意志とは無関係にほどなくうつろうし、他の観念と勝手に融合したり、別の観念にすり替わってしまったりもする。

概念は本源的に他者性をもった公共物だから誰かの私物にはならない。たとえ、その概念はわたしが規定したものですと私的所有の権利を主張したとしても、それはみなしでしかない。概念を個人的に占有することは原理的に不可能である。それをしようとすれば、法的に無理矢理、権利付与をしたりしなければならない。だが、それは概念がもつ本源的な他者性に対して不自然であるだけにおのずと係争の種となる。

私物である観念は大方、ことばを頼りにしているが、概念は全面的にことばに依拠している。概念は誰かの観念に由来するが、ことばによって公共化され、それによって自律的な存在となる。ソクラテスは書きことばを嫌い、著述を避けたが、それはこの概念の自律的他者性を嫌ったためであった。プラトン『パイドロス』のなかでソクラテスはつぎのように語っている。

「言葉というものは、ひとたび書きものにされると、どんな言葉でも、それを理解する人びとのところであろうと、ぜんぜん不適当な人びとのところであろうとおかまいなしに、転々とめぐり歩く。そして、ぜひ話しかけなければならない人びとにだけ話しかけ、そうでない人びとには黙っているということができない」

この概念と兄弟の関係にある別種のことばとしてソクラテスが重視したのは、

「それを学ぶ人の魂のなかに知識とともに書き込まれる言葉」

であった。学ぶという行為のなかで魂が知るという過程にあることば、それはまさしく観念（idea）のことであった。

このようにみてくると、先の心理学辞典の定義が記すところの概念は、実は観念のことを語っていたことがわかる。だから表象という概念を介しつつも結局は転回して観念と重なる結果になっていた。つまり、概念を語ろうとしながら当の概念は滑り落ちていたのである。もっとも、考えをことばにして表明したものはすべて概念であるから、どのような内容であろうと、それは概念をあらわしているといったメタレベルでの了解をするなら別である。だが、そのように例示をもって表現するなら、誤解を避けるため、「概念」の辞書表記はもっと簡潔に、

【概念】概念

とか、もうすこし丁寧には、

【概念】これが概念である

と書いたほうがよいはずである。あるいはR・マグリット風に、

## 【概念】それは概念ではない

となろうか。つまり、この概念表記を読んだ人の頭に浮かぶそれは観念であるから、もはや概念ではない。真に迫ったパイプの絵は絵である以上、実は一層、本物から遠ざかる。だから「これはパイプではない」と書いてしまうことで絵の虚構性がかえって真を押し出すことになる。人間にとって客観的な概念はそこにあることがわかっているものの、その存在そのものを純粋にとらえることはできない。見ている概念のことばにはすでに余計な思惑が忍び込んでいる。だから、概念そのものは誰にとってもありありと存在する共有物でありながらも実際は月の裏側としてある。その裏側をとらえるには、その概念に接する人びとの観念を集め、それらの積集合である共通の性質を「概括的に」把握することになる。果たしてこれゆえにそれは概念と呼ばれる。

### 概念と構想力

ことばを支えにした観念の表出にあたってその構想がやや特殊性を帯びるのは、積極的な意味でかたち定かならぬ観念をすでに分画的に整序された言語体系に則って概念にしていく作業が主作業になる点にある。わたしたち個々の頭やこころに考えがあるとき、それをまさに観念＝アイデアがあるという。そのアイデアを形成する想像力が働く場はそれぞれの私的な心世界である。だから、そこでのことばはまったく個人的に了解されるだけの私的方言も多様に含まれる。その丸裸の観念を外に出すときは概念という衣服をまとう。構想力はこのようにパトス豊かな私的な心像として想像された観念を他者と共有しているロゴスの範疇に定め、他者に通じることばにすること、すなわち概念化する過程に発揮される。だから、この力はそのとき使えるロゴス的なピュイサンスである言語的、論理的運用力と語彙データベース的な環境情況力、ファカルティに大いに左右される。

ところで、パイロットの制服に身を包んだ結婚詐欺師の話は映画や笑い話としてだけでなく実話でも聞く話だが、衣装は中身がなくても世間では一定の意味を発揮する。中身の判断が容易でなかったり、もともとはっきりしていなければ、外見が一応の通行証になる。肩書きや免許といった制度化された文化資本も同類である。概念もまた抽象度が高いものはとくに日常頻繁に使われていても結局は詐欺師の道具と五十歩百歩であることが少なくない。現に今こうして検討している「概念」という概念も「構想」も「想像」も同様の傾向がある。だからこそこうしてあちこちからつついて、その中身の姿を探っているわけである。

ソクラテスはいかにもフォーマルな概念の衣装を引き剥がして中身を確かめるべく周囲の人びととの対話に挑み、その純粋なるがゆえに猜疑的にみえる振る舞いや、そうした行為を若者に焚き付けるようにしておこなったというかどで最後には死に追いつめられた。彼はいつも節制とか勇気、知識や友愛といった人びとが重々しくも軽々しくまとう概念について、それを身につけるに足る中身について「それはほんとうは何であるか」という問いを投げつづけた。対話を求められた人たちはいつもたいていは衣装のつくりや特徴を問われたものと思い、概念の定義を語る。それらの返答はことごとく却下、論駁される。しかし、彼の否定とそれへの同意を確認しつつも、彼自身は問いに対する答えを語ろうとしなかった。その理由を藤原（1998）はソクラテス／プラトンの問いが求めたのはそもそも概念の定義ではなかったからだと説いている。衣装の特徴をあれこれと語り、他の衣装とどのように違うかの説明は問いが求めていることではなかった。返答が語りうるものであるかぎり、しかもそれがソフィストのなすごとく饒舌であればなおのこと、それらは衣装の重ね着や着せ替えにすぎなかった。だから、問うている中身はいずれでもないといえた。けれども、では何なのか、と語ることはソクラテス自身、語りえなかった。それでも否定の反復によって次第に衣装は引き剥がされ、背後の観念＝イデアの輪郭が浮かびあがる道筋は開かれた。だから、最終解なしに終わるどの対話でもそれを通じて概念の衣装はかなりの部分が剥がされ、中身の観念が相応にあらわになっているという仕掛けであった。衣装だけ纏ってそれらしく振る舞っていた人たち、たとえばソクラテスが嫌ったソフィストたちは最後には痩せこけた裸体を晒しかねず、その羞恥を抱えて告発に至ったのだった。

ソクラテスはなぜ自分ひとりで概念の衣装を脱ぎ捨てるだけでなく、なお対話を求めたのだろうか。これはさびしがり屋だったとか、相手になにかを教えようとしていたとか、おそらくそういうことではなく、彼が求めた概念暴きにはそれにふさわしいやりとりの行為が必要だったのだろう。概念は公共の場でまとう衣装だから、自分の家で正装をしてそれを自ら問うといったことはむろん妙な光景になる。暴いて見えてくるのが自らの裸体であるという状況も何やら自己愛や自己満足の方向に走るだけで目を曇らせてしまうことにもなろう。だから、ソクラテスは街に出てゆき、公共物である概念が息づいている公然においてその衣装をひけらかしているソフィストたちに真実や正義を問い、それが最も必要とされる若者に知識や勇気を問い、酒宴の場では愛を問うたのだろう。

ソクラテス対話法（dialektikē）は可視界で共有する主題概念を手がかりにして二者の観念を通わすゲシュタルトクライスの交流の冒険としてみることができる。その構図は概念を軸にして二つの観念の翼が互いを追うように巡り舞いあがる回転翼のごとしである。藤原（1998）はそのソクラテス／プラトンの挑戦においてとりわけだいじであったのは無知の知という構えであったと述べている。これは概念から観念に向かい、さらにはその先にプラトン的イデアを見通そうとする構想力のポイズとビジョンにほかならない。とはいえ、この構想力は決して碩学の高みにあるテーマではない。わたしたちが当たり前のことと受けとめている客観的な現実世界の認識は幾多の概念の構成体だが、そのすべてはそれぞれの主観世界に生きる人びとが個々の観念を寄り合わせて構想した共有知である。認識はそのアゴラに接してふたたび思い思いの想像に馳せる日常の営みにほかならない。そのアゴラとはいうまでもなく教育の場であり、書籍、映画であり、文化（culture）と呼ばれるコンセプトの耕作地である。

生きているあいだ、想像してやまない人間、それゆえに語り、手足を動かし、何事かをなさざるをえない人間にとって、日々の課題はアイデアとコンセプトの漸進的な寄り合わせに集約される。アイデアをコンセプトにすること、それはある想念を世界に定位し、他者と共約可能なことばをもって構想することである。それをすでに整理されている分画のなかに配置できればレディメイド、それで満足できなければ認められるべく共有知に新たな区画をカルチベートする必要がある。いかに耕し、概念を根付かせ、育てるか、そこに問われる力がピュイサンスにしてファカルティでもある構想力である。

アイデアをコンセプトに定位したり、育成するのは、そのコンセプトを介してそこから広がるコンセプトの編目を賦活させてアイデアをさらに増幅、あるいは洗練させていくためである。この観念と概念の相互循環の関係はデザインの過程そのものである。イメージしたものをかたちにすること、そのかたちからイメージをさらに膨らませていくこと、デ・ザインしたものをサインにすること、そのサインをさらにデザインすること、想像されたパーツ（parts）を構想力によってコンパート（compart）すること、コンパートを想像力によってデパート（depart）すること、諸部品をまとめ分画すること、その整理したものをふたたび解き分かつこと、ひらめきに想像したことを構想として具体化すること、その構想からさらに想像を喚起することという具合に、これまで述べてきたゲシュタルトクライスの運動が観念と概念の関係において展開している。

### 8・4・2　コンセプション

つぎにとりあげるコンセプション（conception）は「概念」という意味ではない。このことばがもつもう一つの意味である受胎、始まりを指す。この意味で構想のコンセプトとしての特性をとらえるわけは、構想がすべからく身体外へのかたちの表出としてあり、産出（production）の事象にほかならないからである。すでに何度か触れてきたが、カントは経験に依拠して綜合をなす再生的構想力（reproduktive Einbildungskraft）と区別して構想力にはア・プリオリな認識を可能にする超越論的綜合を果たす産出的構想力（produktive Einbildungskraft）があるとした。再生はすでにある経験に依拠してそれを調整、変更、発展させる処理だから、そもそも拠って立つ基体をもっている。それに対して産出は基体そのものの生成を指している。むろん、基体生成もそれ以前が無であるなら、神業の領域の話になってしまう。だから現実の領域では基体生成にもそのもととなる要素がある。だが、基体の受胎にあってはそれ以前の要素が調整や変更を通じてではなく、ある意味ではその要素の破壊的な変容、表現の仕方によっては死、を通じた新生を要する。新生ゆえにそれは基体となりうる。

新生的な産出における破壊的変容は多くの場合、他の要素との衝突的なカップリングによってもたらされる。要素自身にないものとの出会いと融合が新たな創造の基礎にあるからである。しかもその融合は元来、結合するはずのないものが結合を阻んでいる部分の破壊によってもたらされる。だから、そこには衝突的な衝撃のプロセスが伴うことになりがちである。カントはその受胎に先験、超越的な出所を探り、構想力に対しては純粋悟性概念であるカテゴリーをいわば誕生するものの枠組みとして示した。これはカップリングによる新生がかたちをなしたときの定位場所であり、ロゴス体系の認識をなす人間にとっては不可欠の仕掛けである。ただし、先験的な純粋悟性概念は産出的構想力が生み出すかたちの収まりどころとして、それなしにこの構想は成立しえないことは確かであるとしても、このロゴス体系そのものは静態的な参照構造をその基本性状としている。だから、これが産出的構想力を発動したり構想を導くとは考えがたい。その機能はまた別のところにとらえる必要がある。その場所を求めるなら、産出以前の受胎の瞬間、ものごとの「始まり」を検討する必要がある。

始まりの現象に着目して考察した人にサイード（Said 1975）がいる。彼は始まりの仕方を始源（origin）と始まり（beginnings）に大別した。この二様の開始は似ているようでありながら、実は質的にほとんど対極にある。すなわち、始源（origin）はそこから始まるものを中心的に支配する性質をもつ。この力の性質は求心である。それに対して始まり（beginnings）はあらゆる物語の始まりがそうであるように、永劫回帰的な過程におけるどこからか分岐的に始まる起点としてある。その性質は基本的には遠心的で、一時的にせよ脱中心的広がりを生み出す性質をもつ。だから、個々の始まりは基本的には始原に対する斥力となり、その力は各々の情況の生命性に拠ってたつフォルスの性質をもつ。結果的には大きな永劫回帰の過程に参与し、始原からの運動を支えることになるにしてもである。サイードの関心は中心回帰的な力よりもむしろそれに抗して働く差異化の力に向けられ、そこに創造性の機縁をみている。

この分類に沿えば、本書での関心も始源ではなく、サイードが「意識的には意図的な、生産的活動であり、さらに、それは喪失感覚を含む情況をもつ活動」と表現する個々の始まり（beginnings）におかれる。そのそれぞれに伴う喪失感は超越的な支配からの離心で生じる遠心力による眩暈だけでなく、それでも回帰していく再生的産出プロセスの超然的な不可抗力に対する感覚なのかもしれない。これは換言すれば、すべての個々の誕生において感じ取れる生命連鎖への恍惚感ともいえよう。その場合にみえてくる生物学的な生殖性は個々の産出過程の始まりに働く構想力に冒頭で述べたコンセプションの視座をもたらすことになる。そこで以下ではまず、心像として描かれた想像がそのどこかの過程で具象的表出に至っていく産み出しの構想過程の契機についてあらためてその可能なあり方を探ってみる。

## 始まり（beginnings）のパターンから

そもそものところ、振り出しに立ち返るかたちではない始まりの仕方、さまざまな流れのなかにあって、たまたまそのどこからか始まるその契機をおさえるとすれば、そこには少なくともつぎの三つのパターンがあるだろう。

まず、動から動へとある連なりの継承としてつながる仕方の始まりがある。とりあえず一つながりで動いてきたことの終わりがあり、それゆえにそこに生じる間と何らかの結果や残滓を継いで、新たな始まりが生じる場合がある。一連の想像の過程における着想と発想の関係はこれである。着想も発想も一般的にはある想念の出立を意味している。だが、着想はその字があらわすとおり、ある一つづきの想念の到着を指している場合もあり、その終わりは結果としてつぎの新シリーズの想念の始まりを意味している。だから、着想と発想の同義性は事実上のことであって、厳密には違うことがらを指している。その到着を受けての出発というリレー関係、玉突き関係もこの形式である。これは多分に既得権益の継承という面持ちをもち、受動的、他動的な始まりになる。だから遠心的に回転を勢いづけるというよりも大きくみると回帰運動の基底的な持続力をなしているといえる。

つぎに、上の意味での着想なき発想をみてみよう。それは湧き出るようにもたらされる発想である。だが、この始まりも火のないところに立ち昇る煙であるわけではない。火の起こりは未知との遭遇にある。たとえば、発達初期の動物個体にとっての毎日はめくるめく未知との遭遇で、まるで火事の連続のごとしであろう。火事は災害だが、実際そのときの神経系に起きていることは一面からすれば、まさに災禍といっても過言ではない。この点はあとで少し詳しくみる。

個体は生きている時間を長くし、多様な経験を積むほど生きやすくなる。そのことにはだんだん火がつかなくなって始まりが少なくなるからという事情も手伝っていよう。外で火事があっても昔のように飛び出して見にいくこともしなくなる。実は自身の内部での火事が少なくなって心が燃え立ちにくくなったのかもしれない。継続ごとが増し、ある時点からルーチンで満たされた生活空間に留まりだす。そうなると、新たに始まることは避けるようにもなる。その果てには何も新たに始まるものがなくなり、すべてが一様につながる。分け隔てがなくなって、あげくには「分からなくなる」。他との区別がつかなくなるということは個としての足場も失うことである。個の境界も全体に溶け込んで始まり以前の「なかった」状態に回帰していく。自然な永劫回帰である。

ところで、始まりの契機となる未知との遭遇は対象自体が既知である場合も十分含まれる。そもそも対象とは経験のなかから意識的に焦点化され、ある縁取りをもって心的作用によって切り出されるものである。だから、極端には対象は切り出された瞬間にしか存在しない。いましがたのそれがここにあっても、それはもうこれとはちがう。さきほどの一円のドル建て額がいまはもう変化しているように、一円自体は変化せずともそれとの多様な関係のほうが変化する。そのためその対象関係の変化が対象の意味や価値、性質を変えてしまう。だから、遭遇対象が見慣れた既知の対象であっても「出会い方」、遭遇の文脈次第で未知との遭遇は十分に起こりうる。そういうときにわたしたちは「新鮮な発見」をし、その意外性に驚きつつ、新たな始まりを経験することになる。

第一のまったく新たな対象との出会いにしても、結局、対象自体は既存の構造の結び目としてある。新たな始まりはその結び目を成立させている関係性を含んで広がっており、それとの関係性の新しさが対象自身の新しさの認識をつくる。だから、逆にいえば、対象自体が未知のものであっても、それが既知の関係性のなかにある一つの結節点の代替であったなら、始まりは程なく勘違いに帰すことになる。始まらない目新しさと新たな始まりとのあいだには明確な格差がある。前者は知覚的に切り取られ、心的に構成されたまさに目に新しいだけのものである。それに対して後者は生態としての対象関係の新しさのことだから、対象のありようの構造的な新しさゆえに始まらざるをえない現象としてある。

この新たな対象関係の成立を客体的に観察するとき、とりわけ二つの様態に注目できる。一つは8・3・1をはじめ、すでに本書各所でみてきたインゲニウム（ingenium）である。それはヴィーコが人間の誉れ高き知性の一つに位置づけた構想力の営為「互いに離れたところにある相異なることどもを一つに結合する能力」であった。インゲニウムによって綜合された対象関係は構造的に異なる場にあるノード同士が新たに発見された共通点によって結節することで、それぞれがもつ関係子を引き連れるようにして構造変容を生み出す。そのため、ときにはそれが不測の構造改革をもたらして新たな始まりをつくり出すことにもなる。

このインゲニウムにしばしばみられる強結合は場を異にしながら、実は組み合わせ的には相性をよくする構造的関係性がそのことどもに存在していたという背景があることが多い。だが、両対象は遠く離れてあったために、出会う機会がなかっただけなのだろう。だから、出会いの機会形成が想像だにしなかったマッチングの妙をもたらすことになる。タラコクリームスパゲティとか雪見大福などは和製パスタ料理やカンブリア爆発ともいえる多様な菓子商品開発の始まりをもたらしたその種のインゲニウムの例といえよう。

### カップリング・コンセプション

ここにみる意外なマッチングの発見はAとXの組み合わせAXに新たな一つの始まりが生まれるという事象である。

ところが、これとは性質を異にするもう一つの対象関係の様態がある。もしAとXの出会いにおいて、両者に矛盾ないし対立する性質があったなら、当然反発しあい離反するにいたるだろう。ところが、ときとして対立と反発の過程で取っ組みあいが起き、そのなかで双方の性質を否定しあいながらそれらを昇華するかたちで新たな性質の発生をみることがある。AXならぬG（enerate）の始まりである。対立によって「あれか、これか」をめぐる闘争が綜合や歩み寄り、妥協としての「あれもこれも」をもたらすのではなく、両者を超え出たかたちで「あれでもなくこれでもない」というまったく新たな次元での発現をみる。これは対立する異質なもの同士の出会いと、相いれないなかでの戦いの過程を経た結果もたらされる。だが、むろんただ対立と争いがあるだけでどちらか他方に結果したり、両者が消耗したりすれば、この始まりはあろうはずがない。では、こうした始発をもたらす条件は何なのだろうか。

この場合、おそらく対立の契機となる出会いにはミスマッチによって生じる衝突の衝撃があるだろう。その衝突はほとんど物理的な食い込みのように結果し、離れようにも離れられない状況を招く。これは一致とか合致という意味のマッチングとは異なり、本質的に異なる者同士のぶつかり合いによって生じたがっぷりでありカップリングである。この状態での闘争は相手を叩くことが同時に自らの消耗と否定になる。だが、そのカップリングに伴う喪失はいつしか無への回帰というフロイトのタナトス的欲動に潜勢的に突き動かされながら個々については小さな死を遂げて、一体化していく。強い矛盾と対立は双方の同一性に依拠した支配をめぐるピュイサンスが互いを拘束する。だが、その闘いの興奮の極みには相互の拘束による消耗とともに、そこに尽くされるエロス的な生命力としてのフォルスが一体化への転化を導く。和平、涅槃の彼岸へと至るプロセスを通して両主体の対立的なピュイサンスはその相互の特性を組み替えたフォルスによって新たな一者をスピンアウトする。これがカップリング・コンセプションの過程である。

カップリング・コンセプションを考えるうえで、フロイト後期の欲動論にあらわれたエロスとタナトスの心的エネルギーの考え方は示唆に富む。簡単に振り返っておこう。フロイト（Freud 1920）は自身の欲動説の考察の変遷のなかで死の欲動タナトスの導入、およびそれと性＝生の欲動エロスの対置に辿りつく。ただしこの考えについては思弁的な性質があらわなため遠慮がちで、あくまで仮説として述べている。それでもとくにあえて書き記す必要に迫られたのは、心的な生の、したがっておそらく神経活動一般の傾向として、内的な緊張をならし、あるいはそれを一定の水準に維持しつつも、他方で緊張を取り除く営みがあるにちがいないと確信できたからだろう。その営みは生命過程に例外なくあり、究極的には生命の始まり以前の状態、無へ回帰しようとする欲動で、この生の営みと相対する心的エネルギーが背後で働いているとみたのであった。

したがって、生の営みが継続するにつれて緊張が蓄積する一方で、次第に無に回帰するタナトスが高まっていく。しかし、そこで異なる個体との結合があると、その外的な刺激によってタナトスに逆行した緊張が高まり、生命力を生みだす非平衡的な差異が導入される。ここにまた新たなエロスが始発する。エロスは個体の心的エネルギーとしてあらわれるが、その向かう先は終わりへの個体の道程そのものではなく、それを迂回的に分岐させ別の新たな始まり(beginning)を生み出す方向にむけられる。その別方向への差し向けや緊張と差異を導入するために、個体は異個体とのインゲニウム的な出会いとコンセプションによるあらたな個の始まりを必要とするのかもしれない。それはエロスが対象愛に向かう所以としてみることができる。

何かを産み出すこと、生産活動は基本的にエロスの発現である。それは本来の生物学的なコンセプションが代替的に社会活動に向かったかたちととらえることができる。生産活動には組織的行動が伴うが、それは単に組織的になしうる営みを可能にするとか、生産性の向上という表面的な効果によるためだけではない。基底的には異なる個体との協力、基本的には相いれないもの同士の社会的に構成された協働、すなわち意識的に無意識を抑制しつつ協働あるいは競争することによって緊張を生み出し、一方で始源(origin)、一なるものへの回帰的終息に向かおうとする流れを分岐させては新生をもたらし、遠心的に従前との差異を導入するエロスの営みの一環としてとらえることができる。つまり、生産活動の持続には他者とのエロス的なフォルスの交わりが必要とされ、そこで生じる「コンセプション」が、新たな「構想」として生命を得ることになる。

つぎに視座を変えて、コンセプションから一つのかたちの生成に至る構想過程において、その胚胎期に生じていることの可能性を、同じく胚胎期個体のとくに神経系の発生過程に生じている出来事をみることで産出的な構想力の特性についてアブダクティブに求めうるヒントに触れてみよう。

**誕生前後の過程の背後で**

受胎後、胎生期から誕生を経て乳幼児期の発達の途上において中枢神経系には大きな変化がめまぐるしく生じる。外見的にもこの時期は発達ということばにふさわしく脳実質の大きさが個体の生涯のなかで最も著しい増大を示す。そこから推量すれば、その大変化とは増えることや大きくなること、つまり加算累積的に成長する変化であるように思えてしまう。ところが、この時期に生じていることは決してそういうことではない。実際、脳の内部で生じていることは、あまりにも激しい誕生と死の行き交いである。激しいというのはそれが急速かつ全面に及ぶゆえのことである。しかもそれがただ一回のことではなく、脳の異なる部分で時期をずらしながら雪崩のように起きていく。その壮絶な生死の過程を経ながら脳全体としては成体の姿に向けてかたち作られてゆく。

個体発生の初期段階で中枢神経系に生じる極端な盛衰の展開は大きく二つの相をもって生じる。まずは必要をはるかに上回る膨大な神経細胞が誕生する。神経細胞はおおよそどこかに予定され準備された数だけ発生するとか、経験とともに徐々に増えていくというわけではなく、いわばただ闇雲にできるかぎりという勢いで発生する。バースコントロールなしに生まれるので、結果的には過密状況と環境上の制約から、その後、短期間のうちに大量の細胞が生きつづけられずに死んでいく。どのくらい短期間かといえば、むろん部位によって異なるが、たとえばその神経細胞の主である個体が出生する日を待たず、胎児のあいだに生涯を終えることも当たり前にある。アカゲザルで視神経線維の数の消長を追ったラキッチとリレー（Rakic & Riley 1983）の報告によれば、ニューロンの発生をみるのが胎生期三〇日齢頃で、その後細胞数は直線的な増加を示し、胎生期の八〇日齢前後一〇日間に量的なピークを迎える。このときの細胞数は約二六〇万である。ところが、その後約二〇日間のうちに一転して急激大量の細胞死が起こり、胎生期一一〇日齢頃までに全体の約三割、八〇万のニューロンが消失する。この短期間に生じる細胞死の状況を平均値で表現すればおよそ二秒間に一つの神経細胞が消失しつづけることになる。このときこの脳の主の出生までまだ二ヶ月ほどある。この部位の細胞死はその後も出生を挟んでしばらく緩やかに進行し、最終的にはピーク時よりも一〇〇万個ほど少ない状態にまで消失し落ち着く。つまり、成体での機能発現時からみれば、およそ四割増しで過剰な神経細胞が誕生したことになる。

こうした変化は視神経に特異な現象ではない。たとえば、サルの脳全体でみても成体の神経細胞数は発達初期のピーク時に比較するとほぼ半減すると報告されている（Cowan et al. 1984）。とりわけ多くの細胞死が生じる部位として大脳両半球をつないでいる脳梁の神経細胞があげられる。たとえば、新生児アカゲザルの場合、脳梁には生体の三〜五倍の数のニューロン（約一億八八〇〇万）が認められている（LaMantia & Rakic 1990）。この部位では生後、おおむね二相をもって急減する。最初は生後三週のあいだで、この間に約八千万のニューロンが消失、すなわち平均毎秒五〇個の勢いで細胞死が生じる。それに続く相では減少速度が緩まるが、約三ヶ月かけてさらにおよそ五千万の神経が消失する。この状況は基本的に人間の場合も同様である。つまりこの両半球間のやり取り回路も必要に応じてあらたに形成されているわけではないし、あるいは事前のプログラムや設計にもとづいて計画的に形成されるわけでもない。はじめに闇雲ともいえるハードウェアの過剰生成があり、あとは過激な伐採がおこなわれている。このつくりのプロセスからすれば、その間引きの条件として実用性、すなわち実際につくられたニューロンが使われるか否かがポイントになっていると推測できる。

神経細胞は誕生したのち基本的には分裂して増えるようなことはない（むろん例外は認められているが）。だから分身によって生を継ぐことはできず、個体としての死を同定できる。膨大に発生する死骸は食細胞機能をもつグリア細胞によって処理される。神経細胞としてはすることがなくてうっかり欠伸などしていると、すぐにお掃除好きで食

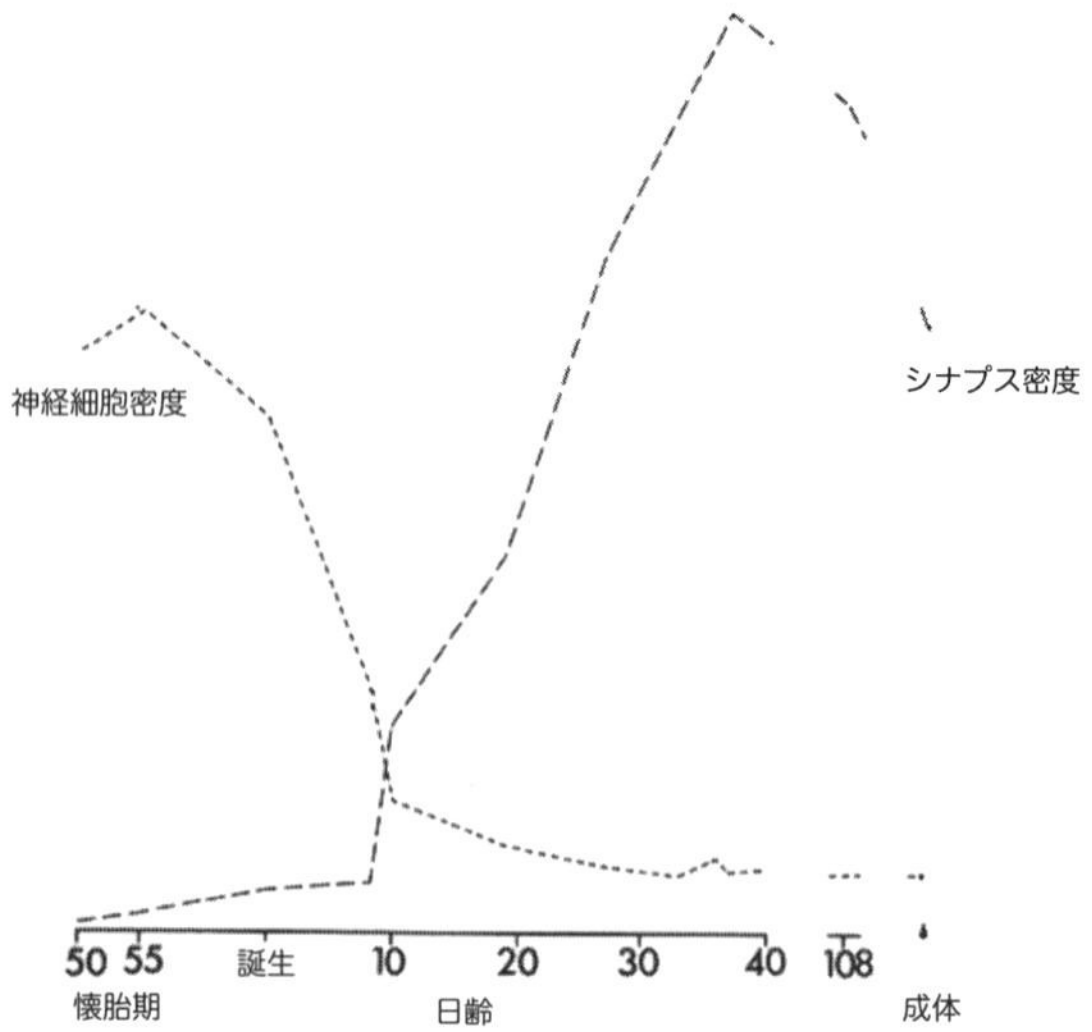


**図 8-1　ネコの大脳皮質視覚野における胎生期から成体にかけての神経細胞密度とシナプスの密度の変化（Cragg 1975 より一部グラフ削除）**

欲旺盛な細胞にぱくられてしまう。胎児や乳児の脳内部ではそうした壮絶な生死が繰り広げられている。

つぎにこの時期に生じている別種の大変化をクラッグ（Cragg 1975）の報告でみてみよう。図8・1の左側のグラフは、ネコの胎生期から出生後にかけての大脳皮質視覚野における神経細胞の密度変化をあらわしている。これをみると胎生期五五日ころに密度がピークに達したのち、出生を介して生後一〇日にかけての二週間ほどのあいだに密度が急減している様子がわかる。神経細胞以外の細胞の増加によって脳の容積も増大しているから、同一容積あたりの密度が減じることのすべてを細胞の消失に帰することはできない。だが、この極端な減り方には細胞死が大きく関与しているとみてよいだろう。これが胎生段階で生じていることから、この消長には使われた結果残ったとか、使われなかったから消えたといった用不用とは異なることがらが関与していることがわかる。大量に死ぬ前に過剰な増大があるのだから、その過剰さ自体が大量死の条件になっているとみてよいだろう。神経細胞ゆえに当初は標的細胞へのシナプス形成をおこなうが、その形成によって標的から受けとったり、渡したりする神経栄養因子が生き残りの重要なファクターになるだろうし、神経細胞周囲の環境としてグリア細胞とのコミュニケーションによる栄養因子や成長因子の受け渡しもあるだろう。その状況は多分に偶然性に支配された選択の過程としてあろうが、現象としては神経間競合という様相になる。

この段階は神経細胞が神経系としてのアイデンティティを形成するための足場づくりの過程ともいえるが、まさにその足場としての機能を果たし、初期の神経系の細胞構築のためだけにその役割を果たしているような神経細胞も見いだされている。哺乳類ではカハール・レチウス（Cajal-Retzius）細胞、魚類や両生類ではローハン・ベアード（Rohon-Beard）細胞と呼ばれる神経細胞の一群がある。これらは中枢神経の構築期にだけ現れ、他の神経細胞の移動や構築をサポートしたのち、あたかもスイッチが入ったように一気に死滅する（Meyer et al. 1999）。胎生期を主体

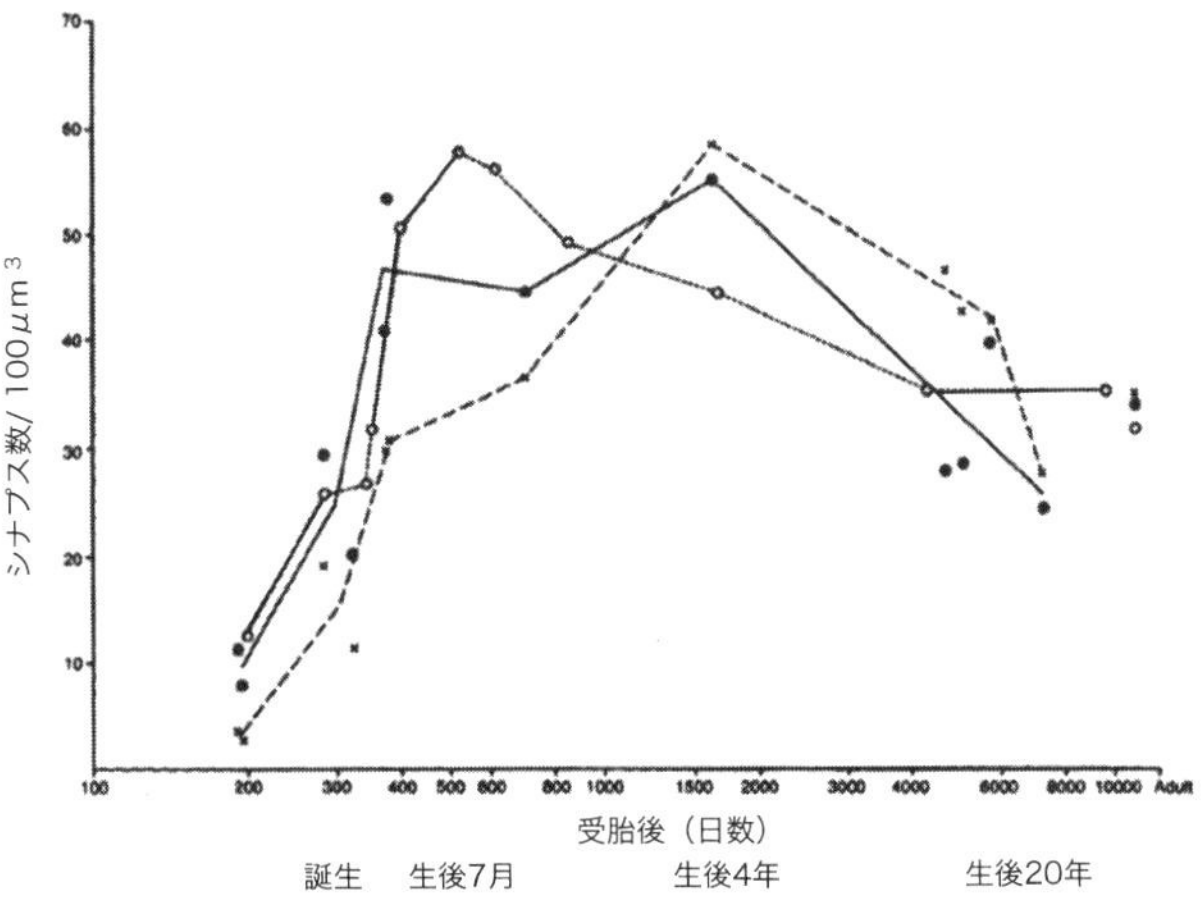


**図 8-2　ヒトの聴覚皮質（実線の●）、視覚皮質 17 野（実線の○）、中前頭回（波線）の受胎後の経過日数によるシナプス密度の変化（Huttenlocher & Dabholkar 1997）**

とする発達初期の神経細胞の一時的な増大はむしろこのようなはじめから足場やガイド役としての使命をもった細胞の出現によるところも大きいのかもしれない。発達過程初期の神経系の構築過程におけるこれら実体を伴う細胞の使命は「構想」の機能と重ねみることができるのだが、これはもう少しあとで述べる。

図8・1にはもう一つ顕著な変化がみられる。右側のグラフに示された同じネコの視覚野での神経細胞間のシナプス密度の変化である。これもまた急激な変化だが、出生後約一〇日の時点で神経細胞の急な大量死がほぼ一段落したのに合わせ、今度は生き残った神経細胞がすさまじい勢いで互いの神経連絡を形成し始め、シナプスの数を急増させている状況がつかめる。これは形態的にはそれぞれの神経細胞が他の神経細胞からのシナプスを受け入れるために樹状突起を伸ばし、突起上の棘の数を著しく増加させている状況とみることができる。あたかも大連

発打ち上げ花火大会の佳境といった様相である。

この大花火は神経細胞が短期間のうちに大量死滅し終えたタイミングにあわせて始まっている。ここが一つのポイントである。神経細胞として機能していく細胞たちを然るべき場所に位置づけたあと、足場を一気に取り外す。その著しい環境変化が引きがねとなって空いた場所をめがけて神経細胞がこれまた一気呵成にネットワークを張り巡らせていく。ネコの視覚野の場合、その猛烈なシナプス密度の増大は生後一〇日ころに始まり、約一ヶ月のあいだ直線的に進んでピークに達する。足場が外され、ネットワーク形成が始まるポイントはまさに建物の外観のお披露目のごとくである。それはちょうどネコがはじめて瞼を開き、その目で外界を見る時期に一致している（ヒトの場合は出生後すぐに目を開くが、ネコの場合は出生から三〜一五日ほど経ってはじめて目が開く）。この時から子ネコは自分の周囲にうごめく様々なものを見、聞き、嗅ぎ、触れ、走り、転び、驚く。その一つひとつの新鮮な体験は、脳のなかで生涯最大限に充満する神経間のシナプス形成＝伝達のプロセスとリンクしながら生じていく。

シナプス密度が、生後一定の時期に増加する現象は当然ヒトの新皮質でも認められる。たとえば図8・2は受胎後の経過日数にしたがって変化する神経細胞のシナプス密度の様子を三ヶ所の異なる大脳皮質領野においてみたグラフである（Huttenlocher & Dabholkar 1997）。実線の●が聴覚皮質、○が視覚皮質、破線が中前頭回をあらわし、いずれも基本的には発達初期においてシナプス密度が急増し、やがてピークに達し、成体に向かってはピーク時の半分近くにまで減少する動態がとらえられている。先にこのシナプス密度の増加、すなわち樹状突起そのものと突起上の棘の数の増加を打ち上げ花火にたとえたが、まさにその増加は花火のごとき短命な華やぎとしてみることができた。それに対してこの三領域では変化の様相がやや異なっている。三領域ともに出生時前後、すなわち受胎後七ヶ月頃から生後三ヶ月位までのあいだは最も急速かつ直線的にシナプス密度が増大している。ヒトは直立したことに伴う解剖学的な制約もあってかなりの早産に適応しているが、とくにこの生後三ヶ月という乳児期の脳内の様子は、本来であればまだ胎児であるべき状態で出生してくる事情をよく示している。子宮シェルターのなかに留まっているべき胎児は出生によって早々に外界に産み出される。その拙速な始まり、無理やりの乳児への身分変更はとんでもない驚異に違いない。力のかぎり泣き叫ぶのも当然というところだろう。しかし周囲の人間はそれと知らず喚声をあげて誕生を喜び、胎児進行形の神経系にめくるめく感覚と運動のシャワーを浴びせることになる。ヒトの神経系は他の動物たちの場合よりもはるかに未熟な状態から大量かつ多様な刺激によって鍛え上げられることになる。

さて、グラフが示すように視覚皮質における神経系の接合数がピークに達するのは生後七〜一〇ヶ月の時期である。その後一歳半までのあいだに一旦できたシナプスが今度は急減し、おおむね一〇歳位まで減少し続け、出生時のシナプス数と同程度にまで減って安定をみる。つまり、自分で立ち上がり、動き回って視覚運動協応をし、たくさんのものを見て本格的な視覚機能を調整、発現していく過程においては、あらたな神経ネットワークが組立てられていくというよりも、おそらくほとんど可能な結びつきが形成されたあとで、使われるネットワークを残し、使わないネットワークを取り除いていくという用不用プロセスが働いているようである。その除去は生後、当たり前にあるはずの感覚器からの刺激がなければ、当たり前にあるはずの神経も取り除いてしまい、結果的に不可逆的な神経構造を形成してしまうほど、時期特異性のある決定的変化としてあり、結果的には非情なプロセスになっている。このことは昔からいくつもの実験や臨床において確認されてきている（e.g.,Awaya et al. 1973; Hubel & Wiesel 1970; Wiesel & Hubel 1963）。

先に述べたように、この神経シナプス量にみる消長の基本動態は他の皮質領野でも同様だが、シナプス形成のピークポイントは領野によって異なっている。聴覚皮質では三ヶ月乳児までは視覚皮質と同様の急増を示し、その後シナプス増大の様子が緩やかになって生後四〜五歳位にピークをみる。それ以降は直線的な減少に転じ、青年期までに誕生時点の量に戻って落ち着く。中前頭回は聴覚野よりも増大の過程が一層緩やかだが、他の点では聴覚野と同様の消長を示している。

この三領域のシナプス量の消長変化にみる共通点はつぎの三点である。第一に、胎児期に始まるシナプス形成の増大は生後三ヶ月まで直線的に急増し、その後増大の速度が緩まってピークを迎える。第二に、シナプス量のピークは領野によって異なるがいずれも発達初期、ヒトでは遅くて幼児期までである。しかもピーク時の量は領域によらず一〇〇μ㎥あたり五〇〜六〇でほぼ等しい。このことは領域非特異的に単に頭蓋内という物理的な制約にしたがって目一杯の増大を果たしていることを示唆している。第三に、その後シナプス量は減少に転じ、青年期までに半減し、ほぼ出生時のシナプス量に戻る。

このように結局は出生時の数に戻るのなら、この発達初期の短い間に爆発的に増大した分の神経接合には一体どのような意味があるのか、ということになろう。だが、これはその増大したシナプスがそっくりそのまま消えるという話ではないことからすれば何ら不思議はない。量的には出生時に戻るものの、残った神経接合は出生時のそれとは様相が大きく異なっている。その間に得た経験によって実際に機能を要する神経ネットワークが残り、組み上がっているわけである。力動的用語でいえば、この変化をつうじて環境に応じた神経系のファカルティが形成されたことになる。一時、目一杯に増大したときにその状態で何を組み込み、組み替え、どこまでその個人の神経構造の基盤的なかたちを構成するか、という環境力、ファカルティの基礎づけがこの神経回路形成の始まりの時期に進行しているとみられる。

「構想」に戻ろう。構想はかたち定かならぬイメージを具体的なかたちに形象化するこころの過程とみることができた。その形態形成の相当程度は身体的な実際行為に体現される。その場合、連続的に継起していく実際行為のすべてが構想だとすれば、それはほとんど理想的なプランやスケジュール、あるいは予定記憶やロードマップにほかならないことになる。しかし、構想がその種の計画や工程表と異なることはすでにみたとおりである。実際行為における動態図式としての構想はむしろ一連の実際行為の展望的な行為連関を内包した惹起機能を担っているとみることができる。この点において構想の役割は実際行為の全体からみれば、その始発点において一時的な働きをもつにすぎない。だが、実際行為におけるその起動点にこそ、始まりに要する心身両面でのエネルギー備給に関して最大の課題がある。

同時に先々へとつながるビジョンをいかに含んだ踏み出しになるか、という点でも大きな課題をもっており、実際行為の質に決定的な影響を及ぼしている。

この構想の役割は神経系の発達初期にみられるカハール・レチウス細胞やローハン・ベアード細胞、あるいはパイオニアニューロン（McConnel et al. 1989）などの働きとよく似ているようにみえる。神経細胞の一生は長いものは結局その宿主の個体の一生とほとんど共にあることになる。その可能性としての長寿に比較すると、神経細胞構築の初期段階で半数以上のニューロンが一ヶ月にも満たない生涯を終えるという事実は、それだけの破壊的激変を要する事態が産み出し＝コンセプションの過程に必要とされていることを物語っている。また、それがあまりにも大量かつ同期的であることは、そのことが一体としてあることに決定的な意味があることをあらわしている。成体における安定的な神経系の形成（実践行為の連関）にあたってまず一挙に倍量形成し、その後、転じて半数を火急に除去することがどの個体でも普遍的に起きていることには、おそらく自然に生起する環境圧的な淘汰の仕組みとは別の、はじめから短期に生きてその役割を全うすることを宿命づけられたニューロンたちの、その華火にも似た挙動に先導されてその後の宿主の神経活動を担っていくニューロンたちがかたちづくられていくという史的プロセスを見通すことができる。このはかなくも果敢な先導役には構想力がもつコンセプションとしての特性を重ねみることができる。またそこには同時に、この始まりの事象としての構想に宿されたイニシアティブという性質もあらわれている。最後にこの性質にスポットを当ててみよう。

### 8・4・3　イニシアティブ

構想力は心像という半ば万能細胞の性状をもった表象に明確なかたちを与えて外部へ産み出す力であるが、まるでその産出力が転写されるかのように、その形象にはそのものが宿し発揮する力という意味でのファカルティとしての構想力が宿される。もし構想がその性質としてもつビジョンをあらわにし、しかも既存の記号を超出して新たなサインをもたらすデザインをもってロゴス的了解可能なコンセプトとして立ち現れるならば、その「始まりの出来事」には人びとの想像力を惹きつける先導性を看取せずにはいられないだろう。この構想のファカルティにみる先導性について少し探ってみよう。

先導性＝イニシアティブには他者を誘引する力がある。だが、この力はリーダーシップのような構成された権力を背景にした統率力や支配力といったピュイサンスとしての力とは性質を異にしている。基本的にこれは私的組織の枠組みを超えた公共性における状況的な、つまり時と場に応じた伝播性や生命に内在する躍動性に依拠した個々のフォルスとしての力を、連鎖的に励起させ方向づける環境性の影響力としてとらえることができる。この種の影響力の典型は自然界の観察では野鳥の群が飛び立つ瞬間や上空に舞ったのちに飛翔をつづける際の編隊編成の先導に見いだすことができる。これは海中では魚群の運動や編成にもみられるし、森のなかでは粘菌類の変形体における運動、駅や空港のコンコースなどでは経路が明確にわかって歩いている人と皆目わからず右往左往する人、およびそのあいだのさまざまな状態にいる人が混淆している場所での人びとの動線などにあらわれている。また、おそらくは前節でみたような発達初期の神経細胞の脳内での発生や移動、軸索伸長やネットワーク形成の際にも神経群としての消長や運動に認めうる力である。

リーダーシップとの対比で興味深いのはリーダーが組織を前提にしていわば組織力の結果として首長をもたらすのに対して、イニシアティブは先鋒として飛び出したイニシエーターにつられて状況的に組織体が編成される点である。リーダーは組織の中心において少なくとも見かけ上はピュイサンスを動員することで押し上げられていく。換言すれば、それは祭り上げの性質を含む。だから、リーダーの要件は祭り上がるにふさわしい表向きの晴れ姿が似あうことであり、むろん担ぎ上げる人びとを必須とする。担ぎ手が手を放せば神輿は倒れるから、リーダーシップとは基本的に担ぎ手の力への反応的な代理表象といえる。だからそのピュイサンスはふつう利権になる。これに対して、イニシエーターが発揮する力は正反対である。イニシエーターはふつう中心ではなく周縁において遠心的に現れる。そのあとはルビコン河を渡って組織中心に向かっての相転移を導くこともあるし、あくまで脱中心的に状況に対して相転移をもたらすこともある。いずれにしてもそれは組織に求心力や安定をもたらす力とは反対の変革的、破壊的創造性を宿した力として現れる。

リーダーやリーダーシップについてはすでに幾多の研究蓄積があり、応用実践も盛んである。だが、そのリーダーシップにはときにイニシアティブとしての特性が混成されて語られてきている。たとえば、リーダーシップ論の定番ともいえる織田信長像はリーダーというよりあきらかに非凡なイニシエーターとしての特性が際立っている。だから、これをリーダー類型の一つとしてとらえると、リーダー特性はアンビバレントなものとなり、そこに矛盾を揚棄したかのカリスマ的魔力をみてしまうことにもなる。こうした擬カリスマ的イニシエーターが誤って組織のリーダーを引き受けてしまうと、担ぎ手の恨みを買って間もなく神輿から落とされることにもなる。もっともこれは表面的な現象であって、背後ではリーダーと目されてしまったイニシエーターが潜在的に呼び入れた事態と解釈できなくもない。彼は真ん中では耐えきれない性質をもつから、その立場から逃れられなくなれば潜勢的に自壊を構想せざるをえなくなる。

反対に、リーダー素養をもつ人がイニシエーター役を引き受けたり、それであると錯覚すると、リーダーシップを発揮して組織改革をなすといったそれ自体実際のリーダーには無理なことを現実的な課題として誤解してしまうことにもなる。その場合、結果的には中途半端なお茶濁しを繰り返すことになり、折角のリーダーシップ性を疑われるはめにもなる。ほんとうにリーダーシップのある人であれば、組織を改革したり創造的破壊ができるはずはなく、あくまで神輿のうえで晴れ姿を踊りつづけるあっぱれさをみせつづけるはずである。その天晴れさとはたとえば、品質を追うことにおいて品質本位を語りつつもそこから現実的に外れるデファクト・スタンダードに定位し、そこに徹するポジションを選択できる資質などにあらわれよう。それは一般企業であれば最大多数の顧客、一般消費財であれば大衆にとっての満足中心主義を貫けることであり、まさに昭和の時代の松下電器やマイクロソフト的商人道の姿勢にその典型をみることができる。
これに対してイニシエーターの本懐はそうした市場の前線にあって、品質を徹底追及することによっておのずと外部に向かう疾走として現れることになる。したがって、現下の市場ではシェアを稼げないが新市場の開拓とそこでの先導利得は可能性の水準で十分見込むことができる。それはイニシエーターが基本的には想像世界で展開される空想的、理想的産物を構想することにおいて、その構想力が発揮する先導性を拠り所とする存在であるからにほかならない。

**構造と反構造、周縁先導**

「人間とは構造的で同時に反構造的な存在であり、反構造（anti-structure）を通じて成長し、構造を通して保護されてゆくという単純な事実が存在する」

と語ったのは人類学者ターナー（Turner 1974）である。ここで語られている反構造の人間社会におけるあらわれとして彼はコミュニタス（communitas）という概念を用い、つぎのように述べている。

「私はコミュニタスを、構造と対比させてとらえたいと思うし、危険にみちているものの活性力のある瞬間として、またそうした領域として構造のうちに組み込まれているものと考えてみたい」

このコミュニタスとは具体的にはどのようなものだろう。これと対比される構造は制度および事実上制度化された諸関係のもとで慣習的に秩序化されている日常の社会構造のことである。

だからその秩序が逆転する非日常の状況が反構造としてのコミュニタスになる。小はネットの世界やテレビ番組のバラエティ、異常ごとを探し出し熱心に反復して伝える報道、映画、演劇、コンサートや各種のイベント、祭祀、過去に遡れば高じて一揆や打ち壊しのような革命暴動的な活動がそれにあたる。もっとも一揆や打ち壊しは中世・近世のものであるし、祭祀が生け贄の供犠を伴ったり、ポトラッチになったりすることも例外を除けば遠い過去のこととなって、現代生活では反構造が小粒化したり架空の物語と化し、同時に日常全般に浸潤している。だから、ちょうどコミュニティ活動がコミュニタスの意味を失って日常の社会構造に微笑みと共に組み込まれていることにもあらわれているように、こんにちでは構造と反構造の截然とした対比関係はとらえがたくなっている。ただ、歴史が示しているように、反構造のコミュニタスはさまざまな社会背景のもとで多様なスタイルをとって人間社会に一般化して機能してきた。だから、現代の状況もモードは異なるものの、その基本的な機能性はかわっていない。

たとえば、反構造は社会の周縁において創造の源泉としての役割を担ってきた。それが創造性を育むことはその手の研究が創造性の条件としてあげてきた柔軟性、独自性、規則に対するこだわりのなさ、思考が外部に開かれていることなど、多くの要素が反構造において必然的に生じるためだろう。それらの条件を集約的にあらわしたものとして、たとえば穐山（1962）は、

「創造とは社会生活に従属せず、機能において社会生活を高めるような心的活動である」

と語っている。

反構造に生起する創造性は規則的、求心的に秩序化せざるをえない構造の中心からすれば、おのずと破壊性を宿している。この性質は現代の組織論やマネジメントの領域では好んで掲げられる課題であるイノベーションの源泉になる。たとえば、多数の組織的挙動が交錯して織りなす市場にあっては商品主題へ求心性をもって形成されるシェア構

造があり、そこでは最適配分の均衡という課題が生じる。だが、市場には生来的に闇の都市[111]（栗本 1981）、すなわち他の世界からの人やものごとが入り込んで都市の光が照らされる部分に奥行きや陰、他界へつうじるルートを開いているという一面がある。だから、その有機性を保つうえでは反構造による撹乱が生命線となる。シュンペーター（e.g.,Schumpeter 1927;1939）が前世紀の前半にして語ったアントレプレナー（entrepreneur）の役割は、二一世紀に入って国家単位での資本主義体制が過去のものとなるにつれてやっと現実の課題になってきた。その企業家が起業家としての典型性を強めるほどに、組織のリーダー、構造の核とは異質の役割を担った反構造のイニシエーターとしての特性が発揮されてくる。その端点に生まれたのは、シュンペーターの予想に沿うようにポランタリー経済圏（金子ら 1998）という資本市場の周縁に陣を張った社会起業家たちであり、現代社会にあってはそのゾーンの活性化の牽引役になりつつある（e.g., 斎藤 2004）。たとえば、企業の社会的責任評価を営んでその結果を取引するといったことは一面あからさまな反構造の、コミュニティ・ビジネスならぬコミュニタス・ビジネスだが、そこにある創造性は資本主義活動に社会市民性を侵入させ、大きくみれば猪突猛進的に終末に向かう道に迂回路を設ける生命現象そのもののごとき構想として活きる可能性をもっている。

また構造と反構造の関係は、組織の長たるリーダーと周縁先導のイニシエーターのあいだに生じる緊張関係、制度的に構成された統率者と遠心超出的な構想者の関係にみることもできる。市場における反構造のイノベーターであるアントレプレナーの典型は、実業界におけるベンチャー型の起業家たちに幾例もみることができる。たとえば古くは本田宗一郎や井深大、現代ではS・ジョブス（Jobs）（Apple）、J・ベゾス（Bezos）（Amazon.com）、孫正義（SoftBank）といった人物像が等しく市場、産業、そして時代の先駆者として行動し、組織内の経営管理力というよりもむしろ類い稀な構想力によって象徴的に組織を動かしたり、組織を超えて市場や産業構造、あるいは社会に影響力を及ぼし、とりわけ時の常識的価値観を変化させてきた事実が認められる。本田にあってそれはサーキットとの結びつき、護送船団方式の国家体制に対する反構造として惹起し、その結果としての構想が四輪車進出や排ガス規制への対応などに如実にあらわれた。井深にあっては松下電器にソニーを研究所といわせ、その松下をマネシタデンキといわしめたといった噂にみる進取の気性と果敢な実験精神に反構造があらわれた。それだけにこの二人の故人を焦点にした新刊書は二一世紀の現在に至っても神話化の様相を呈しながら書かれつづけている（e.g., 板谷・益田 2002; 吉村 2006）。また、アップルのジョブスにあっては本田、井深と同様、ベンチャー創業者でありながら、自身の組織が大きくなった時点では組織のリーダー資質が疑われ、一旦スピンオフを余儀なくされている。それは彼が典型的なイニシエーターであったことの証でもあった。それだからこそ引き続き自身の夢を実現すべくNeXTをかたちにした。これはモノとしてはまさに先走り過ぎて時代が追いつかず失敗するが、結果的には一息おいてそれをふたたびアップルに移植する（OS X）。これをもってアップルを再生し、以降象徴的イニシエーターとしての自身の役割を存分に活かすことができた（Young & Simon 2005）。

反構造を語ったターナー自身はインドのガンジー（M.K.Gāndhi）や小説家トルストイ（L.N.Tolstoi）を例にあげ、

「コミュニタスをその極限にまで押しすすめる人びとは、まず身分につきものの外面的な徴を最小限にしてしまったり、それらを排除することさえいとわない」

と指摘する。本田宗一郎が役員の個室を排し、有名なワイガヤ（わいわいがやがや）という大部屋にしたことや社員の前では作業衣に作業帽を好んで着用したこと、ジョブスが新製品発表のプレゼンテーションでいつも地味なTシャツとジーンズで登場し、それでいてその出で立ちだけを真似る者には決してできないオーラを発散させていたのは、それがコミュニタスを体現していたためだろう。まさにそれは型破りであり、構造が造り出す型から最も外れた不定流動のかたちへとリンクしていた。

興味深いのはその不定のかたちとのつながりが脱中心として構造の外部に超え出ていくことでありながら、実はそれが社会構造であれば集団的な心性の内側であらわなかたちに整序されずに、あるいはできずにいたり、また構造の秩序形成のために抑え込まれたり、排除されたりしている心的内容、呪われた部分とつながっていることである。つまり、構造の外側、周縁へと志向する反構造の動きは構造全体をめくりかえすようにして構造の中心で屹立している心性の内面の奥底へと入り込み、その想像界との通路を形成する。コミュニタスに共通してあらわれがちな超越的な力や聖性は想像界の霊想や無想の湧出でもある。かつて井深大と本田宗一郎が「できっこないから、やってやろう」という合言葉であらわされる精神に強く共鳴したという逸話（井深 1995）も夜の体験とは別の夢想のなかの夢の実現としての構想、すなわち「ものをつくってこそ実業（同）」のことばにつながるものとして同様に解することができる。

むろん、その想像は混沌としているがために表出できずに留まりつづけている面もある。それに加えてコミュニタスにあっては構造と相性をよくするコード体系の制約からの解放という反構造の作用がある。そのためその構想はすでに述べたように象徴そのもの、あるいは象徴性を帯びたものごとづくりとなってあらわれがちになる。そうした大がかりな構想は国造りやこころのなかの天国を現世の地上にかたちづくる構想に至ることもある。古くは中国の洪秀全をイニシエーターにした太平天国運動などはその典型であった。わが国でも宗教世界ではたとえば大本による立て替えはその後現在に至る世界救世教やそこからの派生教団の現世救済や地上天国の教義に継承されているといえるかもしれない。国家レベルでは前世紀半ばに描かれた大東亜共栄圏の構想も、ここに欧米列強を構造の中心とみた反構造としての象徴性を見いだすことができる。ただし、これは現実には民族解放運動的なコミュニタスではなく、むしろそれと抗する大東亜帝国主義の偏狭な理想にすぎなかったわけである。ここにはこの極東の地が地勢的に辺縁にありながら、その集団的な心性にガラパゴス的な特異進化をもたらしてそれ自身で完結し、少なくともアジアの歴史において適切な反構造を担うだけの現実的な力動関係をもてなかったという島国風土的悲哀も見え隠れしている。

もとに戻れば、記号を操る動物、人間が構成している社会構造は当然のごとく各種のコード体系のもとに形成、秩序づけられている。社会構造が人間をコーデック（codec）していると表現してもよいだろう。これに対して反構造としてのコミュニタスは基本的に個人主義に立脚し、目標志向的に時限的なタスクフォースとしての集成体を生みだす。コミュニタスには社会構造のような体制や地位や役割が先にあってその型に合わせて人が配属されるのではなく、必要にたった人びとの協同のなかで一時的、状況的に役割のかたちが決まり、また変化していく。それだけにすでにコード化された構造に合わせて機能が働くのではなく、機能する単位がコンヴィヴィアル（Illich 1973）、すなわち自律協働的にかたちをなしていく。これは構造が機能に従う点であきらかに反構造的であり、サインから始まることを脱してその超出にむかうデ‐ザイン（de-sign）の働きがその機能として問われている。そこにはロゴス的であらざるをえない人間がロゴス界、あるいは家父長的、法制度的なもの、コード、超自我といった必然的構造の制約に抗して、その外側にある自然あるいは女性的なもの、パトス界、象徴、エロスなどとの綜合を語る動きをみることもできる。

構想が想像の外化であることの意義はそれが個人の内的世界に発するも、社会的な実際行為としてあらわれる世界制作の過程になるところにある。つまり構想は個体内の精神の内側で潜行するのではなく社会行為として表出する。構想力は常にあれこれと想像してやまない人間が同時に蟻や蜜蜂のような典型的な社会性動物であるために、想像世界が社会へと湧出せざるをえず、たぶんに結果的にその整序や展開を図るなかで養われてきた力であったともいえそうである。だから、人間の社会構造はパトスに発するロゴス表現であると同時に断続的には、そこへの反構造による変革、発展に向けての先導としての構想がその歴史において営々と積み重ねられてきたものといえるだろう。

具体的なかたちづくりはふたたび想像へと回帰し循環する。だが、この再帰は個体の想像や知が社会的に決定されるということを意味しているわけではない。想像の果てしなさと自在性は社会や知覚の制約のなかで精一杯のかたちを形成せざるをえない構想に満足するはずがない。ふたたび構想に自らの外化、社会的な実際行為を要求するはずだからである。想像と構想の連関は想像に課せられる社会への調整と同化作用の閉じた円環になることなく、常に生きられる世界制作へと向かう開かれた螺旋運動になる。その構想の実際行為には、精神の深みにあって超越先験的に共感しうる想像の力動性が象徴としてあらわれることにもなる。

以上、ここでは構想力が主としてファカルティとしてもつコンセプトの特性として、第一に外在知としての概念、第二に産出、始まりとしてのコンセプション、第三に先導性をとりあげてみてきた。

概念については想像力と構想力の循環協働における観念と概念の関係に焦点をおいた。観念は人のこころに抱かれる考えや想念のことで想像にほかならない。だから、それは想像一般の性質そのままにそぞろで私的なものである。観念は部分的にことばで構成されるが、このことばには当人だけが了解していることばにならないことばも多分に含まれている。それを公共性のあることばに結構するのが構想力であり、その所産が概念であった。想像してやまない人間は常にアイデアを生み出す。溢れ出すそれをコンセプトにすること、それはある観念を現象世界に定位し、他者と共約可能なことばをもってあらわすことである。その他者には観念を概念化した自分自身も含まれる。わたしたちが黙って思考をする場合、まったくの曖昧語を使っているわけではないのはこの概念の構想作用とそれのフィードバック経験が積み重なるためである。わたしたちが書物に学び、あるいは語り、書きながら考えを進め、まとめていくのも構想力による観念の概念化を外部記憶にして、それを参照するというプロセスとみることができる。構想力のコンセプトとしての特性は人類が外在させ共有する知の開墾の局相にほかならず、文化産出の一端を担っているのである。

この産出という点においてコンセプション、すなわち受胎、始まりとしての性質にも注目した。その契機のなかでもインゲニウムのように異なるものごとの出逢いを始まりの契機とするとき、両者の衝突の結果もたらされるカップリングによるかたちの生誕が着目できるのであった。そこにある生は死と重なっている。これは想像と構想をなすわたしたちの頭のなかの神経の成立過程において劇的なかたちで展開されている事態とも二重写しになるのであった。

その構造上に展開される事象がのちの活動の性質にも反映されるであろうことは十分推察できる。始まりの出来事をもたらす構想力にはおのずと先導的特性が見いだされる。それは単にものごとの新たな始まりとしてではなく、他者を誘引し感応的に多数の想像を集合、協和させていく力として注目できる。そのイニシアティブの性質には一つに構造中心に場をもつリーダーと対置される反構造としての周縁的力動性がある。もう一つには記号に満たされた自意識過剰なロゴス社会のなかで、原生的に共感しうる集合無意識的なパトスを生きたままロゴスに吹き込みデ・ザインしようとする象徴性がある。そのアフォーダンスが構想力の先駆性を彩るものになっているのであった。

## 8・5　本章のまとめ

想像力によって形成された心像をもとにそこからかたちに表現化する力、そしてその客体化されたかたちが構想者自身はもとより他者の想像力にも影響を及ぼす力、このピュイサンスとファカルティの二様の力がここでの構想力のモデルであった。前者のピュイサンスだけであれば、構想力とは結局、表現力の言い換えにとどまる。だが、構想力は表現力にファカルティの影響力を含んだ力として語られる。そのことによって構想力は単なる総和以上の独特の力になっている。たとえば、自身の想像したことがらを現実の制約のなかで最適に結構することを追求し、その求めに応じた力が十全に発揮されるなら、そこにはおのずと想い描いたものごとについての高い表現力を認めることができる。「イメージどおりのものができた」という喜びは心像表現力を出しきった充実感とともにある。だが、その評価は自己の内側に向けられたものだから、すぐれた表現力の発揮そのものが他者にも影響を及ぼす力になるとはかぎらない。

知覚を通してまったくの現実と対峙し、その制約のなかでかたちを表現せざるをえないにもかかわらず、そのかたちの背後にある想像と直接的にかかわり、単にその想像に回帰するのではなく、それぞれの想像へと、あるいは自身の新たな想像へとつながっていく表現化がただの表象表現とは異なる構想の働きである。構想力とはそうした構想を生み出す力であると同時にその構想自体におのずと転移され発揮される力であった。

最後に構想力が想像力との循環協働によって新たな始まりを起こす際の創造性に着目し、つぎの点を確認しておく。第二章で創造的想像力を扱った際に、かつてギルフォード（Guilford 1967）が因子分析から抽出した創造性の六つの因子のことについて紹介した。それら因子の半数はまさに豊かな想像力の特性を示すものであった。第一に円滑流暢性、すなわちたくさんの心像をよどみなく描き出す性質。第二に柔軟性、すなわち多様な心像を必要に応じて捨てたり、変形できる性質。第三に独創性、型にはまらない独自の心像を創る性質である。後二者は想像力が創造に寄与する積極的な意味での破壊的な性質でもあった。

これらに対して残りの三因子は創造過程において想像力と構想力が連係する際に、主として構想力によって担われるファクターでもあり、ちょうどこの章でみた特性と重なっていた。それらは第一に、問題への広い感受性をもち、目標達成に向けた見通しができる問題発見力。これはこころのなかに想い描かれる範囲を超えて具体的な時空に差し向けてかたちを現実的に表出することであるから、構想力のビジョン特性を語っている。第二に再構成・再定義力、すなわち既存のものをさまざまに使用、機能させられることを見いだす力。これはインゲニウムやブリコラージュを含め、ものごとの実際的な使用、機能開発を語っている。人間が社会的現実に対処する際にかかわることがらは記号群である。だから、それらの再構成や再定義はまさに構想力の脱記号性、デ・ザインという特性を指している。第三は精緻化、複数の能力を使って入念に考え、工夫できる力であった。これは想像が働くパトス的な可能世界と構想が働くロゴス的な現実世界とのあいだでのやり取りをつうじて、想像的に広がる工夫や可能性が構想的精緻化に協応していくことで新たなかたちの産出をなしていく構想のコンセプションとしての特性と重ねみることができる。

先導をなす力には前線にあってこそ展望できる先々の見きわめが求められる。社会・文化のフロンティアを拓くことは、もっぱら前進するばかりではなく、踏みとどまることや転回すること、それによる適格な幸せや善を推し量れること、あるいはときにみずからがその辺境でエッジとなって、場合によっては楯となって、その先へと向かう運動を抑止することさえも求められる。構想力のイニシアティブがビジョンをもったデ・ザイン・コンセプションとしてあることの可能性を見つめながら、少しばかり新たなトピカを求めておこなった本章の綴りをここで終える。

# 第九章　想像力と構想力——こころの過程

これまでの考察をふまえて、最後にこころの過程をベースに想像力と構想力をとらえまとめる試みをする。これまでにみてきたように想像力と構想力はあきらかに人間の知的な営みにおいて発揮される力である。そのためそのこころの過程をとらえるにあたり、ここでは知能環境という観点を導入する。

まとめにあたっての基本的な立脚点は構想が想像の延長としてあり、その具体的な産物や表現であるというだけではなく、想像して止まない人間にとってのその想像力を駆動している不可欠な環境になっていること、そのファカルティとしての構想力こそは想像力の源泉になっているという観点である。それでいて同時に想像力は構想力の源泉になっている。したがって、この二つの力は相互に須要の原動力として機能していることになる。この動力が展開される場、すなわち想像が展開する内在的な知と、構想がかたちづくられ作用する外在知の循環的な関係には知的機能そのもの、すなわち知能の発現をみることになる。

## 9・1　知能環境

知能（intelligence）にはさまざまな定義があり、決して一様ではないが、その代表的なところをみてみれば、たとえば、岩波書店の『生物学辞典 第四版』では、おおよそつぎのように定義されている。すなわち、ヒトおよび高等動物が未経験の新しい事態に対して、偶然的ではないと認められるような合目的的な行動をとる能力のこと、動物全般にわたって知能をとらえる場合は、事態または環境条件の変化に対する適応的な行動能力のことを指す。有斐閣の『心理学辞典』でも同様で、知能を意味する英語 intelligence は一九世紀後半に活躍したイギリスの哲学者スペンサー(H.Spencer)が最初に用いたとされているという由来とともに、広義には生物の適応形式の最高次の機能としている。国語辞典ではこれらを足し合わせて要約した定義が一般的で、たとえば岩波書店『広辞苑第六版』では「環境に適応し、新しい問題状況に対処する知的機能・能力」。三省堂『大辞林』では「学習し、抽象的な思考をし、環境に適応する知的機能のもとになっている能力」といった具合である。

このように対象とする生物の範囲によってその定義の仕方は異ならざるをえない概念だが、どのような定義にしても共通している点は、知能とは生物個体の環境に対する適応の能力や機能のこととしてとらえていることである。その適応行動についての巧みさに「知」(すなわち、口から出たことばが矢のようにすばやくまっすぐに飛んで言い当てるさま)を認めるということであろう。したがって、その知の過程には生物個体内部のなんらかの心的な働きが対応しているとみる。その心的な作用を分析すれば、知能の仕組みに接近できるだろうから、たとえば、その作用にかかわる因子を分析的に同定することがこれまでの知能研究の主脈となってきた。

この知能観が基本的に立脚している観点は生物個体を研究対象の主体とし、その主体に対する客体としての環境に適応していく対象の姿である。したがって、そこでの知能とは個体がその適応行動にみせるある程度一般化された能力なり機能のことになる。

しかしここで、一七世紀、近代知の黎明にF・ベーコンが「知は力なり」と宣言した時点に一瞬立ち戻ろう。彼の学問の革新は自然についての的確な認識とそれに立脚した自然統御のマニフェストであった。彼自身がどこまでそれを見通していたのかはわからないが、それはわたしたちがどこまでいっても自分の周囲の自然を透徹した光に照らされたかたちで客観的に認識することが困難であり、どうしても湿り気をもった歪んだ認識で自分たちに引き寄せた世界認識にとどまらざるをえないということの確認でもあった。だから彼のマニフェストは人間にとって不可視の生身の自然はいざしらず、自分たちにとっての自然とは実のところわが環境としてつくりだしたるものであり、それゆえにその統御と支配はできるはずだと宣したものと解釈することもできる。実際、その後の科学と産業の革命は自然な流れとして寄り合わさり、人類に科学技術という典型的な知能をもたらして現在に至っている。わたしたちがみずからの知能に関心を抱き、その概念を規定して探究しだしたのもその科学技術革新の発露と時を同じくしている。

ということは知能とは主客関係で客体化されうるみずからと別物の環境一般に対する適応行動なりその能力という面だけでなく、もとより主体そのものを組みいれた環境そのものの動態や変容のことをいうという面がみえてくる。そうなると知能をとらえるにあたり、個体内で営まれる心的機能だけに着目してその因子を同定することでは片手おちになる。知能を両手でしっかりとつかまえようとすれば、個体が知能を発揮している行為のなかで調整や産出、創出をなすことによる周囲の変化、またその結果生ずる環境からの影響をおさえていく必要がある。それによってはじめて知的機能の全体的な働きのありようがみえてくる。このように知能を個体を含んだ環境全体の動態としてとらえる場合に、従前の個体の能力としての知能と明示的に区別し「知能環境」と表現する。この環境は個体を主体にした見地から客体化される環境ではない。それぞれの個体種にとって固有の環境ということになるから、ユクスキュル(Uexküll)のいうウンベルト(Umwelt = 環界)に近い。

それぞれの種にとっての環境=環界という観点からいえば、わたしたちは世界を自分が認識できる範囲において認識したいように認識している。そのもとにある知能環境はあくまで自分勝手な環境であり、その勝手づくのホームベースでアウトプットされるものごと、語られ、書かれ、振る舞い、つくりだし、並べて、かかわるものごとにはまさに知能そのものの姿が表出していることになる。そこにはむろん、取り繕いから飾り立て、さらには虚飾に至るつくりごとも当然入ってくる。そうした虚実綯い交ぜにあらわれる実際行為の全体が知能の性状そのままをあらわしている。

知能環境はまた個体種の環界でありながら、さらにその種の個体、人間でいえば複数の人びとに共有された一つの環境のことをいうのではない。実際的にはそれぞれの個体にとっての来歴をベースとした時々刻々の個体の情況とその場の状況をあらわす個別の環境のことを指す。それをすこしでも客観的に知るうえでは、ブルデュー(Bourdieu)が語ったプラチック(pratique = 実際行為)が手がかりになる。個々人の知能環境は他者からは不可視だが、物理的な時空間を共有する人同士は個々の知能環境の重なりのなかで、個々人に習慣化されたエートスとして日常実際にあらわれる諸行為のなかに具体的な知能の発露をみることになる。外にあらわされる行為が内化されている知性のすべてをあらわすはずはない。またそのままを表出するわけでもないにせよ、しかし、知性は押し黙って留まりえず、発露してこざるをえない。なぜなら、知能という機能は内的な過程で完結しえず、環境への表現、延長を介し、その産物の作用を含んだコミュニケーション過程に実現しているからである。

しかも、知能環境ではそのコミュニケーション過程における行為を実存的な性質をもった相補関係としてとらえ、その全体に知的機能の発現をとらえる。だから、ヒト個体の内部に形成された心像をもとに知覚認識がなされ記憶内容を加味した思考展開にのみ知能の基本的成り立ちをみるのではなく、それに加えて思考の今ここでの働きを外部に形成された産物や他者とのやりとりにおいてみる。ゆえに思考の営みは知能環境全体の活動そのものということになる。

## 9・2 知能環境と環境知能の相違

以上のことから知能環境は二一世紀に入ってから主として欧州を中心にとくに工学系領域で語られている環境知能(Ambient Intelligence)の概念と多くのところに重なりをもっているものの、その焦点を異にしていることはあきらかであろう。念のため、ここでその似て非なるところをはっきりさせておこう。それによって知能環境という概念の姿がより明瞭になるはずである。

はじめに、環境知能（AmI）の代表的な定義を二、三みてみよう。たとえば、ド・マン（de Man 2003）はつぎのように語っている。

「環境知能ではネットワークにつながれたコンピュータや通信機器が背後に隠れ、そのユーザーであるわたしたちが前景になる。環境知能はわたしたち人間に適応するかたちでわたしたちの意識を拡張し、健康や安全をモニターし、交通のガイドなどをする。環境知能の最終的な目標は静穏、信頼、安心な状態でわたしたちの社会やわたしたちがつくりあげた環境でのやりとりによって人間の生活の質（QOL）を改善することである」

ウェーバーら（Weber et al. 2005）の場合はつぎのように語っている。

「環境知能の環境とは、テクノロジーが環境としての背景に埋め込まれており、目にさらされていないかたちとしてある。その環境は人びとや対象の存在を感知し、適応的な反応をする。賢くて気の利いた手助けによりわたしたちの活動を促進、拡張してくれる。セキュリティやプライバシー、信頼性が確保されつつ、必要なときに適切な情報を使える。そうした環境のことである」

また、前田（2008）はつぎのようにいう。

「環境知能（システム）は人間自身との関わりのなかで機能していくのであり、それと同時に、知能化した環境が人間的な振る舞いを身につけていくことになる。このことは、環境（ここではあえて機械と言い換えたほうがわかりやすいかもしれない）がどこまで人間に近づきうるかという問いとも関係してくることになろう」

これらには端的に環境知能がコンピュータ・コミュニケーション・テクノロジーの一つとして、人工知能の延長としてあること、知性の主体が人間のほかに人間と関わるかたちでもう一つ増えること、あるいはそれが人間と一体化するように働くことがあらわにされている。ただし環境知能は、そのユビキュタス的な浸潤性や不可視化においてかつての人工知能とは装いを変えている。その点は前田ら（2006）が環境知能のことを妖精・妖怪の復権として語っているところにうまく表現されている。

むろん環境知能にしてもそのとらえ方や定義は語る人によってゆらぎがある[112]。だが、基本的に環境知能は環境に埋め込まれた（電子機械系の）知的な機能なり装置系として、人一般とその環境をそれぞれ対象化して、そのあいだに一定程度の共有性、一般性をもった知能という姿を描いている。だからたとえば、誰にとってもいつでも使える音声認識装置とそれをインターフェースにした多言語対応の会話エージェントとしての大百科事典といった構想は環境知能の典型的な例示になる。これに対して、知能環境がいう環境はそうした環境知能としての大百科事典を重宝な外部記憶とし、日常的な知的機能として自然に使う環境もあれば、それが楽に使えても、ないに等しい日常生活を送る人の知的機能の環境もあるという意味で語られる。つまり、知能環境のほうは人と新たに関係性をもつ環境のことではなく、知能と名指される機能の働きそのものが環境というコンテクストなしには成り立たないことを語っている。だから、知能について語ることはそれが働く環境について語ることに等しい、ということをいっているのである。

環境知能は各人の知能のハビトゥス（habitus）＝知能の生態域において各様に使われる特殊性のうえに構築され機能する。それでいて各人の環境は物理的には同一の時空間として共有されている。だから、どの人にとってもその場、その時を同じ一つの環境として言及し、了解できる情況にある。しかし、その了解はたぶんに誤解を含んでいる。

各人は同じものを指しながら、さまざまな程度の相違をもって、異なるものごとを認識し、感じとっている。それに依拠した知的な活動も当然違ってくる。そのため、環境知能もまた、ある人にとってはまことに環境知能として相応しく働くが、他の人にとってはインテリア装飾の一つになったり、無意味な箱でしかないことにもなる。だから環境知能は使う人を選ぶことになる。一方、環境知能がそれとして働く状況も、ただの装飾となっている状況もいずれもがそれぞれの知能環境になっている。

環境知能がめざすところはある程度のユニバーサル性が満たされ、また産業—商業とのかかわりで実用ベースの視座に立てば一層、大衆的一般性が前提となった間口の広い共有環境のことを指すことになるだろう。むろん、その間口の広さは個々のユーザーに順応してカスタマイズされうる幅の広さとしてある。その点でのユニバーサルデザイン性が前世紀までの産業生産物のあり方に比較すると、きわめて主客通態的な特性をもっているといえる。だからその点で環境知能と呼ぶにふさわしいとはいえよう。

これに対して知能環境は、コンピュータのような装置の有無にかかわらず、いつの時代にあっても人が知的な振る舞いをするときの場を含んだ全体を意味している。知能環境はもとよりそれぞれの個人に特異なハビトゥス(habitus)のことなのである。わたしたちが共有している時と場所にはそこに居合わせる人たちのハビトゥスがみえないかたちで重合している。つまり、知能環境はそれぞれの人のこころの過程を語る環境論にほかならない。環境知能がある程度の一般通用性を基軸にした社会システムであることからすれば、個々人に特有の知能環境がそれと焦点を異にしていることはあきらかであろう。

## 9・3 内在知としての想像、外在知としての構想、その力動関係にみる熱い知と知のアフォーダンス

以上のことから、知能環境、すなわち知的な機能がヒト主体を基点にすれば、その外部として映り、位置づけられる場、他者とのあいだで客体として認識を共有可能にする環境におけるものごとと、その主客通態的に作用しあう場はこころの過程そのものとしてとらえられることになる。それだけに知能環境に見いだされる価値や意味性は個人差の写し絵となり、たぶんに物語的にならざるをえない。しかし、それでもそこにある程度一般化しうる性質をとりだし、概念的にその整理を試みることはできる。それをするにあたって、想像と構想、そこに働く力の関係はとりわけ本書の内容の整理とも合致し好都合な例示になる。以下ではその作業をつうじて、知的なこころの過程としてある環境において作用しあう典型的な力動関係について構想する。

すでに述べたように想像と構想のあいだに展開する循環は二次元的円環で閉じた回路を循環するサイクル運動ではなく、円環平面に対してそれを垂直方向に上下動しながら円環運動の背景状況の変化に対応して変動する螺旋運動としてみることができる。この変位は想像と構想の双方独立の営みを許容しながらその変移間での動的平衡をとり、その変動が成長や生殖的増殖、衰退の過程としてある生の営みと重なることになる。むろん、生そのものの営みは円環運動の駆動にかかわりあらわれる。これに対して、平面上での周回運動はそれが機械系でなく生命系であるとすれば無性生殖にあたる。すなわち、環境とのあいだでの交渉を最小限にし、多様性とは無縁なまま、個体の生はそのまま死に至る。他方、有性生殖をする生命系のエロスの営みは個体間の「今、ここ」という情況性に加えて、その環境の「今、ここ」という状況性を引き受けながらかたちづくられる構想の予測不能性とそのチャンス、すなわち偶然性と機会に満ちた多様性が想像における超越への可能性をもたらすという生態のなかで展開される。そこにある運命性とスリリングさは基本的には冒険、寄り道であり、迂回路であり、遊びであるところのエロスの誘い、知能環境におけ

る知性の生態の基本態様になっている。

　ところで、すでにみたように構想力には二つの異なる態様があった。その一つはピュイサンスとしての構想力である。これは想像の外部表現化として構想自体を形成する力であった。記憶する力を記憶力と称することと同様に、まさに構想する力、想像の表象を表現しようとする力である。この形象に向かうピュイサンスを知能環境論では熱い知を代表する力としてみる。熱い知は基本的には個体サイドに内在する知の営みであり、感性、感情、情動に焚きつけられながら遠心性、運動性の出力系と結びついた行為にかかわるこころの過程としてある。多くの場合、その熱い知の振る舞いはコード体系に依拠したロゴスによる想像の翻案行為、すなわち言語表現行為となる。だが、想像ははなから非論理的だから、このつくりかえや展開は単純には済まされない。その転換作業には燃焼的な力、心的には注意の集中とともに情熱なり熱情による変容や変化を必要とする。ゆえに、この知的行為は「熱い」と表現しうることになる。むろん、ここでいう熱は比喩的な表現だが、不定流動にある想像を運動出力に結びつけ、なんらかの形態を与えていくうえでは常ならぬ心的なエネルギーの備給が必要になる。だから、このピュイサンスとしての構想力が発露される過程に発熱をとらえることに無理はない。現に、こうして文章をつむぐ典型的な構想作業においても筆者はうんうんと唸り、頭部を含む身体はそれなりの熱をあげている。芸術家やパフォーマーが表現活動に勤しんでいる際に、その心身が激しく発熱していることもただ筋肉の運動にともなう熱の放散だけによるものではないだろう。

　想像していることがらを構想へとかたちづくる過程において構想力の力量はその前段である想像力に大きく依存する。想像力の力の性状は基本的にフォルスであった。それは内在知としての想像過程において発揮されるエロスの衝動を内包した力である。心像をこね回し、壊したり、捨てたりしながらその形成というよりむしろ生成にあたり、自身に対してさえ異議申し立てをするような葛藤や矛盾を抱え、基本的には刹那に生きつづけている力である。しかし、こころの内で展開する想像を身体の筋運動に展開して形態へと表現化していくプロセスには別の熱い知の熱量を必要とするだろう。第四章では構想ということばを書名にした著作の作者に構想する力に最も求められる精神的な性質、人的特性を尋ねた。そこで質的にカテゴリー化しえた五つの特性には想像力に加えて構想力のピュイサンスに収斂していく心的熱量とみることができることがらがあげられた。それらはすなわち第一に、忍耐力、持続力、やりとげる気力といった精神的な強靭さ、あるいは強い意志や意欲、志といった意志や情熱などの情意的な心的特性。これらはまさに熱い知の基底をなす心的エネルギーであった。第二には冒険心、先取性といったイニシアティブ、変革への挑戦、柔軟な対応や発想、既存の仕組みや価値観からの脱却といったことがらであり、行為面での自由度や柔軟性にかかわり、まさにかたちをなしていこうとする構想力を支え、促進する熱い知であった。

同様に実際行為面で構想力を下支えする力として他者とのコミュニケーション力や説得力など交渉力にかかわる力の必要性もあげられた。構想力が担う形態形成には言語表現に代表されるロゴス的な営みがあり、この点で悟性の参与が著しい。しかし、それはあくまで見えや見栄のアウトプットの表層ごとである。そこに収斂していく力には感性はもちろん幅広い情動成分が含まれたパトスの充当が不可欠である。三木清が構想力はロゴスとパトスの綜合的仲介であると語った焦点はここにある。

### 構想力と知のアフォーダンス

表現され外在する知はただそこに存在しているだけで意味をもつわけではない。それらは当然のことながら人との間で機能的な関係をもつことによってはじめて知能環境としての意味を発揮する。その関係は個人と外在知との間の相互作用にある。それはカントが転回した認識する個人、より端的にいえば認識したいように認識する個人と外在知との相互作用だが、外在知からの作用としてもまた認識されるべきものとしての働きかけを認めることができる。ここにはカントによる転回の再転回がある。

人から外に向けての知の外在化は発声や書字や図像、造形の産出や身振り手振りの表現活動など多種多様な記号の産出、操作、加工としておこなわれる。そのように身体を含む媒体を介して外在化された知は改めて自身や他者に対して働きかけてくる。まさにM・マクルーハン（McLuhan 1964）が語ったように、媒体はメッセージである。この外在知からのメッセージ作用をここでは知のアフォーダンス（intelligence affordance）という。

アフォーダンスは一般的には知覚対象が直接的に与える意味と価値といわれている。受け手の側に一般性を認めそれに対応する標準的な意味と価値を想定すれば、一般化しうるアフォーダンスを認めることもできるだろう。だが、人が形成する外在知のアフォーダンスの場合は、作り手と受け手の個人的な特殊性に依拠した意味や価値を反映し、あるいは意図の有無にかかわりなくそれらが埋め込まれる。だから、そのアフォーダンスは一般性という点では意味や価値が希薄になることのほうが一般的である。それをアフォーダンスに欠けるとか弱いとするなら、アフォーダンスは正統的な正当性を語るロゴスのコードや規範と等しくなってしまう。それはたとえば、系統発生過程のある一時期における人間という種がもつ一般的な知覚機構を語ろうとする場合はあるいは語りうることかもしれない。しかし、人間の可能性や来歴を含めてその知性の働きを見通していこうとする場合は、かえって制約になる。

すなわち、知のアフォーダンスはまさに外在知がもつ意味と価値であり、それの人間に対する働きかけだが、それは当然のこととしてその作用が生じる時空の情況（主として人間のこころのありさま）と状況（主としてその場のありさま）に依存して決まるものとしてある。その意味でこれはまさに環境的な変数である。とはいえ、それは外在知の宿している意味と価値の酌み取りが、受ける人と時と場所次第であるということではない。外在知のアフォーダンスとはそれが固有にもつ意味と価値の言い換えではなく、外在知が発揮する意味と価値が作り手と受け手および情況／状況によって実存的に誘発されるかたちで構成され生まれうる可能性としての作用のことである。その点でアフォーダンスという概念のそもそもの提唱者であった心理学者ギブソン（Gibson 1979）が、彼の造語アフォーダンスの原義として語った、

「自然が提供する不変のもの、それらの可能性や機会のすべてをアフォーダンスと呼ぶ」

とした表現はこの概念を考えるとき、常に立ち返るべき基点として確認できる。

その機会と可能性にむけての誘いを外在知が発する点で、これはまさに外在する知が供する働きである。ただし、もともとギブソンがこの概念を提起した直接知覚の領域での話は、広く自然物を含んだ知覚される対象を相手にしていた。それに対して知のアフォーダンスは基本的には人が表出したり、手を加えるなどの行為を介してその知性が大なり小なり搬入、転化し表現化された対象の人に対する誘発力や魅力のことを指している。表現化された外在知とは本書の文脈でいえば、とりもなおさず構想のことである。つまり、知のアフォーダンスが発揮する誘発力とはファカルティとしての構想力にほかならない。この構想力は人間の環境を構成する構想の力能として、想像の表現型としての構想自身が放つ力であった。これは身体がもつ力を体力とすることと同様の力であり、構想と相補関係にある想像との関係でいえばあらたな想像への励起力であった。

さきのギブソンの記述にある不変のもの（invariant）という表現を規範的な性質として解釈することが適切性を欠くように、想像を励起する構想力についても想像に対して構想された表現を押しつけるような権力性のパワーとしての力をみることは適当ではない。八章で述べたように、ファカルティとしての構想力は基本的にサゼスチョンとして想像力を焚きつけるのであり、それゆえの知のアフォーダンスである。そのアフォーダンスに誘われた想像力はバシュラール（第二章2・5）が語ったように、かえってその外在知が明白にもつイメージ（構想の呈するかたち）への囚われから超え出るように働く。つまり、知のアフォーダンスは確かに外在する知的対象がもつ意味と価値だが、それはゆめゆめそれぞれの対象に還元されていて、それらがそのまま知覚されたり、読み出されたりするものではない。あらたに想像する人との関係においてその構想を超える可能性と機会につながりうるその都度に一回性の意味と価値として生じるのである。不変であるのはその常にあらたな意味と価値をもたらしうることにある。

# 9・4　結語

「およそ滅ぶべきものにとって、生殖は一種の永遠であり不死不滅なものである（プラトン『饗宴』）」

ここではこころの過程のありようをとらえるにあたり、それを身体外の環境に拡張し、そこでのやりとりの全体としてみざるをえないという見地から、通常いうところの主体の想像力と客体の構想力にみる相即不離で相補的な力関係が織りなす知的機能の作用をとらえて、本書における見解のまとめを図った。結論として、この過程には第一に構想がもつ環境力能ともいうべきファカルティとしての力、第二に想像が発露する情念にもとづいたフォルスの力、第三に客体として知覚されうる構想の形態生成に差し向けられるピュイサンスという悟性の力、これらそれぞれに性質を異にした三つの力の合力による螺旋的な発達性をもつ循環運動が働いているとみるモデルを構想することができた。

この結語において古代ローマ最大の学者といわれたヴァロ（Varro）のメタファーを援用しよう。彼はリベラルアーツを構成する諸科のうち弁証（論理）と弁論（修辞）の相違を「弁証は握った手であるのに対して、弁論は開いた手である」と巧みな比喩を使って説明を与えている。すなわち、弁証はことばを節約して議論を圧縮すること、それに対して弁論はことばを尽くして議論を広げることだというのである。これはそのまま想像力と構想力の相違に転移できる。すなわち、想像力は開いた手であるのに対して、構想力は握った手である。想像力はイメージを広げ、あるいはそれを超え出ていく作用である。他方、構想力はめくるめくイメージをまとめてかたちにしていく働きだからである。想像力はパーで構想力はグーだとすると、悟性はそのパーを切ったり刻んだりしてグーへともっていくチョキというところだろうか。ただ、構想力が単にイメージをまとめあげるグーとしてあるだけでないのは、そのグーを包むように想像力のパーが惹きつけられ、グーに触れることで再びあらたなパーの開花を誘発するからであった。

ところで、想像を生み出し育む心的な力は内在知としての記憶や思考や情動に支えられつつ生成された想像そのものに焚きつけられ自己組織的に持続する。だが、その力は時間経過とともに必然的に衰退する。想像力のように情念の作用を受けて無常に働く心的かつ生命的な力には晩期のフロイトが語ったようなエロスを感じざるをえない。だが、それだけにその背後には相伴って無に帰する方向に働くタナトスの作用もみえてくる。とりわけ不定形にして流動する想像はちょうど睡眠中の夢想のごとく、瞬時に湧きあがっては泡のように膨れ、変容し、開いた手から広がって、消えていく。どんなに継続を望む夢であっても、覚醒時の知覚像のような連続性をそれに期待することはできない。想像のエントロピーはごく必然の過程として増大の一途をたどり散逸する。だから、もし思想を覚醒時に練り上げるとすれば、その考えは想像のうちに展開していてはまとまらず、必ずその思想のエントロピーの増大を補うだけの差異を供給しつづける必要がある。その差異とは今ここのあらた、その個別に知覚可能な形態形成であり、すなわち構想である。考えをことばや図にして描き出す。想像力のエロス的な表出は生命の直接的で無制御な躍動に彩られている。それゆえにその姿は常に原始的、自然的であらざるをえない。それをロゴス的な体系を借りてコミュニケーション活動として表現していくことはいわば原始自然的なエロスの湧出を調整したり、抑制したりする自我的な営みであり、動物一般とは異質な知性を宿した人間化の作用ということになる。むろん考えていること、想像することがそのままものごとの生成につながりうるのは神的知性にのみ与えられた力の作用による。その力に到底及ばない人間の知性では考えていること、想像していることがらの一部がそれなりの苦慮のうえで不器用に表現化、構想できるにすぎない。だが、その想像と構想のあいだに生じる隔たりがまた構想の環境力能となって想像力の発露を促していく。想像と構想のあいだで螺旋的に発達するゲシュタルトクライスとはこのことであった。この運動にはすぐれて人間知性的な営みによって想像をタナトス的な欲動のもと一つの構想へと落着させてゆこうとするときに、それに抗い、想像を蘇生させ、さらにその先へと生きつづけさせようとするエロスの生命性をみることができる。ここに知能環境論では熱い知のはたらきをみたわけである。死の欲動が無機に収まろうとすることに抗して生の欲動は有機に向かう。ことを変化させ、あらたに生み出し、そのかたちづくりに向かうエロスの形成力はふたたび構想力のピュイサンス、構想が宿すタナトスを呼び込むのであった。

のべつまくなしに想像している人間にとって、想像する営みは生きることそのものといえる。その基底にも欲動としてのエロスの働きをとらえることができる。ところが、想像はその本態として無常であり、不定流動でうつろっている。定まらず消えゆくさまそのものにもエロスと対をなすタナトスの作用をみざるをえない。それゆえに、人は消えゆく想像を残さんとし、それに息吹を与えるべくそのかたちを把捉し、現前させる動機をもつということもあろう。うつろいゆくものを掴み取り、不分明なところを分けて、分かろうとし、理を投入して解するために想像したかたちを現出させようとする。それもまた消え去ろうとするものの蘇りにちがいない。この産出構想にはフロイトのいう無意識的な一次過程におけるリビドーの発露が昇華としてあらわれ出るという一面もあろう。

しかし、そうしてかたちをあらわにした構想は時々刻々と沸き立つ想像に比較すれば、本質的に人為の無機物以上のものではない。消えゆく流れに逆らって知覚可能なかたちづくりがなされる構想の過程においては、その客体化された形態にエロチックな生命性が付与されうる。そのためそこに活き活きとした創造性が看取されることもある。だが、その物象化が完成をみると、その絶頂をもってエロスの躍動は停止し、その背後にいたタナトスが再びにわかに滲みあらわれてくる。とはいえこのタナトスは決して消極的、否定的な役割を果たすものではない。別の観点からみれば、これは命が無機物への帰還を果たそうとする際の心的エネルギーであると同時に、構想に焚きつけられた想像力の躍動が再び構想へと収斂、形象化し定位してゆくプロセスに費やされるエネルギーであるともいえる。皮肉なことに、構想の完成度が高いことでその知のアフォーダンスとして放たれるタナトスの質量が大きい場合ほど、人はほどなくその構想への囚われを気にしだし、脱出を志向し始める。あれほど魅惑的であった構想へと向かった過程がその成果においては逆にありありとした存在感と他者性ゆえ、そこに一種の疎外感が喚起され、そぞろに変動する内在知の想像力に沿いがたい堅固な異物性を感じさせたりもする。つくりだす過程で現れ出ためくるめく変化への魅力はもはや止み、かたちや色気は褪せていく。そうした構想に対する知覚の変貌は強く想像と連動していた過去への憧憬を背景に悲哀さえ醸し出すようになる。その極北はバイロンがとらえたような廃墟に対するロマンチスムだろうか。

ああ、崇高なる都よ、ああ！
三百にあまる凱旋よ
ブルータスの短剣が覇者の剣にうち勝って
さらに大いなる栄誉を得た日よ
ああ、シセロの雄弁、ヴァージルの詩歌、または
絵のごとくうるわしいリビイの文章よ
ローマの面影はただかかるものにだけよみがえってくるが、
ほかのすべては滅び去ったのだ。
ああ悲しい大地よ、ローマが自由だった日
その瞳にやどった輝きをまた見ることはないであろう

G.G.Byron "Childe Harold IV 1818"

だが、そこに投じられたエロスの大きさにも依るかもしれないが、外在知としての構想の本態的な無機質さが宿すタナトスの質量に照らして、そこからいまあらたに生命性を帯びた想像が反動的に惹起される。かたちづくられ、石化した構想からの離脱と解放、おごれるもの久しからず、あらたな想像へと向かい、またあらたまる構想へと生の無限のメタモルフォーゼを進めてゆくバイタルの復活と再生への希求が発動される。だから、構想知のアフォーダンス、そのファカルティとしての構想力は一見、想像力が構想に転移したエロスの現れのようでありながら、実はその無常のエロスの背後で抱き合わされ本有されているタナトスに由来しているようすがみえてくる。

本書に成就した構想のタナトスがそのまま現れい出て終息してしまうことなく、永劫回帰、ここからまたあらたに喚起されていくエロスに思いを託しながら、まとめの綴りをひとまず終える。

# おしまいに

人間は想像してやまない動物である。その想像力の強さゆえに、わたしたちはその想い描いたものごとを実際のかたちにあらわし、その想いの丈を伝えずに済ませることができない。そこにもうひとつのこころの作用が磨かれ、その力、構想力が培われた。構想はいつも想像の半端な写し絵として現れるのにすぎない。だが、人々のあいだで見聞きし、共有できるかたちとして現実化される。その結果、もはや単なる想像とは異質な、あらたな意味と価値を放つ存在として作用する。存在と認識は哲学のメインテーマだが、表裏一体の想像と構想はその哲学主題の次元において異なる性質をあらわす。それほどに両者は一体にして異質な性状を宿している。「いや、単なる想像にすぎません」という事柄もかたちとして構想になれば、もはや想像を遠い彼岸として今ここの現実となる。

ところで、妄想は紛れもない想像だが、こころの作用のモニタリングに支障を来したことから想像であることを認識できなくなる。この現象はデカルトが見いだした強固な哲学の第一原理さえ粉砕してしまう。我思うゆえに我あり。すべてを想像にすぎないものと想定できるが、そのことを想像している自分だけは認めざるをえない。だからそのわたしを絶対確実なものとなしえた。だが、そのことも妄想の次元にあってはそのように想像するわたしをとらえられず、わたしは想像とともに足場を失い漂流することになる。その流浪を係留するものは想像したことがらの形象、想い描いた現実である。だから、妄想では想像なき構想に事実と現実が託される。

さて、社会と文化は多種多彩な構想の構築物である。その構成されたものごとのなかで暮らすわたしたちは、

「おまえは何者なのか」

と問われつづけ、想像している自分たち自身を見失い構想をもってみずからを規定せざるをえない事態に流されていく。想像の渦の中でつぎつぎと構想の舟を乗り換えて知らぬ間に現代社会の大妄想のなかで実は想像の構築物にすぎないものどもを現実として受け止め、虚構の実体を追いかけ、それゆえに不要なはずの悩みや迷いに苦しみ、空虚な笑いや倖せ感に惑わされては、一時の安らぎに息をついたりしている。

これらはみんなでつくりあげた大妄想だ、といわれても、すでにそれらのなかにいて、そこから抜け出せずにいるのだから、これがわたしたちにとっての現実にほかならないではないか。世は不条理だ。誰かが悪意を抱いている。わたしは不当な扱いを受けている……。

いや、そうではなく、それらはわたしたちが想像の結果として構想したものごとの力に惑わされているにすぎない。だから、その現実のありようはわたしたちの想像力いかんにかかっているのだ。妄想の迷妄になすすべなく身を委ねるのではなく、その大妄想の結果としてある構想の網目からの脱却の方途としてさらなる想像力の発揮が問われている。つぎつぎと現出する想像の身分を自失した構想のうず潮の中で、それらが放つ構想力に肩すかしを食わせる新しい性質をもった想像力への期待が高まっている。それが人類の現況ではないだろうか。

だから、いまこそ想像力と構想力のはたらきを再考し、その無想の深奥から、わたしはやはり考えるゆえにわたしなのだと確信できる身の程を取り戻すときにある、と思う。

そのささやかな一歩を踏み出さんとしたこの試みでは幾度も古き時代の文献に立ち戻った。そのなかでたとえば戦前の心理学者たちの研究の営みには、こころをみつめ、考えることにおいておしなべてその想像力に潤いを感じることができた。むろんいまから比べれば、情報も設備も機会にも資金にも多くのことに乏しかったはずだが、その構想の跡には時間をかけた考想の奥行きの深さや豊かさ、あるいは温もりを感じとることができた。自分が学生のとき以降、学んできた心理学はそうした諸先輩の思想を土壌にして、そのうえに芽吹いた新しい草花であった。しかしというか、だからというか、その支えとなっていた滋養には十分気づくことなく、表層的なあれこれの目新しさを追い回してきたような感があった。その結果、人間のこころを扱う学問でありながら、たとえばここで主題にした「構想」がよい例であるように、現代社会で人びとが気にかけ魅かれている自分たち自身の心的営みについて、現代心理学はとくに何も語らずにいられる状況ができてしまったのかもしれない。

むろん無理やり何についてもアカウンタブルになろうというわけではないし、懐古的によき時代に戻ろうというのでもない。大方が大なり小なり迷いや戸惑いを抱いたことで、だいぶ柔らかく暖かみも増してきた二一世紀のこれからを展望する心理学という学問の状況にあって、それだからこそ開かれたようにみえる新たな眺望のもとで、ここでは現代の心理学が埒外にしてきた領野を自由に逍遥した。この叙説が今後の想像と構想のこころの過程に関する研究への序説となりうるか、この構想力が十分な力となりうるかどうかは、これを引き継ぐ展開研究にかかっている。その引き受けも承知していることを表明したうえで、これをもって本書全体の結びとしたい。

おしまいに近くなった。いくつかの謝辞を記したい。本書の多くの部分は著者が静岡大学に勤務していた期間に早稲田大学の先端科学・健康医療融合研究機構で客員教授の任に就いていた期間に執筆した。仕事柄少なからず大学図書館を利用してきたが、同大の総合図書館は使いやすさと居心地のよさにおいて卓越した施設であった。その環境とリソースを気兼ねなく大いに利用させてもらえたことは本書の成り立ちに不可欠のことであった。執筆に弾みをつけてくれた同研究機構と図書館、そして早大との機縁をもたらしてくださった株式会社PAOSの中西元男社長に深く感謝申しあげたい。

本書のすてきなカバー写真は長く米国を本拠に活躍されている市川江津子さんの作品“Deai”のひとつである。市川さんははかなさと永遠との狭間をテーマに、グラスアーツや溶けるガラスを使った焼画、インスタレーション、パフォーミングアーツなど幅広い造形表現に挑みつづけてきている。その作品群の中心を貫く生命の躍動感と無常観は書題を無用にしてしまうほど直截に本書の主題と重なり合っている。だから、その表紙に作品のどのひとつでもお借りできれば幸いと望んだのだが、喜んで応じてくださり、読者との「出逢い」の扉となるその場所にふさわしいモチーフをもった作品の写真をおかせてもらうことができた。市川さんにこころより御礼申しあげます。

最後になったが、本書の制作、刊行を実現してくださったひつじ書房の松本功代表取締役編集長と森脇尊志さんをはじめとするスタッフのみなさまにこころより感謝いたします。

半田智久

二〇一三年春

# 注

## 第一章

1　二〇世紀最後の四半世紀に想像力をめぐる研究史がほぼ時期を同じくして四点出版された。それらの差異に照らして特徴を述べれば、カーニー（Kearney 1988）の"The Wake of Imagination: Ideas of Creativity in Western Culture"は古代から現代までの想像研究史を通覧している。とくに近現代の研究にも光をあてていて、ポストモダンの終末論的な想像観についてピンチョン（T.Pynchon）やベケット（S.Beckett）といった小説家、あるいはフェリーニ（F.Fellini）やヴェンダース（W.Wenders）の映画などの例を引いて論じ、この先の人間社会における想像の姿も問いかけようとしている。ホワイト（White 1990）の"The Language of Imagination"は著作の前半で哲学における想像概念の研究史を要領よくまとめている。ブラン（Brann 1991）の大部"The World of the Imagination: Sum and Substance"は古代から現代に至るまでを扱った想像力と心像（imagery）の概念史である。コッキング（Cocking 1991）の"Imagination: A Study in the History of Ideas"は観念（idea）の研究史を専門にしていた著者の遺稿をまとめた著作で、古代からルネサンスまでをカバーし、とくに研究史としては材料の少ない中世に詳しい考察をあてている。

2　ちなみに国語辞典の「心像」定義を二例あげる。「過去の経験にもとづいて意識の中に思い浮べた像で、現実の刺激なしに起こるが、感覚的性質をもつもの。意図的に喚起・構成したり、操作が加わったりすることもあり得る。表象の一つ。心象。イメージ（『広辞苑』第六版）」
「記憶・想像などにより、現実の刺激なしに意識に生じる直接的な像。視覚心像・聴覚心像・運動心像などがある。表像。心象。イメージ（『大辞林』第二版）」。

また、『岩波哲学・思想事典』（1998）では心像の項目はなく、相当する項目として「イメージ」があり、村田純一が約一ページ半にわたって解説している。その冒頭の一節は次のとおりである。「（英 image, imagery）思考、想起、想像などの体験において対象を想い描く場合、直観的内容を伴って現れた対象の姿を心像、表象像、あるいはイメージなどと呼ぶ。しかし、果たしてイメージと呼ばれる特有の心的存在が認められるのかどうか、そして又、イメージ体験は知覚や思考といった体験とどのような関係にあるのか、といった点に関して見方が大きく分かれており、哲学、心理学で論争の的となってきた……」。

心理学辞典での定義も三件あげる。有斐閣の『心理学辞典』(1999)では心像の項目は「心的イメージ」への参照指定があり、その項目を鈴木光太郎が初期の研究から現在の研究の焦点に至るまでの動向を含めて簡潔に記述している。その冒頭の一節はつぎのとおりである。「(mental imagery) 心像ともいう。言語以外の内的な表象をさし、その意味ではアナログ表象という言い方もできる。それぞれの感覚モダリティに対応した記憶イメージや想像イメージがある。一九世紀後半のイメージ研究の初期には、フェヒナーは心的イメージの種類を細かく定義したが、最近の研究は、心的イメージという用語を、厳密に定義せずに使っていることが多い……」。

『誠信心理学辞典』(1981)では心像の項目はなく、相当する項目として「イメージ」がある。対応する二つのドイツ語の語義に照らした記述がみられ、一部要約するとつぎのごとくである。「image 独 Bild、Vorstellung 像、表象、心像などの訳語が使われる。類似の用語で観念(idea)、representation などが使われたりする。英、仏語のイメージは独語の Bild の意味で、像の意味である。この場合、対象が眼前になく思いだし、再表現する(re-present)の意味をもつ。独語の Vorstellung は知覚対象の再生された心像を意味している。知覚像と区別し、知覚像より漠然としていて鮮明さを失っている像である。表象は独語の Vorstellung、英語の representation の意味でも使われている。過ぎ去ったものをふたたび眼前に現わすという意味で観念とあまりちがいがない。抽象的な意味でイメージが使われることもあり、ある考え、態度、概念などを意味することもある」

丸善のコールマン(A.M. Colman)翻訳『心理学辞典』(2004)では心像の項目は「イメージ」への参照指定があり、当該項目は簡潔に五つの語義をあげている。はじめの三語義についてみれば「(1)ある対象の描写、またはその対象に類似したもののこと、(2)ある対象の光学的に形成された像のこと(例として網膜像をあげている)(3)物理的な刺激がない状態で想像ないし記憶によって形成された刺激の心的表象、心像 mental image ともいう」。このコールマンの心像をそのなかに含んだ広範なイメージのおさえ方は本稿の心像のとらえ方と一致する。

**3** 対象の現在化(Gegenwärtigung = presence)とは現在、眼前に当該の対象がまさに存在(現示)していて、その存在をとらえている状態のことをいう。一般には知覚だが、知覚心像のすべてが現在化を前提にしているわけではない。そのことは錯覚や幻覚にあらわである。知覚対象に存在の根拠がある場合が対象の現在化ということになる。これに対して「現前」「現前化」は現在化と同様に解釈されることもあるが、本稿では文字どおり「在」にこだわらない眼の前への現れを指すものととらえる。つまり、現前化はしばしば準現在化(Vergegenwärtigung = visualization/imagination)と訳される状態と解釈して、現在化と区別する。ありありと眼前に描き出される能動制作的な想像を含んだ知覚、想像逞しくまさに目に浮かぶように想い描くことは対象の現前化である。したがって、知覚心像ということの含意は大なり小なり対象の現在化と現前化の複合になっている。

**4** 本書において一般的に用いる「コード」の意味は、ラルースの言語学用語辞典(Dubois,J. et al. 1973)にある「あらかじめ定めた約束ごとにより、信号の発信源(あるいは発信者)と宛て先(あるいは受信者)の間で情報を呈示し伝達するための信号(あるいは記号、シンボル)の体系」という情報理論由来の定義に依拠する。

5 enkuklios というギリシアのことばには円環とか完全、あるいは特殊と対置された一般とか普通という意味がある。また、paideia には教育、ことに青年教育、あるいは文化形成の意味がある。paideia は pais、すなわち「青年期を含めた広い意味の子ども」の養育や躾という意味をもつ。このことから特定の目的をもった職業訓練的な教育とは異なる人間的な養いの含意をもつ。よってエンキュクリオス・パイデイアは円環的に関係性、完全性を宿した学科目の構成による全人的教育をあらわす。同時にその意味での普通教育、一般教育をあらわすことばになる。なお、紀元一世紀にローマで修辞学者として名を馳せたクインティリアヌス（M.F.Quintilianus）の場合は、これにあたるラテン語として orbis doctrinae（諸学円環）のことばをもちい、修辞・弁論を一層完成されたかたちで学ぶためにギリシア由来の諸学を学ぶ必要性を説いている。

6 修道院組織が明確な会則を設けて体制強化を進めた典型例として五～六世紀のイタリア・ヌルシアのベネディクト（Benedictus）によるベネディクト修道会がある。同時期、同じように、南イタリアに修道院学校を創設して修道院教育体系の先駆けをおこした人物にカッシオドルス（F.M.A.Cassiodorus）がいる。彼はもともと西ローマ帝国後の覇者、東ゴート王国の政治家であったが、引退後、本格的な図書館をもつ修道院学校を開いた。

7 水田洋訳（1992）では“imagination”を「造影」と訳している。ホッブスが「想」ということよりも「像」を強調しているため「想像」という訳語よりも「造影」が適すると判断したという但し書きがある。

8 たとえば、ミル（Mill 1843）の著作内容のほとんどはそのタイトル“A System of Logic, Ratiocinative and Inductive”の示すとおり、論証と帰納の論理について記述したものである。だが、そのごく一部には彼の心理学に対する見方が披露されている。彼の父ジェームズ・ミルが機械論的連合論を色濃く主張したのに対して彼は自身の見解として、たとえばこのように述べている。「精神の現象の法則は時には機械的法則に類似しているし、時には化学的法則にも類似している。多くの印象や観念が、精神においていっしょに作用するときは、化合の場合に類似した過程が見られることがある。印象が頻繁に連合して経験されるために、その印象の一つがその結合せる群全体の観念を容易にかつ立ち所によび起す場合には、これらの観念は互いにとけあって合体する。そうして多くの観念ではなく、一つの観念であるかのように現れる」。よって、プリズムの七色が目に継起すれば白色にみえるが、これは白が機械的に構成されたのではなく、白が発生（generate）したのであって化学反応に類似しているというのであった。

9 ここでロマン主義の嚆矢、あるいは先導役として見定められているワーズワースやコールリッジたち、あるいはそのあとをついだシェリーなど、とくに英国の詩人たちは自分たちの詩の様式や文学的態度、あるいは思潮についてはみずからロマン主義を名乗った形跡がない。ロマン主義研究の第一人者フュルスト（Furst 1969,1979）は、このことばが後世の解釈によって生まれ、同定されたことを強調している。ちなみにフュルストはロマン主義の核となっている特徴として個性主義、理想主義、想像力の優位、自然に対する主観的把握、感情の重視、象徴的な心像の使用といった点を認めている。ただし、ロマン主義の作者やその作品がいずれもこれらの特徴の傘のもとに入るわけではない。族類似的な関係をもってこれらのロマン主義の核となる特徴のどこかを宿した状態で広角域に関係しているとみている。

10 ちなみにフュルスト（Furst 1979）の見立てによれば、こうである。「Esemplastic という語はどうやら Einbildungskraft という語を誤訳することによって得られた言葉らしい。コールリッジはこの語を字義通りに「統一する力」という意味にとった」

11 シェリーやキーツがロマン主義の代表的な詩人である点について、彼らが揃って想像力を称揚していた点を強調しているのはフュルスト（Furst 1979）である。その観点でいうと、バイロンは例外的に想像力そのものには冷淡な態度をとった。そのため、バイロンはロマン主義の詩人として括られているけれども、その片隅の存在であるとフュルストは評している。

12 機能主義は一九世紀末から二〇世紀初頭にかけて米国を中心に展開された心理学の思潮で、こころは有機体が環境に適応する手段であり、そのようにして働くこころや意識の生物学的な機能や効用をあきらかにすることが心理学の課題であるととらえた。W・ジェームズはその先駆者のひとりである。その後シカゴ大学のデューイやジェームズの弟子であるエンジェル（J.R.Angell）によるシカゴ学派とコロンビア大学のキャッテル（J.M.Cattell）、その弟子ソーンダイク（E.L.Thorndike）らのコロンビア学派の系譜が二大潮流となる。機能主義は行動主義の源流になると共に、思想的にはのちの認知心理学の淵源ともみなされる。

13 動物が生きるうえで適応している環境をカッシーラ（Cassirer 1944）は有機的空間と呼ぶ。わたしたちとイヌとスズメがいまここに同時にたたずんでいるなら、一つの有機的空間を共有していることになる。しかし、それでもそれぞれが知覚している空間の姿は異なっている。この各々の種に特有な空間が知覚的空間である。わたしたちはイヌのように豊かな嗅覚世界をもたないから、その知覚空間は著しく貧弱である。また、わたしたちやイヌはスズメのように空を飛ぶことができないから、視覚空間の広がりは相対的に著しく貧弱である。そうしたなかで、ヒトがおそらく他の動物に例をみないほど発達させている特別な空間がある。それが想像する動物にとっての抽象的なシンボル空間である。

14 このジェームズの著作の今田寛による訳では produktive を「創作的」と訳している。適訳だと思うが、ここはカントが構想力に対しておこなった再生的構想力（reproduktive Einbildungskraft）と産出的構想力（produktive Einbildungskraft）の区別と内容が似ていて多少対応するところでもあるので、その訳語にならってあえて「産出的」ということばを使った。

15 西村の『心學講義』は二〇一二年冬現在、国立国会図書館のウェブ上にある「近代デジタルライブラリー」に納められており、インターネットをつうじて誰でもその全文が閲覧可能になっている。

16 たとえば、彼の二〇歳代後半にあたる一九七六〜七八年の三年間だけをみても、この主題関連の論文だけで少なくとも九種類の雑誌に一二本書いている（Kosslyn 1976a、1976b、1978、Kosslyn & Matt 1977、Kosslyn & Pomerantz 1977、Kosslyn & Shwartz, 1977、Kosslyn et al. 1976、1977、1978、Kosslyn & Alper 1977、Nelson & Kosslyn, 1976、Pinker & Kosslyn 1978）。もっともコスリンの多産ぶりはこの時期特有のものではない。大学院生時代以降、二〇〇五年頃までのあいだに書籍を含めた論文数は三〇〇を超えている。単純計算で三〇年間にわたり年間およそ一〇本という生産量である。

17 反転図形の例示

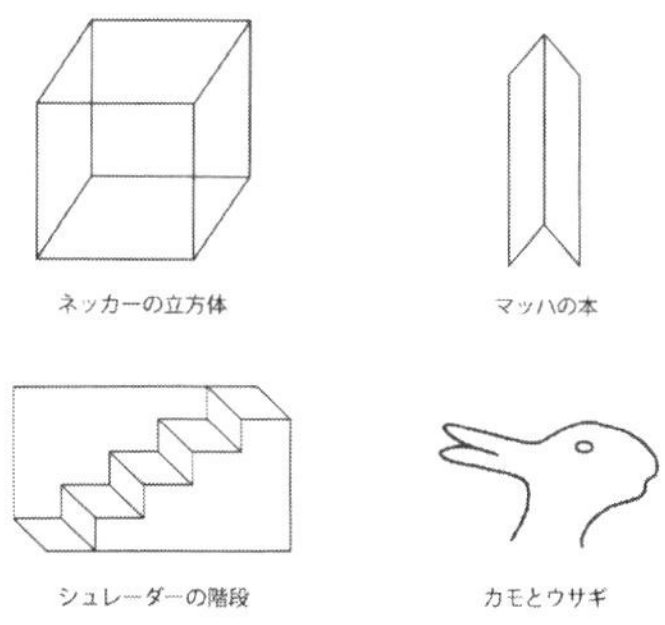

図 N1

**18** 二〇一二年冬現在、オレガンは自身のインターネットホームページ上で変化の見落としについてのいくつものサンプル動画を公開している。

**19** 感覚的には見えるが知覚的には見えないということは、したがって自覚的には見えない存在を無自覚的に知っている可能性を示している。したがって、知っているがゆえに見えないその存在に対して反応できる可能性がある。たとえば、盲視の現象はそれを大胆なかたちで示している。普段のわたしたちの諸行動もこの仕組みなくしては成立しないといってよいだろう。

## 第二章

**20** インターネットの検索サイトによる検索結果の絶対的な数量からは一般的な事実を云々することができない。しかし、ある時点での近時刻における相対値の比較からは、日常のことばの使用の様子をうかがい知ることができるといってよいだろう。二〇〇八年のある日のグーグルによるウェブ検索では「知覚」一三六万件、これに対して「記憶」はその約六八倍で九一八〇万件、「想像」は約五三倍で七一九〇万件であった。ヤフーのウェブ検索では「知覚」が五五三万件、これに対して「記憶」はその約四四倍、二億四二〇〇万件、「想像」は約三〇倍の一億六五〇〇万件であった。二〇一一年のある日のグーグルでは「知覚」が二二一万件、「記憶」は約六六倍で一億四六〇〇万件、「想像」は約四六倍で一億二〇〇万件であった。ヤフーでもグーグルとほぼ同値であった。

21
「想」ということばは一般に「考えること」「おもうこと」を意味する。「思う」こととの相違にこだわれば「想」には組み立てや構成の含意が強い。仏教の用語としては全存在を構成する五蘊（ごうん）の要素、すなわち色・受・想・行・識のうちの一つに位置づけられている。色はこの世の物質的な存在、受以降四つは主体の意識で、受は色の感受、行は潜在的に働いている意志の作用、識は区別や判断の働き、「想」は「受」の表象でこの世の物質的な存在のこころにおける展開とされている。また、日本語には想像という類概念の下部構造をなす種概念として「想」の熟字が豊富にある。この所以についてはつぎのようにみることができるかもしれない。西欧の伝統的な思潮ではロゴス中心の思考様式を重んじてきたため、合理性に照らした秩序や体系が知の前面にあらわれてきた。そのことが勢い imagination に蓋をすることにもつながった。それに対して日本は地歴ともに中心となる大陸に対して極東の辺境に位置し、周縁としての宿命的性格を引き受けざるを得なかった。それでいて極東は日出ずる処として新生と希望を展望しうる最果ての地でもあった。だから、そこには盲な希望の、悲哀に満ちた複雑なパトスを宿した想像力を醸成する精神生態が豊かに形成され、それが多様な「想」の下位概念を生むことにつながった。そうした仮想ができる。

22
ただし、ルビンシュタイン（Rubinshtein 1946）の場合はロシア語文献の邦訳にしたがった話であり、ここの用語については原典にはあたっていない。翻訳上のずれの問題があるかもしれない。

23
ホルト（Holt 1964）にとっての心像＝イメージの定義はつぎの通りである。「擬感覚的（quasi-sensory）だが非知覚的な性質をもつ意識的主観的なあらわれ」。したがって、この定義にそくしていえば、本稿ではこの限定を越えて「知覚的性質を含む無意識的、主客通態的なあらわれまでも含む」という点でその拡張されたところをおさえるうえで「想像」を相手にすることになる。確かに多くの場合、想像はすなわち心像なのだが、不定の心像さえもない想像ものちに述べる無想のごとく想定される。

24
本人の述懐とはいえ、この種の興味深い話はとりあえずつぎの二点に留意する必要がある。一つは思いがけない出来事は当人の記憶にことさら印象深く残る可能性が高い。その後、それを想起して話せば相手も強く反応するだろう。だから、その想起は正の強化をもって以後、想起される確率が増し、結果的に話される数が増すことになる。仮にほとんどの着想が思いがけずに起こるわけではないとしても、そうした月並みな多くの着想はほとんど語られることなく、天から降ってきたような、稀な出来事としての着想の事例ばかりが語られる可能性が高くなる。第二に、そうした逸話めいた話は聞く人の興味をそそるから、語り継がれ、繰り返し引用され残ることになる。実際、ポアンカレの話や夢うつつでベンゼンの環状構造の着想を得たという一九世紀ドイツの化学者ケクレ（F.A.Kekulé）の話などはこの一〇〇年、すり切れるほど各所で引用されてきた（著者もケクレの逸話は少なくとも過去二回著作に書いた記憶があり、関連した内容の翻訳（Restak 1994）もした。学生に喜んで話した回数は限りない）。こうしてこの社会における事実として劇的な着想の訪れ方の見聞頻度は平凡な着想の話よりも遥かに上回ることになる。

25 黄金のジパングを求めて航海しインドと思わしきところに辿り着いたコロンブスは欧州の観点からすれば史的には幸運な新大陸の発見者になっている。だが、彼が実際に達したところは中米の島々であったし、幾度の航海を経てもコロンブス自身は最後まで黄金を目の当たりにできず、失意のうちに亡くなったと伝えられている。だから、この発見はセレンディピティとしての要件、偶然と同時に、求めていたこととは別の、しかもそれ以上の価値を得る幸運というものを少なくとも当人としては満たしていないことになる。

26 科学における発見物語は典型話が時の新発見物語と折り合わされて人びとの反復強迫にうまく応えている。発見物語に対するマーケットの需要は時代をつうじて衰えることなく高く、毎年のように似た内容の新刊本が出版されている。たとえば、二〇〇〇年以降、二〇〇九年までの一〇年だけでも科学と発見に関する新刊書籍は似通った内容で四〇点ほどの刊行をみている。

27 リチウム尿酸塩は耐久性や副作用の面に懸念があったため、ケードは研究過程でこれをリチウム炭酸塩に替えて用いた。現在ではリチウムクエン酸塩も使われている。後者はレモンライムフレーバーのソーダ水として有名な『セブンアップ』に二〇世紀前半のあいだ添加されていた。同飲料は一九二九年米国で Howdy Corporation が発売したその名も "Bib-Label Lithiated Lemon-Lime Soda" が原型で、発売後間もなく 7-Up に改称された。当然、鎮静薬効があり、とくに二日酔いに効くとされていた。ちなみに現在の同飲料にリチウムクエン酸塩は添加されていない。

28 trayne という英単語は現代では使われていない。おそらく train の古語だろう。ホッブスが生きた時代は蒸気機関車が走り出す二〇〇年前で、ドイツの鉱山で木製レールの上をはじめてトロッコが走った鉄道黎明期であった。だから、彼が鉄道を見たとすればレールの上を人か馬が引く列をなさない車両であったにちがいない。

29 コールリッジ（Coleridge 1817）は、アリストテレスとヒュームの連想法則の要素について、「主要な考えは両者とも同じであり、その配列も同じであり、例証でさえ、ヒューム氏が時どき、より近代的な例を代用した場合だけ違っているだけ」と述べ、ヒュームに批判的である。だが、指摘している要素の内容は一部異なり、したがって配列は同じではないから、これは過言といえよう。ただし、連想、連合主義の源流がアリストテレスに遡ることができ、ヒュームたちがそこから刺激されたということは確かにちがいない。

30 あることがらを想起する場合、それを助ける検索手がかりがある。その手がかりの有効性は想起すべきことがらを記銘（符号化）した際に存在した諸条件や特徴と共通している（一致している）ほど高まる。この原理を符号化特定性原理という。

31 単純接触効果とはとくに好きでもない、あるいは当初は不快にさえ感じたものごとだったのに、繰り返し接触していることによってそのことだけで、次第にそのものごとに対して好意的な態度が形成される一般的な現象のことである。

32 禁断の園や果実への魅力は、それらへの接近の自由が禁止されることによって高まる。態度や行動の自由が脅かされた時にその自由を回復しようとして反動的な態度や評価や行動が喚起されることを心理的リアクタンス（reactance）という。一般に他者に対する説得が容易でないのもそれが説得であるがゆえの心理的なリアクタンスによる。

33 フラッシュバルブ記憶とは、きわめて印象に残るような出来事について、まるでフラッシュ光を投じて撮影した写真のように、その状況を鮮明かつ詳細に記銘し、想起する記憶のことである。ただし、実際にそうした記憶の形成の仕方があるのか否かについては明確な証拠があるわけではない。そうした出来事については反復して想起されるため、多重に記銘され、想起の仕方も流暢になる可能性がある。

34 同じような簡単な検索を外国文献についておこなうことはきわめて困難である。“thought”や“thinking”を検索語にしてそれを思想の意味で解釈できるか否かを判別することがむずかしいためである。

35 パスカルの“Pensées”に『冥想録』の邦訳タイトルをはじめてつけたのは、一九三八年に日本で初めて同書の完訳本を刊行した由木康である。それまで抄訳として刊行されていた同書の邦題は一九一四年に初邦訳として出版された前田長太訳の『感想録』や『随感録』（柳田泉や加藤一夫）であった。由木の訳者あとがきによれば、翻訳上の意図として「いままでの版にまさって多くの人に親しまれ」ることが込められていた。したがって、まず邦題において差別化したかったのだろう。結果、その文体は読みやすく受容されやすいかたちがとられ、同邦訳は以来半世紀以上、今日にいたるまで版を重ね文字どおり親しまれてきた。同じく近年になって新たに翻訳し邦題を『パンセ』にした田辺保（1981）は解題で由木の『冥想録』の書名に関連してつぎのように記している。「パスカルの断想は、この国でもかなり多くの読者を得てきたのであるが、その理由の一つにこうした日本語題名の引きつけるところもあったにちがいないと思われる」。また、フランスの詩人V・M・ユーゴーが一八五六年に刊行した詩集にもしばしば『瞑想詩集』の邦題がつけられている。この原題は“Les Contemplations”である。最後の部分で霊と交わり万物との交感が詠われるための邦訳なのかもしれないが、これは実際、別の邦題にもあるように『静観詩集』、あるいは『観想詩集』というところであろう。

36 現在でも京都左京区にある須賀神社では節分のときに白覆面姿の懸想文売りが出て懸想文が売られているようである。

37 ラスキン（Ruskin 1843-60）の訳者内藤史朗はラスキンの theoretic faculties を構想力と訳している。その理由としてアリストテレスが『ニコマコス倫理学』で凝視の意味に使ったこの概念はその内容から構想力にほかならない、とかラスキンがとらえた三様態の想像力を統括する能力だから、といった理由を述べている。しかし、これはいま一つ判然としない理由である。ただ、確かにラスキンは想像力を連想的（associative）、透察的（penetrative）、瞑想的の三つに区別し、このうち瞑想的想像を contemplative imagination としている。ラスキン自身が theoria は contemplation のことともいっているので、おそらく内藤は両概念ともに観想ということばをあてることを避けたのかもしれない。それは別として、確かにラスキンのいう theoretic faculties は作品としての構想が再び想像力を刺激し、新たな想像過程を喚起していくプロセスを語っている。だから、本書としてもこれを構想力とみることには同意できる。ただし、ラスキンの視点は審美ではつくされない敬意、感謝、愛に満たされたモラル的な凝視と受容という点が強調されている。それゆえあえてこれを theoretic faculties と呼んでいる。つまり、あくまでもその視座は想像過程におかれている。そのためここは構想から想像に向かう過程で構想力と協働する想像種として字句どおりの観想（力）を語っているとみてよいと思われる。

**38** 夜に灯下での勉励的営みを経たような苦心や労作を英語ではlucubrationと呼ぶようだが、この単語は沈思熟考の「黙想」という意味で使われることもある。ただし、結果的に、仰々しくもったいぶった考えを述べたものというニュアンスも入り込むようである。

**39** 志怪は幽霊や妖怪、変身や転生といった怪異な出来事を記録するというかたちをとり、本当にそうであるかどうかは別としてノンフィクション的なスタイルをとる。それが唐の時代以降、伝奇と呼ばれるようになるにしたがって、怪異な出来事の語り伝えの意味が前面に出て、フィクション性があらわになる。

**40** 満州国建設をめぐる考察はこれまでに数多くなされてきた。そのなかでもたとえば、後藤（2001）のそれはユートピアの文脈において要領よくまとめられている。

**41** 地震予知連絡会は一九六九年に発足し、四〇年ほどの活動実績をもつ。現在も記載されているかどうかはわからないが、同連絡会のインターネットホームページには自らの活動を振り返る文章のなかで、つぎのように述べている「残念ながら、この三〇年間に直前の警報を発して地震が起こった例は一つもなかった」。むろん、これは予知にあたった当事者以外の圧倒的大多数の人びとにとっては、残念なことではなく、たいへん幸いなことに、と語ってもらってもよいことであるが。

**42** エピメテウスはプロメテウスの弟だが、性格は反対でうっかり者であった。ゼウスからだいじな仕事を引き受けながら人類にまで手が回らなかったこともそうだが、さらに兄の忠告を忘れ、のちにパンドラと結婚し災難が起きる。『プロタゴラス』の訳者藤原の註によればEpimetheusは「後から考慮するもの」という意味で、本文に述べたように、Prometheus（先のことを見通し考える）の反意語になっている。

**43** ゼウスはプロメテウスに救われて自然に介入する力をもった人類にも手痛い仕打ちをする。すなわち、泥から造った人間の女性パンドラを地上に送り込む。パンドラは美女だが、家の財を食い尽くす女であるうえ、諸悪を閉じこめた箱を携えていた。パンドラにはその箱を開けてはいけないと伝えられていたが、心理的リアクタンス、すなわち禁じられた果実ゆえにその箱を開けてしまう。そのときから人類にはさまざまな災いがもたらされることになった。

**44** 二〇世紀末以降、あらたな人猿の発見が相次いでいる。五〇〇万年以前のものと推定される別のアルディピテクス、Ardipithecus kadabba、さらには五〇〇万年を超え六〇〇万年以上前のものと推定されるSahelanthropus tchadensisも、これは東アフリカを離れた中央アフリカのチャドからみつかっている（Brunet et al. 2002）。確定的ではないが、今後、人類起源のポイントはその限界点といわれてきた四〇〇万年台以前、その二倍近い昔に定められるかもしれない。

**45** 食物や水のように経験によらず生まれながらにして行動を強化する機能をもっている強化子を一次強化子と呼ぶ。これに対して、貨幣やよく飛ぶ石のようにもともとは強化機能をもっていなかったものが学習の結果、強化機能を獲得した場合、これを二次強化子とよぶ。

46 変動比率スケジュール（Variable Ratio schedule）は心理学の行動理論で見いだされた強化スケジュールのうち、弁別刺激のもとでの正反応が変動的な比率のもとで強化される強化スケジュールである。変動比率は平均的な割合で記述することができる。たとえば変動比率5の強化スケジュールでは平均して5回の正反応に対して一回の割合で強化される。ギャンブルは典型的な変動比率スケジュールのもとで統制される行動である。その例が示すように強化スケジュールのなかでは最も強く行動を統制できるスケジュールである。学習成立後、正反応に対する無強化がつづいても正反応の出現が継続することを消去抵抗というが、一般に変動比率スケジュールのもとで強化されると消去抵抗が強くなる。

47 一面の銀世界、純白の雪景色……、凍てつく寒さの一方でわたしたちは雪氷の情景に強いロマンチシズムを感じる。また、人間ほど好んで氷や冷たいものを口にする動物は他にいない。真冬でも暖房の効いた部屋でアイスクリームを食べて喜び、氷があふれる飲料を当たり前に飲んでいる。冷たいものが身体によいはずはないのだが、冷感を欲すればこそそのことにちがいない。もしかすると、そうしながら、氷河や氷雪に押され、引かれしながら命がけで生き延びてきた人類の遠い過去の記憶がたとえば集合的無意識のような界域で、追憶の常として苦を甘美に変えつつ、反復強迫的に追想されているのかもしれない。であるとすれば、これもまた恐るべき想像力の仕業である。

48 古事記ではイザナキはその魔力をもつ桃の実に、この先もこの国の民を苦悩から救ってほしいと頼み、邪気を祓う神霊という意味のオオカムズミノミコト（意富加牟豆美命）という称号を授けた、という話である。ところで、黄泉の国訪問をめぐる古事記と日本書紀の記述内容は大方、両者において一致しているがこの彼岸から此岸への逃避のクライマックスで繰り出すイザナキの技については、古事記の場合が魔力の宿る桃で、日本書紀では放尿による大河となっており、両者に明白な違いがあらわれる。それだけにこの点は読む者に一層強い印象を残すことになる。

この奇妙に分かれた二つを融合すると、神話からつながるエピソードとして、川から流れてきた常ならぬ桃という着想も生まれよう。日本の代表的なお伽話として知られる桃太郎は室町時代の頃に成立したとみられている。だが、その成立や内容の意味解釈をめぐっては、とくに近現代の軍国主義下での国民意識の形成に寄与したこともあって、多様な解釈がなされている（e.g., 石田 1984; 野村 2000; 鳥越 1983; 柳田 1933）。また、少なからぬ小説家もインスピレーションを喚起されたのであろう、これを題材にしたいくつかのパロディ的な作品が著されてきた（e.g., 芥川竜之介『桃太郎』、尾崎紅葉『鬼桃太郎』）。芥川の作品では桃太郎の桃はイザナキが投げた桃の実がそののちに木に成長し、一万年に一度赤子を宿した実を結ぶという導入からなっている。全体が見事なパロディである。尾崎の作品では苦桃太郎が主人公になり、桃太郎エピソード2：逆襲編ともいうべきものに仕上がっている。大団円の内容については諸々意見がありそうだが、そこまではかなり楽しめるはずである）。ともかくも、この小さく単純なつくりの童話をめぐって多くの人たちが強い関心を示し、あつく論を展開している状況をみると、この国の二大神話からの受動想像力の力と構想力の強さを感じずにはいられない。

49 夢想がもつ受け身の想像という特徴を言いあらわすのに、ここではあえてあまり用いない所動ということばを用いた。これは受動想像と語るのがいささか具合が悪いからである。2・2・1で述べたように、受動想像ということばは想像研究のなかでは、他者の想像の産物をそのまま受けて再想像するような活動を指して使われてきたからである。

50 夢幻劇とはその名のとおり、夢のなかであらわれる非日常的な夢幻的内容やそこでの体験を表現した戯曲のジャンルである。したがって、その内容は時間や空間のありようが覚醒期のそれとは異なり、脈絡がなく、断片的で、諸場面が分散、合成する。善悪の判断にとらわれず、ひとりの人間がふたりになったり、別人が合成したり、突然消えたりもする。それでありながら、全体を包み込んでいる一つの夢想者の意識が感じ取れる仕立てになっている。

51 ユングは一九三五年のタビストック講義（Jung 1968）で、英雄と龍のあいだの最古の戦いを描いた文学表現としてバビロニア創造神話の英雄神マルドゥク（Marduk）とグレートマザー母龍ティアマット（Tiamat）の戦いを指摘している。この世の天と地はこの戦いでマルドゥクが引き裂いたティアマットの二つの身体からつくられ、乳房は山々となり、両目からはチグリス、ユーフラテス川ができたといわれている。

52 共感覚があったのではないか、と指摘されてきた有名人として、たとえば、現代音楽の先駆者の一人、ロシアの作曲家スクリャービン（Aleksandr N. Skryabin）（1872- 1915）がいる。彼は『交響曲第四番：法悦の詩』『交響曲第五番：プロメテウス—火の詩』など多くの作品を残したが、とくに前者は彼の創作になる神秘和音を用いた楽曲で、あまりにもセクシーな曲であることから演奏禁止になることもあったといういわくつきの作品である。後者はピアノ鍵盤を叩くとそれに応じて光が発する趣向で共感覚的な異種感覚統合を意図した作品であった。ただし、自身の演奏会では仕掛けの不備で意図どおりに実現しなかったといわれている。また、その作品からスクリャービンが共感覚的な音と色の関連に強い関心をもっていたことはよくわかる。ただし、彼自身が実際に共感覚の持ち主であったことがあきらかになっているわけではない。

小説家ではやはりロシア生まれで二〇世紀のアメリカで活躍したウラジーミル・V・ナボコフ（Vladimir Vladimirovich Nabokov）がいる。『ロリータ』『青白い炎』などの代表作のほか、戯曲、翻訳、自伝など多数の作品を残している。その自伝『ナボコフ自伝（記憶よ、語れ）』（1960）は、訳者によれば西欧的散文の極致に近づいたともいいうる文章と評されている。そのなかには自分が軽い幻覚をよくみていたことが語られたあと、つぎのように書かれている。

「また同時に私は色聴現象の立派な体験者でもある。もっとも聴という字を当てるのは正確には正しくないかもしれない。色彩感が生まれてくるのは、文字の輪郭を思い浮かべながら口で発音してみるときだからだ。たとえば、英語のアルファベットのaの字は、長い風雪に耐えた森の持つ黒々とした色をしているが、フランス語のaの字はつややかな黒檀（こくたん）の色を思わせる…（略）…白の仲間には、オートミル色のnや、ゆでたヌードルのような色のlや、象牙の背のついた手鏡といった感じのoなどがある」

以下リストは続くが、単なる抽象的な色と文字の対応ではなく、一定の具体的な心像を伴う色になっている点もおもしろい。母親も同様の共感覚の持ち主で、アルファベットのなかには母子で同じ色を感じていたものもあったことが記されている。その他、ハリソン（Harrison 2001）は過去に指摘されてきた例として詩人のC・P・ボードレールやA・ランボー、画家のV・カンディンスキーやD・ホックニーなどに共感覚があったことを示唆する事実があるとしている。だが、彼自身、それらをあげつつ拡大解釈気味であるとしている。その最たるところとして俳句の表現を手がかりに松尾芭蕉まで連ねている。拡大解釈だからといって彼らが共感覚の持ち主であったという可能性は否定できないとも書いているが、そうなるとほとんどの俳人や詩人について共感覚者の可能性を語ることができよう。

53 紀田（2007）はゴシックロマンに含まれる定型要素をつぎの五つに整理している。（一）城への招待、（二）予言、凶兆または危機、（三）デモンの顕現、（四）出口なき迷路、（五）城の崩壊。

54 ここではカイヨワの見解を大幅に取り入れて幻想絵画における幻想の位置づけを少し明確にしようとしている。だが、全面的に依拠しているわけではない。たとえば、カイヨワはここの驚異の平面での奇想については、本文でも示したように幻想とはっきり区別している。だが、「幻想とは、したがって、既知の秩序からの断絶のことであり、日常的な不変恒常性の只中へ、容認しがたきものが闖入することである」という彼の著書の記述からもわかるように、超常的な霊想については幻想と明確に区別していない。

55 カイヨワが同書で考察の対象にした絵画は主として中世期のものであり、最も新しいもので一八世紀の作品であった。現代画家の幻想絵画といえばどうなるか。たとえば、徳田（1986）の場合はとくにアルフレート・クビーン（Alfred Kubin）（1877〜1959）やエルンスト・フックス（Ernst Fuchs）（1930〜）をとりあげている。これらの場合もとくに前者は創作過程や動機に幻覚体験が伴っているといわれている。どちらにしてもカイヨワがいうような曖昧なところでの漂いというよりも、ずっと直接的な幻想表現をしており、多分に幻覚的絵画（psychedelic art）という範疇に入りそうである。

なお、フックスはルドルフ・ハウズナー（Rudolf Hausner）（1914-）、ヴォルフガング・フッター（Wolfgang Hutter）（1928〜）、アリク・ブラウアー（Arik Brauer）（1929〜）、アントン・レームデン（Anton Lehmden）（1929〜）とともにウィーン幻想派と称されている。彼らはいずれも二〇世紀半ばの学生時代にウィーン美術アカデミーのギュスタースロー（A.P.V.Gütersloh）のもとに集まった人たちであった。戦争に明け暮れた時代背景のなかでおそらく多くを自らの体験を素地にしつつ、細密描写と豊かな色彩表現によって、コンセプチュアルな方向性を強めていた絵画の動静のなか、幻想性のあらわな具象を描いていったのであった。系譜としてはシュルレアリスムと幻想絵画の流れを継承したと解釈されている。そのこともあって彼らの画風は幻想レアリスム（Fantastic Realism: Phentastischen Realismus）と呼ばれている。やはりその形象は現実と空想のあいだの曖昧さというよりも、その混成を表出した直接的な幻想表現になっている。もっともその明示的な幻を含んだ表象が見えない現実なのかもしれないという浮遊感は誘わせるものではあるが。

56 「綺」には「きれい（綺麗）」の綺で「いろう」「あや」、つまりいろいろと手を加えて遊んだり飾ったりする意味が前面にあらわされている。だから、綺語といえば、巧みに飾って美しく表現したことばという意味だが、だいたいは真実に反して飾るという否定的な意味で語られる。だが、空想の異性体としての綺想には真実や現実へのこだわりがはじめからない。そのため、奇想と異なって綺想ではその点が負の性質にならない。

57 楽曲の場合、美学的な観点からか、漢字では適切にも綺想曲と表記することが多い。

58 怪し火の原因についてはもっともと思われる説明がある。たとえば、狐火はそれがしばしば現れた時代に照らして考える必要もあるが、夜間に提灯やそれに類したものをもって移動した人たちに対する誤認、あるいは夜行性動物の網膜にある輝板の反射であったといった解釈がある。不知火については遠くの漁火や海面に広がった夜光虫が屈折してみえるなどといった説明である。むろん、こうした合理的な説明が当てはまるケースもあっただろう。だが、それがすべてと片づけてしまうとすれば、それは霊想に対する戦慄きのあらわれかもしれない。

59 ちなみに色界を構成する四天とは初禅天、第二禅天、第三禅天、第四禅天である。その第四禅天を構成する九天は下位から無雲天（欲界を離れた雲のうえの天）、福生天（富んで勢いのある福力によって生まれる者の天）、無想天（情は残すが無想の状態に生まれる者の天）、広果天（凡夫が生まれ変われる最高位の天）、無煩天（色界の楽も離れて煩いのなくなった者の天）、無熱天（依拠するものもなくなり熱悩がなくなった者の天）、善現天（善妙の果報が現れる天）、善見天（すべてを隈なくみることができるようになった者の天、須弥山の山頂にあるという）、色究竟天（しきくきょうてん：かたちをもつ者の果ての天）である。最後の色究竟天の先が無色界になる。なお、部派によっては無想天を独立させてみていないところもある。たとえば説一切有部や経部では、無想天を広果天に含めて八天としている。

60 関連して仏教でいう「非想」について簡単に触れておく。非想とは非想非非想天の略称で、有頂天のことである。色界の第四禅天を構成する九天最後の色究竟天の先にある無色界は肉体、物質や物質的な思いから解き放たれ、受、想、行、識の四蘊（しうん）から成り、空無辺処、識無辺処、無処有処、非想非非想処の四天で構成されている。非想非非想処の天はこころ世界の欲、色、無色三界の諸天のうち最高位に位置している。よってここが有頂天ということになる。ここに生れる者は粗い想念の煩悩がなくなっていて、これを非想の状態という。だが、微細な煩悩はまだ残っている。そのためさらに非非想と書き連ねて、非想非非想の天がほんとうの有頂天になる。仏教以外のインド宗教ではここを解脱の境地とした。しかし、釈迦はここをなお迷いの境地にあるとし、ここからさらに解脱したところに真の涅槃を見出したという。

61 当時、新年に家々を回って祝言を述べ、舞を見せ米銭を請う門付芸であった万歳（まんざい）と『千載和歌集』（1188）を掛けている。現在の漫才はこの万歳を起源にするという。

62 狂句は連歌隆盛期の中世一四世紀の段階では付合の一形式であった。二条良基（1349）はこの付合をつぎのように説明している。「これは定まれる法なし。ただ心ききて興あるようにとりなすべし」。

63 多くの妄想定義であげられている訂正不能性や頑なさは想像されている内容については必ずしも当てはまらない。むしろ、妄想の内容についてはそれが想像であることを反映し、容易に変転し、場合によって妄想の主題性質が変化するようなこともある。たとえば、塩入（1963）は隣家から有害な光線を浴びせかけられているという被害妄想をもっていた患者が、あるときから「彼らは親切だ。有害光線をかけたあとでは『コールド』をかけて治してくれる」というようになり、加えて「生活は自分たちが保証してやる」という幻聴を聞くようになったという例を紹介している。被害妄想から誇大妄想への主題転換により被害者意識が合理化されることなども含め、妄想の想像としての性質にはまさに想像らしさが素直にあらわれる。

64 ちなみに彼らの調査で二番目に高い反応（十段階評定換算で8・2、後記の対表現の肯定方向に向けての反応）が得られたのは妄想信念の「明快さ」であった。しかし、このアナログ視覚尺度（自由反応尺度）をみると、一方の端が「まったく明確であると思う」、他方の端が「まったく奇妙で信じがたいと思う」となっており、この表現が最も高い反応の得られた確信度をみた設問（絶対そうであると信じている—まったく信じていない）と不用意に思えるほど重なっている点が気になるところである。三番目に高い反応（同7・8、対表現の否定方向に向けての反応）が得られた特徴は抵抗（それを考えることがまったく好きではない）の方向であった。

65 藤森は二〇世紀初頭に書かれた門脇真枝の『狐憑病新論』を引き、狐憑きが東洋特有の憑依で西洋にはみられない現象であると指摘している。狐憑きには背後に民話をはじめとする民間伝承の影響があることが明白である。平安時代にはすでによく語られており『源氏物語』でも狐が人に化けるという言い回しは繰り返し登場する。たとえば、宇治十帖「手習」では宇治の院の裏にある森の場面、白いものに出くわした僧都たちが「狐の変化したる。憎し。見現はさむ」「狐の人に変化するとは昔より聞けど、まだ見ぬものなり」などと騒ぐ一件で幕が開く。時代が進み江戸時代ほどになると村落共同体での差別と迫害の社会心理的な要因も被さって狐憑きがあらわれたようすもある。狐が西欧における魔女に似た社会構成的なスケープゴート機能を引き受けたと思われる。狐憑き事例はほぼ大正期までみられた。昭和期のはじめ森田正馬（1928）は狐とともによくみられた犬神憑きなども含め、時代背景をよく反映した豊富な事例紹介と臨床家としての詳しい解釈をしている。西欧では動物憑依といえば狼で、狼化妄想（lycanthropy）がこれに対応する。東西人種の身体構造上、いかにも似つかわしい憑依、変身だったといえそうである。戦後日本人の体格が大型化し、都市化も進展、さらに人はマントや仮面をつけたヒーローに変身するものとなってしまい、昭和に一時期、こっくり（狐狗狸）さんをつうじて蘇ったが、今やほとんどの狐たちは人里から去ってしまった。

66 てんかんの発作軽減のため脳梁を切断した分離脳患者に対する心理学実験で、左右の視野に異なる図形を瞬間提示する。すると左脳は右視野の図形を右脳は左視野の図形を認識する。そこで患者に先に見た図形について発話してもらう。言語野は多くの場合左脳にあるので、患者は左脳が認識した右視野の図形について応える。つぎに患者の眼前にすでに提示した図形を含む複数の図形を提示し、見た図形を左手で選択してもらう。左手は右脳が統御しているので、右脳が認識した左視野の図形を指そうとする。だが、その図形はすぐ前に返答した図形（左脳が認識した）とはあきらかに異なっている。この事態に患者は決してパニックになることなく「きょうは左手の調子がよくなくて思うように動かない」などと説明し辻褄合わせをする。その後、患者は左手を動かす前に左脳が認識した図形をみずから発話し両耳でそれを聞き取って左手を制御するという方略をとるようになる。普段は脳梁を介してやりとりしている左右脳間の情報伝達をことばで外化して代替するのである。

**67** 心理学（psychologia）ということばを最初に造語した人物となると当然定めることは相当むずかしくなる。ちなみに、『心理学史入門』の著者ウェルトハイマー（Wertheimer 1970）の場合は一六世紀の人、マルティン・ルター（Martin Luther）の文章コンサルタントであったという人文主義宗教学者のメランヒトン（P.Melanchthon）をあげている。

**68** ファカルティといえば大学関係者にとってはFD（Faculty Development）のことばが身近にある。一般に教員の授業の内容や方法の改善や向上のための取り組み施策として、研修や研究会、授業の相互参観や学生による授業アンケートのフィードバックなどの活動がおこなわれている。これはいわゆる教員の教育力という観点からそのいわば能力開発と解釈されておこなわれている営みである。だがまさにその点において、直接的にはファカルティ開発になっていないことがある。このずれはファカルティのことばが大学では学部や学部の構成員のことを指して使われてきたことにも由来していよう。だが、たとえそうであったとしても、これではあいかわらずの主体中心、個々の人間中心の力量開発に視野がおさまってしまい、開発の焦点が個々の責任に帰されて全体的には息苦しい空気をつくりがちになってしまう。多くの大学においてFDが課題とされながら、前向きに取り組まれることが困難になっているゆえんはここにある。個々の立場からすれば、はなはだお節介な開発ということである。この空気やそれを正面から突破しようとして生じがちになる局所的な責務感は、かえってもとの意図とは反対に実況環境力としてのファカルティを低下させたり損ねてしまうことにもなりかねない。

個々人の能力開発や改善は不問に付すということではないが、そういう改善が自然に促進されていくような力、すなわち圧力とは異なる環境性能としての力がピュイサンス（パワー）やフォルスとは力のありどころが異なるファカルティのはずである。大学にはその実況環境力に着目してその改善や開発にあたる施策が不足してきた。だからこそFDがテーマになるはずなのだろう。そういえば昭和の時代には「大学のレジャーランド化」ということばが大学の大衆化を揶揄して語られた。だが、時代も大きく変わり、いまや大学が真摯にその本質を学ぶべき場の一つがディズニーランドになっている。もっとも大学はもともとは社会のなかのアジール（公界）として強力にして特殊な環境力を宿した場としてあった。だから、その誇りを取り戻すことや、それを強く維持しつづけることがファカルティ開発の要になることも間違いないだろう。ゆえにそれは決して困難な離れ業ではない。

**69** その説明をしている部分を一部、現代語に直して示せばつぎのとおりである。

「およそ作者はみな創造の想像（クリーチーブイメジイ）を有す。この想像は自心の働をもって人事につき、景物につき、新たなる状態、または新たなる品種を造りだすものなり。あるいは人間の創造の想像なるものはまったく自己の心中より湧出するものなれば、かの認識の物相を仮りたる自動の想像とは別種のものなるかと、答えていわく、たとえ創造の想像と名くといえども、心中まったく一物なきものは、決して新たなる物像を造り出すに能わず、釈迦が須弥山の想像を造れるも、前に日月と

70
か山海とか、人の生死とかいう認識せる事物あるによりて、このごとき広大無辺の想像を造りだしたるものなり、くだって英国のセキスピーヤ、支那の金聖嘆、本邦の紫式部のごときは甲のものよりある色相を取り乙のものより他の色相を取り、これに己の才智を加えて、従前未曾有の理相を造りだせるものなり、ゆえに創造の想像は、すなわち自動の想像にして自動の想像の外に別に創造の想像あるにあらざるなり」

図N2は知覚におけるパースペクティブの効果を語る際にしばしば使われる写真である。だが、この写真は他方で現実にはありえない状態やことがらを想像すること、あるいは想像を痛く刺激するといったことは、当たり前にあることがらの配置を少し変えるだけでわけなく生じることを伝えている。この配置替えやその動きをシュルレアリスムではデペイズマン（dépaysement）と呼ぶ。二〇世紀初頭に便器『泉』を匿名でニューヨーク・アンデパンダン展（salon des artistes independants）に展示しようとして無審査のはずの同展で関係者の想像を痛く刺激しその結果、却下されたという出来事があった。その出来事自体が芸術史に一ページを刻むことになって、作品の価値や意義を高めることにつながったデュシャン（M. Duchamp）の既製品によるレディメイド・オブジェ手法（found art）もその典型である。

71
その九つの因子とは以下のとおりである。（一）文化的手段の利用可能性、（二）文化的刺激に対する開放性、（三）たんにあることではなくて、なることへの強勢、（四）差別なしに、あらゆる市民が文化のメディアに自由に接近できること、（五）厳しい抑圧や絶対的な排斥の後の自由、さらにはある程度の差別、（六）異文化やむしろ対立的な文化の刺激に身をさらすこと、（七）多様な見方への寛容性、（八）おもだった人たちの相互作用、（九）誘因と報償の促進。このなかで（五）に納得するなら、矛盾を回避するためにも（二）は「文化的刺激に対する可能的な開放性」、（四）は「あらゆる市民が文化のメディアに自由に接近できる可能性」としてよいはずである。

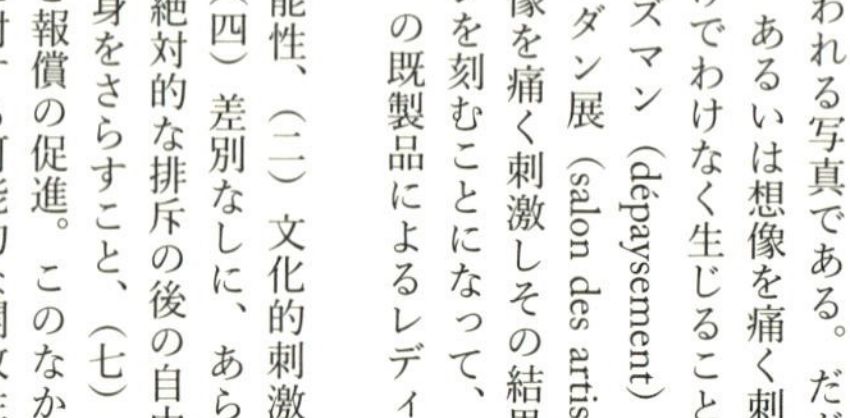
**図 N2**

72
興味深いことには、文芸誌『構想』と思想誌『構想』はジャンルも出版社もまったく異なる雑誌だが、その表紙の意匠は図N3に示すように瓜二つであった。図の左が同人文芸誌『構想』（一九四〇年発行）で右が思想誌『構想』（一九四四年発行）である。発行時期からあきらかだが、後者が前者の装丁をそのまま借用したとしかいいようのない酷似である。念のため改題直前の『知性』誌の表紙デザインをみると、図N4のごとくである。だからもともと前身誌の装丁が文芸誌『構想』のそれに

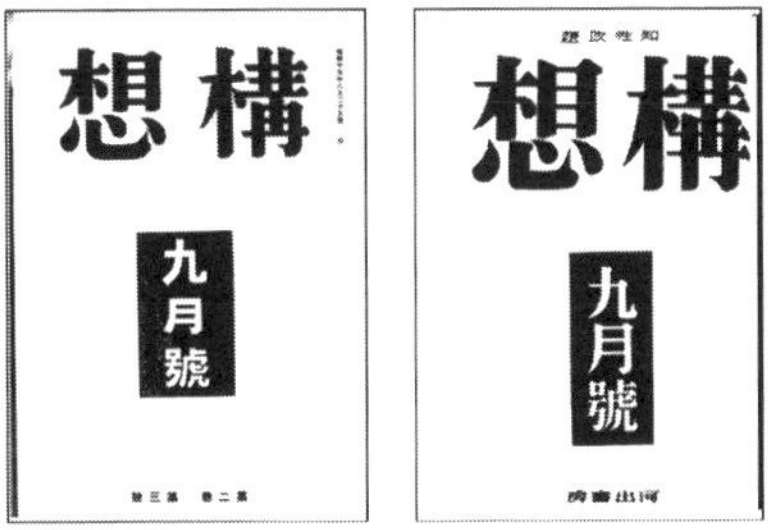

図 N3

図 N5

図 N4

図 N7

図 N6

73

よく似ていたことがわかる。そうなると、逆にこの装丁スタイルは『知性』のものだった可能性もでてくる。遡ってみると、同人誌『構想』の創刊は一九三九年一〇月。三九年はじめの『知性』の表紙は図N5である。四〇年六月号の表紙において「月號」表記のデザインが漢字の四角囲みになっている（図N6）。翌月にはそれを中央にもってきてその真下に出版社名をおく体裁をとった（図N7）。文芸誌『構想』はこの年の秋に創刊している。この経緯から、文芸誌『構想』がまず創刊にあたり『知性』の表紙デザインを参考にし（事実上、真似）、つぎに四年後、思想誌『構想』が改題にあたって『知性』の装丁を真似た文芸誌『構想』と瓜二つの装丁にしたという真似真似合戦があったようにみえる。もっともこれら三誌にかかわった装丁者が同一人物で、かなりルースに装丁を使い回したという可能性もなきにしもあらずである。本題から外れることだが、あまりにも興味深い一致であったため、あえて触れておいた（実際、これらの雑誌の関係を調べるにあたっては当初、同じ題名、同じ装丁の文芸誌『構想』と思想誌『構想』はすっかり同じ雑誌で、途中休刊したのち時代背景もあって内容を文芸から思想へ大幅に変更したものと勘違いした）。

戦後の雑誌『知性』は復興と新興に向かう日本の勤労青壮年層を対象にした教養誌といった位置づけで再登場し、社会世相を汲んだ魅力ある記事が盛り込まれた。全国各地には『知性』友の会というサークルができ、一種の社会教育活動の軸にもなった（誌面に並ぶサークル活動の報告記事などをみると雑誌がサーバーとなって情報活動がなされるネットワーク機能が営まれていた様子がよくわかる。それは活動と郵便と雑誌編集発行という現在の電子ネットワークに比較すれば、とてもゆっくりとしたリズムのなかでの情報網であった。だが、それがかえって人間の知性にとってはほどよい環境であったようにも感じられる）。その後一九五七年四月に河出書房は倒産する。しかし、雑誌発行は『知性』編集部を中心に小石原昭らが「知性社」を創設して同じコンセプトで引き継がれ、同年八月号から復刊する。その後、発行元は「知性アイデアセンター」に改称し同誌は一九七二年まで発行された。なお、戦後一九四九年前後に國土社から同名の『知性』という雑誌が出版されている。丸山真男、長谷川如是閑、野間宏、遠山茂樹、大岡昇平、鶴見和子といった当時すでに刊行されていた『思想の科学』系知識人を中心にした執筆者を揃えていたが、左翼系の論調が顕で刊行は短期間で終わっている。これは上記の『知性』誌の系譜とは異なるものであったとみられる。

74 継承されるといっても事実上のことで、現実は種々の困難が伴ったようである（新村 1970）。新村は戦中をつうじて『辞苑』の改訂をおこなっていたが、博文館が戦時中に軍部を通じて南方投資などをしたこともあり経営的に行き詰まり、加えて戦後に戦争責任追及を受けて解体の憂き目にあう。そのため編者自身が労作改訂の引き受け手を探すことになり、結果的に岩波書店が応じたということであったらしい。博文館と岩波書店は販売手法には似たところがあったが、思想文化的な色合いが大きく異なる出版社であった。だから、出版社間でのやり取りでの継承はありえないケースであった。また船出後も難事があり、『辞苑』を『広辞苑』として出版したことで先に三省堂から出ていた『廣辭林』との類似商標として裁判沙汰になっている。

75 「構想」を書名に含む書籍を二〇〇一～一〇年までのあいだに刊行した出版社（出版元）とその出版数、本文に示した九社以降四点および三点発行した出版社はつぎのとおりであった。
四点が中央経済社、未来予測研究所、東洋館出版社、文真堂、森記念財団、笠間書院、学事出版、ぎょうせい。三点が雄松堂書店、日本経済評論社、筑摩書房、社会評論社、慶應義塾大学出版会、みすず書房、ＰＨＰ研究所、九州大学出版会、ダイヤモンド社。

76 KJ法は川喜田二郎が創造的な問題解決のための技法の一つとして考案した手法である。氏の頭文字をとってＫＪと名づけられている。この方法ではまず、種々の調査から収集された回答を一つずつカードに書き、意味的に類似するカードを二、三枚ずつグループ化する。まとめることのできないカードはそのままにする。こうして形成した最小単位グループのそれぞれに名称をつけ、以降はその名称を手がかりにさらに中グループ、大グループにまとめながら、意味的類似性を相互の距離に反映させつつ二次元に配置し、全体のカテゴリー構造を求める。

77 連言頻度について例をあげて説明しておく。複数回答を許容する設問で、ある回答者がＡ、Ｄ、Ｆの三項目に回答したとき、この連言頻度はＡ-Ｄ、Ａ-Ｆ、Ｄ-Ｆについてそれぞれ一である。別の回答者がＢ、Ｄ、Ｆの三項目に回答したとき、連言頻

78 度はA-D、A-F、B-D、B-Fがそれぞれ一、D-Fが二となる。
この複数の面談経験とは佐藤修（1997）、瀬名秀明（1997）、丹野義彦（1997）、絹川正吉（1997）、大澤真幸（1997）、佐倉統（1997）、川本隆史（1997）のことである。その際の各人の構想という概念に対するコメントを要約して順に示すとおおよそつぎのようになる。

「構想とは見えないものをかたちにすることである。そのために全体をおさえて自分の位置づけと目指すところをしっかり認識し、それにどのように向かっていけるかを考えることである（佐藤）」

「構想とはアイデアをどのように発表していくのか、さらなる構想のためにそれをどのように活用していくべきかを考えることである（瀬名）」

「構想とは全体の環境やシステムのなかで、いかに自分たちが満足できるシステムを立ち上げていくかという調整であり、現在ある環境のなかに自分なりの目的を最適化できるようなシステムやものごとをつくっていくための基本理論である（丹野）」

「構想とは超越的なものへのイマジネーションを人間の力になるようにおさめて構造化することである（絹川）」

「構想とは基本的にはイマジネーションである。新しい社会をつくっていくときの方法として伝統的に社会計画と社会運動という二軸があった。社会構想はそのどちらのアイデアも含むものであり、その際の重要なコンセプトは自由である（大澤）」

「構想とは社会全体の知識やアイデアが煮詰まってきたときに、それまでの蓄積のなかから、思わず出てくる新しいひらめきや発想のことである（佐倉）」

「構想とはある概念を自分で受け止めて、そのときの関係が抱えている問題や歪みや豊かさも含めて創意工夫をして自分なりに組み替え、社会に向けて投げ返す営みである（川本）」

79 実際、カント自身は認識過程における上下の区別を完璧に消し去ったわけではなかった。たとえば、『純粋理性批判』が上梓された数年前におこなわれたと思われる講義録『形而上学L１』のなかには、「上級」「下級」それぞれの認識過程を分けた説明がなされていた（Pölitz 1968）。前者の典型は受容的、不随意的に心像形成をなす感性、後者の典型は能動的、随意的に作者として心像形成をおこなう悟性である。ただし、上級認識能力には下級認識能力としての性質を発揮するような記憶力や構想力があるとする。これが講義録であったことも踏まえれば、こうしたグレードで分別した説明の仕方が理解されやすいことをわきまえてのことだったと思われる。とはいえ当の『純粋理性批判』のなかでも数ヶ所においてであるが「上級・高級」の認識能力として悟性、判断力、理性を語っているところがある。あとでみるように同書第二版では一部、書き換えを含む大きな改訂をおこなったが、その背景の一つには回転様転回によって生じた伝統的観点のめまいとそこから生じた反論に、さすがのカントも落ち着きを失ったということがあったのかもしれない。そのため、少しばかり回転軸の動きを弱め、それとなく重力を加えてみたのかもしれない。

彼の最後の書『人間学』（1798）においても認識過程における階級構造が述べられている。だから、その構図は彼の終生かわらぬ構想としてあったことがわかる。ただし『純粋理性批判』で「内容のない思惟は空虚」と表現したそれは「民衆なき元首はなにもなすことができない」というかたちで記述され、だから位階の称号はあってもそのあいだに争いは生じないという言い方になっている。位階の争いが生じないとみたのが、相手なしでは争いにならないということであったのなら、相手あっての争いごとなのだから不合理な物言いになる。だから、これはそのあいだをとりもつ存在が適切に機能するから、という意味であったとみなければならないだろう。

80 『純粋理性批判』のキーワードの一つである原語“transzendentale”の訳語は訳者により「先験的」と「超越論的」という二通りの訳し方がある。たとえば、天野貞祐（1929）、安藤春雄訳（1931）、桝田啓三郎・高峯一愚（1956）、篠田英雄（1961）、高峯一愚（1974）は「先験的」、他方、原佑（1966）、有福孝岳（2001）、宇都宮芳明ら（2004）、原佑訳の渡邊二郎による補訂（2005）、中山（2010）、熊野（2012）は「超越論的」としている。本来は引用した訳者の表現のとおりにすべきだが、本書では文脈上のわかりやすさを優先して、適宜複数の訳者の引用をあわせたり、差し引いたりして用いる。そのため、同じ原語に対する訳語は同一にしたほうが読みやすいという理由で、相対的に最近の翻訳で採用される傾向が認められる「超越論的」に統一した。

81 実際のところ、構想力に関する説明がなされる以前に、本文中では構想力のことばが用いられている。それは初版と第二版で共通しているかなりはじめの部分で「感性論」の第七項である。そこでは空間と時間には絶対的な実在性がなく現象であるにもかかわらず、それらの絶対的な実在性を主張する人たちの考え方が示され批判的に検討される。その検討において時間と空間の絶対的な実在性を語る考え方には大きく二種類あり、そのうちの形而上学的な自然論者がとる見解、すなわち時間と空間を経験から抽象された並列的関係あるいは継起的関係をもった内属的なものとみなす考え方について、それは結局、時間と空間を構想力の産物とみていることになると説明している。ただし、その構想力についての説明はここではおあづけになる。そのためか、たとえば篠田英雄の訳では他の多くの訳者と異なり、ここには構想力ではなく、「想像力」の訳語をあてている。この説明はカントの立場（時間と空間に関していえば、それは経験から抽象されるもの、想像によるものではなく、現実的知覚に先立ってア・プリオリに認識しうる純粋直観によるもの）とは異なる見解の紹介をしている部分である。そのことからすれば、カントの見解において特有の位置づけと役割をもつ「構想力」がその説明以前で使われることは当然難儀なことである。この点で篠田の対処は適切なことと思われる。

82 直観（Anschauung）は『純粋理性批判』におけるキーワードの一つだが、カント自身はわたしたちに可能なすべての直観は感性的であるとしている。この（感性的）直観には純粋直観と経験的直観がある。前者はア・プリオリな直観で空間と時間についてなされる。この純粋直観によってたとえば、数学の諸対象の形式についての認識ができる。だが、それだけでは「もの」としての認識には至らない。また、時間と空間はわたしたちに諸対象が与えられうる制約と条件になっているが、この制約が及ぶのは感官の諸対象に対して、つまり経験の諸対象に対してである。後者、経験的直観は純粋直観による空間と時間のうえに現実的なものとしてア・ポステリオリに直観される。また、これは純粋悟性概念（カテゴリー）に対して意味と意義を供給する。

**83**

カントはときどき心理学者について言及する。彼は一八世紀のプロイセンに生きた人であったから、彼のいう心理学者とは当然、一九世紀後半にかたちをなす実験心理学以前の学問的萌芽の段階にあった心理学のことである。たとえばカントも学んだはずの『経験的心理学（Psychologia Empirica）』（1734）や『理性的心理学（Psychologia Rationalis）』（1754）を著し、ハレ大学の学長も務めたヴォルフ（Christian vob Wolff）（1673-1754）はその代表的な一人である。彼はライプニッツの後継者に位置づけられる哲学者で、はじめて「心理学（psychologia）」ということばを著書に用いた人といわれている。実際、『純粋理性批判』のなかでは第二版でたびたびヴォルフが引用される。たとえば、つぎのような一節がある。

「ライプニッツ－ヴォルフ哲学は、感性的なものと知性的なものとの相違を単に論理的なものとみなしたことによって、わたしたちの認識の本性と起源とについてのすべての研究に一つのまったく不当な視点を割り当ててしまった」

カントはこの相違は論理的なものではなく、超越論的なものだとみたから、その心理学はカントにとって格好の叩き台になった。

その他、カントにとっては経験論の始祖であるJ・ロックも心理学者の一人と見なしていたかもしれない。やはり『純粋理性批判』のなかで何度も「かの有名な」という枕詞を付してロックを引用している。たとえば、つぎのような一節がある。

「かの有名なロックは、こうした考察の欠如から、そして、彼が悟性の諸純粋概念を経験のうちに見出したがゆえに、それらの概念をも経験から借用し、しかしそれによって、すべての経験の限界をはるかに超え出ている認識をも試み、非整合的に振る舞った」

もう一人、『純粋理性批判』が書かれた時点では相手が子どもであったから当然、彼のいう心理学者の対象ではなかったが、カントの後輩にあたり、ケーニヒスベルク大学哲学教授としてカントのあとを継いだヘルバルト（Johann Friedrich Herbart : 1779-1841）についてもあげておくべきだろう。ヘルバルトは一般には哲学者あるいは近代の教授法を切り開いた教育学者として知られている。だが、彼は同時に近代心理学の確立にも貢献した人である。たとえば、著作のなかには『心理学教科書（Lehrbuch der Psychologie）』（1816）や『科学としての心理学（Psychologie als Wissenschaf）』（1825-25）などがある。心理学は経験的なものでなければならないが、同時に数学的でありうるという主張をもって、カントの心理学批判に対峙し、その後の実験心理学のみならず、ゲシュタルト心理学や、レヴィン（K.Lewin）の場の理論、あるいはフロイトの力動論的なこころの構造論などにつながる淵源的な仕事をなしている。カントの席を継いだ経緯からも推察できるように、心理学に批判的であったカントが晩年に一目おいた存在であったにちがいない。

84 純粋悟性概念とはここで記されているようにカテゴリー（Kategorien）のことである。他の箇所でカントは例をあげてこれをわかりやすく記している。すなわち、皿は経験概念であり、それに対して円が純粋悟性概念である。この純粋悟性概念は感性のうえでは決して直観として見いだされない。だが、それが感性由来の経験概念である皿に見いだされることになるのは（換言すれば、現象にカテゴリー（純粋悟性概念）が適用されるのは）構想力の生み出す超越論的図式に媒介されるからである。この図式とは具体的な皿のような形象ではなく、その形象に円という純粋悟性概念を結びつけた綜合の規則のことである（本文の「図式と構想力」の項参照）。

85 通態的ということばはA・ベルク（Berque）（e.g.,1986）の trajectif という概念に対する彼自身による和訳語でもある（trajet: 通態）。ハイデガーが人間存在のあり方について ex-sistere、外に出ていることを強調したことも関連させ、和辻哲郎の風土論の根幹、すなわち「人間は風土に規定されるだけでなく、風土に働きかけてそれを形成する」という見方を一語で表現しようとしたことばである。近代に先立ってはおそらく普段の感覚に近いものとしてあったと考えられる主観的であると同時に客観的である状態、神話を論理からではなく隠喩から読み、真のみならず真らしきもの、内容だけでなく表現にも等しく価値をおく詩的思考の態度にも通ずる概念である。

86 『構想力の論理』という書名からしてそうだが、三木は非論理的なこころの過程についても「論理」によってとらえている。すなわち、ここの文章でいえば、三木の記述では「ここに非論理的思惟、感情の論理、より適切には想像の論理、あるいは構想力の論理がかかわっている」となる。これは論理的思惟と非論理的思惟という区別の次元よりも一階上の論理の視座にあることをあらわしている。つまり、非論理的論理という次元での感情、想像、構想力の論理ということである。しかし、本書ではこの論理の重層を語ることのわかりにくさを軽減するため、ここでいう一階上の論理は少なくとも文章表現上は論理としてあらわすことを避けている。

87 日本では現代でも署名より朱肉を用いた押印へのこだわりが強い。これには血の象徴による血族化の名残を想像させるものがある。もっとも歴史的事実を辿ってみれば、朱印押印のこだわりと血の象徴化は古来の伝統というわけではなさそうである。たとえば、鎌倉室町以降の武家の時代には公文書でも無印のものが一般化し、自署による花押が取って代わった時代が長くつづいたようである。その後の流れをみていくと、現代の押印へのこだわりは戦国武将あたりから好んで使われるようになった印判状の一つ、朱印状の流れを汲んだものといえそうである。印判状は花押の代替として印章を用いるようになったという経緯をもっている。この印判状では黒印状と朱印状の二種のうち後者により重みが与えられたようである。だから、そこに潜在的には血判がもつ誓約の堅さの象徴という構想が読み取れなくもない。なお、花押ではなく実印の押印を証文に用いることを法的に定めたのは明治政府であった。

88 そのカントの記述をここで確認しておく。「わたしたちは、人間の心の根本的能力すなわちいっさいの認識の根底にア・プリオリに存する能力としての純粋構想力をもつ。わたしたちはこのような純粋構想力によってのみ、一方では直観における単なる多様なものをまったく感性的に綜合し、次にこのようにして綜合された多様なものをさらに純粋統覚による必然的統一の条件と結合する。感性と悟性という両極端は、構想力のこのような先験的機能を介して必然的に結合されねばならない」

89 呪術と魔術はとくに区別せず使われることが多い。三木もその区別について言及せず、冒頭の部分以外は呪術だけで通している。しかし、あえて両者を区別するなら、魔術は呪術の上位概念で、呪術のほかにも奇術や幻術、妖術などを包括した概念であるといえよう。むろん魔術の下位概念間はそれぞれにその身分を区別できる。奇術は種のある手品としての術を指す。幻術になると、奇術と種も仕掛けもない術のどちらともつかない術を指し、妖術はそれらを惑わしの目的をもって使う術をいう。これらに対して呪術はトリックでもマジックでもジャグリング（曲芸や欺き）でもない。呪術は人間の生を基盤に、そこに横溢する力を前提とし、その抑圧や停滞や不調が招く災いをまじないによって制御しようとする術である。その制御は災いを避けるだけでなく、逆に災いを増幅することにも使われる。後者は黒魔術の範疇に属し、邪術、妖術に重なってくる。技術との関連でいえば、奇術は定かな技があってその腕を磨けるからまさに技術である。だが、三木がここであえて技術と呪術との関連を強調しているのはその明示的なところとは異なる技術面を指すためである。

90 科学技術も一般には科学と技術、理論と実践という対立物の発展的統一という弁証法的関係のなかで成り立ったとみることができる。だから、構想力の関与なしにはありえなかったと三木はみている。呪術から科学技術への転換はそのあいだに少なくともつぎのような構想力による媒介過程を経たはずである。すなわち、錬金術の想像力と自然哲学の記憶力は構想力によって経験にもとづく真理の追究を求める科学の知を生み、科学の累積的発展性と工作技術の反復的習熟性が構想力によって絶えざる改良を本性とする科学技術をもたらした。同時にその根底には白魔術と黒魔術を孕んだ呪術が息づいていたから、科学技術が人類に進歩と調和をもたらすものとして表面的な輝きを増すほどに、裏面では並行して人類にとっての災厄と混迷、カタストロフィ的脅威や不安を深め広げることにもなった。呪術から科学技術への位相転換の位相の意味を吟味することと、科学技術のもつこの本源的課題に対応する構想力が人類に対してもっている重要性は大きい。

91 二〇一一年三月の福島第一原発の被災事故などをきっかけに起きた多様な論議のなかで、あらためて「科学技術」ということばの違和性に注目が集まった。そのなかでもともと「科学」と「技術」は性状の異なる概念の組み合わせなのだから、これは「科学・技術」と表記することが適切であるといった見方が提起されもした。しかし、もはやその言い換えがかえって違和感を覚えずにいられないほど「科学技術」は現代に馴染み、浸透してしまっている。

**92** 何度も述べてきたが、内と外、主客という区分けはその実在性を語っているわけではない。それは意識において感じ取られているままの説明上の便宜に沿ったものにすぎない。外と意識されているすがたは内側の世界の産物だから、それが外のことなのか内のことなのかは定めがたい。それでも、感覚知覚の水準で外側の世界とのやり取りがあるという点では外側と内側に違いをみることはできる。

**93** 画家にして大学教員である薮野（2003）は仕事をするアトリエの外部、たとえば会議の場や授業の前後、あるいは電車のなかなどですばらしい構想が湧くという経験を述べているが、そのすぐあとにこんなエピソードを紹介している。
「君！今、僕はとても素晴らしい考えが浮かんだ。全く素晴らしい。いま、すぐに君のところへ出かける」。十五分後、彼は満面の笑顔でやってきた。僕のアトリエで、寝そべり、話し始めた瞬間、彼は青ざめた。「今、まさに、忘れてしまった」と。」

そして薮野はつぎのようにつづけている。

「とても素敵な構想は確実に存在するのだが、あっという間に忘却の彼方に押しやられ、ほんの一瞬またたきするだけなのだ。でも、それを捕獲する方法がない訳ではない。簡単な方法ではあるが、いつも身近なところに紙と鉛筆を置き、しかも絶えず描き続けることだ。気負って「さあ、描くぞ」という時にはミューズの神は既にその場から離れてしまうものだ」

本稿の見方ではこのように紹介されている構想も本文の菊竹と同様、想像の過程であり、紙と鉛筆を用意して捕獲しつづける行為こそが構想そのものということになる。

**94** ちなみにＰＤＣＡサイクルは品質管理で名を馳せた統計学者のデミング（W.E.Deming）に由来するもののように語られることがある。しかし、実際にこれを発案したのは日本人で、水野滋などである。水野らは品質管理のコンサルタントであったジュラン（J.M.Juran）の定義「管理とは標準を設定し、これに到達するためになすべきすべての段階である」に即して、デミングが述べていた設計―製造―検査販売―調査サービスのマネジメントサークルを敷延するかたちでこのモデルを提起した。その原型は水野・富沢（1959）が計画（プラン）―実行―反省（チェック）―処置（アクション）の管理のサークルとして示している（このときはサイクルではなくマネジメントサークルからの派生をあらわすようにサークルとされていた。実行については英単語のカタカナ表記はなく、処置はアクトではなくアクションとされていた。当初はＰＤＣＡの略称もなかった）。アクションは計画の修正としてあると述べられているが、発想の原点は反省して処置するというところにあったことがわかる。

**95** 失行の分類についてはリープマン（Liepmann 1905）以降、肢節運動失行（運動が緩慢、不器用、大まかになる）、および観念運動失行と観念失行が大別されてきている。だが、とくに後二者の定義は研究者によってばらつきが目立ち、そのことや名称そのものの問題などが指摘されてきており（e.g., 鎌倉 2002; 河村ら 2008）、現在も定まっていない。本文で示した二大別の定義も比較的これに則る例が多いと思われる山鳥（1984）の定義に沿ったものであり、必ずしも見解に一致をみているわけではない。とくにその観念運動失行に挨拶動作のような道具使用を前提としない動作の失行と、道具の使用をパントマイムでおこなう動作の失行を共に含ませている点には疑問が呈されている（元村ら1996）。

定義が安定しない大きな理由は、実際の個々の臨床例での症状が他の障害による症状との重なりなども影響して截然と分画できないことが多いためである。また、臨床研究の常として検査方法が研究者によってまちまちで、独自の材料を用いたり、教示や検査手続きが意外なほど大ざっぱな例があることも災いしていると思われる（河村ら（2008）の文献には失行患者の検査状況の映像がＤＶＤで付属しているが、それを見ると失行の実際の様子がわかるだけでなく、おそらく著者たちの意に反してであろうが、検査の仕方の問題もよくわかる）。

なお、他の失行分類としては、たとえば、着衣失行や発語失行や構成失行（部品を組み合わせたり、立体図を描くことに難儀する）などがある。観念失行のうち、系列的な道具の使用ではなく、単一の道具の実使用ができない場合をとくに概念失行（conceptual apraxia）と呼ぶこともある（Ochipa et al. 1992）。

**96** ベルグソンは習慣記憶と対置した純粋記憶を表象記憶とも表現した。これは心像を表象とみなしたことによる。本稿では１・２で確認したように、心像と表象は同義とみておらず、表象は心像と物象を通態的に語るイメージとしてとらえている。だからベルグソンとは反対に、表象記憶といえば、まさに習慣記憶を指すことになる。

**97** 暦は天体の運行・変化にそくして集団の供犠を歳事とし、自然運行に律動して社会行動を制御する構想として成立したとみることができる。その意味で暦自体の出自は社会的な展望記憶としてあったといえる。時間の歴史研究をなしたアタリ（Attali 1982）も暦を「最初のコードであり、最初の社会的道具、最初の神話、最初の聖なる書であった」と表現している。

**98** ヒトの海馬が認知地図の形成や利用、あるいはそこまではいわないまでも場所や方向の記憶に特異的な役割を果たしているとする知見は比較的一定の研究グループから継続的に提示されてきている。ただし、必ずしも一般性をもって報告されているわけではない。むしろ、海馬は時空の様相に非特異的で、あらゆるエピソードを柔軟に関連づけていく記憶系としてあり、空間的な事象の記憶はその一部としてあらわれているとする見方もある（Eichenbaum 2004; Eichenbaum et al. 1999）。これは地図が基本的にメモを起源とし、日常的にメモとしての地図が普通に役立っていることからすれば当然みえてくるはずの見解といえよう。

## 第八章

**99** ２・４・１で述べたように、ここではforceをあえてフランス語読みのフォルスと表記する。英語のフォースでは兵力や強制力といった意味あいが強くなるが、フランス語の場合、人間の非理性な力の意味あいがあって、ここでいう力のニュアンスにより近いからである。

100 またうど＝まとうど（全人）な犬は忠義一辺倒の偏頗な記憶力試験と不正行為言説とのロゴス的関係。対して現実の恋に生きる猫はわたしたちの記憶力のパトス的生態そのものになっている。

101 木前（2008）によるメタ構想力の説明を本稿での用語を適宜、註として加えながら引用しておく。「このようにすでに不在となった他者たちによる記号・シンボルの痕跡【構想：本稿筆者註】から、かれらの想像力のプロセスをあらたな状況下で反復し【構想力のファカルティによる想像の励起：本稿筆者註】、そこになんらかの類似関係を見いだすファンタジアとインゲニウム、さらにはメモリアの作用（右の例では、コレクティブなファンタジア【構想：本稿筆者註】にたいするリコレクティブなファンタジア【構想力のファカルティにより励起された想像力の作用：本稿筆者註】）を、ここではメタ構想力と呼んでおきたい。他者の構想力に対して自己の記憶や想像、創意を働かせる能力、表象を表象する能力――この意味でメタ次元にある構想力である」

102 ハーローがその一連の実験で用いた装置は、ＷＧＴＡ（Wisconsin General Test Apparatus）と名づけられた。この装置はその後現在に至るまで、主としてサルや幼児を被験体にした広汎な学習実験などで改良されながら使われ続けている。

103 通常の弁別課題ではたとえば「赤」と「緑」が刺激で「赤」が正刺激、「緑」が負刺激であれば「赤」への反応が十分確立したことをもって学習の獲得が判断される。一方、ハーローの学習セットの訓練ではたとえば、正反応が続いたら、別の新奇な刺激対、たとえば「四角」と「三角」に変える。第一試行はでたらめに反応せざるをえない。しかし、それが正答すればその刺激に反応しつづけ、誤答した場合は他方の刺激に反応していくことで最適に遂行していくことができる。こうして以降、刺激対が変化した際に同様の反応方法をとれれば、セットの学習を確認することができる。このように書けば簡単なことだが、この反応の仕方を事前に知らない被験体にとってはなかなか困難な課題になる。人間がおこなっても迷信的な反応、不適切な学習セットを形成しがちになり容易には獲得できない。

104 この engagement は文脈的にフランス語の engagement、しかも サルトルの用語アンガージュマンの意味合いを含めてみると一層適するように思われる。

105 ラテン語 ingenium は英語では ingenious あるいは ingenuity に相当し、器用な、巧みな、独創的な、発明の才、工夫する力といった意味になる。

106 構想を異化してさらなる想像展開を誘うとは、構想を認識することでそれが想像内容と異なる点を一層際立たせて、表現しきれずにいたところの表現化に向かうためのさらなる想像―構想過程に入るということである。

107 「型」の字は「刑」に「土」で構成されているが、「刑」のもともとの意味は刀（旁のリ）でこらしめて、わく（偏は井）に入れることだそうで、それが土のわくということである。とはいっても土牢ではなく、鋳物の鋳型を指しているらしい。

108 制度化された文化資本がもつ社会的認証の仕組みそのものが孕む困難さとは、第二位相の型の確立を的確に認めることのむずかしさによる。それを社会制度的に認証しようとする場合には社会と制度が宿す問題性が入り込んできて、一層困難さが増す。

109 ブルデュー（Bourdieu 1979b）自身はこれを魔術として語っている。すなわち「制度として確定する権力、つまり目にみえるようにし人を信じさせる、一言で言えば承認させる権力のもつパフォーマティヴな魔術」。それゆえに制度化された文化資本の典型である学歴や資格、免許に関する言説はその実質的な意味をめぐって尽きることなく湧き出ることになる。

110 鹿毛（1991）は裏的（うらまと）をつぎのように説明している。「裏的とは十五間先の垜（あずち、安土）の的に対して、（それと）反対側の後の十五間の処に想定される的をいう。虚の裏的から押し手への線に支えられたその延長線上の垜の的への狙いは確実である」

111 当時のビール市場の主たるシェアを握る中心域にはキリンビールの「ラガー」があり、ついでサッポロビールの「黒ラベル」、キリンの「一番搾り」があった。アサヒビールもその域で「本生」を中軸に据えていたがシェアは後塵を拝していた。なお、ここで記していることは当時、コーポレート・アイデンティティやブランド、マーケティングの領域で実業の仕事に携わっていた著者が前後して国内二社のビール事業に関わる仕事に従事した経験にもとづいている。

栗本（1981）のいう闇の都市とは人間にとって意図的につくられる都市のもつ光と闇の構造的、本源的な二元性のことである。政治の中心地、王と貴族や武家屋敷のある政（祭り）の中心としての光の都市に対置されて構成される闇の都市は商業の中心地において冥界や他界への入口としてあり、基本的には異邦人の居留地（宿、ホテル）、他界からの珍しいものが並ぶ市場と人呼びのための見世物が並ぶ場所である。都市は人間の空想や幻想や理想が織りなすイメージを構想したものゆえに、そこには情念や無意識的な心的エネルギーが露出するパトス的闇とそれを際立たせる記号あらわなロゴス的光が、地勢的にも分け組み合ってあらわれているという見立ては本稿の観点と重なってくる。

## 第九章

112 たとえば、前田ら（2006）の編著のなかに登場する複数の著者たちは大枠において環境知能を同様におさえていることがわかる。ただし、そのなかで石黒（2006）の場合は「環境との相互作用、他者との相互作用に宿る知的な現象という意味で環境知能ということばを私自身は使ってきた」だからみなさんと同じ意味で使っていると思う、としているのだが、この相互作用の部分に知能発現をみる視点はお節介ながら環境知能というよりは、むしろ知能環境としての観点で知能をみていることを示している。

Antiquity to the Space Age revised" Alfred A. Knopf. 鈴木主税訳 2001『地図を作った人びと 古代から観測衛星最前線にいたる地図製作の歴史』河出書房新社 .
Wilson,S.C. & Barber,T.X.1978 The Creative Imagination Scale as a measure of hypnotic responsiveness: Applications to experimental and clinical hypnosis. American Journal of Clinical Hypnosis, 20, 235–249.
Wiesel,T.N. & Hubel,D.H. 1963 Single-cell responses in striate cortex of kittens deprived of vision in one eye. Journal of Neurophysiology, 26, 1003–1017.
Winnicott, D.W. 1971 "Playing and Reality" Tavistock Publications. 橋本雅雄訳 1979『遊ぶことと現実』岩崎学術出版社 .
Wooffitt,R. 1992 "Telling Tales of the Unexpected : The Organization of Factual discourse" Prentice Hall. 大橋靖史・山田詩津夫訳 1998『人は不思議な体験をどう語るか : 体験記憶のサイエンス』大修館書店.
The Work Group to Revise DSM–III of the American Psychiatric Association 1987 "Diagnostic and statistical manual of mental disorders : DSM–III–R"American Psychiatric Association.
Wundt,W. 1896 Grundriss der Psychologie. Leipzig: W.Engelmann. 元良勇次郎・中島泰蔵訳 1898–1899『ヴント氏心理學概論・上中下巻』冨山房.
薮野健 2003『絵画の着想　描くとはなにか』中央公論新社 .
山田奨治・岩井茂樹編著 2006『連歌の発想:連想語彙用例辞典と、そのネットワークの解析』国際日本文化研究センター.
山田武太郎 1893『日本大辞書』大空社 .
山鳥重 1984 古典失行の症候学—その分類上の問題 , 神経研究の進歩, 28, 1032–1038.
山崎正一・市川浩編 1970『現代哲学事典』講談社 .
柳田國男 1933『桃太郎の誕生』三省堂.
八杉龍一 1996『岩波生物学辞典 第 4 版』岩波書店.
Yates,F.A. 1966 "The Art of Memory" Routledge and Kegan Paul.　玉泉八州男監訳 1993『記憶術』水声社 .
Yates,F.A. 1972 "The Rosicrucian Enlightenment" Routledge and Kegan Paul. 山下知夫訳 1986『薔薇十字の覚醒 : 隠されたヨーロッパ精神史』工作舎 .
吉村久夫 2006『本田宗一郎と井深大に学ぶ現場力』日本経済新聞出版社 .
与謝野晶子 1917「夢の影響」『第 5 評論感想集 愛、理性及び勇気』「定本・与謝野晶子全集 第 16 巻」1980 講談社に所収.
Young,J.S. & Simon,W.L. 2005 "Icon Steve Jobs: The Greatest Second Act in the History of Business" John Wiley & Sons. 井口耕二訳 2005『スティーブ・ジョブズ：偶像復活 』東洋経済新報社 .
世阿弥 1400–12『風姿花伝』岩波書店.
全国出版協会出版科学研究所 2010『出版指標年報 2010』全国出版協会出版科学研究所.

Bedeutungslehre" Springer. 日高敏隆・野田保之訳 1973『生物から見た世界』思索
梅本尭夫 1969『連想基準表：大学生 1000 人の自由連想による』東京大学出版会.
梅津八三他編 1957『心理学事典』平凡社 .
VandenBos, G.R.（Ed.）2007 "APA dictionary of psychology" American Psychological Association.
Vico,G. 1709 "De Nostri Temporis Studiorum Ratione" 上村忠男・佐々木力訳 1987『学問の方法』岩波書店.
Vico,G. 1710 "De Antiquissima Italorum Sapientia ex Linguae Latinae Originibus Eruenda, Liberprimus Sive Metaphysicus" 上村忠男訳 1988『イタリア人の太古の知恵』法政大学出版局.
Vico,G. 1725 "Principî di Scienza Nuova" 清水純一・米山喜晟訳 1979『新しい学』清水幾多郎編『世界の名著 33 ヴィーコ』中央公論社 .
Vitruvius "De Archtecture" 森田慶一訳 1969『ウィトルウィウス 建築書』東海大学出版会.
Vygotsky, L. S. 1930 "ВООБРАЖЕНИЕ И ТВОРЧЕСТВО В ДЕТСКОМ ВОЗРАСТЕ" 広瀬信雄訳『子どもの想像力と創造』新読書社 .
Vygotsky, L. S.1956 "Мышление и речь" 柴田義松訳 2001『思考と言語　新訳版』新読書社 .
我妻洋 1955「夢・空想」宮城音彌編 1955『現代心理学 4　人間性の心理学』河出書房　第 5 章「人間の創作」に所収.
Wallas, G. 1926 "The Art of Thought" J.Cape.
Warnock, M. 1994 "Imagination and Time" Blackwell.
Weber,W., Rabaey,J.M. and Aarts,E. 2005 "Introduction" In W.Weber, J.M.Rabaey and E.Aarts（Eds.）2005 "Ambient Intelligence" Springer.
Weizsäcker,V. 1940 Der Gestaltkreis : Theorie der Einheit von Wahrnehmen und Bewegen.Georg Thieme. 木村敏・浜中淑彦訳 1975『ゲシュタルトクライス：知覚と運動の人間学』みすず書房.
Wellman,H.M. & Gelman,S.A. 1992 Cognitive development: Foundational theories of core domains. Annual Review of Psychology, 43, 337–375.
Wenzel, R., Bartenstein, P., Dieterich, M., Danek, A., Weindl, A., Minoshima,
S., Ziegler,S., Schweiger,M. and Brandt,T. 1996 Deactivation of human visual cortex during involuntary ocular oscillations: a PET activation study. Brain, 119, 101–110.
Werner, H. 1948 "Comparative Psychology of Mental Development, 2nd ed." International Universities Press. 鯨岡峻・浜田寿美男訳 1976『発達心理学入門：精神発達の比較心理学』ミネルヴァ書房.
Wertheimer,M. 1970 "A Breif History of Psychology" Holt Reinhart and Winston. 船津孝行訳 1971『心理学史入門』誠信書房.
White, A.R. 1990 "The Language of Imagination" Blackwell.
Wilford,J.N. 2000 "The Mapmakers : The Story of the Great Pioneers in Cartography from

遠山奈穂美 1991「ファンタジア」浅香淳編『新訂標準音楽辞典』音楽之友社に所収.
徳田良仁 1986『芸術を創造する力』紀伊國屋書店.
徳丸壮也 1999『日本的経営の興亡:TQC はわれわれに何をもたらしたのか』ダイヤモンド社 .
Tolman,E.C. 1948 Cognitive maps in rats and men, Psychological Review, 55, 189–208.
舎人親王ら撰 720『日本書紀』坂本太郎・家永三郎・井上光貞・大野晋校注 1994『日本書紀一』岩波書店.
鳥越信 1983『桃太郎の運命』日本放送出版協会.
豊田弘司 1987 記憶における精緻化（elaboration）研究の展望 , 心理学評論 , 30, 402–422.
Trapold,M.A. 1970 Are expectancies based upon different positive reinforcing events discriminably different ? Learning and Motivation, 1, 129–140.
Treisman,A. and Souther,J. 1985 Search asymmetry: a diagnostic for preattentive processing of separable features. Journal of Experimental Psychology: General, 114, 285–310.
辻惟雄 1970『奇想の系譜 又兵衛―国芳』美術出版社 .
月本洋・上原泉 2003『想像：心と身体の接点』ナカニシヤ出版 .
Tulving,E. 1972 Episodic and semantic memory. In E.Tulving and W.Donaldson（Eds.）Organization of Memory. Academic Press pp.381–403.
Tulving, E..1991 Episodic memory. In M.W.Eysenck（Ed.）"Dictionary of Cognitive Psychology" Blackwell. 野島久雄　重野純　半田智久訳 1998『認知心理学事典』新曜社 .
Tulving, E. 2002 Chronesthesia: Conscious awareness of subjective time. In D.T. Stuss and R.T.Knight（Eds.）"Principles of Frontal Lobe Function" Oxford University Press. pp.311–325.
Turner,V.W. 1969 "The Ritual Process : Structure and Anti-structure" Aldine Publishing Co. 冨倉光雄訳 1976『儀礼の過程』思索社 .
Turner,V.W. 1974 "Dramas, Fields, and Metaphors: Symbolic Action in Human Society" Cornell University Press. 梶原景昭訳 1981『象徴と社会』紀伊國屋書店.
Tversky,A. and Kahneman,D. 1983 "Extensional vs. intuitive reasoning: the conjunction fallacy in probability judgement" Psychological Review, 90, 293–315.
内田弘 2004『三木清：個性者の構想力』御茶の水書房.
内田伸子 1990『想像力の発達』サイエンス社 .
内田伸子 1994『想像力』講談社 .
内田伸子編著 2005『心理学　こころの不思議を解き明かす』北生館 .
上田萬年・松井簡治 1928『大日本国語辞典』修正版 冨山房.
上田萬年・松井簡治 1940『大日本国語辞典』修訂版 冨山房.
上村忠男 1988『ヴィーコの懐疑』みすず書房.
上野陽一 1914『心理學通義』大日本図書.
Uexküll,J.J. von and Kriszat,G. 1934 "Streifzüge durch die Umwelten von Tieren und Menschen ;

104, 642–647.
田子多津子　1993『綱要』の解説 上智大学中世思想研究所 1993『中世思想原典集成 5』平凡社 .
高木正夫編 1945『構想』第 8 巻 1 号 , 河出書房.
高橋五郎 1888『和漢雅俗いろは辞典』大空社 .
高橋穣 1917『哲学叢書十二編心理学』岩波書店 .
高橋俊彦 1995『妄想症例の研究』金剛出版 .
高野陽太郎 1981 心像の概念的考察 心理学評論 , 24, 66–84.
武政太郎 1949『心理学』教育科学社 .
田中久文 2001「虚無からの形成力 ― 三木清における「構想力」論」日本哲学史フォーラム『日本の哲学』2, 27–43.
谷川浩司 2007『構想力』角川書店.
丹野義彦 1997 丹野義彦へのインタビュー、半田智久制作 1997『公開シンポジウム : 知能環境論 : 構想への接近』宮城大学に所収.
田代慶一郎 1994『夢幻能』朝日新聞社 .
Taton,R. 1955 “Causalité et accidents de la découverte scientifique” Masson et Cie. 渡辺正雄・伊藤幸子訳 1968『発見はいかに行なわれるか』南窓社 .
寺岡隆 1971「予想と決定」詫摩武俊・金城辰夫・大山 , 正 1971『心理学を学ぶ』有斐閣に所収.
手塚治虫・石子順 1992『手塚治虫 漫画の奥義』講談社 .
Thomas, N.J.T. 1999 Are theories of imagery theories of imagination? an active perception approach to conscious mental content. Cognitive Science, 23, 207–245.
Thomas, N.J.T. 2003 Mental imagery, philosophical issues about. In L. Nadel (Ed.) “Encyclopedia of Cognitive Science” (Vol. 2) Nature Publishing Macmillan, pp.1147–1153.
Thompson, P. 1980 Margaret Thatcher: a new illusion. Perception, 9, 483–484.
Tinbergen,N. 1951 “The Study of Instinct” Oxford University Press. 永野為武訳 1975『本能の研究』三共出版 .
Tinbergen,N. and the editors of Life 1965 “Animal behavior” TIME. 丘直通訳 1977『動物の行動』パシフィカ.
Titchener,E.B. 1898 “A Primer of Psychology” Macmillan. 岡島亀次郎訳 1929『心理學概論』理想社出版部 .
Tocqueville,A. 1952 “L’Ancien Régime et la Révolution par Georges Lefebvre, Note préliminaire par J.P.Mayer” Gallimard.　小山勉訳 1998『旧体制と大革命』筑摩書房.
Todorov,T. 1970 “Introduction à la littérature fantastique” Éditions du Seuil. 三好郁朗訳 1999『幻想文学論序説』東京創元社 .
戸川行男 1957「記憶」梅津八三他編『心理学事典』平凡社に所収.
戸川行男・倉石精一 1958『連想検査法』白亜書房.

塩入円祐 1963『精神医学ハンドブック』日本文化科学社 .
小学館編 2003『国語大辞典』『スーパーニッポニカ 2003』小学館に所収.
出版年鑑編集部編 2005『出版年鑑 2006』出版ニュース社 .
Singer,D.G. and Singer,J.L. 1990 “The House of Make-Believe: Play and the Developing Imagination” Harvard University Press. 高橋たまき・無藤隆・戸田須恵子・新谷和代訳 1997『遊びがひらく想像力 創造的人間への道筋』新曜社 .
Skinner,B.F. 1948 “Walden Two” Macmillan. 宇津木保・うつきただし訳 1969『心理学的ユートピア』誠信書房.
Slamecka,N.J. and Graf,P. 1978 The generation effect: delineation of a phenomenon. Journal of Experimental Psychology : Human Learning and Memory, 4, 592–604.
Smirnova, A. A. 1962 “Psikhologiia : uchebnik dlia pedagogicheskikh institutov”. 柴田義松・島至・牧山啓訳 1965『心理学：ソビエトの教科書』明治図書出版 .
Smith,E.E. 1989 Concepts and induction. In Posner,M.I.（Ed.）“Foundations of Cognitive Science” MIT Press. 佐伯胖・土屋俊監訳 1991『記憶と思考』産業図書に所収.
Sokurov,A,N.（direction）2006 “Elegiya Zhizni. Rostropovich. Vishnevskaya” 映画『ロストロポーヴィチ 人生の祭典』.
園原太郎・柿崎祐一・本吉良治編 1971『心理学辞典』ミネルヴァ書房.
Sorokera, N., Calamarob, N., Glicksohnc, J. and Myslobodskyb,M. S. 1997 Auditory Inattention in Right-hemisphere-damaged Patients with and without Visual Neglect, Neuropsychologia, 35, 249–256.
外林大作・辻正三・島津一夫・能見義博編 1981『誠信心理学辞典』誠信書房.
曾子『大学』金谷治訳注 1998『大学・中庸』岩波書店.
Spelke,E.S. 1991 Physical knowledge in infancy: Reflections on Piaget’s theory. In S.Carey and R.Gelman（Eds.）The Epigenesis of Mind: Essays on Biology and Cognition. Lawrence Erlbaum, pp.133–169.
Strindberg,J.A. 1902 “Ett Drömspel” 毛利三彌訳「夢の劇」毛利三彌・会田由・高橋康也・米川和夫・佐藤恭子訳 1971『現代世界演劇 3 詩的演劇』白水社に所収.
Stuss,D.T. and Knight,R.T.（Eds.）2007 “Principles of Frontal Lobe Function” Oxford University Press.
Suddendorf,T. & Busby,J. 2003 Mental time travel in animals? Trends in Cognitive Sciences, 391–396.
Sully,J. 1884 "Outlines of Psychology: with Special Reference to the Theory of Education. D.Appeleton and Co.
Swift,J. 1726 “Gulliver’s Travels” 平井正穂訳 1980『ガリヴァー旅行記』岩波書店.
Szpunar,K.K., Watson,J.M. and McDermott,K.B. 2007 Neural substrates of envisioning the future. Proceedings of the National Academy of Sciences of the United States of America,

しての世界 I・II・III』中央公論新社 .
Schuhl,P-M. 1969 “L’imagination et la merveilleux : la pensee et l’action” Flammarion. 谷川渥訳 1983『想像力と驚異』白水社 .
Schumpeter,J.A. 1927 “Unternehmer” G.Fischer. 清成忠男編訳 1998『企業家とは何か』東洋経済新報社 .
Schumpeter,J.A. 1950 “Capitalism, Socialism and Democracy” Harper & Brothers. 中山伊知郎・東畑精一訳 1951『資本主義・社会主義・民主主義　上下』東洋経済新報社 .
Schwartz,S. and Maquet,P. 2002 Sleep imaging and the neuropsychological assessment of dreams. Trends in Cognitive Sciences, 6, 22–30.
Seatle,J.R. 1979 “Metaphor” In A.Ortony ed. “Metaphor and Thought” Cambridge University Press. 渡辺裕訳「隠喩」佐々木健一編訳 1986『創造のレトリック』勁草書房に所収.
瀬名秀明 1997 瀬名秀明へのインタビュー、半田智久制作 1997『公開シンポジウム : 知能環境論：構想への接近』宮城大学に所収.
Sendak,M. 1970 “In The Night Kitchen”　神宮照夫訳 1982『真夜中の台所』冨山房.
Servos,P. & Goodale,M.A. 1995 “Preserved visual imagery in visual form agnosia” Neuropsychologia, 33, 1383–1394.
Shakespeare,W. “A Midsummer Nights Dream”　小田島雄次訳 1983『夏の夜の夢』白水社 .
Shapiro,G. 1986 “A Skeleton in the Darkroom: Stories of Serendipity in Science” HarperCollins. 新関暢一訳 1993『創造的発見と偶然　科学におけるセレンディピティー』東京化学同人.
Shepard, R.N. and Metzler, J. 1971 Mental rotation of three-dimensional objects. Science 171, 701–703.
出版年鑑編集部編 2005『出版年鑑 2006』出版ニュース社 .
嶋津好生 1982『概念記憶システムの研究 : 概念記憶の意味ネットワークモデルと連想プロセッサによる実現法』九州大学出版会.
下中邦彦編 1971『哲学事典』平凡社 .
Simons, D.J. and Chabris, C.F. 1999 Gorillas in our midst: sustained inattentional blindness for dynamic events. Perception, 28, 1059–1074.
Simons, D.J., and Levin, D.T. 1997 Change blindness. Trends in Cognitive Sciences, 1, 261–267.
新村出編 1935『辞苑』博文館 .
新村出編 1955『広辞苑 初版』岩波書店.
新村出編 1976『広辞苑 第 2 版補訂版』岩波書店.
新村出編 1983『広辞苑 第 3 版』岩波書店.
新村出編 1991『広辞苑 第 4 版』岩波書店.
新村出編 1998『広辞苑 第 5 版』岩波書店.
新村出編 2008『広辞苑 第 6 版』岩波書店.
新村猛 1970『広辞苑物語』芸術生活社 .

夢想』白水社 .
Rubinshtein,S.L. 1946 Osnovy obshchei psikhologii. С.Л.Рубинштейн, Основ ы обшей Психологии. Издание Второе, Государств нное Учебно-педагогическо Издательство, Москв. 吉田章宏訳者代表 『一般心理学の基礎 I ～ IV』明治図書出版 1982.
Ruskin,J. 1843–60 "Modern Painters" George Allen & Sons.（2nd.1909）. 内藤史朗訳 2003『構想力の芸術思想 近代画家論・原理編 II』法蔵館 .
Ryle,G. 1949 "The Concept of Mind" Hutchinson. 坂本百大・宮下治子・服部裕幸 1987『心の概念』みすず書房.
相良守次 1968『心理学概論』岩波書店.
Said, E.W. 1975 "Beginnings : Intention and Method" Basic Books. 山形和美・小林昌夫訳 1992『始まりの現象 : 意図と方法』法政大学出版局.
Saint-Exupéry,A. 1946 "Le Petit Prince" Librairié Galimard. 内藤濯訳 1962『星の王子さま』岩波書店.
斎藤槙 2004『社会起業家―社会責任ビジネスの新しい潮流』岩波書店.
坂部恵 1998「構想力」廣松渉・子安宣邦・三島憲一・宮本久雄・佐々木力・野家啓一・末木文美士編 1998『岩波哲学・思想事典』岩波書店に所収.
佐倉統 1997 佐倉統へのインタビュー、半田智久制作 1997『公開シンポジウム : 知能環境論 : 構想への接近』宮城大学に所収.
三省堂編修所編 1958『広辞林 新版』三省堂.
三省堂編修所編 1983『広辞林 第六版』三省堂.
Sarbin, T.R. and Juhasz, J.B. 1970 "Toward a theory of imagination" Journal of Personality, 38, 52–76.
Sartre,J. 1940 "L'imaginaire : psychologie phenomenologique de l'imagination" Gallimard. 平井啓之訳 1975『サルトル全集 第 12 巻 想像力の問題 : 想像力の現象学的心理学』人文書院に所収.
佐藤幸治編著 1949『心理學汎説』黎明書房.
佐藤修 1997 佐藤修へのインタビュー、半田智久制作 1997『公開シンポジウム : 知能環境論 : 構想への接近』宮城大学に所収.
Scarbrough,D.L., Gerard,L. and Cortese,C. 1979 Accessing lexical memory: transfer of word repetition effects across tasks and modality. Memory and Cognition, 7, 3–12.
Schlegel,F.V. 1882 Seine Prosaischem Jugendschriften. Hrsg.v,J.Minor.Wien など 山本定祐編訳 1978『ロマン派文学論』冨山房.
Schofield, M. 1978 Aristotle on the imagination. In G.E.R. Lloyd and G.E.L. Owen（Eds.）"Aristotle on the Mind and the Senses: proceedings of the seventh Symposium Aristotelicum" Cambridge University Press, pp. 99–140.
Schopenhauer,A. 1819 "Die Welt als Wille und Vorstellung" 西尾幹二訳 2004『意志と表象と

Chatillon,J., Duchet-Suchaux,M et Longere,J. 1997 Editions du Cerf.

Richardson,A. 1969 “Mental Imagery” Routledge and Kegan Paul. 鬼沢貞・滝浦静雄訳 1973『心像』紀伊國屋書店.

Richter, J.P. 1883 “The Notebooks of Leonardo Da Vinc” The Project Gutenberg eBook 2004 [EBook #5000].

Roberts,R.M. 1989 “Serendipity : Accidental Discoveries in Science” Wiley. 安藤喬志訳 1993『セレンディピティー：思いがけない発見・発明のドラマ』化学同人.

Robinson,E.S. and Robinson,F.R. 1923 “Readings in General Psychology” The University of Chicago Press.

Rode,G., Revol,P., Rossetti,Y., Boisson,D. and Bartolomeo,P. 2007 Looking while imagining : The influence of visual input on representational neglect. Neurology, 68, 432–437.

Roe,A. 1951 A study of imagery in research scientists. Journal of Personality, 19, 459–470.

Roeckelein,J.E. 2004 “Imagery in Psychology : A Reference Guide” Praeger.

Roenker,D.L., Wenger,S.K., Thompson,C.P. and Watkins,B. 1978 Depth of processing: When the principle of congruity falls. Memory and Cognition, 6, 288–295.

Roland, P.E. and Gulyas, B. 1995 Visual memory, visual imagery and visual recognition of large field patterns by the human brain: functional anatomy by positron emission tomography, Cerebral Cortex, 5, 79–93.

Rosch,E. 1973 On the onternal structure of perceptual and semantic categories. In T.E. Moore (Ed.) “Cognitive Development and the Acquisition of Language” Academic Press.

Rosch,E. 1978 Principles of categorization. In E.Rosch and B.B.Lloyd (Eds.) “Cognition and Categorization” Erlbaum.

Rosenbaum,R.S., McKinnon,M.C.,Levine,B. and Moscovitch,M., 2004 Visual imagery deficits, impaired strategic retrieval, or memory loss: disentangling the nature of an amnesic person's autobiographical memory deficit. Neuropsychologia, 42, 1619–1635

Rosenbaum,R.S., Köhler,S.,Schacter,D.L., Moscovitch,M., Westmacott,R., Black,S.E., Gao,F. and Tulving,E. 2005 The case of K.C.: contributions of a memory-impaired person to memory theory, Neuropsychologia, 43, 989–1021.

Rosenthal,R. and Jacobson,L. 1968 Pygmalion in the Classroom : Teacher expectation and pupils' intellectual development. Holt, Rinekart and Winston.

Roskos-Ewoldsen,B., Intons-Peterson,M.J. and Anderson,R.E. (Eds.) 1993 “Imagery, Creativity, and Discovery : A Cognitive Perspective” North-Holland.

Rousseau,J.J. 1755 “Discours sur l'origine de l'inégalité parmi les hommes”. 本田喜代治・平岡昇訳 1972『人間不平等起原論』岩波書店.

Rousseau,J.J. 1762 “Emile, ou De l' éducation”. 樋口謹一訳 1986『エミール 上中下』白水社 .

Rousseau,J.J. 1782 “Les Rêveries du Promeneur Solitaire” 佐々木康之訳 1986『孤独な散歩者の

Porter,R. 2002 “Madness: A Brief History” Oxford University Press. 田中裕介・鈴木瑞実・内藤あかね訳 2006『狂気』岩波書店.

Posner,M.I. 1989 “Foundations of Cognitive Science” MIT Press. 佐伯胖・土屋俊監訳 1991『記憶と思考』産業図書.

Postman,L. and Keppel,G.（Ed.）1970 Norms of Word Association. Academic Press.

Pressley,M., McDaniel,M.A., Turnure,J.E., Wood,E. & Ahmad,M. 1987 Generation and precision of elaboration: effects of intentional and incidental learning. Journal of Experimental Psychology: Learning, Memory, and Cognition, 13, 291–300.

Pylyshyn, Z.W.1973 What the mind's eye tells the mind's brain: a critique of mental imagery. Psychological Bulletin, 80, 1–25.

Pylyshyn, Z.W. 1978 Imagery and artificial intelligence. Minnesota Studies in the Philosophy of Science, 9, 19–55.

Pylyshyn,Z.W. 2003a Explaining mental imagery: now you see it, now you don't, :Reply to Kosslyn et al.. Trends in Cognitive Sciences, 7, 111–112.

Pylyshyn, Z.W. 2003b Return of the mental image: Are there pictures in the brain? Trends in Cognitive Sciences, 7, 113–118.

Pylyshyn, Z.W. 2005 Mental imagery. In R.L. Gregory（ed.）, “The Oxford Companion to the Mind（2nd ed.）” Oxford University Press.

Rakic,P. & Riley,K.P.1983 Overproduction and elimination of retinal axons in the fetal rhesus monkey. Science, 219, 1441–1444.

Ramachandran,V.S. and Blakeslee,S. 1998 “Phantoms in the Brain: Probing the Mysteries of the Human Mind” William Morrow. 山下篤子訳 1999『脳のなかの幽霊』角川書店.

Ramachandran,V.S., Rogers-Ramachandran,D.C. & Stewart,M. 1992 Perceptual corelates of massive cortical reorganization. Science, 258, 1159–1160.

Rapaport,D.,with the collaboration of Gill,M. and Schafer,R. 1945–46 “Diagnostic Psychological Testing: the theory, statistical evaluation, and diagnostic application of a battery of tests vol.1–2” Year Book Publishers.

Rensink, R. A., O'Regan, J. K. & Clark, J. J. 1997 To See Or Not To See: The Need for Attention to Perceive Changes in Scenes. Psychological Science, 8, 368–373.

Restak,R.M. 1994 “Receptors” Bantam Books. 半田智久訳 1995『化学装置としての脳と心』新曜社 .

Ribot,T. 1900 “Essai sur l'imagination créatrice” F. Alcan.

Richard of Saint Victor “De praeparatione animi ad contemplationem / Beniamin Minor”. 石井雅之訳「観想への魂の準備」熊田陽一郎・田子多津子・石井雅之・須藤和夫 2000『キリスト教神秘主義著作集 第 3 巻』教文館に所収.

Richard of St. Victor “Les douze patriarches ou Beniamin Minor” texte critique et traduction.

Peru,A. & Zapparoli,P. 1999 A new case of representational neglect.Italian Neurological Sciences, 20, 243–246.

Perugini, R. 1983 “Dell’architettura filosofica” Fratelli Palombi. 伊藤博明・伊藤和行訳 1996『哲学的建築：理想都市と記憶劇場』ありな書房.

Peterson,M.A., Kihlstrom,J.F., Rose,P.M. & Glisky,M.L. 1992 Mental images can be ambiguous: reconstrual and reference frame reversals. Memory and Cognition, 20, 107–123.

Petrarca,F. 1345? Secretum（My Secret Book）. 近藤恒一訳 1996『わが秘密』岩波書店.

Phillips,W.A. & Christie,D.F.M. 1977 Components of Visual Memory. Quarterly Journal of Experimental Psychology, 29, 117–133.

Pieper,J. 1965 “Musse und Kult” Koesel-Verlag GmbH. 稲垣良典訳 1988『余暇と祝祭』講談社 .

Pieper,J. 1988 序文―日本の読者のために. Pieper,J. 1965 “Musse und Kult” Koesel-Verlag GmbH. 稲垣良典訳 1988『余暇と祝祭』講談社に所収.

Pinker, S. 1994 “The Language Instinct: How the mind creates language” William Morrow and Company. 椋田直子訳 1995『言語を生みだす本能 上・下』日本放送出版協会.

Pinker, S. and Kosslyn, S.M. 1978 The Representation and Manipulation of Three-Dimensional Space in Mental Images. Journal of Mental Imagery, 2, 69–84.

Plato “The Republic” 藤沢令夫訳 2002『国家』岩波書店.

Plato “Theaetetus” 田中美知太郎訳 1966『テアイテトス』岩波書店.

Plato “Phaedrus” 藤沢令夫訳 1974『プラトン全集 5・饗宴・パイドロス』岩波書店に所収.

Plato “The Symposium” 多田廣子・多田建次編訳 1999『饗宴“愛”をめぐる七つの話』鳥影社 .

Plato “Protagoras” 藤沢令夫訳 1988『プロタゴラス　ソフィストたち』岩波書店.

Plato “Timaeus” 種山恭子訳 1975『プラトン全集 12・ティマイオス・クリティアス』岩波書店に所収.

Poincaré,H.P. 1908 “Science et Méthode” 吉田洋一訳 1953『科学と方法』岩波書店.

Polanyi, M. 1966a “The Creative Imagination” Chemistry and Engineering News,April 25, 85–93. 慶伊富長訳 1986『創造的想像力』ハーベスト社 .

Polanyi, M. 1966b “The Tacit Dimension” Doubleday. 佐藤敬三訳 1980『暗黙知の次元：言語から非言語へ』紀伊國屋書店.

Pölitz,K.H.L. 1968 “Metaphysik Li, Kosmologia. Psychologie, Theologie: Kant’s gesammelte Schriften” Herausgegeben von der Deutschen Akademie der Wissebschaften au Berlin Band XXVIII. 1.Hälfte. 八幡英幸・氷見潔訳『形而上学 L1』八幡英幸・氷見潔訳 2002『カント全集 19』岩波書店に所収.

Polyn,S.M., Natu,V.S., Cohen,J.D. & Norman,K.A. 2005 Category-specific cortical activity precedes retrieval during memory search. Science, 310, 1963–1966.

Pontalis,J-B. 1990 “La force d’attraction” Éditions du Seuil. 藤谷興一訳 1993『魅きつける力―夢、転移、言葉』みすず書房.

O'Keefe, J, and Dostrovsky, J. 1971 The hippocampus as a spatial map. Preliminary evidence from unit activity in the freely-moving rat. Brain Research, 34, 171–175.
O'Keefe,J. and Nadel,L. 1978 The hippocampus as a cognitive map. Oxford University Press.
Okuda,J., Fujii,T., Ohtake,H., Tsukiura,T., Tanji,K., Suzuki,K., Kawashima,R., Fukuda,H., Itoh,M. and Yamadori,M. 2003 Thinking of the future and past: The roles of the frontal pole and the medial temporal lobes. NeuroImage, 19, 1369–1380.
恩田彰 1971『創造性の研究』恒星社厚生閣 .
小野島右左雄 1949『心理學要説』草美社 .
O'Regan, J.K. 1992 Solving the "Real" Mysteries of Visual Perception: The World as an Outside Memory. Canadian Journal of Psychology, 46, 461–488.
O'Regan, J.K. 2003 Change Blindness. In L. Nadel（Ed.）"Encyclopedia of Cognitive Science"（Vol. 1）Nature Publishing Macmillan, pp. 486–490.
O'Regan, J. K., Deubel, H., Clark, J. J. & Rensink, R. A. 2000 Picture Changes During Blinks: Looking without Seeing and Seeing without Looking. Visual Cognition, 7, 191–212.
O'Regan, J.K. and Noë, A. 2001 A sensorimotor account of vision and
visual consciousness. Behavioral and Brain Sciences, 24, 939–1031.
O'Regan, J. K., Rensink, J. A. & Clark, J. J. 1999 Change-blindness As A Result of "Mudsplashes.". Nature, 398, 34.
Orne, M.T. 1962 On The Social Psychology of the Psychological Experiment: With Particular Reference to Demand Characteristics and their Implications. American Psychologist, 17, 776–783.
Ortigue,S., Viaud-Delmon,I., Annoni,J.M., Landis,T., Michel,C., Blanke,O.,Vuilleumier,P. and Mayer,E. 2001 Pure representational neglect after right thalamic lesion. Annals of Neurology, 50, 401–404.
Orwell,G. 1949 "Nineteen eighty-four : A Novel" Harcourt, Brace. 新庄哲夫訳 1972『1984 年』早川書房.
Osborn,A.F. 1953 "Applied Imagination" Scribner's.
Otto,R. 1917 "Das Heilige : uber das Irrationale in der Idee des Gottlichen und sein Verhaltnis zum Rationalen" Trewendt und Granie. 華園聰麿訳 2005『聖なるもの：神的なものの観念における非合理的なもの、および合理的なものとそれとの関係について』創元社 .
Paivio,A. 1971 "Imagery and Verbal Processes" Holt, Rinehart and Winston.
Paivio,A.1986 "Mental Representations: A Dual Coding Approach" Oxford University Press.
Pascal,B. 1670 "Pensées"　由木康訳 1938『冥想録』白水社 .
Pascal,B. 1670 "Pensées"　田辺保訳 1981『パンセ』教文館 .
Pascal,B. 1670 "Pensées"　由木康訳 1990『パンセ』白水社 .
Payne,G. 1845 "Elements of mental and moral science. 3rd ed." Gladding.

Noë, A. 2001 Experience and The Active Mind. Synthese 129, 41–60.
Noë,A. 2004 “Action in Perception（Representation and Mind）” MIT Press.
Nofzinger,E.A., Mintun,M.A., Wiseman,M., Kupfer,D.J. and Moore,R.Y. 1997 Forebrain activation in REM sleep: an FDG PET study, Brain Research , 770, 192–201.
野村純一 2000『新・桃太郎の誕生 : 日本の「桃ノ子太郎」たち』吉川弘文館 .
野中郁次郎 1990『知識創造の経営：日本企業のエピステモロジー』日本経済新聞社 .
野中郁次郎・竹中弘高・梅本勝博 1996『知識創造企業』東洋経済新報社 .
Norman,D.A. 1981“Perspectives on Cognitive Science” Lawrence Earlbaum Associates.
Noton, D. & Stark, L. 1971 “Eye movements and visual perception” Scientific American, 224, 35–43.
Novalis 1798 Blütenstaub. 小泉文子訳「花粉」『ノヴァーリス作品集 I』筑摩書房に所収.
Novalis 1802 “Heinrich von Ofterdingen” 青山隆夫訳 1989『青い花』岩波書店.
縫田清二 2000『ユートピアの思想 個と共同の構想力』世界書院 .
落合直文 1898『ことばの泉』大倉書店.
落合直文 1902『国語辞典』大倉書店.
落合直文・芳賀矢一改修 1921『改修言泉』大倉書店.
Ochipa,C., Rothi,L.J.G & Heilman,K.M. 1992 “Conceptual apraxia in Arzheimer's disease” Brain, 115, 1061–1071.
O'Connor,K.P. and Aardema,F. 2005 The imagination: Cognitive, pre-cognitive, and meta-cognitive aspects, Consciousness and Cognition, 14, 233–256.
荻野恒一 1965「妄想」井村恒郎・懸田克躬・島崎敏樹・村上仁編集 1965『異常心理学講座 10 精神病理学 4』みすず書房に所収.
大江健三郎 1970『核時代の想像力』新潮社 .
大江健三郎 2003『「新しい人」の方へ』朝日新聞社 .
大峯顯解説 2001『三木清・創造する構想力』燈影舎 .
太安万侶撰録・稗田阿礼 712『古事記』荻原浅男校注・訳 1983『日本の古典 第一巻』小学館 .
大澤真幸 1997 大澤真幸へのインタビュー、半田智久制作 1997『公開シンポジウム : 知能環境論 : 構想への接近』宮城大学に所収.
大槻文彦 1889–91『言海』大空社 .
大槻文彦 1933『大言海』冨山房.
大槻文彦 1956『新訂大言海』冨山房.
大脇義一 1937『表象の心理學』東宛書房.
大脇義一 1948『心理學概論』培風館 .
O'Keefe, J., Burgess, N., Donnett, J. G., Jeffery, K. J. and Maguire, E. A. 1998 Place Cells, Navigational Accuracy, and The Human Hippocampus. Philosophical Transactions of the Royal Society of London（B）: Biological Sciences, 353, 1333–1340.

末木文美士編 1998『岩波哲学・思想事典』岩波書店に所収.
Murray,B. 2003 What makes mental time travel possible? Monitor on Psychology, 34, 62.
内藤哲雄 2002『PAC 分析実施法入門 改訂版』ナカニシヤ出版 .
中江兆民 1887『三酔人経綸問答』桑原武夫・島田虔次訳・校注 1965 岩波書店.
中島義明・安藤清志・子安増生・坂野雄二編 1999『心理学辞典』有斐閣 .
中村正幸編 1944『構想』第 7 巻 9 号 , 河出書房.
中村正幸編 1944『知性』第 7 巻 7 号 , 河出書房.
夏目鏡子述・松岡譲筆録 1994『漱石の思い出』文藝春秋 .
Nabokov,V.V. 1960 "Speak Memory: A Memoir" Grosset and Dunlap. 大津栄一郎訳 1979『ナボコフ自伝　記憶よ、語れ』晶文社 .
Neisser, U. 1967 "Cognitive Psychology" Prentice-Hall. 大羽蓁訳 1981『認知心理学』誠信書房
Neisser, U. 1976 "Cognition and Reality" 古崎敬・村瀬旻訳 1978『認知の構図』サイエンス社 .
Neisser,U. 1986 Nested structure in autobiographical memory. In D.C. Rubin (Ed.) "Autobiographical Memory" Cambridge University Press. pp.71–81.
Nelson, K.E., and Kosslyn, S.M. 1976 Recognition of previously labeled or unlabeled pictures by 5-year-olds and adults. Journal of Experimental Child Psychology, 21, 40–45.
Nelson,T.O., Gerler,D. and Narens,I. 1984 Accuravy of feeling-of-knowing judgements for predicting perceptual identification and relearning. Journal of Experimental Psychology: General, 113, 282–300.
Nietzsche,F.W. 1872 "Die Geburt der Tragödie". 西尾幹二訳『悲劇の誕生』手塚富雄責任編集 1978『世界の名著 57 ニーチェ』中央公論社に所収.
Nigro,G. & Neisser,U.1983 Point of view in personal memories. Cognitive Psychology, 15, 467–482.
日本大辞典刊行会編 1972–76『日本国語大辞典』小学館 .
日本国語大辞典第二版編集委員会・小学館国語辞典編集部編 2000–02『日本国語大辞典　第二版』小学館 .
『日本の心理学』刊行委員会編 1982『日本の心理学』日本文化科学社 .
日本哲学史フォーラム編 2001『日本の哲学 第 2 号 :: 特集 構想力 / 想像力』昭和堂.
二条良基 1357–72?『筑波問答』.
二条良基 1349『連理秘抄』.
21 世紀日本の構想懇談会 2000『21 世紀日本の構想：日本のフロンティアは日本の中にある―自立と協治で築く新世紀』21 世紀日本の構想懇談会.
Nikolajsen,L. & Jensen,T.S. 2001 Phantom limb pain. British Journal of Anaesthesia. 87, 107–116.
西村茂樹講述 1885–86『心學講義』丸善.
Nobre, A. C. 2004 Orienting Attention to Locations in Perceptual Versus Mental Representations. Journal of Cognitive Neuroscience. 16, 363–373.

Miller, B.L. and Cummings,J.L.（Eds）2007 “The Human Frontal Lobes: Functions and Disorders, 2nd Edition”. Guilford.

Miller, G. A., Galanter, E. & Pribram, K. H. 1960 “Plans and the Structure of Behavior” Rinehart and Winston.　十島雍蔵・佐久間章・黒田輝彦・江頭幸晴訳 1980『プランと行動の構造ー心理サイバネティクス序説』誠信書房.

Milton,J. 1667 “Paradise Lost”. 平井正穂 1981『失楽園 上下』岩波書店.

宮城音彌編 1955『現代心理学 4　人間性の心理学』河出書房.

宮城音彌・大森健次郎 1955「発明・発見」宮城音彌編 1955『現代心理学 4　人間性の心理学』河出書房　第 5 章「人間の創作」に所収.

宮下誠 2008『ゲルニカ　ピカソが描いた不安と予感』光文社 .

宮崎駿 1984『風の谷のナウシカ　絵コンテ 2』徳間書店.

宮崎清孝 1980 メンタル・イメージは絵か命題か：認知心理学でのメンタル・イメージ論争について 教育心理学年報 , 19, 112–124.

水野滋・富沢豁 1959「管理図講座：第 1 講 管理の考え方」品質管理 , 10, 52–64.

Montaigne,M.E. 1588 “Essais” 関根秀雄 1995『随想録』白水社 .

More,T. 1516 “Utopia” 平井正穂訳 1957『ユートピア』岩波書店.

森田正馬 1928『迷信と妄想』実業之日本社 .

Morris, R. G. 1981 Spatial Localization Does Not Require the Presence of Local Cues. Learning and Motivation, 12, 239–260.

Morris,W. 1890 “News from Nowhere : or, An epoch of rest” Roberts Brothers. 松村達雄訳 1968『ユートピアだより』岩波書店.

元村直靖・中西千代美・水田秀子 1996 観念運動失行と観念失行ーその問題点と識別診断について 失語症研究 , 16, 254–257.

元良勇次郎 1890『心理学』東京金港堂.

元良勇次郎 1907『心理學綱要』弘道館.

元良勇次郎・元良信太郎 1915『心理學概論』丁未出版社・東京実文館.

物集高見 1888『ことばのはやし』大空社 .

物集高見編 1894『日本大辞林』大空社 .

Mumford,L. 1962 “The Story of Utopias” The Viking Press. 関曠野・月森左知訳 1997『ユートピアの思想史的省察』新評論 .

Munari,B. 1977 “Fantasia” Gius, Laterza and Figli S.p.a. 萱野有美訳 2006『ファンタジア』みすず書房.

村上陽一郎 1994『科学者とは何か』新潮社 .

村岡洋一・古谷立美 1989『知的連想メモリマシン』オーム社 .

紫式部『源氏物語』.

村田純一 1998「イメージ」廣松渉・子安宣邦・三島憲一・宮本久雄・佐々木力・野家啓一・

Mast,F.W., Merfeld,D.M. and Kosslyn,S.M. 2006 Visual Mental Imagery during Caloric Vestibular Stimulation, Neuropsychologia, 44, 101–109.

松井めぐみ・小玉正博 2003 空想概念の多次元尺度構成法を用いた定義化 Tsukuba Psychological Research, 26, 119–233.

松村明編 1988『大辞林』三省堂.

松村明編 1995『大辞林　第 2 版』三省堂.

松村明編 2006『大辞林　第 3 版』三省堂.

松尾芭蕉 1702『奥の細道』.

松沢哲郎 2011『想像するちから― チンパンジーが教えてくれた人間の心』岩波書店.

Mauss,M. 1968 "Sociologie et Anthropologie" Presses Universitaire de France. 有地亨・山口俊夫訳 1976『社会学と人類学 1・2』弘文堂.

McConnel,S.K., Ghosh,A., Shatz,C.J. 1989 Subplate neurons pioneer the first axon pathway from the cerebral cortex. Science, 245, 978–982.

McGinn,C. 2004 "Mindsight: Image, Dream, Meaning" Harvard University Press. 五十嵐靖博・荒川直哉訳 2006『マインドサイト：イメージ・夢・妄想』青土社 .

McKellar,P. 1957 "Imagination and Thinking : A Psychological Analysis" Cohen and West.

McLuhan,M. 1964 "Understanding Media: The Extensions of Man" McGraw-Hill Book. 後藤和彦・高儀進 1967『人間拡張の原理 メディアの理解』竹内書店新社 .

Medin,D.L. & Goldstone,R.L.1991concepts. In M.W.Eysenck（Ed.）"Dictionary of Cognitive Psychology" Blackwell. 野島久雄　重野純　半田智久訳 1998『認知心理学事典』新曜社 .

Merleau-Ponty,M. 1945 "Phénoménologie de la Perception"　Editions Gallimard. 竹内芳郎・小木貞孝訳　1967『知覚の現象学 1・2』みすず書房.

Merleau-Ponty,M. 1964 "L'Oeil et l'Esprit" Editions Gallimard. 滝浦静雄・木田元訳　1966『眼と精神』みすず書房.

Merton, R. K., 1957 "Social Theory and Social Structure. revised" The Free Press. 森東吾・森好夫・金沢実・中島竜太郎訳 1961『社会理論と社会構造』みすず書房.

Meyer, G., Goffinet,A.M. & Fairén, A. 1999 What is a Cajal-Retzius cell? A Reassessment of a Classical Cell Type Based on Recent Observations in the Developing Neocortex. Cerebral Cortex, 9, 765–775.

三木清　1939『構想力の論理　第一』岩波書店.

三木清　1946『構想力の論理　第二』岩波書店.

三木清　1954『人生論ノート』新潮社 .

Mill,J.S. 1843 "A System of Logic, Ratiocinative and Inductive : Being A Connected View of the Principles of Evidence, And the Methods of Scientific Investigation"John W. Parker. 大関将一訳 1949–59『論理學體系 : 論證と歸納 : 證明の原理と科學研究の方法とに關する一貫せる見解を述ぶ』春秋社 .

Levine,B., Black.S.E., Cabeza,R., Sinden,M., Mcintosh,A.R., Toth,J.P., Tulving,E. and Stuss,D. T. 1998 Episodic memory and the self in a case of isolated retrograde amnesia. Brain, 121, 1951–1973.

Liepmann,H. 1905 "Ueber Störungen des Handelns bei Gehirnkranken" S. Karger.

Linton,M. 1982 Transformations of memoty in everyday life. In U.Neisser (Ed.) "Memory Observed : Remembering in Natural Contexts" W.H. Freeman. 冨田達彦訳 1988『観察された記憶　自然文脈での想起　上・下』誠信書房.

Locke,J. 1690 "An Essay Concerning Human Understa　　nding" 大槻春彦訳 1972『人間知性論 1 〜 4』岩波書店.

Lowry,L. 1993 "The Giver" Delacorte Press. 掛川恭子訳 1995『ザ・ギバー：記憶を伝える者』講談社 .

Lycos, K. 1964 Plato and Aristotle on "Appearing". Mind , 73, 496–514.

Mack, A. and Rock, I. 1998 "Inattentional Blindness" MIT Press.

MacKay, D.M. 1967 Ways of looking at perception. In W. Wathen-Dunn (Ed.) "Models for the perception of speech and visual form" pp. 25–43, MIT Press.

前田英作 (2008)「環境知能をめぐって」外村佳伸・前田英作編 2008『環境知能のすすめ—情報化社会の新しいパラダイム』リミックスポイント・丸善に所収.

前田英作・南泰浩・堂坂浩二 (2006)「妖精・妖怪の復権—新しい「環境知能」像の提案」情報処理 , 47, 624–640.

Maguire,E.A., Burgess,N. & O'Keefe,J. 1999 Human Spatial Navigation: Cognitive Maps, Dimorphism, and Neural Substrates. Current Opinions in Neurobiology, 1999, 9, 171–177.

Maier,N.R.F. 1931 Reasoning in humans: The solution of a problem and its appearance in consciousness. Journal of Comparative Psychology, 12, 181–194.

Maquet,P., Péters,J., Aerts,J., Delfiore,G., Degueldre,C., Luxen,A. & Franck,G. 1996 Functional neuroanatomy of human rapid-eye-movement sleep and dreaming, Nature 383, 163 – 166.

Marks, D.F. 1973 Visual imagery differences in the recall of pictures. British Journal of Psychology, 64, 17–24.

丸山純 1985「理想都市クリスティアノポリスの形態と著者 J. V. アンドレアの思想との関係」日本建築学会計画系論文報告集 , 350, 86–94.

Marx,K. and Engels,F. 1845–46 "Die Deutsche Ideologie" 廣松渉編訳 2002『新編輯版ドイツ・イデオロギー』岩波書店.

Masson,M.E.J. and MacLeod,C.M. 1992 Reenacting the route to interpretation: enhanced perceptual identification without prior perception. Journal of Experimental Psychology: General. 121, 145–176.

Mast,F.W. and Kosslyn,S.M. 2002 "Visual mental images can be ambiguous: insights from individual differences in spatial transformation abilities" Cognition, 86, 57–70.

Convergent evidence from PET and rTMS. Science, 284, 167–170.
Kosslyn, S.M. and Pomerantz, J.R. 1977 Imagery, Propositions and the form of internal representations. Cognitive Psychology, 9, 52–76.
Kosslyn, S.M. and Shwartz, S.P. 1977  A simulation of visual imagery. Cognitive Science, 1, 265–295.
Kosslyn, S. M. & Thompson, W. L. 2003 When is early visual cortex
activated during visual mental imagery? Psychological Bulletin, 129,
723–746.
Kosslyn, S.M. Thompson,W.L., Klm,I.J. & Alpert,N.M. 1995 Topographical representations of mental images in primary visual cortex, Nature, 378, 496–498
紅野敏郎 1980「埴谷雄高・山室静・久保田正文ら「構想」の検討　―「近代文学」前史―」文学 , 48, 33–48.
Kukolja, J., Marshall,J.C. and Fink,G.R.  2006 Neural mechanisms underlying spatial judgements on seen and imagined visual stimuli in the left and right hemifields in men.Neuropsychologia, 44, 2846–2860
Kumaran,D. & Maguire,E.A. 2005 The Hippocampus: Cognitive Maps or Relational Memory? The Journal of Neuroscience, 2005, 25, 7254–7259.
久米均 2000『現代工学の基礎 5 品質管理』岩波書店.
Kunst-Wilson,W.R. and Zajonc,R.B. 1980  Affective discrimination of stimuli that cannot be recognized. Science, 120, 557–558.
栗本慎一郎 1981『光の都市　闇の都市』青土社 .
LaMantia,A.S. and Rakic,P. 1990 Axon overproduction and elimination in the corpus callosum of the developing rhesus monkey. Journal of Neuroscience, 10, 2156–2175.
Landy, M.S., Maloney, L.T., and Pavel, M.（Eds.）1996 “Exploratory Vision: the Active Eye” Springer-Verlag.
Langer,S.K. 1957 “Philosophy in A New Key” Harvard University Press. 矢野真里・池上保太・貴志謙二・近藤洋逸訳 1960『シンボルの哲学』岩波書店.
Le Bihan,D., Turner,R., Zeffiro,T. A., Cuénod,C. A., Jezzard,P. and  Bonnerot,V. 1993 Activation of human primary visual cortex
during visual recall: a magnetic resonance imaging study, Proceedings of the National Academy of Sciences of the United States of America, 90, 11802–11805.
Leibniz,G.W.1765（1703 執筆）“Nouveaux essais sur l’entendement humain” 米山優訳 1987『人間知性新論』みすず書房.
Lévi-Strauss,C. 1955 Tristes Tropiques. Plon. 町田順造訳 2001『悲しき熱帯』中央公論新社 .
Lévi-Strauss,C. 1962 “La Pensée Sauvage” Librairie Plon. 大橋保夫訳 1976『野生の思考』みすず書房.

Kosslyn, S.M. 1973 Scanning visual images: some structural implications. Perception and Psychophysics, 14, 90–94.

Kosslyn, S.M. 1975 Information representation in visual images. Cognitive Psychology, 7, 341–370.

Kosslyn, S.M. 1976a Can imagery be distinguished from other forms of internal representation? Evidence from studies of information retrieval times. Memory and Cognition , 4, 291–297.

Kosslyn, S.M. 1976b Using imagery to retrieve semantic information: a developmental study" Child Development , 47, 434–444.

Kosslyn, S.M. 1978 Measuring the visual angle of the mind's eye. Cognitive Psychology, 10, 356–38

Kosslyn, S.M. 1980 "Image and Mind" Harvard University Press.

Kosslyn, S.M. 1981 The medium and the message in mental imagery: A theory. Psychological Review, 88, 46–66.

Kosslyn, S.M. 2005 Mental images and the brain. Cognitive Neuropsychology, 22, 333–347.

Kosslyn, S.M., and Alper, S.N. 1977 On the pictorial properties of visual images: effects of image size on memory for words. Canadian Journal of Psychology, 31, 32–40.

Kosslyn, S.M., Ball, T.M., and Reiser, B.J. 1978 Visual images preserve metric spatial information: Evidence from studies of image scanning. Journal of Experimental Psychology: Human Perception and Performance, 4, 47–60.

Kosslyn,S.M., Ganis,G. and Thompson,W.L. 2003 Mental imagery: against the nihilistic hypothesis. Trends in Cognitive Sciences, 7, 109–111.

Kosslyn, S.M., Ganis, G., and Thompson, W.L. 2004 Mental imagery: Depictive accounts. In R. L. Gregory (Ed.) , "The Oxford Companion to the Mind (2nd edn.) " Oxford University Press.

Kosslyn, S.M., Heldmeyer, K.H., and Locklear, E.P. 1977 Children's drawings as data about internal representations. Journal of Experimental Child Psychology, 23, 191–211.

Kosslyn, S.M., Holyoak, K.J., and Huffman, C.S. 1976 A processing approach to the dual coding hypothesis. Journal of Experimental Psychology: Human Learning and Memory, 2, 223–233.

Kosslyn, S.M. and Matt, A.M.C. 1977 If you speak slowly, do people read your prose slowly? Person-particular speech recoding during reading. Bulletin of the Psychonomic Society, 9, 250–252.

Kosslyn, S.M., Murphy, G.L., Bemesderfer, M.E. and Feinstein, K.J. 1977 Category and continuum in mental comparisons. Journal of Experimental Psychology: General 106, 341–375.

Kosslyn,S.M.,Pascual-Leone,A., Felician,O., Camposano,S., Keenan,J.P., Thompson,W. L., Ganis,G., Sukel,K.E. and Alpert,N.M. 1999 The role of area 17 in visual imagery:

境論 : 構想への接近』宮城大学に所収.
河本英夫 2000『オートポイエシス 2001: 日々新たに目覚めるために』新曜社 .
河村満・山鳥重・田邊敬貴 2008『神経心理学コレクション：失行』医学書院 .
Kearney, R. 1988 “ The Wake of Imagination: Ideas of Creativity in Western Culture” Hutchinson.
Kerényi, K. 1959 “Prometheus : Die menschliche Existenz in griechischer Deutung” Rowohlt. 辻村誠三訳 1972『プロメテウス：ギリシア人の解した人間存在』法政大学出版局.
紀田順一郎 2007『幻想と怪奇の時代』松籟社 .
城戸幡太郎 1950『現代心理学―その問題史的考察』評論社 .
菊竹清訓 1984「創造のプロセスにみる三段階の方法論」日本創造学会偏『創造の諸痤―創造性研究 2』共立出版に所収.
木前利秋 2008『メタ構想力 ヴィーコ・マルクス・アーレント』未来社 .
金原省吾 1933『構想の研究』古今書院 .
金田一京助編 1952『辞海』三省堂.
絹川正吉 1997 絹川正吉へのインタビュー、半田智久制作 1997『公開シンポジウム : 知能環境論 : 構想への接近』宮城大学に所収.
北村晴朗 1981 イメジリイ（Mental Imagery）研究の歴史的背景 心理学評論 , 24, 3–15.
北尾倫彦・金子由美子 1981 子どもの偶発記憶と処理様式に関する発達的研究 教育心理学研究 , 29, 80–84.
Klee.P. 1970 “Unendliche Naturgeschichte” Schwabe & Co. Verlag. 南原実訳 1981『無限の造形 上下』新潮社 .
Klein, I., Dubois, J., Mangin, J.F., Kherif, F., Flandin, G., Poline, J.B., Denis, M., Kosslyn, S.M., and Le Bihan, D. 2004 Retinotopic organization of visual mental images as revealed by functional magnetic resonance imaging. Cognitive Brain Research. 22, 26–31.
Klein,S.B., Loftus,J. and Kihlstrom,J.F. 2002 Memory and temporal experience: The effects of episodic memory loss on an amnesic patient’s ability to remember the past and imagine the future. Social Cognition, 20, 353–379.
小林俊雄 1989『言語連想検査法：WAT-II から見た心の世界』誠信書房.
Koestler,A. 1964 “The Act of Creation” Hutchinson of London. 大久保直幹・松本俊・中山未喜訳 1966『芸術の源泉と科学の発見 : 創造活動の理論 上』ラテイス、吉村鎮夫訳 1967『習慣と独創力：創造活動の理論 下』ラテイス.
Kohonen,T. 1977 “Associative memory : a system-theoretical approach” Springer-Verlag. 中谷和夫訳『システム論的連想記憶：情報工学・心理学のために』サイエンス社 .
米虫正巳 1998『構想力」野家啓一・村田純一・伊藤邦武・中岡成文・内田勝利・清水哲郎・川本隆史・井上達夫編『岩波新・哲学講義 3 知のパラドックス』岩波書店に所収.
近藤真琴著 1885「ことばのその」大空社 .
近藤敏行編 1986『幻想と空想の心理学』ナカニシヤ出版 .

金子郁容・松岡正剛・下河辺淳 1998『ボランタリー経済の誕生：自発する経済とコミュニティ』実業之日本社 .
金子馬治講述 1900 年前後『普通心理学』早稲田大学出版部蔵版 .
Kant,I. 1764–65 “Bemerlungen zu den Beobachtungen über das Gefühl des Schönen und Erhabenen” 尾渡達雄訳 1966「『美と崇高の感情に関する考察』のための覚え書き」『カント全集 16 巻　教育学・小論集・遺稿集』理想社に所収.
Kant,I. 1781, 87 “Kritik der reinen Vernunft” 天野貞祐訳　1929『純粋理性批判』岩波書店.
Kant,I. 1781, 87 “Kritik der reinen Vernunft” 安藤春雄訳 1931『純粋理性批判（世界大思想全集）』春秋社 .
Kant,I. 1781、87 “Kritik der reinen Vernunft” 桝田啓三郎・高峯一愚訳　1956『純粋理性批判（世界大思想全集）』河出書房.
Kant,I. 1781、87 “Kritik der reinen Vernunft” 篠田英雄訳 1961『純粋理性批判』岩波書店.
Kant,I. 1781、87 “Kritik der reinen Vernunft” 原佑訳 1966『純粋理性批判（カント全集）』理想社 .
Kant,I. 1781、87 “Kritik der reinen Vernunft” 原佑訳（渡邊二郎補訂）2005『純粋理性批判 上 , 中、下』平凡社 .
Kant,I. 1781、87 “Kritik der reinen Vernunft” 高峯一愚訳 1974.『純粋理性批判（世界の大思想）上 , 下』河出書房新社 .
Kant,I. 1781、87 “Kritik der reinen Vernunft” 有福孝岳訳 2001『純粋理性批判 上・中（カント全集 ; 4, 5）』岩波書店.
Kant,I. 1781、87 “Kritik der reinen Vernunft” 宇都宮芳明監訳 2004『純粋理性批判 上・下』以文社 .
Kant,I. 1781、87 “Kritik der reinen Vernunft” 中山元訳 2010–12『純粋理性批判 1 〜 7』光文社 .
Kant,I. 1781、87 “Kritik der reinen Vernunft” 熊野純彦訳 2012『純粋理性批判』作品社 .
Kant,I. 1783 “ Prolegomena zu Einer Jeden Künftigen Metaphysik, die als Eissenschaft Wird Auftreten Können” 篠田英雄訳 1977『プロレゴメナ』岩波書店.
Kant,I. 1785 “Grundlegung zur Metaphysik Dersitten” 篠田英雄訳 1977『道徳形而上学原論』岩波書店.
Kant,I. 1790 “Kritik der Urteilskraft” 篠田英雄訳 1964『判断力批判上・下』岩波書店.
Kant,I. 1798 “Anthropologie in pragmatischer Einsicht” 山下太郎・坂部恵訳 1966「実用的見地における人間学」『カント全集・第 14 巻 人間学』理想杜に所収.
賀集寛 1966『連想の機構』心理学モノグラフ , 1, 日本心理学会.
河邊隆寛 2000「絵画と仮想」三浦佳世編『現代の認知心理学 1　知覚と感性』北大路書房に所収.
川本隆史 1997 川本隆史へのインタビュー、半田智久制作 1997『公開シンポジウム : 知能環岩城見一 2001「〈仮説概念〉としての〈構想力〉」日本哲学史フォーラム『日本の哲学』2, 8–26.
岩本裕 1965『極楽と地獄』三一書房.
巖谷國士 2002『シュルレアリスムとは何か』筑摩書房.
James,W. 1890 “The Principles of Psychology” Henry Holt.
James,W. 1892 “Psychology, Briefer Course” Henry Holt.　今田寛訳 1992『心理学 上・下』岩波書店.
James,W. 1907 “Pragmatism : a new name for some old ways of thinking : popular lectures on philosophy” Longmans. 桝田啓三郎訳 1957『プラグマティズム』岩波書店.
Janssen, W.H. 1976 Selective Interference in Paired-Associate and Free Recall Learning: Messing up the Image. Acta Psychologia 40, 35–48.
Johnson,M.K. & Raye,C.L.1981 Reality monitoring. Psychological Review, 88, 67–85.
Johnson-Laird,P. N. 1983 “Mental Models : Towards A Cognitive Science of Language, Inference, and Consciousness”　Cambridge University Press. 海保博之監修 1988『メンタルモデル』産業図書.
Johnson,M. 1987 “The Body in the Mind: The Bodily Basis of Meaning, Imagination, and Reason” The University of Chicago Press.　菅野盾樹・中村雅之訳 1991『心のなかの身体：想像力へのパラダイム変換』紀伊國屋書店.
Jung,C.G. 1910 The association method. American Journal of Psychology, 31, 219–269. 林道義訳 1993「連想実験の方法」『連想実験』みすず書房に所収.
Jung,C.G. 1944 “Psychologie und Alchemie” Zürich. 池田紘一・鎌田道生訳 1976『心理学と錬金術 I・II』人文書院 .
Jung,C.G. & von Franz,M-L., 1951 “Aion : Untersuchungen zur Symbolgeschichte” Rascher. 野田倬訳 1990『アイオーン』人文書院 .
Jung,C.G. 1954 “Von den Wurzeln des Bewusstseins: Studien über den Archetypus” Rascher. 林道義訳 1982『元型論 : 無意識の構造』紀伊國屋書店.
Jung,C.G., von Franz,M-L., Henderson,J.L., Jacobi,J. and Jaffe,A. 1964 “Man and his symbols” Aldus Books, London.　河合隼雄監訳 1975『人間と象徴　上・下』河出書房新社 .
Jung,C.G. 1968 “Analytical Psychology: It's Theory and Practice” Routledge & Kegan ぬ Paul. 小川捷之訳 1976『分析心理学』みすず書房.
鹿毛誠一 1991『知の文化と型の文化』創文社 .
鎌倉矩子 2002 失行のみかた 失語症研究 , 22, 225–231.
上島建吉編 2002『コウルリッジ詩集』岩波書店.
金沢正剛 1982「ファンタジー」岸辺成雄ほか編『音楽大事典』平凡社に所収.
金澤庄三郎編 1925『廣辭林』三省堂.
金澤庄三郎編・三省堂編修所修訂編 1958『新版　広辞林』三省堂.

思想事典』岩波書店.
菱谷晋介編著 2001『イメージの世界：イメージ研究の最前線』ナカニシヤ出版.
Hobbes,T. 1651 "Leviathan". 水田洋訳 1992『リヴァイアサン 1 〜 4』岩波書店.
Holt,R.R. 1964 "Imagery : The return of the ostracized" American Psychologist, 19, 254–264.
Homer "Odysseia". 松平千秋 1994『オデュッセイア』岩波書店.
Horatius Flaccus,Q. "Ars Poetica". 松本仁助・岡道男訳 1997『アレストテレース詩学・ホラーティウス詩論』岩波書店に所収.
細谷昌志 1998『カント　表象と構想力』創文社.
Hubel,D.H. & Wiesel,T.N. 1970 The period of susceptibility to the physiological effects of unilateral eye closure in kittens. Journal of Physiology, 206, 419–436.
Hume,D. 1739–40 "Treatise of Human Nature" 大槻春彦訳 1995『人性論 1 〜 3』岩波書店.
Huttenlocher,P.R. & Dabholkar,A.S. 1997 Reginal differences in synaptogenesis in human cerebral cortex. The Journal of Comparative Neurology, 387, 167–178.
Huxley,A. 1932 "Brave New World" Modern Library. 松村達雄訳 1974『すばらしい新世界』講談社.
Hyde,T.S. & Jenkins,J.J. 1973 Recall for words as a function of semantic, graphic, and syntactic orienting tasks. Journal of Verbal Learning and Verbal Behavior, 12, 471–480.
井深大 1995『わが友本田宗一郎』文藝春秋.
生田久美子 1987『「わざ」から知る』東京大学出版会.
Illich,I. 1973 "Tools for Conviviality" Harper & Row. 渡辺京二・渡辺梨佐訳 1989『コンヴィヴィアリティのための道具』日本エディタースクール出版部.
Illich,I. 1981 "Shadow Work" M. Boyars. 玉野井芳郎・栗原彬訳 2005『シャドウ・ワーク：生活のあり方を問う』岩波書店.
今田恵 1952『心理学』岩波書店.
今道友信編 1982『芸術と想像力』東京大学出版会.
Imazu,S., Sugio,T., Tanaka,S. and Inui,T. 2007 Differences between actual anf imagined usage of chopsticks: An fMRI study. Cortex, 43, 301–307.
井上治子 1996『想像力 ヒュームへの誘い』三一書房.
石田英一郎 1984『桃太郎の母』講談社.
石田瑞麿 1985『地獄』法蔵館.
石黒浩（2006）「環境知能シンポジウム：コミュニケーション・ロボットと環境知能」外村佳伸・前田英作編 2008『環境知能のすすめ—情報化社会の新しいパラダイム』リミックスポイント・丸善に所収.
板谷敏弘・益田茂 2002『本田宗一郎と井深大：ホンダとソニー、夢と創造の原点』朝日新聞社.
伊藤隆二 1981「知能とは何か」伊藤隆二ら著 1981『講座現代の心理学 4　知能と創造性』小学館に所収.

Harlow, H.F. 1949 The Formation of Learning Sets. Psychological Review, 56, 51–65.

Harrison,J. 2001 “Synaesthesia : The Strangest Thing” Oxford University Press. 松尾香弥子訳 2006『共感覚 : もっとも奇妙な知覚世界』新曜社 .

Hartley,D. 1749 “Observations on Man, his frame, his duty, and his expectations” J.Johnson.

長谷川千洋・白川雅之・横山和正 1999 観念失行患者における状況的認知 , 失語症研究 , 19, 268–274.

Haskins,C.H. 1927 “The Renaissance of the twelfth century” Harvard University Press. 別宮貞徳・朝倉文市訳 1997『十二世紀ルネサンス』みすず書房.

Hassabis,D., Kumaran,D., Vann,S.D., and Maguire,E.A. 2007 Patients with hippocampal amnesia cannot imagine new experiences. Proceedings of the National Academy of Sciences of the United States of America, 104, 1726–1731.

林豊臣・棚橋一郎編 1897『日本新辞林』三省堂.

Hayes,M.H.S. & Patterson,D.G. 1921 Experimental development of the graphic rating method. Psychological Bulletin, 18, 98–99.

Hayhoe, M. and Ballard, D. 2005 Eye movements in natural behavior. Trends in Cognitive Sciences , 9, 188–194.

Hayman,C.A.G. and Tulving,E. 1989 Contingent dissociation between recognition and fragment completion: The method of triangulation. Journal of Experimental Psychology: Learning, Memory, and Cognition, 15, 228–240.

Hebb, D.O. 1968 Concerning imagery. Psychological Review, 75, 466–477.

Hegel,G.W.F. 1802 Glauben und Wissen oder die Reflexionsphilosophie der Subjektivität in der Vollständigkeit ihrer Formen als Kantische, Jacobische und Fichtesche Philosophie. Kritisches Journal der Philosophie, II. Stück I, Juli. 久保陽一訳 1980『信仰と知　改訳版』公論社 .

Heidegger,M. 1919–44 Phänomenologische Interpretation von Kants Kritik der reinen Vernunft. 石井誠士・仲原孝・セヴェリン・ミューラー訳 1997『カントの純粋理性批判の現象学的解釈』創文社 .

Heider.E. 1972 Universals of color naming and memory. Journal of Experimental Psychology, 93, 10–20.

Hein,A. and Held,R.1967 Dissociation of the visual placing response into elicited and guided cmponents. Science, 158, 390–392.

Held,R. 1965 Plasticity in sensory motor systems. Scientific American, 21（5）, 84–94.

Herrigel,E. 1948 Zen in der Kunst des Bogenschiessens. C.Weller. 稲富栄次郎・上田武訳 1981『弓と禅』福村出版 .

平石善司 1984「フィロン」上智大学中世思想研究所編『教育思想史第 1 巻 : ギリシア・ローマの教育思想』東洋館出版社 .

廣松渉・子安宣邦・三島憲一・宮本久雄・佐々木力・野家啓一・末木文美士編 1998『岩波哲学・

破壊的な力」黒坂三和子編 1989『自然への共鳴 1 子どもの想像力と創造性を育む』思索社に所収.
Gluck,M.A. and Myers,C.E. 2001 “Gateway to Memory : An Introduction to Neural Network Modeling of the Hippocampus and Learning” MIT Press.
Gogh,V. 1911 “Lettres de Vincent van Gogh a Emile Bernard” Ambroise Vollard. 硲伊之助訳 1970『ゴッホの手紙 上中下』岩波書店.
Goldman,S.R. and Pellegrino,J.M. 1977 Processing domain, encoding elaboration, and memory trace strength. Journal of Verbal Learning and Verbal Behavior., 16, 29–43.
Golinkoff,R.M., Harding,C.G., Carlson,V. and Sexton,M.E. 1984 The infant's perception of causal events: The distinction between animate and inanimate objects. In L.P.Lipsitt and C.Rovee-Collier（Eds.）Advances in infancy research, vol.3, pp.145–165.
後藤晃 2001「満州農業移民とユートピア　民族の移植および日本の郷土としての入植村建設」. 神奈川大学人文学会編 2001『ユートピアへの想像力と運動　歴史とユートピア思想の研究』御茶の水書房に所収.
Grimes, J. 1996 On the Failure to Detect Changes in Scenes across Saccades. In K. Akins（Ed.）“Perception” Oxford University Press, pp. 89–110.
Grüsser,S.M., Winter,C., Mühlnickel,W., Denke,C., Karl,A., Villringer,K. and Flor, H. 2001 The relationship of perceptual phenomena and cortical reorganization in upper extremity amputees. Neuroscience, 102, 263–272
Guariglia,C.,Padovani,A.,Pantano,P. & Pizzamiglio,L. 1993 Unilateral neglect restricted to visual imagery. Nature, 364, 235–237.
Guariglia,C, Piccardi,L, Iaria,G, Nico,D, and Pizzamiglio,L. 2005 Representational neglect and navigation in real space. Neuropsychologia, 43, 1138–1143.
Guilford,J.P. 1967 “The Nature of Human Intelligence” McGraw-Hill.
Hadamard,J. 1954 “An Essay on the Psychology of Invention in the Mathematical Field” Dover Publications. 伏見康治・尾崎辰之助訳 1959『発明の心理』みすず書房.
Hampson, P.J. and Morris, P.E. 1978 Unfulfilled Expectations: A Critique of Neisser's Theory of Imagery. Cognition, 6, 79–85.
半田智久 1989『知能のスーパーストリーム』新曜社 .
半田智久 1994『脳 : 心のプラットホーム』新曜社 .
半田智久 1996『知能環境論』NTT 出版 .
半田智久 2006「感性反応の抽出と自由評定尺度法」商品開発・管理学会第 6 回全国大会講演論文集 , 59–64.
半田智久 2010「セブンリベラルアーツとはどこから来た何ものか」お茶の水女子大学人文科学研究 , 6, 149–160.
半田智久 2011「心理学概論書における「想像」と「構想」の扱われ方」構想 , 10, 1–38.

央公論社に所収.
Frankl,V.E. 1946 Ein Psycholog erlebt das Konzentrationslager. Verlag fur Jugend und Volk. 霜山徳爾訳 1985『夜と霧：ドイツ強制収容所の体験記録 新装版』みすず書房.
Freud,S. 1900 “Die Traumdeutung” Fischer Verlag GmbH. 高橋義孝・菊盛英夫訳 1969『夢判断 上・下』日本教文社 .
Freud,S. 1917 “Vorlesungen zur Einführung in die Psychoanalyse” Fischer Verlag GmbH. 井村恒郎・馬場謙一訳 1969『精神分析入門 上・下』日本教文社 .
Freud,S. 1920 “Jenseits des Lustprinzips” 中山元訳「快感原則の彼岸」竹田青嗣編 1996『自我論集』筑摩書房に所収.
Freud,S. 1923 “Das Ich und das Es” 中山元訳「自我とエス」竹田青嗣編 1996『自我論集』筑摩書房に所収.
藤井乙男・草野清民編 1896『帝国大辞典』三省堂.
藤森英之 1998『精神分裂病と妄想』金剛出版 .
藤原令夫 1998『プラトンの哲学』岩波書店.
福沢諭吉 1872『学問のすゝめ』(1978) 岩波書店.
船橋新太郎 2005『心の宇宙 1: 前頭葉の謎を解く』京都大学学術出版会.
Furst,L.B. 1969 “Romanticism” Methuen. 上島達吉訳 1971『ロマン主義』研究社出版 .
Furst,L.B. 1979 “Romanticism in Perspective: A Comparative Study of Aspects of the Romantic Movements in England, France and Germany” Macmillan. 床尾辰男訳 2002『ヨーロッパ・ロマン主義 主題と変奏』創芸出版 .
Garcia,J. and Koelling,R. 1966 Learning with prolonged delay of reinforcement. Psychonomic Science, 5, 121–122.
Gardner,H. 1985 “The Mind's New Science: A History of the Cognitive Revolution” Basic Books. 佐伯胖・海保博之監訳 1987『認知革命』産業図書.
Garety, P.A. and Hemsley,D.R. 1994 “Delusions : Investigations into the Psychology of Delusional Reasoning” Oxford University Press. 丹野義彦監訳 2006『妄想はどのようにして立ち上がるか』ミネルヴァ書房.
Gazzaniga, M.S. 1983 Right hemisphere language following brain bisection. American Psychologist, 38, 525–537.
Gelman,R. 1990 First principles organize attention to and learning about relevant data: Number and animate-inanimate distinction and examples. Cognitive Science, 14, 76–106.
源信 985『往生要集　上下』岩波書店.
Gibson, J. J., 1966 “The Senses Considered as Perceptual Systems” Houghton Mifflin..
Gibson, J. J., 1979 “The Ecological Approach to Visual Perception” Houghton Mifflin. 古崎敬・古崎愛子・辻敬一郎・村瀬旻訳 1985『生態学的視覚論』サイエンス社
Gifford,D.C. 1989 The destructive potential of the imagination. 藤本陽子訳「想像力に潜在する

Eichenbaum,H. 2004 Hippocampus: cognitive processes and neural representations that underlie declarative memory. Neuron, 44, 109 –120.

Eichenbaum, H., Dudchenko, P., Wood, E., Shapiro, M. & Tanila, H. 1999 The hippocampus, memory, and place cells: is it spatial memory or a memory

space? Neuron, 23, 209 –226.

Eliade,M. 1957 "Das Heilige und das Profane, Vom Wesen des Religiösen" Rowohlt. 風間敏夫訳 1969『聖と俗』法政大学出版局.

Ellis,H.C., Thomas,R.L. and Rodriguez,I. 1984 Emotional mood status and memory: elaborative encoding, semantic processing, and cognitive effort. Journal of Experimental Psychology: Learning, Memory, and Cognition, 10, 470–482.

Engell,J. 1981 "The Creative Imagination: Enlightenment to Romanticism" Harvard University Press.

Engels,F. 1880 "Die Entwicklung des Sozialismus von der Utopie zur Wissenschaft" 大内兵衛訳 1946『空想より科学へ　社会主義の発展』岩波書店.

Estes,D., Wellman,H.M. and Wooley,J.D. 1989 Children's understanding of mental phenomena. In H.Reese（Ed.）Advances in Child Development and Behavior. Academic Press.

Feger,H. 1995 Die Macht der Einbildungskraft in der Ästhetik Kants und Schillers. Winter. 鳥谷部平四郎訳 2002『カントとシラーにおける構想力』大学教育出版 .

Finke, R.A. 1989 "Principles of Mental Imagery" MIT Press.

Finke, R.A., Pinker, S. & Farah, M. J. 1989 Reinterpreting Visual Patterns in Mental Imagery. Cognitive Science, 13, 51–78.

Flor,H. 2002 Phantom-limb pain: characteristics, causes, and treatment . The Lancet: Neurology, 1, 182–189.

Flor,H., Elbert,T., Muhlnickel,P.C., Wienbruch,C. & Taub,E. 1998 Cortical recorganization and phantom phenomena in congenital and traumatic upper-extremity amputees. Ecperimental Brain Research, 119, 205–212.

Flügel,G. ed. 1869 "Conâni textus arâbicus" 井筒俊彦訳 1957『コーラン 上・中・下』岩波書店.

Fodor, J.A. 1975 "The Language of Thought" Thomas Crowell.

Fodor, J.A. 1983 "The Modularity of Mind : An Essay on Faculty Psychology" MIT Press. 伊藤笏康・信原幸弘訳 1985『精神のモジュール形式：人工知能と心の哲学』産業図書.

Foucault,M. 1972 "Histoire de la folie à l'âge classique" Éditions Gallimard. 田村俶訳 1975『狂気の歴史：古典主義時代における』新潮社 .

Fourier,F.M.C. 1829 Le nouveau monde industriel et sociétaire, ou ubvention du procédé d' industrie attrayante et naturelle distribuée en séries passionnées. 田中正人訳『産業的協同社会的新世界、つまり情念系列のうちに配分された魅力的自然的産業の方法の発見』五島茂・坂本慶一編 1975『世界の名著　続 8　オウエン　サン・シモン　フーリエ』中

neurogenesis. Science, 225, 1258–1265.
Cragg,B.G. 1975 The development of synapses in the visual system of the cat. Journal of Comparative Neurology, 160, 147–166.
Craik,F.I.M. and Lockhart,R.S. 1972 Levels of processing: a framework for memory research. Journal of Verbal Learning and Verbal Behavior, 11, 671– 684.
Craik,F.I.M. and Tulving,E. 1975 Depth of processing and the retention of words in episodic memory. Journal of Experimental Psychology: General, 104, 268–294.
Crosby,A.W. 2002 “Throwing Fire: Projectile Technology Through History”, Cambridge University Press. 小沢千重子訳 2006『飛び道具の人類史：火を投げるサルが宇宙を飛ぶまで』紀伊國屋書店.
Cui,X., Jeter,C.B., Yang,D., Montague,P.R. and Eagleman,D.M. 2007 Vividness of mental imagery: Individual variability can be measured objectively, Vision Research, 47, 474–478.
Dante Alighieri 1307–21 “Divine Comedy” 寿岳文章訳 2003『神曲 I ～ III』集英社 .
Deese,J., 1965 “The Structure of Associations in Language and Thought” Johns Hopkins Press.
Deleuze,G. and Guattari,F. 1980 “Mille Plateaux” Editions de Minuit. 宇野邦一・小沢秋広・田中敏彦・豊崎光一・宮林寛・守中高明訳 1994『千のプラトー』河出書房新社 .
de Loyola,I. 1522–24 Texte autographe Exercices Spirituels et documents contemporains. 門脇佳吉訳 1995『霊操』岩波書店.
de Man,H. 2003 “Forword” In T.Basten, M.Geilen and H.de Groot（Eds）2003 "Ambient Intelligence: Impact on Embedded System Design. Kluwer Academic Publishers.
Denis, M. 1991 “Image and Cognition” Harvester Wheatsheaf.
Denis,M., Beschin,N., Logie,R.H. and Della Sala, S. 2002 Visual perception and verbal descriptions as sources for generating mental representations: Evidence from representational neglect. Neuropsychology, 19, 97–112.
de Renzi,E.1989 Apraxia. In F. Boller & J. Grafman（Eds.）“Handbook of Neuropsychology” Vol.2, pp.245–263. Elsevier.
Descartes,R. 1637 “Discours de la Méthode” 三宅徳嘉・所雄章訳 1991『方法叙説 / 省察』白水社 .
Descartes,R. 1641 “Meditationes” 三宅徳嘉・所雄章訳 1991『方法叙説 / 省察』白水社 .
D’Esposito,M., Detre,J. A., Aguirre,G. K., Stallcup,M., Alsop,D. C., Tippet, L.J. and Farah,M. J. 1997 A functional MRI study of mental image generation, Neuropsychologia, 35, 725–730.
Dewey,J. 1891 “Psychology. 3rd ed.” Harper. 永野芳夫 1949『デューイ心理学概説』春秋社 .
Dickens, C. 1837 “The Posthumous Papers of the Pickwick Club” Chapman & Hall.
Dickens, C. 1838 “Oliver Twist” Richard Bentley.
Downey,J. 1929 “The Creative Imagination” Kegan Paul.
Dubois,J. et al.（eds.）1973 “Dictionnaire de linguistique” Librairie Larousse. 伊藤晃ら編訳 1980『ラルース言語学用語辞典』大修館書店.

倒錯したユートピア』音羽書房.
Buxbaum,L.J., Sirigu,A., Schwartz,M.F. and Klatzky,R. 2003 Cognitive representations of hand posture in ideomotor apraxia. Neuropsychologia, 41, 1091–1113.
Byrne, R.M.J. 2005 “The Rational Imagination: How People Create Alternatives to Reality” MIT Press.
Byron,B.B. 1818 “Childe Harold IV” 阿部知二訳 1967『バイロン詩集』新潮社 .
Caillois,R. 1965 "Au coeur du fantastique. Éditions Gallimard. 三好郁朗訳 1975『幻想のさなかに：幻想絵画試論』法政大学出版局.
Campanella,T. 1623 “La città del sole” 近藤恒一訳 1992『太陽の都』岩波書店.
Campbell,J. 1949 “The Hero with a Thousand Faces” Pantheon Books. 平田武靖 , 浅輪幸夫監訳 2004『千の顔をもつ英雄 1、2』人文書院 .
Campbell,J. 1974 “The mythic image” Princeton University Press. 青木義孝・中名生登美子・山下主一郎訳 1994『神話のイメージ』大修館書店.
Cassirer,E. 1944 “An essay on man : an introduction to a philosophy of human culture” Yale University Press. 宮城音弥訳 1982『人間 : この象徴を操るもの』岩波書店.
Chambers, D., & Reisberg, D. 1985 Can mental images be ambiguous? Journal of Experimental Psychology: Human Perception and Performance, 11, 317–328.
Chao,L. & Martin,A. 2000 Representation of manipulable manmade objects in the dorsal stream. NeuroImage, 12, 478–484.
Chaplin,C. 1964 “My Autobiography” The Bodley Head. 中野好夫訳 1966『チャップリン自伝 上・下』新潮社 .
キリスト新聞社 1952『新約聖書』キリスト新聞社 .
Chokron,S., Colliot,P. and Bartolomeo,P. 2004 THe Role of Vision in Spatial Representation, Cortex, 40, 281–290.
Cocking, J.M. 1991 “Imagination: A Study in the History of Ideas” Routledge.
Coleridge,S.T. 1817 “Biographia Literaria” 桂田利吉訳 1976『文学評伝』法政大学出版局.
Coleridge,S.T. 1818 “Essays on the Principles of Method” 小黒和子編訳 2004『方法の原理 知識の統合を求めて』法政大学出版局.
Colman,A.M. 2001“Dictionary of Psychology” Oxford University Press. 岡ノ谷一夫・泰羅雅登・中釜洋子・黒沢香・田中みどり・藤永保・仲真紀子編 2004『心理学辞典』丸善.
Cornoldi, C., Logie, R.H., Brandimonte, M.A., Kaufmann, G. and Reisberg, D. 1996 “Stretching the Imagination: Representation and Transformation in Mental Imagery” Oxford University Press.
Coslett, H.B. 1997 Neglect in vision and visual imagery: a double dissociation. Brain, 120, 1163–1171.
Cowan,W.M,, Fawcett,J.W., O’Leary,D.D.M. and Stanfield,B.B. 1984 Regressive events in

1988『風土の日本：自然と文化の通態』筑摩書房.
Beschin,N., Basso,A. and Della Sala,S. 2000 Perceiving Left and Imagining Right: Dissociation in Neglect. Cortex, 36, 401–414.
Blaxton,T.A. 1989 Investigation dissociations among memory measure: support for a transfer-appropriate processing framework. Journal of Experimental Psychology: Learning, Memory, and Cognition, 15, 657–668.
Boss,M. 1953 "Der Traum und Seine Auslegung" Verlag Hans Huber. 三好郁男・笠原嘉・藤縄昭 1970『夢 その原存在分析』みすず書房.
Bourdieu,P. 1979a "La distinction : critique sociale du jugement" Editions de Minuit. 石井洋二郎訳 1990『ディスタンクシオン：社会的判断力批判Ⅰ・Ⅱ』藤原書店.
Bourdieu,P. 1979b "Le trois états du capital culturel" Actes de la recherche en sciences sociates. no.30. 福井憲彦訳 1986『文化資本の三つの姿』「actes」no.1 日本エディタースクール出版部に所収.
Brann, E.T.H. 1991 "The World of the Imagination: Sum and Substance" Savage, MD: Rowman and Littlefield.
Braun,A.R., Balkin,T.J., Wesensten,N.J., Gwadry,F., Carson,R.E., Varga,M., Baldwin,P., Belenky,G. and Herscovitch,P. 1998 Dissociated pattern of activity in visual cortices and their projections during human rapid eye movement sleep. Science 279, 91–95.
Breton,A. 1924 "Manifeste du surréalisme. Poisson soluble" Sagittaire chez Simon Kra. 巌谷國士訳 1992『シュルレアリスム宣言 : 溶ける魚』岩波書店.
Bronowski,J. 1978 "The Origins of Knowledge and Imagination" Yale University Press. 野田又夫・土屋盛茂訳 1989『知識と想像の起源』紀伊國屋書店.
Brown,T. 1828 "Lectures on the phillosophy of the human mind"（in T. Dixon（Ed.）2003 "Life and collected works of Thomas Brown" Thoemmes Press ）.
Bruner,J.S. 1990 "Acts of Meaning" Harvard University Press. 岡本夏木・仲渡一美・吉村啓子訳 1999『意味の復権：フォークサイコロジーに向けて』ミネルヴァ書房.
Brunet,M., Guy,F., Pilbeam,D., Mackaye,H.T., Likius,A., Ahounta,D., Beauvilain, A.,Blondel,C., Bocherens,H., Boisserie,J., Bonis,L., Coppens,Y., Dejax,D., Denys,C.,Duringer,P., Eisenmann,V., Fanone,G., Fronty,P., Geraads,D., Lehmann,T., Lihoreau,F., Louchart,A., Mahamat,A., Merceron,G., Mouchelin,G., Otero,O., Campomanes,P.P., Leon,M.P., Rage,J., Sapanet,M., Schusterq,M., Sudrek,J., Tassy,T., Valentin,X., Vignaud,P., Viriot,L., Zazzo,A. & Zollikofer,C. 2002 A new hominid from the Upper Miocene of Chad, Central Africa. Nature, 418, 145–151.
Burgess,A. 1962 "A Clockwork Orange" Heinemann. 乾信一郎訳 1971『時計じかけのオレンジ』早川書房.
Butler,S. 1872 "Erewhon or Over the Range" Trubner & Co., 1872. 石原文雄訳 1979『エレホン：

東浩紀・北田暁大編 2009『思想地図 vol.4: 特集・想像力』日本放送出版協会.

Bachelard,G. 1942 “L’eau et les rêves : essai sur l’imagination de la matière” J. Corti. 小浜俊郎・桜木泰行訳 1969『水と夢：物質の想像力についての試論』国文社 .

Bachelard,G. 1943 “L’Air et les songes.: essai sur l’imagination du mouvement” J. Corti. 宇佐見英治訳 1968『空と夢：運動の想像力にかんする試論』法政大学出版局.

Bacon,F. 1620 “Novum Organum” 桂寿一訳 1995『ノヴム・オルガヌム』岩波書店.

Bacon,F. 1627 “New Atlantis” 川西進訳 2003『ニュー・アトランティス』岩波書店.

Baddeley, A.D., Grant, S., Wright, E., and Thompson, N. 1975 Imagery and visual working memory. In P.M.A. Rabbit and S. Dornic (Eds.) “Attention and Performance 5” Academic Press.

Barbaro-del Col 訳 1964『新約・旧約聖書』ドン・ボスコ社 .

Barnes,K.C. 1960 “The Creative Imagination” Allen & Unwin.

Bartlett, F. C., 1932 Remembering : A Study in Experimental and Social Psychology, Cambridge University Press. 宇津木保・辻正三訳 1983『想起の心理学：実験的社会的心理学における一研究』誠信書房.

Bartolomeo, P. 2002 The relationship between visual perception and visual mental imagery: a reappraisal of the neuropsychological evidence. Cortex, 38, 357–378.

Bartolomeo, P., Bachoud-Lévi, A-C., and Denes, G. 1997 Preserved imagery for colours in a patient with cerebral achromatopsia. Cortex, 33, 369–378.

Bataille,G. 1945 “Sur Nietzsche : volonté de chance” Gallimard. 酒井健訳 1992『ニーチェについて：好運への意志 (無神学大全 ; 第 3 巻)』現代思潮社 .

Bataille,G. 1976 “L’économie à la mesure de l’univers ; La part maudite ; La limite de l’utile (fragments) ; Théorie de la religion ; Conférences 1947–1948 ; Annexes” Gallimard. 中山元訳 2003『呪われた部分 有用性の限界』筑摩書房.

Bayley, B.J. 1976 “The Garments of Caean” Doubleday. 冬川亘訳 1983『カエアンの聖衣』早川書房.

Behrmann,M., Moscovitch,M. and Winocur,G. 1994 Intact visual imagery and impaired visual perception in a patient with visual agnosia. Journal of Experimantal Psychology: Human Perception and Performance, 20, 1068–1087.

Bergson,H. 1896 “Matiére et Mémoire” Presses Universitaires de France. 田島節夫訳 『物質と記憶』 白水社 1992.

Bergson,H. 1907 “L”Évolution Créatrice" Presses Universitaires de France. 松波信三郎・高橋允昭訳 『創造的進化』 白水社 1992.

Bergson,H. 1919 “L’Énergie Spirituelle” Presses Universitaires de France. 渡辺秀訳 1992『精神のエネルギー』白水社 .

Berque,A. 1986 “Le sauvage et l’artifice; Les Japonais devant la nature” Gallimard. 篠田勝英訳

Aries,P. 1972 Problèmes de l'Education.Editions Gallimard. 中内敏夫・森田伸子訳 1992『「教育」の誕生』藤原書店.
Arieti,S. 1976 "Creativity: The Magic Synthesis" Basic Books. 加藤正明・清水博之訳 1980『創造力：原初からの統合』新曜社 .
Aristotle De anima translated by J.A. Smith In W.D. Ross（Ed.）1931 "The works of Aristotle " Clarendon Press.
Aristotle De anima translated by D.W. Hamlyn In D.W. Hamlyn1968 "Aristotle's De anima : Books II and III" Clarendon Press.
Aristotle "De Anima" 山本光雄訳「霊魂論」山本光雄・副島民雄訳 1968『アリストテレス全集 6　霊魂論・自然学小論集・気息について』岩波書店に所収.
Aristotle "De Anima" 桑子敏雄訳 1999『心とは何か』講談社 .
Aristotle "De Anima" 中畑正志訳 2001『魂について』京都大学学術出版会.
Aristotle "Ethica Nicomachea" 高田三郎訳 1971『ニコマコス倫理学　上・下』岩波書店.
Aristotle "On Memory: De Memoria et Reminiscentia" 副島民雄訳「記憶と想起について」山本光雄・副島民雄訳 1968『アリストテレス全集 6 霊魂論・自然学小論集・気息について』岩波書店に所収.
Aristotle "On Dreams: De Insomniis" 副島民雄訳「夢について」山本光雄・副島民雄訳 1968『アリストテレス全集 6 霊魂論・自然学小論集・気息について』岩波書店に所収.
Aristotle "Parva Naturalia" 副島民雄訳「自然学小論集」山本光雄・副島民雄訳 1968『アリストテレス全集 6 霊魂論・自然学小論集・気息について』岩波書店に所収.
Aristotle "Ars Rhetorica" 山本光雄訳「弁論術」山本光雄・斎藤忍随・岩田靖夫訳 1968『アリストテレス全集 16 弁論術・アレクサンドロスに贈る弁論術』岩波書店に所収.
Aristotle "The Art of Poetics" 松本仁助・岡道男訳 1997『アリストテレース詩学・ホラーティウス詩論』岩波書店.
Arthur,A.Z. 1964 Theories and explanations of delusions: a review. American Journal of Psychiatry, 121, 105–115.
麻生武 1996『ファンタジーと現実』金子書房.
Atance,C.M. and O'Neill,D.K. 2001 Episodic future thinking. Trends in Cognitive Sciences, 5, 533–539.
Attali,J. 1982 "Histoires du Temps" Libraire Arthème Fayard. 蔵持不三也訳 1986『時間の歴史』原書房.
Avens,R. 1980 "Imagination is reality: Western Nirvana in Jung, Hillman, Barfield & Cassirer",Spring Publications. 森茂起訳 2000『想像力の深淵へ 西欧思想におけるニルヴァーナ』新曜社 .
Awaya,S.,Miyake,Y.,Imaizumi,Y.,Shiose,Y.,Kanda,T. & Komuro,K. 1973 Amblyopia in man, suggestive of stimulus deprivation amblyopia. Japanese Journal of Ophthalmology, 17, 69–82.

# 参考文献


Addis,D.R., Wonga, A.T. and Schacter,D.L. 2007 Remembering the past and imagining the future: Common and distinct neural substrates during event construction and elaboration, Neuropsychologia, 45, 1363–1377.

Aeschylus “Prometheus Bound” 呉茂一訳『縛られたプロメーテウス』呉茂一訳代表 1979『ギリシア悲劇全集 第一巻』人文書院に所収.

Alberti, L.B. 1435 “Della pittura” 三輪福松訳 1992『絵画論』中央公論美術出版社 .

Aitken, R.C.B. 1969 Measurement of feelings using visual analogue scales. Proceedings of the Royal Society of Medicine, 62, 989–993.

Alain 1928 Propos sur le bonheur. 神谷幹夫 1998『幸福論』岩波書店.

Aleman,A., Lee,L.van, Mantione,M.H., Verkoijen,I.G. and Haan, E.H.de, 2001 Visual imagery without visual experience: evidence from congenitally totally blind people. NeuroReport, 12, 2601–2604.

Alivisatos, B., & Petrides, M. 1997 Functional activation of the human brain during mental rotation. Neuropsychologia, 35, 111–118.

穐山貞登 1962『創造の心理』誠信書房.

Amedi,A.,Malach,R. and Pascual-Leone1,A.2005 Negative BOLD differentiates visual imagery and perception, Neuron, 48, 859–872.

The American Psychistric Association 1994 “Diagnostic and Statistical Manual of Mental Discorders. 4th.Ed. DSM-IV” The American Psychistric Association. 高橋三郎・大野裕・染矢俊幸訳 1996『DSM-IV: 精神疾患の診断・統計マニュアル』医学書院 .

The American Psychiatric Association 2000 “Quick reference to the diagnostic criteria from DSM-IV-TR” The American Psychiatric Association. 高橋三郎 , 大野裕 , 染矢俊幸訳 2003『DSM-IV-TR 精神疾患の分類と診断の手引』医学書院 .

Andersen,P., Morris,R., Amaral,D., Bliss,T. & O’Keefe,J. 2007 “The Hippocampus Book” Oxford University Press.

Anderson,J.R. and Bower,G.H. 1973 “Human Associative Memory” V.H.Winston & Sons.

Angell, J. R., 1908 “Psychology : An Introductory Study of The Structures and Functions of Human Consciousness, 4th” Henry Holt and Co. 上野陽一訳 1910『機能主義心理学講義』東京同文館 .

Aquinas,T. 1267–73 “Summa Theologica.” 高田三郎他訳 1960『神学大全』創文社 .

荒川幾男 1981『三木清：哲学と時務の間』紀伊國屋書店.

連合主義　46, 148
連言頻度　497
練習　663
連想　145
連想基準表　148, 155
連想主義　46
連想心理学　146
連想の法則　149

## ろ

ロウド（Rode, G.）　93
ロゴス　197, 200
ロゴスの力　619
ロゴスの論理　555
ロジカル・シンキング　202
ロック　146
ロック（Locke, J.）　39
ロッシュ（Rosch, E.）　670
ロマン主義　45, 49
ロマンス　249, 356
『論語』　385
論理思考　202

## わ

ワーズワース（Wordsworth, W.）　49, 443
『わが秘密』　34
ワラス（Wallas, G.）　420

予定　635
予定記憶　609
予定的にわかる　112
予報　271
『四方のあか』 386
四方赤良　386

ら

ライプニッツ（Leibniz, G.W.） 147
ライル（Ryle, G） 122
ラキッチ（Rakic, P.） 690
楽想　171, 179
落想　139
ラスキン（Ruskin, J.） 237, 422
ラストイン・ファーストアウト　600
ラテン・リベラルアーツ　20
『ラナーク州への報告』 259
ラマチャンドラン（Ramachandran, V.S.)）
297

り

リアリティ　116
リアルタイム　121
リアルな映像　116
リーズナブル・イマジネーション　232
リーダー　698
リーダーシップ　698
『リヴァイアサン』 39, 146
理解　229
リカルドゥス（Richard of St. Victor） 25
『リグ・ヴェーダ』 308
リサイン（re-sign） 648
理性　221, 548
理想　170, 172, 176, 177, 221, 484
理想社会　230
理想像　266
理想的　228
理想的な理想　232
リゾーム　436
理知　222
リチャードソン（Richardson） 12, 83, 118
理念　612
リベラルアーツ　20
リボー（Ribot, T.） 420
『聊斎志異』 249
料理人　113
リレー（Riley, K.P.） 690

る

類同の要因　162
類似　151
類人猿　215
ルソー（Rousseau, J.J.） 43, 403, 550
ルビンシュタイン（Rubinshtein, S.L.）
136, 244, 513

れ

霊　359
霊魂論　6
レイスバーグ（Reisberg, D.） 94
霊想　340, 355, 359, 388
『霊操』 235
霊媒師　364
レヴィ=ストロース（Lévi-Strauss, C） 135,
186
レオナルド・ダ・ヴィンチ（da Vinci, L） 33
歴史修正　78
歴史創造の論理　557
レピソード記憶　188
恋愛妄想　402
錬金術　305
連合　149

295
メンタレーゼ　84

## も

モア　230, 255
盲視　734
妄想　171, 172, 176, 178, 338, 393, 394, 484, 486
妄想気分　409
妄想主題　400
盲点　120
モーツァルト　212
目撃者証言　193
黙想　24, 241
モチーフ　215
もどき観察　439
元良勇次郎　214, 366
物語性　187
物とられ（盗害）妄想　404
物まね　653
物真似　267
模倣　267, 569
模倣行動　130
桃太郎　739
モリス（Morris, W.）　262
モンテーニュ（Montaigne, M.E.）　34

## や

野生チンパンジー　630
野生の思考　673
野生の知　651
夜想　351
夜想曲　216
薮野健　753
ヤマ　308
山田奨治　150, 155
山本定祐　605

## ゆ

有意の想像　62
有機的空間　733
ユーゴー　564
有主風　654
有性生殖　718
有想　170, 175, 179, 365
『ユートピア』　255
ユートピア　230, 255
『ユートピアだより』　262
ユクスキュル　117, 713
夢　312
『夢占いについて』　328
『夢の劇』　317
夢の源泉　323
夢の仕事　321
夢のよう　247
ユング（Jung, C.G.）　157, 302, 305, 322, 326, 372

## よ

よい加減　634
よい連続の要因　164
要求特性　85
陽性想像　72
ヨーガ　304
余暇　240
予期　633
予期図式　516
抑制　633
抑制力　285
予想　170, 172, 176, 177, 270, 288, 387, 628
予想の起源　274
予知　271

松沢哲郎　444
末法思想　198
『末法灯明記』 199
マニュアル　574, 653
『マヌ法典』 308
真似事　8
マネジメント・サイクル　593
まばたき　120
幻　333
マルクス（Marx, K.）　261
満州国　262

み

味覚嫌悪学習　666
三木清　241, 452, 553
ミクロ・ゲシュタルトクライス　628
巫女　364
ミステリー　343
ミメーシス　8
妙想　171, 179, 208
ミラー（Miller, G.A.）　591, 635
未来思考　633
ミル（Mill, J.S.）　46
見るということ　100
ミルトン（Milton, J.）　432
観る働き　626

む

無意識　107, 305
無意の想像　62
無縁　372
無何有の郷　230, 255
夢幻　331
夢幻劇　317, 332
夢幻能　331
無際限無想　371, 379
武者小路実篤　260
無主風　654
無心像思考　79, 123, 300
無心像想像　300
無心像的心像　123
夢想　171, 174, 177, 247, 312, 337, 411, 484, 486
無双　329
無想　170, 226, 341, 365
夢想家　314
夢想曲　333, 349
夢想剣　329
夢想権之助勝吉　329
無想天　366
夢想開き　329
夢想連歌　329
無知の知　682
ムナーリ（Munari, B.）　251
無念無想　365
無間　371

め

冥想　306
迷想　170, 174, 177, 207
瞑想　170, 172, 176, 178, 241, 303
瞑想法　303
『冥想録』 208
『瞑想録』 35, 208
メタ学習　637
メタ構想力　623
メタモルフォーゼ　661
メタレベルでの想像　110
メッツラー（Metzler, J）　83
眩暈　393
メモ帳　608
メルロ=ポンティ（Merleau-Ponty, M.）

274, 387
ブラン　474, 516, 592, 634
『フランケンシュタイン』 343
ブリコラージュ　135, 651
ブルデュー（Bourdieu, P.）　655, 714
ブルトン（Breton, A.）　131, 361
ブレイクスリー（Blakeslee, S.）　298
プレグナンツの傾向　159
ブレヒト（Brecht, B.）　302
プレローマ　373
フロイト　210, 320, 373, 410, 688
フロー（Flor, H.）　295
プロジェクト　284
『プロタゴラス』 274
プロメテウス　274, 288
『プロレゴメナ』 46
『文学評伝』 50
文化固有性　512
文化資本　655
ヴント（Wundt, W.）　136
分与　559, 581, 632
分離脳　410

## へ

ペイビオ（Paivio, A.）　83
ベイン（Bain, A）　46
ペイン（Payne, G.）　165
ヘーゲル（Hegel, G.W.F.）　538
ベーコン（Bacon, F.）　147, 256
ベスチン　92
ペトラルカ（Petrarca, F.）　34
ヘムズレイ（Hemsley, D.R.）　396
ベランジュ（Bellange, J）　349
ベルク（Berque, A.）　751
ベルクソン（Bergson, H.）　596
ベルジャーエフ（Berdyaev, N.）　263
ヘルバルト（Herbart, J.F.）　750
ヘルムホルツ（Helmholtz, H.L.F.V.）　420
『ヘレンニウスへ』 126
変革　550
変化の見落とし　100
弁証法の論理　556
『変身』 345
変性意識状態　305, 364

## ほ

ポアンカレ（Poincaré, H.）　142
ポイズ　660
『方法叙説』 315
ボス（Boss, M.）　327
母性原理　202
ボッカッチョ（Boccaccio, G）　33, 356
ホッブス（Hobbes, T.）　38, 136, 146
補綴具　608
ホモ・エレクトス　283, 622
ホラティウス（Horatius）　389
ポルターガイスト　360
ホルト（Holt, R.R.）　77, 138, 194, 324
本田宗一郎　244
ポンタリス（Pontalis, J-B.）　316
翻訳学問　78

## ま

閉合の要因　163
前田英作　715
マグリット（Magritte, R.）　348
マクロ・ゲシュタルトクライス　628
マスト（Mast, F.W.）　88, 95
松井めぐみ　483
マッギン（McGinn, C）　167
マッケ（Maquet, P.）　313
マッケラー（McKellar, P.）　77

反想　170, 185, 187
『判断力批判』　165, 612, 666
反転図形　94
ハンドアックス　630
パントマイム　108
反復強迫　327

## ひ

美　236
被愛関係妄想　402
ピーターソン（Peterson, M.A.）　94
PDCA　593
ピーパー（Pieper, J.）　241
被害型　403
（被害）関係妄想　403
『光の旅人（K-PAX）』　406
引違　155
ビジョン　474, 624
非想　171, 179, 742
左半側無視　92, 102, 298
非定立的意識　368
美的共通感覚　665
美的判断　665, 666
『美と崇高の感情に関する考察』　48
火の操り　288
飛躍眼球運動　120
ピュイサンス（puissance）　414, 619, 698, 719
謬想　171
ヒューム（Hume）　11, 40, 148, 149, 273, 525
ビューラー（Bühler, K.）　300
表現化　585
表現力　589
表象　17
謬想　175, 179, 205
ピリシン（Pylyshyn, Z.W.）　84
頻度　156

## ふ

ファカルティ（faculty）　416, 617, 621
ファランジュ（Phalanges）　259
ファンタシア　6
ファンタジア　251
ファンタジー　244
ファンタスマ　6
フィクション　244, 567
フィクション軸　247
フィロン（Philo）　20
フィンケ（Finke, R.A.）　14, 95
フーコー　385
フーリエ（Fourier, F.M.C.）　259
フォーダー（Fodor, J.A.）　84
フォルス（force）　414, 615, 698, 719
福沢諭吉　422
符号化特定性原理　152
フサオマキザル　281, 630
伏見康治　213
藤森英之　401
不全性　590
不注意の見落とし　100
普通心理学　69
物象　17, 114, 597
不定流動　590
不定流動性　115
負の強化　157
フュルスト（Furst, L.B.）　52, 732
ブラウン（Brown, T.）　46, 165
プラチック　714
フラッシュバルブ記憶　158
プラトニック・イマジネーション　224
プラトン（Plato）　5, 224, 233, 235, 243, 254,

『ニュー・アトランティス』 256
乳児期の脳内の様子 694
『人間知性新論』 147
『人間知性論』 39, 146
人間の魂の根本能力 535
「人間」の誕生 631
『人間不平等起原論』 43
人間への条件 630
認識の根源的源泉 531
認知地図 597, 610
認知的な経済性 672
認知率 172

**ぬ**

縫田清二 255
ヌーミナス 341
ヌーミノス 374

**ね**

ネオダダ 380
寝ぼけ 324
粘土細工 591

**の**

ノヴァーリス（Novalis） 49, 184
能動想像 61, 67, 71
『ノヴム・オルガヌム』 147
ノエ（Noë, A.） 98, 640
野中郁次郎 653
ノブレ（Nobre, A.C.） 93
ノマド 437
ノンフィクション 245

**は**

バーチャル・リアリティ 265
ハートレー（Hartley, D.） 45, 148
ハーロー（Harlow, H.F.） 636
バイソシエーション 436
ハイデガー（Heidegger, M.） 538
『パイドロス』 387, 678
破壊 423
破壊的想像力 425
迫害妄想 403
白日夢 314
白昼夢 314
始まり 683, 684
バシュラール（Bachelard, G.） 372, 415, 435, 619
芭蕉 643
場所性 580
場所法 126
パスカル（Pascal, B） 35
長谷川千洋 603
パターナルな想像 202
破綻への予兆 409
発見 144
八支 304
発想 685
発明 144
パティーナ 659
パトス 197
パトスとロゴスの統一 564
パトスの力 619
パトスの論理 556
バトラー（Butler, S.） 263
ハビトゥス（habitus） 655, 717
ハプニング 380
ハル（Hull, C.L,） 153
バルトロメオ（Bartolomeo, P.） 90
パレ（Paré, A.） 294
範型 658
パンテサクラシー（Pantisocracy） 259

寺岡隆　272
テルトゥリアヌス(F.Tertullianus, Q.S.)
21
デ・ロヨラ　235
伝奇　249, 343, 356
天才　73
展望記憶　287


## と

統一(Einheit)　531
陶淵明　255
統覚　528, 536
統覚(Apperzeption)　531
『桃花源記』　255
道具　575
桃源郷　230, 255
洞察　141
動態図式　596
投擲　282, 288, 631
投擲能の獲得過程　628
道理　225
トーマス(Thomas, N.J.T.)　103, 640
遠山奈穂美　350
トールマン(Tolman, E.C.)　157, 597
戸川行男　106
「時」の絆　443
時の絆　443
トクヴィル(Tocqueville, A.)　661
特徴抽出　122
特定不能型　408
ドストロフスキー　609
ドッシ(Dossi, D.)　349
ドッペンゲルガー現象　364
トドロフ(Todorov, T.)　248, 338
トピカ(topica)　642
ド・マン(de Man, H.)　715
『寅次郎真実一路』　391
ドリッピング　380
『ドリトル先生』　112
『ドン・キホーテ』　249, 356
頓悟　663


## な

内外通態　100, 604
内言　122
ナイサー(Neisser, U.)　83, 96, 188, 625
内藤史朗　737
投げる　281
七段階評定尺度　482
ナボコフ(Nabokov, V.V.)　740
奈落　308
『南総里見八犬伝』　356


## に

ニーチェ　388, 394
『ニコマコス倫理学』　235
ニコル(Nicolle, C.J.H.)　143
二次過程　322, 618
二次強化子　284
西村茂樹　59
二一世紀日本の構想懇談会　ii
二重乖離　92
二重コード理論　83
二章一句　643
二条良基　150
偽記憶　112
日常記憶の運用力　616
日常言表　449
日常使用率　177
二物衝撃　643
『日本書紀』　309
『日本霊異記』　309

## ち

血　568
遅延　632
知覚　114, 334
知覚活動論　96
知覚心像　96, 99, 114
知覚心像に関わる処理過程　90
知覚像　114
知覚的空間　733
知覚の絶対他力性　115
知覚表象　114
近松門左衛門　302
地図　608
『知性』　452
知性　222
知的な安逸　69
知のアフォーダンス　721
知能　711
知能環境　711
着想　139, 685
チャップリン（Chaplin, C.）　357
チャンバース（Chanbers, D.）　94
『中阿含経』　308
注意　625
中国四大奇書　249
注視（注察）妄想　403
抽象　226
中心窩　120
中心転換　637
中庸　232
『長阿含経』　309
超越的な記憶　110
超記憶　323
超自我　211
超自然　354
超常現象　360
直立二足歩行　277
チョクロン（Chokron, S.）　102
超常　363
『椿説弓張月』　356

## つ

追跡妄想　403
憶想　276
追想　171, 174, 177, 185, 190
追想錯誤　193
月本洋　166
『筑波問答』　150
付合　151
付句　153
辻惟雄　357, 380

## て

TOTE　591
TQC運動　594
ディオニュソス　388
ディストピア　262
訂正不能性　396
ティチェナー（Titchener, E.B.）　63
『ティマイオス』　233, 243
『デカメロン』　33, 356
デカルト（Descartes）　6, 38, 315, 543
デザイン　474
デ・ザイン（de-sign）　645
デザインの過程　586
手塚治虫　589
デッラバーテ（dell'Abbate, N.）　349
デフォルメ　441
デペイズマン　429
デューイ（Dewey, J）　54
デュシャン（Duchamp, M.）　745

## そ

想　167
ゾウ　166
増一阿含経　309
想起　107
想起心像　96
想起説　110
想起心像に関わる処理過程　90
綜合（Synthesis）　530
綜合一般　531
創作　215
創作的想像　135
『荘子』　230
そうぞう　484
創造　418, 661
想像　474, 545
想像上での行為　108
想像心像　65
創造性　106, 421, 701
創造性の因子　421
想像前駆　289
創造的想像　55, 61, 71, 74, 214, 250, 388, 419, 590
創造的破壊　424
想像と構想の関係　618
想像と想像力　4
想像に対する随意性　314
想像の励起　588
想像の現実構成力　117
想像のスペクトラム　166
想像　iv
想像力　413, 545
想像力と構想力の相補性　622
想像力の集成現象　24
想像力の養成　62
想像を想像する　110
相貌的知覚　441
ソーンダイク（Thorndike, E.L.）　156
曾我蕭白　380
ソクラテス　233, 235, 387, 678, 681
ソクラテス対話法　682
存在否認率　178

## た

ターナー（Turner, V.W.）　700
太極拳　305
体性感覚野　622
大東亜共栄圏構想　262, 704
能動想像　129
態度評価　482
対比　155
『太陽の都』　256
高野陽太郎　86
高橋穣　123
多義図形　94
タクト　665
タシスム　379
田代慶一郎　332
タナトス　373, 688
谷川浩司　503
ラマチャンドラン　298
ためらい　248, 340
他力本願　115
タルヴィング（Tulving, E）　185
タルヴィング（Tulving, F.）　607
単純接触効果　156
断想　171, 208, 433
断想集　208
ダンテ（Dante）　33, 307
丹野義彦　748

心的イメージ　82
心的エネルギー　720
心的回転　83
心的機能を自覚すること　398
心的タイムトラベル　607
心的表象　82
審美　237
シンボル空間　55, 733
真らしいもの　206
心理学　iv
心理的リアクタンス　156, 332
真理の追求　225
神話　557, 581

## す

『水滸伝』 249
随想　170, 175, 183, 433, 593
『随想録』 34
随想録　183
スィフト（Swift, J.）　251
睡眠中の想像　312
スーパードライ　658
スクリャービン（SkryabinA. N.）　740
スコラ学　25
図式　543
『スッタニパータ』 308
スティグマ　78
ストリンドベリ（Strindberg, J.A.）　317, 332

## せ

世阿弥　241, 653
聖　341
精一杯のこと　672
聖骸布像　375
制御可能性　244
制作行為　574
静止網膜像　362
精神集中　305
成全的行動　579
静想　24, 241
生態学的知覚論　97
生態学的な妥当性　97
聖体示現　375
生態的な妥当性　488
制度　566, 581
制度化された文化資本　681
聖なる無想　374
青年期　696
正法念処経　309
生命　371
生命性　318
セイモア（Seymour, R）　66
世界構成　98
世界制作　705
世相知識　463
積極的想像　72
接近　152
設計　474
拙速な始まり　695
説得　737
瀬名秀明　748
セブンアップ　736
セルバンテス（Cervantes）　249
セレンディピティ　144
先験的な記憶　110
漸悟　663
潜在内容　320
全体は部分の総和以上のもの　164
先導性　698
千年王国思想　198

社会的、歴史的に規定された人間　580
シャドウワーク　434
自由学芸　21
習慣化された行為　189
習慣記憶　598, 601
宗教改革　24
集合的無意識　326
集合表象　559
自由七科　23
自由想像　372
自由評定尺度　482
周辺視　120
シュール（Schuhl, P.M.）　341
収斂洞察　141
主客通態　559, 579, 585
主客の分離　575
主観的構えの要因　162
修行　663
呪術　571, 581
呪術師　364
主想　215, 592
受動想像　61, 65, 129
種に特有な環界　117
趣味能力　666
シュルレアリスト　364
シュルレアリスム　131, 361
シュレーゲル　588, 605
シュワルツ（Schwartz, S.）　313
準観察　439
循環的な協働　627
純粋記憶　599
純粋構想力　534, 570
『純粋理性批判』　526
純粋想像　10, 112, 368, 520
シュンペーター　424, 702
情況　721
状況　721
状況的　639
消極的想像　71, 185
『省察』　543
象徴　24, 322
象徴遊び　267
ショーペンハウアー　220
所動的　317
所動的想像　75
ジョンソン（Johnson, M.）　525
不知火　363
自力本願　115
『詩論』　389
神威　377
シンガー（Singer, D.G.）　269
シンガー（Singer, J.L.）　269
『心學講義』　59
『神学大全』　29
新型　658
新刊書籍のタイトル　463
新刊発行点数　462
『神曲』　33, 307
新近性効果　153
神経系の発生過程　690
人工現実感　265
『新社会観』　259
進取　703
『人性論』　40, 148
心像　10, 78
心像生成の修練　76
心像生成の神経基盤　94
心像生成論　100
身体型　407
身体図式　291
身体像　291
身体的自己　291

作曲過程　212
佐藤修　748
去嫌　154
サルトル(Sartre, J.P.)　119, 236, 354, 368, 438
『産業者の政治的教理問答』　259
『産業体制について』　259
『産業的協同社会的新世界』　259
『三国志演義』　249
サン=シモン(Saint-Simon, C.H.R.)　259
産出想像　71, 132, 250, 418, 433, 611
産出的構想力　538, 542, 611
産出的想像　57
『三人の魔女』　349

## し

ジェームズ(James, W.)　57
シェパード(Shepard, R.N.)　83
シェリー(Shelley, P.B.)　52
塩入円祐　400
自我　210
志怪　249
止観　304
時間記憶　609
時間と空間　225, 631
色情型　402
時期特異性　695
始源　684
思考　199, 670
地獄　306
自己充足的予言　516
自己組織化　590
死後の世界　306
自在性　248
市場価値　481
詩人の構想力　563
地震予知　271
地震予知連絡会　271
死すべき存在　631
自然主義　45
志想　171, 179, 220, 255, 301, 380, 392
思想　170, 172, 176, 178, 194, 241, 286, 484, 486
詩想　171, 179, 216, 389
『思想事典』　195
実況環境力　744
実験心理学勃興期　54
実験精神　703
失行症　600
実際行為(pratique)　655, 714
実存性　119
嫉妬妄想　404
実用言語　560
詩的記号　651
詩的言語　560
詩的知恵　651
自伝的記憶　188
自動記述　364
自動書記　131
シナプス密度　693
偲ぶ　190
『縛られたプロメテウス』　275
シャーマニズム　388
シャーマン　364
社会起業家　702
社会構成化　488
社会構成性　512
社会的構成　450
社会的相互作用　430
社会的な実際行為　705
社会的に構成された知識　473
社会的ふり遊び　267

構想　171, 174, 177, 178, 429, 444, 474, 484
考想　171, 174, 177, 199, 200, 204, 286
構想過程の障害　601
構想と想像　487
構想力　48, 415, 545, 737
構想力の構え　634
構想力の原現象　563
構想力の哲学　573
『構想力の論理第一』 553
『構想力の論理第二』 553
高等　286
行動　281
行動主義　77, 79
行動の現出　279
紅野敏郎　451
合理化　567
合理性　436
合理的　229
合理的な社会の構成　225
『コーラン』 310
コールリッジ（Coleridge, S.T.）　49, 216, 222, 259, 437, 736
心構え　638
こころの過程　522, 718
快い恐怖　342
『古事記』 309
ゴシックロマン　343
コスリン（Kosslyn, S.M.）　84, 95
コスレット（Coslett, H.B.）　92
悟性　531
悟性の綜合　536
誤想　171, 179, 203
誤想過剰防衛　204
誤想防衛　204
誇大型　405
小玉正博　483
ごっこ遊び　130, 267, 430
固定楽想　216, 352
ことば以前のことば　297
コペルニクス的転回　526, 550
コミュニタス（communitas）　700
御夢想　329
暦　608
壊れた想像　399
婚姻色　218
コンヴィヴィアル　705
根茎　435
混合型　407
コンシデラン（Considérant, V.P.）　259
『今昔物語集』 307
コンセプション　683
コンセプト　474
コンセプトの耕作地　682
コンプレックス　157

## さ

サール（Seatle, J.R.）　651
サイード（Said, E.W.）　684
最高善　239
再生　107
再生想像　71, 74, 107, 132, 185, 418, 433
再生的構想力　518, 542
再生的想像　57
細胞死　691
『西遊記』 249
坂部恵　461
相良守次　513
佐倉統　748
指合　154
挿し絵　66
サゼスチョン　165
錯覚　334

釘打ち　591
クラシック　660
クラッグ（Cragg, B.G.）　692
暗闇　306
クリーバー　630
グリーン（Grien, H.B.）　349
エンキュクリオス・パイデイア　20
クリスティアノポリス（Christianopolis）　256
『クリティアス』　254
クリティカ　205
狂　378
クルックシャンク（Cruikshank, G）　66
クレー（Klee, P.）　656
グレートマザー　203
クロスビー（Crosby, A.W.）　284
『群仙図屏風』　380

### け

経験　577, 582
経験の要因　161
経験論　38
稽古　664
形式知　653
ケージ　382
ケクレ　735
ゲシュタルトクライス（Gestaltkreis）　627
ゲシュタルト要因　159
ケストラー（Koestler, J.）　436
懸想　171, 217, 352, 391
懸想立つ　218
懸想人　218
懸想文　218
結果分化効果　672
決定傾向　636
権威失墜　392
幻覚　336
元型　163, 326
言語相対性仮説　671
言語相対説　488
現在化　731
顕在内容　320
幻肢　293
現実　117
現実感　318
現実原則　370
現実モニタリング　186
『源氏物語』　183, 191, 743
現象の親和性　534
源信　307
現前化　731
幻想　170, 172, 178, 247, 318, 362, 376, 397
幻想絵画　338, 346
幻想曲　349
幻想的な絵画　347
幻想　176
幻想文学　247, 338
幻想レアリスム　741
建築書　18
幻燈モデル　17
健忘症　606

### こ

行為　582, 585
行為的性質　509
行為的認識　556
行為の論理　579
効果の法則　156
攻撃　284
高次学習　284
Kohsouh　521
『構想』　450

記事検索　474
技術　570, 581
机上のプラン　596
擬制　567, 581
奇想　171, 174, 177, 353, 362, 392
綺想　353, 355
奇想曲　349, 358
綺想曲　358
奇想天外　357
綺想天外　357
北村晴朗　77
既知感　301
生粋の想像　368
狐憑き　743
『狐憑病新論』　743
狐火　363
祈祷師　364
城戸幡太郎　513
絹川正吉　748
キネシス　435
機能局在　437
機能主義　225
ギブソン（Gibson, J.J.）　721
基本構想　464
木前利秋　623, 755
奇妙綺天烈　357
客観的構えの要因　162
ギャリグリア（Guariglia, C.）　92
キャンベル（Campbell, J.）　378
『旧約』　310
キュルペ（Külpe, O.）　300
驚異　248, 339, 353
驚異の平面　344
饗宴　110
狂歌　384
教科書　80
共感　569
共感覚　336
狂気　387
狂句　384
狂言　382
『共産党宣言』　261
狂詩　386
狂者　385
狂想　171, 379
狂想曲　349, 381
強調の法則　157
共通運命の要因　161
共通感覚　206, 646, 666
恐怖文芸　343
狂文　386
曲想　171, 179, 215, 352
曲亭馬琴　356
虚言　64
虚実皮膜　302
虚想　170, 175, 290
虚像　290
気楽な気分　69
キリスト教　9
ギルフォード（Guilford, J.P.）　421
記録　107
近時性　152
『金瓶梅』　249

## く

空間記憶　609
空想　171, 172, 176, 178, 242, 306, 314, 337, 355, 369, 484
偶像　24
『空想から科学へ』　261
空想のパターン　251
偶像破壊運動　24

かたち　653
型破り　356, 661, 703
カッシーラー（Cassirer, E.）　55, 135, 433
活動的心像論　96
カップリング・コンセプション　688
『家庭的農業的協同社会論』　259
過度の一般化　461
門脇真枝　743
金沢正剛　350
金縛り　324
金子馬治　69, 185
金原省吾　626
かのように　10
カフカ　345
カプリッチオ　358
カベー（Cabet, E.）　260
カポーティ（Capote, T.G.）　246
構え（set）　634
構え＝ポイズ（poise）　634
カメラ　126
鹿毛誠一　663
『ガリヴァー旅行記』　251
ガルシア（Garcia, J.）　147
ガルシア効果　153
ガレティ（Garety, P.A.）　396
河合隼雄　ii
川本隆史　748
閑暇　240
環界　117
考　201
考える学び　203
環境　417
環境情況力　617
環境知能　714
環境力能　617
環境論　97, 522
『寒山拾得図』　381
慣習打破　550
感情　107
Kansei　521
感性　442
感性工学　521
感性想像　183
喚想　170, 179, 185, 187
感想　170, 172, 176, 177, 180
観想　171, 234
感想と思想の生態　202
観想念仏　234
感想文　181, 202
カント（Kant, I）　46, 165, 224, 314, 328, 518, 525, 611
眼内閃光　324
観念　11, 15, 39, 674
観念運動失行　601
観念失行　601
観念連合　146
カンパネラ（Campanella, T.）　256

## き

奇異　248
キーツ（Keats, J,）　52, 432
機能固着　637
記憶　107
記憶錯誤　192
記憶術　126
記憶違い　193
『記憶と想起について』　146
記憶のアウトソーシング　604
記憶の生態　107
機械的想像　55
擬画像　87
菊竹清訓　586

『エミール』　44
『エレホン』　263
エロス　415, 688, 718
エンゲルス（Engels, F.）　261
エンジェル　135
エンジェル（Angell, J.R.）　73
閻魔　308

**お**

『往生要集』　199, 239, 307
オーエン（Owen, R.）　259
大きな理想　232
大澤真幸　748
オーバースロー　283, 631
オールオーバー手法　380
大脇義一　638
オカルト　340
オカルト作品　343
オキーフェ　609
荻野恒一　400
奥田次郎　606
『奥の細道』　643
尾崎辰之助　213
オシツオサレツ　112
オズボーン（Osborn, A.F.）　420
オットー（Otto, R.）　341, 375
『オデュッセイア』　311
お伽話　244, 246
『オトラント城奇譚』　343
鬼火　363
オムレツ　113
思い違い　204
想い出　186
思う　196
想う　197
オレガン（O'Regan, J.K.）　98, 640, 734
音楽　215
恩田彰　140, 513

**か**

カーニー（Kearney, R.）　32
概観（Synopsis）　531
怪奇　248, 339, 354
回顧録　190
回想　170, 172, 176, 178, 185, 187, 320, 484
改造的想像　135
回想録　190
概念　15, 669, 674
概念形成　16
概念三角形　507, 508
概念の公私混同　676
海馬　609
外部記憶　98, 579, 590, 597, 603, 609, 641
外部に向かう思考　443
カイヨワ　338
カウンセリング　193
科学技術　572
過緊張　409
拡散洞察　141
学習の構え　637
確信の高さ　396
覚知　533
過去と未来　606
過剰生成　691
ガスリー（Guthrie, E.R.）　152
仮性幻覚　336
仮説　547
仮想　170, 174, 177, 178, 264, 298, 354, 631
仮想現実　264
仮想の黒子性　267
型　652
型崩れ　658

一回即時学習　148, 153
一体感　341
伊藤隆二　106
イドラ　147
イニシアティブ　697
イニシエーター　698
イノベーション　701
異物　158
異邦性　354
今、ここ　718
imagery　77
Imagination　77
今津洋子　108
意味記憶　185
意味的独立性　488
意味立体　436
意味了解率　176
イメージ　16, 78, 484
イメージどおりにかたちにする　602
イメージ論争　85
イメジリイ　78
異様さ　409
岩井茂樹　150, 155
岩本裕　308
因果　154
インゲニウム（ingenium）　20, 642, 687
印象　40
陰性想像　72
陰性の想像　185
インターネット検索　474
隠題　151
隠喩　650

## う

ヴァイツゼッカー（Weizsäcker, V.）　532, 627
ヴァナキュラー　434, 560
ヴァロ（Varro, M.T.）　723
ヴィーコ（Vico, G）　20, 205, 642
ウィーン幻想　741
ヴィゴツキー（Vygotsky, L.S.）　16
ウィトルウィウス（Vitruvius）　18
ウィニコット（Winnicott, D.W.）　267
ウェーバー（Weber, W.）　715
上野陽一　73
上原泉　166
ウェブ検索　474
上村忠男　642
ヴォルフ（Wolff, C.V.）　416, 750
ヴュルツブルク学派　79, 123, 300, 636
ウェルトハイマー（Wertheimer, M.）　159
穿ち　392
打越　154
内田伸子　250, 425
打ちつけ懸想　218
有頂天　742
裏的　656
瓜蔓想　145
ウロボロス　163
運動野　622

## え

映像　126
英雄　327, 377
描く働き　626
絵コンテ　441
エンジェル　153
エス　210
エセンスプラスチック・パワー　51
エセンプラスチック・パワー　437
エディプス・コンプレックス　201
エピソード記憶　185

# 索引

## A–Z


concept　507
design　507
DSM-IV　400
DSM-IV-TR　400
ICD-10　400
PAC分析　483
vision　507


## あ


アーキタイプ　110
アイスキュロス(Aeschylus)　275
相対　155
アインビルドゥンクスクラフト(Einbildungskraft)　525
アヴィセンナ(Avicenna)　26
アウストラロピテクス(Australopithecus)　277
稙山貞登　513, 701
アクィナス(Aguinds, T)　29
アクション・ペインティング　380
あたかも描かれているかのように　110
あたため期　372
アダマール(Hadamard, J.S.)　212
新しき村　260
『アタルヴァ・ヴェーダ』　308
熱い知　719
アッハ(Ach, N.K.)　300
アディス(Addis, D.R.)　606
アトランティス　254
アナログスケール　483
アフォーダンス　516
アベロウェス(Averroes)　28
天野貞祐　526
怪し火　363
アリエティ(Arieti, S.)　431
ありがたい話　246
アリストテレス(Aristotle)　6, 145, 235, 328
『主の墓のかたわらの三人のマリア』　349
アルディピテクス・ラミダス(Ardipithecus ramidus)　277
暗鬼　362
アンドレーエ(Andreae, J.V.)　256
アントレプレナー　702
アンフォルメル　379
暗黙知　653


## い


意　209
イェーツ(Yates, F.A.)　126, 256
異化効果　302
『イカリア旅行記』　260
生田久美子　654
異型　658
意見　210
移行対象　267
意志　220
意識態　300
石黒浩　756
石田瑞磨　308
伊勢物語　217
意想　170, 179, 209, 215, 219, 380, 592
意想外　218
異端　23
一次過程　211, 322, 618
一回性　318

【著者紹介】

半田智久（はんだ　もとひさ）

〈略歴〉
1957年東京生まれ。お茶の水女子大学教育開発センター教授。心理学から研究活動をはじめ、いまは人文学に生き、リベラルアーティストを目指す途上にいる。大学環境や情報環境の激変期にあって、若き知に囲まれながら、あらたな社会を牽引していくに足る学術の場の構想とその基盤となる想像力の養いに関心をもっている。

〈主な著書・論文〉
『GPA制度の研究』（大学教育出版、2012年）、「セブンリベラルアーツとはどこから来た何ものか」（お茶の水女子大学人文科学研究6、2010年）『知能環境論』（NTT出版、1996年）など。

構想力と想像力―心理学的研究叙説

| | |
|---|---|
| 発行 | 2013年5月10日　初版1刷 |
| 定価 | 6800円＋税 |
| 著者 | © 半田智久 |
| 発行者 | 松本功 |
| 印刷・製本所 | 株式会社 シナノ |
| 発行所 | 株式会社 ひつじ書房 |
| | 〒112-0011 東京都文京区千石2-1-2 大和ビル2階 |
| | Tel.03-5319-4916 Fax.03-5319-4917 |
| | 郵便振替 00120-8-142852 |
| | toiawase@hituzi.co.jp　http://www.hituzi.co.jp |

ISBN978-4-89476-588-7